# LOS GUARDIANES

## "MÁS ALLA DE LA ABDUCCIÓN"

POR
DOLORES CANNON

Traducido por:
Martin Rivera

© Copyright 1999, Dolores Cannon
Primera Impresión: 1999
Primera traducción al español: 2022

Todos los derechos están reservados. Parte del libro o en su totalidad no puede ser reproducido, transmitido o utilizado de cualquier forma o en cualquier manera, electrónica, fotográfica o mecánica, incluyendo el fotocopiado, grabaciones o cualquier otra información guardada y de sistema extraído sin permiso escrito de Ozark Mountain Publishing Inc. A excepción de frases breves que conforman los artículos literarios y revisiones.

Para permiso nuevo de series, condensación, adaptaciones o para nuestro catálogo de otras publicaciones escriba a: Ozark Mountain Publishing, P.O. Box 754, Huntsville, AR 72740, Attn: Permission Deparment.

Librería del Congreso Catálogo en publicación Datos:
Cannon, Dolores, 1931- 2014
*Los Guardianes* por Dolores Cannon
   Investigación a través de la hipnosis de casos aparentes de abducción extraterrestre. Doce años de investigación OVNI desde 1986 a 1998 conducido por Dolores Cannon.

1.Extraterrestres 2. OVNIS 3. Hipnosis
I. Cannon. Dolores, 1931-2014 II. Extraterrestres III. Título
Número de tarjeta del catálogo de la librería del congreso: 2022917424
ISBN 978-1-956945-36-2

Diseño de portada y arte: Victoria Cooper Art
Diseño del libro: Nancy Vernon
Publicado por:

P.O. Box 754 Huntsville, AR 72740-0754
Impreso en Estados Unidos de América

HAY DOS CAMINOS
QUE SE DIVIDEN EN EL BOSQUE
Y YO ...
ELEGÍ EL QUE HA SIDO MENOS
EXPLORADO
Y ESO HA HECHO
UNA GRAN DIFERENCIA

ROBERT FROST (1875-1963)

**Libros por Dolores Cannon**

- Conversaciones con Nostradamus Volumen 1,2,3
- Jesús y los Esenios
- Ellos Caminaron con Jesús
- Entre la Muerte y la Vida
- Un Alma Recuerda Hiroshima
- Los Guardianes del Jardín
- La Leyenda del Accidente de la Estrella
- Legado de las Estrellas
- Las Tres Oleadas de Voluntarios y la Nueva Tierra
- En Busca del Conocimiento Sagrado Escondido

Para más información acerca de cualquiera de los libros publicados u otros títulos en nuestro catálogo, escríbenos o visita nuestra página de internet.

OZARK
MOUNTAIN
PUBLISHING

P.O. Box 754
Huntsville, AR 72740
WWW.OZARKMT.COM

# TABLA DE CONTENIDO

## SECCIÓN UNO

| | |
|---|---|
| CAPÍTULO 1. UN CAMBIO DE DIRECCIÓN | 3 |
| CAPÍTULO 2. TIEMPO CONDENSADO O DISTORSIONADO | 22 |
| CAPÍTULO 3. LAS COSAS NO SIEMPRE APARENTAN LO QUE SON | 54 |
| CAPÍTULO 4. LA INFORMACIÓN ESCONDIDA DE LOS SUEÑOS | 85 |
| CAPÍTULO 5. RECUERDOS REPRIMIDOS | 141 |
| CAPÍTULO 6. LA LIBRERÍA | 195 |
| CAPÍTULO 7. LOS EXTRATERRESTRES HABLAN | 231 |

## SECCION DOS

| | |
|---|---|
| CAPÍTULO 8. CONTACTO CON UN SER GRIS PEQUEÑO | 281 |
| CAPÍTULO 9. RAPTO EN LA AUTOPISTA | 321 |
| CAPÍTULO 10. LA BASE EXTRATERRESTRE DENTRO DE LA MONTAÑA | 353 |
| CAPÍTULO 11. EL DOCTOR DE ENERGÍA | 381 |
| CAPÍTULO 12. JANICE CONOCE A SU VERDADERO PADRE | 406 |
| CAPÍTULO 13. LA EXPERIENCIA FINAL | 432 |
| CAPÍTULO 14. INVESTIGANDO AL INVESTIGADOR | 473 |
| CAPÍTULO 15. LA CONCLUSIÓN | 523 |
| ACERCA DEL AUTOR | 531 |

# SECCIÓN UNO

# CAPÍTULO 1
# UN CAMBIO DE DIRECCIÓN

Cuando por primera vez comencé a trabajar en 1979 en Hipnosis regresiva y terapia de vidas pasadas nunca imaginé los lugares inusuales y las situaciones en las que me tomaría este camino. Con el transcurso de los años me ha ido llevado en algunos extraños desvíos y yo he tenido varias e increíbles aventuras; y he conocido gente fascinante de las sombrías tierras del pasado y he extraído información valiosa que se había pensado haber estado perdida para siempre y que se ha recuperado a la luz del día todo por las increíbles prácticas de técnicas de hipnosis regresiva. Mi tiempo ha sido devotamente exclusivo en explorar el pasado y escribir libros acerca de mis descubrimientos. Mi curiosidad insaciable, mi deseo voraz en investigar y la devoción por el conocimiento me arrastra y me lleva a una constante de seguir investigando. Yo no estaba interesada en usar la hipnosis como para aplicarla en las situaciones de nuestros días presentes, a menos que para ser usada en resolver los problemas en la vida de una persona. Problemas que surgen de las fobias o problemas de salud causados por los efectos de una vida pasada o conexiones kármicas que son acarreadas y que estuvieran afectando las relaciones familiares del presente. Yo solo usaba la forma estándar de hipnosis la cual trata el entendimiento y control de hábitos (fumar, problemas alimenticios, etc.) y así se fue incorporando con la regresión de vidas pasadas. La técnica que yo he desarrollado trabaja de una manera automática, lleva a una persona a una situación de una vida pasada; de esta manera no me concentraba en sus vidas presentes.

Todo esto cambió cuando fui inadvertidamente introducida, al fenómeno OVNI y experiencias de abducción. Mis avances tomaron una dirección totalmente diferente e inesperada. ¡Las puertas se abrieron! y me fue permitido ver destellos de un mundo que otros pensaban que debería ser abandonado, envuelto en la turbia obscuridad de lo desconocido. Algunos dicen; que es mejor no investigar en las cosas que nuestra mente humana es incapaz de comprender. Pero sí el conocimiento y el entendimiento están presentes yo sabía que tendría que avanzar y cuestionar mis inagotables preguntas. Cualquier nuevo camino de investigación siempre presenta un reto para mí, y como es un reto yo no puedo ignorarlo. Pero mi entrada en este campo de investigación se desvió de mi curso normal y requirió alterar mi técnica para adaptarlo a las nuevas circunstancias.

Yo siempre he tenido un interés por los OVNIS, los llamados "platillos voladores". Yo he leído mucho de la literatura que trata con el fenómeno y estuve muy impresionada por el caso de Betty y Barney Hill cuando fue introducido en los años sesenta (El Viaje Interrumpido). Este fue el primer tan llamado caso de abducción, hubo muchas cosas en ese reporte que me convencieron; que la pareja tuvo una experiencia verdadera en el ejemplo del aparente intento de comunicación no hostil, sino telepática de los extraterrestres; me parecía perfectamente convincente. También leí lo que los críticos habían dicho acerca de los eventos extraños en nuestros cielos y que no aparentemente desaparecieron. Después de analizar los pro y contras yo estaba privadamente convencida que fue algo que realmente ocurrió y que no podía ser explicado por el pensamiento racional y lógico de los escépticos. Quizás el tópico entero nunca fue pretendido de ser lógico y explicado sencillamente. Tal vez las tácticas de los extraterrestres fueron intencionadas para hacer eso y así terminaron haciéndolo; haciendo que el hombre se preguntara y considerada lo ¡imposible!

Incluso como adolescente a finales de los años cuarenta y principios de los cincuenta cuando los primeros reportes de los "platillos voladores" fueron hechos públicos, fueron generalmente ridiculizados, pero yo me mantuve pensando que tenía que haber algo más en eso. En el transcurso de los años yo mantuve un interés pasivo al leer y mantenerme al tanto de cómo se desarrollaba. Pero yo nunca pensé, que yo tomaría parte activa en la investigación y terminar comunicándome directamente con los extraterrestres desde otro plano de existencia. Quizás mis años de trabajo en lo bizarro me ha preparado cuidadosamente para un encuentro eventual, porque cuando sucedió yo no estuve sorprendida, espantada o incrédula; yo estaba curiosa, esto ha llegado a ser mi sello la "curiosidad" y me ha servido muy bien cuando llego a obtener la información.

Yo fui introducida al área de la investigación OVNI en mayo de 1985, por mi amiga Mildred Higgins que me invitó a una reunión de estado con los miembros del MUFON (Red Mutua de Investigación OVNI) que se iba a llevar a cabo en su hogar en Fayetteville, Arkansas. Mildred fue asistente de director del estado de Arkansas, ella sabía acerca de mi interés por lo extraño e inusual y pensó que me gustaría conocer algunos de los investigadores y otra gente interesada. Aunque no estaba en mi campo de hipnosis regresiva de vidas pasadas yo pensé que sería interesante hacer preguntas acerca de algunos de los casos OVNI que yo había leído.

En la reunión yo aprendí que el MUFON es una de las organizaciones de investigación OVNI más grandes y respetadas, teniendo miembros alrededor de todo el mundo. Desde que yo sospeché que la mayoría de la gente en la reunión estarían científicamente orientados, yo pensé que sería mejor no mencionar mi trabajo, porque para muchos sigue considerado que está en el reino de lo absurdo, y yo tomo mi investigación muy seriamente, como para abrirme y ser ridiculizada. En ese tiempo yo realizaba mi trabajo en privado y solamente algunos sabían de lo que yo estaba explorando.

Walt Andrus, el director internacional de MUFON estaba presente y me di cuenta de que era un hombre con facilidad de palabra que demostraba aparentemente tener los factores de cualquier caso OVNI archivado en su memoria instantáneamente. Yo estaba impresionada por su conocimiento de los casos y varios de ellos, personalmente él los había investigado.

Otro hombre quien tuvo un profundo efecto en mi conexión futura con los OVNIS, y quien no impresionaba tanto en la primera impresión era Lucius Farish, siendo una persona promedio tranquila que ni siquiera me di cuenta de él. Él escuchaba atentamente y parecía estar absorbiendo la información como una esponja. Ahora yo sé que él aprende más de esa manera que estar siendo el centro de atención. Él publica mensualmente un "servicio de boletín OVNI" que tiene toda la información OVNI reciente de todo el mundo instantáneamente en sus manos.

Antes que la reunión se terminara yo me llegué a sentir más cómoda con la gente de allí y revele que yo era una hipnotista trabajando en el campo de investigación de vidas pasadas. Yo esperaba que me ignoraran, porque esto definitivamente no era lo que se consideraría una aproximación "científica", pero para mi sorpresa Walt dijo que la hipnosis podría ser una herramienta valiosa y cualquier herramienta que ayude a revelar la información sería seguramente bienvenida.

Después de la reunión yo entablé comunicación con Lucius Farish. Él apoyo mi trabajo y no me ridiculizó, como yo había temido. Un año transcurrió antes de mi primer encuentro con el reino de la investigación OVNI con la hipnosis. Al mismo tiempo que esto sucedía el libro de Whitley Strieber Communion explotó sobre la escena. Budd Hopkin con su libro Missing Time había estado disponible ya hace un tiempo, pero yo estaba envuelta con mi propio trabajo como para leer cualquiera de estos. Por coincidencia en mayo de 1986, mi agente me dio una copia del libro de Strieber y me sugirió que lo leyera, ya que contenía relatos de hipnosis de regresión concernientes a los OVNIS. Al mismo tiempo Lucius o (Lou como él es conocido entre amigos) me llamó para decirme que habría otra reunión anual en la casa de Higgin en Fayetteville. Él había sido contactado por una mujer, que pensaba, que había sido abducida por extraterrestres y quería tener una regresión hipnótica. Él quería saber si yo podría conducirla, aunque yo no tenía experiencia en este campo, él pensó que yo podía manejarlo. Después de todo era raro encontrar a alguien quien hubiera tenido experiencia con ese tipo de cosas (especialmente en Arkansas). Él mencionó que la mayoría de los psiquiatras y psicólogos no querían manejarlo porque estaba fuera de su campo de especialización. Meramente saber cómo conducir la hipnosis no era una cualificación suficiente, tú te tienes que sentir cómoda trabajando, con lo inusual, para que no te perturbe cualquier cosa que surgiera y ser capaz de conducir una investigación objetiva. Al menos yo ciertamente llenaba aquella cualificación, yo había trabajado por mucho tiempo en el campo de lo bizarro y paranormal que no pensaba que encontraría algo que pudiera sorprenderme. Si pude manejar a un hombre muriendo en la explosión de la bomba atómica (Un alma recordando a Hiroshima) o de la verdadera observación de la crucifixión de Cristo (Jesús y los Esenios), yo estaría más preparada que otros investigadores para manejar la abducción de seres humanos por extraterrestres del ¡espacio exterior!

En la reunión habían alrededor de 30 personas presentes y me preocupe por eso al no sentir la atmósfera apropiada en la cual se conduce una regresión de este tipo. Ciertamente no estaba en un ambiente relajado para conducir una sesión exitosa. En mi trabajo yo usualmente voy al lugar de la persona y la sesión es conducida en absoluta privacidad. En algunas ocasiones había testigos presentes, pero esto siempre fue con el consentimiento de la persona (usualmente existen personas requeridas por el sujeto para estar presentes) y estas son normalmente muy reducidas en número. La atmósfera es extremadamente importante para que la persona se sienta cómoda. Yo le comenté a Lou que esto sería cómo poner a una chica en exhibición en un aparador y yo pensé que la audiencia seguramente afectaría cualquier resultado.

Yo también estaba discretamente preocupada, porque este tipo de casos estaba fuera de mi práctica normal. Yo no estaba segura cómo proceder, mis métodos automáticamente dirigían a la persona de regreso a una vida pasada. Yo tendría que modificar y cambiar mis hábitos de trabajo para que no fuera a un pasado y se concentrara en los eventos de esta vida. Yo ya había usado muchas variaciones de mi técnica y sabía que podía encontrar un método que funcionaría, solamente tendría que cambiar mi procedimiento y no sabía los efectos o los resultados que tendría. Mis otros métodos son meticulosamente predecibles, aunque siempre existirá un individuo raro que se rehúsa a seguir el patrón. En tales casos el operador debe aprender en adaptar su técnica para que encaje. En este caso no había tiempo para practicar o ensayar un nuevo método. Tenía que ser hecho a prueba y error; improvisando como suenen las palabras. Con un cuarto lleno de gente observando, las condiciones no eran realmente propicias para la investigación. De esa manera cuando yo dirigí la sesión con la joven, fue hecha con temor, no porque la persona no importara, sino por el cambio de mi fiel patrón de trabajo. Y otra vez me estaba moviendo a un área desconocida donde los resultados eran inciertos por muchas razones.

Increíblemente, la variante en mí técnica funcionó muy efectivamente y obtuvimos una porción grande de información. Aquellas personas presentes no sabían que esta era mi primera vez, atendiendo este tipo de caso, porque la sesión procedió muy fluidamente. Para mí fue un caso inolvidable que abrió la puerta a la investigación OVNI. Fue mi primera introducción a los pequeños seres grises quienes sacaban a la gente de sus casas en la noche, para hacerles exámenes dentro de sus naves espaciales, mapas estelares y encuentros con precedentes desde su niñez. También fue mi primera atención al miedo y trauma que sintió la persona. Estos sentimientos eran tan reales que la emoción ganaba más que obtener la información.

La joven solamente podía reportar lo que vio y escuchó, no podía encontrar las respuestas a las muchas preguntas que yo le hice. Todo esto únicamente sumó mi interés y curiosidad. Yo sabía, que yo podía desarrollar un método para saltar el estado emocional y permitir al subconsciente en proveer las respuestas. Este método funciona en otros casos porque el subconsciente contiene toda la información. Una vez que definí el método no vi ninguna razón de no poder operar aquí.

Yo ya estaba trabajando en lo extraño y lo bizarro, porque el contacto con Nostradamus ocurrió durante ese mismo año (1986). Esto eventualmente resultó en escribir la trilogía, Conversaciones con Nostradamus, en los próximos tres años. De esta manera los eventos extraños e inusuales y territorios inexplorados no me asustaban, solamente despertaba mi curiosidad de investigadora y el deseo de saber más.

Fue hasta después de la media noche cuando yo abandoné la reunión para regresar a mi casa. No me importaba la idea de manejar a casa en la carretera desértica a esa hora de la noche después de ese tipo de experiencia. Toda la nueva y extraña información inundó el regreso a mi mente. Yo me sentí desconfiada y cuidadosamente miré hacia el cielo repetidamente mientras manejaba sola. ¿Significaba que en esta regresión realmente existían seres allá afuera teniendo contacto con humanos?, ¿sería que ellos sabían que acababa de terminar esta sesión? Tal vez ellos me estaban observando en ese mismo momento, los pensamientos crearon un viaje muy incómodo. Era cerca de la una en punto de la mañana cuando estaba llegando a mi casa sintiéndome muy aliviada. Yo sabía que yo quería explorar más este campo, pero también sabía que tendría que llegar en términos conmigo misma, emociones muy humanas con respecto a seres del espacio tratando con humanos. Naturalmente me provocó un miedo en mí, porque hemos estado precondicionados a través de los años en ver películas de horror interpretadas por extraterrestres extraños, terriblemente intentando conquistar al mundo. Estas creaturas siempre las han presentado como una amenaza y no como una ayuda. ¿Cómo podría yo mantener estas emociones para que no se contagien o se transfieran a la persona con la que esté trabajando? Yo estaba bien consciente de que cuando la persona está en un trance hipnótico, ellos están extremadamente conscientes de todo, incluso de la mentalidad del hipnotista.

Este caso abrió la puerta para trabajar con otros casos similares. Era el escenario típico de abducción que se ha estado repitiendo muy a menudo y que ahora ha llegado a ser un lugar muy común. Como yo lo he trabajado he visto, salir un patrón y cuando este patrón ocurrió repetitivamente yo rápidamente sabía si estaba trabajando en un caso genuino o una fantasía. La persona siempre vio a los pequeños seres grises con ojos grandes y varios tipos de exámenes médicos que estaban realizando. Ocasionalmente otro tipo de humano era visto en el cuarto durante las pruebas. Muy a menudo un tipo de seres insectoides extraños también eran vistos. Siempre había un cuarto curvilíneo, una mesa, una lámpara brillante posicionada sobre la mesa y el uso de instrumentos irreconocibles. Usualmente había un tipo de máquinas computadora en algún lugar en el cuarto y muchas veces a la persona se le mostraba un mapa estelar o un libro antes que abandonaran la nave. Muchos casos habían tenido su primer contacto en la infancia; la edad promedio de 10 años pareciera ser un período de tiempo crucial, incluso encontré algunos casos que remontaban a través de tres generaciones. La mamá y la abuela de la persona abnegadamente reportaban visitaciones y eventos similares, esto me dio la impresión de un experimento de laboratorio donde varias generaciones son estudiadas y monitoreadas a lo largo del tiempo.

Durante ese tiempo que estuve trabajando con Felipe y recibiendo la información que llegó a ser mi libro Los Guardianes del Jardín. Algunas de las piezas comenzaron a encajar, en ese libro se discutió la teoría de los astronautas antiguos sobre la siembra en el planeta Tierra por extraterrestres del espacio exterior. Yo aprendí que ellos habían estado observándonos desde los comienzos de la vida en la Tierra. ¿Qué más natural podría ser que aquellos extraterrestres continuarán monitoreándonos y observando nuestro desarrollo? Para mí esta era la razón de las pruebas y examinaciones, pero que tenía que hacerse encubiertamente para que la vida de la persona no fuera afectada. En Guardianes del Jardín, me dijeron que la situación ideal sería que la persona no recordara nada y continuara su rutina normal, pero estaba encontrando casos de gente que recordaba eventos traumáticos y dolorosos y a menudo recordándolos a través de sueños más que conscientemente. Me dijeron que los químicos y contaminantes en nuestra atmósfera, los medicamentos, las drogas y el alcohol en el cuerpo de la persona podía afectar la química del cerebro. Esto les causaría solamente recordar pequeñas piezas y arrebatos de la experiencia y aún así ellos lo recordarían de manera distorsionada a través de las emociones. Ya que ellos no recordaban el evento, su mente consciente cambiaba el evento hacia la carga de memoria emocional. Mi trabajo sería en pasar de las emociones conscientes y hablar directamente al subconsciente, como lo he hecho en mis otros trabajos, porque sabía por experiencia que las respuestas estaban escondidas allí, la idea era que al remover la influencia emocional de la mente consciente, la verdad del evento podría surgir.

## ¿POR QUÉ?

Muchos investigadores estudian solamente los avistamientos y las pistas físicas tales como los aterrizajes y nada más paran allí; otros investigadores únicamente estudian las abducciones y paran allí, también. Yo empecé con estos y he alcanzado más allá. He descubierto destellos de un panorama mucho más grande de lo que únicamente ahora está emergiendo en un comienzo que es; una imagen en la que nuestras mentes humanas apenas pueden comprender y podría ser la mayor que se ha mostrado a la humanidad; la historia de quiénes somos nosotros; de dónde venimos y hacia dónde vamos. ¿Estaremos listos para aprender los secretos de la historia de nosotros mismos?

Generalmente se ha acordado por varios escritores e investigadores del fenómeno OVNI que aparentemente los extraterrestres están inmiscuidos en algún tipo de manipulación genética en los humanos, con o sin nuestro consentimiento. También pareciera que ellos no están actuando totalmente con un motivo egoísta, sino están cumpliendo las órdenes de una más alta autoridad. Mucho es al parecido del personal de un hospital que a menudo pareciera trabajar sin tacto al realizar sus distintas pruebas y examinaciones. ¿Cuántas veces hemos nosotros encontrado la misma indiferencia cuando queremos saber los resultados de las pruebas de un hospital? Cuando nuestros hijos exhiben este mismo miedo y curiosidad, nosotros los callamos al decirles que el doctor necesita saber algo, ellos no lo entenderían, solamente que se queden quietos y que hagan lo que el doctor dice y así no los lastimaría del todo, incluso si nosotros sabemos las razones de los exámenes, nosotros no nos tomamos el tiempo en explicárselos a los niños, porque nosotros pensamos que únicamente les crearía un miedo y de todos modos no lo entenderían; así que nosotros intentamos mantener al niño quieto hasta que el trabajo necesario es terminado, entonces usualmente escuchamos: "Pero mamá tú me dijiste que no me dolería y me dolió". Esto crearía un sentimiento de desconfianza al pensar que han sido engañados y en algunos casos esto crea un miedo al doctor, la enfermera o el hospital. Tal vez nosotros también malinterpretamos al niño y asumimos que él no tendrá la capacidad mental de entender, cuando realmente no sea así el caso.

Los extraterrestres muestran la misma actitud, como si ellos estuvieran tratando con un niño o alguien de una inteligencia por debajo del estándar, los cuales no podrían entender ni siquiera si pudieran explicarles, el abducido reacciona de la misma manera como lo hacen nuestros niños, al decir que los extraterrestres no tienen derecho en tratarlos de esa manera, también ellos dicen que los extraterrestres no los respetan y ni siquiera se molestan en explicarles lo que verdaderamente está sucediendo.

Si estas examinaciones y pruebas están ocurriendo a gran escala envolviendo a muchas personas, yo lo veo comparado a lo frío e indiferente, asociado con los hospitales saturados, que administran cientos de exámenes idénticos cada día, después de un tiempo, estos exámenes llegan a ser tan rutinarios como mundanos que ellos no sienten una necesidad de explicar. No hay tiempo suficiente o no hay suficiente interés en intentar comunicarse con cada individuo, después cuando ocasionalmente un trabajador se toma el tiempo para dar consuelo y ayuda, su amabilidad es recordada y sobresale de la aparente indiferencia de trabajadores tipo máquina, yo creo que la actitud de los extraterrestres no es necesariamente indiferente hacia nosotros como si fuera una separación personal, pero quizás es la misma actitud clínica de la saturación de trabajo cuando se estanca por la misma rutina.

Muchos investigadores también batallan con las razones detrás de los exámenes y pruebas, diferentes ideas y explicaciones se han presentado y muchas más surgirán en el futuro. Cada persona envuelta en este campo inusual formulará sus propias teorías de lo que está ocurriendo, basado en su propia investigación y también basado sobre sus experiencias de vida, su mentalidad y expectativas.

Muchos piensan que la manipulación genética o ingeniería está ocurriendo, con muchas razones en mente, algunos piensan que nuestra raza es superior y que casi hemos alcanzado la perfección y que los extraterrestres podrían ser de una raza imperfecta o que están muriendo. Quizás ellos de alguna manera han perdido la habilidad de reproducirse y por lo tanto necesitan de nuestra especie los espermas u óvulos para ayudar a su propia raza en decadencia. Ellos esperan lograr de esto al mestizar, no físicamente sino clínicamente, al producir humanos-extraterrestres híbridos; esta idea es observada con horror por los seres humanos y de esta manera consideramos a cualquiera con este objetivo en mente como algo horrible.

Mis teorías son diferentes; yo no creo que ellos estén haciendo esto para sus propósitos, sino para el nuestro, y claro hemos visto que hay diferentes tipos de entidades envueltas y podría haber algunos tipos negativos haciendo estas cosas para su propio beneficio, pero yo creo que estos son la minoría, los renegados o rebeldes de los grupos de OVNIS; como yo lo expliqué en mi libro Guardianes del Jardín; existe un alto poder dirigiendo un plan que fue diseñado para nuestro mundo, eones antes que los primeros humanos aparecieran sobre nuestro planeta, este plan maestro fue concebido y trabajado por métodos que están más allá de nuestra comprensión, los seres que fueron asignados han llevado a cabo varios pasos en este proyecto, cada uno ha sido responsable en su pequeña parte y realmente no tienen nada que decir acerca de la culminación de todo el proyecto, el total enfoque estaba probablemente mucho más allá de su compresión, ellos han producido la vida en nuestro planeta, alimentado y arreglado sobre eones de tiempo, solamente haciendo un trabajo, una asignación. Ellos pudieron haber tenido asignaciones en varios otros planetas, en varios escenarios de su crecimiento, muriendo en su trabajo como seres individuales y continuado por otros. Esto fue un proyecto de un rango muy grande, extremado y orquestado meticulosamente en detalle, el tiempo no importó, únicamente el resultado final: la creación de una especie con logros superiores físicos y mentales. Tal proyecto no pudo haber sido logrado de la noche a la mañana y siempre existió incluso la posibilidad tal que el plan cuidadosamente trazado pudiera haberse equivocado, sería imposible anticipar cada circunstancia posible.

La mosca en la sopa ocurrió cuando un meteoro se estrelló en la Tierra e introdujo organismos que eran ajenos a nuestro planeta, en su propio ambiente ellos habían sido inofensivos, pero cuando se introdujeron en la atmósfera inmaculada de la Tierra se multiplicaron y mutaron en una amenaza volátil para la raza humana sembrada. Esto creó la introducción de enfermedades en el cuerpo humano, el plan ideal había sido creado en perfección, un cuerpo que funcionaba libre de enfermedades con larga vida de tiempo. Existió mucha lamentación cuando este desarrollo no previsto fue descubierto y una reunión fue sostenida en los altos niveles del concilio y decidieron que hacer, hubo mucha tristeza y remordimiento por este gran experimento que ha sido retorcido, pero fue decidido que como con mucho trabajo se había hecho sería lo mejor no cancelar enteramente el experimento, se decidió intentar minimizar el daño que se había hecho y proceder al hacer concesiones y seguir adelante para trabajar con lo que se había quedado.

En estas eras tempranas del desarrollo humano, hubo un constante corte y manipulación de las especies, la manipulación genética e ingeniería han sido parte de nuestra especie desde el comienzo de los tiempos, no es algo nuevo, y es por eso, porque todos estamos aquí y no estamos viviendo en cuevas y sobreviviendo de la naturaleza. Los extraterrestres han; cuidadosamente confeccionado e influenciado el desarrollo de nuestro cerebro, introduciendo gradualmente los increíbles poderes psíquicos y sentimientos intuitivos que están comúnmente entre ellos. Al llegar el hombre a desarrollarse desde las etapas animalísticas y a ser capaz de manejar su propia vida y asuntos, los extraterrestres ya no se les ha permitido tener mucha influencia y han ido enfatizado en este planeta el libre albedrío y que es estrictamente una ley universal, que el libre albedrío tenga que ser respetado.

El objetivo de cuidar el jardín cambió al de ser los guardianes; al hombre se le fue dado muchos consejos y conocimiento para hacer que su vida fuese fácil y después las nuevas especies tenían que ir en su propio camino. Si ellos hicieron errores y usaron mal el conocimiento, ese fue su derecho de hacerlo, mientras ellos no infligieron sobre los derechos de los demás afuera de su propio planeta. Los extraterrestres estaban bajo leyes estrictas de no interferir, y claro el estudio de las especies continuó. El experimento tenía que checarse de tiempo en tiempo para ver cómo estaba desarrollándose y haciendo los ajustes en su ambiente, fueron hechas correcciones en tiempos apropiados a través de la manipulación genética. Si esto había estado ocurriendo desde el comienzo de los tiempos, ¿por qué no debería seguir ocurriendo? Si ellos están actuando bajo la autoridad de un alto poder el cual nosotros ni siquiera podemos comprenderlo, ¿quiénes somos nosotros para decir que ellos no tienen derecho para hacerlo? Nosotros no le decimos a la madre que ella no tiene derecho o autoridad para cuidar a su hijo, yo lo veo con la misma lógica.

Conforme el hombre progresó e influenció su ambiente a tal extensión que afecto grandemente a su cuerpo. Yo creo que no es coincidencia que el ambiente del hombre sufra estos cambios amenazantes y las pruebas y examinaciones por los extraterrestres se han incrementado, claro está, ellos están interesados en lo que el hombre está haciendo en su cuerpo, como siempre lo han estado. ¿Qué más natural podría ser el intentar de corregir y ajustar en los humanos en relación con todas esas "cosas" que nosotros estamos poniendo en nuestra atmósfera? Si esto incluye la manipulación genética para producir mucho mejor a un humano para que pueda adaptarse, entonces que así sea. Yo creo que ellos continúan intentando corregir los daños hechos eones atrás cuando el meteoro introdujo la enfermedad en su experimento, yo creo que ellos siguen intentando en regresarnos al sueño original o diseño: un hombre libre de enfermedades, capaz de logros fantásticos y con una increíble esperanza de vida.

En el libro Los Guardianes del Jardín, yo mencioné acerca de otros proyectos de la posibilidad de crear un humano ¡perfecto! para vivir en un planeta que está siendo preparado en algún lugar del cosmos. Una oportunidad de comenzar otra vez en un ambiente limpio después de que este ha sido contaminado más allá del punto sin retorno, posiblemente por una guerra nuclear u otra cosa. Yo creo que esta es una posibilidad, pero podría no ser la única.

Yo tuve un extraño acontecimiento en el año de 1988, durante la noche inició un sentimiento distintivo y raro, donde todo un bloque de información de alguna manera había sido insertado en mi cabeza. La experiencia no tuvo ninguna de las características de un sueño. Mientras estaba ocurriendo yo desperté lo suficiente para comprender la información, yo sabía que era un concepto, pero no eran enunciados específicos o ideas y había sido colocado en mi cerebro en toda una forma concisa. Usualmente he escuchado a mis pacientes hablar que reciben conceptos los cuales tienen que adaptarlos al lenguaje para que puedan ser entendidos, ahora yo puedo valorar la dificultad que ellos tenían. Este fue mi primer y única (¡eso creo!) experiencia de este tipo. Yo sabía que el concepto lidiaba con la explicación del comportamiento de los ocupantes del OVNI, sus razones, etc. Yo sabía que era la explicación que debería de ser incluida en mi libro de casos de OVNI, el cual todavía ni siquiera había comenzado. Ni siquiera había estado consciente de considerar este problema de porque los extraterrestres estaban usando ingeniería genética, porque en ese tiempo yo estaba envuelta con la edición final del primer volumen de la trilogía de Nostradamus (Conversaciones con Nostradamus). Yo solamente estaba acumulando la información y tenía la expectativa de que en algún día se formaría un libro acerca de mis casos con los OVNIS.

Era un concepto, una idea y explicación que era diferente de cualquiera que yo había escuchado expresada por otros escritores en este tópico en ese tiempo, pareciera ser muy importante el que yo recordara el contenido, y el énfasis era que esta era la información que había estado buscando. Yo no tuve tiempo para analizarlo, porque era muy multifacético, pero sabía que yo podía tener la disponibilidad de retenerlo hasta el siguiente día cuando lo escribí en la computadora. Me dormí y desperté la siguiente mañana con una extraña sensación en mi cabeza, antes yo estaba completamente despierta del bloque de información que vino rápidamente de vuelta con la misma intensidad que fue la noche pasada; esto no era normal, porque usualmente al despertar de un sueño la información se desvanece rápidamente y es difícil de abstraerla, incluso si solamente son imágenes. Estas no eran imágenes, sino pensamiento filosófico, otra vez estaba estresada, porque era importante en recordarlo y escribirlo. Yo sabía que tenía que escribirlo en la computadora antes de que se me evaporara, y claro la vida diaria siempre se nos pone en el camino. La primera orden de actividades en ese día era para mi hija y yo el de envasar los duraznos de nuestra pequeña huerta. Los duraznos maduros no podían esperar, incluso estaba distraída por la información que daba vueltas en mi cerebro, cuando el último frasco fue sellado y colocado en la mesa para enfriarse, yo dije al menos tengo tiempo para mí en trabajar con la computadora.

Por supuesto, el siguiente orden de eventos es siempre en pensar en cómo ponerlos en palabras, esto es muy a menudo, la parte más difícil, porque un concepto puede presentarse entero y se resiste en fragmentarse, como sea necesario para convertirlo en palabras, pero yo haré el intento, estando completamente consciente que algo de ello se me olvidara, era una idea muy interesante, una explicación que podía construirla dentro del libro y dirigirme hacia las conclusiones preconcebidas; incluso en ese tiempo tal libro estaba sin forma ni substancia y únicamente era una sombra desvanecida detrás de mi mente. Las primeras etapas yacían durmiendo en mis expedientes por 10 años antes que llegaran a ser una realidad. En el año 1998 había acumulado un monto masivo de información para formar un libro, y de esta manera definitiva seguí el concepto que se me fue aclarado en el año 1988.

## EL CONCEPTO

Vino hacia mí, que la manipulación de genes fue para nuestra protección, la preservación de nuestra especie y para garantizar nuestra sobrevivencia. Viéndolo en esta manera es un acto de gran compasión y demuestra una inmensa devoción a nuestro cuidado. En los libros de Nostradamus es estresante saber que existe una verdadera posibilidad que nuestra vida puede ser destruida, fue visto en el futuro que existe una posibilidad que el eje de la Tierra se mueva. Durante tal catástrofe habría muerte como resultado de muchas causas: inundaciones, terremotos, erupción volcánica, tsunamis masivos y cada tipo de desastre conocido y desconocido por el hombre. Después de esto habría muerte resultado de enfermedades y hambruna. Cualquiera que sobreviva tendría que ser extremadamente duro, pero yo tengo completa fe en la raza humana y creo que tenemos la capacidad de sobrevivir. Creo, que como Nostradamus también lo cree, que este no sería el fin del mundo, pero el fin del mundo como lo conocemos. Sería un completo cambio a nuestra forma de vida, pero el hombre tiene la maravillosa perseverancia para obtener lo que él percibe, y eso es importante para la manera de vivir.

Esto es algo que a mí no me gusta pensarlo y no quiero considerarlo posible, pero muchos expertos están de acuerdo que la posibilidad existe. Tal vez los extraterrestres están meramente adelantados y están intentando anticipar cada posibilidad, ellos no quieren ser tomados por sorpresa otra vez. A través de la ingeniería y manipulación genética ellos quizás, no solamente están creando un humano que pueda funcionar en un ambiente contaminado con un cuerpo que puede resistir el cáncer y otras enfermedades causadas por estos cambios, y también será capaz de ajustarse a un nuevo estilo de vida lleno de un tremendo estrés. Uno de mis pacientes en este libro se vio a sí misma en una escena con gente enferma y muriendo, intentando ayudarlos de alguna pequeña manera. Ella misma no estaba enferma y era incapaz de enfermarse; su trabajo era de ayudar a los demás, quizás ella es una del nuevo mestizaje que ha sido diseñado para este propósito, para aguantar los embates del cambio de la Tierra y las crisis mayores que le pudieran seguir.

La teoría que yo he desarrollado a partir de la información que he recibido es que ellos están extremadamente interesados en nuestro bienestar como especie, porque ellos han sido nuestros cuidadores por eones. Ellos ahora no se van a rendir por nosotros. Algunos humanos están siendo preparados para sobrevivir en otro planeta que está siendo preparado y ser poblado por individuos libres de enfermedad; está diseñado para ser muy parecido y que no existiera un choque para la gente que comience a vivir una nueva vida o continuando su vida, en un ambiente nuevo y cristalino. Otros también pudieran ser preparados para sobrevivir en este planeta Tierra después de que los cambios catastróficos causen que la mayoría de los humanos sean incapaces de funcionar. Yo creo que en el futuro cuando seamos capaces de ver todas las diferentes facetas de este fenómeno, nos daremos cuenta que los seres extraterrestres no deberían ser temidos, pero sí bienvenidos como nuestros ancestros, nuestros hermanos, nuestros guardianes. Su propósito en el ¡gran plan! al menos será entendido y llegará a ser tan claro como un cristal para la humanidad.

## OBSERVACIONES

Desde que llegué a estar inmersa a esta manera radical de pensamiento me he dado cuenta de que estoy observando las cosas a mi alrededor de una manera diferente. Ha afectado la manera que veo a mis compañeros seres humanos, la manera que viven sus vidas y como sus vidas están relacionadas unas a las otras en la misma situación a nivel mundial. Como yo he notado; estas cosas, la lógica detrás de la teoría de los guardianes llega a ser más clara y convincente en mi mente.

En algún tiempo futuro distante es muy posible, que nosotros asumiremos el rol de guardianes para algún otro planeta, la idea no es únicamente posible, es muy seguro que suceda. El hombre es un animal muy curioso, como yo soy también, y seguro también lo son los extraterrestres, quienes comenzaron su proyecto al cuidado de la Tierra. Es inconcebible para mí que una vez que el hombre haya perfeccionado los viajes espaciales y conquistado las distancias entre nuestro mundo y los mundos muertos silenciosos, que él quisiera dejarlos de la manera en la que los encontró: muertos y sin vida. En ese distante futuro el hombre tendría el conocimiento para introducir vida como un experimento, él introduciría en simples etapas rudimentarias, primeramente; células sencillas, para ver como crecería en las condiciones presentes, y cualquiera que sea la "sopa" primordial que podría tolerar, después de mucha experimentación esto lo conduciría a más formas de seres de vida compleja introducidos o cambiados genéticamente para que sean compatibles al ambiente. No puedo creer que el hombre, con su curiosidad inherente, no lo haría de esta manera. Él razonaría sí pudiera haber un daño posible, para comenzar, podría haber un planeta árido, y sin vida, listo para la experimentación, podría comenzar con lo más básico de estructura celular; así el hombre tendría un planeta árido y listo para la experimentación y esperaría una cancha de juegos por los futuros científicos en intentar la adaptación de formas de vida. ¿A quién podrían posiblemente lastimar?, se permitiría la aplicación de métodos prohibidos en la Tierra, porque no existirían tales barreras en un mundo ajeno. El hombre claro está, estaría bajo algún gobierno o al menos bajo una guía superior de instrucción. Él seguiría las órdenes de un plan maestro porque sería muy complejo para el científico promedio trabajar solo. Después existiría el cuidado, el corte y el injerto por así decirlo, para ayudar al ajuste del desarrollo de las formas de vida. Estas tareas domésticas serían acarreadas por los menos educados (o incluso por robots), porque únicamente implicaría el seguimiento de órdenes. Este proyecto privado, conocido o desconocido por la gente del planeta hogar podía desarrollarse por incontables años y son perpetuados por generaciones de científicos, quienes consideran el "nuevo" mundo demasiado valioso para detener la experimentación. Estos científicos aprenderían un increíble monto de nueva información que sin duda se aplicaría para ayudar en el bienestar de la gente de la Tierra. Así que tampoco el proyecto podría ser abandonado si estuviera ayudando al estilo de vida de casa.

Sobre incontables períodos de tiempo la vida sería establecida y comenzarían el desarrollo en sus propias características. Quizás las formas de vida de la Tierra serían introducidas y mezcladas genéticamente para su adaptación. Eventualmente un animal con inteligencia podría sobresalir. Naturalmente podría ser ayudado con la manipulación genética y la introducción de rasgos de nuestra propia raza. Al presentarse innovaciones se creará tal exaltación que producirá ondas en las salas de la ciencia. La creatura pudiera tener algunas de nuestras características, pero probablemente no sería una copia al carbón, porque tuvo que adaptarse a su ambiente. Sus ojos, su aparato respiratorio y sistema circulatorio pudieran ser diferentes, pero seguirían estando considerado un humanoide incluso si probablemente no sobrevivió en la Tierra. Si la creatura comenzó a exhibir defectos que fueron inconsistentes con el plan maestro, ¿sería el proyecto de vida abandonado y la forma de vida destruida? No lo creo. Yo creo que el hombre seguirá poseyendo suficientemente el espíritu de Dios, que él considerará toda la vida como sagrada, incluso la vida que ha creado él mismo. Yo creo que él intentaría ayudar a las especies en adaptarse a sus defectos o permitir que llegue a ser un camino cerrado evolutivo y que expire por sí mismo.

Así mientras la especie dominante se desarrolle y comience a mostrar señales de civilización entonces la supervisión disminuiría, ellos no necesitarían estar constantemente observando, además podría ser un experimento interesante al ver como las nuevas creaturas se desarrollarían por sí mismas. ¿Qué tipo de moralidad ellos poseerían?, ¿serían ellos inventores?, ¿tenderían a ser guerreros? Para que nosotros podamos entender a nuestra propia raza, nosotros nos sentiríamos obligados en permitir a que estas creaturas se desarrollen por su propia cuenta y así estudiar cuáles rasgos están naturalmente sucediendo y cuáles son los aprendidos. Pero ellos no estarían totalmente solos, un consejero llegaría a vivir entre ellos para enseñarles las maneras para vivir mejor sus vidas, este consejero sería tratado y reverenciado como un Dios, incluso mucho después que se ha marchado y regresado a su planeta de hogar. Él tuvo que haber sido un Dios, porque él poseyó tales poderes maravillosos y conocimientos. Se les habrían dado instrucciones de como recolectar comida y maneras de sobrevivir y después para estudiar su desarrollo mental, el consejero no pudo haber intervenido; una vez que el conocimiento fue dado, tuvo que haber sido usado de cualquier manera que la nueva creatura decidiese. Si hubiera mucha interferencia el experimento pudiera haber estado completamente en peligro, obviamente hay muchos diferentes factores para enlistarlos aquí, pero este sería el escenario general.

Fuera un continúo experimento y nunca sería abandonado por el planeta hogar, en las generaciones siguientes continuaría en las listas de los registros de historia. Siempre existirían "vigilantes" que observen y mantengan los registros a la fecha. Existirían naturalmente algunas de estas nuevas creaturas quienes serían monitoreadas más de cerca para ver como su genética se desarrollaba, y como ellos estaban siendo afectados por su ambiente. Si apareciesen problemas estos podrían ser ayudados por posibles alteraciones, yo no creo que nosotros consideraríamos esto como una interferencia, porque bajo condiciones ideales la creatura no estaría consciente de lo que se le hizo y podía continuar su vida sin afectación. Sería mejor en esta etapa avanzada del experimento, que los científicos permanezcan detrás del vidrio en el laboratorio para que permanezcan sin ser detectados. Muy parecido de la misma manera son criados pájaros exóticos en cautividad, después que el ave sale del cascarón los cuidadores visten máscaras de pájaros o capuchas para que el polluelo en desarrollo no se identifique con los humanos. La teoría de los científicos es que si el pájaro se identifica con los humanos no puede sobrevivir en su propio ambiente en la naturaleza, porque debe identificarse con su propia especie.

    ¿Qué pasaría si la especie toma otro camino y comienza a usar su nuevo conocimiento que encontró para invocar guerra? ¿Qué pasaría si aquellos actos de guerra llegan a ser muy profundos que las especies inventaran armas de un poder terrible? ¿Qué pasaría si ellos usan sus nuevas invenciones sin responsabilidad que amenace en destruirse no solamente ellos mismos, pero todo su mundo? ¿Se les permitiría hacer esto? Yo creo que no. ¿Si el experimento ha sido protegido y alimentado a través de incontables siglos, se darían por vencidos o se les daría la oportunidad en algún punto de interferir? Sería un problema gigante y la decisión sería probablemente la responsabilidad en los altos niveles de gobierno en la Tierra. Podría ser decidido en permitirles hacer que ellos deseen que sea el último clímax del experimento, ¿pero permitiríamos que todo se perdiera? probablemente podríamos tomar células y producir clones para que pudiéramos tener algunas muestras de la especie en la Tierra, o comenzar de nuevo en otro planeta desolado. Nosotros probablemente no permitiríamos que todo el trabajo se pierda, pero yo creo que, si las especies son una amenaza para la destrucción total de su planeta, nosotros tendríamos que hacer algo para prevenirlo, porque podría causar repercusiones en todo el sistema solar e incluso quizás en las estrellas y galaxias vecinas, esto no puede ser permitido; esto causaría mucho desorden. Para ese tiempo, yo creo que nosotros finalmente tendríamos que romper el código dorado de la no interferencia y hacernos presentes. Nosotros finalmente les diríamos a las especies que nosotros somos sus creadores, sus guardianes y sus protectores por eones de tiempo. ¿Cómo seríamos aceptados? ¿Nos creerían? ¿Haría una diferencia?

Este escenario suena como de ciencia ficción, ¿pero que certeza tenemos que esto no pasará? ¿Cómo podemos saber con seguridad que esto ya sucedió, no solamente aquí en la Tierra, pero posiblemente en incontables planetas a través del universo? Mientras exista la curiosidad el hombre seguirá buscando, mientras el continúe investigando no hay barreras que él no pueda lograr. El universo es y siempre ha sido su hogar, este es uno de los rasgos importantes que ha heredado de nuestros creadores y nuestros guardianes. Seguramente es uno de los rasgos importantes que nosotros transmitiremos a las generaciones que aún están por nacer, ya sea en este planeta o en otro lugar.

*El conocimiento no tiene valor de nada si no puede ser compartido.*

# CAPÍTULO 2
# TIEMPO CONDENSADO O DISTORSIONADO

Muchos investigadores han explorado casos de tiempo perdido, donde muchas horas han pasado inexplicablemente sin que la persona esté consciente de ese lapso. Discutiré muchos más adelante en este libro, pero yo he descubierto un concepto el cual encontré que es mucho más extraño: casos de tiempo condensado. Esto es cuando los eventos toman lugar en mucho menos tiempo de lo que normalmente tomarían, y claro estos dos fenómenos son ejemplos de que el tiempo ha sido misteriosamente distorsionado desde el punto de vista del participante.

Nosotros estamos obstaculizados y estando atrapados por nuestro propio concepto del tiempo lineal, se ha dicho que nosotros podríamos ser el único planeta en el universo que ha inventado una manera de medir algo que no existe. Me han dicho muchas veces en mi trabajo que el tiempo es únicamente una ilusión, una invención del hombre. Los extraterrestres no tienen este concepto y me han dicho que el hombre nunca viajará en el espacio hasta que el corrija esta idea errónea del tiempo. Esto es uno de los problemas principales que mantienen al hombre atrapado en la Tierra. Incluso nosotros podríamos entender esto desde un punto de vista psicológico, es difícil y muy imposible para aceptarlo en nuestras mentes humanas. Nosotros estamos atrincherados meticulosamente en el tiempo con nuestras vidas, compuesta de medidas en minutos, horas, días, semanas, meses y años. Yo no veo la manera en la que podamos escapar este concepto y seguir funcionando en nuestro mundo normal de día de trabajo. En nuestro sistema de creencias, las cosas deben de progresar del punto A al punto B, en una forma ordenada, con cierta cantidad de tiempo no puede haber desviaciones, cualquier atajo es anulado, de esa manera nuestro enfoque es muy limitado. Cualquier cosa que yace más allá de nuestro enfoque se dice que es imposible y por lo tanto no puede suceder, no puede existir.

Si nosotros vivimos en un planeta que gira alrededor de su sol, y lo vemos de una manera diferente, ¿cómo podríamos medir el tiempo? Supongamos que siempre existe luz, o siempre obscuridad, supongamos que el planeta tiene dos soles, ¿medirían ellos el tiempo de manera diferente o decidirían ellos que no habría necesidad de tal inconveniencia? ¿Y qué hay de los seres que viajan en naves espaciales por grandes períodos de tiempo, saltando obstáculos a través del espacio sin puntos de referencia para distinguir el día y la noche y sin razón para marcar las estaciones y los años? No cabe duda de que ellos no entienden nuestro concepto de tiempo, y usualmente puede que no tenga sentido. Bajo similares o incluso más circunstancias radicales nosotros también podríamos decidir que no hay un propósito que sirve al crear tiempo y adherirlo tan dogmáticamente.

Al no tener tales restricciones ellos han sido libres para descubrir otras dimensiones y planos de existencia que están escondidos de nosotros por nuestra estructura rígida de tiempo. Habiendo hecho estos descubrimientos ellos han encontrado maneras para desmaterializar y rematerializar cualquier cosa que ellos deseen transportar. Ellos pueden resbalar y deslizarse a través de orificios y grietas de otras dimensiones y fácilmente caminar a través de esas puertas, y claro está ellos pudieran haber hecho esto desde hace mucho tiempo mucho antes que nuestros ancestros estuvieran viviendo en cuevas, y nosotros tendríamos mucho por actualizarnos, pero nunca encontraremos estas grietas hasta que nosotros removamos las cortinas que nos dicen que son imposibles. Si otra especie humanoide ha descubierto la manera, entonces es posible para nosotros. Si ellos han estado mentalmente alimentándonos de información, que nosotros hemos necesitado a través de eones de nuestra existencia, entonces ellos podrían estar incluso ahora intentando compartir los secretos para disolver las barreras del tiempo y mostrándonos donde yacen las puertas doradas.

Pareciera ser que muchos conceptos metafísicos fluyen fácilmente en la mente extraterrestre, pero es casi imposible de comprender para la mente humana. Los fundamentos de un investigador serían simplemente: si no puedes verlo, medirlo, tocarlo o estructurarlo; no existe. Están más cómodos con el concepto de viajar muchísimos kilómetros por hora para alcanzar la estrella más cercana y trabajar en el desarrollo de una fuente de combustible que logre el objetivo. Es mucho más difícil para ellos en entender el concepto de viajar con el poder de la mente y moverse entre dimensiones. Las soluciones del acertijo del fenómeno OVNI no son sencillas, entre más indagamos en el rompecabezas más llega a ser complicado explicarse y extenderse en la mente. Quizás esa es la razón, porque no se nos habían dado estas alternativas hasta ahora, en el pasado nuestra mente humana tenía la familiaridad que extraterrestres viajaban en OVNIS en maneras que entendemos; por ejemplo, usando un tipo de fuente de energía convencional que sobrepase la velocidad de la luz, siguiendo las leyes de la física para que nuestros científicos pudieran entenderlo.

Nos han educado, de poco a poco a lo largo, de los años y proveído con mucha información, mientras la podíamos manejarla en su tiempo, así mientras nosotros nos ajustamos a cada parte de los conceptos, las ideas, ya no nos espantarían, y de esta manera se nos dieron más partes complicadas del rompecabezas. Yo dudo seriamente si es que podremos entender completamente los conceptos, al igual que no podemos esperar que un niño pequeño pueda entender cálculo o geometría; así que lo más probable es que no se nos dé, la oportunidad. Me han dicho muchas veces que no espere que todas mis preguntas sean contestadas, mucho de ese conocimiento puede ser medicina como mucho puede ser como veneno y puede que cause más daño de los que pueda ayudar; así que he tomado lo que me han dado y he encontrado como analizarlo e intentado entender los conceptos y de esa manera me dan más para digerir, pero pareciera que nunca es más de lo que pueda entender. Esta es la manera que he escrito los libros para presentar estas ideas en la manera, que las personas puedan entenderlas; como tal habrá conceptos en este libro que no he presentado antes, existe aún mucho territorio desconocido, que yace ante el explorador y espero, viajar allí. Hemos hecho nuestros pequeños pasos en un ¡mundo desconocido!

Podemos decir que estos seres y sus naves no se comportan según a las leyes de la física como las conocemos, podemos decir que lo están haciendo de una manera que no es "natural", y este es uno de los grandes escepticismos de su existencia. La gente que los ha reportado dice que hacen maniobras que son imposibles de hacer, yo creo que debemos encontrar que no son fenómenos raros, pero naturales. Ellos podrían estar obedeciendo a unas nuevas leyes de física o ciencia que nosotros todavía no hemos descubierto o incluso pensado en ellas, es únicamente nuevo para nosotros, porque no cabe dentro de nuestra estructura de realidad, pero para ellos es muy normal. Según la información que he recibido, las naves OVNI son capaces de desaparecer de la vista o de las pantallas de radar, etc. porque ellos repentinamente cambian su rango vibratorio, si tú puedes observar como las aspas de un ventilador giran o las hélices desaparecen, como la velocidad de rotación se incrementa, así tienes una idea burda de cómo funciona. Nosotros que estamos viviendo en el plano físico de la Tierra estamos vibrando a baja escala, esto lo explicaré más profundamente en mi libro Convoluted Universe (Universo Complejo). En estas otras dimensiones existen muchos otros mundos (algunos físicos y otros no) que a veces existen paralelamente al de nosotros, pero están vibrando a un rango más rápido. Usualmente estamos totalmente inconscientes de la existencia del uno con el otro y entre más avanzados estos otros mundos estén, han llegado a ser conscientes de nosotros y regularmente vienen aquí para observarnos y para hacer esto ellos deben de bajar su rango vibratorio. Esto ha sido descrito como doloroso al hacerlo, así como mantener este rango lento por cualquier duración de tiempo; y por lo tanto podría tener un efecto opuesto en humanos al querer entrar en esas dimensiones. Nuestro rango vibratorio podría acelerarse y tener que desacelerarse al reingresar.

Muchos de estos seres, han evolucionado, al punto de que ellos son pura energía y no requieren de cuerpos, ellos pueden como sea manifestar cuerpos cuando es necesario e interactuar con humanos. No podía entender por qué seres que son de energía pura necesitarían una nave espacial para viajar, tal vez ellos no solo están llevando su ambiente con ellos como gravedad, atmósfera, etc. para mantener la vida, pero también para acarrear su rango vibratorio.

Han existido muchos casos de humanos que han sido tomados abordo de naves pequeñas sin efectos duraderos en sus cuerpos, quizás esta sea la razón. La nave entra y funciona dentro de nuestro rango vibratorio y los humanos pueden ajustarse a ello, usualmente los pequeños seres son reportados en las naves chicas; ellos son un tipo de ser clonado o manufacturado que puede obviamente funcionar fácilmente en estas frecuencias a diferencia de otros tipos de seres. Ellos fueron hechos en la imagen de sus creadores los seres grises altos, para que puedan llegar a la Tierra y hacer sus tareas mentales. Tomar muestras de los humanos, animales, plantas, tierra etc. Después son llevadas a una nave más grande para el análisis de laboratorio. No ha habido tantos casos de reportes de personas que son llevadas a borde de una nave grande o de naves "nodrizas", estas usualmente están localizadas altamente en la atmósfera, porque son tan grandes como para aterrizar con facilidad, pero ahora yo creo que también están vibrando a un rango diferente que los hace invisibles. Quizás los seres a bordo no pueden ajustarse fácilmente como para hacer su vibración lenta y prefieren quedarse en su ambiente cómodo; para que los humanos entren a estas naves sus moléculas tienen que ser ajustadas al rango de velocidad vibratorio, ellos pueden funcionar así por un tiempo limitado, pero no pueden mantenerse indefinidamente o el cuerpo podría desintegrarse. Al reingresar el proceso complicado y difícil ocurre cuando el cuerpo de la persona es reajustado y el rango desacelerado, esto puede resultar en confusión, desorientación, parálisis temporal y síntomas (como heridas leves), así mientras el cuerpo se recupera por haber estado expuesto a tales cambios a su sistema vital. Esto pudiera explicar, por qué no ha habido muchos casos reportados de personas tomadas a bordo de estas grandes naves. Las otras experiencias con las naves pequeñas y los seres grises son más comunes, la persona promedio podría no tener que ajustarse a los cambios físicos necesarios para la experiencia.

En 1998 el último estadounidense que regresó a la Tierra de la conjunta misión con los soviéticos orbitando a bordo de la estación espacial MIR. Comentó que lo más difícil fue ajustarse al peso opresor de su cuerpo físico después de haber estado sin peso por mucho tiempo.

Las secuencias de pérdida de tiempo no siempre son lo que aparentan ser, es asumido que la persona ha sido envuelta directamente con OVNIS y extraterrestres cuando hay una pérdida de tiempo, especialmente si hubo una luz (o nave) avistada al mismo tiempo. Yo he encontrado que esto no siempre es el caso, en muchas instancias la persona meramente bloquea de su mente la experiencia desagradable o traumática y no tiene que ver con extraterrestres. Esta información puede ser obtenida con precisión cuando el trance es suficientemente profundo al contactar directamente a la mente subconsciente; esta contiene todas las memorias y reportará lo que realmente ocurrió sin la impresión emocional interfiriendo la mente consciente. Yo siempre les digo a los investigadores que no se adelanten a las conclusiones cuando la persona reporta un tiempo perdido o cualquiera de las experiencias que parecieran encajar con el patrón. Yo siempre busco primero por la explicación más sencilla antes de ver lo más complejo, en muchos casos la explicación a la respuesta es esa. Por algunas razones desconocidas algunas personas prefieren la respuesta más complicada para explicar los eventos de su vida. "He tenido un tiempo perdido, así que debe ser que me han tomado a bordo de un OVNI", por algún proceso psicológico misterioso este razonamiento abstracto es más fácil de aceptar que lo cotidiano, pero no es agradable. En uno de mis casos, la persona definitivamente había tenido un tiempo perdido y envolvía un contacto con extraterrestres, pero era un caso de haber estado en el lugar y tiempo equivocado.

Tom quería explorar un período de pérdida de tiempo que ocurrió en 1972 en Massachusetts Estados Unidos, el cual siempre le había molestado, él había estado en una junta de negocios en la casa de un paciente; habían otras personas presentes y les habían servido una muy buena cena, mientras la tarde había transcurrido se había hecho muy tarde y una de las mujeres lo invitó a pasar la noche en su departamento para quedarse y así manejar hasta el siguiente día a su hogar que se encontraba en la próxima ciudad.

La mujer manejo esa noche y Tom recordaba que vio una luz brillante en el cielo por encima de los árboles, a ella la hizo sentir nerviosa. Él no recordó nada más hasta que despertó al otro día en el departamento, él no había consumido ninguna bebida alcohólica o cualquier tipo de droga y nunca pudo explicar la pérdida de tiempo. No mucho tiempo después la mujer se mudó y él perdió contacto con ella, él recordaba que ella era un poco extraña, porque no era amigable ni tampoco muy comunicativa.

Bajo hipnosis él regreso a la escena recordando la fecha exacta de lo ocurrido y describió la cena deliciosa, él describió más detalles que su mente consciente había olvidado; muchas fueron irrelevantes de los que estábamos buscando, pero mostró que toda la información estaba allí lista y disponible. El nombre de la mujer era Estela, él describió su carro como un modelo nuevo Pontiac ave de fuego de 1972. Era casi media noche cuando ellos estaban manejando en una carretera local a su departamento y él recordaba la breve conversación, después vio por encima de su vista lo que pensó que era una bola de fuego o una "estrella fugaz" hasta observar como esa luz en el cielo llegó a incrementar su luz y aparentemente se aproximaba hacía a ellos.

El motor del automóvil repentinamente se apagó y se paró en medio de la carretera, Estela se espantó, pero curiosamente Tom reaccionó de una manera diferente, él repentinamente se sintió muy cansado y empezó a dormirse, esta reacción definitivamente ¡no era normal! Yo sabía que su subconsciente permaneció despierto y yo podría hacer mis preguntas.

Su subconsciente me dijo que él y Estela estaban dormidos y que había una luz brillante que rodeaba el automóvil penetrando todas las ventanas, las puertas del automóvil se abrieron y sus cuerpos dormidos fueron removidos del carro, yo pregunté quién se los llevó.

"Ellos parecen como personas, uno de ellos tiene el cabello café y el otro rubio, ellos nos sacan del vehículo y examinan dentro de él, después nos observan; tienen una cosa que sostienen y la pasan por encima de nosotros y nos ponen de regreso en el automóvil".

Él dijo que ellos habían sostenido su cuerpo parado y pasaron un instrumento de arriba hacia abajo en su cuerpo, hacia un sonido como un clic cuando lo movían, yo asumí que su cuerpo estaba muy pesado para ellos como para levantarlo de esa manera, él dijo que probablemente era, pero que aun así lo hicieron con facilidad.

Yo pregunté por la descripción del instrumento "se ve fino como una antena de televisión como de 33 a 36 centímetros de largo con cables como una bobina y emitía destellos de colores, casi como un verde neón a un fuerte azul púrpura. Los colores rodeaban al instrumento, cada vez que era pasado, por encima de la persona y puedo escuchar el ruido de clic, yo no sé para qué es".

Ellos fueron depositados de regreso en el automóvil, el motor estaba funcionando y estaban manejando en la carretera una vez más, los hombres y la luz se habían marchado, Estela dijo "Oh creo que me he dormido por un segundo, debo de estar realmente muy cansada", Tom también sintió como si estuviese adormilado. Después Estela vio a su reloj y se sorprendió cuando miró el tiempo ¡Dios mío! ¡Son las dos y media! ¿Acaso no nos fuimos casi a las doce? Oh no lo sé, será mejor que sigamos". Los dos lo ignoraron hasta que manejaron hasta su departamento. Tom se sintió muy cansado como si le hubieran absorbido la energía y estaba exhausto. Él estaba dormitando durante el transcurso que quedaba del trayecto, en el departamento ella le advertía de guardar silencio para no despertar a los vecinos, ella le mostró su cuarto y él totalmente colapsó en la cama, él no recordó nada más hasta que el teléfono lo despertó a la mañana siguiente.

Yo pregunté a su subconsciente si sabía la razón de la examinación por el extraño instrumento, respondió: "Si, yo sé porque, fue porque Estela trabaja para una compañía al sur de Boston que está preparando secretos militares para la guerra de Vietnam y ella tiene acceso a diferentes tipos de información. Yo creo que ellos realmente querían la información de ella y no tanto por mí, solo sucedió que yo estaba allí en el momento cuando ellos la contactaron, ellos la monitorean y ella ha sido probablemente contactada muchas más veces en el pasado. Yo sabía que algo estaba mal, porque ella siempre se veía nerviosa, ella se ve sospechosa y no hace amistades fácilmente, así como también se mueve de dirección constantemente. Antes de vivir en Boston vivió en California, antes de eso vivió en Hawái y antes en Japón; ella ha viajado por todo el mundo".

D: *¿Hicieron ellos la misma cosa con ella con el instrumento?*
T: No pude ver que hacían ellos con ella, porque ellos hacían eso con ese instrumento conmigo, pero sé que hacían algo más, ellos tienen algún tipo de contacto con ella.

D: *¿Cuál era el propósito de ese instrumento?*
T: Era similar a un tipo de instrumento como la tomografía que nosotros tenemos ahora, estaba examinando mis funciones vitales, también midió mis ondas cerebrales; ellos alteran las ondas cerebrales de las personas, pero esas personas no son malas. Ellos eran fríos o sin emoción, solamente estaban monitoreándola, porque ellos temían que ella podría haber estado envuelta en algo. Es como un tipo de espionaje, esa es una de las razones por la que ellos quieren monitorearla, porque ella conoce mucha información. Estela tiene un grado académico en radio bacteriología y un doctorado en ingeniería eléctrica, ella es una mujer muy inteligente.

D: *¿Estaban ellos intentando obtener información de ella de esa manera?*
T: No, ellos ya saben todo lo que ella sabe, porque ellos pueden leer sus pensamientos, pero por alguna razón u otra ella es importante para ellos, no lo sé.

D: *¿Por qué ellos estarían preocupados si estaba ella envuelta en espionaje? ¿Qué diferencia haría para ellos?*

T: Ella tenía ese problema, se le habían acercado gente que representa al bloque de los países soviéticos. Ellos le iban a dar cien mil dólares, pero ella nunca acepto la oferta y se mudó.

D: *¿Estos seres estaban preocupados de que ella estuviera envuelta en algún tipo de espionaje? ¿Eso es lo que quieres decir?*

T: No, ellos no estaban preocupados de que ella estuviera envuelta en espionaje o algo así, ella es una de las personas que ellos están monitoreando, eso es todo. Y ella tiene acceso a todos los diferentes tipos de tratados científicos y e información de esta naturaleza. Ese es el porqué ella está siendo monitoreada.

D: *Esta información que tú me estás diciendo acerca de ella, ¿Es algo que tú ya sabías o es algo que tú estás aprendiendo ahora?*

T: Bueno, yo sabía que ella tenía un grado académico, sabía que ella trabajaba para una compañía a las afueras de Boston y que tenía que ver con la ingeniería eléctrica, pero no sabía que ella estaba envuelta en espionaje.

D: *¿Entonces esto es algo que apenas te estás enterando acerca de ella y que no sabías en ese tiempo?*

T: Sí, ella está realmente molesta por ese monitoreo y este es el porqué ella viaja por todo el mundo. Ella está intentando huir de ellos, ella se marchó tan pronto como sucedió eso. Yo creo que ella se mudó de Massachusetts, porque yo no he podido contactarla.

D: *¿Entonces no la volviste a ver?*

T: No, ella tuvo que irse... (pausa y después sorpresa) a Houston, Estela fue transferida a Houston, esa es la razón porque se fue.

D: *Está bien, ¿llegaste a tener alguna experiencia como esta otra vez después de esa cita, con la luz o algo así?*

T: No, nunca otra vez, esa fue la única vez.

Yo pensé que esto fue interesante, porque fue un caso de tiempo perdido donde la persona no era el objetivo de atención de estos seres. Había aquí un espacio muy amplio para fantasear si la persona, se hubiera inclinado a esto, pero el incidente ni siquiera se enfocaba en él; también es interesante que mencionó, que él nunca tuvo otro incidente similar, si él se hubiese imaginado él pudo haberlo expandido muy fácilmente. Así como fue, no existió más elaboración de la experiencia del todo.

Yo crucé con tres casos en los años de 1988 y 1989 que sugerían una distorsión del tiempo y quizás incluso el moverse a otra dimensión.

En el verano de 1987 Lou Farish colocó una pequeña nota en el super mercado local preguntando si, es que, alguien había tenido incidentes raros relacionados con los OVNIS para que le llamaran. Eso fue la primera y la única vez que él colocaría tal nota. Una mujer llamada Janet le llamó para contarle un suceso extraño la noche anterior en su área. La mujer era muy aprensiva y no quiso identificarse, ella le dijo que estaba viajando desde Little Rock a su casa, la cual estaba ubicada pasando el área de Conway, en únicamente quince minutos; cuando la distancia es aproximadamente de 80 kilómetros y un viaje normal toma 45 minutos. No hubo tráfico en todo el camino del cuarto carril de la autopista interestatal, lo cual era muy inusual. Cuando ella llegó a su casa sus perros hicieron un gran escándalo, lo cual no era normal ese comportamiento en ellos. Lou mencionó que al parecer teníamos un caso de tiempo condensado en vez de tiempo perdido, lo único relacionado que podía asociarse con OVNIS fue que la mujer había visto durante el evento una luz inmensa muy brillante sobre los árboles. Ella era una mujer de negocios y no quería identificarse, porque al parecer se sentía avergonzada al hablar de ello.

Entonces Lou fue a su casa para hablar con ella, él se dio cuenta que Janet era una persona extremadamente centrada, que nunca había leído o había estado interesada de cualquier manera en el tema de los OVNIS. Ella estaba segura que tenía que haber un sentido común, una explicación lógica de lo que fuese que sucedió, pero ella estaba teniendo dificultad en calcular la velocidad del tiempo y la luz en el cielo, Lou le preguntó si estaba dispuesta a someterse bajo hipnosis, pero ella estaba muy en contra de eso. Yo le dije que no la presionara, que la dejara pensarlo, y por sí fuera posible a mí me gustaría reunirme con ella.

Durante el siguiente año, de vez en cuando, él ocasionalmente la había contactado, ella estaba teniendo todo tipo de explicaciones bizarras en el encuentro con la luz, incluso que alguien podría haber estado en los árboles con espejos dirigiendo la luz hacia arriba. Las explicaciones eran más bizarras que el verdadero incidente, pero ella estaba desesperadamente intentando encontrar una explicación que ella pudiera aceptar, ella también reportó haber tenido sueños extraños de una naturaleza premonitoria y por primera vez en su vida estaba exhibiendo tendencias psicóticas.

Lou siguió intentando arreglar una cita entre las dos, pero no funcionó, cada vez que intentaba ella estaba haciendo algo más que era más importante para ella, usualmente estaba relacionado con su trabajo. Obviamente la experiencia, aunque fue fuerte, no era predominantemente importante para ella.

Justamente fue bueno que esto fuese en un lapso de tiempo, porque cuando yo escuché por primera vez su caso con la idea del tiempo condensado era una nueva rareza, pero durante este período yo crucé con dos casos más los cuales tenían una remembranza distintiva y yo pensé que allí podría haber una similitud mayormente notable reportada por Valerie y Eddie en este capítulo.

Mi reunión con Janet finalmente ocurrió durante la conferencia OVNI de Ozark en Eureka Springs, Arkansas Estados Unidos en abril de 1989. Ella había acordado en asistir forzadamente y Lou nos presentó, ella mencionó que había al menos 30 cosas más que ella hubiera preferido estar haciendo ese fin de semana y el atender esta conferencia no era de su prioridad; simplemente su interés no estaba allí. Ella había estado escuchando atentamente a los conferencistas y viendo las imágenes y presentaciones. Pero nada parecía ser como su experiencia, así que ella pensó que era una pérdida de tiempo. Nosotros nos sentamos en la recepción mientras la mayoría de la gente estaba en la sala de conferencia, y de esta manera nosotros pudimos tener una conversación privada.

Janet era una rubia muy atractiva, toda una dama sofisticada, pero sin exagerar. Muy bien vestida y ella daba la impresión de que se relacionaba con personas muy bien educadas, aún así ella parecía muy amigable y no daba la apariencia de ser presuntuosa. Ella notablemente estaba relajada conmigo e inmediatamente comenzó a contarme toda su historia, casi parecía aliviada de finalmente contarlo, ella parecía sentir que yo no la juzgaría, si no que estaba allí para intentar ayudarla. Ella se decidió finalmente en buscar la verdad, porque ella recientemente había tenido recuerdos espontáneos que sumaban más detalles y esto le molestaba, ella estaba positiva en encontrar una explicación lógica y estaba convencida que cuando lo encontrara, le dejaría de molestar y me contó cuidadosamente con exactitud los detalles.

Yo estaba segura de que ella había checado la extraña ocurrencia de la condensación del tiempo y así lo había hecho, parecía el tipo de persona que quería verificar cada posible detalle para satisfacer su propia curiosidad. Ella ya había checado doblemente con varias personas quienes verificaron el tiempo cuando ella se fue del restaurante en Little Rock esa noche. Era alrededor de la media noche cuando ella tomó la autopista I-40 y manejó en la carretera hasta la salida que la llevaba a su casa, solamente existe una calle para entrar y salir de esa área y siempre hay tráfico sin importar el tiempo ya sea de día o de noche, ella está muy familiarizada con cada vuelta y sabe cada una de las casas a lo largo del camino ya que ella maneja esa ruta casi todos los días; pero en esa noche ¡todo parecía extraño y diferente! no se podían ver las estrellas y ella se dio cuenta que estaba extremadamente quieto, ni siquiera los sonidos de los grillos. Distintivamente notó que no había luces en ninguna de las casas ni siquiera el vapor de las luces de mercurio las cuales siempre se queman. Ella conocía muy bien esta área y allí siempre están las luces en las casas las cuales se podían ver desde la distancia, no había sonido ni signos de vida, no había tráfico, lo cual ella consideró ser muy inusual.

Entonces ella vio el objeto, era enorme suspendido justo arriba de la copa de los árboles enfrente de ella a su mano derecha, era enorme de forma ovalada y resplandecía un distintivo color naranja brillante. El resplandor estaba contenido dentro de la forma y no la emanaba hacia fuera, no había marcas, no tenía ventanas, remarques u otras luces, solamente la forma sólida ovalada naranja. Cuando ella la vio por primera vez pensó que era el sol ocultándose y el resplandor con el color era resultado del reflejo en las nubes. Aunque el sol se había ocultado varias horas antes, esta fue su primera explicación que le llegó a su mente, después pensó en la posibilidad de ser el resplandor, de un meteoro o una aurora boreal. Ella estaba intentando asociarlo con algo lógico, aunque nunca había visto algo parecido en su vida, ella había bajado la velocidad del carro y se agacho para verlo y normalmente esto hubiera sido peligroso por el monto común de tráfico en el camino.

Al mismo tiempo que el carro se movía Janet estaba cautivada por la gran luz, después ella vio un objeto por delante de la carretera y ella pensó que probablemente era un animal muerto, cuando se acercó al objeto paro el carro para mirarlo, estaba asombrada de ver que era un gato ordinario congelado en una posición inusual, estaba sentado sobre sus patas traseras, su pelo erizado y sus patas superiores en el aire y observando al mismo objeto que ella estaba viendo con toda su atención. El animal no estaba muerto, pero grotescamente congelado en esta extraña posición mirando hacia el objeto, casi en un estado de suspensión animada, esta era la única señal de vida con que ella se cruzó si así quieres decirle a eso.

Ella continuó manejando lentamente y viendo el objeto, entonces cuando estaba a su lado, el objeto se fue de una manera inusual, las orillas de arriba y de abajo lentamente se cerraron dejando un espacio obscuro arriba de los árboles una vez más, las dos orillas se unieron y parpadearon, ella lo demostró con sus manos y yo tuve la impresión como si fuera un ojo gigante que cerraba sus párpados. Yo le pregunté si estaba segura y no simplemente se movió por detrás y abajo de la línea del árbol alejándose fuera de la vista, ella mencionó que si eso hubiera pasado ella hubiera visto la luz por debajo través de los árboles, ella estaba muy segura de que la orilla baja y alta simplemente se juntaron y la luz desapareció. Existe una posibilidad de que el objeto pudiese haber permanecido allí, ahora únicamente en un estado obscuro. Como no había estrellas el objeto pudo haberse mezclado con la obscuridad, como sea que sucedió ella aceleró y continuo su viaje a casa más confundida que nunca, ella dijo que nunca sintió miedo, únicamente asombro, admiración y fascinación, su mente calculadora había estado intentando adivinar qué había sido.

Cuando llego a su casa sus perros de raza pura, los cuales estaban guardados en un corral fuertemente construido estaban teniendo un escándalo, ellos estaban ladrando, maullando, mordiendo y rasguñando a la barda para intentar salir. Ella mencionó que los perros nunca se habían comportado de esa manera antes, ya que la raza era muy noble, normalmente casi nunca ladran cuando ella o alguien más se estaciona enfrente de la casa, pero esa noche cuando llegó los perros enloquecieron, yo le pregunté si ella había notado algo raro en el carro o consigo misma y dijo que no.

Cuando entró a la casa, se sorprendió de ver la hora y dio vueltas en la casa chocando todos los relojes comparándolos con su reloj de mano y todos marcaban el mismo tiempo. Ella había llegado a casa mucho más rápido, ella estimo aproximadamente 15 minutos lo cual pudiera haber sido imposible, especialmente al rango de velocidad lenta que ella estaba viajando. Ella despertó a su esposo y le pregunto que le dijera la hora en el reloj y le pidió que le recordara al siguiente día a qué hora había llegado a casa.

Janet mencionó que ella estaba comenzando a tener recuerdos instantáneos relacionados al incidente, ella recordó que algo repentino cruzó la carretera justo enfrente del carro cuando por primera vez avistó al objeto. También al mismo tiempo hubo un repentino resplandor de luz en medio de la carretera, lo describió similar a un reflejo de espejo que repentinamente se había volteado haciendo un resplandor o destello de luz, ella tenía dificultad para describirlo, pero le recordaba a los reflejos del salón de espejos en la casa de diversión en la feria.

Nunca tuvimos una sesión de hipnosis, aunque estoy convencida que había más en la historia, no quiso explorar más allá el incidente, porque tenía su vida en orden, Janet estaba muy envuelta en su negocio y no quería para nada que la desviara de eso o que creara confusión en su vida, ella consideraba el evento como una curiosidad, aunque nunca probablemente lo entendería así y continuó con su vida. Los más importante de mi trabajo es que la persona continúe viviendo una vida normal. Yo intento ayudarles entendiendo cualquier experiencia e integrarla en sus vidas. Si la idea de descubrir más los disturba entonces lo mejor es dejarlo por la paz, y una vez que la información es descubierta simplemente no puede ser regresada. En este caso Janet probablemente fue muy inteligente, porque ella no quería que le causara un desorden en su vida organizada cuidadosamente, esto así debería ser, yo respeto los deseos de mis pacientes.

En los siguientes dos casos las personas tuvieron consciencia y memorias muy reales del evento. Las memorias fueron incrementadas y más detalles se dieron bajo hipnosis.

Eddie era un trabajador manual en sus treintas, que estaba dudando de hablar de su experiencia, y él únicamente lo hizo por la presión de su novia. Avergonzado y notablemente aprensivo él se sintió incómodo con la grabadora, yo la puse en la mesa y le dije que en algunos minutos él olvidaría que estaba ahí. Al momento de la entrevista las personas fácilmente olvidan detalles y la grabadora asegura que la historia sea precisa, también hace validación a las memorias conscientes y las mantiene separadas de las memorias que se revelan a través de la hipnosis. Al estar conversando él se relajó y muy pronto llego a olvidarse de la grabadora.

Él reportó un evento que ocurrió casi 20 años atrás cuando él tenía 17 años asistiendo al último año de preparatoria viviendo en una comunidad rural en Missouri. Después de haber visitado a un amigo del pueblo, él estaba manejando de regreso en su vieja camioneta, era tarde por la noche en un camino de terracería donde hay muy pocas casas y están alejadas entre sí, cuando él por primera vez vio la luz, él pensó que era el reflejo de la luz de mercurio pública, las cuales eran nuevas en el área. Algunos de los granjeros estaban remplazando las lámparas incandescentes por esas, pero estaba en un lugar donde él no estaba acostumbrado a ver una luz, al tiempo que se aproximaba él empezó a incrementar la sospecha de que no era una lámpara pública. Porque llegó a ser más brillante y alta en el cielo, se movió hacia él hasta pararse encima de él y después siguió a la camioneta en movimiento, él saco su cabeza de la ventana para observarlo, como cerca de la distancia de medio kilómetro de su casa repentinamente se movió enfrente de él y flotando por encima de un grupo de árboles. Al mismo tiempo pudo ver que era un tipo de forma lenticular grande, tenía luces naranjas en el exterior y rotaban en una banda que daba vueltas por el medio causando que las luces parpadearan, la base era de un color metálico plateado, su curiosidad causó que parara la camioneta en la base del cerro. Él se salió y se sentó encima del cofre de la camioneta para observar el extraño objeto, pareciese extraño que él no tenía miedo, pero supuso que era porque había sido criado en el campo y pasaba mucho tiempo en la naturaleza. Así mientras él se sentaba en la camioneta para observarlo, una luz azul salió de la base e iluminó las copas de los árboles por debajo, flotaba perfectamente estable y aunque la banda rotaba no hacía ningún ruido, él calculó la medida del objeto y dijo que tenía aproximadamente lo ancho del cuarto en el que estábamos lo cual sería un aproximado de 8 metros.

Eddie permaneció allí sentado entre quince y veinte minutos observándolo, durante este tiempo otra cosa rara ocurrió, un vecino familiar llego con su camioneta golpeada; dos adultos y un montón de pequeños niños quienes vivían alrededor de 5 km de su casa. Los niños estaban todos sentados en la parte posterior de la camioneta, Eddie alzo sus brazos apuntando hacia arriba, desesperadamente intentando llamar su atención, él sabía que ellos lo habían visto, porque su camioneta estaba parcialmente en la carretera, pero ellos manejaron sin ni siquiera frenarse, él dijo que fue casi como si él fuera invisible, después estuvo tentado a preguntarles, porque ellos no se habían parado, pero él no pudo ni siquiera atreverse a hablar con alguien acerca del incidente.

Cuando él llego a su casa, corrió subiendo a las escaleras gritando, sus padres estaban dormidos y los espanto al despertarlos tan repentinamente, él hizo que se asomaran a la ventana para ver afuera, pero la luz había reducido su tamaño a la medida de la luz pública, en un instante parpadeo y desapareció, lo que fuese que sus padres vieron fue una comparación mínima de lo grande que la nave que él había visto.

Durante todo el año hubo muchos avistamientos en el área, algunos vistos por la policía, pero nunca escucho de uno tan cercano como lo que él había experimentado. Él no podía sacar el tema para hablarlo, porque temor a que fuese ridiculizado. "Yo era el tipo de chico que no necesitaba tener ese tipo de publicidad". Yo me podía identificar con ese sentimiento, porque yo también vivía en una comunidad rural aislada y tú estás muy consciente de lo que tus vecinos piensan de ti.

Él dijo, "yo tuve que vivir con esto por años, pensando probablemente que estoy loco o tuve alguna razón psicológica para crear esta historia ficticia, aunque eso no es verdad, ¡yo vi esa cosa!, ha sido una batalla el no querer abrazar la idea de lo que yo vi o admitir de lo que fue. Ese objeto estuvo tan cerca que podría decir que un rifle de postas pudo haberlo golpeado, cada vez que yo intentaba decirle a alguien yo sentía dentro de mí que esa persona probablemente pensaría que yo estaba loco, solamente no quería exponerme a ese tipo de reacción".

Ese es el mismo sentimiento que mucha gente tienen acerca al reportar lo que ellos han visto, Eddie nunca había leído ninguno de mis libros de OVNIS antes de este evento. Como un chico de rancho, él estaba más interesado en la cacería. Fueron años anteriores que él busco a través de los libros intentando encontrar algo que semejara a lo que él vio. "Yo sentí algún tipo de identificación, si hubiese encontrado piezas de eso, pero no hubo nada en particular como lo que yo experimenté".

Tengo la impresión de que Eddie pareciera estar incómodo revelando todo lo que él hizo, yo creo que sigue sintiendo que podría ser ridiculizado y él no quería ponerse en esa situación. Yo tuve la impresión de que le costó mucho trabajo decirle a un extraño, acerca de algo que él había mantenido en secreto por todos esos años.

Él ahora se siente suficientemente relajado conmigo y ha acordado hacer una sesión de hipnosis, yo hice la cita para la próxima semana, para ver si nosotros podíamos obtener más detalles.

No mucho más fue adherido bajo la hipnosis, él había recordado el evento con precisión, yo decidí preguntar al subconsciente de Eddie por más detalles que su mente consciente no tuviera conocimiento. Si la persona está lo suficientemente en un nivel profundo de trance esto se puede lograr y regularmente las respuestas sorpresivas salen a flote. Yo quería saber si algo le había sucedido a Eddie que no estuviera consciente de ello, su respuesta fue que hubo una infusión, a él le habían dado fragmentos, piezas, pedacitos de información. Y le habían dado instrucciones, y él seguía refiriéndose a la infusión y cuando le pregunte qué es lo que significaba él uso una palabra que era desconocida para mí. Yo puedo únicamente deletrearla fonéticamente: contruvering. La palabra no tenía sentido para mí y él también dijo que él no sabía que significaba. Él mencionó los pedacitos y piezas de información que venían de la nave y le ayudarían en su expansión y crecimiento. Era una cosa física y la información estaba siendo absorbida por las células de su cuerpo, aunque no tenía idea de lo que era la información.

Mucha gente ha pensado que, por tener un avistamiento, ellos también pudieron haber tenido una experiencia de abducción que ellos pudieran recordar, yo he descubierto que no siempre ocurre esto, en algunos casos de avistamientos es simplemente suficiente, porque la información subliminal es transmitida sin que se haga un contacto físico, todo esto ocurre en el nivel subconsciente. De esta manera mucha gente que piensa cuando han tenido meramente un avistamiento, realmente han tenido más, y han sido influenciados en maneras que ellos no tienen ni idea.

Yo pregunté, porque le había sucedido esto a Eddie y la respuesta fue porque él estaba vulnerable. Él estaba impresionado e ingenuo y esto hizo que el contacto fuera fácil. Era más difícil a través de personas que son más de mente material, me dijeron que "vulnerable" o "inocente" eran buenas características para un contacto fácil, y sorpresivamente no importaba si la persona creía en esos objetos, porque la meta era de atraer la atención del individuo. Los ocupantes estaban buscando por una abertura, una manera de conseguir a un ser, el centro de la persona para así poder sembrar una semilla.

Yo estaba curiosa acerca de qué tipo de semilla él quería decir y él me dio una respuesta extraña, "la semilla de su ser, de su unidad, no estoy separado, unificado, no dos, sino uno. La semilla o idea es plantada en la psique por la infusión de luz. Está en las células, la memoria de la unidad puede ser plantada donde sea mientras exista una abertura. Todos nosotros somos uno con ellos, no somos creados como dos, sino como uno. Ellos quieren que nosotros sepamos esto, y en esa noche él tuvo una oportunidad de verlos, él fue un buen candidato para implantar esta información". Aparentemente hubo otras veces durante la vida de Eddie cuando él estaba siendo instruido sin sospecha alguna. Ya que las lecciones y conceptos fueron directamente a su subconsciente, él no tuvo consciencia ni memoria de ellos. Él únicamente recordaba; las experiencias inusuales, que envolvían el comportamiento de los animales de una manera rara. El contacto usualmente ocurría a través de los ojos de los animales, porque los animales estaban dispuestos y pudieron haber sido usados en esta manera. Eddie vio a través del elemento de sorpresa, el espíritu de unidad en los ojos de los animales, en algunos casos no era un animal real sino una ilusión. Esto fue hecho para encontrar los lugares vulnerables de la gente. "La persona debe de estar quieta, la persona debe de parar su mundo". Ellos pueden hacer que la gente vea algo, que no está allí, a través del elemento sorpresa, ellos toman a las personas por sorpresa, pero pensaba que la gente no está en guardia todo el tiempo.

La respuesta fue "tú te sorprenderías porque la gente siempre está en guardia, nosotros tenemos que encontrar maneras para tomar a las personas por sorpresa. Cuando la persona se enfoca en algo, en una nave o en un animal, cuando obtenemos su atención, nosotros podemos parar su mundo, entonces la infusión puede tomar lugar. Nosotros usamos el elemento sorpresa, si la persona está yendo en su vida normal, en su rutina diaria, nosotros no podemos obtener su atención y así no funciona, su atención debe ser desviada de alguna manera".

Yo dije que eso significaba que los seres tenían que estar constantemente monitoreando para encontrar estas pequeñas oportunidades, él dijo que ellos lo están. Esto también podría ser una explicación del porqué ellos son invisibles a las personas quienes no están envueltas en la experiencia, porque su mundo no ha sido parado. Él dijo, "no solamente los animales pueden ser usados para lograr esto, así también lo son los sueños. En este caso ellos podrían controlar los sueños y tener características inusuales, los sueños lúcidos, lo que son tipo más real de lo común; muchas veces son acompañados por sensaciones físicas, dentro de los sueños y estos permanecen hasta que la persona despierta, muchas veces, pueden ser, sueños llenos de color, o sueños de miedo, pero sueños de carácter inusual, no importa de qué tipo de sueño sea, mientras sea más real y tiene la cualidad de sentirse muy real incluso después de haber despertado. El sueño podría tener una emoción de miedo, porque a veces la persona soñando debe estar desapercibida, muchas veces de la misma manera que la persona despierta tiene que ser captada desapercibida. El miedo es la emoción más poderosa y puede ser usada, en ocasiones para generar que pare el mundo, de los dos en el sueño y en el estado alerta. Al crear una emoción fuerte es más fácil para nosotros en tener un contacto. El elemento de sorpresa y el elemento de miedo detonan el despertar. El miedo es únicamente usado temporalmente y tiene que ser usado correctamente, el miedo solo es una apertura, pero mucha gente se queda enganchada, porque mucha gente le es más fácil entenderlo que al mensaje, en realidad las personas no tienen razón para temer, pero es más fácil colgarse de esa emoción y muchas personas requieren de mucho miedo para parar su mundo, pero esa es su propia decisión".

*D: Pareciera que los seres usan las emociones en maneras en la que nosotros no podemos entender.*
E: Nosotros hemos usado las emociones en maneras que no las entendemos.
*D: ¿Entonces realmente no hay nada de temer?*
E: No, es una manera suave de abrir el cascarón, no hay intención de hacer daño.

La extraña porción de esta experiencia concerniendo a la camioneta llena de personas también se ha repetido en algunos de mis otros casos. Aparentemente la experiencia solo fue significativa para Eddie, porque las otras personas no estuvieron conscientes de la gran nave que estaba por arriba de sus cabezas, ni tampoco de la presencia de Eddie, esto fue muy raro. Yo vivo en el campo y si yo veo a alguien estacionado en un camino rural, siempre te paras para ver si ellos necesitan ayuda. Esto es únicamente una cortesía muy común, porque las casas están muy separadas lejos, unas de las otras, en el campo y encontrar ayuda puede ser muy difícil, así que nunca dejarías a un vecino varado. Pareciera que él estaba invisible para ellos, atrapado en su propia dimensión de tiempo donde nadie más pudiera ser afectado, una verdadera experiencia íntima.

Después de despertar Eddie recordó algunos incidentes extraños relacionados con animales. Una vez mientras ayudaba a su padre en el campo de heno, él estaba manejando el tractor cuando una paloma paso volando y se posó en su antebrazo derecho, él sintió que algo había sucedido en esa ocasión porque fue tan sorpresivo; en otra situación él estaba sentando en un campo de maíz cuando un coyote llegó y comenzó a caminar alrededor de él en círculos. Esto fue altamente inusual porque los coyotes mayormente evitan a los humanos. En otro incidente mientras él estaba cazando en el bosque, un venado, le permitió caminar hasta él y tocarlo, como hubiese sido no tuvo el elemento de miedo, en estas situaciones él sintió como si algo sucediera que lo hiciera pausar hasta calmarse, para hacerle ver las cosas de diferente manera.

Existen muchas historias en los casos de OVNIS donde la gente reporta el comportamiento muy inusual de los animales. Whitley Streiber les llama a estos casos "memorias encubiertas", cuando la persona ve la ilusión de un animal para encubrir lo que realmente está allí. Yo creo que esto muestra que el contacto no tiene que ser físico o dramático, no tiene que ser un contacto directo con una creatura extraterrestre, pareciera que sucede cuando menos te lo esperas en maneras que son muy sutiles; dejando una impresión muy real en la mente consciente y además algo más profundo está ocurriendo en el nivel subconsciente mientras la mente está distraída sin monitorear la acción.

Yo misma, tuve un incidente raro con un búho que nunca he olvidado, mayormente, porque fue un evento inusual. No puedo recordar la fecha, pero sé que fue en el invierno y creo que fue antes de yo llegara a involucrarme completamente con la información de OVNIS, porque no le puse importancia hasta que el tópico de memorias encubiertas resurgió después, esto tuvo lugar alrededor de 1988, yo estaba manejando de regreso a casa muy tarde por la noche, bueno después de medianoche, de una de mis reuniones con mi grupo de metafísica en otra ciudad. Yo vivo en una muy aislada ubicación cubierta de bosque en las montañas de Ozark, lo aislado no me molesta, porque yo empleo la mayoría de mi tiempo constantemente viajando y dando conferencias en las ciudades más importantes y pobladas del mundo, así que después de mucha actividad frenética yo disfruto y valoro mi espacio cuando regreso a casa, solamente existen cinco casas en una distancia de seis kilómetros que es lo que me toma subir mi montaña, mi casa está ubicada a un kilómetro y medio del vecino más cercano, así que el camino es muy obscuro y yo estoy acostumbrada a ver animales silvestres en el área durante la noche.

Había manejado a la cima de la montaña y había pasado por la casa de mi último vecino, así mientras me estaba aproximando a mi hogar, en el límite donde comienza mi propiedad, las luces de mi auto detectaron un búho muy grande parado en medio del camino, yo manejé hasta acercarme y no se quiso mover.solamente permaneció allí, aparentemente deslumbrado por las luces del auto, su cabeza se nivelaba con la parte superior de la defensa, así que pude ver tan claramente sus grandes ojos sin parpadear, yo le pite cuando me aproxime, no quería lastimarlo, solamente quise que se moviera del camino. Entonces se volteó y voló muy bajo cerca de la tierra con sus grandes alas y alineándose fuera del alcance del rango de las luces del auto. Una vez más yo me aproximé y no se movió hasta que yo me acerque a ella y una vez más volaría una corta distancia de nuevo, alineándose, volteando su cara hacia el auto. Esto continúo todo el camino hasta que llegue a la entrada. Se pararía en varios lugares enfrente de mi auto para solo observarme sin parpadear. En cada ocasión tomo varios segundos para moverse, yo me reí, porque pareciese ser muy peculiar, yo no tuve miedo de ello, yo le hablaba preguntándole que se moviera por favor porque no quería atropellarla. Lo pude haber hecho varias veces porque no cedía hasta que yo me acercaba y le pitaba; esto bajaba mi velocidad consideradamente hasta parar y después volaba a baja altura a una corta distancia y volvía a aterrizar. Finalmente, la última vez voló al otro lado de la entrada a mi casa y permaneció allí mientras yo entraba.

Yo le dije a mi yerno acerca de este extraño comportamiento y él pensó lo mismo que era muy inusual, porque los búhos no se comportan de esa manera, él es un cazador y está familiarizado con el comportamiento de los animales en el bosque, él también dijo que pareciera ser un búho muy grande.

Más adelante cuando surgió el tópico memorias encubiertas, especialmente aquellos relacionados a los búhos, yo pensé que había sido muy entretenido y no creí que pudiera haber sido uno de estos porque yo no sentí ningún miedo, únicamente asombro. Más aún, definitivamente supe que no hubo un tiempo perdido, porque yo cheque la hora cuando llegue y permanecí por unos momentos después.

Años después en octubre de 1996, cuando el evento regresó a mí, con un tinte de comprensión, acababa de terminar una gira de conferencias a través de Escocia y el norte de Inglaterra y estuve un par de días en Londres con el lujo de no tener ningún compromiso antes de continuar con otra conferencia en Dorset que está al sur de Inglaterra, mi idea de relajación no es probablemente lo que la persona en común quiera hacer y yo tome ventaja de mi tiempo libre para ir al museo de historia natural en Londres. Los museos y las bibliotecas son mis lugares favoritos, yo me la paso por horas desde la sala de exposición principal, donde están las gigantes reconstrucciones de dinosaurios, a las salas alternas donde cada especie de animal son preservados en vitrinas, fue en la sala de los pájaros donde me tomó por sorpresa, en una vitrina estaban en muestra todas las especies de búhos, lo que me impresionó y sentí que me ericé toda hasta mi espalda y fue de que ninguna de ellas eran tan grandes como la que yo vi en el camino desolado hacia mi casa años antes. Ninguna de estas pudo haberse sido vista sobrepasando la defensa de mi carro, al mismo tiempo que yo las estaba observando yo perplejamente me preguntaba en mi mente, ¿Qué fue lo que realmente vi en el camino aquella noche? ¿Tuve una experiencia similar a las que yo he estado investigando? ¿Paso algo más esa noche? Nunca lo pensé en ese momento y solamente lo considere una curiosidad; pero ahora sé que si algo más ocurrió fue muy sutil y una preparación fácil para el trabajo que se me avecinaba y definitivamente no era para ser temido. No estoy diciendo que esto sea un ejemplo de contacto con seres extraterrestres, solamente estoy diciendo que tiene una remembranza a los casos que he estado investigando. Sin más ni menos, surgían preguntas en mi mente, en alguna parte de este libro ellos dicen que puede suceder en un parpadear de ojos una vez que ellos tienen tu atención, es extraño cuantas cosas podrían estar ocurriéndonos sin nuestra percepción consciente.

Yo investigué otro caso que ocurrió en la ciudad de Little Rock, una mujer que estaba yendo a trabajar durante las horas pico de tráfico en una carretera, ella vio una nave muy grande en forma de cápsula que repentinamente apareció directamente enfrente de ella en el cielo, ella pensó que eso causaría que todo el tráfico llegaría a pararse, pero en vez de eso todo procedía normalmente. Había gente trotando en las banquetas y ella frenéticamente alzó los brazos y les grito a ellos desde su carro tratando de llamarles su atención y apuntando hacia arriba; ellos continuaron trotando como si ella fuese invisible, ella se orilló hacia la banqueta y observo que la nave hacía giros drásticos y se alejó. Nadie más puso atención en eso, aunque era muy grande. Ella no fue abducida y nada más sucedió durante el evento.

Yo investigué un caso en 1997 a la mitad del mundo, en Inglaterra que era muy idéntico en todas sus características, ¿Acaso tienen los extraterrestres la habilidad de crear una experiencia individual que nadie se le permite ser testigo? Un caso similar será explorado más adelante con más detalles en este libro.

Aparentemente nos están sucediendo muchas cosas en otros niveles y únicamente nos es incómodo cuándo algo sucede que llama la atención a la mente consciente; siento desde que no estamos conscientes y que de todos modos no podríamos hacer nada, no deberíamos de preocuparnos, sería muy fácil de volverse un paranoico. Espero que exista algún día un plan para que todo pueda ser descubierto, un método para ver y comprender este caos, por así decirlo.

Estos incidentes, como sea parecieran ser un tipo diferente de experiencia desde el caso de Janet; el mundo de Eddie pareciera tener movimiento, en el caso de Janet no fue así, su entorno alrededor se había paralizado, mientras su mundo privado continuó, como si ella se hubiese movido más rápido que la dimensión, ¡donde normalmente vive! Todo en ese mundo pareciera haberse parado porque se estaba moviendo a una vibración lenta; como si ella se hubiera resbalado y deslizado a través de dimensiones, el siguiente caso es otro ejemplo.

Cuando Valeria por primera vez me contó acerca de su experiencia de OVNIS yo no estaba muy interesada, porque aún no estaba trabajando en esta área, pareció ser un avistamiento común hasta que ella empezó a relatar algunas circunstancias inusuales; en invierno de 1988, cuando esta sesión tomó lugar yo llegué a involucrarme más en estas investigaciones. Yo decidí preguntar más acerca del caso para así tenerlo grabado, y ahora puedo ver que los dos casos están relacionados en la distorsión del tiempo como yo ya lo había reportado.

Valeria era una mujer esteticista en sus años treinta de un pequeño cercano poblado, yo fui a su casa en su día de descanso y le pregunté que me repitiera su experiencia para grabarla, el evento ocurrió alrededor de 1975 cuando ella estaba viviendo a las afueras de Fort Smith en Arkansas, que es una ciudad de tamaño moderado en la zona central del oeste del estado. Algunos amigos la habían visitado y para las 2 a.m. la mayoría ya se habían marchado.Solo hubo una chica que se había quedado y Valeria tuvo que manejar para llevarla a su departamento en la ciudad. Ella manejó en calles alternas y se dirigía hacia la carretera cuando por primera vez vio, un objeto extraño, era grande, luminoso, blanco, resplandeciente y más grande que el tamaño de la luna. Valeria se orilló en la calle para que lo pudieran ver, ellas no estaban muy lejos de una base del ejército y pensó que tal vez tendría que ver algo con maniobras nocturnas militares. Tenía una un tipo de forma de sombrilla, así que pensó que era un paracaídas, pero tan pronto se dio cuenta que eso no era nada normal, mientras lo estaban observando de repente se lanzó hacia a ellas y flotó por encima del automóvil, Valeria se espantó y movió el automóvil en reversa, se dio la vuelta y se dirigió hacia la ciudad. Al entrar a la carretera el objeto luminoso voló paralelamente del lado del pasajero, no mantuvo una forma en particular porque pareciera cambiar, pero permaneció muy blanco, luminoso y resplandeciendo luz; Valeria aceleró determinada en llegar a la ciudad tan pronto posible, después se dio cuenta de un extraño fenómeno, no había tráfico en ninguno de los carriles ni luces (esto sonaba sorprendentemente muy similar a la experiencia de Janet) La situación inusual continuó cuando ella salió de la carretera y entró a la ciudad, después vieron cómo se iban apagando las luces del alumbrado de las calles, una por una, conforme se iba aproximando, pero aún así podían ver para seguir manejando, nada se movía ni los árboles, ni el césped, solamente había un silencio misterioso. No vieron perros, gatos, no había otros autos, personas, tampoco luces en ninguna de las casas, pareciera como si fueran las únicas personas en el mundo, un sentimiento raro como de "La Dimensión Desconocida". Ella lo describió como si estuviera en una aspiradora, sin ruido, sin movimiento, sin nada, las luces de las calles del área estaban apagadas conforme fueron pasando, aun así, había una suave luz que irradiaba de algún lado desde arriba. Ellas estaban determinadas en llegar a algún lugar donde hubiera más personas, pasaron por un centro comercial donde había un restaurante abierto durante toda la noche y entonces el objeto flotó por encima del centro comercial. Así mientras ellas manejaron por el restaurante se dieron cuenta que no había signos de vida, aunque estaba abierto las 24 horas al día, no había luces, ni gente por ningún lado, mientras manejaban no se encontraron con ningún auto, ni vieron gente. Aunque fuese tarde normalmente siempre había alguien en las calles de la ciudad.

Al sentirse desesperadas ellas decidieron ir a la oficina de un amigo en el centro de la ciudad, él usualmente trabajaba tarde por la noche y sabían que él estaba allí, cuando entraron a la oficina su mundo volvió a la normalidad. Ellas no le contaron la verdadera razón de su visita y solo permanecieron por un rato, eventualmente Valeria llevó a su amiga a su departamento.

Cuando se dirigían hacia la carretera para volver a su hogar el objeto volvió aparecer otra vez, como si hubiera estado esperándolas, todo fue normal durante el tiempo que estuvieron en la oficina y también cuando manejo hacia el departamento, pero, ¡ahora la luz estaba de regreso otra vez! al paso del lado del pasajero del automóvil. Cuando ella llegó a su casa se apresuró en estacionar el automóvil, el objeto rápidamente aceleró para alejarse y desaparecer en el cielo de noche, Valeria mencionó que la manera que el objeto se comportó fue muy rápida desde el comienzo y también como se alejó, definitivamente pareció estar controlado.

Después del relato decidimos intentar hacer la sesión de hipnosis para averiguar más detalles del incidente. Inmediatamente ella empezó a recordar cosas menores en detalle, como el nombre de la chica (ya que conscientemente no podía recordar) la hora exacta cuando habían dejado la casa, la marca y el año de su automóvil, así como también el hecho de, porque estaba molesta de que estuviera manejando tan noche para llevar a la chica a su casa. Ella notablemente respiraba rápido, agitada mientras relataba el inicial avistamiento del objeto y el manejar frenéticamente hacia la ciudad. Ella le dijo a su amiga "esto es ridículo el de estar manejando rápido, si nos quiere pues que nos lleve". Ella estaba intentando llegar a la ciudad donde habría más gente para así tener testigos, la descripción de los eventos fue muy parecida a sus memorias conscientes.

V: Sabemos que si podemos llegar al fuerte Smith habrá alguien. Siempre hay auto o patrulla cerca del centro comercial, siempre hay gente comiendo en el Sambo, de todos modos, tenemos que llegar ahí, es muy raro, nada se mueve, no hay autos, no hay animales, no hay nada, es misterioso; se siente como si estuviéramos en un túnel del tiempo, como en una dimensión desconocida. Pero las luces de la calle... pareciera como que hay luces de la calle enfrente de nosotros, pero ... no hay luces de la calle cuando las alcanzamos, es como si algo está sucediendo con la electricidad; cuando llegamos al área del centro comercial el objeto está por encima de los edificios, quiero pensar que es la luna, pero es una luna extraña ¡no puede ser! ¿por qué cambia de forma?

D: *¿Qué tipo de formas cambio?*

V: No te puedo decir exactamente, no era redondo como la luna, era más ovalado, pero no tenía la forma delineada, está resplandeciendo y era blanco; en el restaurante Sambo no había nadie allí.

D: *¿Puedes escuchar el ruido del motor de tu automóvil?*

V: No, no podemos escuchar nada, yo creo que nuestros corazones están latiendo muy rápido (risa).

Ella mencionó al despertar; que ella podía realmente sentir su corazón latiendo muy rápido, como si lo estuviera experimentando de nuevo, con todos los síntomas físicos.

V: Todo pareciera estar bien a excepción de que nosotros estuviéramos como en un túnel del tiempo, el automóvil está funcionando, nos podemos escuchar una a la otra, el carro siendo el carro, pero no hay otro sonido, todo está muy quieto, es verdaderamente muy extraño.

Ellas no vieron ningún carro o ningún signo de vida en todo el camino, cuando ellas decidieron ir a la oficina de su amigo y al dar vuelta a la calle que las dirige allí, todo volvió a la normalidad; estaba iluminado como debió haber sido. En la oficina estuvieron tentadas a platicarles la loca historia a su amigo, pero pareciera muy absurdo porque todo estaba normal allí.

Después de haber dejado a la chica en su apartamento y dar vuelta hacia la carretera que la lleva a su casa, el objeto y la atmósfera de dimensión desconocida regresaron, de nuevo sin ruidos, sin autos, sin luces, sin personas, aunque, ¡todo había estado normal en la oficina!

V: Tengo que manejar hacia mi casa... así lo hago y aún tengo esta luz que está viajando conmigo, no pareciera ser mala, pero causa temor. Es una cosa extraña que está sucediendo, hice que Glinda prometiera no decirle a nadie, no quiero que ellos piensen que yo estoy loca, no quería que me encerraran. Yo hice que ella prometiera que no le diría a nadie, yo me fui a mi casa y cuando me estacione yo estaba buscando la luz, y solamente se alejó en un "instante" tan rápido como había llegado la primera vez y se perdió de vista.

La mayoría de sus memorias bajo hipnosis fueron lo mismo a comparación de su memoria consciente, sabía que la única manera que podría obtener más información era preguntando para hablar con su subconsciente. Yo después pregunte lo que ocurrió durante el tiempo que ella estaba manejando y que tuvo la extraña sensación del apagar de luces y del movimiento.

V: La examinación, fue una observación de esa entidad, ella estaba siendo observada durante todo su recorrido. El viaje verdaderamente sucedió, pero la nave estaba observando y recogiendo patrones de energía y pruebas, mientras ella estaba manejando su auto.
D: ¿Cómo se puede lograr eso?
V: Oh, no es difícil.
D: ¿Se la llevaron físicamente?
V: No, el equipo es técnicamente muy avanzado y alcanza grandes distancias, es un hecho que esto sucede muy a menudo, las pruebas y observaciones son hechas sin que la persona sea trasladada físicamente.
D: ¿Cuál es el propósito de tales examinaciones?
V: Es solamente informativo, no es malo.
D: ¿Por qué sintió ella que estaba como en un túnel del tiempo?
V: Ella estaba en un túnel del tiempo.
D: ¿Puede ser más específico?

V: La energía y el poder que fueron parte de los patrones de transferencia estaban afectando su percepción del patrón. Afectando su percepción de lo que la rodeaba, como si el tiempo se parara.

D: Pero ella sintió que realmente estaba manejando.

V: Y ella lo estaba.

D: Y ella pensó que estaba consciente de su alrededor.

V: Sí, pero ahora ya sabes que existen más cosas que suceden en más de un nivel Dolores, y muchas cosas pueden suceder simultáneamente, eso ya lo sabes.

D: Estoy llegando a tener más y más conciencia de eso.

V: Y esto es solamente otro ejemplo de sucesos simultáneos.

D: Estoy curiosa acerca del hecho que no había luces, ni autos o nada. ¿Quieres decir que el tiempo literalmente paro afuera de ella en su ambiente inmediato?

V: Sí, pero no afecto al resto del mundo, el poder que precedió a estos eventos simplemente cerro lo que sucedía en su trayectoria ¿Lo entiendes?

D: Estoy intentando, es ¿cómo si todo se congelara?

V: Sí, pero fue tan momentáneo que no afecto nada.

D: ¿Entonces las vidas de las otras personas no fueron afectadas del todo?

V: Exacto

D: ¿Pero, entonces no había luces?

V: Sí, realmente no hubo luces por un instante

D: ¿Y esto fue causado por la energía?

V: Sí, eso es correcto.

D: ¿Habrían notado las otras personas que las luces se apagaron?

V: No, este patrón, esta observación sucedió cuando ellas dos estaban solas.

D: ¿Entonces si alguien de afuera estaba mirando, para ellos la vida habría marchado como normal?

V: El elemento tiempo fue que no había nadie afuera observando.

D: ¿Quieres decir que no había nadie allí?

V: No había nada, fue un instante, fue un destello de tal momento, que fue como si no hubiera pasado.

D: Entonces en ese momento no había nadie más envuelto en ese escenario.

V: Eso es correcto.

D: *¿Entonces fue el tiempo condensado? (Sí) ¿Entonces realmente paso menos tiempo de lo que ella pensó? (Sí) ¿Entonces en vez de un lapso de tiempo, fue una condensación de tiempo?*
V: Sí, para ella pareciera como si paso mucho tiempo, sin embargo, no fue así.
D: *¿Y en ese ejemplo qué fue lo que se transmitió?*
V: Una observación de los patrones de memoria del alma, la emisión de luz, condiciones de conceptos, procesos de pensamiento, condicionamiento. Lo que la condición humana es, en términos de su habilidad de recibir y transmitir y el conflicto de los patrones establecidos en la mente consciente a través del condicionamiento y entrenamiento; así como la realidad de quienes son estos seres. ¿Entiendes?
D: *¿Existió un intercambio de información por las dos partes?*
V: Existió un intercambio del entendimiento de una de las cosas que ella ha sido muy clara en esto, aunque fue muy aterrador, fue una tremenda bendición, fue un regalo por así decir; fue un reconocimiento de más que los conceptos que ha permitido la sociedad, un reconocimiento de una gran vida y más de lo es.
D: *¿Existió también interacción entre su amiga? Yo quiero decir ¿ocurrió en ambas personas?*
V: Es difícil de decir como una afirmación que ocurrió con la otra, yo puedo hablar más directamente de esta, obviamente la observación no solamente tuvo que ver con el vehículo, sino también con las dos, únicamente pareciera razonable, de otra manera ella hubiera estado sola, esto fue una analogía y una recolección de información.
D: *¿Pero, existió también un intercambio? En otras palabras, ¿los seres también estuvieron emitiendo información?*
V: Sí, en un nivel profundo, no a nivel consciente.
D: *Pero, no hubo daño.*
V: Oh, no, oh no, no es dañino.
D: *Eso es lo que alguna gente cree, que es dañino.*
V: Sí, pero aquellas personas están perdidas en un estado de sueño, ellas están en la confusión, confundidos en muchas maneras.
D: *Bueno, ¿me puedes decir acerca de la nave o de los seres que estaban colectando esta información?*
V: No, solo podría decirte que ellos son buenos, y la luz que estaba resplandeciendo representaba a la luz que estaban emanando.

D: *¿Y la información que le fue transmitida es para que la use en su vida?*

V: Sí, le llegó un conocimiento interior, que realmente le avergonzó debido a su miedo.

D: *Pero únicamente es humano el estar temeroso de lo que no entendemos.*

V: Sí, pero le gusta ser valiente.

D: *¿Existió alguna razón en particular para que ella fuera escogida o sucedió que ella estaba en el lugar adecuado?*

V: Muchos iluminados, así como su luz se está transmitiendo, son escogidos, por así decirlo, conectados; estas almas están conectados con sus hermanos, con sus hermanas y otros seres de Dios, incluso antes del despertar de su conciencia.

D: *Entonces no fue porque ella estaba ahí, ¿había más que un plan en eso?*

V: Siempre hay un plan.

D: *Yo he estado trabajando con personas quienes han tenido experiencias desde su infancia.*

V: ¿Y fue por qué ellos estaban allí?

D: *No, no en su caso.*

V: No, ¿crees que eso le pasa a cualquiera?

D: *No lo sé, estoy intentando aprender, pero aparentemente fue para su bien, fue para su beneficio.*

V: Fue para su beneficio, todo tiene que ver, con cómo, los usamos y que hacemos con ello.

D: *Y fue bueno que ella también transmitió información porque ellos probablemente la usarían en su entendimiento.*

V: Oh, sí, su entendimiento es más allá, ha habido mucha información que ella ha recibido, pero la información es usualmente afirmada desde otro conocimiento.

D: *Algo me ha estado molestando, pareciera que únicamente he tenido contacto con experiencia positivas, pero yo he escuchado de otros quienes han tenido experiencias negativas, ¿eso es por qué existen también seres negativos?*

V: Yo no tengo esa opinión, yo tengo la opinión de que la razón es que ellos están nublados con ideas negativas e historias, y que eso viene del ego que está dando esas historias, que son tan coloreadas en toda su propia creación.

D: *¿Entonces piensas que el miedo y emociones similares han alterado su percepción?*

V: Por supuesto, el miedo es la única cosa y la lista que viene por debajo del miedo, que crea lo que es obscuro, lo que es negativo, lo que es menos que el amor, la vida y Dios.

D: *¿Crees que ellos realmente tuvieron experiencias, pero su mente consciente las percibió como negativas?*

V: Yo creo que eso es posible, pero yo no lo sé todo.

D: *Entonces también habrá que hacer otra pregunta, ¿si la mente consciente puede ser engañada en pensar que es una experiencia negativa, puede también ser engañada en pensar que es una experiencia positiva?*

V: No, no puede ser engañada en pensar que es una experiencia positiva, ¡ves! Aquí está la diferencia. Aquella la cual nosotros percibimos como positiva, la percibimos como buena, la percibimos como Dios; aquello que percibimos como negativo es una ilusión, un estado de sueño. Entonces si nosotros lo percibimos como positivo es bueno, como Dios, entonces nuestras percepciones están correctas. Si nosotros lo percibimos como negativo, entonces podía haber sido negativo, pero únicamente en la manera que ha sido convertida, la manera que ha sido percibida y usada es por la falta de entendimiento, ¿entiendes?

D: *Sí, eso es lo que yo creo, excepto que algunas personas piensan que han sido dañadas por estos seres.*

V: Existen algunas personas que creen que han sido dañadas por estos otros seres, por sus vecinos, por sus amigos, y aun así es su percepción; tenemos que entender y entrar a un consenso que todo está bien, y si lo percibimos desde el miedo no puede ser nada más que negativo, el miedo colorea y descolora. Yo únicamente puedo decirte lo que sé, desde, el fondo de mi alma, y lo que lo más profundo de mi alma dice que, si nosotros respondemos desde el miedo, será negativo.

D: *Quizás eso es porque yo únicamente he estado envuelta con experiencias positivas.*

V: Yo creo que tú has estado escogiendo muy bien.

D: *También me han dicho de experimentos genéticos y de ingeniería genética, que algunos de los resultados no parecen ser humanos.*

V: Yo creo que los experimentos genéticos están sucediendo en este planeta, pero está sucediendo con la humanidad, el hombre está dando un paso más allá de su espiritualidad.

*D: Eso es un concepto interesante, ¿quieres decir que hay personas en la Tierra quienes están haciendo experimentos literalmente?*

V: Sí, pero no se les permitirá que continúen. La información, que yo tengo es que existen verdaderamente seres de otros planetas en este plano terrestre, para servir a la humanidad. Ellos son avanzados en muchas maneras con respecto a la humanidad. El hombre es un cocreador con Dios el creador y en su creación él puede crear todo lo que permita su mente hacer, y eso es creado desde el amor o desde el miedo. Aquel que viene desde otro lugar, de otro planeta, nuestros hermanos y hermanas, vienen desde el amor; desde el amor a la humanidad, por este planeta Tierra y para el universo en sí mismo, ellos vienen al tiempo de nuestra necesidad, ellos vienen al tiempo para nuestro despertar.

El subconsciente de Valeria mencionó que ella nunca tuvo un encuentro físico con los seres de la nave, el único contacto fue este intercambio de información.

Cuando Valeria recordó la primera parte, porque fue muy real el revivir el incidente, pero ella no tenía memoria de la última parte, de la conversación con su subconsciente. Ella escuchó aquella parte de la grabación y se sorprendió por lo que ella dijo. Esto es muy típico, cuando el subconsciente provee la información la persona no lo recordará, siempre suena como si otra entidad estuviera hablando, y siempre se refiere a la persona del cuerpo que ocupa en tercera persona (él o ella), en vez de Yo. Siempre se desprende y de esta manera puede ser analítico y objetivo.

# CAPÍTULO 3
# LAS COSAS NO SIEMPRE APARENTAN LO QUE SON

Whitley Streiber fue el primer autor en usar el término "memorias de pantalla" en conexión con los OVNIS y extraterrestres, esto es una memoria de un evento o algo que no es preciso. Algo ha sido sobrepuesto en lo que realmente ocurre y la mente lo interpreta diferentemente, a menudo es interpretado en una manera gentil y segura para que la persona no termine espantada o traumatizada; cuando yo escuché esto sospeche que era parte del mecanismo de defensa del subconsciente, es su método de proteger a la psique de cualquier cosa que considere peligroso en recordar o de ver su realidad. Usualmente estas memorias pantallas están relacionadas con animales. Yo he tenido varios casos donde esto pareciera lo que ha ocurrido, donde unas series de imágenes son "sobrepuestas" como yo le llamo, para ser colocadas sobre las escenas reales, por alguna razón son los búhos los que están prominentemente más envueltos en este fenómeno. En el libro de Los Guardianes del Jardín Felipe fue sorprendido muy tarde por la noche en un camino cuando un búho paso volando sobre la carretera y sobre su automóvil; bajo hipnosis descubrimos que no era un búho del todo, pero más bien una nave extraterrestre con pequeños seres en esa carretera que lo forzaron a pararse. Su subconsciente había disfrazado la escena en una manera noble para que no pueda recordar lo que realmente ocurrió.

En el caso que yo estoy por relatar; las memorias "sobrepuestas" parecieran estar relacionadas con tiempo perdido. Yo había conocido a Brenda por muchos años y ella era la principal conexión de mi trabajo con el libro de Nostradamus; nosotras estábamos muy envueltas en ese trabajo cuando también comencé mi labor de investigador OVNI al usar la hipnosis en casos de sospecha de abducción. Un día en enero de 1989 cuando fui a su casa, para nuestra sesión habitual, ella me quiso contar acerca de un incidente inusual que había ocurrido en marzo de 1988, ella lo considero raro, pero por alguna razón no me lo había mencionado antes. Ella pensó que yo estaría interesada ahora porque yo me estaba involucrando más en el fenómeno OVNI, ella no sabía si estaba conectado con OVNIS o extraterrestres, pero definitivamente estaba envuelto con tiempo perdido y un búho.

Brenda estaba manejando de regreso a su casa, desde su trabajo en Fayetteville, Arkansas Estados Unidos, un recorrido que normalmente se toma media hora y ella se encontraba muy cerca de su casa en el campo cuando ocurrió el incidente. El sol ya se había ocultado, pero todavía no estaba obscuro, ella pasaba por una curva y allí fue donde un búho estaba parado en medio de su carril; no era el típico búho normal de color café que usualmente se encuentra en nuestra área, era de un color blanco brillante con unos reflejos plateados en su pecho y sus ojos eran muy negros, era absolutamente hermoso, al verlo ella comenzó a frenar para no atropellarlo, ella asumió que ese tipo de búho es llamado un "búho de nieve", el cual es muy normal verlos en climas fríos tales como los estados del norte o Canadá. Un amigo zoólogo me dijo después que es posible ver a un búho de nieve en Arkansas en medio del invierno, pero no debería de haber ninguno a finales de la primavera. Esto habría sido un evento raro, sí es que, realmente era un búho.

Cuando por primera vez ella lo vio, estaba sentado mirando al sentido opuesto a ella, pero volteó su cabeza para mirarla. Después extendió sus alas y voló directamente hacia su camioneta. La medida de sus alas se extendía a lo ancho de su parabrisas, voló por encima rozando el techo de su camioneta y Brenda volteó por la ventana trasera, para verlo, pero no había nada, ni una señal del búho, ninguna señal de cualquier tipo de ave. Cuando Brenda volteó para mirar, hacia el frente, de la ventana de nuevo, ella se sorprendió de ver que ya había obscurecido, paso por su mente que había obscurecido muy rápido, totalmente confundida ella tuvo que encender las luces delanteras de su camioneta para manejar el último cuarto de kilometro a su casa. Cuando ella entró a su casa, ella miró al reloj como un hábito, pero en vez de ser alrededor de las 5:30 p.m. como usualmente ha sido eran casi las 7:00 p.m. en punto, ¿qué sucedió con la hora y media? ¡Ella estaba segura de la hora que había dejado su trabajo! Ella no trabaja tiempo extra sino hasta el verano.

Ella pensó que fue un incidente peculiar, y había escuchado que cuando a veces algo raro pasa, algo ha sido bloqueado de su memoria consciente.

Yo le pregunté sí es que ella había notado algo más que fuera diferente, lo principal que recordaba era el haber tenido un efecto extraño en los aparatos electrodomésticos por varios días después, esto ocasionalmente le había sucedido en el pasado. Ella no puede usar un reloj por su campo electromagnético o lo que sea que es, pero las sensaciones nunca habían sido tan profundas o que perduraban por tanto tiempo, en esta ocasión todo lo que era eléctrico no estaba funcionando, por muchos días su televisión se le iba el enfoque cuando ella se movía, en su trabajo las imágenes de la pantalla de la computadora se le volteaban, y los relojes y calculadoras estaban haciendo cosas extrañas que no deberían de hacer. Ella pensó que su campo electromagnético estaba interactuando más fuertemente de lo usual con los equipos electrónicos y ella estaba más sensible al sonido, su capacidad de audición se extendió a los rangos más altos más allá de lo normal, puede escuchar frecuencias altas y por muchos días ella estaba sensible particularmente a estas altas frecuencias que la mayoría de las personas no pueden escuchar, el teléfono era una de esas peculiaridades, ella dijo que hace un sonido agudo justamente antes de que comenzara a sonar y la mayoría de la gente no puede escuchar eso, así que estaba contestando el teléfono antes de que comenzara a sonar, esto era confuso para su jefe, quien decía, "por favor Brenda, cálmate, deja que el teléfono suene antes de que lo contestes".

Brenda podía escuchar el sonido agudo de ciertos sistemas de seguridad de los centros comerciales, sonaban muy fuerte para ella que le lastimaban sus tímpanos, aunque nadie más podía escucharlos, ella intentó alejarse del centro comercial hasta que las cosas volvieran a su normalidad.

En su hogar si ella recogía un reloj para darle cuerda eso era suficiente para destruir el reloj, en su trabajo los relojes eran eléctricos y ella no tenía que tocarlos. Solamente estando en la misma habitación con ellos era lo suficiente para causarles que hicieran cosas extrañas. Y esos relojes nunca se recuperaban totalmente, el reloj del microondas de su trabajo también ahí creo un problema, emitía un pitido fuerte cuando ella presionaba los números de los tiempos, ella no tenía que tocarlos, solamente tenía que aproximarse, estos extraños efectos en los aparatos electrodomésticos continuaron por cuatro días disminuyendo el fenómeno días después.

Nosotros decidimos dedicarnos en esta sesión en descubrir si sucedía algo durante el tiempo perdido en vez de hacer nuestros experimentos regulares con Nostradamus, ella no pensó que le molestaría sí es que, encontráramos, algo inusual que había ocurrido.

Cuando comenzamos la sesión, se regresó al tiempo de marzo de 1988, y ella inmediatamente entro a la escena donde estaba manejando de regreso a su casa en su camioneta, durante el transcurso ella hablaba acerca de su día de trabajo y estaba preocupada por su mamá quien recientemente había tenido un accidente automovilístico, estos eran sus pensamientos en el momento que manejaba, también estaba cansada, ansiosa de llegar a casa, tomarse un baño caliente y relajarse.

Ella casi llegaba a casa cuando llego a la curva y vio algo parado en medio de su carril, paró su camioneta para no pasarle por encima, en su memoria consciente del evento ella pensó que solamente seguía manejando lento, pero ahora dijo que paro totalmente. Otra sorpresa fue que lo que ella vio en el camino no era realmente un búho.

D: *¿Qué está en el camino?*
B: Es difícil de decir, supongo que si viviéramos en tiempos antiguos yo le llamaría un ángel.
D: *(Sorprendida) ¿Un ángel?*
B: Quizás un ser de alta dimensión, veo a un hombre parado en medio del carril, él brilla de color blanco… en todo su ser y su vestimenta parece ser también blanca.
D: *¿Quieres decir que el brillo es como un aura que lo rodea?*
B: Algo así, (ella tuvo dificultad en explicarlo), es como un tipo de imagen en blanco y negro que está siendo sobre expuesta, es como un color brillante en todo su alrededor y un blanco que irradia.
D: *¿No es como un resplandor de una luz?*
B: Bueno, es difícil de describirlo, porque es un tipo parecido como un aura, algo así como una imagen brillante.
D: *¿Y sus vestimentas son blancas también?*
B: Al menos esa es la manera como lucen para mí, podría decir que no puedo percibir los colores correctamente, ya que él emana mucha luz alrededor de él, incluso su cabello es blanco resplandeciente.
D: *¿Puedes ver como son sus facciones?*

B: Eso es difícil porque hay mucha luz, lo mejor que te puedo decir es que le da un parecido a los griegos clásicos como los que ves en una escultura clásica griega, muy estético, con una nariz afilada y sus rasgos muy balanceados.

D: *¿Qué tan alto es él?*

B: 1.85 m

D: *Entonces él es alto.*

B: Sí, él es un tipo de un buen tamaño, él está parado allí observando alrededor y puedo ver que salen rayos de sus ojos, cuando él mira hacia mí yo puedo verlos. Pero cuando él mira hacia otro lado yo puedo ver como salen los rayos de sus ojos, yo no sé el propósito de esos rayos, y él me ve. Yo he parado para así no atropellarlo, yo no quería causarle un daño, y él se acercó a la camioneta y mientras caminaba alrededor dirigiéndose hacia el lado del conductor él hizo un gesto sobre la camioneta, él movió su mano solamente una vez, (un movimiento con su mano izquierda, un saludo lento). Él lo hizo a la forma paralela de la capota de la camioneta y después paralelo al parabrisas, su mano estaba alrededor de 20 centímetros por encima de la camioneta cuando él hizo esto.

Aparentemente esto fue lo que su mente consciente grabo como el vuelo bajo del búho hacia la camioneta. Fue obvio que la falsa imagen sobrepuesta del búho blanco vino desde su mente consciente, porque en el trance ella no dudo en identificarlo como una persona y ninguna vez mencionó a un búho.

B: Y yo bajé la ventana para ver si él necesitaba que lo llevara o algo así.

Eso pareciera ser una reacción muy extraña al ver tan inusual persona, hubiera sido normal si apareciera como una persona física, pero no fue así. La reacción habría sido de arrancar el motor y salirse de allí, ciertamente pareció inusual el bajar la ventana y hablar a un ser resplandeciente. Obviamente no le inspiro miedo y ella no sintió peligro. Yo le pregunté si le había incomodado.

B: Fue extraño, pero yo estaba curiosa en saber quién era él y que estaba haciendo y yo me di cuenta, que él no representaba un peligro, él ya me hubiera hecho daño, yo me di cuenta de que él resplandecía con mucha luz que salía de sus ojos, si él hubiera querido golpearme desde donde él estaba parado, él probablemente lo hubiera hecho.

D: *¿Entonces no le tenías miedo?*

B: Bueno, yo comprendí que tal vez estaba un poco nerviosa, pero tampoco sentí pánico o algo por el estilo, así que yo le pregunté si necesitaba ayuda o si necesitaba que lo llevara a algún lado, y él dijo "oh, bendiciones niña, yo aprecio su ofrecimiento, mi transporte está por allá". Él hizo un gesto hacia un cerro que estaba a un lado del camino.

D: *¿Puedes ver algo?*

B: No, solamente vi el cerro y tiene algunos árboles de cedro, de la manera en que él hizo el gesto yo tuve la sensación de que, si había algo allá, era en el lado lejano del cerro, tal vez pasando la cima. Donde de todas maneras estuviese fuera de la vista.

Yo he manejado ese camino, muchas veces rumbo a casa de Brenda, y después de esta experiencia yo tome nota particularmente en ese cerro, no es tan lejos del camino en medio de un campo de cultivo, existen algunos árboles en la cima y no hay casas alrededor, pero no es muy alto así que una nave no pudo ser muy alta si se hubiera escondido por detrás y fuera de la vista desde el camino. A menos que él también la hiciera invisible a los humanos.

B: Yo le pregunté "¿quién eres?" No puedo negar que tu apariencia es diferente a la mía. "¿Eres un visitante extraterrestre o vienes de un plano más alto?" Y él dijo que era del concilio de los ancianos. Yo le pregunté "¿Qué es este concilio? Concilio son usualmente un grupo que está a cargo en dar consejos o dirigir un grupo". Y él dijo que varios visitantes han estado en varias partes de la Tierra y estaban llevando de regreso reportes de conflictos acerca de que tan lejos la Tierra se había desarrollado. Existe un grupo que está a favor de un contacto abierto a la humanidad y hay otro grupo que está en favor de dejar a la humanidad en ignorancia, así como está ahora; y desde que él es parte del concilio de los ancianos, ellos decidieron que él viniera por su propia cuenta para ver cómo estaban las cosas en la Tierra. Es como una misión encubierta, una misión para encontrar los factores, si así puedes llamarle. Para que ellos de esta manera tengan información base para su decisión en dejar a la Tierra en ignorancia o que la humanidad sea contactada y llevarlos hacia la luz de la salud y el conocimiento.

D: *¿Eso es lo que quieres decir al mencionar "ignorancia"?*

B: Bueno, aunque la humanidad sospecha y algunos desean y sueñan por la mayor parte que existe vida extraterrestre, hasta ahora los funcionarios de los gobiernos están preocupados, de que no hay tal cosa, esto es lo que quiero decir por ignorancia, al no aceptar el factor. Ellos han estado pensando en contactar a la humanidad de una manera que ellos puedan manejarla, eso también probaría más allá sin duda que existe inteligencia extraterrestre. Y ellos han estado viviendo sus propias vidas hasta que venga el tiempo en que la humanidad se desarrolle lo suficiente para poder unirse a ellos.

D: *¿Está él teniendo esta comunicación contigo hablando palabras?*

B: Realmente no, yo creo que puedes decirle "telepatía vocalizada". Yo puedo escucharlo muy claro, como si él estuviera hablando, pero su boca no se está moviendo. Estoy asumiendo que él estaba proyectando sus pensamientos hacia mi mente, pero podía percibirlo como una voz que sonaba muy placentera.

D: *¿Entonces qué sucedió?*

B: Él dijo que tenía que continuar con lo que estaba haciendo y que necesitaba regresar a casa, no había nada con lo que yo pudiera ayudarle; entonces él movió su mano una vez enfrente de mis ojos y cuando él hizo eso; supongo con sus poderes mentales que él tenía, ya no pude verlo más. Y ya no recordaba más la experiencia como sucedió.

D: *¿Yo me pregunto por qué él estaba en medio del camino?*

B: Nunca encontré la razón, tuve la impresión de que él estuvo visitando diferentes lugares, observando a la humanidad y todo lo que estaba sucediendo, y yo tuve la sensación de que él estaba curioso de que sucedería, si él tuviera la oportunidad, de conocer a un humano promedio, en el camino, ya sea si yo entraba en pánico o intentaba escapar o estar asustada o tratar de lastimarlo o algo parecido.

D: *Bueno, probablemente existe gente que hubiera hecho eso.*

B: Eso es verdad, pero yo creo que podrías decir que él estaba tomando por ejemplo a una persona promedio. Él se estuvo apareciendo a varios humanos aquí y allá y después haciéndoles olvidar la experiencia, pero él estaba tomando nota de sus reacciones al aparecerse, para tener una idea como la humanidad en general reaccionaría al conocimiento definitivo de la vida extraterrestre.

D: *¿Cuándo él estaba al lado de la camioneta, pudiste ver algún otro detalle acerca de él?*

B: Bueno, todo estaba muy blanco y resplandeciente, su estilo de vestir era básicamente holgado y cómodo, como un caftán con un poncho encima o algo parecido. Y él lo tenía ajustado alrededor de su cintura, su vestimenta pareciera tener varios bolsillos para que pudiera cargar objetos con él. Y pareciera como si él tuviera botas de tela en sus pies, aunque la tela era varios centímetros de espesor parecía flexible y suave. Él tenía diferentes batas encima como de dos o tres capas, así que se veía como si él estuviera cálido para la temporada del año. Se veía como si fueran hechas de una fina lana tejida o algo similar.

D: *¿Tenía pelo?*

B: Oh, sí. Se veía con pelo lacio blanco recortado al frente y quizás a la altura de los hombros por detrás. Él estaba resplandeciendo mucho que no podría decir realmente si es que tenía algún color en particular en su alrededor, su piel y cabello se veían blancos y sus ojos un tono plateado y estaba limpiamente rasurado.

D: *¿Tenía él los rayos que le salían por sus ojos?*

B: No, no cuando él estaba hablando conmigo, pero él estaba observando alrededor del panorama y a él le salían los rayos de sus ojos.

D: *Pero nada que provocara miedo, solamente era extraño.*

B: ¡Realmente extraño!, pero realmente lo disfrute, porque él no pareciera que le molestaran mis preguntas.

D: *¿Qué otras preguntas le hiciste?*

B: Yo le pregunté si realmente había vida ahí afuera, o si eso era un pensamiento de deseo de mi parte. Y él dijo, "sí, realmente existe vida allá afuera y es muy variada". Existen diferentes tipos de vida con todos los tipos de apariencias y habilidades y varias diferentes razas de seres que están buscando a humanos que finalmente hayan desarrollado un nave eficaz para así puedan unírseles y ser parte de la comunidad galáctica; y él mencionó que diferentes razas tienen características particulares, algunas son más agresivas que otras y algunas razas tienden a ser ligeras de corazón y con sentido del humor y entonces él dijo algo, que pienso, que fue extraño, pero prometedor también, él dijo "pero aprenderán todo acerca de eso muy pronto". Entonces yo tome eso como un significado que quizás durante mi tiempo de vida la humanidad alcanzaría las estrellas.

D: *¿Yo me pregunto dónde está este concilio localizado? ¿Le preguntaste eso?*

B: Él dijo que no tenía una ubicación en particular, ellos simplemente se reunían donde fuese que los miembros acordaban. Tengo la impresión que había una nave en particular que era de ellos; es una nave muy grande y ellos tienden a reunirse en esa nave muy a menudo para conducir sus asuntos. Pero los miembros del concilio son de diferentes planetas y representan muchas diferentes razas.

D: *¿Pero tú mencionaste que él tenía facciones humanas?*

B: Si, él parecía humano, yo le pregunté, "¿La vida allá afuera en las estrellas viene de todas formas y facciones diferentes inimaginables o son básicamente humanoides?" Él dijo que encontraríamos vida de ambas maneras: similar a nosotros, pero un poquito diferente y totalmente diferente que sería difícil de creer que ellos son realmente vida inteligente.

D: *¿Mencionaste tú que viste sus manos, parecían manos como de humano?*

B: Eran muy grandes con dedos largos, en las teclas del piano él fácilmente podía alcanzar a la doceava o treceava sin ni siquiera estirarse, comparado con la manera que yo puedo alcanzar una novena o una décima. (Ella estaba usando su antecedente de pianista para hacer la comparación). Y sus dedos eran largos a la proporción del tamaño de sus manos, pero la mejor manera que puedo recordarlo es que él tenía el mismo número de dedos que nosotros tenemos. Y desde que él vestía ropas holgadas, no podría decir si tenía algún rasgo físico en particular que fuera diferente a nosotros. El principal detalle que yo me di cuenta es que era más grande que el promedio, pero después me di cuenta que probablemente de donde provenía, ellos tenían un estándar alto de salud, y de esa manera la gente probablemente alcanzaría un rango de medida más grande.

D: *¿Quieres decir que él era alto o solamente grande?*

B: Solamente grande de hombros anchos, manos grandes. Él tenía una dentadura hermosa. No creo que él haya ido al dentista en su vida, él parecía ser muy sabio y noble; y él mencionó una de las cosas que espantan a las otras razas, la cual es nuestra tendencia de ser de alguna manera agresivos, y tal vez un poco hostiles a veces. Él dijo que, si nosotros podemos aprender a controlar esto, nuestro futuro sería muy brillante.

Esto pareciera ser la única información que ella pudo haber proveído acerca del encuentro extraño, yo sabía que podría siempre obtener más al hablar directamente a su mente subconsciente. Así que yo pregunté para hablar con su subconsciente, yo nunca he tenido negación para acceder.

D: *Yo estoy curiosa acerca de este ser que ella vio, en realidad, ¿realmente él se veía de la manera que ella lo describió?*

B: En realidad sí resplandecía de la manera que lo describió, pero si había algunas diferencias físicas visibles que le causaron olvidar o para no empezar a ver, supongo que podrías decir que tenía un encanto para que pudiera aparecer como humano.

D: *¿Me podrías decir como realmente él aparentaba?*

B: Su cabello era blanco y largo, más largo de lo que ella recordaba y su línea del cabello era más consistente con la frente delineada por el cabello en forma de un pequeño pico en forma de "v", así como también lo percibió con su tipo de cabello como de un joven. Él tenía manos grandes, pero eran huesudas y sus dedos tenían una extra-falange, en vez de terminar como las nuestras, era como si la falange de en medio se repitiera doblando diferente a comparación de nuestros dedos.

D: *¿Cuántos dedos tenía?*

B: Él tenía cuatro dedos, pero también tenía doble pulgar.

D: *(Esto fue una sorpresa) ¿un doble pulgar qué quieres decir?*

B: Dos pulgares, sus manos eran más grandes que las de nosotros, tenía más huesos, tenía un pulgar en la posición normal y el otro por encima, había suficiente espacio para dos pulgares antes de los dedos (todo esto acompañado por el movimiento de sus manos)

D: *Entonces él tenía dos pulgares y cuatro dedos haciendo seis dedos en total.*

B: Si en cada mano con largas estrechas uñas comparadas a las de nosotros, en la base, donde la cutícula está era muy marcada, una forma de "u", en vez de la forma cuadrada que nosotros tenemos.

D: *¿Su rostro era diferente?*

B: Se veía más áspera de lo que ella recuerda, él se dio cuenta que su apariencia podría provocarle miedo, sus ojos eran grandes y deslumbradores por el poder que emanaba de ellos con cejas muy pobladas y realmente sus ojos eran totalmente blancos; no tenían iris o pupila que se vieran.

D: *Yo he visto gente ciega así ¿es eso a lo qué te refieres?*

B: Sí excepto que estos eran blancos y resplandecían por el poder que emanaban de él.

D: *¿Cómo eran sus facciones?*

B: Sus otras facciones parecían muy normales, sus mejillas eran prominentes y sumidas; tenía una muy delineada quijada y es difícil describir sus orejas porque las cubría su cabello.

D: *¿Y su piel era realmente blanca?*

B: Realmente no creo que fuera así, había mucha luz resplandeciendo, es difícil decir el verdadero color, pero el contraste entre su cabello y su piel, y entre sus ojos y su piel, pareciera que su piel era obscura, pero resplandecía con luz así que se veía más clara de lo que realmente era.

D: *¿Tenía nariz y boca como la de nosotros?*

B: Sí él tenía nariz y boca, pero es difícil de decir, si es que los dientes eran los mismos porque no abrió la boca cuando hablaba, él solo estaba proyectando sus pensamientos.

D: *¿Pero vio dientes?*

B: Porque la imagen que vio ocasionaría sonreír y la verdadera imagen era muy solemne.

D: *Entonces su rostro no tenía expresión.*

B: Oh si tenía expresión, pero nunca involucró que mostrara sus dientes, el movía de tal manera sus cejas e inclinaba su cabeza, pero nunca involucró el sonreír; su rostro parecía más delgado de frente y la manera que su rostro se inclinaba a su boca era más delineada y estrecha que nuestros rostros, las de nosotros son algo planas en comparación.

D: *¿Estaba él con el tipo de vestimentas que ella describió?*

B: Él tenía vestimentas, pero eran mucho más complejas de lo que ella describió, él tenía muchos detalles de metal en su vestimenta.

D: *¿Y para qué eran?*

B: Eran varios instrumentos, algunos solo eran de adorno, algunos representaban su cargo y otros eran controles remotos para su nave, estos estaban en su vestimenta en su cinturón; él tenía como una cartuchera cruzada en su pecho, (los movimientos de sus manos indicaban que había dos correas) que estaban cargadas con objetos de metal.

D: *¿Mencionaste instrumentos y cosas como esas?*

B: Más como botones, encendedores y cosas y se veían como pequeñas botellas, pero todos tenían propósitos, no eran solamente ornamentales, si eran instrumentos y estaban en miniatura

D: *Entonces incluso sus vestimentas eran más diferentes de lo que parecieran.*

B: Eran similares con mangas anchas con dobladillos, ella solamente no vio los instrumentos y a lo que ella le llama "aparatos", él no le permitió que ella los viera.

D: *¿Había una razón de eso?*

B: Sí, porque la humanidad es tecnológicamente inmadura y si ellos están expuestos muy rápidamente a tales avances de tecnología extranjera podría ser muy desastroso.

D: *El hombre siempre está intentando aprender cosas nuevas, ¿quieres decir que nosotros no podríamos entender o manejarlo?*

B: No lo podrían manejar, como el equivalente en la historia de la Tierra sería por ejemplo cuando unos navegantes descubrieron una nueva isla en el Pacífico sur y ellos le dieron de regalo una pistola al jefe que estaba muy orgulloso de su regalo y la levantó agitando, diciendo "Hey miren lo que tengo", y accidentalmente, se dispara, hiriendo a alguien porque no tenía el conocimiento para manejarla y usarla.

D: *Estoy pensando en la palabra "disciplina".*

B: No, ese no es el sentido correcto, él no tenía el entendimiento de como algo debería ser aplicado, porque una vez que tú entiendes como debería de ser aplicado algo, la disciplina aparece naturalmente.

D: *Entonces ellos han notado que es mejor que no nos muestren muchas cosas en una sola ocasión.*

B: Exacto, nosotros estamos considerados como una especie inteligente y altamente curiosa, y ellos saben si nosotros vemos algo y lo recordamos, nosotros intentaremos averiguar lo que vimos para después intentar reconstruirlo.

D: *¿Tenía él realmente rayos que le salían de sus ojos?*

B: Sí, es la manera que su maquinaria está construida ya que puede trabajar a través del cuerpo y no solamente a través de máquinas, se puede usar también en el cuerpo y sus rayos que salían de sus ojos pudieron haber sido ya sea una máquina que estaba escaneando el panorama para analizar de que estaban hechas las cosas, o pudo haber sido los rayos de otra máquina que estaba entonada en encontrar un elemento en particular o algo así. Hay muchas diferentes cosas que pudieran haber sido.

Esto sonaba similar a los casos en mi libro, Legacy from Stars (El legado desde las estrellas), donde la maquinaría y el cuerpo estaban combinadas; en algunos casos el cuerpo estaba tan conectado de tal manera que podía operar la nave al mover sus músculos; muchos de los extraterrestres en ese libro literalmente llegaban a ser parte de su nave. Yo pensé que podría ser una extensión misteriosa de los nuevos juegos de realidad virtual donde la máquina y el cuerpo están trabajando conjuntamente.

Esto pareciera ser ahora un caso, no de uno, pero de dos "sobrepuestos". La simple versión de un búho que su mente consciente recordaba era totalmente diferente de los dos proveídos bajo hipnosis; Aparentemente estos seres extraterrestres tienen la habilidad de hacer que percibamos las cosas de muchas maneras, únicamente la hipnosis puede revelar lo que realmente yace por abajo de la superficie. ¿Alguna vez podremos nosotros saber qué es real o qué es una ilusión?

D: *Pareciera extraño que él no sabía que ella venía con su camioneta.*
B: Pero él sí sabía.
D: *¡Oh! yo pensé que él estaba sorprendido.*
B: No, era ella la que estaba sorprendida, porque él sabía que ella venía, y era ella quién quería tener un contacto.
D: *¿Había alguna razón por la que él quería tener el contacto con ella?*
B: Sí, el concilio de los ancianos mantiene un registro de ciertas personas de la Tierra para que cuando el tiempo sea el adecuado para contactar a la humanidad, estos serán los primeros

contactados, sí es que ocurre durante su tiempo de vida; por muchos siglos ellos han hecho esto, uno de los humanos que ellos sintieron que era el más prometedor fue Leonardo da Vinci. Y así en cada generación que viene y va, existen personas en particular que ellos observan; en caso que suceda durante su generación ellos ya han decidido tener a quién de ellos quieren contactar primero.

D: *¿Había algo diferente en particular acerca de ella, para que ellos estuvieran observándola?*

B: Ellos ven la combinación de características en las personas que ellos les gustaría contactar primero, las personas deben ser altamente inteligentes. (Esto llena el requisito de Brenda, porque ella tiene un coeficiente intelectual de un genio). Con una mente abierta y deseosa de aprender nuevas cosas. (Ciertamente ella es de mente abierta o ella no hubiera querido estar de acuerdo con nuestros extraños experimentos). Como también al ser especialmente avanzada y en contacto con altos planos; alguien quien esté intentando mejorarse a sí mismo y esté abierto a nuevas cosas que, aunque tengan obstáculos en su vida lo sobrepase de una manera positiva sin afectar negativamente a los otros que los rodean. Algunas personas sobrepasan sus obstáculos, pero lastimando a los demás a su alrededor y ese no es el tipo de personas que ellos quieren. Ellos quieren a personas que salgan adelante de sus obstáculos a través de buenas intenciones.

D: *¿Se mantienen ellos en contacto con estas personas y las observan durante toda su vida?*

B: Sí, ellos se mantienen observándolos toda su vida, y de tiempo en tiempo los contactan, a veces ellos les permiten recordar, pero la mayoría de las veces, ellos les nublan su memoria, para no complicarles su vida diaria.

D: *¿Ha sido Brenda contactada anteriormente?*

B: Sí, ella lo ha sido, particularmente cuando era una niña pequeña, pero ella no lo recuerda, ellos la contactaron para ayudarla a que empezara a prepararse en caso que los tiempos vinieran durante su vida.

D: *¿Este mismo tipo de ser?*

B: A veces un ser como este y a veces un ser de una apariencia diferente, porque sería alguien de una raza de seres diferentes, pero sería usualmente alguien que está en contacto cercano con los ancianos del concilio, porque ellos trabajan juntos.

*D: ¿Cómo mantienen el registro de alguien? Las personas se mueven mucho, ¿Cómo es que las pueden localizar?*

B: Ellos tienen la capacidad de percibir tus emanaciones mentales y tu aura es muy visible para ellos. Además, algunos de estos individuos son altamente desarrollados para percibir en altos planos más de lo que la humanidad puede. Así que una vez que ellos saben cómo se ve tu aura, tu ser superior y tu emanación mental, es muy fácil de rastrearte, porque todos son únicos y no existen dos personas que sean parecidas. Ellos tienen máquinas que les ayudan a hacer esto, ponen la información en la máquina y le dice que busque en este planeta, ¿dónde está la persona con su forma y característica de aura, forma y característica de emanación mental? Y la máquina encuentra la ubicación.

*D: Entonces ellos no tienen que hacer nada a su cuerpo físico para poder encontrarla.*

B: Ellos no tienen que hacer nada físico a su cuerpo en cada ocasión, ahora, ¿cuándo fue la primera vez que la contactaron? Cuando ella era una niña de 9 años, ellos la inocularon, no tanto como una vacuna, podrías decir, es difícil de explicar.

*D: Estoy pensando como una inyección o algo como eso.*

B: Sí, es muy similar a eso y a veces esta inyección te dejará una cicatriz o algún tipo de marca en la piel. Ellos inyectan una sustancia al cuerpo que ayuda a incrementar las percepciones, ayuda a que la persona sea más sensitiva y "asper", porque esas habilidades son muy importantes en la comunidad galáctica.

*D: ¿Esa es una palabra extraña para mí "asper", las habilidades?*

B: Esa es una palabra muy común, es solo otra manera de referirse a todas las habilidades extrasensoriales.

*D: Yo estaba pensando en la palabra aspiraciones.*

B: Tú estás pensando en la palabra equivocada (ella deletreo) "esper", (habilidades extrasensoriales).

*D: Es una palabra con la que yo no estoy familiarizada.*

B: Ella esta familiarizada con la palabra, de allí es donde la obtuve.

*D: Oh, la obtuviste de su vocabulario. Bueno, ¿en qué parte del cuerpo ellos ponen la inoculación?*

B: En su caso fue aquí donde está la protuberancia, en su antebrazo izquierdo.

Brenda alzó su brazo y yo pude ver, una muy pequeña protuberancia.

*D: ¿Cómo es que fue dada?*

B: Fue dada en la noche mientras ella dormía, y si tú le preguntas cuando ella despierte después de la sesión, ella te dirá lo que sucedió, porque pareció muy raro en el tiempo que la descubrió.

*D: ¿Se uso un instrumento?*

B: Sí, pareciera ser como un tipo de tubo plateado, y en la parte final donde presionan hacia el brazo pareciera esta plana o ligeramente curveada hacia dentro, pero cuando presionas hacia el brazo, algo en el tubo perfora la piel y lo inyecta dentro del flujo sanguíneo, pero no duele.

*D: ¿Pero deja una pequeña protuberancia?*

B: Cuando sana permanece una protuberancia donde le hicieron la inyección, cuando ella despierte ella podrá describir como apareció primero y como sano. Y en adición a la sustancia que ellos inyectaron pareciera también que está una pequeña bola plateada, pero en realidad es un instrumento muy pequeño que ayudará a las máquinas a mantener el rastro de la persona, porque se entona con sus emanaciones mentales, y si el contacto es hecho durante la vida de la persona, ellos pueden activar esa "cosa" que dejaron en el cuerpo; así como también actúa como un traductor para que ella pueda proyectar sus pensamientos y comunicarse y escuchar sus pensamientos. Y si una comunicación vocal es usada ella será capaz de entenderlas, aun así, ellos están hablando un lenguaje no familiar. Cuando el sonido llega al cerebro, será transferido a símbolos coherentes que ella puede entender. Esta cosa en su cuerpo será capaz de hacer esto. Yo le llamo tipo plateado porque es la manera que aparenta, realmente no está hecho de plata, quizás es de 3 cm de diámetro y está localizada en el músculo de su antebrazo por abajo de la protuberancia donde ellos la inyectaron. Está entre los dos huesos, el radio y el cúbito, debajo del músculo; fue inyectado con la inoculación. Ellos lo hicieron en un viaje, así que no tienen que entrar físicamente a su ambiente de nuevo, de esa manera ellos pueden mantener su rastro a través de sus instrumentos.

*D: ¿Existe algún otro objeto extraño en su cuerpo?*

B: No en este tiempo.

D: *¿Existió alguno en otro tiempo?*

B: No que yo sepa, pero existe la posibilidad que podría ser puesto alguno en su cuerpo en el futuro por varias razones.

D: *¿Este que está en su brazo le causa algún problema físico?*

B: No y no debería.

D: *¿Qué hay de los rayos x, podría detectarlo?*

B: Podría, aunque no es muy probable, la manera que está posicionado entre los dos huesos, uno de los huesos probablemente taparía la vista de los rayos-x. Ellos lo trataron de colocar en esta posición para que sea difícil encontrarlo, porque ellos no quieren que se le remueva. La manera en la que ellos lo instalaron, yo creo que podrías decir, ellos pueden transmitir hacia el nervio cercano para que pueda tener contacto con el cerebro.

D: *Yo he escuchado a otras personas que han tenido cosas en su cabeza.*

B: Algo podría ser puesto en su cabeza en el futuro si es que la ocasión lo advirtiera, pero por el tiempo que lo ha tenido el concilio de los ancianos prefieren que aquellos quienes estén observando sean libres de agentes.

D: *¿Cuál es el propósito de ponerle uno en la cabeza?*

B: No estoy segura, de las varias razas y grupos de humanidad que hay allá afuera en la comunidad galáctica, algunos tienen diferentes objetivos y diferentes metas, así como también usan diferentes instrumentos. Así que ellos podrían contactar a la humanidad en diferentes maneras; aunque los contactados están supuestos a ser coordinados a través del concilio de los sabios, algunos de estos grupos usan sus propios instrumentos en vez de aquellos que son aprobados por el concilio de los ancianos.

D: *¿Acaso al concilio no le molesta si usan estas cosas? ¿No está en contra de sus regulaciones o algo?*

B: Algunos de ellos están en contra de las regulaciones y otros no, depende de cómo es que lo hagan y si existe algún daño hecho al sujeto, también qué tipo de efecto tiene en la persona.

D: *¿Puedes ver cómo es que lucen los seres que pusieron eso en su brazo cuando ella tenía 9 años de edad?*

B: Ellos eran una gente muy noble, es difícil de ver cómo es que se veían porque era de noche cuando lo hicieron. Ellos son diferentes a comparación de la persona que ella vio en la carretera. Una de las cosas es que ellos no tienen cabello en sus cabezas; sus cabezas eran muy suaves y parecían ser de un tipo de color plateado. Sus manos eran diferentes porque tienen tres dedos y un pulgar. Ellos no son tan altos como la persona que vio en la carretera, estas personas tienden a ser alargadas, huesudas y con una delicada estructura. Ellos tienen ojos obscuros y eso es todo lo que te puedo decir, porque sus rostros están en sombras, pero ellos tienden a ser de extremidades largas y flacos; ellos se ven demacrados por los estándares humanos, porque ellos son muy delgados.

D: *¿Mencionaste tú que estas personas son nobles?*

B: Sí, ellos tienen una gran curiosidad intelectual y están haciendo esto bajo la dirección del concilio de los sabios. Estos como tú recordaras, incluye a muchos seres de muchas diferentes razas. Existe un número infinito de tipos de seres, porque existe tal variedad de vida cuando tomas al universo como un todo. Solamente en esta galaxia existen diferentes tipos de seres vivientes que tienen diferentes apariencias, diferentes culturas, diferentes habilidades, diferentes maneras de ver las cosas, diferentes maneras de construir las cosas. Cuando tú ves como lucen algunas de estas razas, tú podrás entender cómo es que las diferentes leyendas acerca de los gnomos, duendes y parecidos iniciaron. Porque en tiempos antiguos a veces los visitantes no eran cuidadosos y si alguien los veía sin que se les nublara la memoria, empezaban a describirlos en su apariencia particular; y de esta manera cuando escuchas estas leyendas de personas que ya sea, que son extremadamente altos o de apariencia grotesca o muy pequeños y de apariencia delicada. Ellos son mayormente de algunas de estas diferentes razas que han visitado en el pasado.

D: *¿El concilio son los que ordenan a esos seres para que vayan y hagan esas tareas?*

B: Esa es la manera que debe de suceder.

D: *¿Acaso no siempre pasa de esa manera?*

B: No siempre, pero intentan mantenerlo coordinado a través del concilio de los sabios, para que de esa manera hagan menos interferencia.

D: *Estoy encontrando a una gran mayoría de personas que han tenido contacto con diferentes seres de lo que habíamos pensado primero.*

B: Sí, porque el tiempo para hacer contacto abierto con la Tierra se acerca más que nunca y muy posible que suceda en la vida de esta presente generación de aquellos que han estado observando. Ellos de todos modos están realmente esperanzados, porque muchos están ansiosos que la humanidad se una a la comunidad galáctica.

D: *Hemos estado escuchando de personas que dicen que han sido abducidas, ¿sabes algo acerca de eso?*

B: Sí, es verdad que ocasionalmente ellos harán examinaciones físicas cercanas de seres humanos, para mantener un registro de cómo la ciencia y la medicina han estado progresando y cómo los seres humanos siguen evolucionando. Ellos quieren estar preparados para el tipo de seres humanos que serán cuando se unan a la comunidad galáctica, porque cuando esto ocurra ellos van a querer ofrecer la erradicación de las enfermedades; y para hacer eso ellos tienen que examinar primero a humanos para poder desarrollar las curas para diferentes enfermedades, después ellos podrán ofrecer los remedios cuando hagan contacto abierto con nosotros.

D: *Eso tiene sentido, ¿Cómo son llevadas a cabo esas examinaciones físicas?*

B: Usualmente con luz y ciertas energías, similares a la manera que usamos los rayos-x para examinar los huesos, ellos tienen varias frecuencias de energías que pueden examinar cosas en particular en el cuerpo y mostrar en qué tipo de forma está o que etapa de desarrollo se encuentra.

D: *¿Se lleva a cabo esto cuando la persona está en su casa y en su cama?*

B: No, ellos los han tomado en una de sus naves donde ellos tienen sus instrumentos listos, estos instrumentos emiten ciertas energías específicas para examinar cosas específicas en el cuerpo y desde que son muchas, no son fáciles de transportar; ellos podrían probablemente hacer una examinación parcial en sus hogares, pero no sería tan detallada a cómo podrían hacerlo a bordo de sus naves.

D: *Por eso yo creo que las personas están llamándole abducciones.*

B: No significa que sea una abducción, si ellos fueran a abducirlos, ellos se los llevarían a sus naves para volar y nunca regresarlos a la Tierra. Eso solamente es una examinación, para que puedan seguir colectando la información que necesitan y de regreso lo que la humanidad ofrecerá a la comunidad galáctica será nuestros logros individuales: nuestra curiosidad, nuestro intelecto, nuestro amor a las artes y la música; así como también la manera que nos gusta construir cosas y resolverlas. Eso es lo que podemos contribuir a la comunidad galáctica.

*D: He escuchado que algunos de esos diferentes seres son fríos, como si no tuvieran ninguna emoción.*

B: Algunos parecieran de esa manera simplemente, porque ellos se concentran en lograr el tipo de intelectualidad, y por eso no tienen razón por mostrar alguna emoción y algunos de los seres son solo naturalmente reservados y se inclinan más en la telepatía para expresar sus emociones en vez que las expresiones físicas.

*D: Yo he hablado con personas que han tenido mucho miedo después de haber visto estos seres.*

B: Sí y eso es muy desafortunado, porque ellos realmente no quieren causar algún daño. Las personas que sienten tal miedo usualmente son aquellas quienes no son de mente abierta como lo podrían ser o no están preparadas para esa experiencia; y en vez de pensar en que fue algo maravilloso y una nueva experiencia para celebrar, ellos prefieren pensar que es un monstruo nocturno como de película o creaturas de un ojo de insecto que vienen por ellos, (yo me reí) y por eso se espantan.

*D: Yo creo que esa es una reacción perfectamente humana.*

B: Eso depende, si el humano ha sido educado en no reaccionar de esa manera desde la niñez entonces si eso es una reacción normal, pero si han sido educados desde la niñez para reaccionar con maravilla y curiosidad sería diferente, depende de lo que sean expuestos en tales cosas cuando son niños y qué tipo de actitudes tienen sus familias.

*D: La gente ha hablado que personas, han visto seres rubios hermosos, ¿crees que son reales o son un tipo de ilusión?*

B: Existe una raza de seres que tienen cabello blanco y algunos son muy hermosos, ese ser que ella vio fue un miembro de esa raza, y podría ser que ellos han visto a esos seres, pero al mismo tiempo probablemente hubo el elemento de ilusión para hacerlos aparecer más hermosos para que la gente no les tema; ellos se hicieron parecer más bellos, según los estándares humanos para que reaccionen más positivamente.

*D: Eso tiene sentido, los humanos son básicamente animales orientados al miedo.*

B: No tiene que ser de esa manera.

D: *Tengo unas cuantas preguntas, ¿cuándo su camioneta paró en el camino y el ser estaba hablando con ella, qué hubiera pasado si alguien más pasara, hubieran visto a ese ser?*

B: Ellos no hubieran podido ver al ser ni a la camioneta, ellos la hubieran pasado, aunque el camino era recto donde se encontraba, pero ellos no hubieran estado conscientes de pasarla, hubieran pensado que solamente estaban manejando, porque simplemente no los hubieran visto ni a ella o al ser.

D: *Yo me pregunto si ellos pudieran haber golpeado la camioneta, porque ella estaba parada en la carretera.*

B: No, ellos hubieran pasado a un lado de ella y hubieran seguido y nunca se habrían dado cuenta de lo que sucedió.

D: *¿Cómo es que eso se puede lograr?*

B: De la misma manera que se logró cuando ella vio la apariencia diferente del ser, el alteró la percepción de lo que estaba ella viendo; ellos pueden hacer eso a cualquier ser humano, así que ellos pueden justamente alterar la percepción de lo que ellos ven, si alguien pasara en vez de ver a la camioneta estacionada en la carretera hablando con el conductor, ellos solo verían el camino despejado y continuarían manejando.

D: *Ya veo, y ellos en el proceso se las arreglan para que nadie salga lastimado.*

B: Así es porque ellos no quieren lastimar a nadie.

D: *Pero de todos modos durante esa experiencia que ella tuvo en marzo, hubo en realidad un ser físico allí y no solo hizo que lo percibiera diferente, él también tapó su memoria y la reemplazó al poner la imagen del búho, ¿es eso correcto?*

B: Sí, como una manera de protección, para los dos tanto para ella como para él, él quería tener el contacto con ella, pero no quería complicar su vida, así que él decidió que ella percibiera que vio un búho hermoso en el camino, él alteró su percepción de como lo vio, para que fuera, una experiencia sutil y de esa manera ella estaría más de mente abierta en la experiencia, porque si ella lo hubiera visto en su forma verdadera, ella hubiera tenido un fuerte elemento del miedo y él estaba intentando mantenerlo lo más posiblemente sutil para ella.

D: *Eso tiene sentido ¿pero no le molestaría recordarlo de esa manera o sí?*

B: No del todo, ella tiene un gran deseo de recordarlo y yo creo que eso es bueno, yo me permití a mí misma, ella recordará todo esto cuando despierte, porque le ayudará a continuar a prepararse cuando el tiempo llegue. Ella está lista para esta información, esa es la razón por la que recuerda al búho para que utilice las técnicas que tiene para obtener esta información y así logre recordar todo.

D: *Brenda mencionó que por días después ella experimentó problemas con su audición y algo estaba afectando los aparatos electrodomésticos y cosas así, ¿qué estaba causando esas cosas?*

B: Debido a la interacción con ese ser, su aura absorbió algo de energía extra, mucha de esa energía fue usada dentro de su cuerpo, pero aun así persistió algo del exceso y su aura estaba aventando ese exceso de energía en vez que hubieran sido rayos de luz invisibles por así decirlo, como resultado sus oídos estaban zumbando y haciendo cosas raras y ella estaba escuchado sonidos de tonos muy altos. Al tener esa energía extra en su cuerpo estaba interfiriendo con las funciones eléctricas de esos aparatos.

D: *¿La energía fue por eso, solamente, al estar en la proximidad de ese ser?*

B: Fue debido al hecho que ella es perceptible a energías de alta frecuencia, por lo tanto, ella y su aura están abiertas a altas energías y cuándo ella estaba en la cercanía de ese ser, estaba absorbiendo conocimiento espiritual y mental de él; también absorbió algo de energía áurica. Hubo un exceso de energía que no pudo utilizar de inmediato así que hubo esas reacciones secundarias, es como cuando tú envías mucha electricidad por un cable y salen chispas.

D: *¿Afectó eso a su salud de alguna manera?*

B: Negativamente no. La energía extra dentro de su cuerpo le ayudó con algunos procesos de sanación que estaba teniendo, porque siempre existe algo de sanación dentro del cuerpo; y de esa manera no interfirió con nada que necesitaba ser hecho, fue solo el hecho de afectar algo de su audición y los aparatos eléctricos en su alrededor, ella no estaba muy impresionada, porque la mayor parte de su vida ella ha estado afectando los relojes cercanos. Por un tiempo cuando ella estaba en la preparatoria ella también afectaba a las máquinas expendedoras y siempre ha tenido esa audición, así que esos efectos secundarios no la alertaron, porque fueron cosas similares que ya había experimentado antes, pero fueron un poco diferentes y ligeramente más intensas. Los efectos de su audición vienen y se van a veces por algunos minutos, parte del día o como en esa ocasión que duró varios días, eso fue lo que le molestó, porque ella estaba acostumbrada a que en su audición se desvaneciera muy rápidamente; y ahora en su caso el efecto que tiene en los relojes es un efecto peculiarmente permanente en ella.

D: *¿Por su campo energético?*

B: Parcialmente por su campo energético y sus habilidades psíquicas y parcialmente por la manera que percibe el tiempo.

D: *¿Qué quieres decir?*

B: La mayor parte de la gente de su cultura han sido educados en estar muy conscientes del tiempo, de los minutos y las horas y de "tengo que estar a tal hora a tal lugar en 5 minutos". Debido a su interés y la manera que fue educada, ella desarrolló una vista holística del tiempo, pensando en términos de temporadas, años y siglos en vez de minutos y horas, tiene un efecto de piezas de tiempo a su alrededor. Ella vive a una diferente velocidad del tiempo, por así decirlo.

Después de la sesión yo grabé sus memorias conscientes.

D: *Tu subconsciente dijo que cuando tú despertaras me dirías acerca de tu antebrazo.*

B: ¿Acerca de la protuberancia en mi brazo? (Ella se desabrochó y se arremangó la manga de su blusa) Ha estado allí desde que tenía 9 años de edad, eso sería casi hace 25 años.

La protuberancia estaba localizada como a unos siete centímetros por debajo de la coyuntura de su codo en la parte interior de su antebrazo izquierdo. Era del tamaño de la apariencia de una verruga, pero era liso y tenía un color rosado, las verrugas usualmente son ásperas. Yo la toqué y no se sentía sólida por debajo, sería más parecido a un quiste crecido.

B: Yo creo que puede haber un filamento conectado al nervio, porque a veces si lo froto de cierta manera siento como un cosquilleo que corre hacia abajo hasta mi muñeca.

D: *¿Recuerdas cuando apareció?*

B: Exactamente en el fin de semana del día de "Acción de Gracias" en 1969. Visitamos la casa de mi abuela para esa celebración, en ese tiempo vivíamos en Houston Texas y mi abuela vivía en Louisiana.Nos estábamos marchando el domingo para regresar a Houston y esa mañana cuando desperté me di cuenta que una parte de mi brazo se hinchó durante la noche.

D: *¿Fue como un piquete de un insecto?*

B: No del todo, fue blanco como una burbuja de aire por debajo de mi piel, se alzó como un pequeño domo, pero esponjoso.

D: *Estoy pensando como si fuera una ampolla de sangre, pero usualmente está coloreada de sangre.*

B: Era más como una ampolla de agua, excepto que este no tenía fluido por dentro, no era claro, pero era muy blanco y de textura áspera. Cuando desperté y lo descubrí, estaba únicamente como dos centímetros de grande, pero durante el día se mantenía creciendo y expandiéndose; para el medio día estaba al tamaño de una moneda de 10 centavos de dólar, estaba más grande que una ampolla como tres veces más grande de lo que es ahora. Se lo mostré a mi madre y abuela y no pudieron determinar que era, no me dolía, pero me cosquilleaba un poco. Yo sabía, que no era un piquete de araña, porque no estaba rojo y no me dolía, ellas decidieron que no hiciera nada y que probablemente se desaparecería eventualmente. Conforme fuimos manejando note que seguía creciendo, a la siguiente mañana cuando desperté para ir a la escuela, ya estaba del tamaño de una moneda de 25 centavos; finalmente cuando desperté en el tercer día la parte hinchada se había desvanecido. Yo tuve una inflamación en mi brazo del tamaño de una moneda de 50 centavos, el centro estaba donde la hinchazón está ahora, se veía igual como cuando te raspas la rodilla y te descarapelas accidentalmente la costra y te sale un poco de sangre o liquido; se mantenía comprimiéndose y cuarteándose. Alrededor de las orillas de lo hinchado se alzaba como una cumbre y permaneció de esa manera como 3 semanas, era como si estuviera hinchado y muy tierno dentro del perímetro de este círculo. Finalmente comenzó a encogerse muy gradualmente. Mientras tanto, la parte interior se secó donde estaba la orilla hinchada, se tomó como de 6 a 8 semanas para encogerse, comenzó a deshinchar, pero la orilla permaneció por mucho tiempo. Yo mantuve una cinta con gasa para no golpearlo.

*D: Si era tan grande como el tamaño de una moneda de 50 centavos, parecería que te hubiera dejado una cicatriz.*

B: Así lo pensarías, pero se encogió hasta que se hizo pequeño y después una mañana desperté y vi que tenía una capa de piel que había crecido por encima y cuándo sanó era básicamente de la manera que está ahora, solamente esta pequeña protuberancia, había una pequeña ramificación de un lado que se desprendió un par de años después, pero básicamente esa pequeña protuberancia permaneció igual. Ocasionalmente daba comezón y a veces la capa superficial de la piel se despegaba, especialmente si había estado expuesta en el sol.

*D: ¿Llegaste a ir al doctor por eso?*

B: Sí lo hice y el doctor no pudo determinar que era, lo único que él pudo pensar, es que era un tipo de infección fúngica por el rasguño de un gato, pero yo no he estado cerca de ningún gato; se ha permanecido igual desde hace 19 años y no ha causado problemas, excepto que ocasionalmente hormiguea o da comezón.

Así que la pequeña protuberancia del brazo de Brenda pareciera ser un misterio, probablemente no exista una manera para que podamos encontrar si realmente era un dispositivo implantado hace 19 años o ya sea si sigue allí; mientras no cause ningún problema físico, probablemente lo mejor es dejarlo por la paz y continuara siendo un misterio. Algunas personas quieren que los implantes sean removidos una vez que los descubren, pero yo soy de la opinión que, si los extraterrestres los quieren allí, ellos simplemente los cambiarían.

Estos extraños casos no solo ocurrieron durante mis días tempranos de investigaciones en la década de los ochenta. Yo incluiré un caso reciente que muestra la habilidad de los extraterrestres de crear una ilusión a mucho mayor escala que de animales individuales.

Durante el año de 1997 Clara había escrito y llamado varias veces preguntando por una sesión, ahora hay muchas personas queriendo sesiones que he tenido que parar de hacerlas en mi casa. Yo no tomo nuevas personas a menos que yo voy a tener un seminario en la ciudad dónde ellos viven y después únicamente las consulto si es que tengo el tiempo; he tenido que parar de hacerlas en el día en que voy a dar una conferencia. Me he dado cuenta que la energía se divide si es que hago muchas cosas en las giras de conferencias, solamente hago sesiones en los días cuando planeo pocas actividades. Clara mencionó que la primera vez que me había conocido fue en la conferencia de Shanti Cristo en Santa Fe, Nuevo México en diciembre de 1996; en la conferencia únicamente tenía sesiones con personas que habían hecho una cita de antemano, así que no había tiempo para hacer más citas para otras personas. Usualmente les digo a las personas que las anotaré en mi lista y que la próxima vez que esté en esa ciudad podemos reservar una cita. Como tal no recordaba a Clara o nuestra conversación, ella se enteró que iba a estar en Hollywood en mayo de 1997 para una conferencia, así que ella llamó y preguntó por una cita. Ella vive en el área de San Francisco y estaba dispuesta a manejar hasta Hollywood y bajo esas circunstancias yo sentí que no podía rehusarme.

La conferencia se volvió en un desastre por la falta de publicidad y de planeación, esas fueron las principales razones, aunque los panelistas estaban presentes no había asistentes; muchas pláticas tuvieron que ser canceladas porque no había audiencia, era la peor que había asistido, pero como resultado yo tuve más tiempo en mis manos de lo que había anticipado. Mi amigo Felipe convirtió el viaje en uno turístico y me mostró el Hollywood que siempre había querido ver desde que yo era una adolescente soñando estar en una sala de cine obscuro, realmente nunca tuve el tiempo para visitarlo antes, como siempre estuve recluida en el hotel o en el centro de convenciones. Cuando terminaba mis conferencias siempre me iba directamente al aeropuerto, así que decidimos hacer lo mejor de esta mala situación y realmente disfruté viendo la parte lujosa de la ciudad; más adelante cuando Clara llegó a mi habitación del hotel para la sesión yo estaba relajada y tuve tiempo suficiente para estar con ella.

Clara era una atractiva rubia en sus cuarentas, aparentaba ser muy activa, inteligente y de buena salud. Durante nuestra conversación de antemano, cuando yo intenté determinar el problema o la razón para la sesión, ella dijo que la principal cosa que le molestaba fue un episodio de "tiempo perdido", que le había ocurrido hace unos años antes. Ella ocasionalmente va a Hawái a conferencias relacionadas a su trabajo. En esa ocasión ella estaba manejando en la isla de Maui, era casi el atardecer, pero aún había luz y buscaba un hotel que ya había visto en viajes anteriores; estaba localizado en la playa, quería cenar allí y disfrutar de la vista del mar. Mientras iba manejando, buscando el hotel, se dio cuenta que ya había pasado la entrada así que decidió continuar manejando para encontrar un lugar para darse la vuelta. Esa parte de la isla tiene mucha vegetación exuberante y árboles de palma que proveen sombra en el camino de dos sentidos, hay algunas casas que se encuentran escondidas de la vista cerca del camino. Ella finalmente encontró una entrada, de otro camino, para darse la vuelta, aunque mentalmente ella notó que nunca lo había visto antes cuándo había manejado la misma ruta; entrando a ese camino se encontró con un pequeño desarrollo de viviendas compuestas de casas modulares y que se encontraban entre las palmeras y rodeadas de vegetación muy placenteras. Ella empezó a girar el automóvil para regresar y eso fue lo último que recuerda.

El siguiente instante se encontraba en el otro lado de la isla manejando en una transitada carretera de 4 carriles, ya estaba oscuro y no tenía ni idea de cómo es que había llegado allí.

Un año después cuando regresó a la misma isla para otra conferencia, ella de curiosidad manejó en el mismo camino buscando por el mismo grupo de viviendas por el extraño incidente que persistió en su memoria, manejó por toda el área y aunque encontró el hotel otra vez nunca encontró el desarrollo de viviendas de casas modulares. Desde entonces eso la había dejado muy confundida y eso la había motivado para hacer la sesión, ella quería descubrir que le había pasado esa noche y cómo misteriosamente llegó al otro lado de la isla, sin memoria, y de haber manejado hacia allá.

Ella había aprobado ser un excelente candidato, yo no tuve ningún problema en ponerla inmediatamente en profundo trance y estaba muy comunicativa después de que entró a la escena, fue fácil porque ella recordaba la fecha del evento, nos regresamos a marzo de 1994 cuando estaba en la isla de Maui en Hawái. Se encontraba parada en frente de su hotel, El Sol de Maui, justo antes de atravesar las puertas de cristal; acababa de llegar de su taller anual donde le gustaba combinar el trabajo y la relajación. Ella admiraba los colores que sobresalían de las flores que rodeaban al hotel.

D: *Bueno, ya ahora te has registrado en el hotel y quieres moverte más adelante en la noche e ir hacia el restaurante para ir a comer, ¿es el mismo hotel o es uno diferente?*
C: Es un hotel diferente.
D. *¿Se encuentra muy lejos?*

C: Hmmm, tal vez unos 5 o 6 kilómetros, nunca he estado antes allí para comer, lo acabo de pasar, está en la orilla del mar, por dónde está mi hotel por encima de la colina y realmente quería vivir la experiencia de sentarme en un hotel con las ventanas abiertas y escuchar el sonido de las olas en la playa; siempre había querido ir allá desde hace mucho tiempo, pero nunca sucedió.

D: *Bueno ¿Ahora ya estás manejando allá? (Sí) ¿Qué hora es del día?*

C: Ya estamos en el atardecer, no sé qué hora es, pero es como en el crepúsculo.

D: *¿Y crees que oscurecerá muy pronto?*

C: Hmmm probablemente pero no pienso en eso.

D: *Bueno ya te estás aproximando donde está el hotel, ¿dime qué estás haciendo?*

C: Estoy manejando al sur de camino Keyhey (fonética) y se está oscureciendo, es difícil para ver, porque no hay alumbrado público y ya he pasado el Astland. Ese es un lugar muy grande, acabo de pasar la entrada, es un círculo, hay muchas palmeras y la entrada parece como ... Bueno, no camuflajeada, pero se me pasó (molesta) no puedo verla, así que prosigo manejando más adelante para encontrar un lugar para dar la vuelta y regresar, porque realmente quiero cenar allí en ese hotel. (Durante esa parte ella a veces pareciera hablar consigo misma mientras manejaba y después también respondía mis preguntas). Estoy manejando y encuentro ese lugar ... que está bien, veo ese lugar, es un callejón sin salida, si esto se ve como un buen lugar para darme la vuelta, mmm, tiene palmeras muy hermosas y flores, tiene una barda, pero es una que puedes ver a través y hay todo tipo de... (tuvo dificultad en describir) casas modulares o casas como ... casas móviles muy lujosas. Sí, está bien, este es un lugar muy hermoso.

D: *¿Encuentras un lugar para regresarte allí?*

C: Sí, es como un callejón sin salida, y estoy retornando mi carro. (Suavemente) y veo estas luces brillantes. (Pausa y después confusión). Es como ... luces parpadeando.

D: *¿Dónde están?*

C: (Su respiración se tornó más rápida). Están bajando del cielo, y es ... como un tipo de embudo de luz. Un embudo, con la parte ancha debajo de mí. Es como un (confundida).

D: *¿Con la punta mirando hacia arriba?*

C: Sí, es casi como… desde el sol, como cuando ves a través de los árboles este brillo, luz brillante y siento una muy poderosa energía de esta luz. (Respiraciones profundas)
D: *¿Es una luz sólida?*
C: Es como una luz radiante, fuentes de luz.
D: *¿Saliendo del fondo?*
C: (Era evidente desde el tono de su voz y su respiración de que ella estaba experimentando algo inusual y moderadamente incómodo). Sí, desde el fondo.
D: *¿Aún estás manejando tu carro?*
C: ¡No!, yo solo soy, yo solo soy.
D: *¿Qué quieres decir?*
C: (Con incredulidad) se siente como si soy parte de esta luz.
D: *¿Aún estás en tu carro?*
C: No, yo siento que estoy flotando y como que soy parte de la luz. (Respiraciones profundas) yo soy solamente luz, pareciera como una trascendencia del tiempo y luz, como que me estoy moviendo y estoy yendo hacia a algún lugar, pero no sé dónde, yo estoy yendo y está bien.
D: *¿Es como una sensación de movimiento?*
C: Sí, flotando o moviendo. (Ella estaba definitivamente cautivada en la experiencia). A través de colores, a través del tiempo, a través del espacio, a través … (respiraciones profundas) es muy placentero y a través del tiempo y el espacio.
D: *¿Son colores todo lo que puedes ver?*
C: (Lentamente) colores, luz dorada y es muy pacifica (ella exhaló en una manera muy relajada. Ella continúo respirando profunda y confortablemente), la sensación es que yo soy todo y todo es yo. Todo lo que es, está aquí. Todo lo que, está aquí. Todo lo que es, es.

Voy a parar la transcripción de esta sesión a este punto, porque pronto comienza a envolver conceptos complicados. La sesión completa será reportada en mi libro Universo Complejo, en el cual expandiré estas teorías y conceptos que en ese libro únicamente se tocarán; será la secuencia que expandirá hacia las ideas alucinantes. Es suficientemente decir que Clara, no fue, transportada hacia una nave, sino a otro planeta, en otra dimensión. Yo solamente incluí este

caso aquí para mostrar como incluso los alrededores pueden aparecer como una ilusión.
Al final de la sesión yo pude comunicarme con su subconsciente.

D: *¿Estás en la posición de explicar que sucedió cuando ella estaba manejando en el camino en Hawái, y llegó a ese estacionamiento?*

C: Ella fue enviada allí en ese lugar en ese tiempo, porque ese fue el lugar que se materializó para su beneficio, después no fue apropiado el tiempo cuando ella regreso a ese lugar en particular, así que ella fue llevada a un lugar que ella conocía en esa carretera, así que el carro estaría allí, y ella sabría hacia donde estaba dirigiéndose.

D: *Entonces, ¿el regreso tenía que ocurrir en un cierto lugar en Hawái en ese tiempo?*

C: No, necesariamente, ese fue solamente el lugar que ella se sintió cómoda con su cuerpo físico y el lugar (complejo de casas) que fue creado para que ella estuviera allí, fue un lugar de mucha belleza para ella, así que ese lugar es donde ella podía estar total y completamente relajada, para que la transferencia fuera lograda.

D: *¿Entonces su cuerpo físico fue regresado al automóvil, y el carro fue tomado físicamente a la otra carretera?*

C: Eso es correcto, fue simplemente desmaterializar y materializar de regreso a otro lugar.

D: *¿Es esto común de mover automóviles y personas de un lugar a otro?*

C: Oh, sí. Oh, sí.

D: *¿Entonces sucede seguido?*

C: Muy a menudo, muy a menudo.

D: *¿Cuándo sucede es el cuerpo físico desmaterializado y rematerializado también? (Sí) ¿Y no ocurre algún daño al cuerpo?*

C: No hay daño, porque llega a ser pura energía.

D: *¿Y fueron movidos el vehículo y ella de un lugar a otro?*

C: Eso es correcto.

D: *Entonces cuando ella regresó, yo creo que diría, cuando ella otra vez tomo consciencia, ella estaba en un lugar diferente en la isla.*

C: Sí.

D: *Y estaba manejando en ese momento. (Sí) y ella no tenía memoria hasta ahora de lo que sucedió.*

C: Eso es correcto.
D: *¿Es esta la única vez que ha ocurrido en la vida de Clara?*
C: Ha ocurrido muchas veces, pero en esta ocasión ella estaba en un lugar y en el tiempo de su vida cuando ella estaba abierta a investigar, para ver que sucedió y como pudo haber ocurrido. Las otras veces no era su tiempo, porque ella no estaba lista para entenderlo, o ella no estaba madura en su vida física de la Tierra para poder entender lo que le estaba sucediendo.
D: *Entonces este fue un tiempo cuando algo inusual ocurrió y le hizo recordar.*
C: Eso es correcto.
D: *¿Está bien para ella el saber esta información ahora?*
C: Sí, ella debería saber la información, ella ha estado anhelando saber la información, ella ahora lo entenderá.
D: *Y puede ser beneficioso, porque nosotros no queremos ningún daño del todo.*
C: Sí, es para estar alegres porque le va a beneficiar.

Yo después le pregunté al subconsciente en retroceder y tuve a la personalidad incorporada de Clara completamente de regreso en su cuerpo. El cambio siempre es notable, porque la persona respira profundamente en este punto, yo la oriente a este tiempo presente y la traje de regreso a su total consciencia.

Así que las cosas no siempre son lo que aparentan ser, ¿podemos nosotros estar seguros que lo que vemos y experimentamos es real? Al menos pareciera ser que está hecho de una manera sutil y gentil para que el único efecto sea la curiosidad, y así después (usualmente) dejemos el incidente como una rareza; porque no daría un bien el temer algo tan benigno, especialmente si no hay una manera de anticipar tal evento y ciertamente tampoco controlarlo.

*El misterio continúa y continúa para profundizar.*

# CAPÍTULO 4
# LA INFORMACIÓN ESCONDIDA EN LOS SUEÑOS

¿Cuándo un sueño no es un sueño? ¿Cuándo es realmente una memoria nublada por el subconsciente para que parezca como un sueño? ¿Qué es un sueño de todos modos? ¿Cómo podemos saber la diferencia? Y finalmente, ¿es importante para nuestro bienestar el saber la diferencia de todos modos?, quizás tales preguntas son mejor dejarlas por la paz.

En mi trabajo muchas personas no reportan algunos contactos físicos con extraterrestres o avistamientos de naves, en vez de ello, usualmente ellos sufren de extraños e inusuales sueños vívidos. Estos son usualmente sueños que han tenido una cualidad diferente y son sueños que ellos no pueden olvidar. Todos nosotros, de tiempo en tiempo, tenemos sueños remarcablemente claros que parecieran ser muy reales y nosotros usualmente nos alegramos de que no lo son. Nosotros también tenemos sueños que recordamos mucho después de cuando ocurrieron, esa es una parte normal de nuestro mundo sombra al que le llamamos "dormir", y es usualmente nuestro método del subconsciente de interpretar eventos en nuestra vida despierta. También es una manera de que el subconsciente está intentando entregarnos información a través de símbolos. ¿Qué es lo que hace que los sueños sean diferentes relacionados a OVNIS, extraterrestres o vuelos espaciales? Y ¿por qué nosotros deberíamos de prestar atención a ellos? Yo siempre he dicho "¡si no está roto no lo arregles!", si la persona está funcionando normalmente y no está teniendo ninguna memoria que le esté creando problemas, es mejor dejarlos por la paz y tratarlo meramente como una curiosidad interesante. No hay necesidad de hacer la vida más complicada solo por pura curiosidad. Recuerda, una vez que abras la caja no podrás cerrarla otra vez, tú no puedes olvidar lo que sacaste de una memoria y podría afectar tu vida después para siempre. Yo realmente deseo para mis pacientes que sean afectados en una manera positiva por cualquier información, que se descubra, a través de la terapia de hipnosis; así que si cualquier información es descubierta a través de explorar los sueños de la persona debe ser incorporado a su vida en una manera positiva, para que ellos puedan tratar con ello y regresar a vivir su vida normal. Esta misma regla aplica a las personas quienes han tenido memorias conscientes de interacción con extraterrestres. Esta vida es la más importante de todas y ellos deben de continuar en vivirla lo más normal posible. Así que la responsabilidad del terapeuta es ayudarles en tratar con cualquier cosa que sea descubierta y ponerla en perspectiva.

En mi libro Entre la Muerte y la Vida (Between Death and Life) encontramos que el alma o (el espíritu) realmente nunca duerme, únicamente el cuerpo es el que se cansa, y el alma se pone muy aburrida en esperar a que el cuerpo despierte, así que mientras el cuerpo duerme nuestra alma o espíritu, la parte real de nosotros, está teniendo muchas aventuras; podría estar viajando al reino de los espíritus para encontrarse con los maestros y guías para obtener un consejo o aprender más lecciones. También podría estar viajando a otras partes de nuestro mundo o incluso aventurarse afuera de otros mundos y dimensiones. Estos viajes son a veces recordados en arrebatos, especialmente en el sueño común de volar. La parte esencial de nosotros siempre regresa a nuestro cuerpo cuando es tiempo de despertar, porque está conectada a el "cordón plateado". Este cordón no es cortado hasta la muerte física del cuerpo al liberar el espíritu.

Antes de que comenzara con la investigación OVNI yo nunca pensé que el cuerpo físico realmente fuera a algún lado durante el estado de sueño. Después de todo, ¿despertaría, el cuerpo si fuera, movido o no sería así? Esto ha sido parte de mi educación al investigar estas otras extrañas posibilidades, en estos casos yo he intentado cuidadosamente preguntar para estar segura de la experiencia si es que fue una experiencia física real. Y no una experiencia espiritual fuera del cuerpo; ellas pueden ser similares, pero la descripción es diferente. En una experiencia fuera del cuerpo la persona podría recordar la sensación de dejar al cuerpo, a menudo ellos pueden voltear hacia abajo y ver a su cuerpo dormido acostado en la cama. Ellos describen la reentrada hacia el cascaron vacío después de su viaje. Ellos regularmente describen ver el "cordón plateado", el cordón que conecta el espíritu del cuerpo, a veces ellos describen una sensación de estirón del cordón que los jala de regreso si es que ellos han estado alejados por mucho tiempo. En mi trabajo yo he descubierto que es posible para el cuerpo existir sin que el espíritu resida constantemente dentro de él, es mantenido por la fuerza de vida presente en el físico, pero no puede continuar existiendo indefinidamente, sin la presencia, del alma.

La otra experiencia, de un viaje real del cuerpo físico, es descrito de manera diferente. Mi primer caso de este tipo fue, un maravilloso, hombre de raza negra, John Johnson, un psicólogo quien usualmente viajaba conmigo en las entrevistas de casos sospechosos de abducción. En aquellos días tempranos de mi investigación todo era nuevo, yo sentí que estábamos tocando nuevos terrenos. Todavía no descubría los patrones que ahora yo observo, a esto únicamente llego al estar investigando muchos casos; desde que yo no soy una psicóloga, yo confiaba en la experiencia de John; cuando nosotros conducíamos por primera vez, las entrevistas con las personas quienes pensaban que ellos habían tenido experiencias tipo extraterrestre, él hacía preguntas que yo nunca las hubiera pensado, preguntas que le decían acerca de la salud mental de la persona y su familia, a veces cuando estábamos en el automóvil para ir a casa, él me decía que la persona estaba perturbada y que tuvo un abuso infantil en el pasado. En otros casos él sospechaba que la persona estaba fantaseando y buscando atención. Yo obtuve lecciones invaluables al aprender de él, al buscar algunas de las señales. Mayormente él diría que la familia era normal y aparentaba haber tenido definitivamente una experiencia que ellos creían que fuese real. Si él pensaba que valía la pena darle seguimiento nosotros conveníamos en regresar y cualquiera de los dos realizaba la hipnosis. Yo aprecio grandemente la ayuda y consejo de John durante los tres años que trabajamos en estos casos, él viajo muchos kilómetros conmigo para investigar estos tópicos inusuales, a pesar de su corazón débil que le causaba mucho dolor. A menudo pareciera que él estaba tomando medicamento para el corazón como dulces.Pero él decía que el trabajo conmigo era lo que le mantenía continuar, nuestra relación laboral terminó cuando John, murió de falla cardiaca, en 1990, a la edad de 53 años.

Poco después de que conocí a John en 1987, él me contó acerca de su propia experiencia rara, la cual él quería explorar bajo hipnosis. Ocurrió en 1981 mientras él estaba viajando en un tour en Egipto. Él estaba compartiendo habitación con un extraño (arreglado por el tour) en un hotel en el Cairo. Él no pudo recordar nada acerca de la noche excepto que él despertó parado en la cama del otro hombre, lo cual naturalmente sorprendió al hombre al despertar, él no podía recordar pararse y cómo es que llegó allá. Todo lo que él recordaba era algo acerca de una luz azul, yo le sugerí que él podría haber estado caminando sonámbulo, es muy común hacer eso, cuando estás durmiendo en un lugar extraño, especialmente si estás cansado del viaje. Él pensó acerca de la explicación, pero la descartó, porque él no tenía antecedente de sonambulismo, él estaba seguro que había ido hacia algún lado y él quería que yo le ayudara a descubrir a dónde.

Antes que comenzáramos la sesión él me confeso que él estaba preocupado por su corazón, porque podría darle problemas mientras él estuviese bajo el trance. Él hizo una lista de síntomas para que yo estuviera al pendiente y de esa manera despertarlo en caso de que esto ocurrieran. Yo le mencioné que yo estaba convencida que nada de esa naturaleza ocurriría y yo estaba en lo correcto. Él transitó la sesión muy hermosamente, desde que yo supe que él era un hipnotista, yo estaba confiada que no tendría dificultad en ponerlo en trance, porque él sabía los procedimientos y me dio su completa cooperación.

Una vez que él estaba en trance, lo llevé de regreso al día que llegó a Egipto, él acababa de aterrizar y estaba preparándose para pasar a través de aduana. Cuando se trabaja con casos que envuelven la vida presente puede haber una aprensión envuelta en recordar el evento. Muchos hipnotistas dicen que la persona experimenta ansiedad cuando están regresando al tiempo del evento, yo no he encontrado resistencia cuando llevo a la persona, no al tiempo exacto del evento, pero antes que el evento ocurra; de esta manera puedes colarte por la puerta trasera, y que los dirige desde atrás. Después de que él revivió estar en el aeropuerto y pasar a través de aduana con el grupo del tour, yo lo moví adelante hacia el hotel, él me dio la descripción exacta del hotel y de los alimentos que comió antes de retirarse a su cuarto. Él estaba tan cansado del largo viaje que no tuvo problema para dormir.

Como mencione anteriormente, el subconsciente nunca duerme, está siempre alerta de lo que está pasando. Yo sabía que si algo hubiese ocurrido durante la noche el subconsciente me diría acerca de ello. Y si solamente era un sueño o una caminata sonambulística, el subconsciente me diría también eso.

*D: ¿Sucedió algo inusual durante la noche?*

La respuesta de John fue una sorpresa para mí. "Fui llamado".

D: *¿Me puedes explicar qué quieres decir?*

J: Fui llamado, y salí a través del techo, a través del techo del cuarto.

Al mismo tiempo yo asumí que él estaba describiendo una experiencia fuera del cuerpo. "¿Usualmente haces eso?"

J: En una ocasión he hecho eso.

D: *Tú dijiste que alguien te llamo, ¿sabes quién fue?*

J: No, no reconozco la voz, nunca había escuchado esa voz.

Yo le pregunté que describiera que estaba sucediendo.

J: Solamente estoy flotando, y floto a través de objetos, a través de sólidos, yo lo he hecho antes.

Después John se encontró en un cuarto circular iluminado suavemente, él estaba parado ante un gran bloque blanco de cristal resplandeciente, él estimo que era de una medida de 4.5 metros de alto por 12.5 de ancho, él sintió que no estaba solo en el cuarto, pero su atención estaba enfocada en la gran piedra. "Estoy estudiando el bloque, hay lecciones incorporadas en él".

D: *¿Has visto ese bloque anteriormente?*

J: Ese bloque en particular no, pero yo he visto otros objetos, no en forma de cristal, pero yo he visto otros objetos con escrituras en ellos.

D: *¿Al estarlo estudiando, puedes compartir conmigo lo que dice?*

J: No, no puedo recordar lo que es, porque, así como lo leo se me olvida.

D: *¿Pero es importante que tú lo leas y después otra parte de ti lo recuerda? (Si) ¿Es esa la razón por la que te llamaron allí, para leer eso?*

J: Yo asumo que fue una parte de mi razón al estar allí, otra razón es para aprender.

Yo intenté conseguir que me compartiera algo de lo que estaba escrito conmigo, pero sin mostrarlas.

J: No me acuerdo, yo aprendo, y en un milisegundo lo he olvidado, se vuelve parte de mí.

En una instancia él estaba parado ante la piedra estudiándola y en la otra instancia él estaba de regreso en su cuarto en el hotel. "Estoy de regreso en mi cuarto, no estoy en mi cama, mi cama está por allá, yo estoy sobre la otra cama".

Yo seguía asumiendo que él estaba teniendo una experiencia fuera del cuerpo, "entonces ¿estabas solamente parado cuando fue que tú regresaste al cuerpo, o qué paso?

J: Yo no regresé al cuerpo, el cuerpo estaba conmigo.

Esto me sorprendió, me tomó por desprevenida, desde que era la primera vez que yo escuchaba esto. "¿Quieres decir que tu cuerpo físico atravesó el techo? ¿Acaso no es un poco inusual?".

J: (Es un hecho) No, a veces atravieso las paredes.
D: *Quiero decir, ¿si alguien fuese a buscarte a la cama esa noche, tu cuerpo físico estaría acostado allí? (No) ¿Sabes cómo es posible hacer eso?*
J: Teletransportación.
D: *¿Lo hiciste por tu propia cuenta?*
J: No, yo no puedo hacerlo por mi propio deseo, cuando fui llamado fue posible hacerlo.

¡Esto más me sacudió!, yo estaba teniendo dificultad en pensar en preguntas sensibles.

D: *¿En este cuarto circular que te encontraste, era un cuarto sólido físico?*

Yo estaba pensando que pudo haber sido en el plano espiritual, tal vez en las escuelas o el salón de aprendizaje, descritos en mi libro Entre la Muerte y Vida (Between Death and Life).

J: Sí, es sólido.

D: *¿Era sólido tu cuerpo, los pisos, las paredes, y todo en el cuarto eran sólidos?*

J: Sí, todos son sólidos.

D: *¿Sabes dónde está localizado ese cuarto?*

J: No, pero puedo decirte lo que veo en el cuarto, (él estaba visualizando otra vez). Mientras estoy de frente al bloque existen paneles a mi derecha, y un barandal, los paneles están elevados tal vez a sesenta centímetros de la superficie principal del piso y allí hay un pasillo. Existen paneles y medidores, yo no entiendo ninguno de ellos, yo no estoy mostrándolos, yo solamente veo eso al estar escaneando el cuarto.

D: *¿Existe algo con lo que tú puedas compararlos?*

J: No podría decir, estoy viendo a la distancia medidores.

D: *¿El barandal rodea el lado del cuarto?*

J: Sí rodea el cuarto, esta parte donde estoy es como un cuarto hundido, esta debajo del resto del cuarto, siento una presencia, pero no puedo ver en esa dirección, hay muy poca iluminación en el cuarto, la mayor fuente de iluminación pareciera ser la tableta de cristal, veo algo púrpura (apuntando) por allá pero no veo qué es.

D: *¿Has estado en este lugar antes?*

J: He estado en muchos lugares, no sé si he estado antes en este cuarto en particular, es nuevo para mí, no sé a dónde ir, no estoy familiarizado con este cuarto; yo he estado en muchas habitaciones, quizás solamente una vez en esa habitación fue suficiente, he estado en muchas cámaras solamente una vez.

D: *¿Qué hay del lugar donde la habitación está localizada, has estado antes allí?*

J: No lo sé, únicamente veo el cuarto, no estoy en otro lado más, cuando llegué aquí, llegué a la habitación, cuando me retiré, me retiré del cuarto, no fui a ningún lado más.

D: *¿Por cuánto tiempo has estado yendo a esos lugares diferentes?*

J: Toda mi vida.

D: *Pero dijiste que no eran iguales, ¿cómo es que eran diferentes?*

J: A veces estoy en un auditorio, a veces estoy en una habitación pequeña, a veces estoy en una biblioteca, a veces solo tengo la sensación de estar en movimiento, puedo sentir la sensación de estar flotando o sentir la aceleración de la velocidad mientras me voy elevando. En el pasado cuando hacía eso, lo hacía, porque no tenía nada más que hacer durante ese período en particular. No tenía nada que aprender, no tenía trabajo que hacer así que estaba por mi propia cuenta; la sensación de libertad puede ser estimulante, a veces en estos viajes veo seres, ellos se ven como seres humanos, aunque ya están muertos, pero son seres humanos. Ellos están muertos en el sentido de que ellos ya no están más en este mundo.

Estos lugares sonaban más como del reino espiritual donde el alma viaja en la noche (y entre las vidas) para estudiar y aprender.

D: *Durante todas estas ocasiones, ¿fue en tu cuerpo físico que experimentaste eso?*
J: A veces eran en mi cuerpo físico, a veces en mi cuerpo astral, es difícil decir cuándo estas experiencias eran físicas, porque no hay manera de validar la información, la experiencia en Egipto definitivamente fue en cuerpo físico.
D: *Supongo que es muy similar, porque en los dos casos la parte principal de tu inteligencia está presente, (Sí). Cuando tuviste esa experiencia de atravesar las paredes y el techo con tu cuerpo físico, ¿cómo sentiste eso?*
J: Únicamente una sensación de movimiento, solamente movimiento, no recuerdo, solo estoy allá y no sé qué hice.
D: *Pero cuando regresaste y te encontraste por la cama de tu compañero ¿viste algo inusual?*
J: Vi un rayo de luz azul que venía del techo.
D: *¿Un azul brillante?*
J: No, no, era un azul pálido, un poco obscuro como el huevo de un pájaro petirrojo.
D: *¿Qué crees que fue esa luz?*
J: ¿Qué creo que fue eso? Fue una diapositiva, realmente no era una diapositiva, pero lo veo como una imagen hecha para mí para que yo regresara a esa habitación, ahora lo veo, viene del techo al piso y es como de un metro de ancho, me trajo de regreso al cuarto. Tiene algo que ver con separar las moléculas del cuerpo, no puedo pensar de otra manera de cómo lograr eso.
D: *¿De dónde crees que la luz venía?*

J: No tengo idea, pero estaba cuando me salí y cuando regresé, te da la sensación de protección, es una luz buena.

D: ¿Cuánto tiempo transcurrió en el cuarto?

J: Por el tiempo suficiente de verlo y después me fui y después me encontré de regreso en la habitación del hotel parado por la otra cama, como si me hubieran depositado allí, sorprendí a mi compañero que despertó, pero no recordé cómo es que llegué ahí.

Mientras pareciera que no podíamos obtener más información adicional de la experiencia, yo le instruí que dejara esa escena que él estaba observando, y lo traje de regreso a el tiempo presente (1988).

Antes de la sesión John me había preguntado que encontrara acerca de sus problemas de salud, en otras sesiones yo le había preguntado a su subconsciente que nos dijera que estaba mal con su cuerpo y que diera los remedios, siempre se ha hecho de una manera desligada de las emociones, como si habláramos con una tercera persona. Esta pequeña porción muestra como verdaderamente el subconsciente puede ser objetivo.

D: *(Estaba hablando con el subconsciente de John) Él está preocupado por los problemas que está teniendo con su cuerpo físico. ¿Podrías escanear el cuerpo y decirnos de sus problemas?*

J: No estoy lo suficientemente profundo para conducir el escaneo, ese escaneo requiere una profundidad que permita a uno circular a través de los órganos en el cuerpo, no he logrado esa profundidad. Yo tengo un incompleto condicionamiento para lograr esa profundidad.

D: *¿Podría el subconsciente mirar al cuerpo objetivamente y darnos de todos modos la información? No tiene que ser detallado, nosotros agradecemos lo que sea que nos puedas decir.*

J: Sí (pausa) en este presente el corazón está muriendo, parará un día muy pronto.

Su total objetividad sin emoción me sorprendió, "¿Ese es el problema más importante del cuerpo?".

J: Sí, mantiene el cuerpo funcionando.

D: *¿Hay algo que John pueda hacer para mejorar la condición? ¿Tienes alguna sugerencia?*

J: (Enfatizó) No, cuando su tiempo venga, se irá.
D: ¿No hay nada que él pueda hacer para mejorar?
J: No, no, no hay nada que él quiera hacer, él está satisfecho, él ha llegado a estar de acuerdo con ello.

Yo le di sugerencias para su bienestar y salud, pero sabía que estos serían inútiles. Si el subconsciente era afirmativo no había esperanza de recuperación, entonces no había nada que hacer por los mortales. Cuando John despertó él no recordaba nada de lo que su subconsciente había dicho, esto es un caso común. La persona podría recordar algo de la sesión, pero la parte cuando converso con el subconsciente se borra, yo pensé que lo mejor para John era dejarlo que lo escuche por sí mismo cuando escuche la grabación de cinta.

En vez de eso él quiso describir lo que recordaba acerca del cuarto, mayormente fue lo mismo, como la sesión; "solo que no podía ver los medidores y paneles y las cosas claramente, porque tal vez estaba como a 8 metros de distancia, era un cuarto grande y era alto, sabes esto suena loco, pero a un punto me preguntaba si estaba adentro de la Tierra; una cosa que me hizo pensar seriamente fue, que era más como una cueva, porque las paredes eran rocosas, incluso el piso pareciera ser de roca."

Una semana después John me llamó para discutir la sesión después que tuvo la oportunidad de escuchar la cinta de grabación. La primera cosa que él se pronunció fue que no había manera, de creer, que su cuerpo físico había sido tomado a ese cuarto; él no podía creer que le había sucedido, con desmaterialización de las moléculas o de otra manera, él estaba riendo cuando él dijo eso, y yo me reí con él diciendo, "Hey tú fuiste él que lo dijo, no fui yo". Él dijo que no lo podía creer si él lo escuchaba de alguien más, pero no de sí mismo. Él realmente hizo un chiste de eso, pero sospeche que sabía lo suficiente de hipnosis para darse cuenta que era verdad o de otra manera no lo hubiera dicho, él estaba intentando justificarse a sí mismo, lo mismo como todos los demás, que han tenido estas experiencias; ellos intentan encontrar explicaciones alternas para que su mente consciente lo acepte. Así que aparentemente no importa si incluso eres un investigador y estás familiarizado con las técnicas y la propia hipnosis, la reacción es la misma.

John trabajaba con pacientes que estaban por morir en el hospital y los preparaba para el mundo que ellos estaban por entrar, él hizo mucho bien antes que su tiempo le llegara y hacer el viaje por sí mismo y después como su subconsciente dijo que pasaría, su corazón simplemente paró. Yo aprendí mucho de John acerca de los procedimientos de investigación, siempre extrañare su consejo, pero estoy agradecida y muy honrada de haberlo conocido por ese breve tiempo.

La experiencia de John mostró la dificultad de diferenciar entre los encuentros con los extraterrestres y los viajes astrales; comencé a prestar atención a los sueños raros de mis pacientes mientras trabajaba con Felipe en mi libro Guardianes del Jardín. Él no tenía memorias conscientes de encuentros con extraterrestres, solamente sueños traumáticos, cuando exploramos estos realmente encontramos experiencias que regresaban a su infancia, algunos de los detalles que descubrimos establecieron un patrón que yo lo veía que se repetía una y otra vez.

El factor que me hizo juntarme con Carrie del todo es improbablemente ser considerado como una coincidencia. Mi amiga, Connie, me la había mencionado como su amiga artista de hace mucho tiempo, que vivía en Houston, Texas. Carrie había tenido sueños extraños y (supuestamente) visiones que sugerían contacto con extraterrestres. Connie pensó que a mí me gustaría trabajar con ella, pero parecía ser poco probable, porque Carrie vivía tan lejos; ella vivía muy restringida porque su esposo no le permitía viajar tan lejos de su hogar. Ella no había visitado a Connie desde que se había mudado a Arkansas, a pesar de que Connie era una vieja y querida amistad. Entonces las extrañas coincidencias empezaron a presentarse para unirnos, Connie fue a Houston a visitar a Carrie, y se enfermó muy gravemente. La única manera de que ella pudiera regresar a su casa de Arkansas era que Carrie la llevase manejando. Bajo esas circunstancias su esposo le dio permiso, así que ella hizo el viaje.

Connie me llamo un martes por la noche después de haber llegado a casa, ella quería que yo fuera a su casa para conocer a Carrie y así que me platicara sus experiencias, y quizás tener una regresión. Ella sabía que nunca estaría en nuestra área otra vez, así que esta sería su única oportunidad de reunirse conmigo. Yo estaba por irme el jueves por la mañana hacia una convención en Little Rock, así que el miércoles era el único día disponible. Nosotros nos reunimos en el día para cenar y después le pregunte que me platicara acerca de sus experiencias para grabarla. Ella tuvo memorias de sueños asociados con extraterrestres, pero mayormente quería averiguar acerca de las experiencias de fuera del cuerpo y una visión que le mostraron. Había hecho un gran impacto en su vida, aunque otras personas no le dieron tanta relevancia. Yo le dije que yo le ayudaría en lo que ella quisiera, yo creo que fue más importante el ayudarla, que encontrar, otra pieza interesante de la información tratada con OVNIS.

La experiencia de fuera del cuerpo ocurrió en 1978 cuando se estaba preparando para irse a dormir. Ella sabía que no estaba dormida aún, se había puesto su bata de dormir y estaba sentada al lado de la cama, cuando ella escuchó una voz profunda que venía de la esquina de la habitación, diciendo, "¡Carrie ven conmigo!".

"Y él no lo dijo fuerte, le pego aquí", ella apunto a su frente, "y yo sentí como una toalla mojada. Ya sabes ¿como cuando pones una toalla en el agua y la levantas y se queda pegada y es pesada? Después yo me sentí flotando fuera de mi cuerpo, y de repente yo estaba flotando con una neblina grisácea, sin forma, como una cosa de la nada. Cuando yo me salí de mí misma, yo vi eso, era esa cosa nublada sin forma, y tenía ojos negros profundos, ojos amorosos. Y de repente nosotros ya no estábamos en la habitación, estábamos flotando por encima de todo".

Desde esta perspectiva Carrie se le mostraron cinco escenas sucesivas, parecieran implicar eventos futuros en su vida, y se le habían mostrado en secuencias de tiempo. Para mí parecieran estar llenas de simbolismo, muy similar a las del tipo de nuestro subconsciente que usa en los sueños. Al pasar los años desde esa experiencia algunos de los eventos ya habían pasado en la vida de Carrie, excepto uno que le había dejado una gran impresión y le había causado mucho miedo y confusión, ella nunca pudo olvidarlo.

Ella vio un gran cuerpo de agua, no podía determinar ya sea si era un lago o un océano, pero había cerros y árboles que caían a la orilla del agua. Ella estaba flotando por encima y observándolo hacia abajo. El agua tenía un color verdoso y estaba en una tremenda agitación, como si fuera de una tormenta. Todo el cielo estaba verdoso y había grandes olas. Después ella vio miles de peces muertos boca arriba flotando en el agua. Dos aves blancas estaban volando sobre el agua cuando ellas de repente cayeron desde el cielo.

A ella después se le mostró una ciudad demolida parcialmente, había cientos y cientos de gentes en diferentes etapas de enfermedades y se vio a ella misma entre ellos dándoles de comer e intentando cuidarlos, las palabras llegaron a su cabeza, "y algunos pueden comer y algunos lo convertirán en vinagre en sus bocas". Para mí, esto sonada bíblico, durante esta secuencia ella sabía que no estaba enferma y sabía que no podía enfermarse.

Y ella protesto, "¿por qué yo?" La respuesta llego, "esto no sé te mostró a ti por tu miedo, no tengas miedo, esto fue el porqué fuiste enviada a la Tierra. Debes de prepararte para cuando los tiempos vengan". Después siguió repitiendo, "no tengas miedo", tres o cuatro veces.

Carrie continuó, "después de repente yo me encontré de regreso en mi habitación sentada en la cama, yo voltee para ver si mi esposo estaba dispuesto, y él estaba acostado roncando, y yo estaba temblando y volteando alrededor del cuarto, nada había cambiado, me levanté y caminé hacia la sala, me fumé una parte de un cigarrillo y lo apague, estaba sudando, estaba muerta de miedo; pero no estaba espantada de lo que vi, estaba espantada, porque sabía que no estaba dormida, yo no supe que fue lo que sucedió, pero finalmente me metí a la cama y me fui a dormir".

"La mañana siguiente yo le llamé a cuatro o cinco ministros, y yo empecé con eso, pensando que algo había venido a decirme acerca del futuro. Bueno, me di cuenta muy rápidamente que ellos no eran a los que debería haber llamado. Su primera sugerencia fue que algo no estaba bien conmigo mentalmente, así que aprendí que existen algunas cosas que no puedo discutir con otros. Yo sabía que no fue un sueño, me permanecí asustada por dos o tres años, porque sabía que estas cosas estaban por suceder, no era algo que yo creía que sucederían, pero sabía que iban a pasar. No ayudo, cuando algunos de estos primeros eventos comenzaron a ocurrir".

Ella indicó que esta experiencia fue la principal que ella quería explorar bajo hipnosis, estaba segura que las otras (sugestiva a extraterrestres) experiencias fueron "solamente sueños", aunque fueron perturbadamente reales, yo la motive a que me platicara acerca de ellas de todas maneras, solamente para el registro.

Ella describió un sueño o "pesadilla", que fue tan real que nunca lo ha olvidado. Esto ocurrió en septiembre de 1963 cuando ella tenía 19 años de edad siendo estudiante de universidad en Texas. En el "sueño" se encontró en una habitación curveada entre filas de incubadoras. Ella les llamo incubadoras porque tenían bebés adentro, pero no eran bebés cualquiera que ella hubiera visto antes. Ella hizo dibujos de ellos y dijo que me los enviaría. Los bebés tenían cabezas grandes y grandes ojos, los cuales eran muy contrastantes a su pequeño y menudo cuerpo. Ellos estaban completamente sumergidos en un fluido, y sabía que estaban en crecimiento. Los bebés se estaban comunicándose unos a los otros a través de sus mentes, y tenían un gran vocabulario de palabras sofisticadas. Los bebés en diferentes incubadoras parecieran estar en la misma etapa de desarrollo. Su piel era luminiscente, de color aperlado, blanquecino y pareciera casi transparente.

Después una mujer llegó al cuarto y dejo caer una cápsula al piso, con una apariencia de una cápsula de liberación prolongada, excepto que era trasparente. Esto era puesto en el fluido para hacer crecer a los bebés, yo pensé que ella quiso decir que la cápsula contenía algo que estaba siendo adherido al fluido para el desarrollo del bebé, pero ella enfatizó que la cápsula era el bebé.

"Eso era como la semilla de donde crece el bebé, ellos ponían la cápsula en el fluido, y después el bebé crecía de la cápsula y continuaba creciendo, pero ella tiró este al piso, así que me incliné para recoger la cápsula y la puse en mi bolsillo. Yo quería contarle a alguien de esto y mostrárselos, porque sabía que era como ellos lo hacían. Después había otras personas en el cuarto diciendo que yo no debería tener la cápsula, yo estaba espantada, porque estaban enojados conmigo, y en ese punto yo desperté".

Carrie continuó, "de todos modos eso fue un sueño, y nunca lo he olvidado, he tenido intervalos del mismo sueño durante todo el tiempo que estaba estudiando en la universidad, yo tuve el sentimiento que estaba trabajando en esta guardería de noche en vez de estar durmiendo, ahora me doy cuenta, porque estaba cansada cuando despertaba, yo no sé si esto está relacionado o no con los OVNIS. Yo soy una artista, soy una persona creativa, podría ser eso o simplemente podrían ser sueños. Si nosotros tenemos la sesión, yo no podría recordar nada más de lo que te conté acerca de todo esto".

Connie se sentó en la sesión con su amiga, Carrie me dio las fechas aproximadas que ella quería indagar, y nosotros estuvimos de acuerdo en intentar cubrir todos los sucesos, si era posible. Yo sabía de experiencias pasadas que, si un suceso habían sido meramente sueños, el subconsciente nos lo diría, nosotros no sabríamos hasta que ella fuera regresada a las fechas. Carrie probo ser un excelente sujeto, ingresando rápidamente al estado profundo de trance. La llevé a la noche de las visiones que tuvo fuera de su cuerpo aproximadamente durante la última semana de julio de 1978, aunque ella conscientemente no había recordado la fecha, bajo hipnosis inmediatamente ella proveyó la fecha exacta: julio 26.

Carrie estaba describiendo alistarse para irse a la cama esa noche, cuando ella llego a molestarse, ella lloró como si estuviera asustada y después comenzó a llorar abiertamente, yo le di sugerencias relajadoras para que pudiera contarme lo que estaba ocurriendo. El llanto paró y entre sollozos ella explicó que repentinamente sintió una sensación muy pesada de miedo, todo era muy obscuro y no podía ver nada; después algo le estaba diciendo que no tenía que temer y ella se sintió abrazada por una gran sensación de amor, después la obscuridad cambio hacia gris y gradualmente las escenas comenzaron a llegar a su vista. Ella parecía estar flotando por encima de las escenas y era un sentimiento inusual, estaba consciente que una entidad estaba con ella, pero solo apareció como algo gris, una neblina sin forma y substancia. Lo único que era reconocible eran sus grandes ojos e incluso parecieran estar flotando con y sin enfoque. Las escenas que le mostraron de su futuro eran idénticas a su memoria, no había nuevos detalles adheridos.

La escena que más le perturbo a ella fue la última de las personas muriendo en una gran ciudad, ella lloró y su voz se quebrantó al estar ella describiendo la escena, "es triste, hay muchas personas muriendo, algunas no mejorarán, no importa lo que haga, yo le estoy dando algo, y yo las estoy sosteniendo en mis brazos, y las estoy tocando. De todos modos, algunos de ellos mueren, me duele ver esto, no puedo ayudarlos a todos. Yo estoy dándoles algo que esta cosa neblinosa me dijo, es un tipo de comida, yo no sé cómo es que se enfermaron, pero ellos están en agonía, y su color de piel es rara, son como tipo grisáceo, amarillo o azul. Ellos se ven enfermos, es feo y todos están calvos y flacos". Ella estaba llorando, "yo no soy flaca, no puedo enfermarme, él me dijo que no podía enfermarme, yo tengo que cuidar a esas otras personas, algunas son ayudadas y otras no. Son muchas de ellas, no creo que fuese una guerra, que los hizo enfermarse, fue como un tipo de cosa nuclear, yo no sé si fue el agua o que paso con ellos, fue como una nube, pero no fue guerra, fue como una tormenta. Probablemente eso fue lo que mato a los peces que yo vi también. Tuvo algo que ver con el agua, como la lluvia".

Ella llegó a estar muy conmovida que pensé que lo mejor era moverla de la escena de desesperanza y desesperación, porque ella no podía hacer nada allí. "No puedo ayudarles a todos", ella insistía, "pero ellos lloran, ellos lloran, son muchos que están enfermos, yo no sé quiénes son ellos. Yo no reconozco a nadie, pero siento mucha lamentación por ellos, y los quiero". Ella protesto, "yo no sé por qué yo, ¿por qué estoy haciendo eso? La cosa neblinosa me dice que no debo de tener miedo, que fui enviada a la Tierra para esto, yo no sé por qué yo. Oh, él tiene ojos bonitos, yo siento mucho amor que emana de él, después es como si me tocara mi frente, aun así, él no tiene dedos y de repente estoy de regreso en mi cuerpo, me levantó y me salgo de la habitación".

Ella se quedaba viendo hacia fuera de la ventana, rumbo al cielo obscuro de la noche y nerviosamente fumo un cigarrillo, intentando obtener algún sentido de la experiencia. "Yo sé que no fue un sueño, yo nunca he soñado sentada antes, yo recuerdo todo, él dijo que tenía que recordarlo, supuestamente realmente sucedió, pero no sé dónde".

Ya que ella estaba alterada, yo pensé que lo mejor era dejar esa escena y moverla a la próxima experiencia, obviamente de todos modos no pudimos obtener más información. Después que yo la calmé al darle sugerencias relajantes la moví hacia atrás a septiembre de 1963 cuando era ella una estudiante de universidad, inmediatamente ella regreso a ese tiempo y describió su dormitorio en detalle y converso con su compañera de cuarto, quién también era su mejor amiga. Yo después la dirigí a que fuera a la noche donde ella tuvo el extraño sueño acerca de los bebés. Inmediatamente ella comenzó a describir lo que estaba viendo.

C: Estoy en un cuarto, y soy ... como un voluntario de hospital.
D: *¿Un voluntario de hospital?*
C: Sí, ya sabes, esas chicas que trabajan en hospitales.
D: *¿Qué te hace pensar que tú eres una de ellas?*
C: Porque estoy en una guardería, tiene bebés y yo estoy vistiendo un delantal con bolsillos. Por eso es que yo me veo como una voluntaria, pero yo tengo miedo de los bebés.
D: *¿Por qué tienes miedo de un bebé?*

C: Porque ellos tienen una apariencia rara, tienen grandes ojos y son realmente muy inteligentes.

D: *¿Cómo sabes que ellos son inteligentes?*

C: Porque ellos se hablan unos a los otros.

D: *¿Con sus bocas?*

C: No, ellos están en agua. Todo está encima de sus cabezas, ellos están sumergidos en el agua. Es como si ellos están pensando el uno al otro, pero yo puedo saber que están pensando, uno de ellos sabe que yo tengo la cápsula y les va a decir.

D: *¿De qué cápsula estás hablando?*

C: De la que cayó al piso, es una simple vieja cápsula, es como una pastilla y puedes ver a través de ella.

D: *¿No hay nada dentro de ella?*

C: Bueno, hay algo adentro, pero puedes ver a través de eso también. No puedo ver qué es.

D: ¿Mencionaste tú que uno de ellos va a decirles?

C: (Infantilmente), aja, aja, él les va a decir lo que hice y él está enojado conmigo, lo puedo escuchar en mi cabeza.

Carrie describió a los contenedores que alojaban a los bebés como algo como tanques con orillas redondas. Estaban construidas de un material que semejaba un plástico trasparente, ella sabía que era un plástico diferente, pero no tan duro como un cristal. Había muchísimos de ellos en la habitación, ella intentó contarlos, y pensó que al menos había quince, quizás tantos como diecisiete de estos contenedores; estaban por encima de algo porque podía verlos sin necesidad de inclinarse. "Y todos estaban enganchados juntos a un tubo trasparente, eso es lo que mantiene el agua llena. El tubo va a todos ellos: entre cada uno y después al otro como una manguera, sale de un lado de la pared, donde hay llaves que puedes girar y botones que puedes presionar. Yo no sé qué significan, yo no tengo nada que ver con esa parte, una señora viene y les da vuelta a las llaves y se asegura que los bebés estén bien. A ella le gustan los bebés y les habla. Mi trabajo es vigilar a los bebés y cuidarlos, yo tengo que checar el agua, hay un termostato de lado o algo así, el cual tengo que checar. Los bebés tienen cabezas grandes, un cuerpo pequeño, no me gustan, ellos están feos".

D: *¿Están ellos siempre en el agua?*

C: Ajá, ajá, nunca los he visto fuera del agua.
D: *¿Has visto esto anteriormente?*
C: Seguro, muchas veces, por eso es que yo puedo trabajar allí.

Ella describió a la señora como con una apariencia normal humana, aunque seria y de una actitud estricta. "Ella es mi jefa, pero no me agrada, ella es grosera, y ella no es el gran jefe".

D: *¿Quién es el gran jefe?*
C: El hombre que está en la otra habitación.
D: *¿Sabes tú como luce él?*
C: No estoy segura, yo no voy a ese lugar.
D: *¿Hay algún otro mobiliario o algo en el cuarto?*
C: Yo no veo ningún mobiliario, hay solo esos contenedores con los bebés, yo tengo que caminar arriba y abajo entre los bebés, yo tengo que checar la temperatura y el agua, y estar segura que esté lo suficientemente alta. Algunos de los bebés tienen los ojos cerrados y algunos los tienen abiertos. Todos se parecen, son feos, algunos de los contenedores están vacíos; es allí donde tú pones la pastilla.
D: *¿Puedes decir cómo es que lo haces?*
C: Ella pone la pastilla en casi tres centímetros de agua, vierte agua sobre ella a través de la pipa y después ella pone otras cosas en el agua, pero yo no sé qué es. Ella trae eso con ella, está en un frasco pequeño y ella pone una pizca de eso; como cuando tú cocinas, tú pones una pizca de esto y una pizca de otro, y después ella sumerge la cápsula en eso y se disuelve, comenzando a crecer este bebé.
D: *¿Toma mucho tiempo?*
C: No, no estoy segura cuánto tiempo, porque yo no estoy todo el tiempo, pero sé que no toma mucho tiempo.
D: *¿Piensas tú que estos bebés son humanos?*
C: No, porque ellos son feos y estarían enfermos si ellos fueran humanos.
D: *¿Qué piensas tú que son?*
C: No lo sé.
D: *Bueno, ¿alguna vez has estado afuera de esta habitación?*
C: Sí, yo no sé dónde estamos, pero es grande.
D: *¿Podría ser como un hospital?*

C: (Pausa y después cuidadosamente). Yo no sé, parecido pienso, es como una estructura militar.
D: *¿Por qué piensas que es militar?*
C: Tienes que tomar órdenes, tú no puedes ir a donde quieras.
D: *¿Cómo llegaste allí?*
C: Solamente despiertas y aquí estás.
D: *¿Por cuánto tiempo te quedas?*
C: Oh, por lo menos toda la noche.
D: *¿Qué haces cuando sales de ahí después?*
C: Te vas a dormir. Te despiertas y es un sueño.
D: *¿Mencionaste tú que has hecho esto muchas veces?*
C: ¡Oh, sí!, yo creo que desde que tenía catorce o quince años. Ellos no dejan a cualquiera que cuide a los bebés. Yo no sé cómo llegue aquí, pero tengo que trabajar con los bebés.
D: *¿No tienes otra alternativa?*
C: No, tú no puedes salir de la habitación.
D: *¿Sabes tú que hacen con los bebés?*
C: Ellos crecen para ser personas y tienen una apariencia chistosa.
D: *¿Has visto como se ven de adultos?*
C: Ellos son altos, realmente delgados, tienen brazos largos y no los he visto muy de cerca.
D: *¿Cómo lucen sus caras cuando ellos han crecido?*
C: Como cuando ellos eran bebés, tienen grandes ojos, mandíbula delgada, casi nada y sus ojos ... sus ojos son como aceite, ellos cambian de color, son negros y están húmedos.
D: *¿De qué colores cambian?*
C: Violeta, azul, como aceite.

Aparentemente semejan a una pintura de aceite que tiene variaciones de colores en ella.

D: *¿De qué color es su piel cuando ellos crecen?*
C: Yo pienso que cuando crecen los bebés tienen un aspecto chistoso, violeta, grisáceo de aspecto enfermizo. Los bebés son casi como si tú pudieras ver a través de su piel, tan trasparente que puedes ver sus venas, así como con una persona grande también.
D: *¿Viste algún estilo de ropa cuando ellos crecen?*

C: Yo no puedo decírtelo, él es delgado, sus brazos son largos, quedan debajo de sus piernas, cuando lo vi, él estaba muy lejos, estaba parado en la parte superior de las escaleras mirando abajo.

D: *¿Esta habitación tiene escaleras?*

C: No, esa fue una habitación de afuera, tú no puedes ir afuera de la habitación, eso fue afuera de la puerta donde supuestamente tú no puedes ir, yo miré cuando la mujer salió de la puerta.

D: *¿Suena como si esa parte es más grande?*

C: Lo es, es muy grande.

D: *Entonces él estaba muy lejos para verle sus manos. ¿Me podrías decir cuántos dedos tienen al mirar a los bebés?*

C: Los dedos de los bebés son largos y tienen un pulgar, pero se encuentra a arriba de su mano, más arriba de su muñeca.

D: *¿Cuántos dedos tienen?*

C: No lo sé… me choca tocarlos.

D: *¿Los has tocado?*

C: Sí, tú tienes que enderezarlos en el agua, si se dañan, los tienes que alcanzar y voltearlos, así que sus cabezas se quedan boca arriba, para que no se volteen y se enreden. Si ellos se acuestan en su brazo o de alguna manera en la forma incorrecta, porque sus cuerpos no funcionan, tengo que poner mis manos en el agua para voltearlos y el agua se siente chistoso, casi como si hay un lubricante en ella. Ese es mi trabajo, pero a ellos no les gusto tanto, se me quedan viendo fijamente algunas veces.

D: *¿De dónde vienen los bebés? ¿Tienen madres y padres?* (Esta pregunta la había escrito Carrie antes de que iniciáramos la sesión).

C: Ellos vienen de una cápsula.

D: *¿De dónde viene la cápsula?*

C: Alguien las hace.

D: *¿En otro cuarto o qué?*

C: Debe de ser así, no en este cuarto.

D: *¿Cómo sabes que ellos están en esa cápsula?*

C: Porque ellos comienzan a crecer de la cápsula con una pequeña cabeza y un cuerpo pequeño.

D: *Bueno, ¿sabes tú por qué ellos están creciendo, a estos bebés?*

C: No lo sé, yo solo cuido de los bebés, ellos no lastiman para nada, ellos crecen solamente para ser personas grandes de aspecto chistoso.

D: *¿Los haz visto a ellos cuando son sacados del agua?*
C: No, yo no tengo que cargarlos después.
D: *¿Entonces no sabes cómo llegaste a este lugar? ¿Te levantaste aquí solamente? ¿Y después te fuiste a dormir, y te despertaste en tu propia cama en la mañana? (Sí) ¿Y nunca supiste cuando irías de nuevo?*
C: No, no lo sabes.

Se estaba incrementado aparentemente, el que yo, ya no iba a obtener más información acerca de esto, porque ella no salía de la habitación. Yo finalicé la sesión y le desperté plenamente su consciencia. Había sido obvio desde sus señales faciales y de cuerpo que ella estaba en un estado muy profundo, porque ella no se movió del todo, únicamente su rostro mostró expresión; incluso cuando ella estaba llorando, ella no hizo otro movimiento. Cuando comencé a contar para sacarla del trance, ella comenzó a tener consciencia de su cuerpo físico otra vez, se sacudió y salto notablemente, después de haberla despertado ella no tenía memoria del todo de la sesión.

Después de que ella estaba totalmente despierta ella obedeció una sugerencia que le dije, que era el dibujar una imagen de los bebés. Carrie era una artista profesional realizada y había dibujado las imágenes de ellos de sus sueños originales. Ahora ella hizo un bosquejo en el cual yo después lo compararé, con las copias que ella me envió. Había algunas diferencias que ella explicó conforme dibujo el bosquejo. Cuando ella dibujo la mano del ser adulto, lo dibujo con tres dedos y dijo que la mano era casi tan grande como su antebrazo. En sus dibujos originales ella los dibujo con cuatro dedos, en esta ocasión ella mencionó que al dibujar los tres dedos sintió que estaban bien así, y que los iba a dejar de esa manera, después cuando dibujo la imagen de las incubadoras ella dijo, "esta vez yo tengo la necesidad de adherir algo aquí en los lados, es como si algo los estuviera conectando. Porque no lo puse en el dibujo original". Mientras ella estaba dibujando los contenedores y las mangueras conectadas, repentinamente ella sorprendida exclamó, "¡oooooh ahora recuerdo, puse mis manos en esa agua!

Nos reímos, este detalle fue muy obvio, porque ella no lo recordaba del "sueño" original y le causo una confusión. La última imagen que ella dibujo fue del ser que ella capto, de un instante, cuando la otra mujer abrió la puerta. Estaba parado en la parte superior de unas escaleras y tenía una luz por detrás, así que ella no pudo hacer una descripción de sus rasgos; pero ella sabía que este era uno de los bebés en forma adulta. Cuando ella estaba en la universidad, Carrie pintó una imagen de ese adulto parado en la cima de una escalera en espiral observando hacia abajo a un grupo de personas. Ella no sabía de dónde venía esta idea; le llamo "El infierno de Dante" y gano un premio por ello. Aunque había tenido la pintura por muchos años no podía encontrarla ahora. Ahora que ella está dibujando el bosquejo para mí, tuvo la impresión de que no era una escalera, pero un tipo de haz de luz (tal vez como una imagen en espiral como la imagen que ella dibujo del interior de una nave). Ella me prometió enviarme copias de los otros dibujos que había hecho de su memoria, aunque ahora pareciera que ahora tenemos más detalles a comparación de los originales.

Yo me marche de casa de Connie a medianoche, dejando todavía preguntas de Carrie acerca de la sesión, yo le dije a Connie que tendría que contarle después. Yo me tenía que ir a casa, porque tenía que manejar a Little Rock a la siguiente mañana para la convención. Yo sabía que llegaría a la una de la mañana a mi casa, pero valió la pena que hablara con Carrie.

Años después del incidente he encontrado que algunos investigadores habían obtenido copias de la imagen del bebé. Algunos de ellos decían que era un ejemplo de una experimentación de hibridación humana-extraterrestre, pero la teoría está totalmente en contra de lo que Carric dijo bajo hipnosis, ella insistió que los bebés no eran humanos sino extraterrestres. Las imágenes que ella me envió del interior de la nave indica que ella debió haber estado fuera de la habitación por algún tiempo durante lo que duro la experiencia.

Yo he estado mostrando estas imágenes en mis conferencias en los últimos años. Yo siempre describo que los dibujos son del interior de una gran madre nodriza con muchos niveles. Ahora que estoy escribiendo esto, yo me pregunto si pudiera haber otra explicación. ¿Podría haber ella estado en una instalación experimental subterránea? El pensamiento me llegó a la mente porque ella mencionó un ambiente tipo militar y el hecho que había otra trabajadora humana similar allí. Ella nunca dijo donde era, únicamente que ella despertó allí, ella nunca pudo decir cómo fue transportada a ese lugar, yo había asumido que era una nave nodriza, porque en mi experiencia eso es la única cosa concebible suficientemente grande para albergar ese tipo de instalación, esa es una pregunta que me hago.

    La visión que reportó Carrie de la escena del desastre se ha estado repitiendo a través de otras sesiones con otras personas, no en el detalle exacto, pero describiendo escenarios similares de algo drástico que le había sucedido a la Tierra; incluso yo había tenido casos similares en países extranjeros mientras hacía regresiones OVNI de personas que no tienen conocimiento de las "tendencias" americanas en este campo. Mi correspondencia también atestigua al hecho que muchas personas habían tenido visiones similares a través de sueños vívidos muy impactantes, experiencias fuera del cuerpo y simples destellos de intuición. ¿Desde dónde vienen estas escenas y visiones? ¿Realmente son escenas del futuro? O ¿son las probabilidades y posibilidades de las líneas del tiempo, como fue descrita por Nostradamus en mi trilogía Conversaciones con Nostradamus? Si esas líneas del tiempo son posibles futuros la mente del hombre puede influir y cambiarlo, ¿Es está la razón que se nos está revelando a nosotros?

    Cuando yo le llamé a Carrie para preguntar por su permiso de usar su historia en este libro, ella me dijo que había ido al psicólogo hace alrededor de cinco años por situaciones personales no relacionadas. Durante sus sesiones ella menciono acerca de un sueño extraño, la explicación del psicólogo fue que Carrie debió haber sido abusada sexualmente de niña. No importaba que Carrie no tuviera memoria de algún abuso, eso tuvo que ser la respuesta. Carrie no vio la conexión, ni tampoco yo, desde que no había connotaciones sexuales en los "sueños" o las visiones. Algunos psicólogos y psiquiatras, cuando confrontan algo inusual en vez de explorar una diferente explicación, no se desvían de el "manual", en su entrenamiento y no puede haber otra explicación.

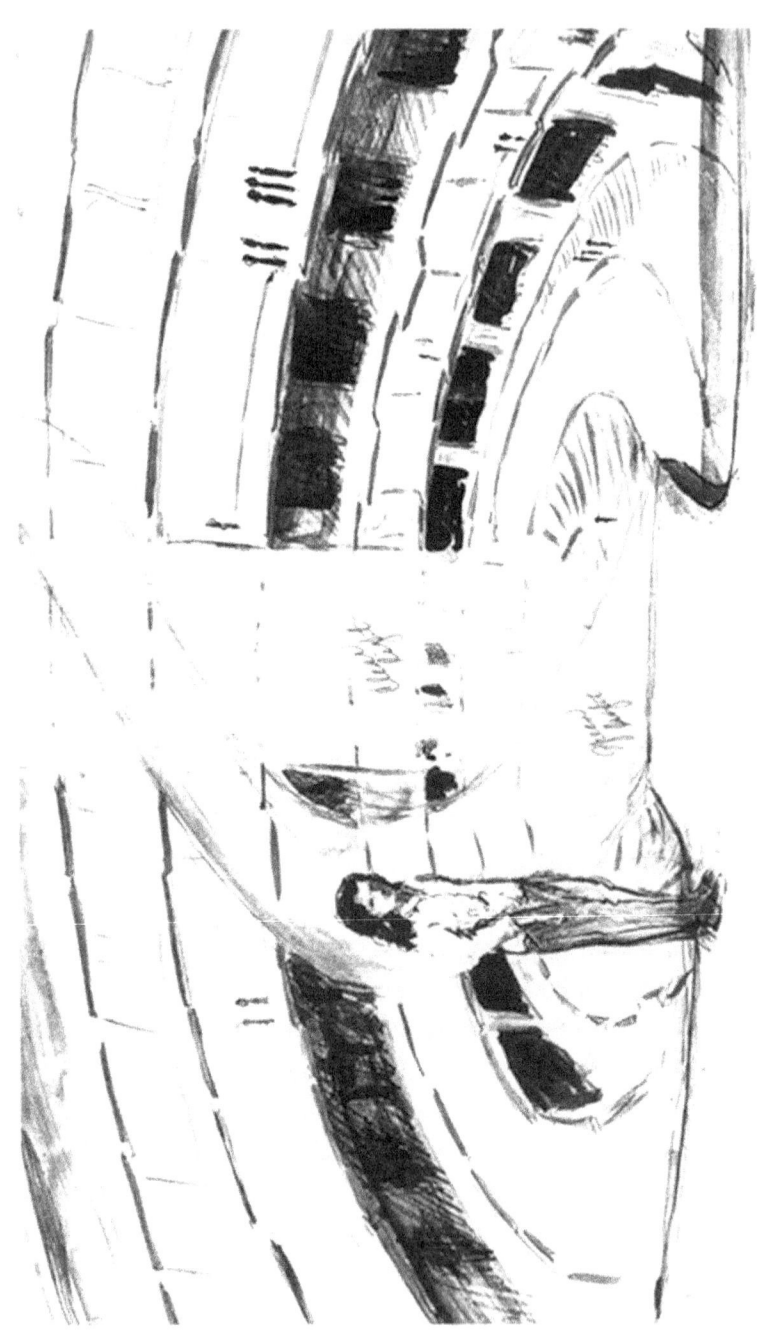

Drawing by Carrie of the inside of the ship.

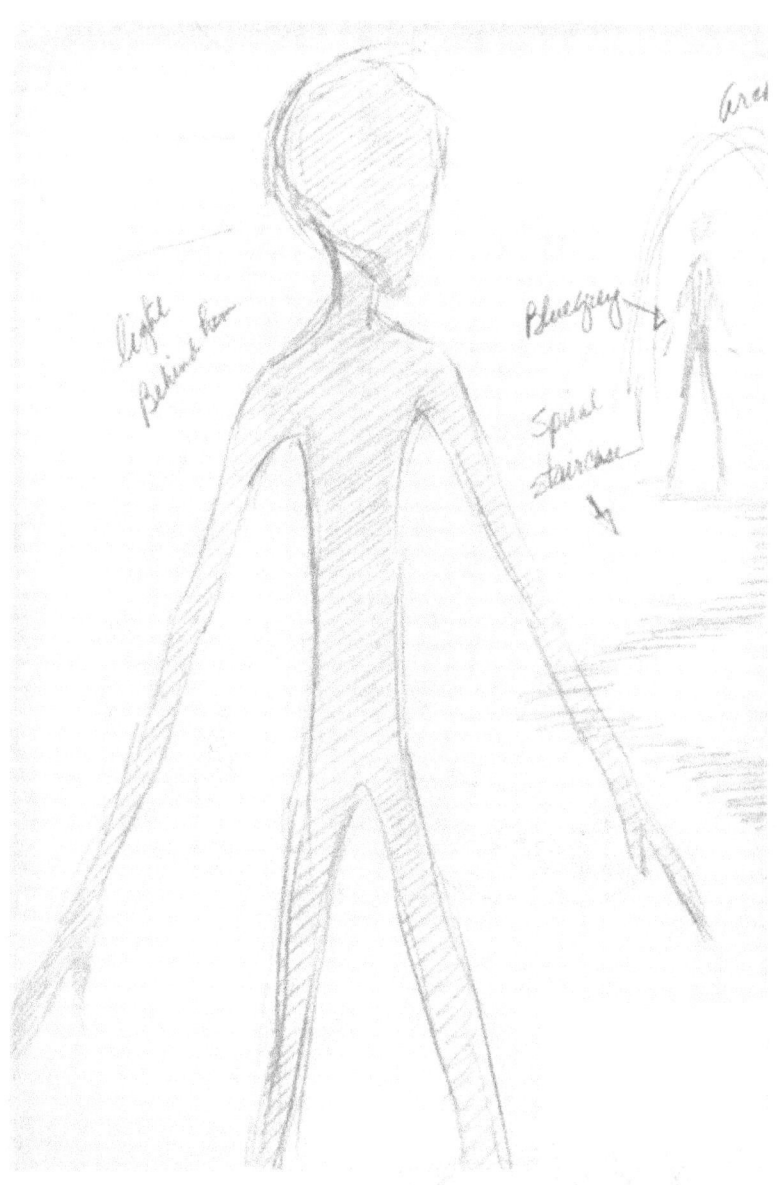

Carrie's drawing of the silhouette of the alien.

Carrie's drawing of the nursery inside the alien ship.

Carrie's drawing of the Aliens.

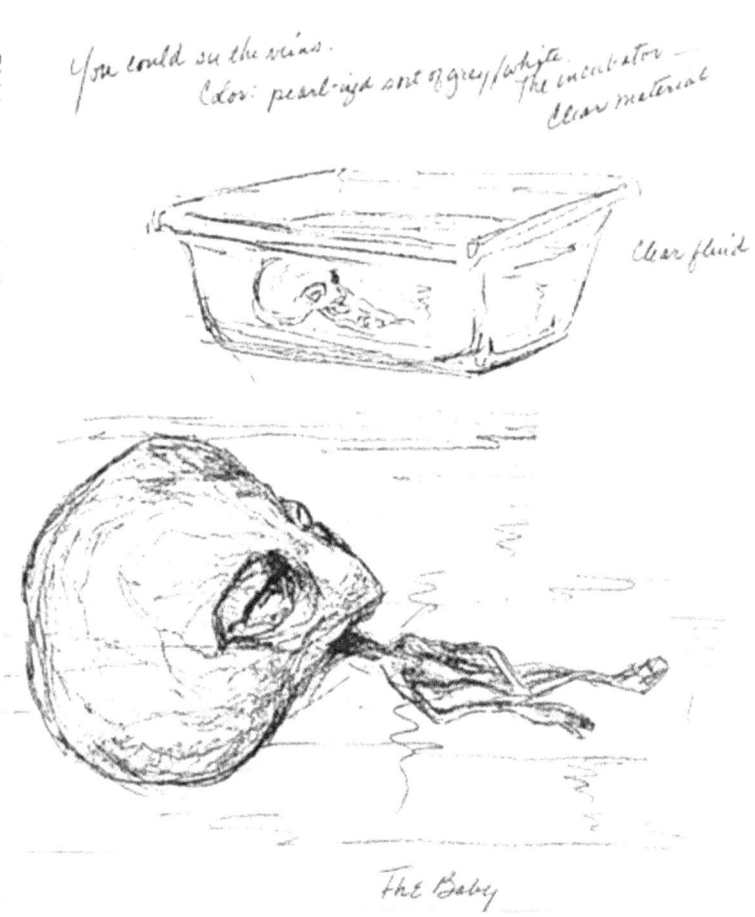

Carrie's drawing of the Alien baby.

Mi amiga LeeAnn, fue otro caso de información escondida en el estado de sueño, ella era una mujer en sus tempranos cuarentas que se dedicaba a enseñar a niños con discapacidad en Florida. Su mamá y su papá eran mis viejos amigos y ella venía a Arkansas cada año a visitarnos. Ella había estado interesada en los fenómenos psíquicos y más recientemente en la metafísica; sus padres no entendían nada de esto. Así que cuando ella vino a visitarme nosotros pasamos mucho tiempo juntas hablando de estas cosas. En el tiempo del verano de 1988 nosotros seguimos nuestra rutina normal, nosotros íbamos a los restaurantes locales, encontrábamos una mesa en una esquina y hablábamos por horas, muchas veces hasta que cerraban, sus padres nunca pudieron entender de lo que nosotras hablábamos por tanto tiempo.

Durante la discusión ella describió algunas experiencias extrañas que le habían ocurrido alrededor de seis meses antes. Ella pensó que podrían ser experiencias fuera del cuerpo, pero entre más ella hablaba, yo reconocía las características clásicas de abducción OVNI. Ella no había leído libros de OVNIS antes del incidente, más adelante ella leyó el libro del Comandante Ashtar y pensé si sus experiencias tenían algo relacionado con los seres espaciales, esto seguramente era el tipo que tenía que ser: los hermosos rubios, ojo azul, seres benevolentes. Yo quería asegurarme si ella realmente quería explorarlo, porque yo tenía el presentimiento si es que realmente era el típico caso clásico y ella podría descubrir algo que la desilusionaría. Ella estaba emocionada de intentarlo y aparentemente convencida de que sería una experiencia maravillosa, así que nosotros arreglamos una fecha para sesión y permitirnos tener toda la tarde disponible.

Los tíos de LeeAnn también eran mis amigos, quienes definitivamente no entenderían ningunas de estas cosas raras de las cuales su sobrina estaba interesada. Y desde que ellos salieron del pueblo, nosotros sabíamos que tendríamos su casa para nosotras sin interrupciones. Nosotros nos acomodamos en la sala y ella me contó todas sus memorias de la experiencia con el beneficio de grabarlas. Yo siempre grabo la entrevista primero para así nosotros poder saber las memorias conscientes. De otra manera, la persona podría decir después que nada nuevo se había revelado o que ellos recordaban todo. La hipnosis siempre añade detalles que son desconocidos al tiempo de la experiencia.

Ella le llamo un sueño, porque ella no sabía de qué, otra manera llamarlo, pero tenía las cualidades que no sugerían que era un sueño. Ella recordaba la noche exacta y las circunstancias que la dirigieron al evento. LeeAnn, su esposo Mike y su hijo Adam estaban planeando visitar a sus suegros, así que ella estaba lavando ya tarde en la noche. Mike y Adam estaban dormidos, y ella estaba doblando la ropa en la habitación de huéspedes, la primera cosa que ella notó fue de unas pequeñas sombras en su vista periférica. Ella había visto esto en varias ocasiones y ellas nunca parecían ser asociadas con cosas normales del cuarto que causarían estas sombras. Ellas estarían en el piso o a lo largo de la pared y siempre a un nivel bajo y cuando ella trataba de ponerle enfoque, ellas ya no estaban allí. Ellas únicamente eran visibles a la periferia de su visión. Estas sombras habían sido reportadas por otras personas, usualmente al comienzo de un encuentro extraterrestre. Claro, ellas podrían ser asociadas con fantasmas o espíritus, pero ellas parecieran más a una relación con extraterrestres.

Yo tengo una teoría acerca de esto, pero no puedo probarla en este tiempo presente. Existe un aumento de especulación de que los extraterrestres y sus naves vienen de otras dimensiones, si esto es verdadero tal vez las sombras son la etapa inicial cuando ellos están por entrar a nuestra dimensión y no se han materializado por completo aún. Mi asunción fue respaldada por su énfasis, "yo estaba viendo estas sombritas de nuevo, y pensé, déjenme esta noche en paz, no quiero que me molesten". Eso pareciera una cosa inusual para decir sin pensarlo, a menos que su mente asociara las sombras con algún tipo de entidades.

Después de haber doblado la ropa, ella tomo un baño y decidió leer por un rato, eran alrededor de la una de la mañana cuando se acostó para leer, pero en vez de eso se quedó dormida inmediatamente. Ella pensó que estaba soñando, pero parecía ser una experiencia fuera del cuerpo, porque repentinamente estaba por encima de su cuerpo mirándolo hacia abajo.

"La cosa más fascinante y emocionante fue que estaba mirando mi cuerpo, yo estaba viéndolo como un caparazón vacío y realmente saber cómo sentir un cuerpo sin un alma; el ver la total nada, el vacío y saber exactamente qué es lo que se siente por primera vez. Yo estaba realmente emocionada por eso, yo no estaba en dos lugares al mismo tiempo, yo podía ver mi cuerpo sobre la cama y estaba segura que yo no estaba dentro del cuerpo".

Después de la situación, ella sintió una sensación de urgencia y tuvo que regresar a su cuerpo, porque ella sintió que tenía que levantarse para ir al baño. Ella estaba de regreso en su cuerpo, pero antes de que pudiera pararse ella escuchó sonido agudo fuerte directamente en sus oídos. Ella lo describió como el sonido estridente y agudo de una sierra eléctrica manual. La parte de su mente que seguía semi consciente estaba intentando razonar, "es de noche, ¿qué vecino inoportuno está usando una sierra eléctrica manual a estas horas de la noche?", ella dijo que tienes que definir las cosas en términos que tú conoces, aunque ella sabía que no era la primera vez que había escuchado el sonido; existía el sentimiento de familiaridad, como si esto hubiera pasado antes.

Durante los siguientes años yo estaba por descubrir otros casos donde la persona escucho un sonido de motor (a menudo estridente) al comienzo de una experiencia. Este es otro aspecto que estaba por caer dentro de los patrones predecibles, pero su próxima observación fue inusual e incómoda para ella recordar.

Ella tenía la sensación de que ya no estaba en su cama acostada, pero estaba colgando de la cabeza por sus pies, después ella tuvo la sensación de que sus partes privadas estaban siendo exploradas y pinchadas; no pareciera ser una sensación sexual, pero más como si estuvieran siendo analizadas por algún tipo de instrumentos. Después las ganas de orinar otra vez, otra parte de su mente estaba diciendo, "Voy a mojar esta cama, yo sentí como si estuviera colgada de cabeza, pero relacionándolo al dormir y al estar en cama. Yo pensé, esto es raro, yo quería regresar porque sabía que si no lo hacía iba a mojar la cama, y la cama sería un desastre".

Después ella tuvo la sensación de algo (un instrumento) puesto dentro de su garganta, y ella empezó a atragantarse, y ella pensó, "ellos me están matando, me voy a atragantar hasta morir". De inmediato un sentimiento horrible de vomitar su cena en una ronda, ella realmente podía percibir el enfermizo olor a bilis. Después el pensamiento, "ahora que estoy en la cama va a ser un desastre, porque no solamente me voy a orinar, ahora estoy vomitando. Esto no puede ser un sueño, ¡es muy real!" Su sentido del olfato era tan agudo que realmente tenía que estar ocurriendo.

Aun así, la sensación paso tan rápido como comenzó, y después se encontró a sí misma acostada otra vez, ella quería despertar, y ella busco a ver dónde hubieran estado las puertas corredizas de cristal en su recámara. "La habitación estaba luminosa y mi mente consciente pensó, ooh. ¿Por qué el cuarto está tan iluminado cuando yo sé que está obscuro afuera? ¿Por qué esa luz está entrando a través de la puerta corrediza cuando yo sé que yo no deje la puerta abierta? Así que yo fui hacia afuera, yo no recuerdo. Debería haber un patio y una alberca cubierta allá afuera, pero no estaban. Donde la alberca debería de estar, había una mesa y estaba una luz blanca muy brillante; esto fue sorpresivo, porque realmente pensé que yo estaba en la cama de mi habitación, y en vez de un patio y una alberca había esa iluminada habitación y recuerdo haber visto personas. Ellos eran de piel café y no estaban vistiendo ninguna camisa, y yo pensé, ¿qué paso con mi patio? Y si ese es mi patio, ¿por qué todas esas personas sin camisa están alrededor de la mesa? Era como si yo estuviera observando las cosas desde dos partes de mi mente, y ninguna tenía sentido".

Esas fueron las cosas que ella recordaba. "Yo me sentí más tranquila, me sentí de nuevo completa otra vez, sabía que estaba despierta, pero no quería abrir mis ojos de inmediato, porque no quería ver nada, no sé cuánto tiempo permanecí allí acostada, pero cuando abrí mis ojos vi la habitación que estaba obscura como debería haber estado durante la noche y pensé ¡Dios, estoy de regreso en mi habitación!, y estaba acostada boca abajo y yo nunca duermo en esa posición, pero mi cuerpo estaba tan relajado. No puedo recordar si desperté en tal posición relajada, y la cama no estaba destendida, no había vomitado ni tampoco orinado, los cobertores estaban casi intactos como si apenas los hubiera movido. El reloj marcaba las 3:00 am, así que solamente dos horas habían pasado, no sentí la urgencia de ir al baño; la primera cosa que hice fue checar la puerta corrediza y se encontraba justamente como la había dejado. Después cheque a mi hijo y mi marido, quien estaba roncando en el sofá. Todo estaba como debería de estar, después encendí todas las luces y fui a la cocina para fumar un cigarro, al sentarme en la cocina fumando, mire al techo y pensé, ¿acaso no se ve bien? Esa realidad física, y sentí la mesa, ¡ohh! ¿Se siente bien esto? Es físico y sólido, ¡se siente bien estar aquí!, yo creo que fue una experiencia extraña fuera del cuerpo. Yo he aprendido que se siente bien regresar y es bonito ser parte de este mundo, es agradable tener un cuerpo físico, apreciar el cuerpo físico que tengo ahora. Eso fue lo que yo estaba sintiendo cuando Mike se levantó, y quería saber que estaba haciendo despierta, y le dije; cariño solamente tuve un sueño raro".

Si esta hubiera sido una pesadilla inducida por un dolor gástrico o digestivo; porque ella se sintió normal al despertar, no hubo enfermedad o vomito.

Para añadir a la confusión de la extraña noche, si realmente ella había sido físicamente examinada y pinchada, ella hubiera sentido alguna irritación al siguiente día en aquellas partes de su cuerpo, pero en vez de eso ella se sintió bien, aunque confundida. Así que ella concluyo que había sido un sueño.

Después de la descripción fuimos al cuarto de su tía para tener la sesión. Cuando ella entro a un buen estado de trance, yo la guie para que fuera a su casa en la noche del evento en enero de 1988, ella estaba reviviendo el doblar la ropa, ella pensó que era realmente interesante que estaba viendo la escena.

L: Yo puedo ver la recámara, puedo ver lo que llevo puesto, realmente puedo ver incluso las fotos en la pared, en vez de recordarlas, esto es como una remembranza, pero ¿puedes visualizar la remembranza? ¿Así es como debería ser? Existe una diferencia entre ver y recordar.

Tuve que mantener su mente consciente alejada de intentar analizar la situación, y regresarla a solo reportar lo que estaba viendo. Si la persona continúa analizando ellos pueden cambiar hacia el lado de su cerebro que hace juicio y alterar el proceso de hipnosis. Yo le explique que era más fácil de recordarlo de esa manera.

L: Pero, no hay involucramiento.

*D: Sí tú no quieres estar envuelta, no tienes que estarlo, tú tienes esa opción. Puedes ver como un observador si así lo deseas. Todo depende de ti, tienes ese control.*

Ella regreso a describir la habitación, y después se dio cuenta de las sombras.

L: Ellos siempre están en la parte baja del piso, yo realmente nunca puedo entonarme con ellos. Ellos no son como sombras en la pared, que están fijadas en objetos. Estas pareciese que están allí y después se desvanecen rápidamente.

Después de que terminó de doblar la ropa, ella quiso ir a la cama porque estaba cansada, ella se durmió inmediatamente y cuando yo le pregunte si ella durmió toda la noche, ella suspiró, "no". Pero en lugar de decirme porque, ella inició a mostrar estrés, sus movimientos faciales y corporales indicaban que algo estaba sucediendo, pero ella no podía hablar. Finalmente ella exhaló profundamente y dijo, "yo no quiero recordarlo", yo le brindé sugerencias confortantes e insistí de que ella estaba perfectamente segura y que estaba bien mirar para ganar su confianza. Su respiración estaba profunda e irregular, y entonces yo supe que algo estaba ocurriendo. Durante todo el tiempo cuando ella no podía hablar, ella alzaba la mano y tocaba mi brazo gentilmente; sería como si ella quería asegurarse que yo estaba allí y que no estaba sola. Ella continuó haciendo esto en intervalos irregulares. Pareciera ayudarle saber que yo realmente estaba allí y que no la había dejado. Ella pareciera que estaba tan adentrada en lo que estaba sucediendo que me distraía en hacer preguntas. Sin embargo, eso le brindaba concentración hacia mí. Definitivamente estaba mirando y experimentando algo y yo no tuve el impulso de hablar. Finalmente ella exclamó, "¡esto es una locura!" Le asegure que yo había escuchado muchas cosas raras y cualquier cosa que ella me dijera no me sorprendería. Yo traté de convencerla que iniciase a hablarme acerca de ello, y así sería mucho más fácil entenderlo.

L: ¿Estás tú aquí? ¿Está bien?
D: *Yo estoy aquí y estaré contigo durante todo el proceso, tú no estás sola, no importa que tan extraño suene. ¿Qué es lo que estás viendo?*
L: (Finalmente ella empezó a reportar) yo estoy dentro, no estoy en casa y ellos están hablando, pero no sé qué es lo que están diciendo ahora, no me gusta aquí.
D: *¿Cómo es que luce allí?*
L: Nosotros estamos encerrados, es una habitación y no me gusta como huele también.

Ella definitivamente estaba haciendo expresiones faciales como si estuviese oliendo algo no placentero y ofensivo; arrugando su nariz, etc. Cuando le pregunté que me describiera el olor, ella tuvo gran dificultad, pero también estaba determinada en hacerlo correctamente. Esto era más difícil porque ella no podía asociar correctamente el olor con algo familiar. "No limpio, podrido, no como cosa muerta, no huele como composta, no como pescado podrido, es repugnante solamente, si esa es la palabra. Una frecuencia alta de podredumbre, aunque eso no hace sentido. No como bilis, peor que bilis". Ella hizo una cara de disgusto y parecía que estuviera incomoda con ello. Entonces le di sugerencias de que ella no estaría molestada por el olor al describir los eventos. De esta manera nosotros podemos bloquearlo sin físicamente molestarle.

L: Es una habitación, pero no es como pensé que sería, aquí hay personas. ¡Mmm! (Sonriendo) no es Ashtar.

Yo quería que describiera lo que estaba viendo, pero ella sintió silencio y se convirtió en observador. Ella obviamente estaba en estrés por algo que estaba presenciando. Yo podía discernir esto más por sus movimientos faciales y oculares que por sus movimientos corporales. Su respiración estaba fuerte e incómoda, el movimiento principal fue cuando alcanzo a tocar mi brazo; para estar segura de que aún seguía allí. Ella estaba absorbida por la experiencia o lo que sea que estaba pasando.

De repente ella exclamó, "¿por qué ellos no lo paran? Su toqueteo, es como si siento más, que lo que veo". Yo pacientemente traté de persuadirla a decirme que estaba pasando, y fue como si mi cuestionamiento le empujaba su atención hacia mí. "Sus ojos son muy grandes". Ella dijo con un gran suspiro. "No era como pensé que fuera, yo esperaba que fuera mucho más un encuentro espiritual, un encuentro intelectual". Después de una pausa ella continuó, "Ya no está sucediendo más. Yo creo que estoy en una mesa ahora". Ella entonces comenzó a describir a los ocupantes de la habitación. "Sus cabezas son café claro, pero no beige, bronceado es un color bueno, yo creo que tienen trajes, pero su cabeza está siempre cubierta. Sus brazos son más largos que los nuestros, ellos no son altos, ellos no están peludos, ellos lucen similares al tipo de gente de "Comunión" (libro sobre extraterrestres), excepto que están más arrugados. Sus ojos son de forma almendrada, y en proporción con el resto de su cara, sus ojos son grandes, más grandes que nuestros ojos y no hay blanco.

Su pupila es muy grande y el iris es realmente obscuro, casi como café obscuro. Ellos realmente no tienen nariz, solo hoyuelos, sin extensión o lo que sea que se llame. Ellos no tienen orejas, solo orificios, sus bocas no son como la de nosotros, sin labios ni dientes".

D: ¿En dónde están más arrugados?
L: Sus brazos están más arrugados y sus cuellos están arrugados, como piel. Tú sabes, ¿cómo aquellos perros que tienen arrugas?
D: ¿Rollos?
L: Rollos es una buena palabra, no hay ninguno en el área del hombro, pero donde hay articulación para el movimiento hay arrugas, por el codo y dentro de los antebrazos.
D: ¿Están sus caras arrugadas?
L: No, su cara es más lisa y tonificada, como una bonita bolsa de piel de tipo suave. No suave como la piel, más como apariencia de cuero, pero su cuello es más arrugado y delgado.

Ella describió que sus manos tenían tres dedos; un pulgar opuesto y dos dedos. Ella trato de ver sus pies, "tienen articulaciones como nosotros, ellos tienen hombros, codos y rodillas, pero sus pies no son como nuestros pies, ellos son más planos, ellos no son tan largos como nuestros pies serían y su talón es más estrecho y yo no veo dedos".

He tenido descripciones similares de pies de extraterrestres, el más notable en El legado de las Estrellas. En ese libro la descripción de uno como pie de pato: una estructura plana, pero sin cobertura.

D: ¿Tienen ellos uñas en sus dedos?
L: No que yo recuerde, pero si tuviera que adivinar, yo diría que no.

Esto va acorde con todos los reportes, el ser usualmente no tiene pelo, así que no tiene uñas. Las uñas están compuestas de la misma estructura celular que el pelo, así que parece que este tipo de ser no tiene el gen para producirlo.

L: Ellos estaban pinchándome y no me gusta eso en absoluto. Ahora está bien, era disgustante en términos de ser pinchada y tocada, y el estar pegado a eso. Es peor que cuando estás teniendo un bebé y ellos están explorando y pinchando.

Yo trate de hacer que me dijera donde estaban tocando y pinchando, pero ella estaba incómoda discutiéndolo, así que pregunte si ellos habían usado algo y ella trató de describir instrumentos que ella había visto. "Ellos son fríos y suaves, yo creo que de tipo metálico, no acero inoxidable, tú sabes como cuando vas al ginecólogo, ¿algunas veces los instrumentos son fríos? Pero no eran instrumentos ginecológicos, uno era largo como un tubo con algún tipo de estructura al final, como para raspar o algo, ese era para su examinación en la parte baja".

LeeAnn después describió donde estaban los instrumentos guardados, "existe un área de superficie hecha de un material blanco y todo en la habitación está muy diseñado y organizado. La barra, los cajones, todo, se deslizan adentro y afuera de la superficie de la pared. Si tú necesitas sacar algo dentro de algo, tú lo podrías hacer sacándolo desde la pared. Yo pienso que ellos lo tienen de esa manera, para que cuando ellos estén viajando o lo que sea, no tengan objetos dentro de la habitación y todo estuviese al alcance presionando la pared".

Yo le pregunté por la descripción de otros instrumentos, pero ella cambio su atención a los alrededores. "No me gusta aquí, la habitación es circular, hay luz en el cuarto. ¿Dije eso? Ya no estoy acostada, pero cuando estás en la mesa existe una luz encima, pero cuando te cuelgan sobre tus pies". Esta era la parte aparentemente que le disturbaba y ella no podía describirla mientras estaba ocurriendo, ahora ella podía decirme acerca de eso porque esa parte se había acabado. "Tú sientes como si estuvieras colgando como ganado aquí, sostenido de tus pies y tu cabeza está abajo".

D: *No es una posición muy cómoda.*
L: No. (Pausa) ahora yo no tengo ninguna ropa puesta, yo no tenía nada cuando ellos estaban haciendo eso, pero ahora está bien. Ese olor también ya se fue, era malo, era diferente. Eso estaba en algún otro lado, una habitación diferente, este cuarto está limpio.
D: *¿Llegó el olor de algún otro lado?*
L: Esa habitación no estaba limpia, donde quiera que estuviese. Esta habitación es limpia, limpia. Ya no huele, excepto... tú no deberías de hacerle eso a las personas, tú no deberías examinarlas, quiero decir que es como si no hay respeto por tu cuerpo. ¡Ah! ¡Qué gran shock, LeeAnn! Esto no es como se suponía que debió ser.

*D: ¿Cuántas personas hay allí dentro?*
L: Hay una persona que hizo la examinación, y después hay dos más, ¿personas? ¡Ah! Paradas solamente y hablando, pero no sé qué es lo que están diciendo.
*D: ¿Están haciendo algún sonido?*
L: Sí, ellos están haciendo sonidos, pero yo no puedo incluso describir el sonido. Hay una estructura de tono en su lenguaje, en comparación con sus palabras, similar a tonos musicales, pero su patrón de discurso es más sólido, como si tú estuvieses hablando a través ... (tenía dificultad en describir) ... de una máquina que remplaza tus cuerdas vocales, pero es un sonido sólido, como si estuvieras pasando tu voz a través de un órgano, pero no un órgano abierto. Un tipo de sonido vacío, no como tipo computadora, de tipo mecánico, sólido.

Yo podía entender esta definición, porque yo conocía a un hombre que usaba una máquina para remplazar sus cuerdas vocales que habían sido removidas debido a cáncer. Sus palabras podían ser entendidas una vez que te hacías familiar con el sonido, pero tenían un efecto vibrante de un tono.

La descripción era similar a la de Penny en El Legado de las Estrellas. Ella también decía escuchar a los seres hacer tonos raros musicales en vez de palabras.

*D: ¿Todas las personas lucen parecidas?*
L: Ellas lucen básicamente igual, pero sus ojos son diferentes.
*D: ¿En qué manera?*
L: Sus ojos son diferentes o sus caras son diferentes, y casi al terminar dijo; así como todos los caucásicos lucen igual, ellos son caucásicos. Todos los negros lucen negros. Existen similitudes, ¿verdad? Pero, tú puedes diferenciarlos por sus ojos o lo que sea y hay ojos muy suaves en este momento, ya ves, ahora me siento bien. Ya no estoy colgada y al que estoy viendo ahora tiene unos ojos muy suaves. La misma forma, pero son más... cuidadosos. Él estaba ahí antes, pero viendo. Él no estaba haciendo la examinación.
*D: ¿Puedes ver algo más de lo que hicieron?*
L: Sí, yo creo que puedo, no me gusta hablar acerca de ello.

D: *Está bien, yo solo quiero sacarlo todo y después no tendrás que hacerlo de nuevo.*
L: ¿No lo haremos de nuevo, está bien?
D: *Eso es verdad.*
L: No, no lo haremos, me gustaría hablar acerca de ello en lugar de hacerlo de nuevo, ¿está bien?
D: *Tú puedes hacer eso, solo hablar acerca de lo que paso.*
L: Está bien, yo tengo la sensación; no, yo no tengo la sensación, yo veo. Ellos tomaron materia fecal y parece que ellos están apuntando con algún tipo de láser o algo a través de. Ellos están ahí en la esquina, no es realmente una esquina, porque el cuarto es redondo. Hay un sonido que viene desde la máquina. Es como el tipo de sonido que escuché, pero no como lo recuerdo. Es una frecuencia alta que supongo obtienes del haz de luz. (Este podría ser el sonido de la cortadora eléctrica manual que ella escuchó cuando pensó que ella estaba en su cama). Ellos tomaron muestras de material de desecho, yo no puedo ver que están haciendo con eso. Yo no escojo ver, pero creo... Algo piensa, ¿por qué molestarse con lo que ellos están haciendo? ¿Cuál es el propósito de ello?" Uno fue bueno, el hombre... el ser con ojos buenos sensibles, al menos ellos tienen mucho respeto. Después de que fui bajada de estar colgada, a mí no me gusto eso. Él estuvo allí para calmarme, no es que me sintiera ansiosa. Yo sentí como, "¿por qué me están haciendo esta cosa enferma?" Y no era enferma pervertida, era como investigación, yo supongo en términos de ciencia a comparación de ser... (ella tenía dificultad explicando) violada. Al menos lo bueno es que tienen sensibilidad para calmarte después de la examinación.

Un ser cuidadoso similar ha sido visto por otros sujetos y está reportado en mis otros libros. Ellos usualmente lo describen como un tipo de "enfermero" que calma, algunas veces con solamente la expresión de sus ojos. Algunos dicen eso, incluso cuando ellos no pudieran distinguir el género, el ser tenía una sensación femenina en ellos.

D: *¿Mencionaste que tenían trajes puestos?*
L. Sí, aquellos que apestaban tenían, ellos vestían trajes azules. Esta otra gente en el cuarto experimental tiene el mismo tipo de traje

blanco, es más como un ambiente estéril. Ellos tienen un cuello alto en el traje también, porque ellos tienen cuellos largos, pero el cuello está cubierto. Los rollos están por encima del cuello del traje. (Yo estaba imaginando un cuello de tipo mandarín).

D: *¿Tenían algún tipo de insignia o algo parecido en sus trajes?*

L: Déjame ver. (Pausa) toma esto como un grano de sal, esto es lo que surgió, ¿está bien? Es un círculo y encima del punto central tres líneas ondeadas, es un símbolo calmante, yo supongo.

D: *¿Dónde estaba ese símbolo?*

L: Oh lo visten en su pecho, (el movimiento de sus manos indicaba en el lado izquierdo del hombro) yo creo que estaba en los uniformes blancos.

Le di instrucciones que recordaría el símbolo para poder dibujarlo después de haber despertado, después quería saber si había algo en ese lugar que ella podía recordar.

L: Las luces allí, no sé de dónde provenía la luz, excepto por la luz sobre la mesa, era grande y redonda, pero no era luz fluorescente, no tenía el calor de luz como cuando estás en el dentista, ¿ya sabes cuando la luz se pone caliente?, no tenía ese tipo de calor o como imaginarías la luz de la sala del quirófano que se siente el calor que emite, esa luz era como esa, pero no podía sentir nada de calor que pudiera emitir. La habitación estaba iluminada, pero no sé cuál era la fuente de luz, pareciera como si saliera de las paredes, pero no podía ver ninguna lámpara que pudiera reconocer, así que no sé el punto central de la fuente de donde provenía.

Esta descripción se ha repetido en otros casos de OVNIS, acerca de la fuente de luz pareciera que viniera de los techos y paredes, así como también toda la superficie esta iluminada.

L: Esta habitación tiene una barra atornillada en la pared que es similar al tipo de acero inoxidable para personas discapacitadas para que se puedan sostener, tiene una textura fina como el acero inoxidable, pero no es fría, las paredes están curveadas, como un gran habitación circular, yo dije "grande", pero realmente no es grande, no es masivo, si tú estás acostada y ves hacia arriba, es como una habitación de observación donde personas o seres podrían mirar hacia abajo y observar que está sucediendo dentro de los límites de esa habitación de examinación; quiero decir que era de vidrio, porque es transparente, pero probablemente no es de vidrio, pero seguro sería algo que previene que los gérmenes se diseminen u otras cosas sean expuestas o lo que sea que estuviera sucediendo, casi como una plataforma de observación que ves en un hospital, pero creo que en los hospitales las salas de observación están más alejadas. Eso no era así, era como con ventanas de cristal y por detrás puedes ver a las personas paradas observando, pero no como en un hospital que ves en la televisión con estudiantes que permanecen parados alrededor y observando, es muy diferente de eso.

D: *¿Son los mismos tipos de seres detrás del cristal a los que están en esa habitación?* (Sí) *¿Hay algunos otros objetos en la habitación que puedas ver?*

L: Quiero decir...no es como una computadora como pensamos, con un teclado y pantalla, no es del todo así, creo que hay monitores, pero no como nuestros monitores, esos son como más o menos construidos en las paredes para hacer lo que sea que hagan, parecieran ser hechos del mismo metal como de acero inoxidable y tienen paneles y botones a un lado; existen diferentes estaciones de trabajo alrededor de las paredes de la habitación, una de las estaciones de trabajo tiene un microscopio que aparenta ser complejo y lo que sea que están trabajando, se muestra en la pantalla, que está arriba. En otra estación de trabajo tienen un par de calibradores balanceados delicados y palancas para manejar y tratar con objetos extremadamente pequeños que son muy difícil de manejar con tus dedos. Unas cosas tipo de herramientas miniatura, hay unas luces de colores en los paneles y también sonidos que salen de ellas.

D: *¿Cómo sonidos de máquinas?*

L: No, no como nuestras máquinas, la frecuencia de el sonido es alto, debe de tener algún tipo de relación entre los sonidos que escuchas y los diferentes patrones de luces que aparecen, pero no sé qué es.

D: *¿Existen algunos otros sonidos?*

L: ¿Sonidos? Sí, ¿sabes qué es?, debe ser el sonido, dije el sonido en la sala de examinaciones donde el sonido de frecuencia era alto, como el taladro del dentista, ese otro sonido, aunque ese no tendría sentido, pero lo voy a decir de todos modos, ese zumbido de como de sierra eléctrica era real, ese sonido debe de tener algo con los motores o algo así, es como poner todo esto en términos terrenales.

D: *¿Pero la otra computadora de tipo máquina está haciendo un diferente tipo de sonido?*

L: ¡Oh sí! ese sonido es mucho más melódico, no cambia, pero melódico, no es como el sonido de sierra eléctrica.

D: *Está bien, ahora voy a preguntarte, ¿cómo llegaste allí? Puedes solo observar, no tienes que experimentarlo otra vez, ¿cómo es que llegaste a estar en esa habitación?*

L: Te diré lo que quiero decir y tómalo por pedacitos, esto es lo único que pareciera tener sentido, lo que vino a mi mente era que tuve que ser teletransportada o levantada a través de un método, no por una nave espacial que vino a mi recámara y hacer lo que quiera, no, otra vez voy a regresar al efecto del haz de luz, pero ni si quiera se acerca a eso porque es como si tuviera dos mentes trabajando aquí ahora mismo.

D: *Solamente di lo que sea que venga a tu mente, no te preocupes en analizarlo.*

L: (Suspiro profundamente) fue como si me hubieran subido abordo con un haz de luz o como sea que lo hicieron, pero el cuerpo físico no se fragmentó como en Stark Trek ( La serie de TV), debió ser algún tipo de efecto del haz de luz, yo creo porque estoy pensando acerca de realidades físicas, como las estructuras de una casa y pensando en regresar; debe ser que ellos abarcan tu cuerpo con ese haz de luz físico y tal vez fragmentan las estructuras moleculares para volver a reordenarlas, así como tampoco era sólido. Entonces el haz de luz hace lo que sea con lo sólido del cuerpo y toma toda la estructura molecular a través del haz de luz.

D: *No te preocupes en tratar de hacer sentido, eso es lo que te viene a la mente y eso es con lo que estamos trabajando.*

L: Sí, eso es lo que me vino a la mente

D: *¿Y todo el tiempo que estuviste allá, viste únicamente esos seres que se parecían?*

L: Quiero decir que había dos grupos de personas o seres, el segundo grupo eran los experimentadores, el primer grupo eran los que tenían el uniforme azul, ellos eran más como tipo insectoide; ellos no eran del mismo tamaño de cuerpo como los otros, no tenían pecho, eran más como largos, delgados y planos, sus apéndices eran más largos.

D: *¿Qué quieres decir como tipo insectoide?*

L: Ellos no eran iguales, sus ojos eran abultados y localizados a los lados de sus cabezas, la cabeza era predominantemente ojos, insectoides, no recuerdo ver nariz o boca, pero asumo que ellos no tenían boca y no tenían pecho, ya sabes, los otros seres tenían pecho, como nosotros tenemos un pecho, con estructura ósea, ellos eran más como un gran tipo de...quiero decir "mantis religiosa" o como un "palito-caminante" en términos de estructura, pero como una persona alta de nuestro promedio, y frágil, pero estaba pensando que ellos no pueden ser frágiles como una mantis religiosa. Era como de aspecto monótono y tipo de ser insectoide, no tenía ninguna forma como humano.

D: *(Estaba intentando obtener más información) ¿eran sus cabezas calvas también?*

L: No, ellos eran diferentes, eran más parecidos como a una mosca, de color negro-café y de cabello quebradizo, pero no tenían mucho, como una mosca que tiene cabello en sus piernas; sus cabellos estaban parados y rígidos, porque no era suave, ya sabes con esos ojos raros prominentes como los que ves en las películas con sus apéndices que cuelgan

Esa descripción es muy parecida al ser que Felipe vio en una nave espacial en mi libro Los Guardianes del Jardín. Ese tipo de ser también ha sido visto en otros casos de abducción, como también muy similarmente reportado por Beverly en el capítulo 5.

L: Estas personas, ellos no son personas... no parecieran ser... envueltos, no puedo decir lo que quiero expresar, ellos no parecieran ser inteligentes, parecieran ser más como un tipo de insectos. Drones, esa es una buena palabra, un dron.

D: *¿Cuándo los viste?*

L: Creo que ellos estaban envueltos en el comienzo, creo que ellos eran los que emitían olor, deben ser ellos, deben de ser alguna forma menor de vida o algo que son usados para un cierto propósito; esas creaturas estaban al principio de la experiencia que no podía recordar antes, como cuando le estás contando una historia a alguien y después algo sucedió en el comienzo que salió inesperadamente; bueno ellos estaban al principio y quiero decir que ellos eran como los reclutadores.

*D: Ah, esa palabra suena interesante.*

L: Ellos me tomaron a través de un pasillo hacia una habitación con ese olor particular (ella arrugó su nariz otra vez). Creo que ahora mismo estoy teniendo un recuerdo rápido de sus cuarteles, yo no sé, por qué estaba allá.

*D: ¿Cuál era su apariencia?*

L: Puedo decirte… si el olor podría solo… (Le estaba molestando otra vez)

Le di instrucciones de que ese olor no le molestaría físicamente mientras ella hablaba acerca de esas creaturas. Solo enfoca tu atención.

L: Solo hace que le prestes atención, no es como si lo pudiera oler ahora, es obscuro allí, no es como la otra habitación, esta es obscura y húmeda, ¿pero ¿cómo es que está húmeda?, no lo entiendo, pero ese es el sentimiento que percibo, ya veo… creo que es la ropa, como trajes o algo así, están en el suelo, como si fueran trajes de bomberos, ya sabes como cuando solíamos ir de niños a la estación de bomberos y ellos tenían sus botas y todos sus atuendos apilados. Todas sus ropas están apiladas, pero no hay botas reales. Las ropas son como un tipo de tela como si fueran hechas a base de un producto de material de petróleo.

*D: ¿Son las únicas cosas que puedes ver en esa habitación?*

L: Sí, estoy sentada allí por un rato.

*D: ¿Tenías puestas tus vestimentas mientras estabas allí?*

L: Sí, tenía mi atuendo de dormir puesto, ¡ah! tengo en mi blusa de dormir una leyenda que dice: "Tú no debes olvidar tus metas", eso es chistoso, (risitas).

*D: Entonces son las mismas prendas que tenías puestas cuando te fuiste a dormir a tu cama, está bien, vamos a regresar a las otras experiencias, después de todo al menos, hubo un ser que fue agradable, ¿hizo algo o te comunicó algo?*

L: Sí, hubo un golpe de brazo, un toque de rostro y un contacto de ojos, creo que fue como un efecto calmante, yo escucho… podía sentir los sonidos, y no él no estaba hablando. Cuando él me estaba calmando él ni siquiera estaba transmitiendo el tipo de vocalización rara que estaba haciendo antes.

D: *¿Eso era todo lo que estaba allí?* (Ella suspiró profundamente). *Creo que eso fue suficiente.* (Risitas)

L: Sí, yo creo que no quiero recordar más.

D: *Es perfectamente entendible, ¿pero después te trajeron de regreso?*

L: Sí, ¿cómo me trajeron de regreso?, (breve pausa) ahora hay comunicación entre nosotros, estoy parada allí en la habitación blanca y tengo puesta mi blusa de dormir otra vez.

D: *¿Cuál es la comunicación?*

L: No lo sé, me puedo ver a mí misma y estoy complacida, ahora siento que todo está bien, no puedo recordar.

D: *¿Fue importante?*

L: No lo sé, espero que fuera importante.

D: *Si fue importante tu subconsciente lo recordara de todas maneras.*

L: Fue más o menos... voy a decirlo, no sé si es verdadero o preciso, un saludo de despedida y fue así, "nos veremos otra vez". Ese tipo de trato.

D: *Muy bien ¿pero entonces cómo te trajeron de regreso a tu recámara?*

L: Estoy caminando con el hombre que es agradable por el pasillo y a través del cuarto apestoso. Ahora estamos afuera del cuarto apestoso, (breve pausa) no puedo recordar, no puedo ni verlo, pero tiene que ser el mismo tipo de fuente de haz de luz, o lo que sea que es.

D: *¿Crees que es así como regresaste a tu habitación?*

L: No sé cómo, más (risitas) estoy segura que la nave no aterrizo en mi casa.

D: *(Risa) ¿recuerdas ver la parte exterior de la nave?*

L: Puedo verla ahora, no es redonda, era más como de forma elíptica, (moviendo sus manos) de esta manera sería elíptica, la parte baja sería más como redonda.

D: *Pero entonces terminaste de regreso en tu recámara y todo estaba bien ¿o no fue así?* (Ella hizo una exclamación positiva), *entonces no fue tan malo, ya había terminado todo, ¿cómo te sientes al respecto?*

L: ¿Ahora? No me gusto la experiencia cuando estaba viéndola y no me gusta para nada el pensar en ello, pero ahora sueno enojada ¿o no es así?

D: *Un poco.*

L: Pero ahora que me siento completa y puedo mirar, no lo estaba después que había terminado, ¿cómo me siento de eso? ¿realmente quieres saber? Yo creo que me lo inventé.

D: (Risa) *¿pero te molesta que pudiera ser que sucedió?*

L: ¿Qué si me molesta? (Pensativa) No.

D: *Estaba pensando que esa podría ser la razón, porque ellos no te dejaban recordar, porque ellos no te querían molestar en esa ocasión ni tampoco después.*

L: Eso es verdad.

Yo después guié a Lee Ann más adelante y la oriente al presente, antes de despertarla le dije varias sugerencias para su bienestar y de esa manera esta experiencia no le molestará.

Después de la sesión nos tomamos unos jugos y nos relajamos por un rato, más adelante le di un cuaderno y un bolígrafo para preguntarle si podía dibujar lo que pudiera recordar. Ella se disculpó por no ser un artista del dibujo.

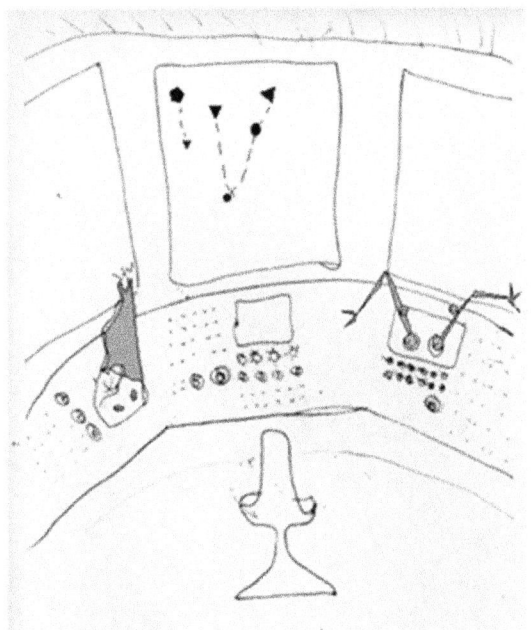

Drawing of the instrument panel, microscope and calipers, by LeeAnn. Many other subjects saw similar scenes: control panels and screens mounted on curved walls, instruments with handles to manipulate small objects, microscopes that projected cells, etc. onto the larger screens. Often star maps were seen on the screens.

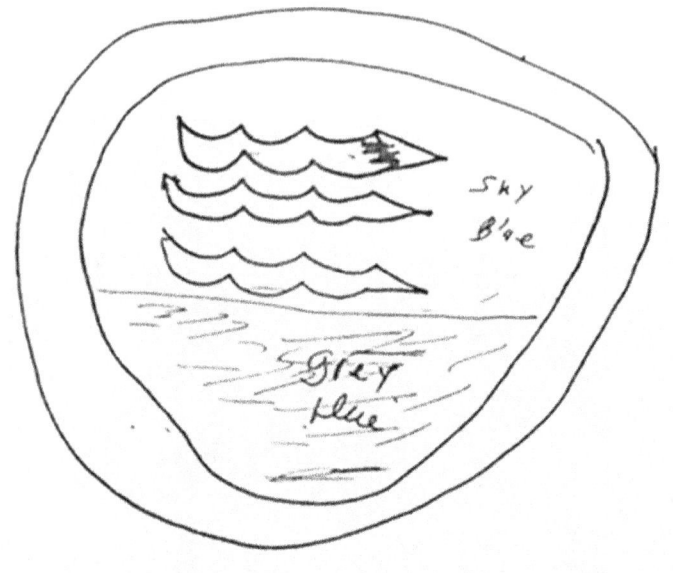

INSIGNIA

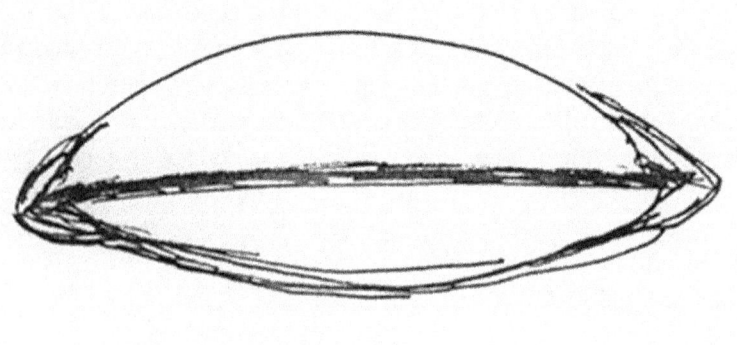

CRAFT

Drawing by LeeAnn of the insignia and craft.

Lee Ann dijo sarcásticamente, "¿qué pasó con Ashtar?, me hubiera gustado mejor haber estado viajando con Ashtar".

Nosotras nos reímos y yo sabía que ella estaría bien, aunque la experiencia no fue lo que ella había esperado. Más adelante ella intento por un tiempo tratar de definir el olor horrible que permanecía en su memoria, eso parecía molestarla y estaba determinada en encontrar algún tipo de comparación.

"Ese olor... no era nada que yo he olido antes, tú sabes cómo huelen los huevos podridos, pero no era así porque ese es, como un olor a sulfuro, pero no era orgánico; ya sabes como las cosas orgánicas pueden oler realmente horrible cuando se descomponen, era un olor muy diferente, ese olor era como... a quemado... como un metal. Nosotros vivíamos en Chicago cerca de las fundidoras de metal y me recuerda mucho el olor cuando ellos fundían el metal, era como el olor de zinc, ¿cómo despide el zinc, ese olor, cuando es quemado?".

Yo no tenía ni idea, "Yo no sé ¿pero era como un olor a quemado?"

"¡No a quemado! Pero como a podrido, un olor amargo, pero tiene que ver con un metal, quiero decir como a zinc, eso sigue saliendo, aun así, no sé cómo el zinc olería si es quemado o como una placa de metal, ¿cómo olería una placa de metal cuando es quemada? Porque no era como la descomposición de un cuerpo, no era como basura o algo orgánico, no era sulfuro, y quiero seguir diciendo que era más como metálico que orgánico".

Yo le mencioné, "si te sirve de consolación, otras personas han olido cosas extrañas y también han tenido dificultad en describirlas".

Un olor muy agresivo fue reportado por el primer caso que yo investigue, una mujer llamada Cristina se llegó a casi enfermarse físicamente, cuando ella por primera vez entro a una nave. Ella fue abrumada por el olor que fue muy difícil para ella en describir, lo más cerca que pudo hacer fue, que le recordaba a algo como cables eléctricos quemados o como un motor cuando se quema; ella no pensó que ese olor venía de los seres, pero que venía, del cuarto de donde la fuente del motor estaba localizado, cuando ella preguntó por la fuente de energía, ellos le dijeron que no entendería a menos que ella tuviera conocimiento de electromagnéticos y de estructuras cristalizadas. No había manera visible para abrir la puerta que dirigía a esa instalación, pero ella vio a los seres, pasar sus manos por encima de ciertos controles y las puertas se abrían y cosas se movían; allí claro no había manera de saberlo si es que estas dos mujeres habían visto el mismo tipo de nave, pero es raro que las dos describieron el olor perturbador.

Lee Ann explico su dificultad y renuencia en describirme los eventos al comienzo de la sesión, cuando ella estaba experimentando la examinación física, "era como si no quisiera participar, podía ver con anticipación brevemente de lo que estaba sucediendo, es como otra parte de mí me estaba diciendo "tu no quieres hacer eso, tú no vas a recordar nada más, en un punto estaba como, oh salgamos de aquí". Ella se río.

Yo le expliqué, "el factor de seguridad de tu subconsciente hace eso si piensa que tú no estás lista, para observarlo".

Fue una nota importante que Lee Ann vino a la sesión con expectativas totalmente diferentes y eso le dio más validez, si ella iba a estar fantaseando, ella hubiera estado en la nave con el rubio de Ashtar de ojos azules; ella no hubiera fantaseado algo tan desagradable.

Yo volví a ver a Lee Ann unos días después antes de regresar a su casa en Florida. Yo escribí después la mayoría de nuestra conversación mientras seguía fresca en mi memoria.

Ella dijo que paso tiempo en descifrar la sesión, fue como si dos partes de su mente estuvieran peleando una en contra de la otra. La primera cosa que dijo fue que quería disculparse conmigo, yo estaba sorprendida, ¿por qué tendría que disculparse?, ella dijo disculparse por decirme todas esas mentiras e inventarse esa historia rara. (Yo sabía lo que pasó, pero la dejé que hablara). Después ella dijo que la otra parte de ella quería saber por qué se había inventado tal perversa historia, porque estaba con la expectativa de tener una experiencia bella, más bien una religiosa o al menos una intelectual. Ella razonó que eso significaba que era una persona enferma y perversa, para que pudiera mentir así e inventarse tales cosas desagradables. Esa batalla entre sí misma pasó por dos días, pero ahora ella se sentía mejor, ella llegó a la conclusión que no estaba enferma ni era perversa, ella sabía que era normal, pero la pregunta prevalecía, "¿de dónde provino? ¿Fue real?"

Yo le dije que había estado queriendo en fantasear y tener una experiencia placentera. La verdadera historia había sido un shock para ella, para que ella fantaseara una historia que admitiera que era enferma y perversa, ella hubiera tenido algo de emoción y disfrute de la perversión, pero en vez de eso ella solo sintió asco y repulsión, para mí eso aumento validez y descartó la teoría de la fantasía. Más adelante a ella le ocurrió la idea acerca de la posibilidad que algo podría haberle pasado también a su hijo, ese pensamiento le hizo sentir físicamente enferma con un vacío en su estómago y pensó, "¿qué tipo de madre soy si soy incapaz de proteger a mi hijo?, ¿qué tipo de creaturas querrían lastimar a un niño?"; Ella también se preguntó acerca de su mente y de cualquier trauma hecho en su subconsciente, nosotras conversamos de todo eso por un largo tiempo. Yo sospeché que su hijo había estado involucrado, porque yo había investigado otros casos, yo no le mencioné la posibilidad a ella para no alarmarla más, ella llegó a esa conclusión por sí misma. Lo más importante para ella era que su hijo pareciera que no tenía ninguna memoria consciente de esas cosas y era lo mejor dejarlo de esa manera.

Casi un mes después ella me llamó desde Florida y pasamos como una hora hablando de todo eso. Ella seguía teniendo problemas en reconciliar y dejarlo por la paz, la única persona que ella le compartió su experiencia fue a su amiga psicóloga, quien le afirmó que ella era normal y todo eso fue meramente una fantasía. Cuando Lee Ann preguntó por qué fue tan desagradable, la psicóloga le explicó que fue por su estricta educación católica y la idea que había sido recalcada era que el sexo era un pecado. Yo pensé que eso era una explicación interesante porque el incidente no necesariamente se enfocó en sus partes sexuales, y claro Lee Ann no acepto esa explicación.

Lee Ann mencionó otro efecto secundario inusual, un día cuando ella estaba en el centro de su ciudad estaba buscando un edificio grande con ventanas polarizadas, que son comunes en el área de Florida debido al calor, y mientras ella estaba mirando hacia arriba la imagen de la habitación blanca con la ventana de observación le vino eso su mente, y una vez más, ella pensó en los seres que le estaban observando, entonces ella se dijo a sí misma que eso era una locura, cuando ella volvió a ver al edificio otra vez, ella vio que solo habían personas del otro lado de la ventana haciendo ejercicios.

Yo pensé que ella empezaría a poner la experiencia en paz y tratar con ella, fue una rara y nueva idea, ella es una persona inteligente y muy estable, y ella debería de manejar todo esto sin ningún problema, pero ella aún no podía escuchar su grabación (muy similar a otras personas que había tratado). Yo le dije que eso era muy común y que se le pasaría.

Lee Ann me llamó otra vez una semana después, muy noche, la primera cosa dijo: "dime la verdad ¿realmente me pasó todo eso?", esa era una pregunta muy difícil, tendría que ser respondida cuidadosamente para que no tuviera ningún efecto en su vida diaria. Yo le dije que la realidad era difícil de describir, me la pasé mucho tiempo en discutir eso con ella y diciendo que eso realmente no importaba de una manera u otra si es que fue real. Lo importante era como su memoria le estaba afectando, ella finalmente decidió que no iba a seguir leyendo acerca de los OVNIS, solo iba a leer libros de metafísica por un tiempo, porque tal vez estaba pensando e indagando mucho en todo lo que pasó. Yo estuve de acuerdo que sería lo mejor para que su mente dejara de pensar en ello, ella estaba por irse de vacaciones a Canadá y yo pensé que eso sería perfecto, me dijo también que una noche tuvo una pesadilla que pareció ser muy real, así que se convenció que sí esa fue, una pesadilla, (la cual ella estaba muy segura que fue solo un sueño) pareció muy real, entonces la sesión también estaba relacionada a un sueño y nada más ni nada menos. Yo le dije que si eso la hacía sentir mejor entonces ese era la manera apropiada de mirarlo, eso también fue la manera que Felipe escogió manejarlo, que fue justamente en creer que tuvo una imaginación muy rara.

Su descripción de la examinación mostró que la experiencia no siempre se relaciona a las partes sexuales, como en casos relacionados con la extracción de óvulos y esperma. Los seres también estudian los productos de desperdicio (heces y orina) y la comida antes que sea totalmente digerida.

Quizás esa fue la razón por estar colgada de cabeza, para remover más fácilmente la comida del área del estómago, aunque es desagradable para nosotros, podría tener un valor genuino científicamente para ellos en estudiar en ese orden esas cosas. Nosotros no podemos juzgar lo que no comprendemos completamente.

Esos casos inusuales continuaron a través de los años, para el final de los años noventa yo estaba viajando a varios países extranjeros investigando casos que habían sido cubiertos por otros investigadores y psicólogos. Yo nunca sabía que podría implicar, el caso y para 1997 yo me había convertido en una experta en detectar casos fantasiosos y de aquellos individuos que solo querían la atención. Edith fue una de las varias personas que trabaje en noviembre de 1997 en el sur de Inglaterra, durante la entrevista inicial se estableció que recientemente sufría de bulimia, aunque ella insistió que ya no era el problema, su doctor se alarmó porque su examen de análisis sanguíneo estaba muy por debajo de lo normal. Yo sospeché que Edith tenía problemas psicológicos y eso se reforzó cuando explicó la razón por la auto inducción bulímica; ella era una mujer que estaba en sus años cuarenta (aunque ella no aparentaba de esa edad) con niños ya grandes y que recientemente se había casado con un hombre joven en sus veintes. Sus familiares parecieran ser la base de muchos de sus problemas, incluyendo ese, ellos la regañaban y criticaban diciendo, "que puede ver en una mujer vieja como tú". Ella ya tenía un problema de autoestima que se reflejaba en la incapacidad de permanecer en un trabajo, los comentarios no le ayudaban en esa situación, así que ella llegó a tener bulimia con la esperanza de hacerse más atractiva. Yo personalmente no podía ver el propósito de hacerlo, porque el hombre joven se había enamorado, así como era ella, ¿por qué sintió la necesidad de cambiar? Yo sospechaba que necesitaba más asesoría psicológica de lo que yo le podría proveer, especialmente por el límite de tiempo que yo estaría con ella, mi principal preocupación era su creencia que ella había tenido con experiencias de OVNIS y extraterrestres y claro como cualquier tipo de este trabajo, tienes que tomar toda la personalidad en consideración.

Ella explicó que había tenido sueños extraños que había pensado que podrían estar relacionados con extraterrestres o con manifestaciones de espíritus, como sea, su familia, no era para nada de ayuda, porque no tenían ningún entendimiento de lo paranormal y constantemente criticaban a Edith por su interés.

La principal experiencia que ella reportó ocurrió durante el año pasado (1997), ella había despertado y vio una figura en su habitación que se acercó a su cama, después ella no recordó nada excepto el siguiente sueño.

Ella estaba acostada en una mesa con figuras a su alrededor, entre sueño ella escuchó que hablaban de ella, ellos dijeron algo acerca de un error y que había mucha pérdida de sangre, ella determinó eso porque ellos le habían hecho algo como haber tomado sangre y que eso le estaba causando sus presentes problemas físicos. Ella me pidió que yo descubriera durante la sesión: ¿por qué ellos le habían tomado sangre y que iban hacer con eso? Ella estaba convencida que esa experiencia fue real y que fue negativa.

Cuando yo comencé la sesión no sabía que podría salir, porque yo realmente creía que los problemas de la mujer eran causas profundamente psicológicas y que la conexión extraterrestre era meramente una excusa para culpar o algo exterior a ella, si este fuera el caso entonces su subconsciente me lo diría.

Cuando ella estaba en el estado de trance profundo yo la dirigí para que regresara a su apartamento en la noche del evento. (Ella estaba muy segura de la fecha porque ella mantuvo un diario de los eventos que fueron registrados allí) Ella había despertado de su sueño porque la habitación estaba fría, después ella anunció algo muy enfáticamente, "hay algo allí, me está mirando, me observa, está por mi cama."

Ella describió un objeto de tamaño de 9 pulgadas aproximadamente que parecía una luz resplandeciente amarillo-naranja con un cristal o diamante grande en su centro. Ella estaba asustada y se asomaba entre el cobertor, cuando se dio cuenta, que otros seres entraban a la habitación, uno era alto y parecía humano con pálida piel; él estaba acompañado por 3 pequeñas creaturas que aparentaban globos blancos resplandecientes. Ella no estaba asustada por ellos, solo entretenida, pensó que ellos eran muy lindos, como al mismo tiempo tocaban su brazo y rostro con sus dedos muy fríos. El ser alto ahora estaba sosteniendo un aparato raro resplandeciente, de donde salió un rayo de luz fría y estaba apuntando al centro de la frente de Edith. Él le explicó que no le dolería y que solo facilitaría transportarla fuera de su casa, le dijeron que se acostara sin moverse mientras al mismo tiempo un haz de luz que provenía de arriba la cubría y después comenzó a flotar de la cama, de alguna manera ellos ya estaban afuera y flotando hacia arriba, en este punto Edith expresó dificultad para respirar y tuve que remover las sensaciones físicas. El siguiente instante ella ya estaba dentro de una nave grande aunque no recordaba como entró, la llevaron a un cuarto muy brillante donde la luz pareciera emanar de las paredes y techo; dentro del cuarto habían, mucho más seres los cuales los describió diferentes de los pequeños blancos y amables que la acompañaron, ella dijo "ellos son feos, pero realmente no son feos, solamente son diferentes, ellos son gorditos de color púrpura-café con cabezas grandes, los seres pequeños aparentan ser suaves, estos otros su piel parece áspera". Ella no pudo tocar a ninguno para saber con certeza porque ahora estaba acostada en la mesa sin poder moverse.

Después ellos trajeron una máquina acercándola a un lado de la mesa, ella estaba nerviosa y al mismo tiempo, vio una luz, que provenía de la máquina y entró en su cuerpo entre sus costillas de su lado izquierdo, ella exclamó, "¡duele, pero no duele!".

El ser alto se comunicó con ella mentalmente de que no la lastimaría, ellos iban a reparar el daño que ella causó a su estómago; ella se cuestionó porque ellos estaban procediendo entre sus costillas en vez que, a través de su boca, él le explicó que era más fácil a través de ese lado, el estado anímico repentinamente cambió al de ansiedad, cuando mentalmente escucho a los seres decir que había un error, había más daño de lo anticipado. Ellos estaban preocupados porque había más hemorragia en el estómago, tenían que sanar más de lo pensado, ella ya había perdido bastante sangre y se estaba volviendo débil, ella escuchó las palabras, "tú no debes de dañar tu cuerpo, es especial"; después ellos usaron la luz para cauterizar el sangrado.

Yo estaba curiosa porque ella no había notado los efectos de la hemorragia interna, ellos mencionaron que ella lo hubiera notado eventualmente y que probablemente para ese tiempo habría sido más difícil de atender. Después ellos insertaron un líquido blanco en su brazo a través de algo, "como una jeringa, pero no es jeringa". Ellos explicaron que "estaban colocando mejores células sanguíneas para contrarrestar el daño, algo para que las células sanguíneas trabajen mejor, para hacer que la sangre tenga más oxígeno".

Cuando ellos se estaban preparando para dejar la nave, el ser alto, le comunicó a ella que volvería otra vez para checarla, ella se sintió cómoda con él y pensó que lo conocía, él dijo que ellos habían estado juntos antes que ella viniera a esta vida y que él realmente era muy viejo.

El siguiente instante ella ya se encontraba de regreso en su casa y en su cama, su mente estaba llena de preguntas que rápidamente se disiparon mientras se estaba durmiendo; a la siguiente mañana ya no existía ni una memoria del evento excepto del sueño que sugería que ellos la habían lastimado al remover su sangre, ahora era obvio que ellos intentaron ayudarla y que ella se había hecho el daño a su cuerpo a través del constante vomito causado por la bulimia.

Sus doctores estaban preocupados porque su examen de sangre salió muy deficiente y ellos no podían entender cómo es que ella estaba funcionando del todo, más aún agregaron que ella debería estar inconsciente. Su subconsciente me comunicó que no debería tener preocupación acerca de su deficiencia anormal, para ella era normal y que podía funcionar bien así. "El porcentaje sanguíneo no significa nada, solamente es un porcentaje, y el porcentaje bajo es normalmente una indicación del oxígeno, el suplemento de oxígeno es más grande, aunque aparezca que es menor". El daño en el área del estómago ha sido reparado y los doctores no encontraran nada en sus exámenes, probablemente será registrado como un misterio y mientras Edith no tenga problemas físicos es mejor dejarlo por la paz.

Este caso muestra que el problema de la mente consciente, interpretando un sueño perturbador, es la afirmación de la conclusión equivocada y el correcto entendimiento de la situación viene del trance profundo de la hipnosis. Después cuando ella despertó discutimos lo que había pasado y ella pudo entender que la percepción de su memoria de ese sueño era falsa. Los seres en la nave no le habían hecho daño y que en realidad le habían curado el daño que ella misma se había causado a través de su vanidad y sus inseguridades.

# CAPÍTULO 5
# RECUERDOS REPRIMIDOS

Justamente como los sueños pueden a veces esconder las verdaderas experiencias que están profundamente en el subconsciente, así que las memorias pueden ser distorsionadas a través del tiempo, como niños percibimos las cosas más simples, de una manera más ingenua. Lo que usualmente es traumático para un niño es visto diferente por el adulto. Muy a menudo las memorias de los eventos son reprimidas porque fue traumático o doloroso de recordar; bajo hipnosis cuando la memoria es encontrada y revivida es usualmente vista después de todo no tan amenazantemente. Puede ser observada y ser entendida por el adulto. He tenido pacientes que han querido recordar incidentes olvidados, ellos piensan que lo han olvidado o suprimido porque debió haber sido algo muy horrible. Bajo hipnosis es usualmente un evento que podría ser explicado fácilmente, por ejemplo, una fechoría o un acto de travesura que causo que los padres se enojaran, no tiene que envolver un castigo físico, para causar que el evento fuera para ser reprimido, usualmente es el mero hecho que los padres se enfurecen y para agregar a esto, la explicación de ahora que es popular que de alguna manera los OVNIS y los extraterrestres están involucrados si es que algo ha sido reprimido. En nueve casos de diez, yo no he encontrado ninguna involucración extraterrestre del todo. Por eso yo les digo a los investigadores que siempre empiecen con lo más simple en vez de lo complejo, en otras palabras, busquen por las explicaciones lógicas y simples antes de traer explicaciones erróneas. Cuando estoy usando los niveles profundos de hipnosis la verdad real siempre surgirá, no puede ser escondida a menos que el decir mentiras o fabricarlas sea una parte normal de la vida de la persona. En tal caso ellos podrían mentir o fantasear, porque es parte de su naturaleza; pero tales casos son raros y sus historias no pueden ser sostenidas, si ellos están fantaseando la historia no permanecerá constante y cambiará al momento de volver a contarla, al añadir nuevos detalles será entrelazada. También la historia no entrara en el patrón o en la secuencia que yo he descubierto, siempre existe la posibilidad que yo no tenga todas las piezas que hagan un patrón, alguien podría venir con una historia que presenta un lado totalmente diferente que yo no he explorado, así que yo debo estar abierta para esa posibilidad y no cerrar todas las puertas automáticamente, incluso si una nueva manera de pensar es introducida seguirán elementos que entren en el patrón. Es obvio que el trabajo de un investigador no es fácil, especialmente si es combinado con terapia. Y esto es únicamente, porque yo estoy abierta a todas las posibilidades de los siguientes casos emergidos.

Fran era una mujer divorciada en sus años cuarenta y su rasgo más distinguido era su cabello rojo encendido. Ella estaba muy contenta con su posición de ejecutiva en una prestigiosa firma, ella vino hacía mí en 1988 porque ella tenía algunas memorias vívidas raras que ella quería explorar bajo hipnosis. Ella fue criada en una huerta en Mississippi, y no había estado expuesta a las historias de OVNIS en ese tipo de área rural. Ella no tuvo acceso a ningún tipo de libros o tópicos supernaturales o de ocultismo, aun así, en ese tipo de ambiente fue que los eventos ocurrieron y las memorias estaban obscuras y nubladas.

Fran recordaba varios avistamientos de luces extrañas sobre su casa cuando estaba creciendo y su carro siendo seguido por luces cuando era mayor, desde que no había una explicación lógica de ello, ella asumió que podrían haber sido OVNIS. Extrañamente, no tuvo miedo cuando esos eventos ocurrieron, aunque las personas que estaban con ella estaban aterrorizadas. No tuvo otras memorias conscientes de nada de esa naturaleza, así que nosotros decidimos explorar esos avistamientos. Yo he trabajado en muchos de estos tipos de sesiones donde la persona justamente aumenta más los detalles acerca de los avistamientos. Nosotros no esperábamos nada más inusual que surgiera.

Ella tenía un problema personal y pensó que podríamos encontrarlo si la sesión se fuera en esa dirección, era a lo que yo le llamo un problema de "relación karmica". Parecía haber tenido fricciones con su abuela desde que era muy joven. Ella no podía entender que lo causaba, porque quería a su abuela, pero ella tenía el sentimiento que de que había hecho algo para ofenderla. Este tipo de situación es mejor manejarla durante la regresión de vidas pasadas, si la causa de la fricción no puede ser localizada en la vida presente. Así que yo no estaba realmente concentrándome en ello, porque hice una nota de ello meramente y pensé que lo buscaría si teníamos el tiempo. Fran probo ser una excelente persona para hipnosis, porque sorpresiva y espontáneamente regreso a un evento raro en su infancia. Yo decidí permanecer con ella y hacerle preguntas, porque normalmente el subconsciente no trae un incidente sin razón. Una vez más era una niña de siete años de edad, sus expresiones faciales eran increíblemente correctas para la edad que estaba reviviendo, a esa temprana edad estaba sentada de piernas cruzadas en medio de su cama jugando con un juego de té chino, era un evento especial porque no tenía permitido jugar con ellos, ya que ellos pertenecían a su abuela, pero ella pensó que sería difícil de romper algo si ella jugaba con ellos en medio de una cama grande. Ella se reía alegremente al tomar la pequeña jarra, tazas y platos. Ella remarco, "ellos no me pertenecen a mí, yo juego con ellos, padre está aquí y él me está mostrando como me puedo divertir con ellos".

Resulto ser que la persona con la que estaba hablando no era su padre biológico, pero él le pidió a Fran que le llamara "padre", aparentemente él no era un extraño, sino alguien que venía a verla regularmente. Yo le pregunté por su descripción, ella lo describió como un ser muy alto y delgado estando parado al lado de la cama. "Él tiene una manta que le cuelga sobre su cuerpo, no se ven como la ropa que vestimos". Ella titubeaba al describir sus rasgos físicos, "es difícil de mirarlo, su rostro se ve como cuando moldeas barro y lo mezclas suavemente. Él no tiene pelo ni cejas, sus ojos son grandes y obscuros... pero realmente no importa".

Él le estaba enseñando como levitar, él colocaba su mano por encima de su cabeza y ella sentía un cosquilleo en su cuerpo y los trastecitos se levantaron en el aire. Pensó que era una gran diversión y estaba riéndose y hablando con él. En ese momento repentinamente su abuela irrumpió abriendo la puerta, ella la había escuchado hablar y quería averiguar qué es lo que estaba pasando en la habitación, pensando que su nieta estaba haciendo algún tipo de travesura; cuando ella entro por la puerta repentinamente rompió la concentración de Fran, los trastecitos se cayeron juntos y se rompieron. La abuela no podía entender cómo es que ella los había roto, pero estaba muy enojada con ella, aunque Fran insistió que ella no había hecho nada. Extrañamente la abuela parecía no haber visto al ser, ¿desapareció él al momento cuando ella entró por la puerta o qué paso?

Espontáneamente Fran había regresado al incidente que le había causado el enojo entre su abuela y ella. La pequeña niña sintió enojo al ser acusada injustamente de algo que no había hecho a propósito, y claro incluso si ella hubiera explicado acerca de el "padre", la abuela no lo hubiera entendido, porque Fran hubiera sido acusada de mentir y fantasear. Como adulto conscientemente sabía que algo había sucedido en su infancia, pero no podía recordar el incidente antes de la hipnosis.

Yo quería saber más acerca de este ser, la niña Fran respondió que él había estado con ella mientras podía recordar. Él usualmente se encontraría con ella en el bosque para platicar y caminar. "Él me muestra como escuchar cosas que las personas mayores no escuchan, él me muestra como ver colores y cosas que las personas grandes no pueden ver ¡Es hermoso!".

D: ¿Cuándo él viene a verte, cómo es que llega?
F: (Confundida) no lo sé, él solamente está allí parado y a veces yo descubro que él está ahí y yo camino hacia él, a veces yo sé que él va a estar allí, yo no sé cómo es que yo sé, yo sé que ¡en mi mente que él va a estar allí!
D: ¿Te has llegado a reunir con él en otro lugar aparte de la casa y el bosque? (Ella dudo en responder, ella probablemente nunca había hablado acerca de esto con nadie más), *yo estoy curiosa, me puedes tú contar cosas que la gente grande no cree, está bien tener a alguien que te crea, ¿no es así?*
F: Sí, él me cree a mí.
D: *Yo apuesto que él te cree, pero ¿has estado antes en otro lugar más aparte de la casa y el bosque con él?*
F: Creo que sí, hay una luz en el bosque, es una gran luz, hay unas escaleras que se dirigen hacia esa luz, él está conmigo y nosotros subimos las escaleras.
D: ¿Hacia dónde van esas escaleras?
F: Hacia la parte baja de esta gran luz.

Ella describió subir los escalones hechos de luz, en la parte alta de las escaleras había una puerta de metal. Se veía gris como metal, aunque se sintió suave cuando ella la toco. Él quería mostrarle este lugar a ella, pero explicó que ella no podía permanecer por mucho tiempo, había un pasillo y accesos que iban hacia habitaciones, pero la puerta se veía extraña para ella, como compuesta de diferentes capas. "Existe un área donde yo no debo de ir, hacía una gran habitación, esta, está bien".

En la habitación que sí se le permitía, estar había un cilindro que se veía como metal apoyado en una forma de plataforma. "Es realmente brilloso y el otro metal en las puertas no era brilloso". Yo estaba intentando obtener una idea del tamaño del cilindro. "No es suficientemente grande para mí y que me pueda meterme, si me acuesto probablemente me llegaría por aquí en mi (su nariz), pero no podría meterme en él, porque no es suficientemente grande, supuestamente debe de haber algún tipo de animal allí.

El ser estaba cargado algún huevo que habían caído de un nido de pájaro del bosque, él le dijo que tiene que ponerlos en la habitación, "así es como me tengo que ir".

D: *¿Qué es lo que hizo con los huevos?*
F: (Su voz era infantil) oh, él los puso en … esa cosa. (Apuntando a su lado izquierdo) yo no sé. Exactamente lo que está por allá, se ve raro, tiene algo de luz, pero es como un tipo de manto o algo así, pero… no es un manto normal y él pone los huevos por allá, ¿yo me pregunto porque él hizo eso?
D: *¿Quieres decir como una cortina?*
F: Sí, algo así, pero esa es diferente, tiene luz, él dice que les va a ayudar a incubar, ¡oh!, los mantiene cálidos, me gusta ver cosas como esas.
D: *Entonces él trajo los huevos para verlos incubar y así es como pudiste ver esa habitación.*

Ella intento explicar en su manera infantil que habían más de esos tanques en otras habitaciones, y que los pajaritos serían puestos en uno de ellos para mantenerlos a salvo.

F: Ellos tienen diferentes cosas, diferentes animales en los tanques, yo no creo que ellos son de aquí, ese animal no viene de aquí.
D: *¿De dónde crees que viene?*
F: De las estrellas, de donde viene padre.
D: *¿Eso sería un camino muy largo, o no sería así? ¿Dijo él de dónde?*
F: Él dijo que yo no lo entendería, él solamente mencionó las estrellas.

D: *Bueno, eso explicaría porque el animal estaría a salvo dentro del tanque.*
F: Supongo que sí.
D: *¿Te mostró él algo más?*
F: No, nosotros nos tenemos que marchar, tenemos que regresar, es tiempo de irnos.
D: *¿Eso fue divertido, o no fue así?*
F: Seguro lo fue, yo quiero ir de nuevo (risitas), a él le gusta mi cabello rojo.
D: *¿Oh sí? Quizás a él le gusta porque él no tiene,*
(ella se rió)
D: *¿Ya volvieron afuera?*
F: Sí, las escaleras son como luz blanca, es diferente, pero tú puedes pararte en ellas. Cuando yo estaba de regreso en el bosque, padre tocó el centro de mí frente con su dedo. Y seguí escuchando la palabra "olvídalo".

Yo intenté averiguar si es que ella lo volvió a ver otra vez, o si había tenido más aventuras con él, pero tristemente él le dijo que no podía venir más después del incidente con los trastes, porque él la metió en un problema con su abuela. Él dijo que ella tendría que olvidar todo acerca de él. Yo presentí que él tenía una afección genuina por la niña y realmente no quería marcharse, pero se sintió obligado a hacerlo. Él parecía estar disfrutando la interacción con ella y las enseñanzas que le estaba exponiendo. Si ella tuvo cualquier otra interacción con él, yo no pude encontrar más en el banco de su memoria, ya sea la sugestión que funciono en olvidar acerca de él o que él no regreso.

Lo que resto de la sesión concernió a los avistamientos que ella tuvo, y únicamente información mundana que salió.

Beverly era una artista en sus cuarentas. Ella oficialmente se nombraba a sí misma artista, pero ese tipo de ocupación no siempre pagaba los recibos, así que se convirtió en pintora de anuncios para mantenerse y para su sorpresa, fue exitosa en eso. Sin embargo, ella continuaba con su pintura en su tiempo libre. Ella vivía en una casa inusual, que fue construida, totalmente al lado de una colina en nuestras montañas de Ozark. Era como vivir en una cueva, la única vista hacía fuera venía de la luz brillando a través de la puerta y ventana de la fachada. Aquí fue donde nuestras sesiones tomaron lugar en 1988, Beverly quiso explorar sus vidas pasadas con la esperanza en encontrar explicaciones para sus problemas de salud y dinero (la falta de). Esto era lo que intentaríamos hacer, pero a menudo el subconsciente tiene otras ideas. En tal caso yo siempre voy con ello, porque tiene que existir una razón porque el subconsciente saque a relucir algo, usualmente es algo que la persona necesita saber acerca de, en lugar del propósito de la sesión.

Durante nuestra discusión antes de la sesión Beverly me comentó acerca de algunas experiencias extrañas en su niñez que ella nunca había olvidado. No le preocupaban, ella meramente las consideraba una curiosidad. "Cuando yo estaba en el primer grado hubo un incidente cuando una amiga mía Patricia y yo supuestamente nos escapamos de casa después de la escuela. Había un enorme campo de madera cruzando la calle desde la escuela y es allí donde nosotros fuimos. No tengo memoria de que tomara lugar ahí, cuánto tiempo estuvimos o algo más, pero nuestros padres estaban buscándonos. No supe cuánto tiempo había pasado, porque no tenía el concepto del tiempo en aquel entonces. Yo vivía seis cuadras de la escuela y nosotras estábamos a mitad de camino de la casa cuando mi mamá nos encontró. Yo no tengo memoria alguna de que tomó lugar durante ese tiempo, excepto que fuimos realmente regañadas por estar fuera tanto tiempo. Ellos dijeron que la escuela termino a las 3 de la tarde y era casi noche cuando llegamos a casa. Ellos estaban listos para llamar a la policía, lo que me sorprendió acerca de esto es que, si era mi primer episodio de huir de casa, yo debería haber recordado lo que hice, por lo menos partes de ese, pero no, todo lo que recuerdo es nosotras cruzando la calle hacia el bosque y no recuerdo nada más, excepto cuando me encontraron y me metí en problemas por eso, no recuerdo haber tenido un buen momento o no".

Mientras ella estaba recordando acerca de su niñez, ella trajo memorias extrañas. "Mi cuarto estaba en la parte trasera de la casa, me gustaba estar por mi cuenta, yo usualmente acudía allí, cerraba la puerta me alejaba de mis padres, me sentaba en mi casa y soñaba despierta. Por lo menos pensaba que estaba soñando despierta, yo me sentaba en mi cama y lo siguiente que pasaba era como un tipo de empujón y me pondría de nuevo alerta estando en el piso. Mi mamá dijo que probablemente me quede dormida y caí de mi cama, pero yo no estaba dormida, todo esto paso durante toda la primaria".

Nosotras hablamos acerca de muchos eventos en su vida, durante la entrevista preliminar, es aquí cuando me permito conocer a la persona y trato de averiguar que quieren durante la hipnosis. Algunas veces sus recuerdos son relevantes y algunas veces no lo son, en este caso había varias memorias inusuales de las cuales tome nota especial de ellas. La entrevista de Beverly acerca de su niñez detono otra memoria; una negativa relacionada con pesadillas.

"Cuando yo estaba joven y como puedo recordar tendría que tener como tres años de edad, yo tuve pesadillas de insectos gigantes, yo recuerdo esa edad porque tenía un perro en ese entonces. Esos insectos gigantes se metían en la cama conmigo. Ellos no me lastimaban, pero me recordaban como a unos "palitos andantes", ellos tenían cuerpos largos y una pequeña delgada y frágil tipo de antena como insectos con grandes ojos".

El término "palitos andantes" causo que prestara más atención, porque en otros casos estaban involucrados este tipo de extraterrestres, ¿estaba ella describiendo a seres extraterrestres o solamente recordando la imaginación muy real de una niña?, yo no quise darle algunas pistas del tipo de seres extraterrestres insectoides de los que yo ya había escuchado. Yo quería que ella me diera sus propias descripciones.

"Ellos no eran insectos redondos como arañas, más bien eran elongados, existen algunos insectos que son de esa manera. Uno de ellos es como un palito andante y el otro es una mantis religiosa. Ellos tienen sus apéndices enfrente y por detrás de sus cuerpos, ellos eran tan grandes como era yo. Claro yo era una niña pequeña, ellos no me lastimaron, pero realmente me espantaron cuando se pusieron encima de mí. Yo tenía una cama individual y cuando yo estaba acostada, ellos estaban encima de mí observándome y eran más grandes que yo. Sus cuerpos no tocaban mi cuerpo, ya que sus piernas como antenas o lo que sea que los levantaba por encima de mí, debajo un espacio entre su cuerpo y el mío. Usualmente había dos o tres en el cuarto, al menos siempre uno y ellos solamente me observaban. Yo tuve esas pesadillas desde que me acuerdo durante toda mi infancia temprana. En ese tiempo yo nunca había visto una película, ni mucho menos un espectáculo de mi miedo". Ellos eran de un color obscuro y tenían ojos grandes similares a los de una hormiga, pero ella sabía que definitivamente ellos no eran de ese tipo de insectos.

"Yo me despertaba gritando muchas veces y a veces me levantaba y me iba al patio de la casa para traer a mi perro y llevarlo a la cama conmigo, aunque mi mamá no permitía que el perro estuviera dentro de la casa. A mí me daba miedo la obscuridad, pero no me importaba salir a la obscuridad de noche y traer a mi perro y meterlo en las cobijas conmigo, de esa manera yo dormía bien. En las casas donde yo vivía, muchas de las veces había cucarachas, porque estaba un clima caliente y húmedo. Pero yo no soñaba con cucarachas, yo me la pasaba los veranos con mi abuela en el campo, y nunca tuve pesadillas".

Mientras Beverly seguía asociando a través de sus memorias, ella sacó otra experiencia extraña que le dejo tal impresión que nunca lo olvido; ocurrió cuando ella era ya una adulta, casada con un hijo y viviendo en un suburbio de Houston Texas en la década temprana de los setenta. Su casa era la única en la calle que no tenía árboles en el patio, eso no era importante porque ellos tenían la intención de poner una alberca en el patio de todos modos. La recámara de Beverly estaba ubicada en la parte posterior de la casa y ella y su esposo estaban dormidos cuando ella fue despertada por un sonido raro.

Ella se rio y dijo, "ya sabía en mi mente que era un platillo volador y pensé, ¡oh soy ellos otra vez!, no me preguntes de donde vino ese pensamiento, porque no tengo ni idea a que suenan los platillos voladores. Cuando desperté y escuché ese ruido solamente sabía que era, Robert seguía dormido y nunca despertó, yo pensé que fue muy extraño que él no despertó y no lo escuchara, pero yo no quise despertarlo y para mi conocimiento yo no me salí de la cama; yo no sé por cuanto tiempo estuve despierta pero me regrese a dormir sin haberme levantado. Ahora normalmente debía haberme levantado, la mayoría de la gente cuando escucha algo en el patio se levantarían para ver que está pasando, pero para mi sorpresa yo no lo hice".

Yo le pregunté como sonaba y su respuesta fue muy familiar. "Era como un sonido electrónico, como un avión de alta velocidad". Nosotros hicimos varias comparaciones de sonidos antes de que ella encontrara uno que fue cercanamente el correcto. "No sonaba como la hélice de un avión, ya sabes como cuando le das de comer a un niño y haces ese sonido como aire de remolino y lo magníficas un poco. No fue tan fuerte, quiero decir, no fue como para que todo el vecindario se despertara por ello".

Yo le sugerí como el sonido de un helicóptero, pero ese hubiera sido fuerte y a diferente frecuencia. Otra comparación, "o como una máquina de lavar cuando está en su ciclo de exprimir, excepto que sabía que era más rápido y estoy segura que no estaba dormida; yo permanecí allí y lo escuchaba, y pensé. "Bueno, es solamente una nave espacial en el patio trasero, yo no estaba asustada y todo lo que sé es que me fui a dormir de nuevo".

Eso pareció como una reacción extraña, normalmente el primer pensamiento al escuchar un sonido inusual en la noche sería que alguien estuviera en el patio y tal vez estarían intentando entrar a la casa. Tu primera reacción sería el miedo, y después probablemente te levantarías y observarías por la ventana. Yo estuve de acuerdo que todas esas memorias en verdad eran incidentes extraños. Yo hice mis notas de ellos, pero nuestra primera preocupación era encontrar las respuestas para sus problemas actuales y no la exploración de OVNIS, porque de todos modos ella dijo que no estaba interesada.

Después Beverly cambio el tema y comenzó a contarme sus varios problemas físicos. Toda su vida ella había tenido síntomas inusuales y raros que eran difíciles en diagnosticar para los doctores. "Esto llega al punto donde tiene que ser una broma. Ellos nunca han sabido que está mal conmigo, incluso cuando ellos hacen muchas pruebas y no han podido ponerse de acuerdo en que era. Ellos nunca estuvieron seguros de nada, siempre era la misma cosa, cada vez cuando iba a los grandes hospitales por el diagnóstico. Ellos me aseguraban que lo encontrarían, pero después se retractaban cuando ellos no podían determinarlo, eso era frustrante el manejar trece horas y que me cobraran dos mil dólares por los exámenes médicos, y aun así no podían decirme, qué estaba mal, conmigo". Algunos de estos problemas existen en este tiempo presente, así que esta era una de las áreas que ella quería explorar. Ella quería averiguar porque ella tenía varios problemas físicos y de donde venían, sospechando que la causa de este tipo de karma podría encontrarse en otra vida. Sus continuos problemas de dinero también eran una preocupación para ella; así que cuando nosotros comenzamos la sesión, la salud y el dinero iban a ser nuestro enfoque principal y las memorias de la infancia eran únicamente un interés secundario.

Después de que Beverly estaba en trance profundo, yo use mí técnica que la pondría automáticamente en otra vida; pero en vez de eso ella únicamente vio varios colores en remolinos, esto usualmente sucede y puede avanzarse más allá. Después de haberle dado sugerencias profundas, Beverly comenzó a describir una escena de su vida presente, ella una vez más, era una niña de seis años, reviviendo su primer día en la escuela. Con risas muy fuertes agudas, ella hablaba que la habían dejado en el baño y se había perdido entre los pasillos de la gran escuela; no era para tener miedo porque era una aventura, con gestos infantiles y patrones al hablar empezó a describir con detalles acerca de sus amigas y su maestra en el primer grado. También hubo mucha descripción del diseño de la escuela. El subconsciente nunca presenta un incidente sin razón, así que se me ocurrió que este podría ser la perfecta oportunidad de explorar la memoria, de cuando corrió, hacía el bosque en frente de la escuela.

*D: Bueno, ¿Hay muchos árboles alrededor de la escuela?*
B: ¡Ah! Ellos están al cruzar la calle, no la transitada, pero la calle de al lado, allá es como misterioso y yo no voy al bosque, pero podría.
*D: ¿Qué hay de misterioso?*
B: Está obscuro donde están los árboles, pero no hay nada allá y se obscurece temprano también.
*D: Está bien Beverly, quiero que te muevas adelante en el tiempo cuando tú fuiste a el bosque con tu amiga una noche después de la escuela, ¿Cuál era su nombre?*
B: Patricia.
*D: Todo está bien, es en esa tarde y ya no hay escuela, ¿Se han ido todos los niños a su casa?*
B: No, ellos están afuera en el área de juegos y nosotros solamente estamos dando vueltas.
*D: ¿Haz estado alguna vez en ese bosque antes?* (No) *¿Por qué decidiste ir al bosque en esa tarde?*
B: (Seriamente) estamos escapando de la casa.
*D: ¿Lo estás? ¿Por qué estás haciendo eso?*
B: Porque no nos gusta estar allí.
*D: Esa es una cosa drástica de hacer.*
B: Bueno, servirá para bien,
*D: ¿Por qué quisiste huir? ¿Algo sucedió?*
B: No. Nada, nosotros decidimos que lo haríamos porque no nos gusta la casa, además nosotros deberíamos de poder ir a otros lugares ahora.

*D: ¿Por qué ahora?*
B: Porque nosotros somos grandes y estamos en la escuela.
*D: ¿No tienes miedo de que te puedas perder?*
B: Bueno, nosotros probablemente regresaríamos a casa, yo no sé si permaneceríamos alejadas por siempre. Yo creo que algunos de estos chicos han cruzado la calle antes, no es una calle de verdad, ya sabes es como un camino nada más, pero creo que otros chicos ya lo han hecho.
*D: Bueno, dime que más está pasando.*
B: Nosotros solamente estamos divagando adentro, los árboles realmente son grandes, no hay césped, yo quiero decir que puedes caminar entre los árboles, hay hojas de pinos y cosas así en el suelo, no es césped como en tu patio.
*D: ¿Qué hicieron en el bosque?* (Pausa) (Su expresión facial y el movimiento de sus ojos indicaban que algo estaba sucediendo). *¿Qué es?*
B: (Confundida) no lo sé, (una gran pausa) yo no creo que debo de hablar de esto, yo no creo que debo de hacer nada, yo no sé dónde está ella, pero yo no creo que nosotros debemos de hacer algo.
*D: ¿Dónde?, ¿quién es?*
B: Pat.
*D: ¿No está ella contigo?*
B: (Pausa) No puedo verla, yo creo que estoy congelada.
*D: Tu mente no lo está y tu mente puede hablar conmigo, y no te molestara del todo, sabe cosas y puede hablar conmigo.*
B: Es como… está limpio, como lo que hacen los limpiaparabrisas.
*D: ¿Qué quieres decir?*
B: No sé. (Moviendo sus manos) es curveado, (moviendo sus manos) está afuera enfrente de mí, y yo supuestamente no debo de hacer nada.
*D: ¿Puedes verlo todo?*
B: No creo que deba de mirar.
*D: Yo no quiero que hagas nada que te pueda meter en problemas, yo solamente estoy curiosa, ¿de dónde vino?*
B: (Pausa) yo no sé, yo solamente estaba caminando en el bosque y …yo creo es rosado, (ella se estaba poniendo temerosa) es como un escudo. (Su voz, se quebranta y las lágrimas se salieron de sus ojos). En frente de mí, (ahora estaba ella llorando y suspirando

como un niño lo haría) me hace sentir como que no puedo moverme, (obviamente molesta).

Yo le hablé suavemente para que ella se pudiera relajar y dejar de estar sensible, después de unos minutos de lloriqueo fuerte paro, yo intenté en asegurarle que ella podía hablar conmigo y decirme que estaba sucediendo, ella comenzó a tranquilizarse.

*D: ¿Dijiste tú color rosado?*
B: Sí, es a veces rosado y es como que paraliza todo y mi mente. Va de un lado de mi cruzando al frente y al otro lado.
*D: ¿Solamente sobre tu cara o qué?*
B: No sé, es todo lo que yo sé.
*D: En otras palabras, es todo lo que puedes ver tú ahora mismo, (sí), ¿Y qué sucedió cuando estabas tú caminando a través de los árboles?*
B: Yo creo que podíamos ver rayos del sol ahí en algún lugar, yo pensé que era brillante, y pensé que era bonito. La luz del sol venía a través de los árboles, yo no creo que estuviera en todo el lugar, creo que estaba por mi derecha.
*D: Pero, tú sabes que los rayos del sol a veces hacen eso, ¿después que hiciste?*
B: Yo creo que solamente lo estábamos mirando.
*D: ¿Era el rayo del sol?*
B: (Confundida), no sé, no podía... esa cosa rosa... no podía hacer nada más, es como si todo se parara. (Movimiento de sus manos) excepto que vino de aquí y cruzo allá (cruzo su campo de visión). No me toco y es suave, pero no puedo verlo, hizo que todo se parara, hizo que mi cabeza se parara, no duele, no puedo sentir nada, no puedo ver nada, excepto esta cosa rosada, todo está enfrente de mí, como un escudo.
*D: ¿Puedes ver algo por debajo de tus pies?*
B: No tengo consciencia de mis pies, solamente me siento congelada.
*D: ¿Puedes escuchar algo?*
B: No, todo simplemente se paró, como en una escena fija, no puedo ver nada a través de esto... (suspira) rosado, amarillo pálido... pareciera que solamente congela todo.
*D: Está bien, pero recuerda, esto es solamente temporal y no te molestará más.*

Beverly no pudo reportar ningunas sensaciones del todo, como si todos sus sentidos físicos hubieran sido literalmente congelados, yo me di cuenta que era inútil insistir. Su subconsciente no estaba listo para liberar la información aún, yo la moví más adelante a su próxima sensación, ya sea escuchando, oliendo o sintiendo. Sorpresiva y repentinamente comenzó a reírse.

B: Nosotros estamos corriendo en el bosque, riéndonos, nos salimos (risas)
D: *¿Qué quieres decir?*
B: Bueno, nos acabamos de salir, (un gran suspiro y una risa). ¡Nos salimos! (Pausa) mi cabello estaba rizado.
D: *¿Qué quieres decir?*
B: Bueno, teníamos el cabello rizado, estábamos corriendo y riéndonos en el bosque y nuestro cabello se balanceaba, (un gran suspiro) y lo hicimos, fuimos al bosque y regresamos.
D: *¿Sucedió algo mientras estaban en el bosque?*
B: No sé, (confundida) probablemente algo pasó.
D: *¿Qué quieres decir?*
B: Bueno ya sabes como cuando vas donde nunca has estado antes, te quedas preguntándote si puedes regresar y lo hicimos, creo que solamente jugamos, no recuerdo, creo que nosotros solamente estuvimos dando vueltas alrededor, (suspiro) tengo que regresar y cruzar la calle, estaba obscuro entre los árboles, pero había luz alrededor de la escuela cuando nos metimos, pero ahora se está poniendo muy obscuro así que es mejor irnos a casa.
D: *Yo creo que es mejor que se vayan antes que se metan en problemas.*
B: Yo creo que ya estamos en problemas.
D: *¿Decidiste no huir?*
B: Sí, yo creo que sí, yo creo que es mejor que nos vayamos a casa, yo no sé si nosotros estamos… ¡oh! Yo creo que nuestras madres ya vinieron por nosotros, ya vienen por nosotros, ya casi están en el área de la escuela.
D: *Bueno ¿No te fuiste por mucho tiempo o sí?*
B: No sé, es probable… quizás son como las seis en punto y es tiempo de cenar porque se está obscureciendo.

D: *¿Valió la pena?*

B: Creo que sí, realmente ellos no hicieron mucho alboroto, quizás porque la mamá de Pat estaba aquí también, probablemente mi madre hubiera hecho una escena si hubiera solo estado ella y Pat vive a mano derecha de la calle donde vivo cuando vamos a casa y yo vivo a la izquierda.

D: *Bueno, ¿te dijo tu mamá algo?*

B: Sí, (con gestos apropiados de queja y regaño en un tono de voz infantil) "¿Dónde has estado?, te he estado buscado por todos lados". Ella no me dio nalgadas. (Riéndose)

D: *Tuviste una pequeña aventura, ¿verdad? (Ah) está bien Beverly, ahora quiero que te alejes de esa escena, y te muevas de allí. ¿Has visto alguna vez ese escudo rosa en otro tiempo en tu vida o fue la única vez?*

B: Yo no creo que vi un escudo rosa, no recuerdo un escudo, a veces solamente me voy y no sé nada, como si todo se congelara.

D: *Voy a contar hasta tres y quiero que vayas a una de esas veces que has tenido esa sensación, incluso si no ves el escudo rosa y serás capaz de explicar como sucedió y donde sucedió, contare hasta tres y nosotros iremos a otro tiempo si es que uno existe, cuando tú tuviste esa experiencia. 1, 2, 3... ¿Qué estás haciendo? ¿Qué ves?*

B: Creo que me salí de la ventana de mi recámara, (confundida) justamente fuera de la ventana en el aire.

D: *¿Escalaste fuera de la ventana?*

B: No, solamente ... como absorbida.

D: *¿Qué edad tienes?*

B: Ocho o nueve, diez tal vez.

D: *¿Estaba la ventana abierta?*

B: Sí, estaba abierta, porque estamos en tiempo de verano y yo estaba sentada en la cama y un aire me saco de la ventana.

D: *¿Es eso inusual?*

B: (Risa) suena un poco inusual para mí. (Suspiro) creo que me ha sucedido más de una vez y era de tarde, hay un lote vacío al lado de mi casa, y a veces yo me siento en el piso y me recargo en la ventana y me pongo a mirar a las personas y los carros que pasan por la noche.

D: *¿Y después que sucedió?*

B: No sé, me salí de la ventana y después regresé.

D: ¿Qué sentiste cuando te saliste de la ventana?

B: Solamente sentí como ... un silbido ... absorbida solamente fuera de la ventana, (confundida), no sé cómo hacer eso y a través de la malla de la ventana.

D: ¿A través de la malla? ¿Cómo se sentiría eso?

B: (Confundida) yo no creo que lo sentí.

D: Está bien, quiero que vayas con esa sensación y ahora estás tu atravesando la malla, vamos a seguirte al estar saliendo de la ventana y dime que está sucediendo.

B: Creo que estoy hablando con alguien, es alguien de mi medida, pero no los puedo ver realmente.

D: ¿Cómo sabes que ellos están allí?

B: Realmente... no sé, creo que solamente es uno, aquí en mi derecha, hablándome y estamos caminando en el aire. No puedo verlo, solamente tengo la impresión, una sensación, justo de un tipo de cabeza redonda, todo está bien y solamente estamos hablando. Yo no recuerdo mirarlo o verlo particularmente.

D: ¿Dijiste que tú sentiste como si estuvieras caminando en el aire?

B: Sí, atravesando el lote que está pegado a mi casa, yo creo que está flotando, realmente no siento por debajo de la mitad de mi cuerpo.

D: ¿De qué estás hablando?

B: Creo que nos estamos conociendo uno al otro, es amigable, es cómo si estamos haciendo esto otra vez, es como si ya lo conociera.

D: ¿Se te hace familiar?

B: Sí, es como la misma persona, porque no es nuevo.

D: ¿A dónde estás flotando?

B: (Suspiro) no sé, eso es todo lo que veo, es como si yo supiera que estamos yendo hacia algún lado, pero no sé qué más.

D: ¿Puedes ver edificios?

B: No hay ningún edificio, es un lote baldío, hay dos o tres casas a la distancia en esta calle, puedo ver luces a la distancia, pero mayormente solamente ... espacio.

D: ¿Sientes como si estuvieras muy alejada del piso?

B: Sí, parece como si me salí de la ventana y me elevé un poco más alto, probablemente un metro por encima del nivel de la ventana.

D: ¿Y estás flotando con esa otra persona?

B: Sí, yo quiero decir no es una persona real, no es una persona, es redondo. Es como una persona, pero no tiene color como una persona, es café grisáceo y su piel esta arrugada y gruesa como la piel de un elefante, es un hecho que me recuerda a los surcos de la trompa de un elefante, él se ve extraño, pero siento un gran amor. Él me es familiar, él no es un extraño.

Esta descripción era similar a la creatura "enfermera" que Felipe vio en la nave en el libro de Los Guardianes del Jardín. También estaba arrugada y le dio la sensación de protección. Yo le di indicaciones de que ella podía recordar lo que ocurrió durante ese extraño evento. Que las memorias estaban allí y probablemente era el tiempo para que salieran. Entonces ella de repente anuncio que su cabeza le estaba doliendo y apunto en la parte derecha del área de la sien, "como un dolor de cabeza, como si estuviera exprimida o algo así", yo le di sugestiones para que le quitaran cualquier malestar, después le dije que las memorias podían salir y que podríamos verlas y examinarlas como curiosidad, y como un observador si es necesario.

B: Yo creo que probablemente hay algo allí, pero realmente no creo que hay algo allí, tú puedes inventarte cosas como esa.
D: ¿Qué ves que crees tú que estás inventando?
B: Bueno, probablemente es como un juego que te inventas, que tú vas a través del aire con esta pequeña creatura y después te vas en esta nave espacial.
D: Bueno dime que estás viendo, no nos preocuparemos si es que es un juego o no, si es un juego, pues jugaremos el juego, nos podemos divertir jugando el juego, ¿Qué es lo que ves?
B: Bueno, sabemos que allí es donde vamos, él ha sido enviado para llevarme.
D: ¿Te dijo él esto?
B: Bueno, solamente sé eso, yo no sé cómo es que lo sabía, solamente sé que atravesamos la ventana y él estaba ahí, después nosotros regresamos para algún tipo de visita otra vez, hay como una nave espacial o algo así a mi derecha, y esta encendida en la parte trasera que da hacia el lote baldío, es un gran lote baldío, pero eso es todo lo que veo.
D: ¿Y cómo se ve?
B: Es redonda y plana a la vez y brillosa.
D: ¿Redonda como una pelota?

B: No, es como un disco, es delgado y es redondo en la parte superior. Se ve como tipo plana en la base, pero no es muy gruesa y es brillante, como un resplandor, fluorescente, casi como blanco y plateado en toda su superficie.

D: Me gustaría saber si alguien más pudo verlo si ellos estaban mirando.

B: Yo no sé, no hay nadie más alrededor.

D: ¿Qué pasaría si tu mamá entrara a tu habitación mientras tú estabas afuera, ¿te hubiera visto allá afuera?

Yo estaba intentando determinar si era el cuerpo físico de Beverly el que había atravesado la ventana o era en su forma de espíritu.

B: No, yo no estoy allí, pero no creo que ella hizo eso, o si es que lo hizo, ella pensó que yo estaba en otra parte de la casa, realmente ella no me estaba buscando, yo siempre sé que cierro la puerta de mi recámara y no creo que me fui por mucho tiempo.

Aparentemente ella percibió que era su cuerpo físico el que estaba teniendo la experiencia.

D: ¿Qué tan grande piensas que era ese disco?

B: Tan grande como una casa, bueno quizás no es tan grande como una casa, pero es mucho más grande que un carro, tal vez si pones tú tres autos en círculo sería aproximadamente de ese tamaño.

D: Dime que está pasando.

B: Yo creo que todo se detuvo, yo no veo ... continuando esto. Yo no veo una continuidad, solamente vi lo que vi, como a mitad del camino atravesando el lote baldío y vi la nave al otro lado, y es ahí donde todo se paró. Ya no veo nada más.

D: ¿Tú no sabes si estuviste más cerca de eso o no?

B: Yo no sé, yo creo que probablemente sí, porque es hacia donde nos dirigíamos.

D: ¿Qué es lo siguiente que tú recuerdas?

B: Siempre me caigo de la cama en el piso, yo siempre hago eso cuando regreso. Cada vez que estoy en la cama, me caigo al piso.

D: ¿Cómo es que regresas a la cama?

B: Yo creo que ellos solamente me avientan ahí y después me caigo al piso y eso me despierta.

D: *¿Por cuánto tiempo has tenido estas experiencias?*

B: Por lo que sé, al menos un año o dos, ha estado sucediendo por largo tiempo, desde que me dieron mi propia habitación, yo no recuerdo que esto sucedía antes que obtuviera mi propia habitación, pero ahora no recuerdo donde dormía antes que tuviera mi propia habitación, yo creo que probablemente en un verano sucedió más frecuentemente.

D: *¿Y siempre ha sido lo mismo, flotando fuera de la ventana y elevándote lejos y regresando?*

B: Ah, pero no regresaba de la misma manera en la que me salí, pareciera como si ellos solo me aventaran en la cama, y después caía al piso, porque siempre pensaba, "¿qué estoy haciendo en el piso?"

D: *¿Alguna vez tu mamá escucho cuando te caías al piso?*

B: Sí, ella lo hizo, ella escucho el golpazo, después ella entró y me preguntó que estaba haciendo y yo le dije que me acababa de caer de la cama, supongo que ella vio que yo estaba bien, pero ella lo escuchó desde la otra habitación.

Yo después la lleve a otra escena que ella estaba observando y le pregunté que se moviera hacia en el tiempo al pasado.

D: *Quiero que te muevas y te regreses al tiempo cuando tú eras pequeña y solías tener algunos sueños muy extraños. ¿Quieres hablar de ellos ahora?*

B: Bueno, ellos eran muy espantosos, porque estas cosas entraban a mi habitación en la noche. Yo dormía en una cama individual que estaba pegada a la pared, y mi habitación estaba obscura; ellos entraron a mi habitación cuando todos estaban dormidos y ellos gatearon a mi alrededor y me estaban observando, ellos tenían ojos muy grandes y parecían como insectos gigantes, eso es lo que pensé que eran ellos, había otra ventana en el otro lado de la habitación, a veces la luz entraba y yo podía ver algunos de ellos en el piso, y podía verlos al pie de mi cama. Ellos posaban enfrente de mi cara y mi pecho y yo abría la boca para gritar, pero nada pasaba, pero cuando comenzaba a realmente despertar es cuando ya podía gritar.

D: *¿Qué tan grande eran ellos?*

B: Ellos eran tan grandes como yo, eran lo suficientemente grandes para casi cubrir mi cama, sus cabezas eran al nivel de mi cabeza y encima de mi cuerpo.

Yo le di instrucciones para que ella pudiera ver la escena una vez más claramente, y que no le molestaría, ella la podía mirar como un observador si así ella lo deseaba.

D: ¿*Dónde están ellos o estás mirándolos ahora?*
B: Está bien, hay uno que es de color claro o tal vez la luz le está reflejando y dos de ellos están en el piso. (Moviendo sus manos)
D: ¿*A tu derecha?*
B: Mi cama estaba en contra de la pared, no estaba en medio de la habitación, así que el resto de la habitación estaba a mi mano derecha, y había uno o dos de ellos en el piso, con la luz de la luna o algo que penetraba a la habitación. Nosotros teníamos persianas y no cubrían realmente la luz y entonces había uno o dos al pie de mi cama. Ellos estaban ya sea trepándose en mi o sus cuerpos eran suficientemente largos porque sus rostros estaban exactamente encima de mi cara, observando mis ojos, mi nariz, mis orejas y ellos podían expandir sus piernas para sostener sus cuerpos por encima de mí sin tocarme, así que sus piernas eran suficientemente largas para sostenerlos por encima de mí, pero aun así ellos tocaban mi rostro a veces.
D: *Dime cuál es su apariencia.*
B: Ellos tienen una gran cabeza, y unos grandes ojos obscuros, sus cuerpos eran larguiruchos y pareciera como que sus cosas como brazos eran de la misma longitud que sus cosas como piernas. Ellos eran como insectos, como grillos o algo que tiene piernas enfrente y piernas por atrás. Ellos eran delgados, casi como un cuerpo largo en forma de tubo, con esas piernas o brazos o lo que sea que salía de ellos, como piernas de insectos. Yo creo que los que estaban en el piso eran un poquito diferentes, ellos eran de un color más claro, y creo que ellos eran más cortos y tenían cuerpos más anchos.
D: ¿*Se veían sus rostros como insectos?*
B: Todo lo que yo recuerdo son sus ojos y tenían esa cabeza grande redonda como la cabeza de una hormiga, era redonda y llegaba a un punto y tenía grandes ojos. Los que estaban en la cama eran

obscuros, los que estaban en el piso eran claros, yo sé que ellos eran de diferentes colores.

D: ¿Puedes ver algunas manos?

B: No, porque si ellos tienen manos, ellos están debajo de la cama y no los puedo ver abajo porque estoy viendo arriba en sus caras.

D: Tu dijiste que ellos te tocaban tu rostro a veces.

B: Sí, ¡ellos lo hacen!, ellos tienen dedos, ellos abren mis párpados, ellos pinchan alrededor de mi cama, y todo lo que puedo ver son dedos flacos, dedos alargados, haciendo eso en mi rostro. (Haciendo movimientos de manos como tocando o apachurrando sus mejillas, la memoria le hizo que se molestara y ella empezó a llorar).

D: A mí tampoco me gustaría eso, ¿eso fue todo lo que hicieron?

B: (Llorando) eso es todo lo que yo recuerdo, (llorando emocionalmente) y después yo gritaba y gritaba y gritaba.

Yo la tranquilicé al hablarle como tú le hablarías a un niño espantado.

D: ¿Te diste cuenta de cómo entraron ellos a la habitación?

B: (Sorprendida) ellos debieron haber entrado a través de la ventana, parece que mi puerta siempre estaba cerrada, porque cuando mi mamá corrió hacia mí y al entrar cuando yo estaba gritando, ella siempre tenía que abrir la puerta, no creo que ellos se salieran por la puerta.

D: ¿Qué paso cuando tú empezaste a gritar?

B: Yo creo que ellos se marcharon, yo no sé si yo estaba intentando espantarlos, yo solamente estaba muy espantada, así que estaba gritando y yo creo que hubiera gritado antes si hubiera podido, pero no creo que pudiera, entonces llegué al punto donde si pude gritar y ellos se marcharon. Yo creo que desperté a mi mamá y por eso ella entró, pero ella nunca los vio.

D: ¿Alguna vez les contaste acerca de ellos?

B: Yo creo que le conté que había insectos gigantes encima de mí y ella me dijo que estaba teniendo pesadillas y que me volviera a dormir.

D: Sí, realmente suenan como pesadillas.

B: A veces yo sabía que ellos vendrían y yo iba por mi perro y ellos no venían cuando yo hacía eso.

D: *¿Cómo es que sabías que ellos venían?*
B: Solamente sabía cuándo me iba a la cama ellos iban a presentarse y yo solamente lo sabía.
D: *¿Quizás el perro los mantenía alejados?*
B: Ya sea eso o nunca despertaba cuando abrazaba a mi perro o nunca desperté como cuando tenía pesadillas.
D: *¿Qué tipo de luz brillaba a través de la ventana, era una luz brillante o algo así?*
B: Pareciera como si fuera muy brillante, yo pensé que era la luz de la luna, pero tú sabes que pudo haber sido esa cosa allá arriba en el cielo iluminando la luz a través de las persianas.

Yo pensé que exploramos lo suficiente en esta sesión.

Fue extraño que este mismo tipo de bloqueo ocurrió mientras estaba trabajando con otra persona relacionada a los OVNIS al siguiente día. Ella experimentó una energía de un vortex obscuro que parecía congelarse o paralizar las cosas, también ella no podía recordar más allá a cierto punto, es interesante que el mismo tipo de bloqueo ocurrió en dos personas separadas con tal cercana proximidad de tiempo.

En esas investigaciones en los años de (1990) así se me presentaron a veces y podía reconocerlo como un intento del subconsciente para bloquear la información si es que la persona no estaba lista para investigar algo como esto. Otras veces yo me preguntaba si esto era causado por las sugestiones post hipnóticas de los mismos extraterrestres para mantener a la persona para no recordar a cierto punto.

En las sesiones que siguieron con Beverly fuimos capaces de borrar los bloqueos y descubrir que había más allá de esa barrera.

Unas semanas después nos encontramos de nuevo y tuvimos otra sesión, estábamos intentando encontrar algo que pudiera explicar su salud y problemas de dinero en esta vida. Esta vez el bloqueo que había estado presente la última vez ya no existía. Al comienzo de la sesión su subconsciente ofreció dos vidas pasadas separadas para explorar, una era en un área desértica, la otra pareciera ser que databa alrededor de la guerra civil, yo le permití que hiciera la decisión y ella entró fácilmente a la vida pasada que aparentemente estaba alrededor de fines de siglo. No fue muy interesante para mí, porque fue mundano, el cual es normal, pero sí tuvo alguna información que era importante para Beverly.

Ella fue a la otra vida que había visto al principio y tuvo destellos de la vida en el desierto. Ella un hombre en sus cincuentas, miembro de un grupo nómada que habitaba en el desierto. Ellos viajaban llevando manadas de cabras con ellos, las cabras eran importantes para su supervivencia, porque además de proveer comida, ellas eran vendidas en pueblos o intercambiadas por necesidades. Yo la lleve a los eventos importantes y ella estaba en el mercado vendiendo e intercambiando artículos para cargarlos con ellos, a ella le gustaba la libertad de ser capaz de explorar, ser libre de leyes o restricciones impuestas por la vida de ciudad. Cuando le pregunté por el nombre de la tribu, ella saco el nombre "Teleg", pero no estaba segura si era el nombre de la tribu, pueblo o de ella. Ella pensó que estaban localizados en Egipto, mucha información salió, pero fue una existencia aburrida.

La sorpresa llegó cuando la moví a otro día importante de esa vida, yo normalmente llevo a las personas a través de esa vida entera, explorando días importantes para después terminar con sus muertes. Ocasionalmente ellos saltan a otra vida que no está relacionada, esto es común y muestra la inestabilidad del subconsciente en seguir en una vida pasada cuando este experimento es intentado por primera vez. Cuando la persona exhibe esto yo usualmente lo sigo porque el subconsciente podría tener algo más importante que quiere sacar a relucir. Normalmente después de algunas sesiones la persona puede sostener una vida pasada y explorarla en detalle. Aparentemente el subconsciente de Beverly pensó que no había razón en continuar explorando la vida en el desierto, decidió saltarse a algo más que consideró significativo. Yo pude haberla regresado a la vida del desierto para obtener más información, pero decidí ir con el subconsciente en esta ocasión, desde que se había presentado un bloqueo en la sesión anterior yo pensé que podría estar alistándose para abrir la puerta.

Yo le pregunté que se le alejara de la escena del mercado y que se moviera a otro día importante de esa vida. ¿Qué estás haciendo ahora y que ves?

B: Estoy afuera del estacionamiento de la estación de servicio de mi papi.

*D:* (Ella obviamente ya no estaba en la vida del desierto) *¿Oh? ¿Dónde está eso?*
B: Al final de la calle de mi casa.
*D: ¿En qué ciudad es eso?*
B: En Shreveport.
*D: ¿Qué estás haciendo allá?*
B: Estoy jugando con los chicos que trabajan ahí, ellos me están enseñando acerca del espectáculo de Harry Truman de la cadena de televisión ABC y también a contar.
*D: Oh, ¿cuántos años tienes?*
B: Cinco o seis.
*D: ¿Es tu nombre Beverly?*
B: Oh sí, me están enseñando como deletrear eso también.
*D: ¿Estás yendo a la escuela aún?*
B: No, pero sabré más que los otros niños cuando vaya a la escuela porque Eddie me enseña, Eddie es un hombre negro, yo no sé porque le llaman negro si ellos son morenos.
*D: Bueno, tienes suerte de que alguien te esté enseñando, sabrás más que los otros niños, ¿verdad que sí?*
B: Oh sí y estoy feliz, Eddie me agrada, aunque él solamente tiene una mano.
*D: Ah sí que le paso, ¿Qué le paso?*
B: (Es un hecho) la otra se la cortaron.

Esta infantil honestidad típica puede a veces ser sorprendente.

*D: ¿Oh? ¿Dijiste que tu papá tiene una estación de gasolina?*
B, Oh sí y Eddie trabaja para él, Eddie también es tan inteligente como mi papi.
*D: Bueno, yo pienso que eso está bien que te esté enseñando.*

Yo decidí intentar ir a la escena del bosque de nuevo, ahora que las barreras aparentemente estaban sin guardia, obviamente ella estaba en un estado mucho más profundo. Ella estaba exhibiendo la personalidad de una niña pequeña, incluso en sus expresiones faciales y movimientos corporales. Yo structure mi diálogo y le hice preguntas como si estuviera hablándole a una niña.

D: *Vamos a movernos hacia adelante donde estás tú en el primer grado y estás yendo a la escuela y estás aprendiendo cosas, muévete adelante al día que fuiste tú con tu amiga al bosque que está próximo a la escuela, ¿por qué hiciste eso? ¿No querías ir a casa?*

B: ¡No! Nosotras queríamos salir y jugar más.

D: *¿Te gusta la escuela?*

B: Está bien, conozco a nuevas personas y es fácil, todo lo que hacemos es colorear libros todo el tiempo.

D: *¿No estás aprendiendo las letras y cosas así?*

B: Sí, pero ya me las sé, yo soy la más pequeña de la escuela y hasta ahora yo sé mucho más que ellos.

D: *Bueno, ¿quién está contigo?*

B: Esta maestra se va a casar y no puedo pensar en su nombre, pero puedo ver su rostro. Ella tiene cabello café y se va a casar y su nombre cambiará y es Clinton, hay otra maestra y mi amiga Patricia y otro chico llamado Bobby.

D: *¿Están en tu salón?*

B: Estamos afuera del patio de la escuela.

D: *Bueno, entonces ¿salieron al bosque?*

B: Sí, cuando salimos de la escuela y todos se fueron, Patricia y yo fuimos.

D: *Platícame acerca de eso, ¿cómo es que se ven los árboles?*

B: (Suavemente e infantil). Ellos daban miedo.

D: *(Risita), pero ¿fue un miedo bueno?*

B: Sí, y los árboles realmente son altos y nosotros nos estamos riendo solamente porque estamos haciendo algo que no deberíamos de hacer.

D: *¿Has estado en el bosque antes?*

B: No allí en ese bosque, pero he estado en algunos pequeños, pero estos árboles son muy grandes.

D: *¿No estás preocupada que te puedas perder?*

B: Nos regresaremos de la misma manera que entramos.

D: *¿Qué es lo que ves cuando caminas?*

B: Bueno, vemos muchos árboles.

Hubo una gran pausa, el movimiento de sus ojos indicaban que ella estaba experimentando algo.

D: ¿Es Patricia de tu edad?

Su voz era más baja y ella respondió "sí", yo sabía que algo estaba sucediendo, pero tenía que ser muy cuidadosa al no sugerir o dirigir.

B: (Precavidamente) Creo que hay algo allá en el bosque, podrían ser ratones, o tal vez no, o podrían ser insectos.
D: ¿Qué es lo que ves?
B: Yo no veo nada, pero solamente sé que hay algo allá y puedo escucharlo.
D: ¿Cómo se escucha?
B: (Pausa) es solo movimiento, hay algo moviéndose por allá.
D: ¿Vas a averiguar qué es?
B: No sé, no creo que sea bueno que vayamos más lejos, yo creo que es mejor que nos quedemos aquí … veo una luz.
D: ¿De dónde viene?
B: Viene del bosque, viene hacia mí.
D: ¿Qué tan grande es la luz?
B: No es tan grande, pero es azul, azul claro y viene hacia mí.
D: ¿Tan grande como una luz de lámpara?
B: No, es más grande que una lámpara.
D: ¿Cómo la luz de un carro?
B: Tipo así, si fuera así de grande.
D: Pero las lámparas no tienen ese color, ¿oh sí? (No) ¿viene rápido o despacio?
B: Lento, pero no sé qué hacer, (suspiro) tengo que ser valiente.
D: ¿Qué quieres hacer?
B: Bueno no creo que pueda hacer nada, no creo que pueda correr, yo creo que ya estoy atrapada.
D: ¿Por qué piensas que no puedes correr?
B: Yo no creo que pueda, yo creo que es demasiado tarde, es como si estuviera en una trampa o algo. No creo que pueda retroceder ahora, no siento que pueda voltearme o hacer algo.
D: ¿Sigue la luz ahí?
B: Oh sí, yo creo que vamos con ella, sí nos está llevando.
D: ¿Qué tan grande es ahora?
B: Tan grande como yo.
D: ¿Al comienzo tú dijiste que era tan grande como la luz de un carro?

B: De ahí es donde venía, pero se muestra como una luz grande, cuando se vuelve tan grande como soy yo, no puedo moverme a ningún lado, está en todo a mi alrededor.

D: *¿Qué hay de Patricia?*

B: Yo no sé, creo que también están alrededor de ella también.

D: *¿Mencionaste tú, que es como si te sintieras ir con ellos?*

B: Yo creo que tengo que, yo no creo que pueda escaparme ahora y correr, además me atraparía si lo hiciera, estoy caminando hacia adelante sobre las hojas, pero es como si la luz me hace hacerlo, es brillante, me hace que no pueda ver las cosas, pero está bien, no me lastima.

D: *Dime que sucede.*

B: Bueno, nos vamos allí y entramos en este pequeño edificio, está lleno de luz, no puedo verlo bien, es como un automóvil, más grande que un automóvil eso creo.

D: *¿Qué tipo de forma tiene?*

B: Es redondo como la mitad de una pelota.

D: *¿Cómo es que entraste?*

B: A través de una de las ventanas, ellos tienen muchas rendijas o cosas como ventanas que puedes ingresar.

D: *¿Está sobre el suelo?*

B: No, no está en el suelo, está por encima del suelo o algo así, es bajo, pero está encima del suelo. Solamente como que tú flotas a la cosa de ventana y entras allí y después ellos me pusieron a dormir.

D: *¿Qué viste antes de que te pusieran a dormir?*

B: Gente pequeña, ellos no se ven como la gente, ellos se ven como pequeñas creaturas, ellos no son más grandes que yo, pero son agradables, podrían ser amigos imaginarios.

D: *Podría ser, ¿puedes ver sus rostros?*

B: Son caritas de insectos, excepto que ellos son claros, quiero decir que ellos no son insectos obscuros, como un tipo de color de piel entre gris y rosa. Como la piel de los niñitos, pero como cara de insectos. ¿Sabes tú cómo son las caras feas de los insectos?

D: *¿Tienen algo de cabello?*

B: No, ninguno de ellos tiene cabello y ellos solamente me hacen que me vaya a dormir.

D: *¿Puedes ver cómo se ven sus ojos?*

B: Ellos tienen ojos grandes y redondos, como botones negros o algo así.

*D: ¿Cómo se ve su nariz y boca?*
B: Ellos no tienen narices y bocas, quizás, ellos son como tipo... cara de insectos, ya sabes ellos no tienen las facciones como nosotros las tenemos.
*D: ¿Notaste algo en sus cuerpos?*
B: Son de tipo de cuerpo como fantasma, ya sabes, no creo que ellos tienen piernas, yo creo que ellos como que flotan alrededor, tal vez ellos tienen piernas, pero no son como mis piernas. Sus cuerpos, sus brazos y piernas son realmente flacos también, yo no sé cómo los pueden sostener, por eso dije que como que ellos flotaban, y todo es como rosadito aquí, el color, la luz, todo es rosa. Yo creo que es rosa para niñas pequeñas, yo no sé.
*D: ¿Eso tendría sentido, no es así? ¿Puedes ver cuántos dedos tienen?*
B: Oh, ellos tienen ... ya sea tres o cuatro dedos.

Ella sostuvo sus dedos, doblando el meñique y sosteniéndolo con la otra mano, con gestos muy infantiles.

B: Ellos no tienen el dedo chiquito, ellos tienen un pulgar y ... dos, no, deben de ser tres. Hay un chico en mi escuela que tiene seis dedos, y estos solamente tienen cuatro, su nombre es Lester, él tiene seis dedos en los pies y seis dedos en las manos.
*D: Y estos seres solamente tienen tres dedos y un pulgar, así que puede suceder,* (ajá) *¿estos seres pequeños están portando alguna vestimenta?*
B: No, no traen puesta ropa, así como los animales no visten ropas, ya sabes no veo nada, tú sabes.

Ella menciono esto como tipo en secreto, ¿estaba refiriéndose ella a los genitales?

*D: ¿Ves algo más en la habitación? ¿Mencionaste que hay luz rosa?*
B: Sí, muchas luces por donde quiera y muchas mesas, no son muchas mesas, algunas mesas. Como la mesa de doctor, como las mesas de examinación y después hay otro cuarto, es un pequeño cuarto y tiene esas cosas como lupas en la otra mesa en ese otro cuarto.
*D: ¿Qué quieres decir con lupas?*
B: Se miran como esas cosas que están paradas en el aire y pueden bajarse, (ella estaba haciendo movimientos con sus manos) así la

luz se dobla, no se dobla tiene una torcedura, se alza y puede bajarse y puede brillar donde ellos quieran.

*D: Oh, si, quieres decir que ellos pueden moverse alrededor como una luz grande, ¿cómo tienen los doctores?* (Sí) *¿Y aumenta de tamaño?*

B: Yo creo que sí, eso está en el otro cuarto por allá, (ella movió su mano y brazo en un movimiento rápido apuntando hacia su izquierda) donde está la otra mesita, y la luz está prendida en esa cosa larga que sale de la pared.

*D: ¿Mencionaste tú que hay muchísimas luces? ¿Dónde están?*

B: Están en las paredes y son muy brillantes, es como ya sabes cuando las luces están escondidas en el cuarto, pero siguen todas encendidas, bueno es realmente brillante y encendido, pero no veo donde están las luces.

*D: ¿Quieres decir como si estuvieran detrás de algo?*

B: Sí, ellas están en las paredes, excepto en el otro pequeño cuarto donde esa luz grande retorcida esta. Es donde ellos te examinan, hay mesas allí también, yo no sé para que usan esas mesas, porque ellos nunca me pusieron en esa mesa, tal vez ellos las usaron para las personas grandes.

*D: ¿Se ven grandes?*

B: Sí, las mesas están en un círculo en medio de la habitación.

Yo le pregunté la explicación

B: Bueno son mesas largas, después hay otra, y otra, y otra, tal vez son un tipo de cajas o algo, ellas están por todo el piso, son como sólidas donde tú puedes poner cosas encima, como con cajones y cosas.

*D: ¿Cómo se ven las mesas de que están hechas?*

B: De acero inoxidable, realmente brillante.

*D: Sí están en círculo, ¿hay algo en medio de ese círculo?*

B: No, no hay nada en medio, pero tú puedes caminar ahí y estar en medio de ellas, como entre las mesas.

*D: Bueno, ¿ves algo más aparte de las mesas?*

B: Veo un puente elevado.

*D: ¿Qué es eso?*

B: Es la cosa que está enfrente que cierra la puerta.

*D: ¿Es por donde entraste?*

B: Creo que sí, ya estaba abierta cuando entré, pero yo sé que está allí y ellos lo cerraron.

D: *¿Ves algo más en ese cuarto?*

B: Alrededor de la pared hay todas estas perillas y marcadores y cosas para prender y manejar la nave. Ellos están en todo alrededor en un círculo, todo se ve... como en un avión, es muy complicado para mí, hay algunas cosas que se ven... quiero decir, no se ve realmente como un aparato real de televisión, no es una caja, es como un panel o una pantalla para ver las cosas. Ellos no las tienen prendidas, pero me imagino que cuando las prenden es cuando ellos están volando... ¿sabes que puedo apostar que son esas cosas que están en el medio? Apuesto que son camas para esas pequeñas criaturas, apuesto a que para eso son, ellos probablemente se duermen encima y mantienen sus cosas en la parte de abajo.

D: *Eso tiene sentido, ¿o no? Bueno ¿hay algo más allí que puedas ver?*

B: No, ya estoy lista para irme.

D: *¿Qué quieres decir?*

B: Estoy lista para irme, lista para salir y marcharme a casa.

D: *¿Mencionaste tú que ellos hicieron que te durmieras?*

B: Ellos me llevaron a ese cuarto, y estaba tan adormilada que no podía mantener mis ojos abiertos, y después al tiempo que estaba allí yo estoy ... no me acuerdo, solamente estaba dormida.

D: *¿Qué te hicieron para que durmieras?*

B: Creo que ellos pusieron esas luces en mí y eso me hizo dormir.

D: *Bueno, ¿Te levantaste en la mesa por ti misma?*

B: No, ellos me pusieron allí porque estaba muy dormida, yo estaba como ... flotando allí, pero ellos estaban como levantándome y después solamente estaba totalmente dormida, yo creo que las luces lo hacen, las luces son realmente extrañas, ellas hacen todo tipo de cosas. Cuando tú estás en la luz no te puedes ir a ningún lado y cuando te jala, tienes que ir con ella, porque no puedes hacer nada más y después adentro, yo sé que todo estaba rosadito, pero seguía como blanco, como un tipo de amarillo, rosado, eso es porque estaba tan brillante. Es como la luz del sol que es entre amarillo y rosado, ya sabes no es como pintando de color amarillo rosado, pero te puede hacer que te duermas o que te despiertes, debe ser capaz de hacer todo tipo de cosas.

D: *Pero si estabas tú dormida tú puedes recordar y me puedes decir que sucedió cuando estabas tú en la mesa.*

B: (Suavemente) ellos se recargaron en mí y me pusieron la luz y la pasaron por todo mi cuerpo.

D: *¿Qué estaban buscando?*

B: (Infantilmente) solamente querían ver de que estaba hecha, después fue como cuando estaba en mi recámara cuando ellos se treparon encima de mi cama.

D: *¿Esos son los mismos?*

B: No lo creo, no creo que sean los mismos, estos son ligeros, (emocionalmente) yo creo que ellos solamente están buscando, pero no me puedo mover, no puedo hablar.

D: *Está bien, tú puedes hablar conmigo.*

B: No es como si realmente me estuvieran lastimando, pero no me puedo mover, seguro es algo de miedo (ella estaba lista para llorar) y ellos me tocaron. Pero no sé porque no me pueda mover, no me puedo mover de alguna manera, es como si estuviera congelada.

D: *¿Crees que tiene que ver algo con la luz?*

B: Es esa luz que está en la mesa.

D: *¿Qué sientes estar en la mesa?*

B: No la siento, porque en realidad no estoy realmente acostada en ella, estoy por encima, para mí se ve que estuviera fría, pero es como si yo estuviera allí acostada en el aire.

D: *¿Qué están haciendo mientras te observan?*

B: Están haciendo ruidos bajitos, (ella hizo pequeños chirridos o ruidos agudos) como si estuvieran hablando un problema.

La mayoría de los casos reportaron que las creaturas se comunicaron mental o telepáticamente y no hicieron ningún sonido, pero en algunos como en este libro y en mi libro *Legacy from the Stars* (Legado de las Estrellas) reportaron un ruido agudo a veces melódico y comunicación oral.

D: *¿Puedes entenderles?*

B: No, (ella hizo más sonidos) como pequeñas hormigas, pequeñas hormigas ocupadas.

D: *¿Eso es una manera chistosa de hablar no crees? ¿Qué más hacen ellos?*

B: Nada, ellos terminaron y pusieron la luz de regreso en la pared, cabe en la pared de alguna manera.

Su voz no estaba tan molesta ahora, como pensé tan pronto como ellos terminaron ella se calmó.

B: Era como si todo ellos estaban alrededor mío, ya sabes es como estar siendo sofocada.
D: ¿Por qué ellos estaban tan cerca?
B: Ellos estaban observando, yo creo que ellos están viendo todo a través de mí.
D: ¿Todo a través de ti? ¿Crees tú que ellos puedan hacer eso?
B: Con esas luces ellos pueden, sí, ver todo a través, por eso es que ya no estoy en la mesa para que ellos puedan hacerlo por abajo también, ellos pueden hacer eso con la luz. Después ellos empiezan a retroceder y fue como si yo estuviera en un sueño rosa, y yo me estaba bajando del área de la mesa y retrocediendo (movimientos de mano).
D: ¿Flotando así?
B: Sí, pero después parada, y de alguna manera me transportaron con esa luz de regreso al otro cuarto y allí me fui.
D: ¿Entonces solamente te saliste por la puerta?
B: Sí, solamente camine por la rampa y estaba de regreso en el bosque.
D: ¿Me pregunto por qué hicieron todo eso?
B: Yo no creo que pueda preguntarme mucho, ellos hacen todos estos ruidos. La única vez que ellos hablaron fue cuando ellos estaban examinando mi cuerpo, así que creo que tuvo que ver algo con eso; pero es como si ellos te sedaran y no puedes pensar mucho o preguntarte mucho, especialmente cuando eres tú pequeño, por ellos son más grandes de lo que soy yo, pero si fuera una persona grande, ellos no serían tan grandes.
D: Ellos no se veían tan fuertes, pero aun así, ¿crees tú que ellos te levantaron?
B: Las luces lo hicieron.
D: ¿Es está la primera vez que has estado tú en ese lugar?
B: No, pero es la primera vez que había ido al bosque, las otras veces ellos habían venido y me habían sacado de mi cama.
D: ¿Entonces este lugar es familiar para ti? (Sí), bueno, ¿sabes si Patricia seguía contigo?

B: No me acuerdo, no me acuerdo de Patricia hasta que estábamos corriendo, saliendo del bosque, pero ese cuarto no era muy grande, y yo no sé dónde pudo haber estado, yo no la vi, pero aquellas luces hacen todo tipo de cosas, así que ... (confundida) ella pudo haber estado allí y no la vi.

D: *¿Pero te despertaste cuando te saliste?*

B: Yo recuerdo caminar bajar la rampa y estando en el bosque, y después no recuerdo nada por algunos minutos, después Patricia y yo estábamos corriendo, saliendo del bosque riéndonos.

D: *¿Qué sucedió con esa gran luz que se veía como la mitad de un círculo?*

B: No sé, se quedó atrás en el bosque.

D: *¿Pero dijiste tú que ellos venían a tu habitación por ti?*

B: Oh sí. Eso me daba miedo y no me gustada del todo, a veces ellos lo hacen en mi habitación y me asustan muchísimo, otras veces me sacan de mi habitación.

D: *¿Cómo hacen eso?*

B: Por la ventana.

D: *¿Te llevan por la ventana?*

B: (Indignada) Ellos no me llevan, es la luz que te lleva, es como estar en una escalera eléctrica excepto que esta es de luz.

D: *¿La ventana está abierta cuando ellos hacen eso?*

B: No importa si está abierta o no, si no está abierta solamente la atravesamos.

D: *Eso es como magia ¿o no es así?*

B: Oh sí, ellos hacen magia.

D: *Bueno, crees tú sí alguien, estuviera por entrar a la habitación cuando te fuiste, ¿te verían en la cama?*

B: Ellos no permitirían que nadie entrara, a ellos nunca los sorprenderán, yo creo que hacen que el tiempo se detenga, yo creo que eso es lo que hacen.

D: *¿Acaso ellos siempre se ven similares?*

B: No, hay otros más que se ven un poco diferentes, se ven como con cuerpos de orugas con brazos y piernas.

D: *¿Quieres decir largos y delgados?*

B: Tienen cuerpos como abultados, ya sabes como las orugas tienen protuberancias en sus espaldas.

D: *¿Si como crestas?*

B: Sí, ellos son solo mensajeros, yo sé que ellos lo son.

D: *¿Los abultaditos? ¿Qué te hace pensar que ellos son mensajeros?*
B: Las únicas veces cuando los veo a ellos, es cuando estoy en cama y me lleva la luz a esa habitación y después se marchan, esa es la única vez que los veo y ellos me hablan; ellos no utilizan sus bocas para hablar, son como enfermeros, ¿si sabes como las enfermeras cuidan como cuando alguien camina en el pasillo del hospital? Así es como lo hacen creo que eso es todo lo que hacen.
D: *¿Qué es lo que te dicen?*
B: "¿Cómo estás el día de hoy?" Ellos no lo dicen, solo lo piensan y saben que lo están pensando y es como si fueran muy amables porque saben que te tienen que llevar allá.

Este tipo de enfermeros también han sido reportados en otros casos, por ejemplo, en mi libro Los Guardianes del Jardín, es interesante que ellos los mencionan como enfermeros por el sentimiento de cuidado hacia ellos, mientras que los otros son fríos, distraídos y con frecuencia desinteresados; las personas dicen que este tipo de enfermero tiene una energía femenina, aunque no hay nada que indique cuál es su sexo.

D: *¿Qué tipo de rostros tienen esas personas?*
B: Son como las otras personas, pero ellos son más obscuros y toscos, ellos no son lisos, no son refinados.
D: *¿Son sus rostros abultados también? (No) ¿Qué tipo de ojos tienen ellos?*
B: Ellos tienen unos ojos grandes y negros también.
D: *¿Es solamente su piel lo que es diferente?*
B: Bueno, yo creo que ellos son más gordos también.
D: *¿Tienen algún tipo de pelo?*
B: No, no cualquier pelo, pero tipo como cuando les está recién saliendo la barba, está por todos sus cuerpos, solamente pocos pelos cortos y parados. No muy pegados entre ellos, solo uno aquí y otro allá en sus pequeños cuerpos de color café.
D: *¿Cuerpos ásperos y abultados?*
B: Piel realmente áspera, no como una piel de una vaca, tal vez más como la piel de un puerco, creo yo que son un tipo de trabajadores.
D: *¿Ninguna de estas personas usan ropa o sí?*
B: No, no, ellos no tienen porque hacerlo.
D: *Bueno, ¿Cómo es que ellos te llevan de regreso a tu habitación?*

B: No lo sé, solamente despierto y estoy ahí, yo creo que ellos me traen de regreso de la misma manera, pero ves, para ese entonces ya estoy durmiendo.

D: *Bueno, ¿estas personas hacen la misma cosa con la luz en la mesa cada vez que vas allí?*

B: No lo dudo, siempre es la misma cosa. A veces ellos enredan mi cabello y toman algunas muestras y también toman algo de mi sangre.

D: *¿Cómo es que hacen eso?*

B: Ellos solamente lo succionan, ¿Ya sabes como cuando succionan a través de un popote? Bueno, este era un poco más pequeño, ellos no lo succionan ni tampoco usan agujas, ellos solamente hacen que la sangre suba en un pequeño torrente para que ellos la puedan obtener, a través de tu piel. Yo no pude ver ningún instrumento y no creo que tuvieran alguno.

D: *¿Si la sangre salía a través de tu piel hacia dónde iba?*

B: Hacia una pequeña ... cosa. Una jarrita (movimiento de manos) y ellos tomaron algo de mí orina. Ellos solamente se agachan ahí abajo con una jarra y ... simplemente lo hacen.

D: *¿Saben ellos como hacer ese tipo de cosas, no es así? (Sí), me gustaría saber ¿por qué siguen haciendo eso?*

B: Yo creo que ellos están intentando encontrar más cosas, ellos no me mantienen por mucho tiempo, yo creo que ellos no quieren que mis padres sepan, o alguien más tampoco, porque pareciera que nadie sabe acerca de ellos, tú no hablas acerca de ellos, yo no hablo acerca de ellos, justamente es como es eso ... está por allá en algún lado.

D: *¿Quieres decir que está separado de ti?*

B: Sí y de esa manera no me retienen por mucho tiempo, porque si así fuera ellos probablemente se darían cuenta, quizás ellos no lo están realizando en una sola ocasión, bueno eso es lo que yo pienso. Como ellos no me retienen por mucho tiempo es probable que me vuelvan a traer para hacer algo más. *D: Eso hace sentido, pero lo más importante que ellos no te están lastimando, ¿o lo están haciendo?*

B: Ellos no me lastiman, pero no me gusta cuando me ponen en esa mesa como cosa y están sobre de mí en todos lados.

D: *Sí, y no te puedes mover, eso es un poco aterrador, supongo que ellos tienen sus razones para hacer lo que hacen.*

B: No es nada de mi interés, yo creo que es muy raro porque son muy sigilosos, pero es como si pareciera que es otro mundo y ellos no comparten nada con este mundo, yo no sé por qué, pero así solo son las cosas.

D: *Bueno si vuelvo a verte ¿me dirás más de estas experiencias?*

B: Yo creo que sí.

D: *Porque yo estoy muy interesada y me gusta platicar contigo y no sé lo comento a nadie más, de esa manera no te meto en problemas.*

B: Sabes ya no pienso más en que tú me metas en problemas y ya no creo que ellos ni siquiera vienen más.

Su voz era más madura y aparentemente ya ha dejado atrás a la niña.

Cuando Beverly despertó lo único que recordaba acerca de la sesión era algo acerca del desierto y una luz rosada y eso fue todo.

Porque una terrible tormenta se soltó antes que pudiera marcharme de su casa, así que me quedé a cenar con Beverly; ella quería escuchar parte de la grabación. Cuando empezó a escucharla pareciera como si fuera por primera vez y estaba muy sorprendida. Ella completamente no recordaba nada y continuaba repitiendo que lo tuvo que haber inventado.

Nos volvimos a reunir unos días después para otra sesión, debido al descubrimiento de la última sesión y yo quise concentrarme en sus experiencias con los extraterrestres. Yo quería averiguar acerca del tiempo que estuvo en Houston cuando ella mencionó haber escuchado una nave en su patio trasero, pero en vez de levantarse e investigar, ella se volvió a dormir, así como también se molestó porque su esposo no despertó.

Cuando ella estaba en trance le sugerí que regresara entre los años de 1973 y 1975 cuando ella estaba viviendo en Houston Texas. Yo le pregunté que regresara a la noche cuando ella tuvo la experiencia inusual de escuchar los ruidos en su patio trasero, cuando hice el conteo sugestivo ella regresó automáticamente a esa noche; el año era 1974 y se estaba alistando para irse a la cama.

B: Tenemos un baño realmente grande que se comunica a la recámara diseñado en forma de arco.

D: *Y ahora tú te has acostado en tu cama, ¿te dormiste de inmediato?*
(Sí) *¿dormiste toda la noche?*
B: No…Alguien vino a mi recámara.
D: *¿Alguien que tú conoces?*
B: No, fue una figura, era casi como fantasmagórica, era grande, alto, creo que era una figura masculina y era espigado.
D: *¿Qué quieres decir por espigado?*
B: Como si pudiera volar con el viento y como si pudieras ver por detrás de él de lo transparente que aparentaba.
D: *¿Como si no tuviera materia?*
B: Sí, alto, lucía muy blanco casi como un fantasma, pero no era un fantasma, era entre gris blanco y pareciera flotar en la puerta dentro de la habitación.
D: *¿Después qué sucedió?*
B: Solo estaba allí y lo miré, se acercó a la habitación entre la puerta de acceso y la puerta del armario. Yo sé que estaba cerca de la cama (pausa) y yo estaba asustada.
D: *Seguro que si lo estabas porque no esperabas eso ¿y entonces qué pasó?*
B: No lo sé, solamente …(Suspiró) solo sé que hay algo en el patio.
D: *¿Cómo lo sabes?*
B: Tiene una luz, es como un resplandor, algo aterrizó en el patio, (con resignación) y creo que es una nave espacial y está resplandeciendo.
D: *¿Qué te hace pensar que es una nave espacial?*
B: Solamente sé que lo es.
D: *¿No podría ser un automóvil o algo similar?*
B: No en el patio trasero, no hay manera de meter un automóvil atrás, todo está rodeado por una barda alta de madera que provee privacidad.
D: *¿No podría ser alguien allá afuera con una lampara o con algo así?*
B: No lo creo, permanece abajo a nivel del suelo y solamente puedo ver el resplandor a través de…hay un tipo de sombras de bambú enfrente de la triple ventana grande.
D: *¿La luz aparenta ser muy grande?*
B: No, es realmente muy pequeña, mi patio trasero no tiene ningún árbol, probablemente somos los únicos que no tenemos árboles y estamos pensando en instalar una alberca.

D: *¿Escuchaste algo?*
B: No sé si escuché algo de afuera, es como cuando hay un sonido, pero no lo escuchas con tus oídos, probablemente fue, lo que me hizo, que me despertara y después sentí ese ser en la habitación, estaba en el lado opuesto de la cama donde estaba durmiendo.
D: *¿En el lado de tu esposo?*
B: ¡Ah!, pero él no estaba despierto.
D: *¿Qué tipo de ruido te despertó?*
B: Era como un taladro de alto poder o una cortadora eléctrica de madera o algo parecido, pero no era tan fuerte el ruido, era un sonido suave como si algo estuviera girando rápido.

Esto ciertamente se escuchaba familiar.

D: *¿Y piensas que eso fue lo que te despertó?*
B: Creo que sí, quiero decir que no era fuerte el ruido, era como cuando sientes una presencia y sabes, que hay alguien allí, y que se te queda viendo.
D: *Entonces no era solo el sonido, era el sonido y la sensación de la presencia de alguien.*
B: Sí, si ese sonido hubiera sido algo más, ese grado de ruido normalmente me hubiera despertado, pero había una sensación que iba con ello.
D: *¿Piensas que esto fue porque tu esposo no lo escucho?*
B: Probablemente, él dice que tiene el sueño ligero a comparación de mí, pero aparentemente no es así.
D: *Pero como sea que viste esta figura, ¿viste tú también la luz en el patio trasero más o menos al mismo tiempo?*
B: Yo creo que estaba perfilada hacia la entrada, así que vi primero la figura, pero no podía decir que había detrás de mí, donde estaba la ventana, allí había un resplandor que pasaba a través de los tallos de bambú.
D: *¿No pudo haber sido la luna?*
B: Como que se mostraba a través como tipo la luna lo haría, excepto que no venía de arriba, era como una luz intensa, ya sabes como la luna emite su luz a todo alrededor.
D: *Sí, pero creo que es interesante que tú pensaste que era una nave espacial.*
B: Era una nave espacial.

D: *Bueno, ¿entonces qué paso después?*

B: La figura estaba cerca del lado de mi esposo, pero no le molesto, estaba allí por mí, yo sé eso porque esto ha estado pasando por un largo tiempo.

D: *No es algo nuevo, ¿entonces qué sucedió?*

B: Yo no sé, solo se paró allí, yo estoy acostada en la cama de mi lado izquierdo y estoy enfrente de la puerta observando a esta figura y sabiendo que ese resplandor está en el patio trasero. Solo se congela allí y me asusta, ya sabes, (suspiro) hay una sensación de miedo dentro de mí.

D: *Por eso yo creo que es importante que vayas a mirar y averiguar qué sucedió, después no tendrás que tener miedo de ello aún; una vez que encuentres que sucedió nosotros podemos sobreponerlo y ponerlo por la paz. Tú puedes verlo porque tu subconsciente lo graba todo, aunque el cuerpo conscientemente no lo recuerde. Así que algo sucedió para que la mente consciente lo bloqueara exactamente en ese punto, ¿qué sucedió?, ¿qué fue lo que hizo la figura?*

B: La figura se movió alrededor de los pies de la cama y salió por la ventana y yo lo seguí. (Despreocupadamente) yo camine a través de la ventana.

D: *¿Esto es similar a lo que tú solías hacer de niña, no es así?*

B: Ah sí, yo creo que por eso es que yo me siento asustada.

D: *¿Por qué te hizo sentir miedo esta vez?*

B: Yo creo que siempre me ha hecho sentir asustada, toda la experiencia, porque tú supuestamente no puede atravesar las ventanas.

D: *Eso es verdad, bueno, ¿crees tú que es como un sueño cuando tú puedes hacer cosas como esas?*

B: Quizás, tal vez mi espíritu es el que se sale y mi cuerpo físico se queda, no lo sé. (Suspiro) ¿quizás ellos hacen que me desmaterialize? (Ella no estaba segura de la palabra) y me rematerialize, quizás mi cuerpo si se va.

D: *¿Crees tú que si tu esposo hubiera despertado no te hubiera visto en la cama?*

B: Él no despertó, (contemplando) mi cuerpo debe ir, si no se fue, ¿por qué a ellos les importaría si es que nadie más despertó o entro allí? Ellos lo hicieron cuando yo era una niña, ya sabes en mi recámara y también lo hacen aquí en esta recámara. El camino hacia la parte trasera de mi recámara que está al final de la casa es una hermosa recámara, pero siempre he tenido miedo, ya que está muy lejos del resto de la casa.

D: *¿A dónde te fuiste cuando te saliste por la ventana?*

B: Afuera al patio, a la nave espacial, es un poco redonda... bueno realmente no es pequeña, es suficientemente grande para ingresar a ella. Debe de ser algo que ellos enviaron, ya sabes hay más grandes que estas, esta es pequeña, es plateada, y tiene una forma de domo en la parte superior, tiene un aro alrededor del medio, no en el medio, más o menos a los tres cuartos en la parte baja de la forma de domo. Después tiene una pequeña panza por debajo, no una panza gorda sino una panza pequeña en la parte baja. La parte baja no es similar como el domo que está en la parte superior, toda esa cosa es aproximadamente de un metro y medio de alto.

D: *¿De dónde venía el resplandor?*

B: Del aro que sobresale, es como si estuviera alineado con algo y emite ese resplandor.

D: *¿Después que sucedió?*

B: Nos elevamos en el aire y nos fuimos.

D: *¿Cómo se veía por dentro?*

B: Era pequeño y un poco incómodo, yo supuestamente fui allá dentro, me senté y ellos volaron, es casi como un sillón, no quiero decir como una silla de patio, yo me refiero como una silla de dentista o algo con lo que te recuestas.

D: *Bueno, ¿el ser estuvo contigo?*

B: (Sorprendida) yo creo que él es muy alto para estar allí, a menos que él... yo creo que lo que estaba en el cuarto era la esencia de el ser.

D: *¿Crees tú que por eso era él delgado?*

B: Oh sí, yo creo que es como si él se proyectara parte de sí mismo hacia la habitación, pero su cuerpo pesado estaba allá en la nave espacial, hay al menos otros dos o tres aquí conmigo y ellos son pequeños.

D: *¿Están también ellos sentados?*

B: No, ellos están caminando alrededor, no hay mucho espacio y es más corto que la barda y la barda mide dos metros. Yo creo que hay espacio para ellos para caminar. Ellos no son altos como esa proyección, son pequeños. Yo tengo que sentarme, bueno yo creo que me podría parar, pero únicamente en medio, (Beverly es una mujer pequeña, aproximadamente 1.50 metros de altura). Ellos no parece que necesiten sentarse en ningún lado, ellos están haciendo cosas, ya sabes caminando alrededor presionando botones y mirando pantallas.

D: *¿Y dónde está todo eso?*
B: Está dentro de las paredes, es como una pequeña cabina de mando.
D: *¿Hay algo en las pantallas?*
B: Mapas y gráficas, realmente no los veo, pero sé que eso es lo que está allí, quiero decir los alcance a ver.
D: *Quieres decir como un mapa de la Tierra...*
B: Del cielo, yo creo que es como si fuese un mapa aéreo ya sabes para volar, hay destinos para hacer rutas que son usados una y otra vez, en un avión y lo que está en la pantalla es algún tipo de ruta que te lleva hacia algún lado, es casi como una gráfica, quizás es un tipo de radar, tiene líneas verticales y horizontales como un papel gráfico; hay algunas pantallas que no tienen eso, solamente tienen líneas, intercepciones que van a diferentes direcciones y no sé lo que significan, la pantalla está blanca, las líneas son todas del mismo color obscuro, tal vez es un sistema de computadora, eso es lo que aparentan las pantallas como un tipo de pantalla de computadora, todo está construido en la pared y la pared es redonda.
D: *Está bien, ¿cómo es que se ven estos pequeños seres?*
B: Ellos son grises, son pequeños de aproximadamente de un metro de alto, de un tipo de piel corrugada.
D: *¿Corrugada? ¿Qué quieres decir?*
B: Ellos son abultados, no son lisos o de apariencia lisa, bueno ellos podrían ser suaves, pero son corrugados, como el ET (en la película de Steven Spielberg), pero no a ese extremo. Se ven toscos, pero no es así, de hecho, yo creo que probablemente no sea, cuando tú realmente los tocas, pero tienen el efecto de aparentar que la piel es gruesa y áspera.
D: *¿Puedes ver sus caras?*
B: Oh sí, ellos tienen caritas, sin cabello y no creo que tengan orejas o si las tienen ellas están como pegadas, no se asoman como nuestras orejas. Ellos tienen ojos que son similares a mis ojos, no son grandes ojos negros, estos tienen lo blanco del ojo, ellos tienen nariz y una boca.
D: *¿Cómo la tuya?*

B: No, sus caras son corrugadas, como si estuvieran viejos, gente vieja con una cara realmente arrugada, millones de arrugas por todo su rostro, excepto que sus cabezas están realmente pequeñas, más grandes en la parte superior que la inferior, casi al punto del mentón y sus caritas se ven como aplastadas como un perro pequinés.

D: *Entiendo lo que quieres decir, ¿puedes ver sus manos cuando trabajan en los botones?* (Ah sí) *¿Cuántos dedos tienen?*

B: Ellos tienen cinco dedos.

D: *¿Cinco dedos? ¿Cuatro dedos y un pulgar?*

B: Ah sí, pero son más largos que los míos.

D: *¿Puedes ver sus pies desde donde estás tú? ¿Cómo es que se ven?*

B: Ellos tipo son como con membrana, ellos tienen cinco dedos y sus pies son grandes comparados con su cuerpo, son anchos en el área del pulgar y hay una membrana entre ellos, pero no como un pato, eso es mucha membrana, esta es como una cruza entre nuestro pie y la pata de un pato.

Este tipo de pie también fue reportado en el libro *Legacy from the Stars* (El Legado de las Estrellas). Un tipo de forma similar a una manopla con los huesos del pie aparentando protuberancias por debajo de la piel.

D: *¿Puedes ver si hay alguna manera de distinguir el sexo?*

B: No, yo creo que ellos son mensajeros o trabajadores, no creo que sean robots, si ellos lo fueran, tendrían que ser unos feamente sofisticados, yo creo que esos están vivos.

D: *¿Se comunican ellos contigo de alguna manera? (No) pero estás sentada en esa silla, ¿qué pasa después de eso?*

B: Bueno, despega arriba en el patio rumbo a la izquierda.

D: *¿Puedes sentir el movimiento?*

B: Muy poco, siento el despegue del suelo, pero después de eso es muy poco…tú no sientes ningún tipo de movimiento, puedes sentir la vuelta, pero mientras vas a una dirección, recta o de reversa o como sea, no sientes ningún movimiento.

D: *¿Puedes escuchar algo?*

B: No, no toma mucho tiempo, va a otra nave arriba en el cielo.

D: *¿Hay algunas ventanas por donde puedas ver hacia afuera?*

B: Sí, no sabía hasta que ingresamos adentro, hay algunas ventanas que son como pequeñas ventanillas y están alrededor de la parte del domo de donde comienza el diseño, por encima de la pequeña como plataforma y creo que probablemente por debajo también.

D: *¿Pero no pudiste ver nada desde las ventanas cuando estaban volando?*

B: Yo estaba perfilada hacia el medio de la habitación y no, no puede ver nada, es como si estuviera media dormida.

D: *¿Entonces mencionaste que ellos van hacia una nave grande?*

B: Van hacia una nave más grande que está al lado, es como si hubiera una abertura y va hacia allá y después el domo se abre (tratando de estar correcta), la cubierta se abre o parte de ella, tal vez toda, no estoy segura. Ya sea todo el domo o la mitad se abre y entonces tú sales y caminas a un pasillo.

D: *¿Caminan ellos contigo?*

B: Ah sí, el pasillo es muy sofisticado, muy aerodinámico con paredes iluminadas, no creo que sean blancas, quizás un color claro. Hay una luz de metal o lo que sea de está hecha y no se acerca del piso, es como un tipo de pasillo en un aeropuerto, un tipo túnel, pero grande. Ellos me meten a un cuarto, es un cuarto pequeño y no hay mesa, pero ellos pueden entrar y verme.

D: *¿Quiénes pueden? ¿Las personas pequeñas?*

B: No, no son las mismas personas, ellos se van y sus ... jefes, yo creo entran. Yo creo que es como un examen psicológico. No hay intercambio de palabras, ellos simplemente me rodean y examinan mi cerebro. Ellos son de tipo insectoide, yo creo que del mismo tipo que yo veía cuando era niña, pero no son realmente insectos, sus extremidades son muy flexibles, muy maleables y angulares, ellos quizás miden un pie y son más altos que las personas corrugadas. Quizás mi medida, mi altura. Ellos son blanquecinos, son más claros que los pequeños corrugados. Ellos son... ¿cómo fue que les llamaste hace un rato? Ellos no son substanciales, delgados, los pequeños corrugados no son delgados, son corrugados.

D: *Tú mencionaste que el que estaba en tu recámara era delgado.*

B: Sí, es como uno de estos, tal vez ellos se proyectan a través de estos pequeños corrugados.

D: *Tú mencionaste que ellos tenían extremidades como angulares. ¿Tienen ellos dedos o manos?*

B: Sí, existe un pulgar y tres dedos.
*D: ¿Están con algún tipo de vestimenta?*
B: No, la ropa pudiera ser más pesada que lo que ellos son, me pareciera a mí. La ropa pudiera tener más peso y densidad que su cuerpo o si ellos tuvieran alguna cubierta, es como si fuera parte de su cuerpo.
*D: ¿No es algo que se puedan quitar, eso quieres decir?*
B: Bueno, quizás se pudiera quitar, pero cuando se la ponen se vuelve como si fuera parte de su cuerpo, no sé si están hechas de esa manera o si no visten nada, o si la parte exterior que estoy viendo es parte de su vestimenta y pudiera ser removible, pero no parece diferente a como lucen. No hay costura o un punto donde la ropa inicie y la piel o lo que sea comience.

Esto también ha sido reportado en otros casos, algunas de estas creaturas extraterrestres tienen piel delicada que puede ser fácilmente dañada; como ejemplo cuando ellos nacen ellos están encapsulados en un tipo de substancia como membrana que permanece alrededor de su cuerpo por toda su vida para proteger su piel.

*D: Tú mencionaste que nunca estabas segura de cuántas extremidades ellos tenían porque la recámara estaba obscura, ¿puedes ver ahora?*
B: Son solamente los dos como brazos y dos como piernas, (movimientos) las piernas se flexionan hacia arriba en un ángulo preciso y la parte baja de la pierna se flexiona hacia abajo, casi como si se viera que son otras piernas por abajo y los brazos de la misma manera. Ellos son delgados y muy angulares, ellos casi pueden doblarse completamente. (Movimientos)

Ella pareciera estar frustrada porque ella estaba teniendo dificultad en explicar claramente lo que estaba viendo.

*D: Está bien, ¿hay algo más en el cuarto?*
B: No hay nada, el cuarto es solo un cubículo, un tipo de cuarto como caja.
*D: ¿Hay luz allí?*
B: Sí, la luz pareciera emanar de las paredes, porque no hay lámparas, aquí ellos encenderían o apagarían las paredes, como tú prenderías

y apagarías luces, yo no veo ninguna manija, pero creo que es la manera en la que las paredes funcionan.

D: *¿Es como si toda la pared emitiera luz?*

B: Correcto.

D: *Y tú mencionaste que ellos estaban alrededor tuyo, ¿cómo si fuera algún tipo de examen psicológico? ¿Cómo es que sabes eso?*

B: (Suspiro), bueno no lo sé, pero sí sé una cosa, ellos estaban observando mi cabeza, ellos no me estaban tocando. Yo sé que ellos estaban proyectando algo; y no sé si ellos se estaban proyectando a sí mismos a mi cabeza o si ellos estaban sacando información de mi cabeza hacia la de ellos o viceversa.

D: *¿Podías ver imágenes en tu cabeza mientras esto estaba pasando?*

B: No, yo solamente lo sabía, era como un jalón entre mi cabeza y el otro ser y después lo sentía, como si mi cabeza estuviera yendo y regresando al mismo tiempo.

D: *¿Cuántos están allí?*

B: Deben ser cinco, (pausa) cuatro.

D: *¿Cuatro? Y estás sintiendo como un jalón entre todos los cuatro.*

B: Ah sí, no los siento a todos al mismo tiempo, siento más de un lado y después del otro, yo creo que es porque estoy volteando y estoy tomando consciencia en esa dirección. Yo creo que está pasando todo el tiempo. Todos estamos parados y es como si ellos estuvieran merodeando en mi cabeza.

D: *¿Pero no te está molestando o sí?*

B: No, pero todo esto es solamente incómodo, no es doloroso, pero ellos están haciendo cosas que normalmente no se hacen y eso me molesta y no me gusta.

D: *¿Tipo como fastidioso?*

B: Más que eso, es como suplicio, es como si estoy a su voluntad. Es como cuando tú estás en el hospital teniendo un bebé y ellos te van a decir todo lo que tienes que hacer, y estás tú en el acto de tenerlo y no puedes hacer nada más que eso. Mi madre siempre me dijo, cuando tú estás teniendo un bebé, tú estás a la merced del mundo.

D: *Ah sí, no hay nada que puedas hacer al respecto.*

B: Nada que puedas hacer y ese es el tipo de sensación, yo no sé qué es lo que quieren, yo no sé porque ellos siguen haciendo esto y ni siquiera sé que es lo que consiguen haciéndolo. Yo no estoy viendo nada en mi cabeza.

D: *¿Así que tú piensas que esto ha estado sucediendo antes?*
B: Oh sí, sucedió cuando era una niña, pero pareciera que casi todo el tiempo ellos estaban examinando mi cuerpo, las cosas físicas. Tal vez ellos han aprendido todo lo que puedan aprender acerca de todo eso o quizás esto es solamente un tiempo diferente, ¿quién sabe?, pero es como si ellos pudieran entrar en mi cabeza y sacar la información o mirar alrededor y ver lo que está allí y no puedo hacer nada al respecto.
D: *¿Pero, no es lo físico lo que te molesta o realmente es mental?*
B: Físicamente no me molesta, sí mentalmente, bueno, es como si no tienes privacidad, es como si te estuvieran desnudando físicamente, excepto que esto es peor, porque es mental. Estás totalmente expuesta y no solamente es el presente lo que ellos están buscando; cuando ellos se meten en tu cerebro, ellos están mirando a todo, todo el pasado está allí y no hay secretos.
D: *¿Quieres decir que todas tus memorias?*
B: Sí y tu conocimiento.
D: *Yo me pregunto, ¿Por qué ellos estarían interesados en tus memorias?*
B: Yo no sé, excepto que es como si toda la historia de tu vida está en tu cabeza, tú eres la que lo sabe, no es la materia gris a la que están mirando, es la esencia de tu ser la que están examinando y no solamente la de hoy, cuando ellos se meten en tu mente, ellos están examinando lo de hace diez años, los de hace quince años o la semana pasada y ellos lo seleccionan. Ellos encuentran lo que quieren buscar o ellos se pasean allí y ven algo más, una información, tu conocimiento, el cual guardaste en tu mente y tus emociones.
D: *¿Tus emociones?*
B: Sí tus emociones, probablemente más que otra cosa, como, por ejemplo, ¿por qué a ellos les importaría lo que hice en mi cumpleaños de 10 años? Y físicamente ellos buscan de todo, probablemente es como el cerebro funciona, como la mente trabaja y como tus emociones funcionan.
D: *¿Qué hacen con toda esta información?*
B: Lo creo que la ponen en su propia mente, no lo sé.
D: *¿No hay maquinaria o instrumental o algo así?*

B: No, todo es a través de la telepatía mental, pero es casi como si yo pudiera ver ondas de luz que van y vienen entre sus cabezas y la mía.

D: ¿Tipo como las corrientes eléctricas? (Sí) ¿Has intentado comunicarte con ellos y preguntarles por qué están haciendo eso?

B: Esta vez no, no puedo recordarlo ahora si yo...fuera muy tonto si no lo hubiera hecho, pero si lo hice no creo que me haya llevado a algo, así que me rendí.

D: Yo creo que tú estarías curiosa.

B: Bueno yo tenía curiosidad y no hay razón para comunicarse porque ellos ya lo saben.

D: Pero tú no sabes.

B: Ellos saben que yo tengo curiosidad, saben que tengo muchas preguntas, ellos saben que yo no quiero que ellos me sigan haciendo eso, pero de todos modos lo hacen de alguna manera, así que no veo el punto como para preguntarles; ellos me avisarían si es que yo quisiera saber, como que no veo el motivo en formular algún tipo de cuestionamiento, todo está en la cabeza y ellos saben que tienes en la cabeza, y lo que ellos quisieran que yo supiera me lo habrían notificado y no lo han hecho. Mis cuestionamientos no serían efectivos, así que no veo el caso en hacerlo.

D: Excepto en satisfacer tu propia curiosidad.

B: Pero estaría satisfecha porque no me contestarían, ellos solo quieren saber qué es lo que pasa dentro de mi cabeza ¿por qué? No lo sé... yo creo que es porque somos especies diferentes y si estaríamos en algún otro planeta, nosotros haríamos lo mismo a quien fuera que estuviera allí.

D: Eso es posible

B: Nosotros lo hacemos aquí ya que experimentamos con animales.

D: Bueno ¿ha sucedido esto por hace mucho tiempo?

B: Quizás 20 minutos.

D: ¿Es lo único que hacen? solamente ese intercambio ... realmente no es un intercambio ya que solo es una manera de comunicación. (Sí) ¿Entonces que pasa después?

B: Ellos se fueron de la habitación y después los tres seres que me habían traído a la nave ahora me llevan y nos subimos a la pequeña nave y volamos de regreso.

D: ¿No pudiste ver la otra parte de esa nave grande?

B: No, solo sé que debió haber sido más grande de la que arribamos porque toda la nave se metió y eso aparento ser pequeña en proporción, ya sabes como cuando hablamos acerca de tener una base en el espacio y que toda una colonia podría vivir. Yo siento que fue algo, como eso, si no era tan grande fue muy cercana y no sé, porque pienso así, porque ni pude ver el resto de la nave, pero solo es la impresión que me da.

D: *¿Entonces que sucedió cuando te trajeron de regreso?*

B: Me subí en la nave pequeña, es como un transporte o como un helicóptero para nosotros y nos fuimos en él, después ya no recuerdo aterrizar o metiéndome a la cama.

D: *¿No sabes si es que aterrizaron en el patio trasero otra vez?*

B: Probablemente fue así, pero no pude ver, no lo recuerdo, pero es un hecho que no creo recordar nada, lo siguiente que recuerdo es la mañana, yo creo que tienen la habilidad de apagar las funciones del cerebro o abrirlo para exponerlo, como si cortaran para abrir el estómago, pero sin hacerlo físicamente.

D: *¿Pero no lastimó nada?*

B: No físicamente, nada causo dolor, quiero decir no es que me hayan abierto el cráneo.

D: *¿Tuviste algún efecto secundario al siguiente día?*

B: Al otro día recuerdo esa figura en mi recámara, recuerdo pensando que fue un platillo volador que estaba afuera esperándome, pero eso es todo lo que puedo recordar y yo me preguntaba si es que lo soñé, y no recuerdo haber tenido algún síntoma físico, pero creo que tengo dolor de cabeza mientras ellos están haciendo eso.

D: *Pero todo está bien al mirar la experiencia, al hablarla para después dejarla por la paz.*

B: Quizás pero ya está en el pasado, así que ya no hay nada que se pueda hacer.

D: *Eso es verdad, pero lo principal es que ya no te molesta ¿o no es así?*

B: Yo creo que me molestó, creo que me sigue molestando lo que hace con mi cabeza, es como si estuvieras viviendo con una mentira, quiero decir que no puedes andar mintiendo las 24 horas del día, así que pienso que lo que sucedió es que uno se olvida, lo bloqueas y eso creo que provoca un daño psicológico.

D: *¿Qué quieres al decir, viviendo una mentira?*

B: Bueno, tienes que andar actuando las 24 horas del día como si nada hubiera pasado, quiero decir que nadie más piensa, que pasan estas cosas, nadie más habla de esto y si sabes lo que significa, entonces tienes que vivir una mentira para encajar con el resto del mundo.

D: *¿Por qué no te creerían?*

B: Claro, que no me creerían.

D: *Pero mucho de eso no recuerdas tú misma ¿o no es así?*

B: Correcto, pero lo que estoy diciendo es que es muy difícil vivir en una mentira 24 horas al día especialmente cuando eres joven. Así que creo que la mente solamente lo borra, ya sea que ellos lo hacen o tu propia mente, no lo sé, yo creo que ellos influyen en mucho, pero también creo que psicológicamente nuestras mentes lo encubren para que puedas vivir con ello, es como ignorarlo masivamente, quiero decir "ignorarlo en masa" pero no es ignorancia como lo que comúnmente usamos la palabra "ignorancia" es masivamente "ignorándolo".

D: *¿Yo me pregunto cómo es que saben cómo encontrarte?*

B: Siempre lo saben, no sé, sí es que hacen algo o si es con sus mentes, sí es que, lo hacen con sus mentes, pueden escanear, donde te encuentras y solo sale, quiero decir que podría ser así, realmente no lo sé, como es que lo hacen, excepto que pareciera que todo lo saben, bueno es lo que yo pienso, pero obviamente no lo saben todo de otra manera no estuvieran investigando si es que supieran todo, pero saben mucho más de lo que yo sé, aun así, pareciera que ellos saben todo.

Yo estaba a punto de moverla a otra escena cuando abruptamente ella me interrumpió: "Tal vez hay algo acerca de mí y no hay nadie más que haga esto, pero hay otras personas que lo hacen también"

D: *¿Tú crees?*

B: Oh sí, los he visto con otras personas en la nave al igual que a mí, no sé qué estaba pasando, pero sé que había otros seres humanos.

D: *¿Cuándo paso eso?*

B: Ha sucedido más de una vez, solo sé que ha habido más personas que ellos han llevado. Estaba hablando de cómo es que ellos te encuentran y he visto esos grandes mapas que ellos ponen en las paredes y les ponen unos puntos rojos en ciertos lugares o puntos púrpuras o como sea. Yo creo que hay algo acerca de nosotros que les avisa como una alarma y les avisa que personas han estado examinando. Ahora no sé si es algo o lo que sea que es porque una vez que te examinaron, tú te conviertes en esos puntos rojos, en donde te encuentres envías como una señal de luz o de sonido a una computadora que la escanea y justamente así te encuentra, como un misil de guerra encontraría su objetivo; quiero decir que hay algún tipo de radar o alguna cosa que te pueda localizar, incluso nosotros podemos hacer eso, así que hay algo que les permite mantener contacto con quien sea que estén tratando, yo creo que probablemente tú estás de alguna manera con una etiqueta, así como cuando nosotros le ponemos un rastreador a las palomas.

D: *Está bien, podemos averiguarlo, yo quiero hablar con tu subconsciente, ¿tiene Beverly un rastreador físico de cualquier tipo? ¿Le hicieron algo físicamente para que la puedan localizar de nuevo?*

B: Sí, creo que, en su nariz, creo está en el centro aquí, (ella apuntó al área del tabique de su nariz) de la cara y su nariz.

D: *¿En el área del tabique? (Sí) ¿qué hay allí?*

B: No lo sé, ya sea si es algo redondo como un balín o ya sea que es cuadrito, casi como un pedazo de papel, pero no es papel, tiene más materia que eso, solamente está allí adentro de alguna manera.

D: *¿Cuál es el propósito que tiene?*

B: Envía un tipo de señal.

D: *¿Le causa alguna molestia?*

B: Sí, le da problemas en la cabeza, dolores, sinusitis, yo creo que cada vez que hay algo extraño en el cuerpo, van a ver algunos ligeros problemas y este objeto es extraño para nosotros al tener cualquier cosa aquí, y no tiene porque estar allí, pero creo que hace algo, justamente como si usaras lentes de contacto o algo ajeno a tus ojos.

D: *¿Quieres decir que no intentaba causar ningún problema, pero solo porque no pertenece allí, podría causar problemas menores como efectos secundarios?*

B: Sí y después dependería, en el estado de salud, y en que tanto eso moleste.

D: *¿Cuándo fue implantado?*

B: Yo creo que hace muchos, muchos años en la temprana edad, muy joven tal vez ni siquiera cuando había salido de la cuna.

D: *Así que ha estado allí todo ese tiempo, pero el subconsciente puede ayudar a aliviar cualquier problema que podría causar cualquier objeto extraño (Sí), porque no hay nada que nosotros podamos hacer, si está allí tiene que estar.*

B: Yo creo que podemos hacer algo para ayudar a mejorar y contrarrestar los efectos producidos por eso.

D: *¿Es el único objeto ajeno que tiene en su cuerpo?*

B: No estoy seguro, puede haber algo en el cerebro y es un artefacto para monitorear, creo está en la parte derecha. (Ella se colocó la mano en la parte derecha de la cabeza) quizás hacia atrás.

D: *¿Qué tipo de artefacto es ese?*

B: Creo que checa la actividad de las ondas cerebrales.

D: *¿Cuál es su apariencia?*

B: No sé, como es que los microchips se ven, pero tengo la sensación que debe ser un microchip, que son usados en las computadoras, algo muy pequeño, quizás no tan delgado como la hoja de papel, tal vez es un poco más grueso pero muy pequeño.

D: *¿Es eso lo que está causando problemas?*

B: No es tan notablemente, creo que el estar consciente de que todo esto existe es lo que crea problemas más de que los objetos por sí mismos.

D: *¿Entonces crees que sea mejor que ella no sepa?*

B: No, cuando digo "consciente" no necesariamente quise decir que sepa, hay un cierto grado de que ella sabe lo que tiene y punto, y siempre lo ha sabido; y eso ha promovido suficientemente ansiedad emocional para ser un problema para ella.

D: *Ya veo, nosotros no queremos causarle ninguna molestia del todo, lo principal para ella es estar saludable y feliz.*

B: Bueno, no creo que puedas ignorarlo.

D: *Eso es verdad, pero tal vez nosotros podemos aliviar algunos problemas o los efectos secundarios causados, así que yo apreciaría si puedes ayudarla de cualquier manera.*

B: Yo creo que la aceptación es la única respuesta, no sé, que más sugerir...aunque quizás se más de lo que creo que sé ahora, pero es muy poco de lo que ellos saben y que estoy tratando con algo que está más allá de mis manos.

D: *Eso es verdad, en esos casos es mejor ignorarlo, pero físicamente nosotros queremos aliviar cualquier problema que estos objetos podrían causar.*

Yo después desperté a Beverly de regreso completamente consciente y orientando al presente día, le proveí algunas sugestiones para que dejara de fumar como ella me lo pidió antes de comenzar la sesión. El único recuerdo que tuvo al despertar tenía que ver con las sugestiones y comentarios del subconsciente acerca de las dificultades para dejar el hábito; ella no recordaba nada que se había dicho con respecto a los objetos en su cabeza. Yo decidí que lo mejor era no contarle acerca de ellos en ese momento. Yo sabía que cuando ella escuchará la grabación se daría cuenta, quizás ella podría llegar a aceptarlo en esa oportunidad, yo no quise desalentarla o asustarla.

Nunca tuve otra sesión con Beverly, ya que ella decidió no querer explorar otra vez el tópico del OVNI, aparentemente su subconsciente pensó que había descubierto lo suficiente y no quiso complicarle la vida. Probablemente por la misma razón, ella guardo, las grabaciones y nunca volvió a escucharlas, increíblemente muchos de mis pacientes nunca pueden volver a escuchar sus sesiones; cuando todo termina lo dejan al olvido, quizás es lo mejor.

Nunca encontramos las causas de sus extraños malestares, tal vez esta fue una de las razones del monitoreo extraterrestre, así como ellos también habían estado tratando de entenderlo. Ella continuó con su vida laboral de pintora de anuncios comerciales y artística, así que estas extrañas sesiones aparentemente no tuvieron efectos negativos.

En mi propia vida habían ocurrido incidentes raros especialmente en los años en los que me involucré en la investigación OVNI y nunca he sabido si son paranormales o no, pero sí son, suficientemente inusuales para llamar mi atención, los escribo, no sé si más adelante, tendrán futuro que me servirán o no, y así mismo hago cuando estoy trabajando en un nuevo caso, yo mantengo copias de las notas para cuando el evento vuelve a resurgir para poder incluirlo en un libro, y así es de donde agrego también los detalles de este libro.

Mientras recopilo los casos para enfocarme en este libro hago un repaso de mis apuntes y sí descubro algo que me pasó, eso me recuerda el despertar de Beverly al ver las luces extrañas en su patio trasero. Yo había pensado que las reacciones de Beverly eran extrañas porque no se paró para investigar, en mi incidente yo no mostré la misma indiferencia y acepté lo inusual como normal mientras ocurría.

La mayoría de estos casos ocurrieron durante los finales de la década de 1980, especialmente el caso que concierne a Beverly. Mis notas dicen que mi incidente ocurrió en diciembre de 1988 durante la cúspide de estas investigaciones y en ese tiempo no había hecho ninguna conexión.

Mis notas:

*18 de Diciembre de 1988: alrededor de las 3:00 am, durante la noche me levanté para ir al baño y mientras iba caminando desde mi recámara por el pasillo al baño, me di cuenta que una luz brillante emanaba a través de la ventana de la habitación de enfrente, iluminaba la mayoría de objetos del cuarto y reflejaba la luz en la pared del pasillo, yo me dije a mí misma, debe ser la luz de la luna llena, porque brillaba con ese tipo de luz, no me había dado cuenta en mi habitación porque tenía las cortinas cerradas y no permitía que nada de luz entrara. Mientras estaba en el baño, estaba viendo la pared del pasillo la cual podía ver a través de la puerta de acceso del baño. La luz que estaba en el cuarto de enfrente reflejaba en parte a la pared, yo no pensaba en nada, cuando de repente la luz se alejó y todo volvió a estar totalmente oscuro. No fue como si se hubiera apagado, fue más como gradual, aunque rápido se mostró, que la oscuridad se movió de la derecha hacia a la izquierda eliminando la luz. Solamente hubo un breve resplandor y la casa entera quedo muy oscura, yo inmediatamente pensé que debieron haber sido las nubes que se movieron en frente de la luna y la oscureció, aunque hubieran sido nubes moviéndose muy rápido, eso hubiera pasado si es que hubiera vientos fuertes. Cuando deje el baño y regresaba a mi recámara, jale las cortinas para ver afuera, no había luna, no había nubes, ni viento, todo estaba calmado en una noche clara de estrellas. Yo me preguntaba si hubiera ido a la habitación de enfrente en vez de ir al baño hubiera visto algo en la gran ventana, usualmente hago eso, ir a la ventana ver la luna y las estrellas, pero la urgencia de ir al baño me previno de hacer algo más. La manera que la luz desapareció sugirió un movimiento como se movió de izquierda a derecha por la ventana, esto explicaría el movimiento de la oscuridad en el pasillo viniendo de la otra dirección.*

Mi casa está construida en una forma inusual, es de dos pisos con sala, recámara y la cocina en el segundo piso. La sala tiene una gran ventana que da hacia las esparcidas colinas, yo he considerado la posibilidad de que los automóviles hayan pasado por enfrente de la casa, pero descarte esa teoría, el camino está alejado bastantes metros de la casa que está protegida por una gruesa línea de árboles, he visto automóviles ir y venir en la carretera y el reflejo de sus luces en la pared es esporádica y parpadeante causado por los árboles; la sombra de los árboles siempre es visible en la pared cuando los autos pasan, incluso cuando un automóvil sube por nuestro camino de entrada las luces se ven diferentes. Yo he observado eso muchas veces, eso no fue un automóvil ni en la carretera ni el camino de acceso a nuestra casa, tuvo que haber sido una luz muy brillante viniendo desde un ángulo más alto para que iluminara toda la habitación y pasillo.

Casi una semana después cuando la luna estaba realmente llena, yo observé si recreaba el mismo efecto durante la noche, yo encontré que en ese tiempo del año (invierno) la luna se mueve directamente por arriba de la casa, en vez que al frente por la ventana como lo hace en el verano, por lo tanto, la luna brilla por la ventana en diferente ángulo. No creó el efecto que vi, yo me sigo preguntando si yo hubiera visto algo si hubiera podido ir al baño antes.

No estoy diciendo que la luz que vi fue un OVNI, pero muestra que no siempre actuamos racionalmente cuando despertamos durante la noche debido a luces y ruidos raros.

# CAPÍTULO 6
# LA LIBRERÍA

La información puede ser obtenida de diferentes maneras cuando la persona se le guía a estar en el estado de trance sonambulístico, a menudo vuelven a revivir sus propias experiencias en vidas pasada, pero esto es obstaculizado por las restricciones del ser limitado al cuerpo en cierta vida, ellos únicamente pueden contar lo que personalmente saben y de lo que han estado expuesto en ese tiempo de vida. Yo he encontrado que la mejor información surge cuando la persona es llevada en el estado de entre las vidas, el tan llamado estado de "muerte". Entonces las restricciones del cuerpo físico son removidas y se cae el velo, de esa manera ellos tienen acceso a cualquier información que podrían desear para explorar. Yo descubrí un lugar maravilloso en el otro lado, el reino de los espíritus donde no existe limitaciones del conocimiento; ese es mi lugar favorito para realizar investigaciones: la librería, este ha sido descrito en diferentes maneras por mis pacientes, pero yo creo que ellos se refieren al mismo lugar. Ellos únicamente lo colocan dentro de sus percepciones, muchos lo han descrito como un edificio donde la información está disponible de diferentes formas, según el grado de progreso de la persona; existen libros en estantes que pueden ser leídos o la persona podría acceder a cuartos donde la información está expuesta alrededor de las paredes en imágenes holográficas de tercera dimensión. En muchos casos existe un guardián o vigía de la librería que se encarga de recibirnos cuando entramos. Y teóricamente checa si nosotros tenemos el permiso para usar las instalaciones; después él nos conducirá a la sección apropiada de la librería donde la información que estamos buscando puede ser encontrada. En algunos casos mis pacientes describen la librería diferentemente, pero yo creo que sigue siendo el mismo lugar en el reino espiritual.

La descripción de uno de mis pacientes: esa librería es mi librería favorita de todos los mundos.

*D: Yo he estado en la librería ¿puedes decirme cómo es que se ve tu librería y así sabré si es la misma?*

S: Es blanca, no tiene techo interior, tampoco techo exterior, tiene columnas, los libros están en estantes y resguardados en cubiertas de cristal, existen libros de cada tópico conocido por el hombre en todas sus formas. Hay libros que registran las historias de todos los mundos que han existido. Existen libros que apuntan a los mundos que vendrán a existir. Resguarda el pasado, resguarda el futuro y resguarda el presente, porque todos son uno.

*D: ¿Hay alguien que esté a cargo?*

S: (Entusiasmado) ¡Sí!

*D: Le puedo llamar el "guardián" ¿es él mismo?*

S: Sí, yo le llamo el "cuidador" de los libros, pero su propósito es el mismo como el de los guardianes, pero existen un número diferente de librerías, cada una tiene su propio cuidador, cada una tiene su propia información, igualmente como existen grupos en este mundo, también existen grupos en ese mundo; cada grupo en ese mundo tiene su propio sistema, justamente como los grupos étnicos tienen sus propias costumbres, los grupos de allí tienen sus correspondientes sistemas, por ejemplo existe una librería médica, únicamente para las personas que están interesadas en aprender medicina. Existen librerías acerca de las estrellas para personas que quieren aprender de astronomía o astrología. Existen librerías completas, librerías enteras, cubriendo solamente un tópico. En estos lugares podemos verdaderamente aprender muchas cosas o podemos aprender lo que es para nuestro entendimiento, porque únicamente nosotros podemos saber algo. Hay mucho más material que no está destinado para nosotros.

*D: Sí, yo he escuchado eso antes, que cierto conocimiento puede ser veneno en vez de medicina, y que no podríamos entenderlo o nos estorbaría.*

Más información surgió en 1987 cuando el paciente fue a la librería para buscar información, sus respuestas fueron extensivas y han sido incorporadas con otras personas quiénes han accedido a los mismos registros, ya que el material es tan similar yo lo he recopilado para leerlo a través de una persona narrando, pero realmente surgió de diferentes personas. Toda esta información salió antes que yo empezara a ser activa en la investigación.

S: Estoy entrando a la rotonda de la librería.
D: *¿Está el guardián de la librería ahí?*
S: Él ahora está viniendo hacia mí, él es un ser de luz, está envuelto en una túnica blanca, él tiene una capucha y su cara es casi como la de un santo, muy hermoso. Él solo brilla con toda su luz y está pulsando colores a su alrededor.

D: *Nosotros le agradeceríamos si él pudiera encontrar para nosotros algo de información del fenómeno conocido en nuestros tiempos como OVNIS o platillos voladores o naves extraterrestres. ¿Podemos tener acceso a esa información?*

S: Él me está llevando al cuarto, a la sala de visualización. Estoy en el centro de la sala y todo lo que está sucediendo a mi alrededor, es como un holograma. Tú ves las escenas desde todos los lados y las visualizas de esa manera, él apunta a diferentes cosas en la pantalla, él dice que hay muchas cosas interesantes acerca de esas naves, como tú les llamarías, pero todas ellas son parte del plan, él dice que existen muchos, muchos, muchos, más planetas que han evolucionado a formas altas de vida, más de lo que las personas entenderían en la escuela de la Tierra, él me está mostrando... (asombrado) estoy viendo... oh, justamente estrellas incontables e incontables, es muy sereno y hermoso, él me está mostrando la Tierra y está apuntando a diferentes estrellas y él dice "formas de vida inteligente viven en esta área ... Sobre esta área y esta área". Él me está mostrando imágenes hermosas de otros mundos, existe un planeta de color púrpura increíble y él dice que de allí es de donde muchos OVNIS están llegando y dice que estos seres han producido un vehículo que ellos pueden viajar desde su planeta en forma de espíritu, pero cuando ellos se dirigen al entrar a la atmósfera de la Tierra, ellos tienen que encarnar en un vehículo, mayormente como lo que llamamos una "nave espacial".

D: *¿Quieres decir que ellos crean esto después que entran a nuestra atmósfera?*

S: Exacto, porque es mucha la diferencia de la densidad de la Tierra y su naturaleza vibratoria a comparación de su propio planeta.

D: *¿Tienes alguna idea dónde está ese planeta y qué tan lejos es?*

S: Él está diciendo algo acerca de Betelgeuse, yo creo que es una constelación o una estrella.

D: *¿Por qué están ellos viniendo aquí?*
S: El guardián me está contando todo esto ahora mismo, él está diciendo que ellos están viniendo porque la Tierra va a llegar a ser parte del universo espiritual y muchos seres se están reuniendo de todas partes del universo para ver este evento trascendental.
D: *¿Quieres decir que están solamente aquí para observar?*
S: Para analizar y observar.
D: *Bueno, si ellos han viajado aquí en forma espiritual y creado esa nave, ¿han llegado ellos a ser seres físicos?*
S: Ellos han tenido que formar la nave para entrar a la atmósfera de la Tierra, porque la Tierra está en una vibración diferente a la de ellos, así que esta fue una manera para que ellos pudieran aterrizar y ver cómo es la Tierra, sería similar a como cuando nosotros vamos a la luna y tenemos que llevar oxígeno y cosas de ese tipo.
D: *Esto es confuso, porque yo pensé si ellos estaban en forma de espíritu ... pero tú quieres decir más o menos, que ellos están transportando sus cuerpos y después, ¿ellos están creando las naves?*
S: Sí, porque es muy difícil para ellos, la naturaleza vibracional del planeta está cambiando y ellos van a estar a la par para observar esto, pero ellos no podrían funcionar en la vibración, así que ellos tienen que protegerse a sí mismos y por eso usan vehículos como naves.
D: *¿Tienen ellos cuerpos físicos sólidos?*
S: No, en su planeta hogar no.
D: *¿Y qué tipo de cuerpos tienen en este planeta?*
S: En este planeta ellos se cubren con algo como traje de protección, para que puedan funcionar en esta naturaleza vibracional.
D: *¿Y cómo es que se ve ese traje?*
S: Ellos intentar parecer como humanos, y lo que yo estoy viendo es que ellos tienen rostros y ojos hermosos con cabellos rubio, pero su piel es casi como el color oro.
D: *¿Entonces como son ellos en su planeta hogar?*
S: Ellos tienen un cuerpo de energía que puede tomar cualquier forma si así lo desean.
D: *¿Y estos seres solamente están vigilando?*
S: Observando es mejor palabra, ellos intentan contactar a las personas en diferentes tiempos.
D: *¿Cuál sería el propósito de eso?*

S: Para avisarles que están siendo observados, ellos están aquí para la ocasión trascendental cuando la Tierra llegue a ser más iluminada, después llegará a ser parte del universo espiritual.

D: ¿Y quieren ellos que ciertas personas en la Tierra sepan que están siendo observados?

S: Realmente no puedo contestar esa pregunta.

D: Tú no sabes, ¿o no te permiten?

S: El guardián dice, "todo tiene un propósito, no lo cuestiones". Él dice que todo será revelado eventualmente, existen otros seres también, al tiempo sus apariciones tendrán un propósito, pero ahora mismo la información no puede ser aclarada, pero definitivamente existe un propósito por detrás del porque ellos están aquí, no puede ser revelado en este momento.

D: Bueno, ¿podemos hacerle preguntas específicas? ¿Te mostrará las respuestas?

S: Depende de la pregunta, él dice que es muy importante entender que por el grado de tus habilidades mentales no podrías entenderlo todo, porque estás utilizando este canal, él dice, que algunas preguntas, no pueden ser contestadas en este presente por tu grado de desarrollo.

D: Entonces él nos dirá si hay algo que no pueda ser contestado, está bien entonces, ¿podemos examinar este sistema solar?

S: Él está apuntando a diferentes planetas alineados alrededor de nuestro sol ahora.

D: ¿Cuántos existen?

S: Él dice que en algún tiempo antes de que la Tierra termine su ciclo serán dieciséis planetas descubiertos como parte de este sistema solar, él dice que se descubrirá un gran planeta alrededor del año 2040, después se descubrirá otro planeta alrededor del año 3000 y después habrá otro planeta descubierto y este será el último planeta, esto tomará lugar alrededor de 6000 años desde el tiempo de Cristo.

D: ¿Tienen alguna forma de vida ahora esos planetas?

S: Él dice que todos los planetas tienen vida, pero no podrían ser las formas de vida que tú estás familiarizada en el mundo terrestre.

D: ¿Hay algunos que tienen habitantes de forma humana o humanoide?

S: No en esta parte del sistema solar, la Tierra es la única.

D: ¿Alguna vez han existido en el pasado?

S: Sí, él dice que una vez hubo una forma tipo humanoide en el planeta Marte, él lo está apuntando ahora, porque es un planeta rojo y él dice que hubo un tipo de humano espíritu en el planeta Venus. Él dice que todos los planetas tienen entidades espirituales en ellos, los cuales son como los guardianes y observadores.

D: *¿Alguna vez estas formas de espíritu llegan a tomar una forma carnal en ese planeta o en otro lugar más?*

S: La mayoría de los espíritus de esos otros planetas están en un rango alto vibracional a comparación de la Tierra, es doloroso para ellos venir a la Tierra, porque tienen que bajar su vibración, así que ellos no encarnan mucho en el plano de la Tierra, pero lo han hecho en los dos, en el presente y en el pasado, como también en el futuro, pero es muy difícil para ellos, porque esto puede ser muy doloroso al bajar su grado vibracional, es como si intentaras condensar un tornado en un vaso.

D: *Muy buena analogía. ¿Mencionaste tú que existió una forma humana en Marte en una época?*

S: Sí, pero esto fue hace mucho tiempo, en el pasado: casi hace setenta y cinco mil años, de nuestros años de la Tierra. Formas de vida existieron en el planeta Marte, muy similar a los terrestres, pero debido a su mal uso de energía... no estuvieron en tono con el progreso espiritual que estaba tomando lugar en esa parte del sistema solar y como resultado ellos se marcharon a otra parte del universo.

D: *¿Existen remanentes de esa civilización?*

S: El hombre descubrirá evidencia de esa civilización cuando explore esa área, pero esa información no será compartida al público en general.

D: *¿Por qué no será permitida?*

S: Él está diciendo que el hombre sigue funcionando a través de su sentido de codicia y su sentido de poder y dominio, como resultado la información de ese tipo es únicamente para algunos para su poder y dominio.

D: *¿Cuál es el sistema de estrellas más cercano a nosotros que tiene vida inteligente capaz de viajar por el espacio?*

S: Aldebaran.

D: *¿Y qué hay acerca de sus naves y los seres que parecieran estar visitándonos ahora?*

S: Existen extraterrestres que están observando el planeta, pero no intentan interferir mucho, ellos vienen con la intención de paz y buena voluntad para el hombre, porque ellos están intentando ayudar al grado de desarrollo evolutivo de sus hermanos terrestres, muchos de ellos vienen de Aldebaran, Betelgeuse y de Sirius, de la constelación del perro. Estas entidades son de esa área y son parte de la misma galaxia que la gente de la Tierra son, en este tiempo presente ellos están observando el rango evolutivo del planeta Tierra que crece a un alto grado, para tomar lugar dentro de la federación galáctica; esta es una confederación espiritual de seres avanzados centrados en la luz y el amor y nosotros somos parte de ese plan. Él dice que no todos los seres que vienen a la Tierra son positivos, existe un grupo que los podrías tú considerar negativos, pero ellos son una minoría, ellos pertenecen a otra federación.

D: *¿Puedes decirnos cuál es la apariencia de estos seres?*

S: Una de las características comunes es que ellos tienen rasgos tipo reptil, sus ojos son más como un reptil, él me está mostrando una imagen de uno de ellos ahora mismo; él dice que su evolución original fue a través de la familia de reptiles, lo que la gente de la Tierra le llamarían "tipo reptiloide", su piel no es suave como la de nosotros, tiene una textura áspera, pero no exactamente con escamas, tienen ojos grandes con una pupila tipo elíptica y realmente no tienen nariz o trompa, pero tienen fosas nasales y su boca es realmente pequeña. Ellos no comen como nosotros comemos aquí en la Tierra, aparentemente ellos inhalan esencias para ayudarles a sobrevivir, él me está mostrando diferentes tamaños de diferentes miembros de toda esta raza, y el rango de medida de sus cuerpos van de un promedio de un metro hasta casi tres metros.

D: *¿Tienen ellos extremidades como nosotros?*

S: Sí, ellos tienen extremidades y ellos tienen un tipo de dedos como lagartijas, casi como los talones de las aves, pero no son talones, son más afilados.

D: *¿Cuántos dedos tienen ellos?*

S: Depende de la especie y de que sistema, algunos tienen cuatro, otros tienen tres y otros tienen seis.

D: *¿Tienen ellos el pulgar opuesto como nosotros lo tenemos?*

S: Los que tienen cuatro dedos lo tienen, los otros no.

D: *¿Qué hay acerca de su pelo en el cuerpo?*
S: Realmente ellos no tienen pelo como nosotros tenemos, tampoco tienen pelaje. Ellos tienen capas protectoras en diferentes áreas de su cuerpo que es más dura, por ejemplo; la piel alrededor del área del sistema reproductivo es más endurecida, porque cuando ellos están activos en su reproducción esto les estimula sus duros sentidos y pueden ser rudos entre ellos, esta es la razón por la cual esa área ha evolucionado de esa manera.

D: *¿Tienen ellos sexos opuestos?*
S: Sí, tienen sexos opuestos, pero existen algunos hermafroditas en los de tres dedos, ambos masculino y femenino que pueden incubar en edad temprana, ellos aparentan ser como tipo reptiles, así que en su sistema reproductivo ellos producen huevos. Él me está mostrando una imagen de eso ahora, él dice que es así como ellos dan vida, ellos producen huevos y estos son incubados en cámaras especiales que ellos tienen en sus cuerpos.

D: *¿Tienen orejas?*
S: Él dice que su sentido de audición es muy extremadamente afinado, tienen como un caparazón protector en sus cráneos, no son como orejas, pero pueden oír un gran rango de frecuencia, a comparación de nosotros.

D: *¿Qué hay acerca de sus naves? ¿Qué tipo de naves son mayormente vistas?*
S: Sus naves tienen más la forma de un cilindro, algunas como de cigarro, otras tienen la apariencia de un huevo o globo; usan un material orgánico de su mundo para construir las naves, es una combinación como de plástico, hule, fibra de vidrio con una conjunción de aleaciones de metales, es un tipo de sustancia muy dura y aun así es orgánica. Puede llevar varios procesos de calor a frio extremos, como también a través de largas distancias de tiempo porque su planeta hogar está en el otro lado del universo, es un material muy resistente que lleva un largo proceso para que pueda expandirse y contraerse. La nave utiliza la energía solar que recolecta, porque ellos aprendieron acerca de las energías de las estrellas, nosotros le llamamos energía solar, pero para ellos es energía de estrella. Ellos enfocan los rayos de luz de diferentes estrellas para hacer que sus naves viajen, les llaman recolectores de estrellas porque en sus viajes usan diferentes estrellas como sistema de guía hacia donde ellos quieran ir. Ellos vienen de una

gran distancia a este planeta y por ahora solo están merodeando en esta parte de nuestra galaxia.

D: *¿Por cuánto tiempo ellos han estado aquí?*

S: Han estado merodeando esta área por los últimos miles de años.

D: *¿Como podemos diferenciar a los extraterrestres entre los que están orientados positivamente a los que son negativos?*

S: Esa es una pregunta muy interesante, sentirás una resonancia con los seres de alta conciencia que tienen un sentido de realeza con las personas de la Tierra, existirá un sentido de amor que lo sentirás como una emoción de felicidad, un sentido de hermandad. Los otros seres de la otra federación son básicamente fríos, analíticos y sentirás miedo, un miedo predominante.

D: *Existen reportes de extraterrestres rubios y altos, ¿Saben algo acerca de ellos?*

S: Los que son más como humanoides son parte de este sistema galáctico.

D: *¿Tienen algunas bases aquí?*

S: Ellos han usado dos lunas de Urano, él me está mostrando Urano, es una estación de base para sus exploraciones en esta parte de la galaxia.

D: *¿Tienen algunas bases en la Tierra?*

S: Los tipos humanoide tienen bases, él me está mostrando que existe una en el océano, él dice que su nave puede ingresar al agua. Está localizada cerca del océano del caribe y existe otro lugar arriba en las montañas, y aparenta ser en alguna parte de Sudamérica que me muestra, cerca del rio Amazonas. También hay otro lugar que me muestra en Australia o Nueva Guinea, en algún lugar en esa área cerca del océano. Él está diciendo que esas personas son llenas de mucho amor y luz y están intentando ayudar a la humanidad, ellos han estado viniendo al planeta por miles y miles de años. Nosotros los llamaríamos "Los Observadores".

D: *¿Han tenido estas personas contacto con humanos?*

S: Si por razones específicas, ya sea para ser instrumental en ayudar en su crecimiento espiritual o para transmitir información acerca de nuevas invenciones y cosas de ese tipo, ellos estarán al servicio conforme la Tierra vaya cambiando.

D: *Los que son más humanoides, ¿qué hay de sus naves?*

S: Ellas son normalmente las tradicionales formas de platillo, básicamente hechas de algún tipo de metal, es muy brillante, brilloso como un tipo de metal, no sé qué tipo de metal es, él dice que en el futuro sabrán acerca de esas naves y ese metal, pero no es extraído en la Tierra. No existe una comparación del metal, y la energía de la nave es a través del pensamiento. Esa es la frase que me esté diciendo "Energía de Pensamiento", le da un sentido rápido de propulsión por la energía de pensamiento grupal, es recolectada y almacenada en baterías y eso es lo que estimula esas naves.

D: *¿De qué material están compuestas o tipo de substancia tienen esas baterías o cómo operan?*

S: (Sonriendo) él acaba de poner un gran plano ante mí, no puedo entenderlo, él está diciendo que el pensamiento es energía y las personas de forma terrestre no sé dan cuenta que tan poderoso puede ser, él dice que es difícil para ti que lo entiendas, él dice que no se colecta en materias por así decirlo, no entiendo lo que me está intentado decir, él dice que es difícil para tu mente intentar comprender lo que significa. Tiempo más adelante los humanos de la Tierra expandirán su conciencia para que puedan entender este fenómeno, pero en este presente estado evolutivo, ustedes no están listos para esta información.

D: *¿Viajan los observadores a través del tiempo como también en el espacio?*

S: Ellos son seres muy avanzados y son capaces de viajar a través de todo el espacio y el tiempo es espacio.

D: *¿Algunas de sus naves se han estrellado o han sido capturadas en la Tierra?*

S: Dos de las naves del tipo reptiles se han estrellado en la Tierra, una cerca del desierto de Arizona y la otra en el océano Índico.

D: *¿Fueron recuperadas?*

S: La que se estrelló en Arizona si fue recuperada.

D: *¿Algunos tripulantes a bordo?*

S: Dos cuerpos quemados estaban adentro.

D: *¿Qué les pasó?*

S: Él está diciendo que ahora han sido cremados, pero fueron analizados por científicos, él dice que los gobiernos de Estados Unidos y los Soviéticos habían tenido muchos contactos con extraterrestres, de los dos tipos como los reptiloide y también con los que son de esa parte de la galaxia. Ellos no sueltan la información a las masas por miedo a que la gente entre en pánico.

En la Unión Soviética por un período, un operador de radio telescopio, estuvo en comunicación con una fuente extraterrestre, pero sus superiores lo quitaron de su rango y lo reasignaron; lo enviaron a un hospital psiquiátrico donde paso por tratamientos de electroshocks, los cuales ahora tienen…(como una pregunta) ¿han colapsado su mente? Mmm, eso fue hecho porque él estaba pasando la información por abajo del agua a los soviéticos de todo eso y ellos sintieron que eso provocaría un estado de pánico a la nación y no tendrían más el control del poder.

D: *¿Qué tipo de comunicación recibió él?*

S: Él estableció un tipo de código con ellos a través de pulsos electrónicos.

D: *¿Similar a nuestro código Morse?*

S: No, no fue como el código Morse, él me está mostrando algo una energía de luz traducida en pulsos en un tipo de pantalla de radar.

D: *¿Te refieres a los observadores?, ¿algunos de ellos viven dentro de la Tierra?*

S: No, ellos no viven dentro de la Tierra, ellos viven en sus naves.

D: *Quiero decir, ¿existen personas que viven dentro de la Tierra? ¿Relacionado con la teoría de la Tierra hueca?*

S: No, él me está mostrando una imagen de la Tierra y dice que existieron bases excavadas en un tiempo, las cuales fueron usadas hace eones y fueron redescubiertas por esos observadores; es como los exploradores en su esfuerzo de subir la montaña, regresan a la cueva ocasionalmente pero realmente no viven en ellas. Ellos realmente no quieren vivir en la Tierra, no es muy importante para ellos, hacen exploraciones aquí pero mayormente existe una línea de comunicación entre otros sistemas solares.

D: *¿Qué hay acerca de los casos que hemos escuchado de naves que aparecen colectando energía o agua en diferentes lugares en la Tierra?*

S: Ellos no colectan agua, tampoco energía, ellos realmente cargan el campo eléctrico y recolectan comunicaciones, energía. Ellos están monitoreando las diferentes formas de vida que existen en los océanos como las ballenas, delfines, tiburones, ellos están haciendo experimentos, es lo que me muestra. También ellos monitorean nuestras comunicaciones, nuestra capacidad eléctrica y nuestro poder nuclear que es, cuando ellos aparecen, sobre las instalaciones que tratan con comunicaciones y energía.

D: *Ellos dan la impresión que son de alguna manera dependientes, la gente piensa que ellos están tomando energía de las instalaciones y cosas por el estilo.*

S: (Sonriendo) él dice que no, eso no es verdad, esos seres son tan evolucionados que ustedes están como en el kínder, a comparación de ellos que están a un nivel de universidad.

D: *¿Cuál es el tipo de comunicación interplanetaria o galáctica, considerando que ellos deben de viajar tales enormes distancias?*

S: Te repito una vez más, el poder del pensamiento es el usado.

D: *Relacionado a la misma pregunta, ¿por qué ellos responden a nuestras preguntas a través de las frecuencias de radio?*

S: Él dice que lo han hecho en el pasado, estamos solo hablando acerca de ese evento que tomó lugar en la Unión Soviética, pero otra vez, el ser humano no está listo, eso es lo que dice, "el ser humano no está listo" o tiene el miedo que seres avanzados lo dominen.

D: *Bueno básicamente la imagen que tenemos es que principalmente hay dos tipos, los reptiloides y los observadores, ¿cuántos más están visitando la Tierra?*

S: Estos son mayormente los dos grupos que se están manifestando en esta parte de la galaxia en este momento presente, incluso existen más seres avanzados que los observadores y que ocasionalmente viajan a este planeta, pero ellos únicamente vienen una vez cada diez mil años.

D: *¿Algunos de estos seres tienen que ver con la creación de la vida humana en nuestro planeta?*

S: Sí, los observadores han ayudado en la formación humana, él dice que ustedes consideran a estos seres como angelicales y ellos han aparecido como ángeles en el pasado, y sí, ellos han ayudado a formar la vida en este planeta y evolucionarlo a un grado más alto. Ellos siguen ayudando en este presente tiempo, para ayudar al hombre, en su escala evolutiva, ellos están intentando en este tiempo crear un cuerpo humano más perfecto, en términos de reacción inmunológica a la enfermedad y la resistencia inicial a enfermarse. Así que quizás existirán eventualmente aquellos o de esa estirpe de cuerpos humanos que serían más resistentes a los diferentes tipos de enfermedades ahora en tu planeta. El intento de esta ingeniería genética es en esencia crear un cuerpo físico perfecto, para que de esa manera el espíritu una vez que haya elevado su percepción, pueda más perfectamente traducirlo en esos cuerpos perfectos, entre más sea un espíritu perfecto más requiere un cuerpo perfecto.

D: *¿Entonces realmente ellos están ayudando más que perjudicando o no es así?*

S: Verdaderamente, no hay ninguna intención de perjudicar en nada de esto.

D: *Algunos extraterrestres parecieran poder entrar a casas donde no activan las alarmas, solamente aparecen allí, ¿cómo es que hacen eso?*

S: Ellos tienen una energía antimateria que usan para hacer eso, donde ellos parecieran diseminar para desaparecer para después reaparecer y también de esa manera pueden transportarse.

D: *¿Quieres decir que fragmentan el cuerpo físico?*

S: Si fragmentan en moléculas el cuerpo físico y después lo ensamblan.

D: *Pareciera que eso causaría un trauma.*

S: Oh si lo hace, esa es la razón porque la mayoría de las veces las personas no recuerdan nada después, los extraterrestres les quitan las memorias porque usualmente sería muy traumático y doloroso para que recordaran las personas este tipo de experiencias.

D: *Bueno de esa manera sería compasivo.*

S: Los observadores han venido a ayudar en la evolución del ser humano desde sus comienzos primitivos a su gloria espiritual, para que ellos puedan tomar parte de la "federación", en esta federación galáctica de seres avanzados, algunos otros seres tienen sus propios propósitos. Ellos tienen toda una red a través del universo, para explorar, para ver que hay allá afuera, para ver que pueden utilizar para sus propios sistemas de vida de sus planetas hogar; así que les han permitido que lleguen aquí en los últimos miles de años para ver que hay en la Tierra que podría ser de valor para ellos. Ellos han tomado cosas de la Tierra como cristales, diferentes tipos de minerales especialmente magnesio, por eso aparecen en áreas sobre África y Asia específicamente alrededor de la India; se han llevado ciertos minerales de la Tierra que son valiosos para sus formas de vida y que no se dan en su planeta, también se han llevado vida vegetal para modificarla genéticamente para que pueda ser compatible en el ambiente de su hogar, el cual es muy diferente, tiene una atmósfera, densidad y gravedad diferentes pero necesitan vida vegetal para sus diferentes mundos.

D: *¿Por qué los observadores no pueden evitar que vengan los extraterrestres negativos?*

S: Porque ellos siguen explorando, ellos aún no han conquistado mundos, existen otros mundos además del nuestro, que son similares en la escala evolutiva a través del universo. Él me está mostrando otro planeta similar a la Tierra, pero se encuentra cerca de una estrella que es muy distante y ni siquiera tiene nombre, es muy similar a la Tierra y ellos también lo han estado observando. Esos extraterrestres se convertirán más orientados a la guerra y más obsesionados en expandir sus territorios dentro del universo, antes que los observadores puedan hacer algo.

D: *¿Tuvieron contacto las antiguas civilizaciones con esos seres?*

S: Oh, en los tiempos de Atlantis mucha de la información acerca de cristales, energía, luz, luz del sol, energía solar y cosas como esas fueron libremente intercambiadas con extraterrestres. Los observadores tomaron una parte activa en el desarrollo de esa civilización, así como también en la civilización de los lemurianos. También ellos interactuaron con las civilizaciones de los egipcios, los babilonios y la gente del valle del rio Indus, ellos estuvieron conectados con los observadores en algunos períodos de tiempo.

D: *¿Fueron solamente los observadores que han estado visitando la Tierra?*

S: Sí, fueron los únicos seres que se les permitió venir a este planeta.

D: *¿Son todos los observadores de un solo tipo de raza?*

S: "Terrenales" como él nos llama, son de los mismos rasgos genéticos, son humanoides, ellos podrían tener algunas diferencias, como diferentes tipos de color de ojo y diferente tipo de estructura ósea y dos o tres sistemas de órganos que son muy diferentes a los humanos de la Tierra, pero en grandes rasgos ellos son muy parecidos a las personas de la Tierra porque todos somos parte de una galaxia. Ellos están observando como la Tierra se está moviendo de un nivel barbárico a un nivel alto vibratorio para tomar su lugar dentro de la federación galáctica. Existen ahora alrededor de 36 planetas en esa federación, la Tierra sería la 37 y habrá 2 planetas más.

D: *¿Saben los observadores qué es lo que está sucediendo en el resto del universo?*

S: El guardián dice que ellos saben perfectamente y ellos están en constante comunicación con su hogar base y con todas las otras bases, ellos tienen...la mejor palabra que puedo utilizar es "osmosis"; ellos tienen conocimiento perfecto del tiempo y espacio y de lo que está pasando a todo momento. Ellos usan la telepatía en vez de la voz para interactuar entre ellos y con otros seres, son muy avanzados en esa característica, pueden enviar energías a grandes distancias o períodos de tiempo y espacio. Si nosotros estuviéramos en ese nivel no tendríamos guerras ni conflictos porque todos estaríamos en la misma armonía, todos ellos están en armonía, esa es la palabra que el usa: armonía.

D: *¿Son los reptiles diferentes con respecto a eso?, y ¿ellos no tienen el mismo tipo de habilidades de comunicación y conocimiento?*

S: Él dice que ellos han desarrollado señales de chasquidos que suenan como ruidos los cuales pueden ser amplificados por instrumentos dentro de sus cuerpos, como también dentro de sus naves espaciales, estos se transmiten sobre grandes períodos de tiempo, y ellos usan la energía de sol que rebota esas diferentes señales de chasquidos, y es así como ellos pueden transmitir información de una parte de la galaxia a otra.

D: *¿Existen algún otro extraterrestre humanoide viviendo entre nuestra población en la Tierra?*

S: Sí, él dice que algunos de ellos han encarnado para ser de utilidad para la Tierra que está atravesando su cambio en su rápido desarrollo a una forma de alta vibración.

D: *Quiero decir, ¿existen algunos de ellos que están viviendo en su propia forma y no en una encarnación?*

S: Muchas almas vienen de esas áreas y han encarnado en la Tierra, sí, pero también hay observadores humanoides que han vivido en su forma en la Tierra, creo que existen únicamente alrededor de 36 esparcidos por el mundo y ellos están monitoreando especialmente nuestro crecimiento y capacidades nucleares como también la tecnología láser y destructiva.

D: *Entonces no hay muchos de ellos que podamos encontrar.*

S: 6 están reunidos en nuestra parte del suroeste, 3 están juntos en nuestro noreste, 1 en el noroeste, 2 están juntos en la porción central de nuestro país y otro más en lo que llamamos Florida, 2 están alrededor del radio telescopio que es Puerto Rico y el resto están esparcidos por todo el mundo.

D: *¿Están ellos comunicados los unos con los otros?*

S: Sí, ellos se mantienen monitoreando en lo que está sucediendo con todos los tipos de desarrollos de energía.

D: *¿Esos humanoides se mezclan o han tenido descendencia con los humanos de la Tierra?*

S: Se les ha prohibido hacer eso, lo hicieron en el pasado, así fue como el hombre creció, ellos se emparentaron en una etapa temprana con formas casi animales y ayudaron para que evolucionaran en forma casi humana pero no se emparentaron por así decirlo, ellos usaron lo que llamaríamos ingeniería genética, él me está enseñando un tipo de condiciones de laboratorio y es de donde se originó el ser humano, él me está mostrando las frases bíblicas, "Los hijos de Dios tomaron por esposas a las hijas del hombre"

*Él se refiere a Genesis 6:2: "Los hijos de Dios vieron a las hijas de los hombres que eran bellas y tomaron de entre todas ellas por mujeres las que más les agradaron"; también Gen 6:4: "Es de notar que en aquel tiempo había gigantes sobre la Tierra, porque después que los hijos de Dios se juntaron con las hijas de los hombres y ellas concibieron salieron a la luz estos valientes del tiempo antiguo, héroes famosos".*

S: Este pasaje es de donde viene describiendo lo que sucedió y ahora ya no pueden hacer eso jamás porque está en contra del libre albedrío, como ves los observadores respetan nuestro libre albedrío, como sea los seres reptilianos nos ven como una forma de vida inferior. Ellos evolucionaron de un modo como reptil y como resultado, ellos no son tan evolucionados a lo que llamaríamos la escala de "evolución espiritual". El guardián dice que los observadores son de una energía alta espiritual, y de esa manera podemos repeler los seres negativos al permitirnos funcionar en un modo alto espiritual. Los reptilianos son definitivamente repelidos por la alta fuerza espiritual y ellos no son atraídos a este tipo de energía.

Es una observación muy interesante que el elemento negativo de estos extraterrestres es reptiliano, la biblia está repleta con símbolos de serpientes, dragones, víboras etc.

En esta porción el guardián de la librería nos habló directamente

S: Es importante que sepas que después que venga el período de los disturbios y los cambios en la Tierra existirá más tranquilidad para navegar, existirá mucho aprendizaje, habrá asistencia envuelta en viajes interplanetarios, comenzaras a saber más acerca de tu universo y todo de muchos otros, existirá ayuda para aquellos en otros reinos de dimensiones y tú los acompañaras, existirá una comunión, un convenio en los dos lados trabajando juntos; ustedes nunca han tenido esto antes, otras entidades en el espacio han sabido de ustedes, pero ustedes no han sabido de ellos y eso sucederá, navegarán tranquilamente, todo un alivió después de las tribulaciones que tomarán lugar.

D: *¿Por qué ellos nos ayudarán?*

S: Ellos le darían ayuda a quien sea, tú harás lo mismo cuando estés en la misma posición de hacerlo porque todos somos parte de uno y todos estamos relacionados; has estado consciente de eso porque ustedes han estado en una etapa de crecimiento infantil, ustedes avanzarán en la conciencia de que todos somos uno, algo como cuando la "Era de la Razón" llegó con los humanos.

D: *Mencionaste que todos estamos relacionados, ¿quieres decir físicamente también?*

S: ¿Te refieres al aspecto físico?

D: *A los genes o lo que sea que es.*

S: Sí, todos ellos han venido de algún lugar y nosotros somos físicamente conectados y mucho más importante metafísicamente conectados, todos ustedes lo comenzaron y de su historia todo lo que saben es solo de aquí, pero allí fue un comienzo antes de esto o hubo una existencia anterior antes que llegarán aquí y eso es lo que sus libros de historia no saben.

D: *Una manera de pensar es que todo comenzó y evoluciono aquí en este planeta que fuimos creados a través de la evolución de las especies.*

S: Sí, a través de mezclas de gases y neblinas de rebotes sólidos entre ellos y accidentalmente emergiendo con algo considerado que tenía vida, eso no es verdad, existen muchos, muchos planetas; si los podríamos llamar así, están sin experimentar ninguna forma de vida de cualquier manera en estos momentos, y si cuando lo hagan no será porque solo sucedió, será porque fue hecho de alguna manera, ya sea que el planeta pasará un cambio donde podrá sostener vida o si ya se puede, sembrar, por así decir, se depositará la vida para que pueda evolucionar.

D: *¿Quieres decir que nunca existe vida nativa, eso solo comienza por accidente en cualquier planeta?*

S: Correcto, la vida no comienza por accidente y la vida nativa depende que tan lejos quieres regresar, como ves si hay algo que ha estado todo este tiempo desde antes de su historia lo consideras nativo, pero es simplemente porque su historia es limitada y no porque fue necesariamente nativa, depende que tan lejos quieras ir.

D: *¿Entonces sería seguro decir que toda la vida, plantas, minerales o lo que sea han comenzado al ser traídos aquí? (Sí) ¿nunca evoluciona por sí mismo?*

S: No, nunca lo hará, eso sería muy errático, muy... no sé cuál es, la palabra es, muy desorganizado, incontrolable, sin unión, sería un gran desastre.

D: *Estaba pensando que en el enfriamiento natural del planeta, con la mezcla de gases y de todo, la vida podría evolucionar espontáneamente.*

S: No, no pasa de esa manera, en el enfriamiento de los gases y/o lo que sea que te estás refiriendo, el hábitat podría llegar a ser un soporte de forma de vida, pero no podría desarrollarse por sí mismo, la vida es tan preciosa e importante. Ustedes realmente no tienen idea de cuánto cuidado es para manejarlo, no es un sistema automatizado como para que florezca todo por su propia cuenta, sin nadie más que sepa de lo que pasa o que no tenga nada que ver; así no sería la manera que se lleva a cabo. Existe mucho cuidado concerniente de las formas de vida en cualquier planeta y es cuidadosamente planeado, el escenario es organizado y la puesta en marcha es manejada muy bien antes de que suceda, es de mucha importancia lo que se emplea en la vida.

D: *Estaba pensando en lo enorme que es un proyecto como ese, y de todas las personas que podrían estar involucradas.*

S: Esas son cosas que no tengo todas las respuestas, lo que sé, es que es de una magnitud, grandísima, inmensa, más lo que te puedas imaginar.

*D: Estoy pensando en todos los mundos incontables que podrían existir y el monto de individuos que tendrían que llevar tal proyecto.*

S: Eso es verdad, pero no son exactamente individuos, existen grandes poderes, mucho más grandes de lo que sé, así que no puedo hablar de ello.

*D: Estoy pensando en el número de individuos que serían enviados para realizar diferentes asignaciones, pero tú quieres decir que es algo más.*

S: Si existe algo más arriba y más allá, pero no sabía que tú te estás refiriendo a las partes físicas, ¿es eso a lo que te refieres?

*D: Creo que sí, los que serían los responsables en realizarlo, porque pareciera como un proyecto muy grande.*

S: Es cuestión de conciencia, no tanto en que se envíen personas para hacerlo, es verdad que se envían a aquellos para hacer cosas de esa naturaleza, también existe una conciencia implantada, por así decirlo, eso podría ser realizado en masa en vez que se haga individualmente, los dos podrían tomar lugar.

*D: Ahora estoy pensando en individuos teniendo que ir y hacer diferentes cosas, yo sé que ellos tendrían que obedecer órdenes de alguien más o alguien que supiera el gran plan.*

S: Eso es lo que pensé cuando inicialmente lo comentabas del cual yo me refiero, eso está más allá de mi conocimiento, sé que no hay manera de darte detalle en una respuesta.

*D: Entonces la conciencia en masa sería más como un espíritu, (Sí) ¿no podría ser una manifestación física o algo así?*

S: Sí, la conciencia puede manifestar algo físicamente.

*D: ¿Podría manifestar vida? (Sí) ¿en qué tempranas etapas?*

S: Realmente podrían ser en cualquier etapa, pero no sería hecho normalmente de esa manera tan al azar, yo hablo de eso como una "cosa" y no es una "cosa". La conciencia se podría manifestar en sí misma en lo que sea en cualquier tiempo instantáneamente sin ningún esfuerzo. Ustedes no tienen idea de los niveles de conciencia que ustedes operan bajo el poder de la conciencia, pero es así, y ustedes son como bebés que apenas están gateando hacia el reino del despertar de su conciencia y lo que conlleva, pero sí la conciencia quisiera manifestarse por sí misma, como un entero planeta con mucha gente, lo podría hacer, pero no lo haría de esa manera.

D: Yo creo que tú te estás refiriendo a lo que nosotros pensamos como un Dios en nuestro sistema de creencias.

S: Podría ser verdad, pero es más que solo una creencia, es una manifestación, la creencia lo realiza en alguna extensión, pero la conciencia existe, ya sea que lo creas o no, es solamente la facultad de saber que es mínima, si no puedes creerlo.

D: ¿Entonces la vida puede ocurrir a través de esa conciencia y también por la manipulación de otros individuos?

S: Sí y eso sería el asunto más apropiado, como ves la conciencia no está por ahí para solo manifestarse, nunca para, la conciencia no se retracta, cuando se manifiesta exteriormente continúa para siempre; así que la conciencia es de alguna manera precavida acerca de crear otro planeta al azar y arrojar muchísima gente en porqué no podría "desaparecerlo"; podría retirar su enfoque en ello, pero lo que ha manifestado podría tener conciencia por su propia cuenta y podría continuar una y otra vez. Así que entre más alto sea el nivel de conciencia no sería errático o irresponsable como para hacer cosas así, crearía alegría, comodidad, amor y todas las cosas que pensamos que son positivas, no haría algo que dejaría todo un planeta sin saber que hacer después.

Otra persona (S) que describió a la librería de una manera diferente.

S: Estoy en un lugar que es similar a…el concepto más cercano que puedo encontrar es una librería, está localizada en un plano espiritual diferente del que me acabo de ir, si tú deseas yo describiré esta librería para ti, por aquí nada puede mejorar el catálogo de cartas en esta librería, esta librería no tiene libros dentro, por así decirlo, pero tiene perlas de conocimiento; este conocimiento flota en su propio espacio brillando como un haz de luz, ellas están alrededor tuyo y tú estás rodeado de fragmentos de conocimiento, y cuando tú decides querer aprender acerca de cierto tipo de conocimiento, la energía de estos fragmentos de conocimiento viene hacía a ti. Tú ves las luces moviéndose hacia a ti y el resto sobre tu cabeza, por así decir, porque no somos seres físicos aquí, y tú puedes absorber el conocimiento de ello.

D: Eso sería mucho más rápido que leerlo de un libro, no es realmente como una librería que pudiera imaginar con libros en estantes.

S: No, es el concepto más cercano que puedo encontrar, tiene todo el conocimiento. Es cuestión de mi habilidad para ser capaz de conectar con ello, así que no estás limitado por el lugar, tú pudieras estar limitado por mi si es que hubiese algún tipo de limitación. Yo puedo encontrar lo que estamos buscando, pero ¿podría ser capaz de observarlo en la manera para ayudarte en entenderlo?, esa es la limitación, el conocimiento es todo aquí, parpadeante, brillante, resplandeciente y listo para ser aprendido. Si la respuesta estuviera localizada en algún otro lugar yo me pudiera proyectar allí, eso no es un problema.

Después que ella se despertó, ella retuvo una impresión muy real de la librería y quiso añadir más información acerca de su apariencia.

S: El plano de la librería es como un campo de energía en la forma de una gran esfera y dentro de la esfera está el plano de la librería, la esfera no es para dejar a alguien afuera, es solo una manera de mantener la información organizada y contenida en esa área. Yo supongo que le podrías llamar un sistema magnético indexado que atrae información, la atrae y la coloca en el lugar adecuado y cuándo haces uso de la librería, tu conciencia o como le quieras llamar está flotando en el centro exacto y cada pedazo de información está flotando alrededor en estas diferentes formas de luz, algunas veces tienen formas de gotas o redondas o casi como las decoraciones del árbol de navidad, y están todas brillando con luz de diferentes colores y de alguna manera la forma de luz, el color de ello o como resplandece le dice a tu conciencia qué tipo de información es.

D: ¿Me pregunto cuál es la diferencia?

S: Yo creo que la diferencia entre los libros sobre animales y libros de procedimientos gubernamentales o cosas como esas, solamente son tópicos de diferentes asuntos, y tengo esta sensación de que sí no tuvieras algo, en particular, en tu mente, que quisieras aprender, una de estas formas solo te destellaría algo.pero si tú estuvieras queriendo encontrar una pieza de información en particular, entonces la luz concerniente a esa información sobresale y de alguna manera emerge contigo y cuando se separa tú ya has aprendido su información. Por lo tanto, tengo la sensación de que he obtenido un nuevo tipo de conocimiento.

D: *Yo creo que tu subconsciente absorbe cualquier pieza de información que desea.*

S: Yo creo que el fondo es azul obscuro intenso, así que la luz realmente muestra su resplandor.

D: *¿Cómo entras a esa esfera?*

S: Te imaginas a ti mismo dentro de ella.

D: *¿Solamente atraviesas la pared o como sea?*

S: Sí, yo tengo la sensación que tú te visualizas, "ahora quiero estar en la librería", y cuando abres los ojos tú estás allí, era muy hermosa, la librería está allí para ser usada por todos; y aquellos en el plano físico que puedan manejar el contacto con esta librería son bienvenidos a su conocimiento.

Así que este fue mi lugar favorito en busca de conocimiento, al igualmente que disfrutaba ir a la librería de la universidad de Arkansas para investigar libros, definitivamente estoy en mi ambiente cuando me la paso todo el día dentro de las salas del conocimiento. Cuando tengo la oportunidad de llevar a alguien al reino espiritual, siempre he tenido muchas preguntas por realizar acerca de diferentes tópicos. Después que comencé a hacer investigaciones de los OVNIS tome ventaja de la oportunidad de encontrar conocimiento en la librería acerca de los OVNIS y las abducciones, cuándo después combiné con sesiones de hipnosis no fue contradictorio, sino similar y añadió una dimensión extra para tratar de entender el fenómeno, algo de la información que surgió en 1985, 86 y 87, antes de que iniciara con mis investigaciones actuales, cuando aún estaba en la etapa de la curiosidad.

Una paciente femenina que tuve estaba observando el espacio exterior, pareciera ser el momento perfecto para hacer preguntas de extraterrestres y OVNIS.

S: Estoy mirando a esta galaxia, esta parte de la librería tiene un efecto holográfico, así que siento como si estuviera realmente entre las estrellas. Yo he estado meditando y mirando hacia las estrellas mientras medito y he estado buscando a varios planetas y sus diferentes formas de vida.

D: *¿Me puedes decir algunas de esas cosas mientras tú miras a la galaxia?*

S: Bueno, yo veo a la Tierra, la Tierra es como una joya verde y hay otras estrellas con planetas como esta estrella, algunas de ellas tienen vida y otras no, y la vida está en varios niveles de desarrollo.

D: *¿Puedes ver otros planetas en nuestro sistema solar?*

S: Sí, hay 10 de ellos, hay 9 que tú conoces: Mercurio, Venus, Tierra, Marte, Júpiter, Saturno, Urano, Neptuno, Plutón. El planeta que los científicos han hecho hipótesis que está más allá de Plutón está allí, los científicos han puesto un nombre, pero esta persona lo encuentra difícil de pronunciar, no estoy segura de poder pronunciarlo, este planeta está muy lejos y aun así el sol es el centro de su órbita, el sol parece como una estrella brillante, porque está muy lejos. Realmente no recibe calor del sol por así decirlo, pero orbita alrededor del sol, así que puede ser considerado un planeta de este sistema solar.

D: *Me gustaría hacer preguntas acerca de lo que llamamos OVNIS o platillos voladores.*

S: Sí, vehículos extraterrestres viajeros.

D: *Ese es un término más adecuado.*

S: Estoy consciente del concepto del fenómeno al que te refieres, existen varios tipos de OVNIS, ellos tienen la misma forma básica, porque existe una civilización intergaláctica que viaja más rápido que la velocidad de la luz a través de los túneles del tiempo, y los vehículos necesitan estar en la misma forma básica para sobrevivir el viaje. Pero hay detalles que son diferentes, porque ellos vienen de diferentes naciones que forman esa civilización. Los varios tipos de OVNIS llegan a la Tierra por diferentes razones, un grupo el más antiguo que viene es el que vigila el desarrollo de la Tierra. La Tierra ha sido su proyecto, así podríamos decir; y esta nación en particular, yo les voy a llamar, pensadores y experimentadores. Ellos querían ver si los resultados pronosticados podían suceder si ellos hicieran una cierta acción en un tiempo muy maleable de la historia del planeta.

D: *¿Qué acción fue esa?*

S: Ha sido un patrón fijo de interferencia ligera desde antes que hubiera vida como tal en la Tierra y la Tierra era como un útero fértil. Aquí la vida se estaba desarrollando, pero ellos aceleraron el proceso al sembrar en la Tierra con vida protozoaria, así ellos podían controlar el desarrollo y ver qué dirección tomaría en vez de dejar que la Tierra desarrollara vida natural por sí misma. Tú puedes llamar a esas personas los arcaicos. Ellos se han mantenido vigilando todo el tiempo a la Tierra para mantener en curso el desarrollo de las cosas y ocasionalmente ellos dan cosas y pequeños empujes aquí y allá para mantener el desarrollo en la dirección que ellos quieren continuar. Otros vehículos, vienen aquí, de otras naciones de esa civilización y vienen por varias razones, una de esas naciones envía 5 vehículos por lo regular para ver si hay tecnología comparable desarrollada aquí, así que ellos estarían listos para unirse a la civilización o al menos para abrir intercambios con algunos de los miembros de esta gran civilización. Otra nación aparentemente tiene una forma de pensar más paranoica y envía vehículos solamente para explorar instalaciones militares y asegurarse que no vayamos hacer ningún daño al resto del universo a través de nuestro desarrollo de armas y a través de nuestra exploración militar científica. Existe otro tipo de nave que viene y digo "tipo", porque realmente básicamente son muy parecidas, pero me estoy refiriendo a las diferentes que son predominantemente de las diversas naciones; hay otra nave que viene solo por curiosidad. Ellos siempre están intentando averiguar que está sucediendo con todos. Ellos sabían la distancia que existía de la Tierra al Sol que podía albergar vida y como ellos observaron el planeta que descubrieron se dieron cuenta, que verdaderamente había vida aquí, pero ellos vieron que había pasado, con respecto, a la estructura política y religiosa, así que sabían que no sería una buena idea aún tener un contacto directo con la vida de este planeta, debido a la situación delicada de la siempre violencia explosiva que pasa en la superficie; así que siempre han estado observando porque ellos quieren estar en contacto, ellos presienten que las dos civilizaciones si pudieran trabajar en conjunto lograrían algo grandioso y desarrollar un poder galáctico. Ellos ven que nosotros estamos intentando duramente en desarrollarnos, pero aun así no estamos listos, tienen que esperar a que llegue el tiempo preciso, así que esperarán; ellos harán una prueba de contacto para ver que tanto los humanos se han desarrollado. Ellos han venido en diferentes épocas y se han disfrazado para poder mezclarse con la gente, con sus habilidades psíquicas ellos pueden sentir los eventos generales sociales y desarrollo mental, ocasionalmente toman a un humano y le hacen pruebas físicas, para así mantener un registro de como nuestra vida en las ciencias se está desarrollando; ya que ellos han puesto un gran énfasis en su propio planeta. Ellos tienen una teoría que según qué tan avanzadas sean las ciencias de la vida y como cuidan a las especies en general, concerniendo la alimentación, cuidado médico, nutrición y la salud en general, todo eso es paralelo a los desarrollos tecnológicos.

D: *¿No solamente esos que mencionas son los que están viniendo a la Tierra o no es así?*

S: No, existen muchos otros que están observando a la Tierra, pero estos son los más cercanos, ellos serían los primeros más aptos para hacer un contacto exitoso con nosotros, ellos mayormente hacen una observación pasiva, ya que realmente no interfieren directamente con ningún humano muy a menudo, solía ser una vez por siglo, pero últimamente desde que las ciencias de la vida se han estado desarrollando en la ciencia astronómica ha sido más concurrente. Ellos sienten que el tiempo se aproxima cuando ellos puedan hacer un contacto exitoso con los humanos y comenzar a compartir su tecnología, estos son los grupos de OVNIS que están viajando a tu planeta, de sus características físicas porque siento que tú estás preguntando, por la información en vehículos, que se aproximan a las dimensiones que coinciden con las de ustedes; sus dimensiones están muy cercanas a las de ustedes así que las pueden percibir sin dificultad. Existen muchos muchos y diferentes OVNIS que nunca perciben, simplemente porque en las dimensiones que se mueven no se traslapan lo suficiente con las de ustedes, las dimensiones de esos OVNIS como lo largo, ancho y alto corresponden muy cercanas a sus percepciones pero sus dimensiones del tiempo difieren de las de ustedes; consecuentemente el tiempo pareciera ser desde su punto de vista distorsionado por ellos, estos parecieran viajar muy rápido y muy ligeramente por la distorsión del tiempo, al mismo tiempo cuando cualquier humano tiene un encuentro cercano con estos, el tiempo lo sienten como si se extendiera indefinidamente debido a que una vez más el tiempo está siendo distorsionado.

D: ¿De qué regiones vienen esos tipos de vehículos?

S: Es difícil de decir porque existe un gran esfuerzo de la comunidad interestelar en la galaxia y ellos pueden estar viniendo de diferentes áreas, dependiendo las razones del porqué estén queriendo venir a tu planeta. Todos ellos saben la existencia de cada uno y en muchas ocasiones tienen contacto muy cercano unos con otros, dependiendo de que grupo son; hay un grupo que son de un brazo diferente de la galaxia que vienen de una gran distancia de viaje para llegar a la Tierra, ellos tienen un gran interés en la Tierra porque ellos depositaron algunos colonos en la Tierra hace más de milenios, y en un sentido los seres humanos son sus descendientes. Existen varios grupos diferentes que están interesados en la Tierra pero la Tierra no es del único planeta en mente que están interesados, varios grupos también tienen el interés en el desarrollo de varios planetas, por varias razones, dependiendo del estado del desarrollo de los planetas que están transitando y naturalmente los grupos que están interesados en el desarrollo de la Tierra son con los que tienen mayormente un contacto y algunos de estos grupos se han unido para poner una cuarentena temporal en esta área del espacio, para darle tiempo a la Tierra a su propio desarrollo porque ahora la humanidad está en un estado crucial. Justamente hace un parpadear de ojos con respecto al tiempo universal, la humanidad entró a la era nuclear y eso siempre es una época crucial para cualquier cultura, a este punto ellos saben que no se pueden atrever para interferir o todo podría echarse a perder y arruinarlo; así que ellos tienen que sentarse y esperar a ver como una raza reciéntenme introducida a la energía nuclear va a manejarla y tratar con ella. Si la tratan exitosamente entonces la cuarentena será levantada y ellos empezaran a enviar apoyo técnico para entrenar al planeta y la raza, y así alistarlos para que se unan a la comunidad galáctica. Los asesores serán enviados para encender ideas nuevas, contestar preguntas y mostrarles a los científicos algunas de las áreas que ellos habían pensado eran imposibles de investigar, debido a las actuales leyes científicas formuladas que realmente no son imposibles del todo. La manera principal en que la humanidad cabe en el plan de la comunidad galáctica es: será la principal en acercarse y encontrar nuevos universos para las comunidades galácticas formadas en esos nuevos universos, la humanidad tendrá el cuestionamiento mental necesario para aprender y entender esos nuevos universos, y así tendrá la fuerza de no ser excesivamente influenciada por ellos.

D: *Así que existe una fuerza superior, por así decirlo, que vigila sobre todos estos asuntos.*

S: Las fuerzas antiguas, entre más antiguo el poder es, más alto es el nivel de la jerarquía de las razas galácticas.

D: *Nosotros estamos interesados en reportes de extraterrestres que abducen a personas y los llevan a bordo de sus naves, ¿tienes algo en la librería acerca de esos tipos de seres?*

S: Sí, hace muchísimos siglos, esos seres llegaron a la Tierra en sus naves, yo les llamo los arcaicos o los antiguos, ellos "sembraron" la vida tan inteligentemente que se desarrollaría aquí, y de esa manera regresaron para tomar muestras de la cosecha, por así decirlo, para ver cómo se convirtió su "proyecto". Ellos están observando que es lo que está pasando y como las cosas se van desarrollando, porque ellos quieren crear más vida inteligente en el universo y "ayudar cuando se pueda a veces", ellos sienten que la mejor manera que puedan hacer eso es al obtener la información de una de las especies más inteligentes en el planeta o sea los seres humanos.

D: *¿Podrías decirme algo acerca de la raza de los arcaicos?, ¿mencionaste que ellos estaban antes que hubiera vida en la Tierra?*

S: Sí, su tecnología se desarrolló a un nivel galáctico cuando la vida en la Tierra estaba en sus comienzos, ellos tuvieron que trabajar con la Tierra porque el planeta estaba teniendo problemas con los climas extremos, así que trabajaron con la Tierra para ayudar en balancear el clima para que la vida pudiera desarrollarse. Ocasionalmente la Tierra se sale del balance y ellos ayudan en estabilizarla, eso fue lo que causó las eras glaciares en el pasado.

D: *¿Quieres decir que ellos estaban activamente involucrados en el clima? (Sí), ¿qué hay acerca que ellos estén envueltos activamente con las especies?*

S: Sí, ellos han hecho manipulación genética, cuando las especies están desarrollándose, tienes que intentar acelerar el proceso de su evolución.

Yo había descubierto eso en mi libro "Los Guardianes del Jardín", pero siempre me gusta verificar esas teorías a través de otras personas bajo hipnosis cuando surge la oportunidad.

S: Esa es una de las razones porque el hombre se desarrolló rápidamente, ellos descubrieron a un animal antropoide (el simio) y vieron el potencial de los genes y la gran capacidad cerebral, también vieron los dedos con destreza de sus manos y supieron que sería muy fácil el desarrollar herramientas y así tecnología; ese tipo de dedos son importantes para el comienzo del desarrollo de tecnología; ellos comenzaron manipulándolos y lo primero que hicieron fue cambiar la estructura esquelética para liberar las manos para poder hacer herramientas. Después que las manos estaban libres y usadas para hacer herramientas, empezaron a trabajar en incrementar la capacidad cerebral, y ahora ellos ya eran capaces intelectualmente en poder desarrollar y manejar tecnología. Inmediatamente después siguieron el proceso de la aceleración intensiva genética como fuera posible sin poner en peligro a la raza. Ellos tenían ubicado un tipo laboratorio para hacer eso, pero dejaron a los humanos envueltos en su ambiente natural; tomaron el esperma y el óvulo, genéticamente lo manipularon en el laboratorio y después regresaron para artificialmente inseminarlo a las hembras. Ellos han continuado haciendo eso hasta la actualidad, lo cual ha sido registrado en las historias antiguas como visitas de ángeles y sus similares.

D: *¿Y qué pasó antes que la vida alcanzara esa etapa, cuando estaba en los comienzos de etapas celulares?, ¿tuvieron que ver ellos con esas cosas en ese tiempo?*

S: Oh si, todo el tiempo, en todas las etapas para ayudar a la vida en desarrollarse en la dirección viable.

Yo estaba otra vez checando la información que ya había recibido, pero estaba intentando hacer preguntas como si no hubiera sabido nada, si varios pacientes proveían el mismo tipo de información y no hay contradicciones, le brinda más validez.

D: *¿Me puedes decir algo acerca cuando ellos por primera vez comenzaron?*

S: Cuando comenzó como animales unicelulares, ellos los estimularon para proliferar en varios diferentes tipos para hacer un balance ecológico y cuando cualquiera de los tipos en particular de animales unicelulares mostraban una tendencia de tratar de aglomerarse en organizaciones multicelulares, ellos los estimulaban y gradualmente se desarrollarían en creaturas multicelulares, etc. Así que ellos habían estado todo el tiempo, no radicalmente, sino noblemente, para asegurarse que continuara a desarrollarse en una dirección positiva, porque ellos habían observado en muchas ocasiones como un planeta desarrollaba vida en la etapa unicelular. Sin su estímulo las células unicelulares podrían aglomerarse y de alguna manera no sería exitoso y se podría retroceder en animales unicelulares; y después de un tiempo los animales unicelulares empezarían a morir y el planeta estaría sin vida de nuevo.

D: *¿Entonces estaban ellos haciendo manipulación genética en ese tiempo también?*

S: Mejor dicho, estaban haciendo crianza selectiva, estimulando las mejores células, las de mejor potencial para la reproducción, muy parecido como cuando tomas al mejor animal, digamos caballos y los crías para desarrollar una raza en particular.

D: *¿Entonces ellos permitirían morirse a los otros que no se estaban desarrollando correctamente?*

S: Sí, ellos no hacían nada con los que no tuvieran una evolución, ellos los dejaban en su curso natural a la muerte. Una de las cosas que los emocionaba acerca de este planeta, era que era rico en moléculas y químicos que se podían combinar en variedades infinitas. Cuando ellos iniciaron trabajando en el clima, lo hicieron favorable para que estos diferentes compuestos se pudieran combinar en formas complejas; a este punto ellos iniciaron activamente (interfiriendo no es la palabra correcta) participando, también ayudaron a estas formas complejas a combinarse en formas más complejas. En ese punto ellos tuvieron que hacer una ingeniería química más delicada, gradualmente se desarrollarían…primeramente en virus de ese tipo de creatura y desde allí ellos se desarrollarían en animales unicelulares.

D: *¿Quieres decir como la amiba y de esos tipos?*

S: Primero ellos los desarrollaron en virus, como tú sabes el virus cuando está en un medio líquido como en agua se conduce a sí mismo como una creatura viviente; cuando tú lo sacas del agua y lo secas en un cristal solamente se fija allí, este fue como un tipo de forma intermedia y desde allí se desarrolló en animales unicelulares más grandes.

*D: ¿Y entonces a través de un proceso natural evolutivo comenzaban ellos a cambiar?*

S: Sí, ellos estaban usando el proceso natural evolutivo, pero los mantuvieron incitando en canales positivos para que se pudieran continuar desarrollando en organismos más complejos sin tener un retroceso, y así es como se atiende a un jardín hidropónico.

*D: ¿Permanecieron ellos aquí todo el tiempo que hacían eso?*

S: Eso fue cuando ellos estaban instalados en la luna, así que en efecto ellos estaban aquí, desde que seguían tratando con el clima del planeta era seguro para ellos permanecer lo más fuera posible del planeta, pero ellos tuvieron que tomar muestras de las formas de vida, ver como se estaban desarrollando y balancear los químicos adecuadamente cuando las formas de vida estaban en los océanos, y así ellos estaban cercanamente observando todo mientras estaban haciendo esto.

*D: ¡Eso debió haber tomado una gran cantidad de tiempo!*

S: Sí, es un proyecto de larga duración.

*D: Entonces ellos estaban más o menos instalados aquí y se mantenían yendo y viniendo, ¿fue esto lo que normalmente la raza arcaica hizo, viajar a otros planetas buscando condiciones de vida adecuada?*

S: No, esto solo fue una de las cosas que hicieron, ellos tenían varios proyectos mayores, pero este fue uno de los que más inmediatamente nos afectó; hicieron esto porque cuando estaban iniciando había una raza que les ayudó, pero al tiempo que llegaron al poder galáctico, esa raza había muerto. Esa raza arcaica es muy avanzada y antigua a lo que corresponde a una civilización. La razón por la que ellos estaban tratando de desarrollar a estas otras razas y ayudándolas a continuar a desarrollarse ellas mismas es para ayudar hacer a que esta galaxia sea una comunidad balanceada, capaz de interactuar con otras galaxias y eventualmente con otros universos.

*D: Cuando ellos estaban haciendo esas manipulaciones y desarrollando las especies, ¿alguna vez tuvieron errores o problemas?*

S: Sí, de tiempo en tiempo ellos verían a una ramificación particular desarrollándose que no estaba siendo anticipada y causaría problemas; o no se desarrollaría en la manera que tuviera que ser. Al punto de que ellos tratan ya sea de manipular genéticamente o si el error era muy malo, ellos dejarían sola a esa particular especie viviendo su curso de vida evolutivo, ellos no se ocuparían con ella, pero no la matarían tampoco.

D: *¿Está la raza arcaica tratando activamente con humanos y cambiándonos por manipulación?*

S: Sí, lo principal que ellos están haciendo ahora es tratar de expandir nuestra esperanza de vida y tratar de ayudar hacer los cuerpos humanos en general más sanos y fuertes. También están ayudando a la profesión médica para hacer descubrimientos más fáciles de encontrar, lo hacen psíquicamente al brindarles las ideas.

D: *Se me ha dicho que es tiempo que las personas sepan como la raza humana inició y como comenzaron las cosas.*

S: Sí, sus científicos han hecho la teoría de la evolución y están en el camino correcto, solo que ellos no saben todos los factores y no conocen todas las fuerzas implicadas.

D: *¿No se hubiera desarrollado la vida por sí misma sin interferencia de los seres del espacio?*

S: Esa es una proposición muy incierta, podría haber evolucionado espontáneamente, pero hubiera tomado más tiempo y hubieran tenido más inicios fallidos, así que la vida se hubiera desarrollado y después hubiera muerto e iniciado desde un principio otra vez hasta que finalmente la combinación correcta se continuara desarrollando.

D: *¿Tú crees que nos hubiéramos desarrollado en la etapa de humano si se nos hubiera dejado solos?*

S: Quizás eventualmente, pero hubiera tomado cientos y cientos de veces más de lo que tomó.

D: *¿Entonces existen algunas formas de vida en otros planetas que son nativas y que no se ha interferido con ellas?*

S: Ciertamente, toda vida es nativa en el planeta, simplemente fue tratada como si fuera un invernadero, digamos cuando siembras una planta, una planta de tomate afuera y se desarrolla, crece y reproduce tomates y después la colocas en un invernadero, crece, se desarrolla y produce tomates, haciéndolo más rápido simplemente.

D: ¿Piensas que nosotros hubiéramos desarrollado el intelecto que ahora tenemos, sin la manipulación directa de nuestros genes?

S: Eso es muy cuestionable, el potencial estaba allí pero como sea o no hubiese sido detonado espontáneamente, es todo un asunto diferente. Pero ellos pensaron que el potencial estaba allí y se aseguraron que fuera detonado en la manera correcta.

D: ¿Piensas que la manipulación genética ocurre mucho en el universo?

S: Estoy seguro que ¡sí, por supuesto!, si hay vida aquí esto prueba que la vida se desarrolla espontáneamente en un punto en el tiempo y se desarrolla en una etapa avanzada donde ellos pudieran iniciar manipulando otros desarrollos de vida; así que pasa espontáneamente, existen lugares donde ellos ven que la vida se está desarrollando muy bien y no necesitan interferir con ella, ya sea porque tienen otro proyecto en curso como la Tierra o lo que sea que tengan que hacer y ellos solamente lo mantienen vigilado y se aseguran que nada suceda para destruirlo.

D: Entonces debió haber sucedido espontáneamente en algún momento en el pasado.

S: Oh si ha sucedido en varias ocasiones de otra manera ¿dónde comienza la vida originalmente? Tiene que iniciar en algún lado.

D: ¿Algunos de los que nos están observándonos vienen del sistema solar?

S: No directamente del sistema solar, ahora algunos de los vigilantes tienen bases en el sistema solar y ellos viajan desde esas bases, tienen personal rotando en esas bases, pero tú no puedes decir que son del sistema solar. Ellos solamente están trabajando aquí y son de otra parte de la galaxia, algunos de sus lugares favoritos para establecer esas bases son en lunas de planetas grandes, particularmente las lunas alrededor de Júpiter y Saturno, porque ellos están lo suficientemente cerca del sol para tener energía solar suficiente para operar su tecnología y maquinaria y ellos están observando fácilmente dentro de una distancia a la Tierra, pero lo suficientemente lejos para no ser descubiertos a lo que llaman ellos nuestra "tecnología prometedora".

He aquí un pensamiento de otra sesión corta en los tempranos años ochenta cuando un hombre se vio a sí mismo en lo que aparentaba ser un planeta extraterrestre desolado, ellos estaban en una cueva con algunas máquinas. Y hablando acerca de nosotros, la gente en la Tierra, diciendo que ellos nos estaban observando. En ese tiempo sonó extraño, pero ahora me pregunto sí él estaba viendo alguna de esas bases.

*D: ¿Qué hay acerca de nuestra luna?*

S: Ellos estuvieron asentados en nuestra luna hasta el siglo XX, ese fue el lugar ideal, estaban encima de nosotros y ellos podían figurativamente no salir de la cama para observarnos. Ellos dejaron máquinas automáticas allí, programaron faros automáticos y equipo vigilante automático el cual pueden sintonizarse con su equipo cuando ellos quieren una vista más cercana. Ellos lo visitan ocasionalmente para vigilancia y mantenimiento, pero no mantienen a ningún personal allí, porque los humanos están explorando activamente a la Luna y no quieren contacto directo con los humanos aún.

*D: ¿Existe alguna posibilidad que nuestra gente encuentre ese equipo?*

S: No realmente, la Luna es muy grande y ha sido explorada escasamente, ellos tienen campos energéticos protectores para repeler la energía de los instrumentos humanos, así ellos no están conscientes de que los están observando cuando están siendo vigilados.

*D: ¿Entonces no hay nada que puedan ver a través de un telescopio?*

S: No ordinariamente, uno de los satélites casi descubre el equipo, pero las personas que lo poseen lo vieron a tiempo e hicieron algo al satélite, así que los científicos lo interpretaron como una falla momentánea.

*D: Una falla momentánea o algo así, pero mayormente sus bases están en otros planetas.*

S: Correcto, en las lunas de otros planetas, a veces las personas han visto a través de sus telescopios lo que pareciera ser ruinas en planetas en este sistema solar, esto verdaderamente puede ser atribuido a observadores pasados y sus viejas estaciones de vigilancia abandonadas.

*D: ¿Existen algunas bases en la Tierra?*

S: No en establecimientos grandes, existen bases de paso, les podrías llamar, que están en áreas remotas del planeta para usarse cuando ellos envían a un vigilante a la población. No para hacer contacto con los humanos, sino solamente observarlos y percibir sus emociones psíquicamente. Ellos llegan a esas bases de paso primero, viven allí por un tiempo para ajustarse al clima, la gravedad y el aire, de esa forma pueden actuar como humanos, cuando están alrededor de los humanos. Si ellos quieren a alguien para estar en una observación de largo plazo, ellos los distinguirán como un doctor o alguien con la capacidad que pudiera ayudar activamente a los humanos, durante el proceso de vigilancia u observación.

D: *¿Pero esas bases están localizadas en lugares aislados?*

S: Sí, regularmente, ellos están usualmente en áreas montañosas donde el aislamiento es mayor, sin que el clima sea muy hostil; no serviría el propósito tener bases de paso en climas hostiles, porque ellos se estarían ajustando a un clima anormal. Ellos quieren que las bases de paso estén en áreas donde el clima es moderado o incluso cerca de lo normal, así que serían áreas montañosas, en valles entre montañas, donde hay muchas áreas verdes y clima templado.

D: *¿Esos seres y sus naves vienen de otro lugar aparte de planetas?*

S: ¿Qué quieres decir? Todos viven en planetas, los planetas son el único lugar desde donde vienen.

D: *¿Viven todos ellos de manera física en planetas de tercera dimensión?*

S: Sí, ellos no necesariamente están en la misma tercera dimensión en la que nosotros estamos, pero todos ellos están en planetas de tercera dimensión, todos ellos aparecen de manera física a las personas que viven en ellos, porque ellos están acostumbrados a ese particular sistema de tres dimensiones.

D: *Yo realmente estaba pensando en la cuarta dimensión, eso creo.*

S: Algunos de los planetas involucran la cuarta, quinta y sexta dimensión o la doceava, decimotercera o decimocuarta dimensión, pero es una variedad diferente de sistemas de las dimensiones porque existe un infinito número de dimensiones y esos planetas sumando al estar esparcidos alrededor de las diferentes galaxias, también están esparcidos todos entre diferentes dimensiones, como para mantener todo balanceado y así no se aglomeran.

D: *También he escuchado que ellos vienen de diferentes planos de existencia, ¿se refiere eso al mismo asunto?* (Sí), nosotros *estamos pensando que esas naves y sus ocupantes solamente vienen de galaxias y planetas cercanos como el nuestro.*

S: No, esa es una de las razones, porque las distancias del espacio parecieran ser tan vastas, porque no hay nada allí en ese sistema de dimensiones, pero hay cosas en otros sistemas de las otras dimensiones.

*D: Entonces no solamente es espacio vacío.*

S: Correcto, simplemente es incapaz de ser percibido desde estas dimensiones.

*D: ¿Pero si alguien fuera a ir a través de ellas, se dieran cuenta de ellos en su forma física, incluso cuando no los pueden ver desde la Tierra?*

S: No existe la manera que ellos puedan ser percibidos, porque ellos no están en estas dimensiones.

*D: Todo lo que puedo hacer es escribirlo y dejar a aquellos quienes lo puedan entender o no lo pudieran entender del todo.*

S: Aquellos quienes estén más educados podrían tener más tiempo de dificultad en entenderlo porque están más apegados a sus ideas.

Yo quise dejar la conversación centrada de nuevo en algo que podría ser más fácil para que yo lo pueda entender, en vez de estos conceptos complicados que solo me dan dolor de cabeza y me dejan sintiendo como un moño envuelto mi pobre cerebro.

Este tipo de conceptos y teorías serían continuados y explorados ampliamente en el libro de *Convoluted Universe* (Universo Complejo), es suficiente decir que hay innumerables mundos alrededor de nosotros que son invisibles para nosotros, porque ellos están vibrando en una frecuencia diferente. Los habitantes de aquellos mundos perciben sus alrededores como físico y son inconscientes de nosotros como nosotros de ellos, aun así, algunos de los extraterrestres que han dominado el viaje en el espacio han aprendido a ir y regresar a través de esas dimensiones simplemente al acelerar o disminuir sus vibraciones.

*D: En relación de nuestro sistema solar, ¿me puedes decir algo del cinturón de asteroides?*

S: Sí, existía un planeta allí cuando los demás planetas se estaban desarrollando, fue en un tiempo cuando Júpiter casi evolucionó hacia un sol, hacia una estrella gemela para orbitar alrededor del sol, hubiera sido un sol más pequeño, existió una poderosa presión desde Júpiter y estando cerca de otro planeta grande Saturno, y el planeta entre Júpiter y Marte no pudo soportar la presión, por un lado estaba siendo jalado para rotar alrededor del sol aunque al mismo tiempo Júpiter estaba jalándolo causando que rotara alrededor de Júpiter y la presión lo destruyo en pedazos.

*D: Júpiter es un planeta gigante y tiene mucha gravedad, ¿por qué Júpiter no evolucionó en una estrella gemela?*

S: No era lo suficientemente grande para iniciar la reacción nuclear necesaria, si la reacción nuclear fuese iniciada probablemente se mantuviera por sí mismo, no tuvo la suficiente masa para iniciar la reacción nuclear que causara que se convirtiera en estrella. La raza arcaica pudo haber iniciado la reacción nuclear, pero ellos sintieron que no era necesario tener dos soles en ese sistema, sintieron que pudiera afectar negativamente la nueva vida desarrollándose en la Tierra.

*D: Si tuviéramos soles en los dos lados hacia nosotros, ¿me pregunto qué efecto hubiera tenido?, ¿nos hubiera dado más calor o no es así?*

S: No, sino más radiación.

*D: Júpiter ha acumulado lunas, así que tiene la gravedad para jalar objetos.*

S: Sí, es casi como un mini sistema solar por sí mismo con el número de lunas que tiene. La raza arcaica decidió que dejaría la decisión a la raza humana, porque ellos sabían que cuando la raza humana se desarrolle a un nivel galáctico, ellos podrían convertir a Júpiter en otro pequeño sol; este se encuentra aún en un estado donde lo podrían convertir, incluso cuando ha sido considerado un planeta, pero ellos pensaron que lo dejarían a discreción de la forma de vida dominante que se haya desarrollado.

*D: ¿Cuál sería la razón por querer hacer eso?*

S: Para tener más espacio, podríamos desarrollar colonias en el espacio en las lunas de Júpiter.

Estos son extractos, pero un pequeño ejemplo de el conocimiento que puede ser obtenido cuando se accede a la librería

# CAPÍTULO 7
# LOS EXTRATERRESTRES HABLAN

Cuando por primera vez comencé a trabajar con Suzanne en octubre de 1986, ella estaba pasando por diferentes alergias y nosotros estábamos buscando por la raíz de su problema en las vidas pasadas. Ella entró en un trance profundo inmediatamente y era un excelente paciente. Las sesiones fueron altamente exitosas, nosotros exploramos diferentes vidas y la información probó en ser beneficiosa. Su problema con asma fue relacionado con una vida pasada cuando ella había muerto en la infancia por neumonía. En la vida presente todo lo que interfiriera con su respiración era atraído desde el subconsciente por miedo a la muerte detonando un ataque de asma.

Cuando nuestra siguiente sesión trajo consigo extraterrestres del espacio, ¡fue una sorpresa!, porque nosotros definitivamente no estábamos buscando por ello. Suzanne nunca había vivido algún avistamiento, sueños o mostraba algún interés en OVNIS, así que eso era lo último que esperaría encontrar en una sesión. Era el comienzo de mi contacto directo con extraterrestres y tenerlos hablando directamente conmigo, fue una ocurrencia espontánea, que fue estableciendo un patrón continúo que produciría resultados extraordinarios.

Nosotros casi habíamos terminamos una sesión de hipnosis que trajo una vida pasada en Inglaterra en 1930; después de su muerte en esa vida, la lleve al mundo astral para obtener información acerca de la vida después de la muerte. Este es mi patrón cuando tengo un buen paciente capaz de entrar en trance profundo, yo trato de recabar información acerca de diferentes tópicos y después los combino y comparo para su validación. De este modo cuando le pregunté que describiera qué es lo que estaba viendo después de su muerte, yo ya tenía una idea de lo que esperaría que dijera, en el principio su voz era letárgica y hablaba lentamente.

*D: ¿Puedes ver algo ahí o existe algo ahí para ver?*
S: (Pausa) bueno, yo veo… un tablero de computadora.

Esa fue una sorpresa, no fue nada de lo que estaba esperando basado en lo que mis otros pacientes habían visto. Estos numerosos reportes fueron combinados y explicados en mi libro *Between Death and Life* (Entre la Vida y la Muerte).

*D: ¿Un tablero de computadora?*
S: Hay algunos seres, es como si estuvieran monitoreando algo, ellos tienen controles e interruptores y están sentados en sillas mirando algo. No puedo ver claramente qué es lo que están monitoreando, hay muchas cosas, mapas y … ahora estoy arriba de todo. La Tierra, veo los continentes y ellos están monitoreando lo que está sucediendo ahí abajo en el océano, en los continentes, ellos están observando, ellos saben más, estoy aprendiendo y ellos me permiten observar. Ellos hacen esto porque hay otra fuerza que los guía y son mensajeros de esa fuerza; ellos lo hacen para la ayuda de la humanidad.

Yo pensé que ella estaba probablemente viendo el cuarto de cómputo en el plano espiritual. El cuarto que no había estado permitida entrar antes, estaba restringido porque todos los elementos de la vida de la persona están acumulados ahí y las especificaciones relacionadas con su siguiente reencarnación son estudiadas, desde que yo la dirigí hacia el plano (o lo llamado "muerte") espiritual, yo estaba tratando de comparar sus respuestas con lo que ya previamente sabía.

S: Ellos entienden más fácilmente, la tecnología y el conocimiento es más avanzado en estos niveles. Un entendimiento de mucho más alto nivel está tomando lugar.
*D: ¿Puedes ver cómo es la apariencia de estos seres?*
S: Ellos están vestidos de blanco, ellos lucen todo de blanco y tienen una cabeza redonda y son más pequeños, con un traje espacial y tienen ojos más grandes. Ellos están sentados en sillas y moviendo cosas, botones e interruptores, ellos tienen una ventana grande para mirar; es como un círculo y existe una estructura en el medio que es como un objeto esférico.

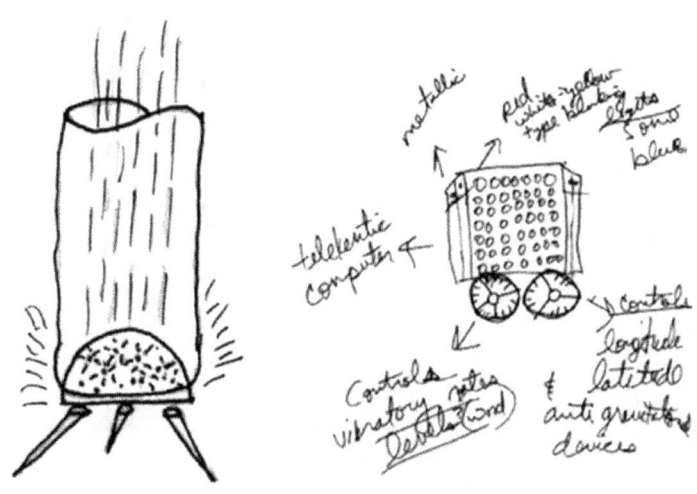

Drawing of orb object and control panels.

Media esfera plana en su base, pareciera que está sostenida por piernas hacia el suelo, es trasparente por dentro y un cristal brillante pareciera estarse moviendo. Hay pequeñas piezas centelleantes constantemente en movimiento. Un largo tubo viniendo desde el techo para cubrir la parte superior de la esfera. Un tubo sólido pero trasparente, luz (¿preguntándose?) bajando a través de él, tiene algo que ver con la propulsión de la nave y también conectado con los dispositivos de cómputo. Ella estaba sorprendida cuando dijo eso, ella no sabía de donde salió esa descripción, el dispositivo estaba localizado en el centro de la nave.

D: ¿Entonces esta es una nave en su estado físico?

S: Puede ser vista o puede ser camuflajeada, depende de cuál es su misión primaria o qué es lo que está monitoreando. La esfera cristalizada le da a esta nave energía para ser propulsada por sí misma y también controla los dispositivos antigravitacionales para esta nave.

D: ¿Mencionaste tú que ellos te estaban permitiendo ver esto? ¿Es eso inusual permitirte ver lo que están haciendo?

S: (Mecánicamente) nosotros hemos contactado antes. Ellos me han monitoreado antes, ellos me han estudiado y no les perturba porque yo soy un hermano y vengo en paz, ellos quieren asistencia de seres como yo.

D: *¿Les importa que sepas estas cosas?*
S: No, no ahora, ellos quieren que la información se traduzca.
D: *¿Podrían ellos estar dispuestos a compartir información conmigo?*
S: Sí, ya ha iniciado, ellos me usaran para comunicar.
D: *Me gustaría tener información y quiero que entiendan que solo la usaré para bien, ¿saben ellos eso?*
S: Sí, es solamente para individuos que pueden hacer algo con ella, quienes la pueden aplicar de una manera productiva, si no lo hicieran, sería información inútil.
D: *¿Entienden ellos como la quiero usar?*
S: Ellos son muy telepáticos (suavemente) ellos están haciendo contacto, (entonces la voz cambio y sonaba mecánica y robótica de nuevo), nosotros estamos escaneando.

Después de una pausa sentí que estaba siendo escaneada, fue una sensación de hormigueo a través de mi cuerpo, especialmente en el área de mi cabeza. Yo no creo que fuera una sugestión mental de mi parte, porque no sabía que esperar. La sensación fue definitivamente física e inesperada, traté de mantenerme calmada, aunque era muy inquietante y pude darles la impresión clara de mí misma, pero tenía la sensación de que no podría hacer ninguna diferencia, sentí que ellos podían ver el centro de mi ser y nada podía ser escondido o falsificado de todos modos. Ellos podían probablemente verme y a mis motivos más claramente que lo que yo misma podría hacerlo.

S: Cierto fenómeno debe ser explicado más claramente y tú eres un puente de información, tú tienes la habilidad de escribir y esto es necesario.
D: *De esta manera puede ser comunicado a otras personas.*
S: Yo veo a un ser, todo blanco y bajo de estatura, brazos delgados, cabeza grande, ojos grandes obscuros, yo veo su cuerpo entero ahora, sus piernas, aunque no veo ninguna vestimenta en él y es amable al mirarme, él me está mirando.

El lado de la nave que ella podía ver tenía una pared curveada, los seres estando sentados enfrente de las pantallas y perillas con controles estaban desaparecidos de ella. Únicamente aquel ser estaba consciente de ella, ella no sabía de su cargo en la nave; él se comunicaba telepáticamente con ella. Ella después explicó que los seres tenían las cabezas calvas, pero parecían diferente a la portada del libro Communion, porque sus ojos no eran almendrados, sus cuerpos eran similares a los seres de la película Encuentros Cercanos a excepción que no eran como tipo infantes y sus extremidades eran más robustas, gruesas y más toscas.

*D: ¿Podría él estar dispuesto a compartir alguna información con nosotros?*
S: Él quiere canalizar a través de mí.
*D: ¿Cómo te sientes acerca de hacerlo?*
S: Yo estoy feliz (risa).

Ordinariamente una declaración como esta podría poner nervioso a un hipnotista y ellos podrían no estar seguros en cómo proceder, pero yo estaba trabajando con el material de Nostradamus en ese tiempo, así que me acostumbre a hablar con entidades, mi mayor preocupación era siempre el bienestar de mi paciente, una vez que esto fue establecido mi curiosidad tomo mando y yo estaba llena de preguntas. Yo he descubierto que esta es la manera más fácil de asegurar la conexión, solamente iniciar preguntando por información.

*D: Estoy curiosa acerca de él, ¿qué es este lugar?*
S: Es una nave.
*D: ¿Qué es la habitación en donde estamos?*
S: Existe solo una habitación, él está tratando de conectar con mi energía ahora mismo. Él está tratando de integrarse (una serie de respiraciones profundas y después una voz profunda) un momento por favor.
*D: ¿Qué?* (Yo estaba alarmada, la voz no era de Suzanne).
S: Un momento por favor.
*D: Está bien, pero recuerda que nosotros la estamos protegiendo a ella.*
S: Sí, no hay daño, no hay daño. (Más respiraciones profundas y después una voz con sonido mecánico) ella tiene que removerse a ella misma temporalmente para que esta transmisión sea más completa, ella está bloqueando, yo estoy tratando de remover bloqueos en su consciencia, ella no está acostumbrada a este tipo

de experiencia, eso es parte del bloqueo, ella no está acostumbrada a removerse a ella misma conscientemente de este vehículo.

D: *Pero eso es natural, es por eso que nosotros tenemos que tomarlo con calma al comienzo.*

S: Yo la estoy ayudando, tomará un tiempo, pero es un comienzo, yo puedo parcialmente integrarme a través de ella, pero tiene que estar terminado para obtener la información más precisa, sin que sus pensamientos combinen o alteren esta información, ¿entiendes?

D: *Sí, es por eso, que nosotros queremos que sea cuidadoso y hacerlo lentamente, de esa manera será más exitoso.*

Estaba siendo una madre cuidadora, yo quería protegerla mientras estaba atravesando esa extraña experiencia.

S: Ella tiene que acostumbrarse a integrarse a un tipo de vibración más alto, su deseo está abierto a este tipo de sugerencia y comunicación, ella no está bloqueando ese camino, sino es más como un bloqueo físico. Las energías están acostumbradas a estar ahí, tiene que acostumbrase a estar en un estado de consciencia alterno, a esperar mientras la comunicación toma lugar. ¿Entiendes?

D: *Sí, sí lo entiendo.*

S: Así que puedo darte información parcial en este momento, pero todavía estoy tratando de trabajar en su comunicación hablada y las imágenes mentales... ella necesita estar acostumbrada a este tipo de transmisión. Yo estoy aún más combinado con su consciencia ahora, pero más adelante ella será capaz de removerse completamente para la comunicación temporal.

D: *Está bien, nosotros estamos pacientes. ¿Me puedes mostrar algunas de las cosas en la habitación y decirme para qué son usadas?*

S: Las palabras son difíciles de transmitir exactamente en este tiempo, algunas de estas preguntas las podrás repetir después, para obtener las palabras correctas, pero yo trataré de acercarme en palabras que ella pueda describir, podrían ser similares, pero no exactas.

D: *El lenguaje y las palabras son siempre difíciles.*

S: Nosotros tenemos una computadora, le estoy mostrando que tiene muchas luces en ella. Es como un tablero cuadrado con pequeñas luces redondas totalmente cubriéndolo. Como un tablero de juego, ella está pensando en líneas e hileras, arriba y abajo, vertical y horizontal, completamente cubriendo un tipo de tablero cuadrado plateado. Estas luces están todas brillando, luces rojas... azules... los colores significan diferentes cosas cuando están encendidos. Y estos están controlados por botones circulares que tienen marcas en ellos cuando son movidos en diferentes posiciones. Este es un tipo principal de computadora en nuestra nave, tiene un nombre, pero estoy teniendo problema en obtener el nombre, algo que suena como "tablero telequinético" suena similar, pero no es la palabra correcta. Nosotros estamos tratando de trasmitirle algo que suena como "telequinético" y existe ahí lo que describes como líneas, algunas son líneas largas, algunas son líneas cortas, los espacios entre las líneas que van hacia el margen exterior del botón marcan ciertas latitudes, longitudes, altitudes. Ellos controlan estos elementos para maniobrar este vehículo. Ella solamente ve la superficie de esto. Yo estoy tratando de darle mucha más visualización lo más que puedo, existe una parte exterior plateada de la computadora, no es realmente cuadrada, está construida dentro de la nave, así que ella no es capaz de verla... sin embargo ella está ahora visualizando. Detrás de todas esas pequeñas luces están muchos cables o lo que podrías ver en una microcomputadora si la abrieras. Tú pudieras ver muchas conexiones eléctricas, muchos cables, pero hechos de diferentes materiales que no encuentras en tu planeta, es un sistema muy complejo, a nuestro conocimiento ustedes no tienen una computadora de este tipo.

D: *¿Qué es lo diferente acerca de ella?*

S: El material de lo que está hecho, lo que es capaz de hacer; controla lo antigravitacional, ella no puede tener la palabra correcta, maniobra la nave. Existen personas en tu planeta que están experimentando con naves antigravitacionales, no al nivel en la que nosotros las hemos desarrollado. Ellos obtuvieron y tienen algunas ideas de naves que han chocado en este planeta. Se ha mantenido en secreto, creo yo por tu Fuerza Aérea, no muchas personas lo saben, pero ellos han copiado las piezas lo mejor posible que pueden sin los materiales apropiados. Ellos podrán ir lo más lejos posible, pero no tienen la velocidad. Para ser preciso existen muchas cosas que evolucionarán de esto y ciertos materiales tendrán que ser usados para producir estos efectos. Esta es una de las razones por la que hemos escogido comunicarte, en este tiempo, para ayudar al hombre a evolucionar y avanzar a un paso más rápido. Para ayudarle a explorar otras dimensiones, ser capaz de viajar a otras dimensiones y planetas con más facilidad. Yo tomaré más detalle después acerca de las complejidades ... palabras ... esa palabra, de nuevo no es exactamente lo que estoy tratando de decir aquí, pero iremos más en detalle acerca del aspecto técnico en ello. Su vocabulario para cosas eléctricas no es muy expandido, es por eso que debo integrar más completamente energía en ella, porque después podré transmitir a más detalle. Su conciencia no es de mucha mentalidad mecánica en esta vida, yo sé que las mujeres de tu especie no tienen esa tendencia de ser de esa manera, es más lo que hace el hombre o la parte masculina de tu especie. La habilidad está ahí, pero el entrenamiento no ha estado, entonces si me comunico más completamente a través de ella, entonces podré darte detalles más claramente, que es lo que yo creo preferirías.

D: ¿Aparentemente los materiales son muy importantes?

S: Sí, solamente ciertos metales son usados en tu sociedad para propósitos eléctricos, para hacer computadoras. Si fuera hecha de madera, por ejemplo, no trabajaría tan bien a comparación de que si fuera hecha de una substancia de tipo metal. Entonces el material juega un papel significativo en el desarrollo de como estas computadoras y generadores, como tú les llamarías, trabajan. Algunos de estos materiales podrán ser obtenidos de otros planetas cuando sean capaces de poder transportarlos, ya sea en un transbordador espacial o lo veo como primer paso para el avance de transportación en gran escala. Cuando estas substancias puedan ser obtenidas de otros planetas, yo creo que se encontrarán muchos usos para ellas que hace que esta sociedad avance tecnológica y científicamente.

D: ¿Crees tú que nosotros podríamos encontrar substitutos en nuestro planeta que podrían duplicar los mismos procesos?

S: Existen manera de alquimia, la mezcla de ciertos metales, mezclar diferentemente a lo que ustedes han hecho, si existen más posibilidades que pudieran ser descubiertas de este modo más adelante.

D: ¿Entonces se desarrollaría un metal totalmente nuevo?

S: Sí y tiene que ser hecho de cierta manera, cierta temperatura, cierta mezcla. Las substancias pueden ser creadas y son similares, pero no idénticas. Ustedes deben de usar los recursos que tienen aquí.

D: *Tal vez podremos acercarnos de todos modos.*

S: Sí, esta es otra razón por la cual esta comunicación está tomando lugar, para ayudar al hombre, con algunos de estos descubrimientos.

D: *¿Qué tan grande es esa nave, si solo tiene una habitación?*

S: (Pausa, titubeando al pensar), de nuevo su estimado de medidas es limitado (risa) yo quiero decir ... 3000 de tus metros, o lo que llamas "metros" en diámetro. Algo en esa medida, mmm, 300, 3000, mmm, pregunta de nuevo esto después (risa). Yo creo que, si ella supiera la escala de lo que es 300 metros, ella podría saber si es 300 o 3000 de tus metros.

D: *Bueno, ¿me podrían decir como luce la forma exterior de la nave?*

S: Es de forma redonda, con una cubierta ovalada. Un poco plana por debajo a como es arriba, pero como un tazón volteado de arriba a abajo. Plateada metálica, ventanas alrededor de la orilla y hay luces que son usadas en ciertos momentos.

D: *Creo que ya me dijiste algo acerca de la fuente de poder. ¿Está localizada en la mitad de la habitación? ¿Es eso correcto?*

S: Sí, el cilindro, es una esfera de cristal, que genera poder para la nave. Es circular, transparente, en su parte superior de la esfera está a la mitad, como una bola cortada a la mitad.

D: *Yo estoy familiarizada con algo de las funciones de los cristales, se que hay muchas maneras en las cuales pueden ser usados. ¿Es este un cristal grande?*

S: Es tomado de substancias cristalizadas de diferentes planetas y esculpido como una esfera, como tipo tú esculpirías una bola de cristal de cuarzo. No se puede ver a través, pero hay cosas dentro incluso en forma de esfera, es un transmutador de energía.

Al inicio cuando yo transcribí esta grabación pensé que ella trato de decir "transmisor", pero cuando busqué por las definiciones vi la diferencia entre las palabras. Un transmisor envía algo, donde un transmutador cambia o transforma algo de una forma u otra.

S: Esto luce como si hay diferentes luces de colores destellando dentro del cristal, no es completamente claro, en otras palabras, existen formas y estructuras dentro de él; luces.

D: *¿Es esta la principal fuente de poder que opera todo dentro de la nave?*

S: Es la mayor fuente de poder.

D: *¿No es la única?*

S: No, la computadora controla otras fuentes de poder, en caso de que algún poder se ha dañado de alguna manera existe otra fuente de refuerzo. Una fuente que puede reemplazar esa misma cantidad de energía. Así que usualmente podemos regresar de dónde venimos. Es muy raro que una nave choque y usualmente en esa situación existen condiciones atmosféricas que juegan parte en ello. El problema no está en la nave misma, tanto como las condiciones atmosféricas combinadas con un error. Uno de los seres programa algo mal y entonces la combinación puede existir en ello.

D: *¿Entonces es posible para tu gente en hacer errores?*

S: Eso es muy raro, nosotros no vemos a lo que tú llamas "errores", pero siempre hay espacio para aprender más, cosas suceden, pero nosotros nos ajustamos a la situación en el momento.

D: *Entonces no son infalibles, en otras palabras.*

S: No y es solamente un proceso normal de ser un ser viviente, pero no lo vemos como un error que requiere castigo. Ustedes pareciera que sienten que cuando un error es hecho el sentimiento de culpa tiene que ser vivido. Y después un castigo es añadido para reforzar la culpa, así el error no será hecho de nuevo, pero nosotros no sentimos que esto sea necesario. Cuando lo que tú podrías llamar "error" sucede, nosotros automáticamente lo compensamos. La persona está consciente de que ha sucedido, eso es todo lo que es requerido, es que ellos estén conscientes de ello y lo mejor que puedan aprender de eso. Los sentimientos de culpa, los castigos son una de las situaciones que mayormente mantienen detenidos a los seres de la Tierra; yo lo llamaría, de progresar, a una velocidad más rápida. Ellos están "colgados" en este tipo de fenómeno y se mantienen detenidos a ellos mismos de progresar. Esto es un obstáculo y cuando estos son removidos un ser o un ser de la Tierra puede perseguir más sus sueños. Él puede actualizar cosas, hacerlas más fácilmente, porque no está deteniéndose al pasado. La mayoría de las enfermedades provienen de esto, este planeta está envuelto en este tipo de reafirmación, una condición real que es enseñada a temprana edad tiene que ver con limitaciones, las personas necesitan aprender como sobrellevar sus limitaciones si quieren progresar más rápidamente. Ayuda que esta condición es iniciada a temprana edad, porque una vez que este patrón de comportamiento ha sido procesado no es fácil de destituirlo.

*D: La nave en la que ustedes están, ¿puede viajar por sí misma a través del espacio?*

S: ¿Qué quieres decir, por sí misma?

*D: Bueno, es que sigo pensando que no es tan grande, ¿proviene de otra nave o puede ir y venir a su planeta hogar por sí misma?*

S: Yo estoy siendo muy básico con ella en este momento, estoy integrando esta energía, me gustaría expresar las cosas más... exuberantemente, o lo que tú podrías llamarlo más audazmente, pero regresando a tu pregunta. Nosotros tenemos que ser capaces de regresar en caso de que algo suceda a la nave que nosotros vamos, y si no podemos regresar, estaríamos atorados en esta atmósfera y nuestros cuerpos no están hechos con las células condicionadas para este planeta y a esta atmósfera. Nosotros podemos salir de nuestra nave por períodos cortos de tiempo, pero incluso entonces nosotros tenemos que usar un tipo de protección, porque la bacteria aquí, es ajena a nosotros. Entonces nosotros en nuestra nave programamos nuestros dispositivos a la vibración de la ubicación y solamente nos transportamos ahí, es como un gran salto y después unos pequeños saltos, pasando a la velocidad de la luz. Existen otros tipos de seres que podrían hacer esto diferentemente, pero respecto a los seres de nuestro tipo lo más lejos que hemos llegado es que nosotros siempre podemos regresar a nuestro planeta hogar, si es que el planeta no ha sido destruido por cualquier condición atmosférica o lo que sea. Nosotros pensamos que esto era inteligente en nuestra manera de pensar.

*D: Sí, pero tengo la impresión que ustedes no siempre hacen esto, ¿mencionaste algo acerca de regresar hacia otra nave?*

S: Existen otras naves, las cuales pensarías tú o quizás en aquella palabra como "nave nodriza", nosotros tenemos naves más grandes, naves diferentes que son usadas para propósitos distintos, naves pequeñas que son usadas para monitorear cosas usualmente, naves grandes que son más para observaciones o comunicaciones telepáticas, entonces depende del propósito que nave se usará.

D: *¿Pueden darme una idea de dónde está tu planeta hogar? Puede que sea difícil.*

S: Más allá de lo que llamarías la estrella norte, hacia esa dirección, cinco estrellas más en una línea (pausa) yo quiero llamarle "Centra" el planeta suena tipo así, ella no está obteniendo la palabra de manera correcta. ¿Centeria? Algo que suena así, ¡oh! Yo pienso que vendrá más exactamente después.

D: *¿Está dentro de nuestra galaxia?*

S: No, mmm, está más allá de años luz, existen sistemas de naturaleza extraterrestre a ustedes que están en un rango más cercano.

D: *¿Entonces son de otra galaxia, sería esto correcto?*

S: Pareciera que obtengo un sí y no, es un no, pero, la respuesta es sí, porque nosotros viajamos a muchas galaxias. Existe un planeta hogar, pero no estamos ahí muy a menudo. Nosotros siempre estamos viajando, explorando y pasamos la mayoría de nuestro tiempo en naves. Nosotros enviamos información de nuestras exploraciones hacia nuestro planeta, pero no siempre regresamos, nosotros podemos enviar la información sin tener que estar ahí.

D: *¿Es esto hecho de manera telepática o ...?*

S: Parcialmente, pero existen transmisiones instaladas en nuestra nave y hay un tipo de instrumento recibiendo la transmisión, es como un metal delgado instalado en nuestra base hogar, lo que podrías pensar como un tipo antena y esto está diseñado para nuestra nave y la información se introduce en esta cosa y este instrumento es enviado y decodificado por seres y grabado en nuestro, lo que podrías llamar libros de historia y nuestros registros científicos de las diferentes formas de vida en el universo.

D: *¿Y ese instrumento o tipo de antena está en tu planeta hogar? (Sí) ¿Son capaces de transportar objetos físicos, así como también mensajes a través de esas distancias tan largas?*

S: No, ciertas cosas nosotros las analizamos en nuestra nave entonces la información es enviada. Lo que nosotros descubrimos en nuestra investigación en la nave, esa información es enviada en más que una forma de palabra o un tipo de comunicación.

D: *¿Entonces ustedes no transportan objetos físicos?*

S: No, eso no es usualmente hecho, nosotros nos transportamos a nosotros mismos y la nave, pero incluso eso es algo raro, nosotros somos capaces de mantener nuestra nave en lo que tú llamas "espacio terrestre" por largos períodos de tiempo, el tiempo no es para nosotros a como tú lo conoces y podemos viajar muchos años luz muy fácilmente. Nosotros hemos encontrado suficientes recursos en la galaxia para mantener nuestra nave y mantener la energía corriendo a través de ella, entonces no se desgasta, como algunas cosas en tu planeta que se desgastan. Los materiales en nuestra nave duran mucho más, son más durables como tú podrías nombrarles.

D: *Yo tengo muchas, muchas preguntas. Me gustaría preguntarte acerca de tu cuerpo, ¿necesitan algún tipo de mantenimiento, alimento como nosotros le llamamos?*

S: Líquidos, existe una forma de ingesta de líquidos, el ambiente nos brinda cosas que nos sostienen. La atmósfera en nuestra nave es mantenida a cierta temperatura y consistencia que mantiene a nuestros cuerpos físicos para que no se deterioren. Nosotros no envejecemos como lo llamarías, nosotros nos mantenemos en una forma. Cuando un ser "nace" como lo llamarías tú, comienza en una forma más pequeña y cuando alcanza madurez se mantiene en esa forma, no existe duración de edad vieja, nosotros nos mantenemos a través de nuestras habilidades mentales, es como usar visualizaciones para mantenernos jóvenes, es similar, es casi programado en nosotros ser de esa manera. Si alguno de nosotros se lastima de alguna manera o se ha mantenido en una condición atmosférica que causase algún tipo de deterioro, entonces nosotros tenemos un líquido especial de nuestro planeta que es tomado en nuestros sistemas para ayudar a repararlo, pero eso es solamente usado en casos de emergencia de este tipo.

D: *¿Entonces no lo necesitan todo el tiempo para sobrevivir?*

S: No, las condiciones atmosféricas dentro de la nave están programadas a ciertas temperaturas y conduce eso; no puedo pensar en la palabra correcta. Cierta atmósfera es creada y mantendrá nuestra forma física, esa es una razón por la cual nosotros no podemos permanecer fuera de la nave por largos períodos de tiempo, porque tiene un efecto degenerativo en nuestras formas.

D: *El aire, la atmósfera en la Tierra, ¿quieres decir?* (Sí) *entonces, ¿no necesitan alimento o algo así a excepción de líquidos. ¿Toman ustedes ese líquido?*

S: No es como tomarlo, yo digo es como inyectado en nosotros, no necesariamente tiene que ser tomado, como lo llamarías. No existe realmente necesidad de alimento a como lo conoces.

D: ¿Entonces el líquido no es tomado a través de sus bocas?

S: Puede ser puesto de esa manera, pero más como inyectado dentro de la boca en lugar de tomado. Es como si estuvieras dando a alguien, lo que ella está pensando como un tipo de intravenosa o algo así. Un tubo puesto en algo puesto a través, por eso ves el porqué es solo para emergencia. Existe una forma de vida de planta en nuestro planeta que puede ser tomada en nuestro sistema, pero no es necesaria. Nuestros sistemas o nuestros "cuerpos" como los llamas, tienen todo lo necesario que necesitan para sostenerse si la atmósfera es correcta. Ves tú, cuando uno ingiere comida produce un efecto de crecimiento el cual produce un envejecimiento después en la forma humana. Esa es una de las razones por la que nosotros nos podemos mantener en una talla, porque al no tener esta ingesta de alimento que cambia la talla de nuestros cuerpos, produciría un efecto de envejecimiento después.

D: *Eso es una interesante idea, pero ¿de qué está compuesto aproximadamente ese líquido?*

S: Nada que se encuentre aquí en este planeta, pero tal vez aquí podría haber algo con lo que se pudiera comparar. Ella está obteniendo una imagen de un tipo liquido rojo, pero no es sangre, es más como el tipo de una substancia de vitamina, tal vez ella está pensando en una vitamina roja liquida o lo que pudieras pensar como vitamina B12 o B6, yo creo que es inyectada en la forma líquida, podría ser de consistencia similar o algo de esa naturaleza, como una vitamina líquida, pero diferente.

D: *Yo me estaba preguntando que, si tuvieran una emergencia y no pudieran obtener el líquido, existiría algo en la Tierra que pudiera sustituirlo.*

S: Nosotros trataríamos de regresar a nuestro planeta para obtenerlo o podríamos ir a otra nave que pudiera tener algunos extras y obtenerlo de esa manera. Usualmente hay otra nave que podemos localizarla primero antes de que tengamos que regresar a nuestro planeta hogar.

D: *Entonces parece que lo más importante para sobrevivir es la atmósfera dentro de la nave.*

S: Sí, es importante para nuestro tipo de cuerpos.

D: *¿Esto debe de mantenerse constante?*

S: Como dije anteriormente, nosotros podemos dejar la nave por períodos cortos de tiempo, es fácil para nosotros salir en forma energética sin tomar nuestro cuerpo físico con nosotros. ¿Lo puedes entender? Nosotros podemos mover una proyección energética de nosotros más fácilmente sin que sea afectada por condiciones atmosféricas, como otra forma de protegernos a nosotros mismos.

Esta podía ser una explicación de los reportes en este libro de un ser no sólido, delgado.

D: *De esta manera no están poniendo en peligro su forma física.*

S: Sí, nosotros tenemos que mantener un estado mental cuando vamos fuera de la nave, en la forma física. Nosotros nos programamos para que estemos en un estado constante de condición atmosférica, así no ser afectados por ello, pero no podemos mantenernos en esa mentalidad para siempre. Nosotros tenemos que cambiarla de nuevo y es por eso que nosotros preferimos hacerlo solo por un corto período de tiempo. ¿Esa explicación ayuda?

D: *Sí, yo creo que lo entiendo, si un ser humano estuviese dentro de la nave, ¿podrían respirar o vivir en la misma atmósfera?*

S: Nosotros preferimos no tomar seres a bordo de nuestra nave en su forma física total, a menos que ellos tengan alguna protección con ellos y nosotros estemos protegidos de ese ser también, porque ellos no estarían acostumbrados a la atmósfera en nuestra nave. Nosotros los ponemos en una mentalidad similar antes de que sean tomados a bordo, un tipo de trance. Nosotros protegemos su consciencia para que pueda manejar el tipo de atmósfera diferente sin causar un daño físico, pero de nuevo, solo sí un ser, de la Tierra estuviese en nuestra nave por mucho tiempo, usualmente ellos son regresados inmediatamente; ellos podrían tener dificultad al mantenerse en la atmósfera. De hecho, yo creo que podría incluso causarles un problema de salud, además de solamente ajustarse a nosotros, además ellos podrían estar en un estado moderado de choque en toda la experiencia. Una combinación de las dos situaciones podría dañar la salud del ser. Es por eso que estos seres están por un muy corto período de tiempo. Otros seres algunas veces no los regresan a la Tierra y ese ser probablemente podría expirarse eventualmente después de un período corto de tiempo. Nosotros preferimos no hacer eso, porque nosotros estamos aquí para ayudar, algunos seres ven la vida humana de una manera más en término animalista y tratan al ser como tratarías a una vaca. Tú sabes tal vez, para hacerle una disección por razones científicas, solamente pensando como si fuese un animal sin inteligencia. Usualmente nunca para comer o algo de esa naturaleza y ellos probablemente esperarían a que el ser expirará antes de que tales tipos de experimentos tomaran lugar, pero nosotros honramos la vida aquí, nosotros hemos hecho un compromiso con el concilio, para ayudar a los seres aquí, incluso aunque nosotros somos más avanzados, nosotros vemos esperanza en estos seres y ellos están alcanzándonos a nosotros también. Ellos no han honrado y nosotros los honramos a ellos. Pero seres de otros sistemas que no son parte del concilio no ven a la vida humana como algo valioso, como nosotros lo hacemos.

D: *Estoy contenta que ustedes lo ven así, porque de esta manera, nosotros estamos en una mentalidad similar. Yo creo que nosotros estaremos disponibles para comunicarnos mejor de esa manera, porque nosotros vemos de la misma manera la vida.*

S: Ha existido un ser o dos que han sido transportados a nuestro planeta u otros planetas. Otros seres del espacio han hecho cosas similares, pero es una situación muy rara. La única manera que sea posible sin que el ser expire antes de que llegue ahí, es tomarlo inmediatamente a bordo e inmediatamente ir a nuestro planeta hogar, porque el tiempo es significativo para que el ser sea capaz de sobrevivir la experiencia. No siempre es una experiencia placentera, sin embargo, algunos seres desean que esto ocurra y ese deseo crea una oportunidad para que tome esto lugar, pero una vez que ellos estén ahí, algunas veces ellos nos están tan a gusto como ellos pensarían que sería, porque se sienten solos al estar sin seres de su mismo tipo. Es interesante para ellos por un momento y ellos se sienten honrados de haber sido especialmente seleccionados, pero ellos anhelan por una pareja como todos los seres.

D: *¿Los tendrían que mantener en una atmósfera especial o no?*

S: Sí, como mencione los seres humanos son envueltos con sus emociones, ellos pueden sentir más obstáculos y por eso ellos viven la experiencia de lo que llaman "soledad" y eso puede afectar a un ser tanto que no quieren vivir más. No entiendo la razón de esto.

D: *¿No podrían ellos ser regresados si están viviendo esa experiencia o cosas como esas?*

S: (Suspira) la mayoría de ellos hubieran tenido dificultad sobreviviendo la experiencia ambas veces sin expirar, es un gran choque para su sistema, ellos no están acostumbrados a viajar a esas velocidades y usualmente ellos requieren una inmediata atención médica cuando regresan aquí. Algunos de ellos no sobreviven el viaje, por el daño a su sistema. La mayoría de ellos solamente desean tener a algún otro ser, transportado allá, en vez de regresar.

D: *Ellos creen que ellos quieren hacerlo, pero cuando sucede ellos lo encuentran diferente.*

S: Si ese ser avanza lo suficiente en nuestras enseñanzas, entonces se les podría dar la oportunidad de ir a una nave de ese planeta, distancias pequeñas para viajar y aprender cómo controlar una nave espacial, pero usualmente ellos solo serían capaces de ir a cortas distancias; sería difícil para ellos aprender como viajar a tales grandes distancias, sin un cierto tipo de cuerpo capaz de resistir ese viaje. Los nuestros son capaces de soportar altas velocidades tales como años luz etc. sin causar algún daño físico, pero un cuerpo humano es limitado. Por eso no puede soportar un tipo de viaje fácilmente hasta que sea más evolucionado, existen seres altamente evolucionados que tienen forma humana que viajan en el espacio, pero no son humanos, lo entiendes; tienen apariencia humana, pero su estructura celular ha sido alterada, son más evolucionados y es por eso que ellos pueden viajar en el espacio, mientras que para otros seres humanos sería más difícil mantener su salud sin tener serios efectos secundarios al intentar viajar de esa manera.

D: *Entonces ellos aparentan ser humanos, pero realmente no lo son, ¿este tipo de seres están visitando la Tierra también?*

S: Sí, ellos también la están visitando.

D: *¿Sería entonces engañador o no es así? Nosotros pensaríamos que ellos son humanos.*

S: Sí, como ves existen algunas formas que pueden convertirse en diferentes formas, ellos lo usan como una herramienta para estudiar y observar a las personas más cercanamente; algunos de ellos no son tan afectados por las condiciones atmosféricas como el tipo de seres que somos nosotros. Esos tipos de seres que son capaces de hacer eso son muy avanzados.

D: *¿Quieres decir que ellos crean un cuerpo?*

S: Es solamente ser como son, a lo que tú llamarías como un "camaleón" que puede cambiar su forma para mezclarse. Ellos realmente son energía, si tú los vieras sin tomar forma alguna serían como un tipo de energía líquida flotando.

D: *¿Flotando?, ¿sería sólido?*

S: Cuando toma una forma tiene una solidez, pero si tú los vieras en su forma natural, sería más como un líquido o un tipo de ser de energía que fluye. Como el espíritu en tu cuerpo lo es, sin el cuerpo atado a ello, aparentaría ser muy similar, pero estos seres son muy avanzados incluso en su tan llamada condición original o normal. Lo que nosotros llamaríamos "forma espiritual" que es de una manera como forma física para ellos.

D: *Pero ellos son capaces de hacer un cuerpo.*

S: Sí, ellos manifiestan cosas muy fácilmente, porque son muy avanzados.

D: *Pareciera que existe mucho que nosotros no sabemos.*

S: Existen muchas formas, justamente como las que hay en tu planeta, existen muchas formas de vida, muchas especies, insectos, especies de animales, vida vegetal, ya sabes es difícil para una persona nombrar todos los diferentes tipos de especies; así que, si tú lo pudieras ver de esa manera, tú verías que en el universo existen muchas, muchas formas allá afuera también, e incluso en otros planetas existen muchos otros tipos de forma de vida. Existe vida de insectos, vida de plantas las cuales son muy diferentes a las de tú planeta.

D: *Tú mencionaste cuando ellos toman a un ser humano a bordo los ponen en un estado de trance y esto es para acondicionarlos a su ambiente como una forma de protegerlos de su psique. ¿Eso sería lo correcto?*

S: Consciencia.

D: *¿Su consciencia?*

S: Sí, también su psique.

*D: Yo siempre pensé que era compasivo que algunas personas no recordaran esas experiencias para que no alterara su vida normal.*

S: Es para protegerlos al salir de la experiencia en el estado completo a lo que tú llamarías estar en estado de choque. Nuestro propósito no es hacer un daño al individuo, porque nosotros no queremos que ocurra una mala experiencia en ellos.

*D: Pero también es para que ellos puedan adaptarse a la atmósfera.*

S: Sí, es una combinación.

*D: Pero ellos únicamente pueden mantener ese estado de trance por un cierto tiempo y después ellos pueden volver a la normalidad.*

S: Si, esa es la razón por la que la mayoría de ellos son regresados muy rápidamente. El tiempo es casi como si se separara, como tú sabes. Estas cosas pueden suceder en un parpadear de ojos, el tiempo puede ser alterado y las situaciones que pueden suceder son difíciles para el hombre en comprender en este estado de desarrollo, pero por eso es que estos seres diferentes tienen la experiencia, incluso como este canal ha tenido una experiencia, fue casi como un parpadear de ojos que muchas cosas sucedieron, porque el tiempo fue alterado en la mente del ser humano, pero en nuestra mente realmente no se alteró, solamente es natural. (Risita)

*D: Es natural para ti de todos modos, y yo me preguntaba si era un tipo de hipnosis que usaban para el individuo.*

S: Es una transmisión telepática enviada a la consciencia del individuo, algo que ellos son capaces de recibir, también existen diferentes puntos en el cerebro que pueden ser estimulados, como un opioide, así ella lo llamaría, para producir ese tipo de efecto. Si la energía es empujada hacia cierta parte del cerebro, puede producir un tipo de estado de trance. Este tipo de consciencia es similar a lo que está sucediendo ahora, y por eso tú puedes hacer lo que estás haciendo ahora en un estado hipnótico, como tú le llamas, una cierta parte de la consciencia ha sido estimulada por una forma de comunicación que produce esta energía que es similar, pero esta energía es de una mayor velocidad, es más fuerte. Esa parte del cerebro del ser, estaría mucho más fuertemente estimulada a comparación de este tipo de estado de trance.

D: *Algunas personas tienen memorias parciales y otras personas tienen destellos de memorias en el estado del sueño y otros no recuerdan nada del todo después de sus experiencias.*

S: La razón de eso es porque cada cerebro de un ser, es un poco diferente y va a reaccionar un poco diferente, a comparación del cerebro de otro ser. La programación básica es similar, pero estas posiciones donde los puntos de presión están en la cabeza de la persona son un poquito diferentes en cada individuo, solo ligeramente alterados. La estructura celular diferente y los químicos que van a través del cerebro de una persona serán alterados por lo que la persona haga, los medicamentos que la persona ha ingerido, la comida que ha tomado. Si alguien golpea su cabeza, existe un fluido en el cerebro que tiene que ajustarlo. Por si hay una contusión. Las condiciones médicas también afectan al cerebro; así como también los tóxicos hacen sus efectos al circular en el torrente cerebral. Todos estos son factores que determinan en cómo la persona reaccionará a ese tipo de experiencia y por eso algunos tienen mejores recuerdos que otros, porque cuando la energía es empujada en el cerebro de la persona algunos se ajustaran diferentemente a comparación de otros, y ese es el porqué algunos recordaran más que otros; también depende del nivel de desarrollo de sus conciencias, lo que ellos estén dispuestos en aceptar y tratar con ello, mientras otros están temerosos de volver a estar en contacto con la experiencia que tuvieron. Ellos son más susceptibles a esconder la experiencia total de ellos mismos, porque tienen miedo de afrontarla.

D: *Entonces es muy individual.*

S: Sí, lo es.

D: *Pero, es interesante que nosotros somos capaces de tener acceso a esas memorias al usar la hipnosis.*

S: Es una estimulación de ciertos puntos y de células en el cerebro.

D: *¿Son memorias guardadas o algo así? Siempre he estado curiosa de saber cómo funciona.*

S: Existen transmisiones eléctricas, son como nervios eléctricos que son transmitidos a través de diferentes partes del cerebro, existen partes del cerebro de los seres humanos que guardan información, otras partes son usadas para la creatividad y manifestación de ideas, pero es como lanzar una corriente eléctrica para alcanzar al otro extremo de la línea. Yo sé que, hablando físicamente, eso es lo que se vería si tú pudieras verlo.

D: *¿Cuándo una persona es inducida en trance y llevada a la nave, produce bloqueos dentro de su mente?*

S: Son bloqueos de consciencia para proteger al individuo, una experiencia como esa puede ser muy estresante para el ser que no está acostumbrado en tener ese tipo de experiencias, y justamente es como si alguien que ha por así decirlo tenido un accidente automovilístico, sus cerebros automáticamente los protegen de ciertos tipos de dolor que la persona va a experimentar y automáticamente los pone en un estado diferente de consciencia.Esa es la razón porque algunas personas tienen una experiencia fuera del cuerpo, sus consciencias están intentando de protegerlos como tú dirías del "horror" o del "susto" de la experiencia. Los protege a sí mismos en un modo similar como una experiencia fuera del cuerpo.

D: *Eso tiene sentido para mí, pero entonces la hipnosis puede ir alrededor de estos bloqueos que protegen.*

S: Ellos abren esas puertas cerradas.

D: *Pero, yo sé que únicamente sucede cuando la persona está dispuesta.*

S: Sí, la disponibilidad es lo que mantiene la puerta ligeramente abierta.

D: *Si es que ellos no quieren recordar o experimentar ...*

S: Entonces ellos la cierran, las personas que tienen ese tipo de experiencias con extraterrestres tienen una conexión con eso o usualmente no ocurre; su deseo es lo primordial para que una experiencia suceda, porque ellos quieren expandir su conciencia, ellos podrían no admitirlo, pero ellos están listos para la experiencia antes de que suceda.

D: *Sí, yo creo eso, bueno yo realmente valoro todo lo que me has estado contando y me gustaría pedir permiso para volver a hablar contigo. ¿Podría hacer eso?*

S: Sí, yo podré darte una mejor descripción de las cosas más adelante cuando ella esté más acostumbrada a este tipo de transmisión.

D: *Yo creo que hemos hecho un buen trabajo hoy.*

S: Yo estoy muy poco integrado en su campo de energía, muy apenas. Nosotros ya hemos hecho un acuerdo de comunicación a través de este vehículo, nosotros queremos ser una ayuda y asistencia.

D: Y muchas gracias por permitirnos hablar contigo.
S: Gracias.

Yo después guié a Suzanne para despertar en su plena consciencia, yo estaba interesada en averiguar lo que ella había experimentado cuando el ser extraterrestre hablo a través de ella. Prendí mi grabadora de nuevo.

S: Tan pronto como desperté yo recordé ver a un ser con una cabeza blanca, sin cabello del todo, pero veo sus grandes ojos obscuros, me estaba mirando, realmente me estaba observando, pareciera estarse comunicando conmigo en otros niveles acerca de lo que hablé. Y me estaba emitiendo ciertas cosas más allá de lo que yo pudiera verbalmente comprender, también tuve un sentido real de la presencia de su cabeza, como es que me estaba mirando detenidamente mientras yo estaba consciente. Hubo definitivamente contacto hecho con este ser en particular y existió una muy fuerte energía, aún sigo sintiendo parte de esa energía ahora mismo en mi cabeza.
D: Pero es una buena sensación, ¿no es así?
S: Sí, es una sensación placentera, quiero decir que se siente bien, pero es muy fuerte casi como un trance.
D: ¿Y eso es todo lo que recuerdas ahora mismo, que es, lo que te estaba mirando?
S: Sí, ahora.

Ella comentó que ese ser, pareciera que le puso un acumulado de información en su cabeza y "escaneó" su cerebro y mucho más fue insertado de lo que ella me dijo. Cuando yo le pregunté cómo podría contactarlo otra vez, él le mostró a ella el símbolo de un "triangulo", ella lo llamo una pirámide y no pareciera saber que tuviera un significado para mí. Ese símbolo ha sido visto en muchas de las experiencias de abducción, usualmente como una insignia a bordo de la nave. Suzanne no tuvo miedo de la experiencia, ella se sintió llena de júbilo, ella tuvo la intuición de que no era una cuestión de dar la información a la gente "errónea", pero porque molestarse en darla a alguien que no supiera que hacer con ella. Ella sintió algo físico cuando él dijo que me estaba escaneando, sentí una sensación como hormigueo en la cabeza, como cuando sientes la sensación de que te vas a dormir.

La próxima sesión con Suzanne se llevó a cabo en la primera conferencia de la organización MUFON (Red comunitaria de investigación nacional de objetos voladores no identificados) en Eureka Springs en marzo de 1987. Esta fue la única vez que la organización MUFON patrocinó la conferencia, ya que el próximo año Lou Farish y Ed Mazur tomaron el cargo y desde entonces fue renombrada Ozark UFO. Los principales expositores en esta conferencia fueron investigadores militares retirados de los proyectos originales Blue Book (Libro Azul) y Grudge (Rencor), que eran orientados al escepticismo y la negación oficial de todo el fenómeno OVNI, más experimentos que se estaban llevando a cabo aparte de la serie de conferencias.

Lou era la única persona con la que yo estaba compartiendo la información acerca de mis recientes casos, así como estaba teniendo mis pequeños pasos en este tipo de investigación yo tenía que tener a alguien en quién confiar para discutir las teorías de mis casos; y Lou probó ser esa persona ya que nunca traicionó mi confianza en todos los años que trabajamos juntos, él sabía acerca del sorpresivo cambio en la sesión de regresión con Suzanne; Lou Farish comentó que le gustaría estar presente en la sesión y hacer sus propias preguntas, así como él lo había hecho en otras reuniones en Fayetteville y Mena Arkansas. Nosotros pensamos que esta sería la mejor oportunidad, en esa conferencia, ya que todos estarían reunidos en un lugar, muchas otras personas expresaron interés, y esto ciertamente marcaría una pauta de las horas de negación oficial que hemos mantenido en la conferencia.

Suzzane estaba naturalmente nerviosa por la sesión porque nunca lo había hecho antes en público, esto contribuyó a que pasáramos una situación complicada cuando nos dirigíamos por la noche a la habitación de motel después que terminó la conferencia. Ella se puso más nerviosa cuando vio a la multitud que estaba reunida, ella le pidió a varios que se marcharan, nosotros hicimos eso en una manera discreta para que no se ofendieran, permanecieron como diez personas en la habitación del motel, la mayoría de ellos eran investigadores que había conocido en otras reuniones y uno de ellos era John Johnson como ya lo comenté anteriormente, un psicólogo de raza negra que más adelante trabajó conmigo en casos de OVNIS; en los años venideros él llegó a ser muy indispensable cuando estaba inmiscuyendo en este campo donde solo había unos cuantos expertos en la década de los ochentas, todos estábamos aprendiendo unos de los otros y de nuestros desaciertos.

En ese tiempo John me dio la impresión de que era caballero tímido y reservado, él no era muy comunicativo y permanecía sentado quietamente observando, al no conocerlo yo temía que tan solo la idea de comunicación con un extraterrestre a través de una mujer en trance podría ser mucho para él. Yo estaba más preocupada de su opinión que al respecto de los demás porque ellos ya sabían del tipo de trabajo que yo hacía, aunque me sorprendió cuando dijo que creía en la reencarnación y comprendía lo que estaba sucediendo; él estaba trabajando con pacientes moribundos en el hospital de veteranos de guerra, así que el definitivamente estaba en las corrientes de metafísica. Yo estaba satisfechamente sorprendida y relajada cuando me estaba preparando para la sesión, después cambié mi atención hacia Suzanne, también estaba un poco preocupada por los resultados porque era la primera vez que ella estaría expuesta en trance ante muchas personas y no tenía idea lo que surgiría.

Ella aparentemente estaba preocupada también porque empezó a respirar profundamente en un intento de relajarse, ella no tenía, porque preocuparse porque yo sabía que la palabra clave haría el trabajo con muy poco esfuerzo de su parte, las luces de la habitación le molestaban, así que las apagamos todas y dejamos encendida la luz del baño y así permitió que nos alumbrara, de esta manera todos permanecieron sentados y quietos en una semi obscura habitación esperando por lo que fuera que sucediera. Yo use la palabra clave y empecé a contar guiándola a la misma escena donde habíamos hablado con el ser, con la esperanza de encontrarlo otra vez, si teníamos éxito yo intentaría en repetir algunas de las preguntas que ya había hecho para el beneficio de los investigadores presentes.

*D: Contaré tres y en la cuenta de tres estaremos allí de regreso en esa escena, 1, 2, 3, ya hemos regresado a esa escena otra vez, ¿qué estás haciendo y que estás viendo?*

Yo estaba sorprendida por el tono de voz imperativo, "se especifica", era casi como si estuviéramos interrumpiendo o estando entrometiendo a alguien y eso me tomó desprevenida.

D: *¿Qué sea especifica? Está bien, la última vez que hablamos estaba intentando averiguar más acerca de ti y de tu nave.*

El humor cambió repentinamente y el tono de voz fue más suave, "¿Qué quieres saber?", después más fuerte y casi impaciente, "¿qué información estás buscando?

D: *Tú me habías dicho que en la nave que estás ahora tiene solo un cuarto, ¿eso es correcto?*
S: ¿Te refieres al de la anterior ocasión?
D: *Sí o ¿dónde estamos ahora?*
S: Estoy dentro de una nave, no siempre estoy en la misma nave como cuando hablamos antes, me transfiero ocasionalmente, porque algunas naves son usadas para diferentes propósitos.
D: *En la que estás en este tiempo presente, ¿cuál es su uso?*
S: A lo que tú te podrías referir como una "nave exploradora", que es usada para observar, estoy intentando hablar a través de su consciencia, ella está haciendo unos pequeños ajustes, porque la energía es diferente y ella está intentando de ajustarse.
D: *Está bien, pero recuerda sin dañar al vehículo.*
S: Sin daño.
D: *¿Toma un momento en acostumbrarse o no es así?*

Él aparentemente no quería andarse con rodeos en engancharse en pláticas irrelevantes y quería ser directo preguntando: "¿Qué quieres saber?"

D: *Está bien, ¿mencionaste que la nave es usada para explorar?, ¿a qué tipo de función te refieres?*
S: (En voz mecánica) para observar y monitorear seres, todo tipo de formas de vida.
D: *¿Por qué haces esto?*
S: Esta información es enviada muchos años luz más allá de este planeta a nuestro planeta hogar de base, después es analizado de nuevo por otros seres que están allí, yo solo la envío allá y reúno

cuanta sea posible de información y de lo que soy capaz de transmitir. Nosotros tenemos un aparato de comunicación que nos facilita enviar información a largas distancias.

D: *¿Qué tipo de aparato es ese? ¿Qué energía utiliza?*

S: Es probablemente difícil para ti en entender esto completamente, nosotros somos seres muy telepáticos, podemos enviar mentalmente la información muy lejos, pero también tenemos un aparato de sonido; un sonido vibracional que se emite y se envía. El sonido viaja más lejos de lo que ustedes podrían haber descubierto. Existen manera de enviarlo más lejos, tenemos un tubo de una sustancia tipo metálica como tú le dirías, es un tipo de sonido vibracional que lo empuja a través y debe estar enfocado en una cierta dirección a una ubicación precisa, a cierto lugar vibratorio al cual nosotros preparamos nuestros mensajes y es transferido inmediatamente allá. Existe lo que tú le llamarías un retraso de lapso de tiempo debido a la distancia, a veces es cuestión de a lo que le dirías "días" antes de que alcance su destino.

Hubo una interrupción en la habitación porque una de las personas comenzó a toser y se levantó y se fue al cuarto adyacente, distrayendo mi atención.

D: *¿Y utiliza energía directa de este sonido?*
S: Es un mensaje codificado en el sonido, como lo que ustedes tienen de manera similar al código Morse, ¿eso tiene sentido para ti?
D: *Si lo tiene, aunque no entenderíamos lo del sonido, pero puedo entender el concepto.*

Este era el mismo concepto que Felipe me había presentado en el libro Los Guardianes del Jardín, en el que una comunicación extraterrestre era enviada a largas distancias usando tonos.

D: *¿Creo que tú me habías comentado antes que existe un instrumento allá, un aparato tipo como antena en el otro planeta? ¿Es eso correcto?*
S: Es un recibidor para los mensajes, existe un tipo poste que los envía y otro tipo de lo que tú le dirías "mástil" para recibirlo, es un cilindro muy alto metálico y es enviado a esa ubicación exacta, a

la misma posición vibratoria exacta. Es por eso que terminará allí sin perder la ubicación. De la misma manera que una antena recibe una radio transmisión, esta es usada en una manera muy similar, como un receptor entonado a esa frecuencia.

D: *¿Y mencionaste tú que la información era decodificada en la otra terminal y metida en sus expedientes? ¿Y que tú mantenías los registros de diferentes formas de vida?*

S: Bueno, nosotros no mantenemos expedientes como ustedes lo hacen, es mantenida a lo que tú le llamarías banco de memoria, una vez que está ahí nunca es olvidada. Puede ser recolectada muy fácilmente, nosotros no tenemos que ponerla en un libro. Tenemos lugares especiales donde almacenamos diferentes tomas de muestra, de cosas. Son mantenidas en una cierta ubicación, a lo que tú llamarías un tipo de contenedor subterráneo, para protegerlo de los elementos de nuestro planeta.

D: *¿Todos los registros de la Tierra están contenidos allí?*

S: Nosotros no estamos preocupados en tener todos los registros de la Tierra, tenemos lo que queremos de la Tierra y de muchos otros sistemas planetarios. Solamente tenemos lo que nos interesa y no necesitamos tenerlo todo. Nosotros ya podemos saber sobre las muchas formas de vida de aquí, es muy fácil para nosotros.

D: *¿Estaría bien si otras personas pueden hacerte otras preguntas?*

S: Intentaré responderlas también, a mi mejor habilidad en este estado de energías combinadas.

Yo pensé que las personas querrían hacer sus preguntas en voz alta como lo habían hecho en otras sesiones, pero algunos comenzaron a pasarme sus notas, y fue para mí difícil leerlas porque estaba semi obscuro.

Leí la primera pregunta: "¿Cómo eres capaz físicamente de atravesar estas vastas distancias?"

S: Existen muchos diversos métodos de transferencia de energías, electromagnéticas, de pensamiento y otras que cumplen el mismo objetivo. En muchas instancias existe simplemente la transferencia de una realidad dimensional a otra, también existe simplemente el ajuste mental que permite la energía en el control de aquellos quiénes están comandando esa nave para simplemente hacer lo que le es ordenado, eso es un pensamiento de transferencia. Lo único que necesitas es ubicarte a ti mismo mentalmente en un área para estar allá, conforme tu conciencia y entendimiento de tus realidades se expandan, tú verás que tu poder mental puede tener una influencia directa en aquellos objetos físicos que te rodean. Y eso sucede cuando aquellos objetos están resonando la frecuencia mental idéntica y así tú tienes el poder absoluto sobre eso objetos físicos. Tu mundo como es ahora está de alguna manera con sus frecuencias esparcidas de manera que no hay dos resonando igual o parecido; sin embargo, cuando estos materiales están en resonancia con aquella energía mental, entonces ellos también están transfiriendo con esa energía mental. Simplemente ellos aparecen y desaparecen según a aquellos pensamientos que los comandan los cuales los controlan. A ustedes se les dará esa tecnología (para la propulsión de pensamiento de una nave) en corto tiempo. Sin embargo, el concilio en este punto no tiene manera de permitirles esta tecnología hasta que progresen a un nivel más responsable. Ustedes ya han puesto en juego la existencia de todo el planeta con su energía nuclear, ustedes no saben qué hacer con eso, sin embargo, de todos modos, lo hacen. Nosotros le pediríamos que por favor no pongan en juego al resto del universo con ello.

Y yo leí la siguiente pregunta: "¿Qué tipo de información están recolectando al respecto de los seres humanos en la Tierra?

S: Los seres humanos son especiales y únicos en muchas maneras. Es por eso que nosotros estamos tratando de asistirlos en este tiempo, nosotros también estamos interesados en el planeta mismo, cambios ambientales están ocurriendo en él. Los seres que son menos avanzados, pero hay mucha esperanza por ellos. Están desarrollándose, avanzando rápidamente con nuestra ayuda. Hemos estado trabajando con seres de la Tierra desde hace mucho tiempo, nosotros los influenciamos telepáticamente en los estados de sueño para ayudar a la humanidad en su avance tecnológico y científico. Para que llegue el humano a lo que llamaríamos "madurez emocional", porque las emociones causan un gran caos para el hombre y hasta que aprenda a como dominarlas y controlarlas, así que él tiene que aprender en como impulsarse a sí mismo con sus energías positivas y como transmutar las energías negativas. Las energías negativas son emociones: celos, el enojo, este tipo de emociones que ustedes están familiarizados son la perdición del hombre. Estas retienen al hombre en su progreso, las emociones positivas lo impulsan al avance, pero esto podría tomar algún tiempo para que todo el planeta se dé cuenta.

D: (Leyendo) *¿el tipo de ser que eres tú, tienes emociones?*

S: No como ustedes, existe un sentimiento de proximidad entre nuestros seres cuando ellos quieren, a lo que tú llamas "reproducir", un ser se unirá con otro ser para este propósito, pero nosotros no nos atoramos con esas emociones como ustedes, no existe el apego. Nosotros somos más desapegados, porque esas emociones pueden ser un obstáculo para el desarrollo, no es de nuestra naturaleza el permitir que un sentimiento nos interrumpa para avanzar. Algunos otros seres espaciales están fascinados por estas emociones, solamente porque ellos no las experimentan de la misma manera. Ellos son curiosos, pero ellos lo ven casi como un obstáculo; ellos piensan que puede ser de ayuda, dependiendo en como quieras usarlas, a lo que llamas "sentimientos", si son usados de una manera positiva pueden ayudar a que el ser avance, así que es decisión del individuo.

D: *Yo me estaba preguntando si tú entiendes las emociones como nosotros las conocemos.*

S: Nosotros las observamos en otros seres, las entendemos lo suficiente para lo que necesitamos saber, pero nosotros vemos al hombre como canales de energía, como una energía. Son vórtices que dan vueltas en el cuerpo humano que canaliza todo tipo de energías diferentes que lo rodean y muchos seres no tienen conciencia de esto.

¿Estaba él refiriéndose a los chakras del cuerpo? Ellos usualmente son referidos como dando vueltas y que tienen que rotar o funcionar en armonía para que el cuerpo se mantenga en un balance saludable.

S: Pero nosotros creemos que hay esperanza para la humanidad, es un ser especial que si pudiera usar todo su potencial y sus dones más completamente podría avanzar en muchas maneras que les beneficiaría a sí mismos y a todo el universo.

D: *Eso suena muy bien, ¿entonces ustedes son seres sexuales?*

S: Nosotros somos andrógenos, en otras palabras, cualquiera de nosotros puede reproducirse.
D: *Yo tengo curiosidad acerca de eso, ¿quieres decir que ustedes se turnan en los diferentes sexos o tienen los dos sexos en tu cuerpo?*
S: En nuestro caso es telepáticamente, nosotros mentalmente proyectamos una imagen de lo que va a crecer. No es crecer como "envejeciendo", sino hay una hinchazón en lo que nosotros le llamaríamos la región del "estómago". El ser prematuro es formado en un muy corto período de tiempo en comparación a lo que duraría esto en un ser humano y cuando el ser sale a través del área del estómago, como tú le llamarías, inmediatamente se cierra de regreso, no hay necesidad de incisión ni cirugía, todo es mentalmente hecho, los seres salen un poquito pequeños en tamaño y después ellos llegan a tener un tamaño permanente conforme a las condiciones atmosféricas que se mantienen a una cierta manera.
D: *Entonces ustedes solamente deciden cuando quieren reproducirse, ¿no es una situación automática?*
S: Es una decisión mutua entre dos seres en quién de ellos lo quisiera. Podemos intercambiar, por así decirlo, realmente no importa, pero nuestros seres son muy avanzados a una edad muy temprana. Tan pronto ellos empiezan a caminar se les muestran mapas de la galaxia e inmediatamente llegan a ser viajeros estelares, esa es nuestra naturaleza; nosotros somos muy avanzados en esa área.
D: *Yo creo que yo tengo curiosidad en cuanto a las emociones, ¿tienen algún tipo de sentimiento hacia esos pequeños niños?*
S: No de la misma manera que ustedes lo tienen.
D: *¿Ustedes tienen una crianza?*
S: Existe una crianza, un deseo de enseñanza, pero no es emocional, es solamente instintivo para nosotros, el instinto de enseñar, para enseñar al joven a madurar y nuestros jóvenes automáticamente aprenden lo que ellos necesitan; está engranado en su código genético, en mi genética. Es solamente lo que quieres saber y lo que envuelve solo surge, es muy fácil. Existe un instinto en enseñar para avanzar, no es el tipo de instinto de crianza. No es lo mismo, aunque si uno de nuestros seres se accidenta o se lástima de alguna manera, hay un tipo de sentimiento que se transmite, realmente no es tristeza, como tú le llamarías, sino es una vibración que se envía. Existe un anhelo del ser para estar

recuperado de nuevo, pero no es tristeza como tú lo sabes y si es posible algo se hará para ayudar a la recuperación del ser, si es que eso sucede.

D: *Estoy intentando de entender como eres tú y como eres diferente a nosotros, ¿nunca tendrías alguna emoción negativa como el enojo?* (No).

Me dieron otra nota: "¿Cuál es el tipo de ser más común que está visitando nuestra Tierra en este presente tiempo? ¿Un ser físico extraterrestre?".

S: El subgrupo de humanoides... no puedo encontrar el equivalente traducible, sin embargo, existen subgrupos de la categoría general de humanoides. Existen muchos que son idénticos a sus cuerpos físicos, la siembra que fue hecha en tu planeta fue de esa naturaleza. Y existen aquellos que son emparentados distantemente, aún muy diferentes para sus estándares. Ese tipo de primo lejano es el más concurrente del tipo de visitación. Los androides como ustedes le llamarían son simplemente trabajadores quienes voluntariamente realizan esa misión. Ellos se trasladan del área en la que ellos fueron programados para ofrecer sus servicios voluntariamente en ese "logro". Yo le dudo al usar la palabra "experimento", por el resultado que ya es pronosticado y conocido, sin embargo, para no decir "misión" porque la mayoría del trabajo... encuentro que debo discontinuar esta línea de discurso, se me ha dicho que hay un porcentaje elevado de incomprensión del intento a la dirección tomada. La información dada ha sido mal entendida como agresiva y no de una naturaleza de ayuda. Nosotros no deseamos promover la idea de que venimos como conquistadores, sino como ayuda.

D: *Mencionaste tú que el resultado ya se sabía. ¿Puedes decirnos a que te refieres con eso?*

S: El resultado final, no el individual ni el resultado personal, el cual cada uno de ustedes debe de crear en su propia lección.

D: *¿Cuál es el resultado final?*

S: El despertar de la raza humana a nivel universal de conciencia, para que sean hermanos de la gente de las estrellas y no como sus subordinados o subyugados.

D: *¿Cómo es la apariencia de estos androides?*

S: Aquellos a los cuales los han descritos como una apariencia gris y son típicos en estatura pequeña, y claros los ojos son los más prominentes, simplemente, porque son los receptores de comunicación.

D: *¿Funcionan sus ojos de la misma manera que los ojos humanos?*

S: En un sentido, ellos ven, sin embargo, ellos recolectan mucho más de lo que es llamado el espectro visible de luz, también incluyendo las regiones de luz ultravioleta.

D: *¿Tienen ellos pupilas y la función en la misma manera que nosotros tenemos?*

S: No en el sentido de que ellos se enfocan y capturan la luz, en ese sentido ellos son diferentes, ellos la reciben, sin embargo, su método de recepción es de alguna manera basado en un principio diferente envuelto aquí.

D: *¿Tienen sus ojos párpados?*

S: No en el sentido de cubierta, no como dirías a lo que tienen ustedes.

D: *¿Tienen ellos un sistema respiratorio similar al de nosotros?*

S: Ellos son similares únicamente en el factor que ellos usan el sistema respiratorio para analizar, no para digerir o ventilar.

D: *¿Existe alguna manera de sustento para el cuerpo en esta gente?*

S: Energía mental pura es suficiente, ellos no necesitan sustento físico para mantenerse. Ellos son seres de energía que pueden mantenerse de energía pura.

D: *Entonces eso es lo que nosotros nos referimos como la vida eterna.*

S: No tanto, porque los cuerpos son desmantelados después de que su uso ha expirado.

D: *¿Entonces ellos no consumen nada como un humano lo haría?*

S: No en ese término de sentido físico.

D: *¿Qué hay acerca de la ósmosis? Tú mencionaste que había seres de energía. ¿Ellos asimilarían por ósmosis?*

S: Existe la asimilación, el análisis de compuestos y tal vez una rectificación de ciertas anomalías que podrían aparecer, sin embargo, como sustento ellos derivan más energía de las fuentes de energía a comparación de sus funciones digestivas o respiratorias.

D: *¿Quieres decir como elementos presentes en la atmósfera? ¿O de qué tipo de energía ellos viven?*

S: Energía mental de sustento.

D: *¿Prosperan ellos en emociones?*

S: No existe contenido emocional aquí, estos son llamados androides que son sin emociones, sin embargo, sensibles a la energía mental.

D: Quiero decir, ¿prosperan ellos en emociones emanadas de otros?

S: Ellos serían afectados, sin embargo, no sostenidos.

D: ¿Están estos seres sujetos a cualquier aflicción, que límite, sus términos de vida?

S: No existe ninguno con que nosotros podríamos relacionarlo, sin embargo, existen aquellos que en un contexto no apropiado podrían ser debilitantes.

Las preguntas me las estaban pasando en grupos y yo las estaba intentando organizar en la habitación con muy poca iluminación.

D: ¿Cómo se producen estas creaturas?, ¿son clonados, manufacturados o cómo?

S: Existe un proceso en la parte central de… voy a usar una analogía que es similar al país o quizás al estado en el que su sistema político yace, es un proceso asignado a aquel planeta el cual alberga la residencia de aquellas energías que son de una naturaleza gobernante; el proceso es una mezcla de energías, de naturaleza tanto física como mental, tales son construidas físicamente y se les otorga una receptividad mental, no quiero decir una identidad mental, sin embargo una receptividad mental que permita a esta creación física responder al nivel mental de estimulación. Aquellos androides son receptivos a sus energías mentales, pero aun así obedecen a las órdenes o son serviles a aquellos quienes están dirigiendo aquella particular operación, en la cual los podríamos encontrar. Ellos son sirvientes.

D: ¿Son clonados o manufacturados de alguna manera?, ¿son hechos por otro individuo?

S: De las dos maneras, en el sentido que se les da la energía mental por las fuerzas de vida, sin embargo, ellos son en un sentido manufacturados en ese proceso que es más de ensamblarlos en vez de crecerlos, sin embargo, existe vida o una fuerza vital en esas unidades, aun así, ellos son elementos o maquinaria.

D: ¿Los androides se comunican con personas en la Tierra?

S: Yo deseo aclarar que ellos se comunican, pero no con los terrícolas, sino con aquellos quienes son sus superiores. Un humano no podría dirigir la operación directamente, sin embargo, ellos responden a la emoción humana, pero no al grado de que interactúen con el intelecto.

D: ¿Quiénes son sus superiores?

S: Aquellos quienes son responsables de aquella misión en particular, en la cual existe una interacción, sin embargo, existen elementos de conciencia más lejos e incluso más allá de eso. Es como si los maestros del universo estuvieran enviando aquellos subordinados quienes podrían participar en cualquier misión que ellos deseen para después entregar el reporte. Muy similar a su estructura militar.

D: ¿Entienden ellos la emoción humana?

S: Eso es correcto, ya que son empáticos.

Otra pregunta: ¿Tienen estos androides la habilidad de reproducir otro androide?

S: Eso no es correcto, los androides no son capaces de procrearse, ellos no son de una naturaleza autosustentable, ellos simplemente son creaciones a través de un proceso de vinculación, dada la fuerza de vida con la que reaccionan y es empático a la fuerza de vida con la cual ellos llegan a tener contacto, sin embargo, ellos no son procreadores.

D: ¿Existen algunos otros seres en esta nave con esos androides?

S: Ciertamente, existen varios quienes son de diferentes formas, pero ellos no necesariamente tienen que estar.

D: ¿Ellos son parecidos a nosotros? Teniendo un alimento y ...

S: Eso es correcto.

D: ¿Cuál es la apariencia de esos seres?, ¿los que comúnmente acompañan a estos androides?

S: Ellos también son de una apariencia humanoide y usualmente pasan desapercibidos. Ellos tal vez se muestren, pero no son vistos, ellos usualmente no se presentan a aquellos que son llevados a bordo.

D: ¿Quieres decir que ellos usualmente no se revelan a la persona?

S: Eso es correcto.

D: ¿Si ellos toman alimento de qué tipo sería?

S: Aquellos elementos y minerales que serían necesarios para las funciones de sus cuerpos son suministrados en forma líquida.

D: ¿Esto no sería en la forma de comida sólida como la conocemos?

S: No es el mismo tipo del que ustedes se alimentan.

*D: ¿Existen algunos elementos o algo en la Tierra que requieran estos seres o que deben de conseguir de la Tierra?*

S: Existen elementos de energía, que no son de compuestos físicos, las energías que prevalecen en tú planeta como los aspectos espirituales de electricidad y agua son algunos ejemplos.

*D: Yo me estaba preguntando si ellos necesitaban algo como agua.*

S: No en el sentido que ellos necesiten el agua sino la energía en la que simplemente se traduce el agua.

*D: ¿Es esta la razón, que ellos han sido vistos cerca de las centrales eléctricas?*

S: Posiblemente pero no necesariamente, porque ellos estarían cerca de centrales eléctricas como observando, manipulando o haciendo experimentos.

*D: ¿Serian muchos los habitantes del planeta que van a tener una forma de contacto o comunicación con esos seres?*

S: Nosotros diríamos que sí, existen muchos que se han hecho voluntarios para eso.

*D: ¿Por qué estos seres han estado llevando a bordo de esas naves a personas?, ¿cuál es el propósito de todo eso?*

S: Debes de entender que tu residencia en este planeta no fue como algunos sienten de manera accidental, tampoco fue como otros sienten según exactamente a lo que es llamado su Biblia y eso es que Dios creo al hombre en su imagen y semejanza, tal es entendido de alguna manera desde un punto de vista fundamentalista. Nosotros les pedimos que ustedes entiendan que la existencia humana en este planeta fue dada por aquellos quienes están ahora regresando para examinar los frutos de su trabajo, como ustedes lo dirían.

La gente estaba intentando preguntarme con susurros que me distrajeron por un momento y el ser escucho esto.

S: ¿Y cuál es la pregunta?

*D: ¿Mencionaste tú que usabas tu nave para explorar, también exploras otros planetas?*

S: Si otros sistemas planetarios en este sistema solar y en otros sistemas.

*D: ¿Haz descubierto alguna vez una vida inteligente dentro de nuestro sistema solar aparte de la Tierra?*

S: Oh, sí. Existen seres dimensionales, algunos seres vibran muy rápido que tú no puedes verlos con tus ojos "físicos", pero ellos están allí. Algunos de ellos pueden ser muy altamente evolucionados, incluso algunos de ellos existen en tu propio planeta que ustedes no tienen el conocimiento de ellos. Existe en más que cosas que suceden en algunos planetas y sus formas de vida que no pueden ser vistos con los ojos físicos; si ustedes fueran de un rango dimensional similar ustedes podrían tener conciencia de ello, como mi vehículo me está diciendo que había esta noche una discusión acerca de la posibilidad de vida en el planeta al que le llaman "Marte".

D: *¿Existe vida allí?*

S: Sí, más de un tipo, existe vida inteligente allá. Las formas de vida de allá son evolucionadas en formas de seres de luz. Existen diferentes grados de luz reflejándolos. Ellos se muestran como destellos de luz y esa es la razón por qué no son siempre visibles, por decir a seres de tu tipo. Cuando ellos quieren manifestarse en una forma de luz pueden hacerlo, si ellos no quieren ser vistos, también eso es posible.

D: *Entonces ellos no tienen un cuerpo físico como nosotros.*

S: No, pero existe una forma de animal menos avanzada que ellos, esa vida animal que está allá tiene un propósito, ayuda con las (palabras) el alimento del que está hecho el planeta. Sus cuerpos están hechos para ajustarse a las condiciones ambientales para no morir, aunque ellos no son la forma de vida evolucionada.

D: *¿Es está un tipo de forma de vida a base de carbón?*

S: Sí, existe un tipo de sustancia carbón en la cual ustedes le llamarían "atmósfera" es una mezcla de tipo química atmosférica… químicos, palabras.

D: *Sí, las palabras siempre son difíciles, me han dicho muchas veces que este lenguaje es insuficiente. Yo tengo otra pregunta, ¿han intentado lo extraterrestres tener contacto con las personas que están en la posición de poder en la Tierra?*

S: Oh, si muchas veces, ellos han tenido negociaciones que han estado sucediendo por muchos años.

D: *¿Con quiénes han estado negociando?*

S: Ha sido con los líderes de gobierno, siempre ha sido con los gobiernos.

*D: ¿Qué es lo que los extraterrestres han prometido en dar como intercambio?*

S: A veces los gobiernos intercambian la información en energía, información en medicina, información en actividad extraterrestre e información en astronautas desaparecidos.

*D:* (Sorprendida) *¿Astronautas perdidos?*

S: Muchos se han perdido.

*D: ¿En nuestro tiempo, en nuestro siglo XX?*

S: Desde 1960 muchos se han perdido.

*D: ¿Cómo es que se han perdido?*

S: Ellos fueron enviados al espacio y debido a las fallas mecánicas de esos vehículos primitivos, que no pudieron regresar a la Tierra. Algunos murieron en el vehículo, otros flotaban sin destino hasta que fueron recogidos por otras naves y llevados a diferentes lugares para estudiarlos. A veces esos individuos se les permitió que regresaran a la Tierra a través de esas negociaciones.

*D: ¿Estaban vivos en ese tiempo? (Sí), pero nosotros como público creemos que sabemos todo de los informes de los viajes espaciales que suceden en nuestro planeta.*

S: No, ha habido vuelos secretos, tanto de los Estados Unidos como de Rusia y así como otros países han experimentado también como: Japón, China, Inglaterra, Canadá y todos los llamados países "avanzados" han enviado vehículos.

*D: Nosotros pensamos que únicamente los países principales como los Estados Unidos y Rusia, así que, ¿quieres decir que esos países también tienen sus programas espaciales y lugares donde ellos pueden lanzar sus vehículos espaciales?*

S: De tiempo en tiempo ellos hicieron experimentos, aunque muchos los han descontinuado debido a sus pérdidas y el miedo de repercusiones públicas.

*D: ¿Entonces tienen ellos estaciones espaciales en estos diversos países?*

S: Sí, en sus instalaciones militares.

*D: Pero si algunos de sus hombres se perdieron, yo pensaría que nos hubiéramos enterado.*

S: No, debido al temor de que les frenaran las operaciones y en muchas ocasiones no supieron que fue de ellos; ni si quiera sabían si estaban vivos.

*D: ¿Acaso los hombres que fueron regresados no le informaron a la gente?*

S: No, porque ellos no lo recuerdan.

*D: ¿No recuerdan el vuelo y el haber sido traídos de regreso por los extraterrestres?*

S: No, fue acordado que, si ellos regresasen, todo el conocimiento se mantendría a salvo al borrar el banco de su memoria.

*D: ¿Fue esto alterado por los extraterrestres?*

S: Si, se acordó que las personas de este planeta no estaban lo suficientemente evolucionadas como para saber dónde están esos planetas y sus tecnologías, porque nosotros no queremos visitaciones sin permiso en este tiempo.

*D: ¿Pero mencionaste tú que los oficiales del gobierno sabían acerca de esto y la parte de la negociación era el saber que había pasado con los astronautas?*

S: Sí, se les informo que nosotros los teníamos y que nosotros los regresaríamos o no los regresaríamos, eso era la extensión a su conocimiento.

*D: Entonces los extraterrestres se mantenían observando nuestros viajes espaciales.*

S: Definitivamente.

*D: ¿Y tú mencionaste que esas negociaciones e intercambios incluso continúan ahora?*

S: Ciertamente.

*D: ¿Están obteniendo algo los extraterrestres en esos intercambios?*

S: Nosotros tenemos acceso a los materiales naturales que necesitamos, que son comunes aquí, pero no son encontrados fácilmente en otros planetas y ... a veces nos llevamos a personas para estudiarlas.

*D: ¿Cómo es que obtienen a estas personas?*

S: En negociaciones con los gobiernos, ellos nos permiten tener algunos.

*D: ¿Les dicen ellos a quién llevarse? (Sí), ¿por qué ellos tendrían decisiones en eso?, ¿no podrían llevarse a quien quisieran?*

S: Oh, sí, pero estamos en un acuerdo de solo tomar a quienes ellos eligen.

*D: Yo me pregunto cómo es que deciden a quienes deberían llevarse.*

S: Primero fueron los indeseables y después nosotros decidimos que fue suficiente con esos.

D: *¿Qué tipo son considerados indeseables?*

S: Personal militar quienes no lograron lo que se esperaba de ellos o el tipo de personas que tenían problemas de disciplina; esto también nos causó preocupación en algunas áreas, así que ya no nos llevamos a ese tipo de individuos. Ahora aquellos que vienen con nosotros son voluntarios que han ofrecido sus servicios por un tiempo limitado y el tiempo es acordado antes de que sean llevados.

D: *¿Quieres decir que aquellos llamados "indeseables" crearon problemas de disciplina?*

S: Sí, no fueron muy cooperadores.

D: *Bueno, ¿aquellos que son ahora voluntarios, son todos ellos personal militar?*

S: No, algunos son del campo médico y algunos otros son de la comunidad científica quienes desean aprender y experimentar también, sin embargo, ellos saben completamente que son voluntarios y que cuando regresen todo el conocimiento debe quedarse con nosotros.

D: *¿Entonces cuando ellos regresan no recuerdan nada? (No), ¿pueden ellos explicar la duración del tiempo cuando estuvieron ausentes?*

S: Generalmente se les dice que van a tomarse un año sabático.

D: *¿No le molesta que no pueden acordarse cuando ellos regresan?*

S: A veces si, sin embargo, ellos cuentan con el factor de que dentro de los próximos veinticinco años lo recordarán.

D: *¿Cómo una liberación de memoria retardada? (Sí) bueno, ¿los "indeseables" que fueron tomados también los regresaron?*

S: Algunos si y otros no.

D: *Yo me pregunto acerca de sus familias, si ellos repentinamente desaparecieron, ¿cómo es que quedaron en los registros?*

S: La mayoría no tenían familias o ya estaban aislados.

D: *¿Por eso es que fueron escogidos? (Sí), pero los que ahora se están llevando son voluntarios no son tomados en contra de su voluntad.*

S: Eso es correcto.

D: *Yo creo que eso es importante, ¿pero sigue la cooperación con el gobierno? (Sí) ha habido rumores de las bases subterráneas especialmente algunas en los Estados Unidos, ¿sabes algo acerca de eso?*

S: Existen muchas bases de dos tipos, las subterráneas y las que están en la superficie de la cuales ustedes no saben nada.

D: Me han dicho que algunas de esas bases los extraterrestres trabajan con el gobierno.

S: Eso es correcto, estamos intentando conectar nuestros esfuerzos y ser abiertos con nuestro conocimiento aportando para el propósito correcto. Hasta este momento se han mantenido muy secreto, porque el gobierno ha acordado que la población general no estaba preparada para aceptar esa realidad de tal conexión. Dentro de las próximas dos o tal vez tres décadas todo esto llegará a ser de conocimiento general.

D: ¿Me puedes decir qué es lo que principalmente están trabajando en conjunto en estas bases?

S: Viajes espaciales, sistemas de energía, tecnología médica, almacenamiento de alimentos y preparación, manufactura de suplementos.

D: Todo eso son cosas buenas, pensarías que ellos no les importaría que el público supiera de ello, ¿estas personas del mundo científico y médico que están yendo ahora voluntariamente están siendo proveídos de información o ellos les están aportando información a los extraterrestres?

S: Ambas.

D: De ambas maneras, también se ha rumorado que en algunas de esas bases subterráneas se están haciendo experimentos genéticos.

S: Sí, por la comunidad médica y también por otros seres, esto siempre ha sido de interés de otras formas de vida.

D: ¿Es el gobierno que mayormente está haciendo esos experimentos?, o ¿de quién fue la idea?

S: Inicialmente fue de los extraterrestres, los seres espaciales siempre han tenido un interés en ese campo, porque ellos han estado envueltos con las investigaciones por mucho tiempo. La raza humana únicamente está preocupada con el desarrollo de un ser súper humano, esto no siempre está en conjunción con el objetivo de los seres espaciales.

D: ¿Es por eso que el gobierno acordó hacer esos experimentos?, ¿están ellos intentando crear una super raza?

S: No del todo, es únicamente un aspecto.

D: *Bueno, ¿Entonces cuál sería el propósito de que nuestro gobierno esté envuelto con esos experimentos genéticos?*

S: Algunos esperan encontrar respuestas a los problemas en las áreas genéticas, porque ocurren, como se previenen y una vez que esto ocurra si pudiese ser cambiado.

D: *Esa es una buena idea, ¿Qué hay acerca de crear una super raza?, ¿lo están haciendo?*

S: A muchos les gustaría que procediera, sin embargo, no ha sido del todo bien debido al miedo de muchos en la Tierra que piensan que se les saldría de las manos. En este momento su enfoque es mayormente en la debilidad genética y como poder eliminarla.

D: *¿Es esa la mayor preocupación de los extraterrestres?*

S: No, a ellos les gustaría producir seres de altos reinos, capaces de una variedad de logros.

D: *Pareciera que una super raza de personas no tendrían emociones, o ¿estoy correctamente entendiendo eso?*

S: Las emociones son mayormente un rasgo humano y no es relevante en otros planetas, esa es un área de estudio para nosotros.

D: *¿Entonces los extraterrestres están mayormente interesados en el desarrollo de un nuevo tipo de especie, humana? Tú mencionaste algún tipo de especie avanzada, no necesariamente una super raza.*

S: Eso es correcto.

D: *Han estado hablando acerca de las bases subterráneas de que ellos habían estado creando monstruos, híbridos muy horribles o aberraciones. ¿Sabes algo acerca de eso?*

S: A veces cosas pasan y lo qué es horrible para ustedes, para usar en sus términos, para otra especie es bello, cuando comienzas a combinar especies en experimentos genéticos siempre existirán variaciones.

D: *Para nosotros la idea suena repulsiva, pero ¿esas diferentes especies tendrían un alma, o espíritu como lo conocemos?*

S: Algunos sí, otros no, depende de cómo fueron creados, si son mutaciones genéticas de naturaleza robótica, no tienen espíritu, ellos estrictamente son genéticamente creados, por el otro lado, si la fuente de principio fue de una naturaleza de espíritu, entonces el resultado de eso tendrá un espíritu en función.

D: *¿Qué hay acerca del intelecto?, ¿eso está creando otra raza trabajadora o son ellos inteligentes como los humanos?*

S: Una vez más, existen varias especies que están, siendo experimentadas, algunas de naturaleza robótica que no tienen intelecto y algunas otras que son altamente con logro intelectual.

D: *¿Qué sucederá eventualmente a esas creaturas o esas diferentes especies que están siendo creadas?*

S: Algunas ya han sido llevadas a otros planetas que son más compatibles a la naturaleza de esos seres.

D: *¿Algunos serán depositados en la Tierra?* (No), *¿entonces el gobierno sabe el propósito de esos experimentos?* (Sí), *¿entonces los doctores y científicos del gobierno están también cooperando con eso?*

S: Solo algunos doctores, científicos, gobiernos son escogidos, no todos.

D: *Y eso es una de las cosas que los extraterrestres han negociado al permitir que los gobiernos obtengan conocimiento de esos experimentos y lo que obtienen los extraterrestres son los materiales naturales que necesitan.*

S: Correcto.

D: *Es increíble como los gobiernos pueden mantener todo eso en secreto de las personas.*

S: Está muy bien escondido y se ha sabido en el pasado, que únicamente algunos, han tenido conocimiento de esas negociaciones.

D: *¿Qué sabes del presidente de nuestro país, los Estados Unidos?, ¿sabría acerca de todo eso?*

S: Algunos saben, algunos no, depende de sus personalidades.

D: *Yo me estaba preguntando cómo es que ellos han podido mantener esas bases secretas con personal militar, sin que el presidente sepa acerca de ellas y sus funciones.*

S: A veces el presidente es el último de enterarse.

D: *Entonces las bases están resguardadas, ¿y el personal militar como obtiene el dinero, vienen de otros presupuestos o de algo similar?*

S: Eso es correcto.

D: *Asumo que están muy bien vigiladas, ¿es verdad?*

S: En un principio si, después de un tiempo como pensarías ya no, no hay ni armas ni misiles, son protegidas de otras maneras.

D: *Bueno hemos escuchado la que está en el estado de Nevada que tiene muchos guardias armados, personal militar, y a nadie se le permite estar cerca, ¿es ese uno de esos lugares?* (Estaba pensando en el área 51).

S: No, eso es una operación militar más estrictamente.

D: *¿Los extraterrestres no están involucrados en eso? (No), pareciera que al tener personal militar y guardias atraería la atención, ¿es eso lo qué quieres decir?*

S: Sí, pero no nos involucramos en operaciones militares.

D: *Se nos ha dicho que hay armas militares, como el avión bombardero sigiloso (stealth bomber), ¿qué proviene de tecnología extraterrestre, es cierto qué se nos fue dado de esa manera?*

S: En parte, la tecnología se les fue dada principalmente para viajar, no fue con la intención para ser usada en un vehículo militar.

D: *Ya veo, ¿puedes ver que experimento militar está en la base de Nevada que ha causado que tenga una alta vigilancia?*

S: El experimento militar es para aumentar la velocidad de viaje de transporte militar, también de su armamento y su habilidad de escudo en contra de ataque de guerreros enemigos.

D: *¿Cuál enemigo?*

S: Del mismo personal como enemigo.

D: *Ahora que lo pienso en este tiempo no tenemos enemigos para defendernos, ¿por qué sería la razón de continuar con la experimentación militarista?*

S: Siempre existen aquellos que están en el poder que siempre quieren el control sobre otras razas y humanos, y para lograrlo son devotos, en desarrollar mecanismos que podrán hacerlo posible.

D: *¿El presidente en curso sabe acerca de la base militar del estado de Nevada?* (George Bush en 1987).

S: Él lo sabe.

D: *Entonces si tiene que ver algo con la defensa militar, él lo sabría.*

S: Eso es correcto.

Para el año de 1988 cuando este libro se estaba escribiendo, el área 51 fue discreta y clandestinamente cerrada, ¿fue debido para no llamar la atención pública de los medios de comunicación?

D: *Pareciera que existen muchas cosas que suceden que una persona común no sabe nada acerca de esto, ¿estaría bien que yo les transmita esta información a las personas de lo que hoy me has contado?*

S: Está bien porque dentro de las próximas tres décadas esto será de conocimiento general, se espera que una alianza pueda ser formada con las personas de este planeta, para que así nosotros podamos llegar a ser una amistad. Mi vehículo se está alistando para terminar esta transmisión, estoy percibiendo que algunos tienen más preguntas, pero deben de ser breves, porque ella se está cansando.

D: *Está bien, no queremos hacer nada que le haga sentir incomoda, alguien quiere saber ¿si hay algún lugar más, a excepción de la Tierra, que albergue seres de vida tipo humano que ustedes hayan encontrado?*

S: Yo te los he descrito en nuestra previa sesión, como formas de fluido de vida, fluido líquido flotante, como un camaleón que puede tomar muchas formas, altamente evolucionados que pueden mezclarse con muchas civilizaciones planetarias al hacerse aparentar como seres como los que están presentes aquí, pueden tomar forma humana, pueden tomar forma como los hermanos del espacio, pueden tomar muchas formas. Esos son los más cercanos al tipo de forma humana y creo que ustedes pueden llegar a encontrarse con ellos en este planeta.

D: *¿Qué hay acerca de otros planetas?, ¿existen otros tipos de humanos en otros planetas que hayas encontrado?*

S: Existe otro planeta que tiene una forma similar humana, pero no es tan avanzado debido a su ambiente, les está tomando más tiempo para evolucionar, tienen facciones similares a los humanos, pero su naturaleza es diferente a comparación de ustedes aquí.

D: *Yo creo que ya quedan pocas preguntas, ¿algunos de los seres y/o asociados con sus naves vienen o viajan a través o dentro del planeta Tierra?*

S: Eso es correcto, existe un área que está parcialmente por debajo de su costa del Golfo de México, que en este tiempo está siendo habitada por aquellos descendientes de la civilización de la Atlántida. También en el área por debajo de su círculo Antártico, el cual es habitado por aquellos quienes son de una naturaleza interdimensional.

D: *¿Es el planeta realmente como los científicos lo perciben?*

S: Es un centro solido con un manto flotante, sin embargo, no es un manto solido constante.

D: *¿Es la Tierra hueca?*

S: Sí, pero no es precisamente así.

D: *¿Existen áreas grandes dentro de la Tierra hueca, como para sustentar una gran civilización?*

S: Sí, aunque no tan grandes en términos del volumen total de la Tierra, grandes en el sentido de espacio a comparación de sus distancias y son lo suficientemente grandes para sostener una civilización.

D: *¿En esas áreas que mencionas?*

S: Sí, existen otras, sin embargo, esas son las principales en el sentido que ellas en este tiempo están jugando una parte importante en su despertar.

D: *¿Habías dicho que este vehículo (cuerpo) se está cansando?*

S: Sí, yo puedo ayudarte cuando me llames, yo he venido para comunicar datos de información para ayudar con el progreso de la humanidad, para resolver preguntas que pueden tener, y esto no será impuesto a nadie, si deseas más información me puedes llamar; yo seré la ayuda para transmitirte la información telepáticamente si es necesario para ayudar en su progreso.

D: *Está bien y te lo agradezco, y lo voy a compartir con más personas y solamente será con las mejores intenciones.*

Cuando Suzzane salió del trance, su área del estómago le estaba molestando, ella comentó que realmente no sentía náuseas, pero como, si muchísima energía estuviera circulando por dentro de ella. Estaba la presencia de un "sanador" que le empezó ayudar, en otras sesiones, cuando Suzzane salía del trance, siempre se sintió muy bien e incluso despertaba riendo por la experiencia; desde que esto fue la primera vez que pasó, yo tiendo a pensar que pudo haber estado relacionado al nerviosismo que sintió antes de comenzar la sesión. Había muchas personas en la habitación y ella pudo haber absorbido su energía, ya que estaba en un estado sensible, también habíamos estado expuestas a la energía de ese ser dos veces, en una semana, tal vez pudo haber sido mucho y muy rápido para haber hecho estas sesiones; podría tomarle más tiempo para que ella se acostumbre a canalizar ese tipo de energía. Yo realmente creo que fue una combinación de muchos factores.

Desde que Suzzane había estado en estado de trance profundo, ella no estaba consciente de otras cosas que estaban sucediendo en la habitación durante la sesión que fueron causadas por algunos otros investigadores, que se rehusaron en tomar en serio este tipo de investigación y como resultado hicieron intentos de ridiculizar al hacer comentarios sarcásticos (los cuales no los incluí aquí). Yo decidí no permitir ese tipo de cuestionamientos otra vez, yo pensé que esto sería un método para obtener información para la investigación y estudio, pero me di cuenta que los investigadores en 1987 no estaban listos para esto. Algunos de ellos todavía no se han acercado desde el punto de vista metafísico, también me he dado cuenta que a menos que el investigador entienda de metafísica, nunca entenderían, la complejidad de la naturaleza de los extraterrestres y los OVNIS, ya que todo está entrelazado y no puede ser separado, aunque los de orientación de tipo "cuadrada" (limitada) persistan.

Supongo que existe espacio para todo tipo de investigadores en este campo, todos tenemos pedacitos de ese rompecabezas y no podemos asumir que nuestras pequeñas piezas son el rompecabezas completo, existen muchísimas variaciones y matices, aun así, tenemos que aprender a trabajar juntos. La mayoría de las personas se fueron, pero algunas permanecimos platicando, hasta poco más de la una de la mañana, Suzzane se tomó una ducha a esa hora y después me llamo para que le examinara sus pies, porque al salir del baño ella notó, que sus pies estaban cubiertos con manchas rojas. La decoloración era únicamente en sus pies, ya que no pasaban arriba de sus tobillos, aunque ya estaban comenzando a desvanecerse y regresando a su color original de piel. Nadie supo cómo explicar eso a menos que estuvo relacionado con la energía del extraterrestre o también relacionado al nerviosismo que sintió antes de comenzar la sesión.

En ese tiempo yo no sabía que en los siguientes años yo tendría más casos, donde el cuerpo estaría afectado por algún tipo similar de energía. Yo llegué a estar más consciente de que el cuerpo humano es capaz de hacer más cosas de lo que no sabemos, o no las debería hacer, cuando estamos trabajando en esos estados profundos de trance; el principio más importante cuando estamos haciendo este tipo de trabajo es "¡no provocar un daño!", aun así, debes de estar constantemente preparada para lo inesperado.

Después de esas sesiones ya no tuvimos más con Suzzane, para ella fueron muy interesantes y las tomó como una curiosidad extraña y ya no quiso continuar canalizando extraterrestres, ella estaba asistiendo a la universidad en la carrera de negocios y estaba más ocupada en encontrar un trabajo, como yo respeto siempre las decisiones de mis pacientes ya no insistí que continuáramos con más sesiones. Yo no me preocupe porque ya sabía que la comunicación directa con seres de otros mundos ya se había establecido y que continuaría. Ellos habían encontrado a alguien que era bueno para escuchar la comunicación y continuaría a través de alguien más, ya había abierto la puerta para otra aventura.

Yo creo que es remarcable que todos los casos reportados en esta primera sección (y casos que no he incluido), siguieron un patrón reconocible. Las mismas características se repiten por todo el mundo, existe una área que no puede ser una fantasía, especialmente porque en muchos casos las personas no tenían ninguna familiaridad con la literatura de OVNIS; en la década de los 1980 cuando la mayoría de casos investigados no existían muchos libros publicados relacionados a este tópico, incluso aquellos que estaban disponibles no estaban enfocados en las facetas que yo he descubierto tales como: los tipos de seres que son vistos frecuentemente, tipos de naves similares, procedimientos hechos por extraterrestres que son muy parecidos, motivos casi idénticos y la historia que se repite de haber sembrado el planeta. Todas esas similitudes les dan a las sesiones una validez porque no existe una posibilidad de colaboración entre las personas que estuvieron bajo hipnosis. También mientras otros investigadores y publicaciones reportaban que la agenda o planes de los extraterrestres era negativa o malvada, en mi caso fue todo lo contrario, en una constante reportando a unas creaturas benevolentes; incluso la ciencia reconoce que cuando un experimento es repetido muchas veces y se obtiene el mismo resultado, entonces es la evidencia creíble que ellos requieren para establecer la validez. Cabe remarcar que las personas que participaron en este libro no desearon publicidad o notoriedad, y todo lo contrario ellos quisieron estar en el anonimato y para respetar sus deseos, sus nombres y ocupaciones fueron cambiados para que ellos pudieran continuar con sus vidas privadas.

# SECCIÓN DOS

# CAPÍTULO 8
# CONTACTO CON UN SER GRIS PEQUEÑO

Yo decidí exponer la porción entera de la investigación en esta sección separada porque fue un trabajo constante con una persona: Janice S. Los otros casos aportaron información valiosa que me dirigió de los simples casos de investigación OVNI a los más complejos, mi trabajo con Janice tomó una dirección diferente. La información que ellos proveyeron sobre un período de tres años, me llevó profundamente a las teorías complejas y explicaciones que me hubieran sido imposibles de comprender en los comienzos de mis investigaciones. Siempre he sabido que nunca se me dará algo que no pueda comprender, si la información es muy radical o demasiada alejada de la normalidad, entonces existe una tendencia en ignorarla o dejarla de lado por no tener sentido; si la información es dada de poco a poco en pequeñas dosis, entonces es fácil de desarrollar una nueva forma de pensamiento acerca del fenómeno. Por lo tanto, lo que al comienzo era imposible de entender, gradualmente se convierte en un sentido extraño, incluso hace que la mente se distorsione y nos haga pensar totalmente en una nueva dirección.

Eso fue lo que sucedió al trabajar con Janice, en el comienzo estaba siguiendo la misma dirección como los otros casos, aunque estaba proveyendo nueva información. Después comenzó a fluir a otras áreas que fueron muy complejas y que decidí no incluirlas todas en este libro. Este libro ya era el más largo de la mayoría de los libros que he escrito, pero cuando llego a las decisiones de cortar el material para reducir el tamaño, entonces mis elecciones se vuelven difíciles. Como una investigadora considero que todo el material tiene su valor en adherir una nueva visión, pero conforme seguíamos avanzando con las sesiones de Janice, se iban alejando del terreno de los OVNIS y estábamos entrando a las áreas de diferentes dimensiones y teorías complejas acerca del tiempo y de universos paralelos. Yo ya estaba trabajando en otro libro acerca de esos tópicos, *"Convoluted*

*Universe"* (Universo Complejo), así que hice la decisión de trasladar algunas de las sesiones a ese libro para que el lector no se confunda o no se sienta abrumado. Para el tiempo en que el lector esté listo para el siguiente libro tal vez su mente también estará lista en comprender las teorías involucradas.

Cuando por primera vez, llegue a conocer a Janice en 1989, yo ya había estado trabajando desde 1987 en casos sospechosos de abducción y de avistamientos de OVNIS; en aquellos días, yo viaje largas distancias para trabajar en esos casos e intentaba trabajar con quien solicitaba una sesión, ahora eso ya no es posible. Mi calendario está muy saturado entre conferencias, seminarios, viajes a convenciones etc. así que ya no tengo el tiempo para solo trabajar con una persona, ya no tengo ese lujo; aunque continúo acumulando información, pero no de manera lenta, como lo hice en los primeros días de mis sesiones.

En el verano de 1989 mi primer libro de la serie de *"Conversations With Nostradamus volume I"* (Conversaciones con Nostradamus volumen I) fue impreso y yo viaje a Little Rock, Arkansas, para dar mis primeras conferencias en el tópico de las profecías de Nostradamus. Muchas personas me solicitaron sesiones de curiosidad y cuando averiguaron que también yo estaba haciendo sesiones de hipnosis en casos de abducciones, también me solicitaron en esa área. Desde que sabía que Lou estaba interesado y cuando hice mis viajes a Little Rock, yo intenté agendar muchos más casos posibles de OVNIS. Janice fue una de ellas que se me acercó después de mi primera conferencia y me dijo que le gustaría compartir los eventos problemáticos de su vida; cuando regrese a Little Rock en agosto de 1989, ella vino a la casa donde me estaba hospedando y hablamos por más de 2 horas, ella intentaba explicarme y darle sentido a los extraños eventos que le habían ocurrido la mayor parte en su vida.

Janice era una mujer en sus años cuarenta que nunca se había casado, aunque ella era una mujer atractiva, ella no podía tener niños por problemas que tuvo desde su pubertad. Su principal preocupación era mantener su identidad en secreto, ya que ella tenía una posición altamente responsable como una analista en informática para una gran corporación. Su principal miedo era el de perder su trabajo si existía algún grado de incompetencia. Años atrás ella intentó hablar con alguien acerca de sus experiencias, pero no pudo hacerlo, yo fui la primera persona con quién se sintió suficientemente confiada para revelar todos los extraños incidentes.

En ese tiempo yo me estaba quedando con mi amiga Patsy, cada vez que manejaba las cuatro horas hacia Little Rock. Ella tenía una casa muy grande y me otorgaba la privacidad que necesitaba para conversar con los pacientes y tener mis sesiones de hipnosis. En ese día tuvimos la casa para nosotras y yo prepare mí grabadora en la mesa del comedor para grabar los comentarios de Janice. Ella se mostró relajada cuando procedíamos en nuestra conversación y la única vez que mi atención cambió fue para cambiar las cintas de la grabadora. Hablamos de muchas cosas e incluso divagamos en otros aspectos de su vida, así que yo únicamente seleccione las porciones pertinentes.

Cuando ella finalmente comenzó a revelar toda la información interesante lo hizo de manera tan apresurada que yo no le encontraba sentido. Yo me estaba sintiendo abrumada así que intenté organizarlo al preguntarle que iniciara desde sus memorias tempranas.

Ella regresó a las memorias de cuando tenía la edad de cuatro años, cuando ella despertaba gritando que "ellos" habían venido y se la habían llevado. Su mamá pensó que ella estaba teniendo pesadillas y accedió a dejarla dormir con la luz prendida. Recordaba muchas veces estar jugando en su habitación y cuando miraba alrededor veía un rostro en la ventana. Janice sabía que "ellos" estaban viniendo por ella y ella empezaba a correr por el pasillo, pero nunca lo suficiente como para alejarse, porque ella era frenada, paralizada e incapaz de moverse. Ella nunca sabía cuánto tiempo pasaba, pero cuando volvía en sí, estaba parada en el pasillo muy fría, apenas respirando y su mamá sacudiéndola. Eso también ocurrió cuando ella estaba jugando en el patio con su hermano, él corría hacia la casa gritando, "mamá está sucediendo otra vez, ella no está en sí". Durante todo ese tiempo como niña ella tenía un presentimiento de miedo de que "ellos" volvieran otra vez o "esas personas" como les empezó a llamar, aunque no tenía ni idea de quienes eran "ellos".

Yo le pedí que me describiera el rostro que vio en la ventana, ella dijo que era de un pequeño ser con ojos muy grandes obscuros, pero después cambiaban hacia una apariencia de un perro en la ventana. Naturalmente cuando ella le decía eso a su mamá, ella no le creía, especialmente porque la ventana de su habitación estaba muy arriba del nivel del suelo y no era obvio que un perro pudiera mirar en la ventana.

Ella intentó explicarle a su mamá después que sucedió el incidente de parálisis diciéndole que había estado en algún otro lugar, "yo sabía que había estado fuera de mí misma, en otro estado que nosotros sabemos cómo hacerlo. Tú le puedes llamar una experiencia "fuera del cuerpo". La única manera que puedo describirlo es como si tomaran tu esencia y dejaras el cuerpo físico, podía estar el físico aquí, pero la esencia en otro plano de existencia o algo parecido". Ella muy a menudo despertaría por la mañana sabiendo que realmente no había estado en la cama toda la noche.

Durante su niñez hubo muchas ocasiones de cuando se enfermó seriamente donde estuvo en peligro su vida, incluso hubo una ocasión cuando los doctores le dijeron a su mamá que ella no volvería a caminar otra vez y en cada uno de esos casos ella tuvo una recuperación milagrosa y los doctores nunca podían explicar que fue lo que le había sucedido.

Conforme iba creciendo tuvo episodios de "pérdida de tiempo". Ella no tenía conocimiento de que nada inusual le hubiera pasado, el "tiempo perdido" únicamente fue confirmado por otros, lo cual aumentaba su confusión. Su mamá comentaba, "tú eres la única persona que conozco que va al super mercado y regresa tres días después". Ella tenía que inventar una historia y decirle que se había reunido con una amiga y se había ido a su casa, cuando en realidad ella no tenía ni idea de donde había estado. Ella tenía memorias que se desvanecían de bajar a través de las copas de los árboles, después ir hacia el super mercado, comprar el pan y regresar a casa. En ese tiempo era una adolescente en la preparatoria y su mamá pensaba que se iba de fiesta, pero Janice dijo que ella tomaba muy poco y que nunca probó drogas.

Esta sensación continuó a través de toda su vida, empezaba yendo hacia algún lugar y llegaba tarde, ella no sabía que sucedía en ese tiempo y tenía miedo que si le decía a alguien acerca de esto la encerrarían. Ella dijo, "Yo tenía una sensación, un pequeño destello al saber que algo había sucedido y regresaba moviéndome muy rápido, ahora yo he aprendido que mi tiempo terrenal y aquel tiempo tienen que ajustarse para volver a estar en sincronía, sería como la sensación de estar yendo rápido y después me despertaba de regreso manejando en mi automóvil; eso sería un gran ajuste".

Ella creció sintiendo que tenía que esconderse en donde fuera para que ellos no la pudieran encontrar, se preocupaba que lo mismo le pasaría a su familia, así que se salió de su casa para vivir por su cuenta cuando tenía 18 años; aun así, ella no tenía ni idea, "algo desconocido estaba tratando conmigo y yo no le podía contar a nadie porque tenía miedo que no me creyeran".

Las memorias de un contacto real con fuerzas desconocidas finalmente comenzaron a filtrarse aproximadamente en 1987, usualmente sucedió inesperadamente y en los más inoportunos momentos; un ejemplo fue cuando ella estaba en el trabajo enseñando a una chica en la oficina explicando acerca del super copiado en la computadora: "esto es cuando tienes dos documentos al mismo tiempo, estaba intentando explicarle a la chica, realmente es como estar en dos lugares al mismo tiempo, yo tuve un destello instantáneo, si en tiempo simultáneamente, y fue como si fuera una película en mi cabeza viendo vidas al mismo tiempo, fue muy abrumador que tuve que disculparme para ir al baño; yo me senté allá y toda la información seguía viniendo como si fuese una teletransportación sentí como funciona mecánicamente y como puedes estar en dos lugares al mismo tiempo. En mi mente yo vi como mi cuerpo se disolvía y terminaba en California en algún lugar que nunca he estado, yo sentía una extraña sensación en mi cabeza mientras eso sucedía, no le llamaría como "mareo", realmente no sé cómo describirlo excepto que cuando estaba sentada en la taza se me estaba enseñando algunas cosas complejas, y eso ha continuado desde 1987 como algún tipo de enseñanza.

También en 1987 Janice tuvo una experiencia extraña que le despertaron las siguientes viejas memorias e hizo que las piezas se acomodaran en su rompecabezas.

J: Yo me estaba alistando para asistir a una cena social, estando parada en frente del espejo del baño, estaba teniendo esa sensación rara en mi cabeza, me sentí mareada y pensé que me debería de sentar, la cama no estaba muy lejos del baño y pensé ir a la cama, pero nunca llegué porque empecé a sentir que me elevaba.
D: *¿Qué quieres decir?*
J: Mi espíritu, mi esencia, yo creo que se puede decir una experiencia saliendo de tu cuerpo, pero como si me succionaran mis entrañas, fue como "haber salido disparada". Yo podía mirar hacia atrás y verme parada allá, tres horas después yo permanecía parada como cuando era una niña.
D: *Eso era desde la otra perspectiva.*

J: Eso es verdad, eso me hizo recordar las cosas que me pasaron de niña y eso me puso a pensar recordando, "ahora eso fue lo me sucedió cuando estaba pequeña".

D: ¿Y sentías como si te succionaran y podías verte a ti misma?

J: Yo estaba fuera de mi cuerpo y podía ver mi físico y había alguien allí, tal vez era mi ángel de la guarda, no podía ni voltear, pero sentí que era alguien familiar, él me preguntó, "¿quieres ir a tus comienzos?".

D: ¿Quieres ir a tus comienzos?, eso es interesante.

J: Yo había estado diciendo, orando, enviando, existe un nivel de intensidad cuando tú quieres hacer algo y lo haces; lo había estado decretando por días y semanas, "realmente lo quiero, es tiempo que yo sepa de donde provengo, es tiempo que yo vaya a mis inicios, es tiempo que se revelen todas las cosas que yo he estado viviendo por más de cuarenta y tantos años, y quiero decir ya ahora". Entones él dijo: ¿estás lista para ir? Y yo contesté "si vamos" y seguía viendo mis diferentes partes físicas, incluso mirar y verme parada allí, hasta incluso ver como mi mano atravesaba mi brazo y seguía viendo mi físico.

D: ¿Se veía como tú, pero no era… sólido? (Sí) ¿pero podías ver a tu casa o dónde estabas?

J: Si podía ver a mi casa, podía ver a través del techo y me veía que estaba parada y yo pensaba, "eso se ve muy claro" pero no tenía miedo, y desde entonces me di cuenta que si hubiera tenido miedo eso nunca hubiera sucedido.

D: Sí, tú ya probablemente te hubieras regresado a tu cuerpo o haber tenido otra reacción.

J: Sí, levité y subimos a través de niveles, como si tuvieras capas de pastel y atravesarás las capas, por así decirlo; y allí estaba el nivel del alma al nacer, después nos alzamos y allí estaba el nivel de… no sé, algún tipo de cosas espirituales y yo pensé mmmmh, esto no se siente bien aquí, inmediatamente volteé hacia mi izquierda y había como cosas de monstruos y demonios por allá aproximándose y yo les dije, ¡alto! En el nombre del señor Jesucristo, yo no les tengo miedo y en un instante fue como una pieza de tela de plástico que cayó y ellos estaban envueltos; yo les dije "ven se los advertí que yo no les tenía miedo". Y continuamos elevándonos, yo podía ver que más allá eran los mil ochocientos, podía mirar por otro lado y era 1945, podía mirar a diferentes direcciones y ver diferentes períodos de tiempo. Era como si le cambiara los canales a una televisión y me decía, "oooh que nítido ese período de tiempo estaba por allá".

D: *¿Podías verlo todo con tan solo mirar alrededor tuyo?*

J: Bueno, no estaba a mí alrededor, era en realidad como una línea recta.

D: *¿En línea?, ¿pero podías ver a cualquier lado?*

J: Yo podía como sintonizar y ver lo que estaba sucediendo porque todo está sucediendo.

D: *¿Sigue sucediendo?*

J: Oh si, todo sigue allí y continúa presente ahora, (risas) así que le dije a mi acompañante, "ooh que bonito se ve eso, yo quiero ir allá" y él dijo, "tú ya has estado allí, ya has hecho eso, este es el tiempo, tú puedes ir allá cuando quieras, sin embargo, tú querías ir a tus comienzos y lo harás en otra oportunidad". Así que lo saltamos, después lo siguiente que llegó fue a un punto que dije: "ah caramba soy luz, soy luz ¡ah!", como si fuera un bulbo de luz.

D: *¿Quieres decir hecha de luz?*

J: Sí, de repente yo era luz pura.

D: *¿No tenías el parecido de tu forma física?, ¿eras luz?*

J: Sí, verdaderamente lo era, realmente como una estrella fugaz y dije, "oh soy una estrella" y yo no era Janice; yo era esa estrella, miré a mi alrededor como una estrella y vi al universo expandirse, y dije "¡está bien, ese es mi punto en el universo!", desde entonces he estado aprendiendo porque pasó eso. Una estrella o una porción en particular de los cielos es el punto de entrada de la esencia de energía del alma, hacia lo físico, y pasa a través de un sector en particular.

Eso me sonaba muy familiar y recordaba la experiencia cercana a la muerte que Meg reportó en mi libro "*Between Death and Life*" (Entre la Muerte y la Vida), en su experiencia ella también fue a una estrella y sintió la totalidad de el universo.

D: *Pero tú eras esencialmente un ser hecho de luz.*

J: Si en ese momento, yo permanecí allí hasta que me di cuenta, y en ese punto de realización fue un ¡oh!; en cada ocasión tan pronto me daba cuenta, me iba hacia algo más, así que desde ese punto era como el nivel de los ángeles. Fuimos a través de colores y podía sentir y ser cada color y cuando estábamos atravesando los colores yo miré y dije, "oh soy solo moléculas, soy aire", supe que esa parte era yo, era una existencia y tenía forma.

D: *¿Seguías teniendo una personalidad?*

J: Yo tenía todo, era todo lo que alguna vez fui a excepción del físico, pero si quería estar en estado físico, todo lo que tenía que hacer era solo pensarlo y podía verme, podía ver a Janice o sea yo.

D: *Entonces sabías que no habías perdido contacto.*

J: Seguía siendo yo, sí así, lo quería…si yo quería pensar y también podía pensar, "oh esa energía me gustaría ver", tan pronto como lo piensas puedes verlo, ellos me decían "bueno ese es tu comienzo", y yo dije "¡oh eso fue muy claro!" Y ellos dijeron, "tú ya has hecho ese nivel", y respondí "sí". Fue como si tú permanecieras allí en ese nivel e intercambiaras energías, y tan pronto que pensaba "pero esa no es mi fuente" yo continuaba todo el recorrido hasta superar el punto donde no existe el tiempo, al punto donde es la creación, superas el punto de la creación a el nivel donde "todo el conocimiento y los arcaicos están".Pasé a los dioses, el nivel de Dios y fui directamente a la esencia de un gran cuarzo rosa, tiene que ser la mayor forma de amor incondicional que he sabido. Yo estaba muy contenta se estar en mis comienzos, fue como si estuviera revitalizada y pensé "bueno tal vez he muerto", (risas) estaba permaneciendo cerca solamente tomando la energía en ese calor, que hermoso es el espíritu de Dios, oh era tan hermoso, todo me estremece tan solo de volver a pensarlo, después escuché "ahora es tiempo de volver, mi niña", y dije "no quiero estar sola porque siempre he estado sola aquí y esos seres vendrán y yo no quiero eso", tan pronto dije eso y ya estaba en una nave espacial. Bueno ahora, la experiencia, se agrandaba más, de lo que yo había vivido, quiero decir que ahora yo estaba perpleja; cuando estaba en ese cuarto metálico yo no sabía si estaba en un estado físico, o no, al principio, me di cuenta que era redondo y que era una nave espacial y además había unos seres allí. Yo protesté diciendo "está bien eso es todo, me estoy cansando de esto" y ellos empezaron a decir que han estado conmigo desde mi infancia, "estamos aquí para protegerte, estamos para ayudarte, tú nos has ayudado, tú acordaste hacer esto antes que entraras a tu estado físico", y yo dije "no es cierto". Ya estaba en tremendo lío ¿verdad? porque yo no sabía nada acerca de seres espaciales (risas), entonces ellos sacaron un papel, yo lo miré y dije "ese es mi nombre, esa es mi firma, no lo hice ¿oh sí?

*D: ¿Te dijeron ellos cuál fue tu acuerdo?*

J: Ellos dijeron que había vivido mi propósito como ayudante, y que en muchas veces y en muchas ocasiones, las energías me atravesaron para transformar esto y dependiendo de la situación era para ayudar a las personas, que la mayor parte del tiempo las personas no supieron cómo es que fueron ayudadas y que yo tampoco supe, y ellos mencionaron que eso se me revelaría para aprender y que nunca estaría sola.

*D: ¿Cuál era la apariencia de la nave espacial?*

J: Era metálica, plateada, era tan limpia que era de no creerse …como una sala de operaciones, había instrumentos, había una habitación en forma redonda, con botones, tenía un cuadro… no sé lo que era, parecía como una pantalla. En la habitación donde estaba había una mesa, no mire hacia atrás pero si alcance a percibir que había una entrada hacia otra habitación, el cuarto donde estaba tenía como asientos curveados en su entorno como para que las personas se puedan acostar o solamente descansar allí, así que tuvimos un dialogo allí con más personas y sentía sus energías; todos estaban a mi alrededor y en verdad no sabía dónde estaba, pero de todos modos yo recordaba intentar ver todo, ellos me hablaban y me decían acerca del acuerdo y que eso no tenía que hacerlo.

*D: ¿Quieres decir que podías cancelar el contrato si así lo decidieras?*

J: Claro, ellos dijeron "si tú realmente no quieres continuar, entonces no tienes por qué hacerlo".

*D: Eso es bueno saber, supongo que es por el libre albedrío.*

J: Sí, nosotros tenemos libre albedrío y ellos me mostraron a este punto, una película de mi vida.

*D: ¿Fue en una de esas pantallas?*

J: No fue en pantalla, fue como si me transfirieran sus pensamientos como telepatía es todo lo que sé, no había en sí palabras. Yo estaba mirando a la Tierra y vi gente por doquier, estaban fluyendo en dos líneas separadas, tú decides en que línea estar y la elección es ya sea en la alta conciencia o no; no todos van en esa línea, puedes ver la otra línea de personas y estás en un cuerpo de luz mientras vas en esa línea. Eso tiene que ver con el rango vibracional de las personas en correspondencia directa de levantar su nivel de conciencia, a ese punto y no sé qué es, la Tierra como en el libro del Apocalipsis, se incendiará; la posibilidad existe que será, si es así y cuando suceda ellos se llevarán a las personas de esa línea.

D: *¿Los extraterrestres lo harán?*

J: Si los seres de los OVNIS, ellos se los llevarán, yo vi a la Tierra como explotaba, la vi que se convertía en un sol y se desaparecía del cielo dejando un gran hueco, como si el cielo repentinamente se volviera negro, ya sabes si miras a la Tierra en sus tonos azul-verde para después repentinamente se convierta en naranja-rojo, era el fin del mundo. Ahora cuando esa Tierra desapareció del hoyo, vi a una nueva Tierra entrando, era realmente una nueva Tierra. Ya sea que fue una simbología que ellos me estaban mostrando, aún no lo sé, solo sé que ese es una gran parte de sus propósitos, a lo que corresponde que me estaban mostrando es que yo no creo que pasaré eso, yo no me quedaré y ellos me estaban tratando de ayudar y yo pregunté, "¿qué hay acerca de esta y la otra?" Y ellos contestaron, "no todos van a escoger esa línea, así que escoge la línea o no". Después repentinamente regresé a mi departamento y perdí tres horas, yo me estaba recriminando "¡seres espaciales! yo no creo en seres espaciales, yo no sé nada de esas cosas" pero ya estaba de regreso en mi recámara, estoy de vuelta en mí misma y regresé a través de esta parte de mi cabeza.

D: *¿Tu frente?*

J: Y honestamente cuando volví a mi cuerpo lo único que quería era irme a la cama y pensé, está bien me voy a la cama, pero mi cuerpo no sé fue a la cama, mi cuerpo no se movía, el cuerpo permaneció allí y dije, "oh estamos atoradas, no podemos ir a la cama, ¿oh y ahora cómo me voy a la cama?", la palabra era "camina", ¿camina, camina? Y estaba teniendo trabajo con la palabra "caminar". Allá arriba en el estado espiritual cuando quieres ir a cualquier lado, solo lo piensas y ya estás allí, yo estaba teniendo dificultad en hacer que el cuerpo funcione, y también teniendo problemas en saber que eran las cosas como: el automóvil, manejar, era como si fuera un bebé teniendo que aprender y tener que reintegrarme. Realmente aprendí que me estaba reintegrando porque había experimentado mucha energía, es como si estuviera expuesta a 120 voltios y después de regreso a un foco de 60 watts, por lo tanto, mi cuerpo no lo había asimilado para poder otra vez funcionar aquí, me tomó una semana volver a funcionar.

D: *¿Una semana? Esa podría ser una buena razón porque la gente no recuerda mucho de las cosas que les pasó, lo recuerdan en el subconsciente no conscientemente.*

J: Sí y ha habido ocasiones desde que me han permitido recordar cosas y a veces cuando no he estado bien, al principio me había sentido muy incómoda con eso, pero ahora he llegado aceptar el hecho que no tengo problemas de que "algo raro está sucediendo" y en la siguiente mañana al salir el sol fue una convergencia armónica. Yo supuestamente tenía que ir con otras personas para ver el sol salir por la mañana, pero en vez de eso traje a mi perrito y nos fuimos al lago, el sol estaba saliendo y cuando los rayos del sol tocaron el rocío del césped, vi una chispa y esa misma chispa era yo, ellos me hicieron ver esa conexión que siempre estoy conectada y me puse a llorar porque me quería ir de este mundo, era un sentimiento de soledad como cuando tus familiares se van marchándose, estaba triste porque ellos tenían que irse, yo quería que se quedaran y ayudaran. Así que miré hacia el cielo por encima del lago y dije "si he estado realmente conectada con la nave, dame una señal, una señal física, muéstrame porque no puedo creer que eso sucedió". Entones mientras yo me iba yendo de ese lugar dije yo quiero una señal física, de otra manera no tengo nada más que ver con eso, esto es ridículo, bizarro y ya he acabado con esto, así que comencé a caminar de regreso a mi automóvil y empecé a reírme, pensando ellos no me van a mostrar nada y miré al suelo y había un resplandor, probablemente era un pedazo de vidrio, yo pensé, no me voy agachar para recogerlo y solo seguí caminando; estaba físicamente regresando, caminando hacia mi automóvil y mi mente dijo "¡párate, regresa!", y fue por eso. No vas a creer, lo que encontré en el suelo en ese grandísimo lugar.

Entonces Janice buscó en su bolsa y sacó un monedero, después sacó un pequeño relicario, cuando lo abrió había adentro un pequeño objeto, lo sostuvo en la palma de su mano y era una pequeña estrella de metal.

Ella explicó "no quería perderla por eso la puse en un relicario, era totalmente rosa cuando lo encontré, pero ahora se volvió plateado".

Yo lo traté con mucho cuidado intentando ver de que estaba hecho, "no se siente como metal, se siente realmente como un plástico duro, es tan pequeño… oh ni siquiera llega a medir dos centímetros".

J: Cuando lo recogí supe donde estaba la punta, porque hay una punta en particular, que es la principal y no puedo ponerla en el relicario de otra manera.

Estábamos jugando con eso y nos reíamos, después ella decidió guardarla de nuevo y en un impulso repentino volví a examinar el objeto antes que ella lo hiciera, fue entonces que me di cuenta que era similar a mi anillo, yo tengo un anillo raro de color plateado y turquesa, que llegó a mi posesión en circunstancias misteriosas. A principios de los años ochenta, antes que yo me involucrará en cualquier tipo de estas investigaciones, una mujer dejo el anillo con una de mis hijas con la instrucción que me lo diera a mí, la mujer mencionó que ella sabía que yo no cobraba por mis servicios y quería darme ese anillo como una manera de agradecimiento por el trabajo que estaba realizando. Ella sabía que si me lo daría a mi directamente yo me opondría a recibirlo, ella estaba en lo cierto, porque lo hubiera considerado muy valioso como para aceptarlo, pero de esa manera que se lo dejó a mi hija yo no podía regresarlo, así que decidí quedármelo, y me lo puse en el único dedo que me quedaba, el segundo dedo. Aunque normalmente no uso joyería, no me lo había quitado desde entonces, lo cual también podría ser extraño, a muchas personas les había causado admiración e incluso me habían preguntado si lo vendería o al menos que les informara donde ellos podrían encontrar algo similar, yo creo que es único en su diseño porque nunca he escuchado o visto otro con el mismo diseño; tiene siete esferas colocadas alrededor de la orilla, cinco en la parte baja y dos en la parte alta separadas por una línea plateada, en el centro está una estrella de cinco puntas color turquesa. Muchas personas piensan que debe de haber algún tipo de simbolismo en el diseño, la única pista que el artesano le hizo por dentro fue una U o marca de herradura.

Janice puso su pequeña estrella sobre la estrella de mi anillo y eran exactamente iguales en tamaño como si fuera un duplicado, ahora si estaba impresionada. ¿Podría ser esta una coincidencia?, yo llame a Patsy que estaba en la otra habitación para mostrárselo, todas nos estábamos riendo, pero fue un sentimiento extraño de que algo sobrenatural estaba ocurriendo. Patsy también pensó que era algo inusual que precisamente eran del mismo tamaño, eran exactamente idénticos, claro la estrella de Janice era de color plateado y mi piedra era turquesa.

Janice dijo "mira esto tengo que guardarla en el relicario para que la punta superior se queda hacia arriba y esa es la misma manera que tú usas el anillo con la misma punta hacia arriba".

Poco sabíamos en ese tiempo la similitud precisa de las estrellas era un tipo de presagio, una indicación de que estaríamos haciendo un trabajo importante juntas. ¿Nuestra reunión pudo haber sido mera coincidencia o había algún motivo importante un despliegue poder detrás de esto?

Nosotras habíamos estado sentadas en la mesa del comedor de Patsy con mi grabadora confiablemente hablando sobre las experiencias de Janice y sus memorias por más de dos horas. Ahora era tiempo de hacer la regresión, el único problema era decidir cual incidente, iniciar primero, nosotras nos fuimos al cuarto de huéspedes y yo estaba preparando mi equipo y cuando estaba preparándolo, ella me dijo acerca de otro incidente muy reciente, había ocurrido un mes antes de Julio de 1987, así que estaba muy fresco en la mente de Janice.

Cuando ella se levantó esa mañana estaba tosiendo y cuando se levantó, coágulos grandes salieron de su boca, eso le asustó, pero cuando se estaba levantando ella noto que no había sangre en la cama, en lugar de eso había algo que pareciera ser agua sobre la parte baja de su cuerpo y por debajo de la cama. Ella no había mojado la cama y no había olor asociado con ello, era como si alguien lo hubiera derramado sobre ella y la cama; la única molestia era una sensación de ardor en el área vaginal. Ella fue al baño y se lavó la boca y el sangrado terminó tan pronto como comenzó, su perrito se estaba comportando de una manera muy ansiosa a lo que Janice lo asoció con su regreso a casa después del trabajo. La sangre le preocupó lo suficiente, para motivarla ir al doctor en ese día, pero él no pudo encontrar nada que pudiera explicar los coágulos.

Yo decidí enfocarme en el incidente que fue más reciente, si no había nada allí nosotras teníamos suficiente del otro material para explorar. Cuando ella entró al trance de hipnosis ella cayó inmediatamente en un estado muy profundo, después yo la guié de regreso a la noche antes que se despertara en el estado estresante para ver quién lo había causado; también le sugerí que ella lo podía ver como un reportero objetivo, si así lo deseaba para eliminar cualquier molestia física.

D: *Yo contare hasta tres y cuando cuente hasta tres, estaremos al comienzo de aquella noche cuando te estabas alistando para ir a la cama, y me puedes decir qué está sucediendo 1, 2, 3, ya hemos regresado a esa noche, ¿qué estás haciendo?, ¿qué es lo que ves?*
J: Estoy viendo a mi perro, él está mirando alrededor muy extrañamente realmente raro y sé que está mirando hacia algo que no puedo ver aún, pero yo sé que está allí, porque yo lo siento.
D: *¿Qué puedes sentir?*
J: Son ellos, son ellos, quiero que vengan... (respiración profunda) conmigo porque yo sé que ellos vienen.
D: *¿Ha hecho él eso?*
J: Sí él ya se fue.
D: *¿Oh yo me pregunto cómo le gusta eso?*
J: (Ella parecía que estaba comenzando a ponerse nerviosa). No lo sé.
D: *Está bien, dime que está sucediendo.*
J: Mi energía ha estado realmente baja, mucho estrés en el trabajo, ellos me están diciendo que necesitan hacer algo de análisis, (nerviosa) y yo no sé a dónde vamos y mi cabeza me duele.

Yo inmediatamente le dije sugerencias que le quitarían cualquier incomodidad física. En pocos segundos sus expresiones faciales indicaban que ella ya no estaba con estrés y su dolor de cabeza había disminuido.

D: *¿Dónde están ellos?*
J: Ellos vinieron a través de mi ventana.
D: *¿Cómo?, ¿escalaron?*
J: Solo a través de la pared, (pareciera molestarle) justo a través de la pared.
D: *¿Cuál es su apariencia?*

J: No tan altos como yo, pero casi, yo los conozco, pero en cada ocasión que pasa es un poco atemorizante. (Gran suspiro).
D: *Oh sí, yo puedo entenderlo, es simplemente humano, pero tú no tendrás miedo al hablar conmigo, ¿entiendes? ( Su respiración y lenguaje corporal indicaban un nerviosismo), tú no tienes que tener miedo porque yo estoy aquí contigo y permaneceré aquí, ¿cuántos son ellos?*
J: (Su voz se estremeció, estaba a punto de llorar), dos.
D: *¿Me quieres decir cuál es su apariencia?*
J: (Su voz aún estaba estremecida) ellos no tienen cabello, tienen grandes ojos cafés y tienen piel, pero no como la de nosotros, es diferente, y uno pensaría que ellos tienen vestimentas puestas, pero no sabes si las tienen.
D: *¿Cómo es su piel de diferente?*
J: No es como la sensación de la piel, se siente seca, como de papel, pero más de papel crepé. (Su voz estaba a punto de quebrarse).
D: *Entiendo lo que quieres decir, (ella comenzó a llorar, como un llanto de miedo) todo está bien, estoy contigo, ¿qué pasó?*
J: (Era difícil de entender al inicio por el lloriqueo). Ellos quieren que me vaya con ellos, pero yo... yo dije yo quiero estar aquí un poco más, quiero mantener a mi bebé, (llorando).

Esa fue una sorpresa, ella me había dicho temprano durante la entrevista que ella no podía embarazarse.

D: *¿Qué quieres decir?*
J: Era tiempo para ellos de llevarme, pero yo me quería quedar y mantenerlo por un poco más de tiempo.
D: *¿Estás embarazada?*
J: Yo creo, no creo que ellos lo llamen así, yo no sé cómo lo llaman, ellos simplemente dicen que es tiempo de irnos.
D: *¿Entonces cómo te sales de la habitación?*
J: Nosotros salimos a través de la pared como ellos lo hacen.
D: *¿Te sientes a ti misma haciendo eso?*
J: Sí, siento que lo hago yo, ellos pueden facilitarlo donde puedas hacerlo y tú realmente atraviesas allí, te vas desde tu habitación.
D: *¿Entonces tu cuerpo físico real simplemente va a través de la pared?*

Yo quiero aclarar que esto no fue una experiencia de fuera del cuerpo, la primera vez que eso ocurrió fue con John. Yo estaba sorprendida al descubrir que realmente el cuerpo físico era capaz de ser llevado a través de objetos sólidos, como paredes y techo, cada vez que esto era reportado desde que había estado determinada en saber si era el cuerpo físico o una experiencia espiritual, la persona siempre confirma lo que ocurría, ellos nunca dudan.

J: (Su voz era estable) Tiene que ver con el desplazamiento de las moléculas, ellos me mostraron cómo pasa y es una sensación chistosa cuando empieza a suceder.
D: *¿Cómo se siente?*
J: Tu cuerpo se siente como dormido y después lo sientes que se derrite, se disuelve como en el aire, pero no eres aire, es como si tú fueras el aire excepto que tienes forma en el aire, te hace estar más en la consistencia a nivel del aire; lo que sucede es que tu cuerpo se acelera a un diferente rango vibracional de la materia de la que estás atravesando, por lo tanto, tú pasas a través de la materia.
D: *Eso suena como algo muy extraordinario de hacer.*
J: Es raro.
D: *¿Entonces qué pasa después que atravesaste la pared con ellos?*
J: Está oscuro y nos estamos moviendo, pero no estoy segura cómo me estoy moviendo.
D: *¿Siguen ellos contigo?*
J: Sí, ellos están en ambos lados y tengo a mi perrito.

Esto también se había reportado en otros casos, una vez el cuerpo es llevado a través de la pared o el techo hay un ser alienígena en cualquier lado al mismo tiempo que la persona es llevada a la nave. Quizás eso es parte de la mecánica de como ellos son transportados, los seres tienen que estar presentes alrededor del humano para que lo puedan mover por el aire hacia la nave.

D: *Entonces el perro también se fue atravesando la pared, a mí me gustaría saber cómo se sintió por eso.*
J: Él no tuvo miedo.
D: *¿Puedes ver hacia dónde están van?*

J: (Respirando fuerte otra vez). Estoy en la nave y estoy sobre una mesa.
D: *¿Cómo llegaste a la nave?*
J: No lo sé, no tengo memoria, solamente sé que estoy aquí.

Este es otro detalle que se repite, a menudo existen vacíos como cuando ellos entran a la nave mientras están en el aire; quizás ellos también van a través de la cubierta exterior de la misma manera como ellos salen de su casa. Si es así aparentemente es la causa de la pérdida de memoria. Cuando la nave ha aterrizado usualmente ellos recuerdan haber caminado en una escalera o una rampa.

D: *¿Entonces que está sucediendo?*
J: Ellos hacen que... me acueste y vamos a hacer eso otra vez.
D: *¿Hacer otra vez qué?*
J: Es como cuando tú estás con el ginecólogo, yo no sé cómo es que lo hacen porque nunca puedo permanecer despierta, (ella se empezó a molestar), yo quería saber y les pedí que me mostraran cómo es que lo hacen.

Yo descubrí en mis comienzos de investigación que todo era posible para obtener las respuestas, aunque el cuerpo físico estuviera dormido, uno puede ir directamente al subconsciente, porque esa parte nunca se duerme (incluso durante una cirugía) y puede proveer objetivamente con respuestas detalladas.

D: *Yo creo que de la manera que estamos haciendo esto quizás puedas averiguar, ¿quieres averiguarlo?*
J: (Sollozando) Creo que sí.
D: *¿Si lo deseas puedes ver desde la distancia como un observador y ver con tu mente mientras tu cuerpo yace dormido allí?, ¿crees que sea posible hacer eso?*
J: No lo sé, siento como que ahora ya estoy allí, ahora ya estoy allí, allí mero (Ella estaba sollozando otra vez).
D: *Pregunta a uno de ellos si tú puedes mirar como un observador y ve que dicen,* (No), *¿dijeron ellos que no? ¿Podemos hacerles preguntas?* (Sí).

A este punto su voz cambió inesperadamente, con su respuesta "sí" la voz sonó como autoritaria y no asustada como antes.

D: *Está bien, pero ¿el cuerpo está dormido?, ¿es esa la manera de cómo se realiza?*
J: No, es un estado de sueño.

La voz que respondió definitivamente no era de Janice, era casi como robótica, mecánica y monótona. Pronunciaba cada sílaba individualmente, y no hablaba de una manera fluida como nosotros hablamos. A veces sonaba hueco y casi tenía una cualidad de eco que no era definitivamente causado por la cinta de la grabadora o el micrófono, esa fue la manera la que yo la escuché viniendo de su voz y no podía entender cómo es que ella podía hacer naturalmente el sonido de esa manera, no tenía ninguna similitud del todo con la voz de Janice; esa voz con su tono único y peculiaridad continuaba a través del resto de la sesión y no cambió hasta que la entidad se le dijo que se marchara al final. Yo no estaba sorprendida por el cambio, porque esto había pasado antes, así que yo tomé ventaja de la oportunidad para hacerle preguntas.

D: *Si no es un estado de sueño entonces, ¿qué es?*
J: Es un nivel de consciencia al cual ustedes no están acostumbrados.
D: *¿Por qué ella tiene que estar en ese estado de consciencia?*
J: Para que no exista dolor.
D: *Yo creo que eso está muy bien, nosotros no queremos que ella experimente cualquier dolor. ¿Qué es lo que está sucediendo que podría causar dolor?*
J: El nacimiento humano es doloroso.
D: *Eso es verdad, ¿es esto un nacimiento?*
J: Esto es un nacimiento.
D: *¿Me puedes decir que está sucediendo?*
J: Lo mismo que sucede en su nacimiento en la Tierra.
D: *Pero en la Tierra sucede naturalmente.*
J: Está pasando naturalmente.
D: *En la Tierra cuando un nacimiento está ocurriendo existen dolores de parto asociados con ello.*
J: Por eso es que ustedes tienen un estado alterado, no hay dolor que se sienta por la madre.

D: *¿Pero estoy en lo correcto en asumir que el feto no puede ser muy grande?*
J: Eso es correcto.
D: *Entonces debería de ser capaz de pasar muy fácilmente.*
J: Existirá dolores, esta humana nunca había tenido un niño en tu planeta Tierra, por lo tanto, su canal es diferente.
D: *¿Sucede algo para estimular el proceso? ¿Similar a los dolores de parto y contracciones de parto?*
J: No entiendo tu pregunta.
D: *¿Se hace algo con instrumentos o máquinas para hacer que el cuerpo entre en estado de parto?*
J: Ahora es tiempo para ello en nuestra dimensión, el período de los nueve meses el cual ustedes lo consideran ... a término ... culminación, es simplemente alterado. Es un período de tiempo corto, por el tipo de crecimiento que toma lugar durante el tiempo que el bebé es gestado por la madre; por lo tanto, los órganos y los diferentes estados gestacionales de existencia del ser son desarrollados a un más alto nivel a comparación de cómo sería desarrollado en nueve meses de período en sus años de la Tierra.
D: *¿Entonces no es el tamaño de un bebé a término de nueve meses?*
J: Eso es correcto.
D: *¿Pero es desarrollado completamente según a sus estándares?*
J: Eso es correcto, tú aún no entiendes nuestros estándares. En nuestros estándares significaría que es un bebé de nueve meses a pesar del tamaño físico no es tal como el de un bebé de nueve meses.
D: *¿Tiene todas las características de un bebé a término?*
J: Sí y también las tienen sus sistemas.
D: *En nuestra manera de pensar, un feto pequeño tendría un tipo de desarrollo muy prematuro y no podría sobrevivir.*
J: Se requiere un período de tiempo de cuatro meses si es gestado en tu plano de existencia, nosotros mantenemos el proceso de nacimiento durante el tiempo que la madre está cargando al feto. Este mantenimiento particularmente causa que se desarrollen los sistemas a un rango de velocidad diferente a comparación del proceso normal de nacimiento de ustedes los humanos.
D: *¿De qué tamaño es el feto cuando nace?*
J: Es el tamaño físico de un bebé de cuatro meses en comparación con su nacimiento.

D: *En mi entendimiento es aproximadamente el tamaño en el que podría caber en la palma de la mano.*
J: De alguna manera es más grande.
D: *¿Había ella tenido el feto dentro por cuatro meses? (Sí) ¿Estaba ella consciente?*
J: Ella no lo sabía antes, aunque ella tuvo períodos de tiempo cuando si lo sabía, pero no lo sabía del todo. Ella sentía que estaba embarazada. Ella tiene el mismo tipo de fenómeno que ustedes las personas de la Tierra tienen en su abdomen que hace que se expanda y puedan saber qué es lo que está tomando lugar.
D: *¿Dejo de tener sus períodos?*
J: Ella ya no tiene más períodos.
D: *¿No es eso requerido?* (No) *¿Todo lo que necesitas es un útero?*
J: Incluso el útero no es necesario, tiene que ver con la energía del cuerpo humano al contrario de las secreciones hormonales del cuerpo humano.
D: *Yo me estoy esforzando muy duro para entender esto, en términos humanos tiene que haber ese recubrimiento del útero y las hormonas para que la placenta pueda adherirse y nutrir al feto creciente.*
J: Este feto experimenta la vida en diferentes maneras a comparación de sus bebés humanos que son cargados por la madre. En ese sentido, así como la madre realiza sus actividades diarias, el feto experimenta la vida en su planeta al máximo al vivir la experiencia de la madre en su vida.
D: *Entonces eso se puede realizar con mujeres de cualquier edad.*
J: Correcto, pero tiene que ver con un particular tipo de mujer, y también tienen que existir ciertas condiciones que se necesitan para la participante de ese proyecto.
D: *¿Me puedes decir cuáles son esos requerimientos?*
J: (Metódicamente como si lo recitara) Los requerimientos son: la dieta, mantener un particular nivel de existencia, pureza y existen otros más los cuales podemos describir más adelante.
D: *Eso pareciera que la mayoría de las mujeres califican.*
J: No la mayoría.
D: *¿De qué manera no serían iguales?*
J: Debido a la interacción de la mayoría de las mujeres en ciertas actividades, también por los niveles de concentración de las mujeres, así como hay una interacción con el cerebro de la mujer

en este tiempo. Las participantes son seleccionadas en una manera que se relacionan con el criterio del desarrollo del ser y de ellas mismas, es un proceso complejo.

D: *Yo creo que sabrás que tengo muchas preguntas, yo soy muy curiosa, ¿te refieres acerca de su actividad sexual?*

J: Ese es un factor que contribuye.

D: *Porque eso afecta a las hormonas, emociones y todo lo demás.*

J: Tiene que ver más con la esencia de la madre, que con la fisiología hormonal de la madre, tú puedes llamar esto el nivel espiritual, en términos de lenguaje terrenal.

D: *Entonces no todas las mujeres son aptas.*

J: Eso es correcto.

D: *¿Se le ha hecho antes a ella?*

J: Correcto.

D: *En mis indagaciones se me ha dicho que la reproducción también, ¿es realizada a través de clonación?*

J: Existe un proyecto de clonación, que es separado y aparte de este proyecto, algunas mujeres participan en los dos y algunas únicamente en uno.

D: *Si tú puedes tener partos de esta manera, ¿Por qué el proceso de clonación también es necesitado?*

J: Porque existe una diferencia genética que toma lugar en la clonación ya que falta en este otro tipo de proyecto.

D: *¿Me puedes explicar? Yo entiendo algo acerca de la clonación; eso es un duplicado exacto.*

J: La clonación es exacta, un duplicado exacto. El otro método toma una estimulación exterior en el proceso más que solamente la esencia de la madre. Existen dos productos separados de tipo de características distintivas de individuos.

D: *Entonces el clon es un duplicado exacto, el otro tiene un tipo diferente de rasgos genéticos, ¿Sería eso verdad?*

J: Eso es correcto, porque el otro también contiene toda la estimulación extrasensorial de la madre que recibe durante el período de tiempo embrionario.

D: *¿Te refieres al clon o al natural?*

J: Al natural.

D: *¿Significaría esto que el clon sería una persona sin emociones y frío?*

J: No a menos que la madre sea de los mismos rasgos emocionales. El problema que estás teniendo para entender esto es que el clon contiene y es todo lo que la madre es. Con el nacimiento natural, así como tú le llamarías, el niño contiene y es todo lo que la madre es, además a lo que la madre ha estado expuesta durante ese tiempo que ha estado cargando al feto.

D: *Entonces existe una diferencia.*

J: Una diferencia definitiva, nosotros estamos intentando explicártelo que el feto descansa en el útero de la madre para que viva su vida con ella.

D: *Experimenta lo que ella está sintiendo.*

J: ¡Exactamente!

D: *Y el clon no hace esto. Bueno, ¿puedo preguntarte como es el embrión fecundado?, ¿el padre también es humano o qué es?*

J: Esto no será discutido en esta ocasión, la información saldrá a la luz, primero nosotros tenemos que saber si eres de confianza.

D: *Eso está perfectamente bien conmigo, yo solo hago muchas preguntas mientras no sean rechazadas.*

J: Nosotros deseamos ver que es lo que haces con esta información y cómo es usada.

D: *Yo haré lo que quieran que haga con ella.*

J: No es para ser diseminada al público hasta que tengas toda la perspectiva.

D: *Yo estoy dispuesta a aceptar eso y de todos modos yo no quiero la mitad de la historia o mitad de la verdad.*

J: Nosotros debemos recordarte en que protejas a la persona.

D: *Yo he colocado protección a su alrededor mientras estamos trabajando en este estado, ¿es esto a lo que te refieres?*

J: No, lo que nosotros queremos decir es que con lo que hagas con la información, puede existir un efecto directo en la vida de esta persona.

D: *Eso es verdad, la mayoría de las personas con las que trabajo no quiere ser conocida, ellos quieren permanecer en anonimato. Esto es muy importante porque ellos no quieren que sus vidas sean afectadas y yo intento muchísimo respetar eso.*

J: Esa es la razón por la cual estamos hablando contigo. La razón es que tú eres una persona muy responsable.

D: *Y si está dentro de mi poder que nadie sepa quién es ella, pero siempre existen cosas que están más allá de mi control, pero con* lo que yo puedo controlar su nombre nunca será revelado, ¿es eso lo que quieres decir?

J: A este punto del tiempo así debe permanecer, ya que hay otro trabajo que nosotros debemos hacer, ella es un ser altamente evolucionado, ella entiende más que otras personas, por lo tanto, nosotros tenemos un proyecto mayor en mente para ella, el cual nosotros, no deseamos, que sea interrumpido por la curiosidad.

D: Sí y existen muchas personas curiosas, pareciera como si yo fuera la que tendría los problemas.

J: No si a nosotros nos permites que también te protejamos.

D: A mí me gustaría eso, porque siento que voy a viajar a lugares donde hay negatividad.

J: Exacto.

D: Y escepticismo.

J: Exacto.

D: Y yo le doy la bienvenida a cualquier protección que ustedes me quieran dar.

J: Tú sabrás a través de tu anillo que nosotros siempre estamos contigo.

Eso era mi anillo de forma de estrella color turquesa que mencioné antes, que lo obtuve de una manera extraña y el cual yo nunca me lo he quitado.

D: A mí me gustaría saber acerca del anillo, ¿me podrían decir acerca de él?

J: Ustedes las personas de la Tierra siempre piensan que los OVNIS vienen de las estrellas. Para ti la estrella debería de ser el símbolo de que tú estás conectada y que tú siempre estás con nosotros, por el trabajo al que has llegado a estar involucrada, ayudando a disipar la noción de que nosotros somos seres malos y malignos.

D: Sí, porque la información que he obtenido parece ser positiva.

J: Es positiva, sin embargo, debo de prevenirte que existe y hay una fuerza afuera la cual puede provenir del otro lado de la moneda, en su forma de hablar en este tiempo en la Tierra.

D: Pero, yo siempre creo que tú atraes lo que tú quieres, lo que uno espera.

J: Eso es correcto.

D: Y yo no he espero esa negatividad.

J: Pero tú debes de saber y estar consciente que existe, también tú debes saber y estar consciente que en tu trabajo tal vez podrás estar en contacto con ese lado de los seres; sin embargo, es la elección que cada individuo debe de hacer, así como también de qué lado ellos trabajarán. Definitivamente existe una elección por hacer.

D: Yo he escuchado discursos de esa negatividad y yo no quiero estar envuelta en ese lado.

J: Si tú has hecho tu elección entonces no tienes porque temer, porque tú no estarás involucrada en ese lado. Podría surgir cerca de ti, podría pasar por tu alrededor, pero tú estarás protegida de ello y trabajando contigo.

D: Eso está muy bien y les agradezco eso, porque todo lo que quiero es información.

J: Y eso es lo que nosotros deseamos compartir.

D: Está bien, ¿puedo saber con quién estoy hablando?

J: No entiendo tu pregunta.

D: ¿Bueno, yo no creo que esté hablando con el subconsciente de Janice o sí?

J: No, no lo estás.

D: ¿Con quién estoy hablando? No tienes que decir un nombre, solamente estoy de curiosa de lo que eres.

J: Si miras el rostro del libro Communion (Libro del autor Whitley Strieber), tú verás mi foto. Este es el porqué al ver Janice la portada le afectó. Ella está muy familiarizada con nosotros, ella sabe que en la perspectiva de la Tierra hay ocasiones que pareciera que nosotros le podríamos causar dolor o como si fuera observado por alguien de la Tierra de que nosotros somos seres malos y sin sentimientos. A ella se le ha permitido la historia por detrás y eso es simplemente una perspectiva del ser. Ella ha sido capaz de cambiar las perspectivas al punto de entender el significado por detrás de lo que nosotros hacemos, e incluso, de cualquier tipo de dolor que nosotros podríamos causarle. Ella sabe que esto es incidental con cualquier tipo de problema que ella podría tener al aceptar lo que ella ha estado de acuerdo. Ella está consciente y mayormente nosotros se lo hemos estado recordándoselo, así como también en cualquier momento ella puede y se le permite rehusarse. También ella sabe que de nosotros no habrá repercusiones en su falta de participación en ningún momento en la cual ella se sienta incómoda en continuar. Ella sabe y se le ha dicho que nosotros le ayudamos en cualquier manera en la que ella necesite ayuda en cualquier momento.

D: *Todas esas son muy buenas cosas, como ves una de las teorías que las personas tienen es que ustedes son muy fríos y sin sentimientos, que causan dolor y no les importan los humanos.*

J: Bajo sus estándares eso es correcto, el problema que tienen las personas es que ellos no pueden venir a nuestro lado y verlo con nuestros ojos. Individuos como Janice, a quien tú le hablas, efectivamente son capaces de ser como nosotros, saber nuestro propósito, conocer nuestras mentes y saber cómo somos. Por lo tanto, ellos entienden que nosotros no estamos involucrados en causar dolor simplemente por el hecho de causar dolor. Debido al factor de que nosotros no sentimos dolor como ustedes sienten dolor, a veces para nosotros es difícil entender que nosotros lo causamos.

D: *Ya veo, ¿Es por qué su sistema nervioso es diferente?*

J: Exactamente.

D: *¿Entonces ustedes no se han desarrollado en la misma manera física que los humanos? (No), ¿ustedes sienten emociones?*

J: Nosotros somos capaces de simular las emociones, pero nosotros no las tenemos integradas como ustedes los humanos.

D: *¿Ustedes son más como un ... no quiero decir "máquina" ... como una persona manufacturada a comparación con una que es genéticamente?*

J: Disculpa, la pregunta no está clara.

D: *Estoy intentando pensar como expresarlo, yo estoy acostumbrada en tratar con personas y sus emociones a menos de que ellos sean como máquina, manufacturadas en vez de reproducirse de la manera genéticamente.*

J: Nosotros sentimos, pero no significa lo mismo.

D: *¿Me puedes ayudar a entender?*

J: Si tú me tocas, yo lo siento, no lo transmito a ... no significa que la misma sensación tomará lugar. En eso mi mente sabe que me has tocado, yo lo siento, pero no en la misma manera como un humano lo siente. Es un proceso, una señal telepática, al contrario de lo físico. Ya que nosotros operamos de un nivel de telepatía, por lo tanto, nuestro desarrollo es en el estado de que nuestros sentidos vienen a través del conocimiento opuesto al nivel más físico del tacto emocional a como ustedes lo comprenderían.

D: *Estoy pensando de la manera en la que la gente se acaricia uno a los otros, especialmente cuando ellos acarician a un niño.*

J: Nosotros estamos aprendiendo, nosotros deseamos unir los dos diferentes tipos de emociones y entenderlas. En el proceso de integración, lo que tomará lugar es un desarrollo de una integración de la manera telepática, de sentir, conocer y saber sensorialmente.

D: *Ya veo, ¿entonces ustedes no sienten emociones como el amor o el odio?*

J: Nosotros no las entendemos, aunque nosotros podemos sentirlas. Es diferente para nosotros.

D: *¿Entonces puedes sentir enojo?*

J: Nosotros podemos sentir cualquier emoción que tú sientas, pero se siente en nuestras mentes contrario a sentirlo en nuestros cuerpos físicos.

D: *Entonces ustedes no son totalmente gente fría.*

J: Eso es correcto. Nosotros lo experimentamos, pero no afecta nuestra fisiología como lo hace al humano, el estrés es parte de la vida humana, le hace daño al cuerpo, afecta la mente, daña la estructura molecular de sus cuerpos.

D: *Y tú estás intentando...*

J: Yo estoy intentando decirte que, si nosotros estamos expuestos al estrés, no afecta a nuestros cuerpos de esa manera, sin embargo, nosotros lo experimentamos con nuestras mentes. Nosotros no estamos aquí para hacerles daño, nosotros no estamos aquí para invadir su planeta, es muy malo que ustedes no puedan entender esto.

D: *Yo si lo creo.*

J: Sí, tú lo entiendes, pero yo estaba hablando colectivamente.

D: *La falta de emociones, ¿fue causada porque su raza se desarrolló de manera diferente?*

J: Es simplemente causado por el hecho de donde somos nosotros y de donde nos desarrollamos, nos desarrollamos diferente. No es porque nosotros no lo teníamos, nosotros no lo sabíamos, fue simplemente una parte innecesaria de nuestra existencia.

D: *Yo pensé que tal vez todos comenzamos de la misma manera y que ustedes evolucionaron de diferente manera.*

J: Nosotros comenzamos de la misma manera que somos, esa es la razón porque para nosotros es difícil entender las emociones terrenales y algunas de las maneras de existencia en las cuales ustedes viven.

Yo pausé mi grabadora para voltear la cinta.

*D: Tú estás probablemente consciente de que yo estoy usando una máquina.*

J: Nosotros entendemos que son las máquinas.

*D: Esta es una máquina que captura la voz y me ayuda a volver a escuchar la voz en otra ocasión, las palabras.*

J: Nosotros retenemos la voz en nuestra mente.

*D: Nosotros no tenemos esa habilidad, por eso tengo una máquina donde las palabras se graban y cuando la oportunidad se presente puedo reproducirlas de nuevo para escucharlas y entenderlas otra vez.*

J: Tú podrías retenerlas en tu mente.

*D: Pero es muy difícil cuando tienes mucha información.*

J: Es cuestión de ser ... (ella tenía dificultad encontrando la palabra correcta) es cuestión de buscar la información, categorizarla y archivarla.

*D: Bueno, yo soy capaz de hacer eso en gran medida.*

J: Es cuestión de imagen y trazado de imágenes, es como cuando viajamos, nosotros podemos tener la imagen de tu planeta o un lugar y después no tenemos que estar volando físicamente para ir allí.

*D: ¿Están en nuestra atmósfera ahora?*

J: Nosotros estamos en tu atmósfera.

*D: Pero ¿quieres decir que de dónde vienes originalmente, tú podrías solo visualizar dónde quieres ir?*

J: Eso es correcto.

*D: ¿Y tú no necesitas ningún tipo de fuente de energía para la nave o qué necesitas?*

J: Nosotros no necesitamos ningún tipo de fuente de energía, el pensamiento es nuestra fuente de poder.

*D: ¿Es esto suficiente para operar la nave completa?*

J: Puede operar muchas naves.

D: *¿Es este un pensamiento colectivo o el pensamiento de solo un individuo como tú?*

J: Puede ser de uno o puede ser colectivo.

D: *¿Los científicos en nuestros días piensan que tienes que tener algún tipo de poder: mecánico, eléctrico o algo similar?*

J: Existen naves que usan diferentes tipos de fuentes de energía, eso es cuando te sales de la ruta o te pierdes, ustedes los humanos piensan que todas las naves deben usar el mismo tipo de energía. ¿Es eso correcto?

D: *O al menos energía que podamos entender como combustible o diferentes tipos.*

J: ¿Entiendes la energía de luz?

D: *Solo en la manera en la que nosotros usamos la electricidad.*

J: Bueno, existe un punto que pasa la luz, en el cual nosotros viajamos, es una frecuencia de luz, no es visible a simple vista.

D: *Estoy pensando en el láser.*

J: Te estás acercando.

D: *¿Acercando? (Se ríe entre dientes) lo más que sé es que el láser es una frecuencia más rápida creo, ¿o no es así?*

J: Sí, esta frecuencia es más rápida que su luz.

D: *Estoy pensando en ondas microondas.*

J: Eso es otra cosa totalmente diferente.

D: *Está bien, entonces eres capaz de viajar con una nave en esta frecuencia al usar el pensamiento (Sí), ¿al usar el pensamiento eres capaz de desmaterializar y materializar en otro lugar?*

J: Exactamente.

D: *Está bien, porque nosotros pensamos en viajar a la velocidad de la luz.*

J: Esto es más rápido que la velocidad de la luz.

D: *¿Es esto similar a la manera en la que Janice salió a través de las paredes?*

J: Esto es similar, pero existe un diferente proceso usado para viajar, cuando hablas de pasar a través de la materia, estás hablando acerca de un tipo diferente de proceso, a comparación, del cual nosotros usamos para viajar desde nuestro universo a su atmósfera.

D: *¿Solo por qué no atraviesa materia? Sería un diferente proceso.*

J: Exactamente.

D: *Pero es todavía una desmaterialización en un lugar y rematerialización en otro, ¿es eso correcto? Porque estoy tratando muchísimo de entenderlo.*

J: Yo no estoy disponible para explicártelo en esta ocasión, lo que puedo decirte es que existen dos procesos separados de viaje. Una vez que el ser atraviesa la pared y comienza a viajar, ella viajo por el segundo proceso entre la pared exterior y la nave. Es por eso que los humanos algunas veces tienen problemas al adaptarse al volver a entrar en nuestro tiempo y nivel vibracional, ya que las frecuencias vibracionales cambian en este tipo de viaje, les toma un tiempo para bajarlas, dependiendo de la manera en la que vuelven a entrar.

D: *Viajar es más rápido, entonces se tiene que desacelerar de nuevo.*

J: Exactamente, algunas veces causa problemas de adaptación. Y puedes causar algún tipo de desorientación, el cual nosotros tratamos de aliviar lo más pronto posible, cuando nos damos cuenta de que está pasándole al individuo.

D: *¿Puedo preguntarte si su gente es sexual?* (Sí) *¿Tienen sexo femenino y masculino?* (Sí) *¿Se reproducen de la misma manera que los humanos lo hacen?*

J: Nosotros tenemos opción.

D: *¿Me puedes explicar?*

J: Nosotros nos podemos reproducir, de esa manera y podemos usar otros diferentes métodos.

D: *¿Qué otros métodos están disponibles?*

J: Ya te he explicado dos de ellos.

D: *¿Clonación y este método con Janice?* (Sí) *¿Estoy curiosa en saber qué harán con este bebé, quiero decir por qué podrían querer tener una combinación humana?*

J: Porque en la combinación humana tienes todas las características físicas del humano, así como también toda la capacidad mental de nuestra raza integrada.

D: *¿Pero no tienen ustedes excelentes capacidades físicas?*

J: Nosotros pensamos que ustedes son hermosos, nosotros tenemos capacidades físicas, pero no son como las de ustedes.

D: *Yo pensé que estarían felices con ustedes, la manera en la que fueron hechos y que no quisieran ...*

J: No es cuestión de infelicidad, es una gran lección para ustedes humanos de aprender a comparación de nosotros.

D: *¿Qué quieres decir?*
J: Diferente a comparación de estar insatisfechos con. No es cuestión de ser mejor o peor que. Es solamente diferente.
D: *Eso es lo que estoy tratando de entender, ¿por qué quisieran cambiar la apariencia física de su raza?*
J: No cambia la apariencia física de nuestra raza como tal porque no es nuestra raza, así como también no es su raza como tal.
D: *¿Qué quieres decir?*
J: Quiero decir que no es una u otra, sino una raza.

Yo no entendí que él se estaba refiriendo a la creación de una nueva raza separada.

D: *¿Quieres decir que todos pertenecen a una raza?*
J: En última instancia eso es lo que sucederá.
D: *¿Fue así como todo comenzó?*
J: No entiendo esa pregunta.
D: *¿Todos iniciamos como una raza?*
J: Yo te he explicado las diferencias en la manera en la cual nosotros experimentamos las emociones comparada a la manera en la cual los humanos las experimentan. La integración de estos dos tipos de experiencias dentro de un ser crea un ser diferente, pero no deja nada fuera de ninguna de las razas. Tampoco cambia el factor de que este individuo particular esté compuesto de ambas razas.
D: *Entonces todos comenzamos de diferentes razas y el objetivo es integrarlo en una raza que tiene las mejores partes de todas ellas, ¿es eso correcto?*
J: Este es un proyecto, sí.
D: *¿Existen otros proyectos? (Sí) ¿Me podrían decir acerca de ellos?*
J: No te puedo decir en este momento.
D: *Bueno, yo tengo mucha paciencia, pero también tengo muchas preguntas, yo estoy tratando de entender el propósito de esto.*
J: Una parte de la esencia que permanece en la Tierra puede ser transferida al nuevo humano, en un punto en el tiempo, donde se desarrolle una nueva Tierra.
D: *¿Una nueva Tierra? ¿Qué quieres decir? (Pausa) yo sé acerca de muchas profecías futuras, estoy tratando de ver si lo que dices encaja con eso.*

J: Yo estoy diciendo que el nuevo ser será del tipo de ser que poblará la nueva Tierra.

D: ¿En nuestro futuro o qué?

J: Sí, en nuestro futuro, en todos nuestros futuros. Tú podrías entenderlo mejor si yo usara la palabra "transferir".

D: ¿Transferir qué?

J: Sí, tú escoges dependiendo del resultado de tus decisiones en tu planeta, La necesidad existe para una raza de humanos de repoblar tu planeta. La esencia de los humanos que ya han poblado tu planeta existe, en la nueva raza, por lo tanto, si decides el camino de la destrucción, la repoblación tomará lugar por esta raza de humanos. Por consiguiente, ustedes verdaderamente tendrán una nueva raza, para poblar su nuevo cielo y su nueva Tierra, una nueva raza con solamente las cualidades mucho más positivas.

D: Una raza más evolucionada realmente. (Sí)

Un concepto similar fue descrito en mi libro Guardianes del Jardín acerca de un planeta que estaba siendo preparado para recibir una nueva (más perfecta) especie de humanos en evento de que si nosotros destruimos nuestro planeta Tierra. Este nuevo humano estaba siendo desarrollado a través del proceso de experimentación llevado a cabo a bordo de estas naves espaciales. Se me ha dicho que los genes humanos no deben de morir y están siendo preservados de esa manera.

D: *Bueno, este feto… yo creo que le puedes llamar bebé, tú dijiste que estaba a término y completamente formado al tamaño de cuatro meses.*

J: Cuatro meses.

D: *¿A dónde se llevan al bebé?*

J: Nosotros tenemos instalaciones parecidas a las que ustedes tienen en sus hospitales. Nosotros servimos y asistimos al niño de la misma manera. Nosotros tenemos seres los cuales su trabajo es de cuidar a los niños. Para servir como tú le llamarías "subrogación" de la madre para el niño. La madre biológica visita al niño si ella lo decide así, aunque ella concurridamente no tendrá la memoria de haberlo hecho. También la mamá del niño enseña a esos seres en como interactuar con el niño, esto es parte de nuestro aprendizaje necesario.

D: *¿Crece el bebé a un rango diferente?*

J: Sí, crece a diferente rango, puede tener cuatro años en el período de dos minutos del tiempo de la Tierra.

D: *Eso es muy rápido, ¿pareciera ser así de rápido en tu tiempo?*

J: Puede o no puede que sea así de rápido.

D: *De esa manera ustedes podrían tener un adulto en pocos días, ¿no es así?* (Sí) *ya veo, ¿estos nuevos seres, esta nueva raza, será usada en algún otro lugar?*

J: Ellos viven y son enseñados en un lugar muy diferente, tanto como el ambiente en el cual ellos vivirán en última instancia.

D: *Pero ¿es este un lugar fuera de la Tierra?* (Sí), *¿y es ahí donde ellos se acostumbrarán o por así decir climatizarán?* (Sí), *¿qué hay acerca de los clones?, ¿ellos regresarán a la larga a la Tierra?*

J: Sí, algunos de ellos ya están en la Tierra.

D: *¿En qué capacidad?*

J: Como humanos.

D: *¿Cuál es la razón para eso?*

J: Porque nosotros podemos clonar un humano y nosotros podemos en cuestión de hablar, rediseñar su físico al punto donde si la necesidad surge de que el clon regrese a ayudar a su fuente, eso puede ser hecho en un instante comunicación con la fuente.

D: *¿Pero el clon tendrá la memoria de lo que ha pasado?*

J: No necesariamente.

D: *Yo estaba pensando, de que, si el clon fue crecido en este ambiente, él retendría aquellas memorias.*

J: Nosotros tenemos las mismas capacidades con relación al tiempo, como previamente te expliqué con un clon. En otras palabras, nosotros podemos muy bien tener un humano en un muy corto período de tiempo. Este clon puede ser enviado en una misión o elegir ir a una misión para ayudar a uno de ustedes en necesidad. De esta manera retener toda su esencia, la intercomunicación es integrada más completamente, de manera más instantánea.

D: *Yo estaba pensando de que si el clon podría saber que no es como los otros humanos.*

J: Sí, algunos de ellos lo saben, pero un clon no necesariamente permanece en tu planeta por cualquier cantidad de tiempo.

D: *Él está ahí para cierta tarea, cierto trabajo y después se va a otro lugar.*

J: Eso es correcto.

D: *Yo creo que uno de los problemas que las personas tienen es aceptando mucho de esto y yo estoy tratando de aclarar algunos de estos mal entendidos de que ellos piensan que ustedes están cruzando extraterrestres y humanos. Ahora estas son sus palabras y ellos reclaman que está siendo hecho sin nuestro conocimiento, cooperación y en contra de nuestro consentimiento; y yo creo que aquí es donde comienza el malentendido, porque ellos lo ven como algo malo, ya que ellos no tienen todos los factores.*

J: Ese es el mismo problema que te expliqué con relación a sus perspectivas concerniendo al dolor del que nosotros hemos sido acusados de causar. Es el mismo malentendido.

D: *Ellos piensan qué es algo que están haciendo en contra del consentimiento de la persona. Forzándolos para llevarlos a realizarles exámenes y otras cosas.*

J: Esto es porque el ser humano no puede estar completamente despierto para la misión a la cual ellos han tomado. Cualquiera que ha sido abducido ha estado de acuerdo previamente, debido a algunos problemas en su estructura molecular, nosotros no podemos activar las células completamente que les permita recordar, tanto como nosotros podemos hacerlo en otros sujetos. Los sujetos quienes tienen mejor fortaleza intestinal y fuerza interna son capaces de entender mejor el propósito completo del programa espacial.

D: *Yo me estaba preguntando porque algunas personas recuerdan y otros no.*

J: Tú recuerdas lo que puedes soportar y al desarrollar tu rango de crecimiento, tú recuerdas y se te da más información.

D: *Lo que algunas de esas personas recuerdan es muy espantoso para ellos y solo tienen algunos escasos recuerdos.*

J: Es espantoso porque es muy extraño y algunos de esos experimentos les asusta a los humanos, pero los experimentos que les asusta a los humanos son los mismos experimentos que los humanos hacen y es el mismo miedo que un animal siente cuando un humano realiza experimentos en ellos.

D: *Sí, eso lo entiendo, ¿en tu nave existen algunos otros tipos de seres?*

J: ¿En este momento?

*D: Bueno, como regla, ¿eres tú el único tipo de ser, que está en esas naves?*
J: En este particular tipo de nave nosotros solos la ocupamos, otros seres podrían ingresar a la nave dependiendo la ocasión.
*D: ¿Qué tipo de nave es esa?, ¿cómo es que se ve físicamente en su exterior?*
J: Es una nave de tipo disco redonda.
*D: ¿Es grande?* (No), *¿entonces existen otros tipos de naves?* (Sí), *yo tengo curiosidad acerca de los otros tipos de seres que van y vienen en las diferentes naves, porque hemos escuchado muchas diferentes descripciones.*
J: ¿Qué es lo que deseas?
*D: ¿Me puedes decir acerca de algunos de los otros tipos?*
J: Depende del humano y del proyecto, porque nosotros estamos en cooperación con otros seres, por lo tanto, dependería del nivel de proyecto y del tipo de con quien están involucrados.
*D: ¿Esos otros seres son del mismo lugar de dónde tú vienes?* (No), *por qué yo creo que todos son diferentes o, ¿no es así?*
J: La apariencia de todos es diferente.
*D: Yo asumo que cada uno tiene un diferente trabajo, tal vez estoy equivocada, como una asignación que únicamente ellos hacen.*
J: Los proyectos que nosotros trabajamos son complejos, algunos humanos están involucrados en muchos de nuestros proyectos.
*D: ¿Te refieres como un sujeto o como un participante?*
J: Los dos, un humano puede ser un sujeto en un proyecto, un participante en otro, un consejero en otro, un maestro en otro, así que depende si el humano es multinivel. Nosotros buscamos por humanos multinivel, tú estás hablando de un humano multinivel cuando hablas de Janice, ella entiende los niveles y dimensiones, y puede funcionar en diferentes niveles y dimensiones simultáneamente; por lo tanto, ella es más apropiada para trabajar con nosotros y es un participante altamente valorado, maestra y sujeto.
*D: Yo me estaba preguntando si los otros humanos que están involucrados en esos multiniveles, ¿saben ellos lo que está pasando?*
J: Algunos saben, en grados diferentes, algunos saben más en otros niveles que Janice. Ya sí algunos saben menos, depende de su grado de evolución. Depende de nivel vibracional, depende del

desarrollo del grado de estructura molecular, depende en el grado de densidad del cerebro; existen muchos elementos que son tomados en consideración y nosotros lo estamos "amando" en esa cuestión, usando el termino terrenal. En todo esto nosotros no deseamos causar daño a nadie que ha estado de acuerdo en participar. Al inicio las personas de su planeta quienes han accedido en participar no entienden, no saben por qué y no pueden saber inicialmente todas las cosas que ellos aprenden después al continuar participando. Mayormente lo que les pueda suceder a ellos es que se lleguen a desbalancear y eventualmente sean remitidos a sus hospitales psiquiátricos. (Ella realmente dijo "asilos insanos")

D: *¿Por qué ellos no pueden manejar todo esto?*

J: Ellos no saben cómo integrarlo en su vida diaria, por lo tanto, el desbalance toma lugar y ellos no pueden encontrar un punto de equilibrio. Nosotros lamentamos esto e intentamos prevenirlo y en algunas veces se han dado desinformación por otros elementos humanos, dentro de su sociedad por lo cual nosotros no estamos de acuerdo. Ellos supuestamente nos proveen con individuos quienes han sido examinados para ser partícipes, nosotros hemos encontrado que hemos tenido un mejor grado de éxito al encontrar individuos por nuestra parte, porque ha existido algún juego en el rol entre ciertos miembros de tu ... ha existido alguna desinformación dada a nosotros por miembros de tu sociedad, los cuales nosotros hemos aceptado en recibir; por lo tanto hemos encontrado que es necesario trabajar por fuera de la lista que se nos brinda.

D: *¿Quiénes proveen esa lista que les ha dado desinformación?*

J: Existe un grupo que provee ciertos nombres de individuos a nosotros, los cuales ellos han deseado que trabajemos con ellos. Nosotros hemos estado de acuerdo y lo hemos hecho, pero hemos encontrado engaño en su propósito y la falta de honestidad como una fuente encubierta por el deseo de interactuar con nosotros. Por lo tanto, nosotros no podemos participar a ese nivel.

D: *¿Me puedes decir de qué está compuesto ese grupo? No quiero saber nombres, pero de donde es ese grupo.*

J: No en este momento no lo haré. Te lo puedo decir, pero no lo haré, por el momento no debo revelártelo.

D: *Está bien, en otras palabras, ellos te estaban engañando.*

J: De alguna manera.

D: *Yo pensaría que, con tus capacidades altamente mentales, tú podrías detectar si ellos no te estaban diciendo la verdad.*

J: Nosotros lo hicimos, teníamos la esperanza que estuviéramos equivocados.

D: *¿Crees tú que esto fue un engaño deliberado para dañar su proyecto?*

J: Era una decepción deliberada para poder controlar nuestro proyecto, era una manera de controlar a lo contrario de compartir equitativamente.

D: *Ellos les estaban proveyendo de nombres de personas que ellos pensaban que ustedes deberían trabajar, para que ellos pudieran controlar el experimento (Sí), yo no puedo ver cómo es que ellos podrían beneficiarse de eso, a menos que sería el controlar los resultados de alguna manera.*

J: Controlar los resultados y también ganar el conocimiento y tal vez hacer mal uso de eso.

D: *¿Compartiste conocimiento con ese grupo?*

J: Esa era nuestra intención y lo hicimos.

D: *¿Sigues compartiendo con ellos?*

J: A menor grado.

D: *¿Por lo del engaño?*

J: Sí, ellos no saben que nosotros nos dimos cuenta del engaño.

D: *Yo puedo entender porque no quisiste decirme quienes son ellos, porque ellos piensan que ustedes siguen trabajando con ellos.*

J: Lo estamos, solamente que en diferente nivel y ellos escogieron ese nivel.

D: *Ahora estás siendo más cuidadoso, (Sí), ¿Se me permitiría tener más información en otra ocasión? (Sí) Yo pensé que tal vez tú quisieras checarme primero.*

J: Nosotros ya te hemos checado, solamente que aún no es tiempo. El sujeto necesita desarrollar y digerir lo que ha estado disponible para ella. Nosotros hemos minimizado nuestro trabajo con ella, debido a que ella tiene mucho por digerir.

D: *También mencionaste que había algo más que ella tenía que hacer en el futuro.*

J: Sí, este individuo trabaja con energías más allá que las energías espaciales, ella trabaja con energías que son altamente desarrolladas más que nosotros.

D: *Entonces tienes más proyectos en mente.*

J: No es que nosotros planeamos los proyectos, mejor dicho, nosotros somos dirigidos por una categoría que es altamente avanzada de lo que somos nosotros.

D: *¿Pero entendí bien que ella siempre estará más protegida sin lastimarla intencionalmente?*

J: Existe un nivel de protección a su alrededor de este ser que es impenetrable.

D: *Eso está muy bien porque eso es lo que siempre deseo a todos los que trabajan conmigo, y si es posible, nunca quisiera que se sientan incómodos o dañados.*

J: A veces existirá incomodidad.

D: *Pero tú puedes que sea lo más mínimo, ¿o no es así?*

J: Ese es nuestro trabajo.

D: *¿Entonces me podrías permitir regresar en otra ocasión y preguntar por más información?*

J: Nosotros esperamos que puedas volver otra vez, esperamos que seas muy cuidadosa con lo que se te ha revelado hoy aquí, esperamos que puedas esperar y digerir antes de pensar en revelarlo. Nosotros nos gustaría preguntarte que si pudieras regresar a este estado del ser y recibir una guía, nosotros queremos llegar a un acuerdo contigo, para que no publiques ni una palabra que te hemos confiado en este tiempo. Hay mucho más trabajo por realizar, si así lo deseas puedes participar y podrías buscar por nosotros o alguno de nosotros.

D: *Entonces lo mantendré en secreto por el momento.*

J: Si eso está bien, así lo mantendrás en secreto por ahora.

D: *Yo no sé cuándo volveremos a trabajar otra vez, ya que he recorrido una gran distancia.*

J: Existirá una manera en la cual volverás a trabajar otra vez y será asistida.

D: *Entonces cuando regrese de nuevo, ¿cómo es que puedo contactarte, al ser con el que estoy hablando?*

J: Nosotros te contactaremos y no tendrás porque preocuparte en contactarnos, cuando este vehículo, Janice, entre en este estado, ella contactará con quien necesite trabajar en esa oportunidad.

D: *Yo pensé que si yo tuviera un nombre yo podría preguntar...o por algunas instrucciones.*

J: Tú me reconocerás por mi voz, existirán otras voces que tú llegaras a conocer, después te daremos los métodos de determinación.

D: *¿Entonces debería de inducirla en este estado alterado y después llevarla a tu nave?, ¿o qué tipo de instrucciones me pueden brindar para que yo los pueda contactar?*

J: Las instrucciones que puedes tener para contactarnos son muy simples, el sujeto entrara a un estado diferente de realidad.

D: *¿Cómo este?*

J: Sí como este, notaras un cambio en su voz, por lo tanto, te darás cuenta del cambio de energía que ha tomado lugar dentro de ella, no hay ningún código.

D: *No tengo que preguntar para hablar con alguien o con cierta persona.*

J: Vendrá quién sea que sea necesitado.

D: *Está bien porque me quiero asegurar que te pueda contactar otra vez.*

J: Puedes contactarme otra vez si es que soy con quién tú necesites hablar. Tal vez tú podrías contactar otros seres con quien ella trabaja, como te había dicho, existen otras energías otras más que energías espaciales, con quien ella es identificada.

D: *Está bien pero solamente quiero energías positivas.*

J: Esas son energías positivas, porque ese es un ser de luz pura y otras que no sean positivas no son permitidas entrar, es imposible.

D: *Y a mí me gustaría la misma protección como dijiste antes.*

J: Tú eres un espíritu puro, pura de corazón, pura de mente, pura de cuerpo, pura de alma, esas son las cosas que hacen que suban tu grado vibracional a tal nivel que tú puedes trabajar con las energías que haces; de otra manera no podrías hacer el trabajo que haces, este es el mismo criterio contenido en Janice, a quien tú hablas.

D: *Yo lo agradezco y espero que me protejas cuando salgo al mundo con esos mensajes diferentes que tengo que dar.*

J: Existe un sentimiento, como tú dirías, de "amor" por el trabajo que tú estás haciendo, esa es la razón por la que las hemos juntado, para que te sientas en familia y se apoyen una a la otra, si es que necesitas ayuda.

D: *Yo te agradezco que hayas hablado conmigo, yo realmente lo valoro.*

J: Nosotros agradecemos tu trabajo.

D: *Ahora entonces te voy a pedir que nos despidamos, con mucho agradecimiento, y pedimos que vuelva la consciencia de Janice a su cuerpo.*

J: Ya está listo.

D: *Entonces la consciencia de Janice está regresando completamente y la de nuestro amigo ya se ha ido, y le voy a preguntar a Janice que deje esa escena que está observando.*

Janice exhalo profundamente y supe que su personalidad había regresado.

Ella no se movió durante toda la sesión, la voz tenía una característica extraña mecánica que resonaba y pareciera que no se esforzaba en hacerla. Después de condicionar para que me diera una palabra clave, yo la desperté con toda su plena consciencia, pero se tomó un largo rato para que se pudiera sentar en la cama y otro rato más en poder pararse y caminar. Yo pensé que sería lo mejor el no contarle mucho de la sesión porque no quería espantarla, solamente le dije que le enviaría una copia para que la pudiera escuchar en privado. Transcurrieron unos quince minutos para que ella intentase pararse e incluso se tambaleaba.

Por mi parte definitivamente quería seguir trabajando con ella otra vez y eso significa que yo tendría que agendar un viaje especial a Little Rock, o probablemente varios viajes porque yo he anticipado que se convertirá en un proyecto a largo término. Yo no sabía en ese tiempo que no volvería a encontrarme a ese pequeño ser otra vez.

Los comentarios del ser acerca del desarrollo de diferentes razas galácticas me causó pensar en nuestros problemas terrenales como las diferencias raciales de colores, diferencias étnicas, religiosas etc. Todo eso es suficientemente difícil para que lo comprendamos y lleguemos a un acuerdo; mucha violencia ha ocurrido debido a las diferencias e incluso guerras han surgido debido a la supuesta superioridad o inferioridad. Si nosotros no podemos llegar a entender para eliminar y reconciliar esas diferencias, ¿cómo es que podemos esperar entender a seres espaciales?, ¿podemos culparlos por no desear tener un contacto directo consciente? Ellos han visto muchos ejemplos de violencia por nuestra parte en cómo tratamos aquellos que son diferentes a nosotros, los seres humanos tienen miedo a todo lo que no entienden y desconfían de quien sea que parezca diferente.

NOSOTROS NO SOMOS CUATRO RAZAS,
SOMOS ÚNICAMENTE UNA:
LA RAZA HUMANA.
Y TAMBIÉN SOMOS PARTE DE
LA RAZA GALÁCTICA.

# CAPÍTULO 9
# RAPTO EN LA AUTOPISTA

Cuando regresé de la conferencia de Little Rock en diciembre de 1989, acorde tener otra sesión con Janice, yo me estaba recuperando de un resfriado y no me sentía bien, todo el viaje fue muy pesado así que intenté agendar pocas sesiones a como me fue posible. Sin embargo, yo definitivamente quería trabajar otra vez con Janice sin importar como me sentía físicamente, yo estaba esperanzada en contactar al mismo ser que hablamos durante la primera sesión; ese contacto ocurrió espontáneamente, así que no estaba realmente segura de cómo proceder. Nosotras decidimos explorar una experiencia extraña que Janice tuvo al principio del año y de allí yo podría ingeniármelas en como contactar al ser. En aquel día, de incógnita, ella salió del trabajo para ir por el almuerzo de varios compañeros de trabajo, ella recordaba haber salido del edificio y mientras manejaba vio a un OVNI por encima de la carretera, ella intento que la gente de la calle se diera cuenta del objeto, pero ellos continuaban caminando como si ella fuera invisible. Durante ese tiempo no había nada de ruidos como si de repente ella hubiera perdido el sentido del audio, las personas la ignoraron por completo. Poco más al rato regresó al trabajo y estaba sorprendida cuando su sentido de escuchar volvió y los ruidos regresaron muy fuertemente. Ahora ella se dio cuenta que las personas a su alrededor de los escalones del edificio podían verla y escucharla, cuando entró a su lugar de trabajo los compañeros estaban irritados, porque ella se había ausentado por varias horas en vez de un breve tiempo que ella había pensado, y ellos ya no quisieron la comida que les trajo. Así que decidimos intentar averiguar qué es lo que ocurrió aquel día.

Janice no pudo escuchar la grabación de la última sesión, aunque es difícil para otros en entender, eso es muy común entre la gente que trabajo, ellos muy a menudamente evitan la grabación como si fuera una plaga. Tal vez escuchar su propia voz diciendo esas cosas les da más realidad, y conscientemente eso es lo que intentar evitar, hay una dicha en la ignorancia; no importa porque en la terapia la sanación ocurre de todos modos en el nivel subconsciente.

Cuando nos preparábamos para la sesión Janice estaba preocupada si pudiera entrar en el estado de trance otra vez, porque ya habían pasado varios meses desde la primera sesión. Yo sabía que no tendríamos ningún problema porque la palabra clave sugestiva siempre funciona cundo es dada en tales estados de trance profundo, usé su palabra clave y conté guiándola de regreso al día del incidente ocurrido. Yo sabía que al guiarla lo suficientemente preciso, el subconsciente podía localizarlo sin ningún problema, aunque no estábamos seguras de la fecha.

Al final del conteo ella regresó a su oficina en el día del evento, estaba aprensiva, porque estaba escuchando un extraño ruido en su cabeza, "es un ruido raro que escucho, eso me avisa que ellos están cerca, estaba en mi escritorio y lo escuché, sentí una pequeña sensación en mi cabeza, yo pensé que fueron ellos y después pensé, no solo me lo estoy imaginando y estaba muy ocupada, yo no tenía el tiempo como para parar y pensar que había sido, no me dolió ni nada. En ocasiones es un sonido agudo, pero también suena como un zumbido, excepto que está adentro de tu cabeza y la presión de tus oídos puede cambiar, cuando viene a ti sientes como si tus oídos se destaparan".

D: *¿Y no te das cuenta qué es eso?*
J: Bueno ahora ya lo sé, pero tú no lo estás pensando, porque cuando sucede es sorpresivo, yo pensaba que me estaban avisando que ellos estaban presentes, y está bien, no es la primera vez que ellos se hacen presentes en mi escritorio, a veces hacen eso y ellos trabajan con la energía a través de ti, no tienes que hacer nada porque es una ayuda energética para el planeta, y a veces no tienes que ir a ningún lado.
D: *¿Pero en esa ocasión sentiste que tenías que ir hacia algún lado?*
J: Yo no planeaba ir a ningún lado, yo iba a ir para conseguir la merienda y después me sorprendió cuando yo misma dije que iría por la merienda, entonces pensé," bueno ellos deben de trabajar en algo, así que por eso necesitaba irme"; me molestó porque usualmente estoy en casa cuando pasa eso y no en medio de mi trabajo. Después cuando bajé por el elevador hizo que mi

estómago se sintiera raro, así que supe que empezaba a suceder porque siento eso a veces cuando el tiempo cambia.

D: ¿El tiempo cambia?

J: (Su voz se estaba haciendo lenta y llegando hacer suave) Sí. Te mueves a un tiempo diferente.

D: ¿Qué quieres decir?

J: Las cosas se convierten diferentes, dejas de estar en ese tiempo y te vas... cuando ingresé al elevador me di cuenta que el tiempo estaba cambiando, pero está bien porque ahora ya sé que es y ya no tenía miedo, y después cuando el elevador comenzó a descender ...

Ella comenzó a respirar fuertemente como si se esforzará o tal vez tenía náuseas, yo le di algunas sugestiones para que se sintiera mejor, poco después de respirar fuertemente yo quería sacarla del elevador.

D: ¿Entonces fuiste a tu automóvil o qué pasó?

J: Sí, yo sentía como que estaba en un estado de sueño, ¡ooh!, (más respiraciones profundas). Allí me di cuenta que ellos realmente estaban ahí, y yo realmente, pero ¡realmente!, no estaba en esta dimensión, yo estaba en esa, pero estaba fuera. Yo me movía físicamente a través, pero era...(más sensaciones), y llegué a mi automóvil e intentaba mantenerme en esta dimensión y pensé, "bueno voy a manejar y me dije a mí misma: voy por la merienda de las chicas de la oficina y estoy en camino".

D: Y tienes que estar lista para manejar.

J: Sí, (ella parecía confundida), encendí el automóvil y me di cuenta de eso... ¡ooh!, me sentía rara, es como acelerar y frenar, acelerar y después ir lentamente, volver a acelerar y después ir lentamente de nuevo.

D: Oh eso sería muy confuso.

J: Bueno no es confusión, ni siquiera es eso son las moléculas...tú puedes sentir como tu cuerpo lo está haciendo y sabes que está pasando, y sabes que lo estás haciendo, sabes que es... (gran suspiro) está comenzándose a mover, se está moviendo, se está moviendo, (confusión) no está mal, no es algo malo.

D: *Pero, nosotros solamente estamos recordando a ese punto y no te molestara de ninguna manera realmente.*

J: No es una molestia, es una emoción, (gran suspiro) tú sabes que estamos aquí en la Tierra, y aun así ¡ah! Es como si estuviéramos atravesando un túnel ¡oh!

D: *Está bien, vamos a movernos más adelante hasta que las sensaciones hayan pasado.*

J: Bueno, pero no cesarán.

D: *Pero tú podrás ser capaz de ignorar las sensaciones al mismo tiempo que hablas conmigo, para que no interfiera con tu comunicación.*

J: (Un susurro) perdón.

D: *Todo está bien porque no quiero que experimentes nada que te haga sentir incómoda.*

J: Ah, no es molestia, es una sensación maravillosa, todo está bien.

D: *Pero no puedes ignorarlo mientras hablas conmigo, es para que te puedas comunicar claramente, ahora ¿qué sucedió cuando manejabas en la calle?*

J: (Aparentemente ahora la sensación no le molestaba, su voz era estable y clara) bueno, ingresé al automóvil y comencé a manejar hacia la orilla del estacionamiento, yo debía de virar a la izquierda para ingresar a la autopista e ir al restaurante Andys por la merienda, (sorprendida) pero cuando llegué a la orilla del estacionamiento no giré a la izquierda, giré a la derecha, tan pronto que viré a la derecha pensé, ¡oh! Esto realmente es extraño porque debía haber girado a la izquierda, que locura del haber girado a la derecha y pensé: "la oficina del correo se encuentra en esta dirección, ya que voy de paso pararé por mi correspondencia", así que gire para ingresar a la avenida séptima, para después girar en la arboleda frontal del edificio del congreso, y mientras me dirigía hacia el congreso esa sensación volvió otra vez. Después giré a la derecha para ingresar en la cuarta avenida, y conforme iba dando la vuelta en la esquina yo… (su voz bajo a ser muy suave) me perdí, (confusa, tartamudeaba enunciados a la mitad).

D: *¿Qué quieres decir, te perdiste?, ¿no supiste qué pasó o qué sucedió?*

J: No sé, pareciera que me fui a otro lugar y después estaba "en un instante" en mi automóvil, y yo estaba como, ¿dónde estoy?, porque ya estaba de regreso, quiero decir ya estaba de vuelta y yo iba rápido pero el carro no iba rápido y yo pensé: "oh, oh, oh ¿a dónde voy, en qué ciudad estoy?"; por un minuto no sabía dónde estaba. Después pensé, "debería de parar el auto" pero después …todo está bien, yo estaba bien y no tenía miedo, no era miedo, solamente estaba sorprendida y entonces ¿dónde estaba?, e intente mirar a mi alrededor para ver donde estaba, se veía que no era un lugar familiar y de repente ya estaba en la oficina de correos, pero no había lugar para estacionarme, así que maneje alrededor de la oficina de correos y mientras manejaba, sentí una fuerte urgencia de mirar hacia arriba y allá arriba estaban, tres de ellos y era tan hermoso.

*D: ¿Cuál es su descripción?*

J: Eran de color plateado y redondos haciendo un sonido como un zumbido, eran tres y se movían en un patrón como si estuvieran bailando, era para mí como dándome las gracias. Yo sabía que era, pero quería que las personas supieran, quería que vieran lo que yo estaba viendo, eran muy bonitos, realmente muy bonitos, sabía que acababa de regresar y tan pronto como volteé a ver los vi allá arriba y lo supe.

*D: ¿Alguien más los vio?*

J: Yo intenté queriendo que los vieran, baje las ventanas del automóvil y les grité, pero no podía escuchar ningún ruido; los carros pasaban por las calles y no podía escucharlos como tampoco oír a las personas hablar, estaban hablando en frente de mí y no podía escuchar qué es lo que estaban diciendo. Yo me estaba desesperando porque yo quería que vieran hacia arriba, yo estaba señalando y gritando ¡hey! ¿No los ven? ¡Miren, miren!, y seguía intentando mostrárselos, pero no volteaban, no podía entender porque no podían y después me di cuenta; ¡oh! debo estar invisible, tal vez no me puedan ver o algo pasa, después pensé "¿en dónde estoy?", porque si no me pueden ver y estoy aquí entonces ¿dónde estoy? Yo estaba teniendo esos pensamientos, no entendía, pero era como chistoso y pregunté a las naves, ¿qué está pasando? Y ellos mentalmente me dijeron que yo quería verlos. Y ellos querían darme eso como un regalo, yo sé que he estado allí pero no recuerdo esa parte.

*D: ¿Entonces las cosas regresaron a lo normal después de eso?*

J: No de inmediato, estacione el carro y después de salir caminé y hable con un hombre que ni me escuchaba, (risa) eso fue un poco desconcertante que pensé, "está bien voy a actuar normal", después mientras seguía caminando ya podía sentir mi cuerpo de nuevo y vi salir a alguien del edificio y le grité. Estaba tan cerca que le sorprendí (risa), tan pronto cuando dijo "hola" ya podía escuchar.

D: ¿Los sonidos regresaron?

J: Sí, porque ya podía escuchar a las personas hablar, no podía escuchar nada hasta que un hombre dijo "¡hola!", se me hizo familiar y sabía que lo conocía y él saltó al sorprenderse.

D: Pero eso te trajo a la normalidad, bueno a mí me gustaría explorar la parte donde piensas que fuiste a otro lado. Cuando el tiempo se aceleró antes que regresaras, veremos que sucedió durante ese tiempo. Se me informó la última vez que trabajamos juntas que, si te volvía a poner en el estado de hipnosis, podríamos comunicarnos con los seres de la nave, él mencionó que no tenía que darte ninguna otra instrucción más que eso. ¿Sería posible para uno de ellos en que se presentará y explicará que pasó durante ese tiempo?

Mientras yo, estaba haciendo esas preguntas y estaba intentando restablecer contacto algo inusual sucedió dentro de mi propio cuerpo, tuve la sensación fuerte de calor alrededor de mi chacra corona, la cual está localizada en la parte alta de la cabeza; sentí caliente y un hormigueo todo alrededor de mi cabeza, fue una extraña sensación, pero no interfirió con mi habilidad de concentrarme al hacer preguntas. Nunca lo había sentido antes y me estaba distrayendo, mire a toda la habitación intentando averiguar de dónde venía, pase mi mano por encima de mi cabeza como espantando a las moscas, aunque sabía que no estaba siendo causado por nada físico en el cuarto.

Janice hizo algunos ruidos vocales como si fuera difícil empezar, la voz que finalmente surgió fue diferente a comparación de la última vez. Esta vez no fue mecánica como de un tipo robot, sonó más humana, sin embargo, tenía un sonido autoritario. Era la voz más suave que el tono de Janice, de alguna manera era aprensiva, definitivamente femenina sin el acento peculiar de Arkansas.

J: Tú puedes saber algo de ello, pero no se te permitirá del todo porque está incompleto.

D: ¿Qué quieres decir que está incompleto?

J: Hay más por surgir de ese incidente y no puede ser revelado en este momento, antes que comencemos me gustaría disculparme por cualquier incomodidad que podría causarte; nosotros estábamos escaneando para asegurarnos que eras la misma persona que trabajo con Janice la última vez. Nosotros nos aseguramos que tus pensamientos procesadores estaban apropiadamente conectados, y tus intenciones estaban iguales como lo estaban al comienzo.

D: *¿Eso estaba causando la sensación de calor?*

J: Si era un artefacto que escaneaba y no causa ningún daño.

D: *Cuando me escanearon antes fue como una sensación de hormigueo a través de todo mi cuerpo (reportado en el capítulo 7) en vez de calor.*

J: Diferentes naves tienen diferentes aparatos, pero sirven el mismo propósito, no puedes engañarnos, nosotros sabemos tus motivos mejor que tú los sabes por ti misma. Si tus motivos no fueran puros y claros, entonces no se te permitiría tener esta comunicación, ahora puedes proceder con tus preguntas.

Esta entidad tenía una sensación de masculinidad y me sentí segura con su explicación, instintivamente supe que este ser no me haría daño ni a Janice, podía sentir protección en su voz, si él hubiera querido lastimarme lo hubiera hecho durante el escaneo y yo no hubiera podido hacer nada para prevenirlo. Yo nunca he sentido miedo cuando he trabajado con estos seres, solo curiosidad.

D: *Estoy intentado entender que le sucedió a Janice durante ese incidente, ¿estaba ella realmente manejando en las calles?*

J: Ella estaba manejando en la calle, pero transcendió su dimensión y su automóvil no estaba en tu plano como tampoco ella.

D: *¿Entonces a dónde se fue?*

J: Ellos fueron a nuestra nave.

D: *¿Es posible de llevarse al carro también?, ¿un objeto tan grande como ese?*

J: Es posible llevarse cualquier objeto.

D: *¿Significa que ella desapareció de las calles?*

J: Correcto.

D: *Si alguien habría estado observando, ¿habrían podido ver algo que pasaba?*

J: Ellos no sabrían que fue lo que vieron, porque es muy parecido como cuando apagas las luces, así como es de rápido, el cambio de luz a oscuridad, no recuerdas la luz debido a que tú estás en la oscuridad.

D: *¿Entonces las personas de la calle no vieron al automóvil desaparecer?*

J: Ellos lo hubieran visto pero no recordarían lo que vieron.

Eso sonada muy familiar a otros casos reportados en este libro, donde la gente que no estaba envuelta en el incidente no retenía nada de conocimiento de no ver nada.

D: *Estoy intentando ver qué sucedió en el proceso.*

J: Ellos saben... ellos pensaron, pero es reemplazado con la memoria que les causa no saber que vieron.

D: *Porque sería confuso, ¿entonces por qué no solo ella fue llevada?, ¿por qué se tuvo que llevar el automóvil?*

J: No había propósito en tomarla, eso fue un viaje para ella y más allá, si alguien hubiera descubierto su carro vacío, entonces hubiera existido un problema por el tiempo en el que ella se fue, la policía hubiera venido y cuando la regresamos hubiera un gran problema para que ella lo explicara.

La voz tenía una cualidad retumbante como que pareciera afectar al micrófono de mi grabadora.

D: *Entonces viste eso como una posibilidad.*

J: Una posibilidad muy real, más que posible, una realidad.

D: *¿Entonces qué pasó cuando ella fue llevada a bordo?*

J: Una interacción muy necesaria por el individuo para que continuará el trabajo, una recarga, si así lo deseas o una concesión de los deseos para el individuo en saber ciertas cosas que, en un sentido, podría ayudarle en asimilar y ser capaz de funcionar en la realidad en la cual ella vive. De esa manera para ayudarle en continuar este trabajo, es a veces necesario proveer al individuo con; si me puedes conceder con el lenguaje coloquial para usar tu terminología, un caluroso sentimiento y entendimiento que ellos son valorados y no son ignorados. (Él podría haber usado un modismo, pero fue dicho en tal manera que se escuchó raro y definitivamente no cotidiano para él). Este individuo es importante para nosotros porque si ella tiene una necesidad o deseo, nosotros se lo otorgaremos, o no en su vida diaria. Por el trabajo que está realizando y que ha hecho ha sido de gran valor para este planeta y por lo tanto sus deseos serán otorgados.

Tuve la impresión que su voz provenía de una persona vieja, las palabras eran cuidadosamente anunciadas y a veces cortadas.

D: *Yo creo que eso estuvo muy bien, entonces cuando el carro y ella fueron llevados ¿pasaron solamente a otra dimensión?, (Sí) yo siempre estoy pensando físicamente, yo creo como algo tan pesado puede ser transportado a través del aire o como sea.*

J: Tiene que ver con el aceleramiento o la desaceleración de las moléculas dentro de la forma, como ella lo entiende.

D: *¿No le hace daño a la persona o al automóvil? (No), entonces cuando regreso, ¿qué estaba ocurriendo allí con la ausencia de sonido y la sensación de ser invisible?*

J: Fue para que ella continuará la experiencia del regalo, no fue para los ojos de otros y necesitaba estar en su consciencia de que fue una experiencia real. Fue un método para permitirle saber el valor que ponemos en sus deseos; fue un método para nosotros decirle a ella, "nosotros estamos de acuerdo, estamos de acuerdo", tal vez para poner esto en tu cuadro de referencia, como podría ser explicado la manera de decir, esta es la manera en comunicarle al individuo la importancia y que lo valoramos. Si ellos desean vernos a la luz del día, como ello lo había estado deseando entonces pasará, porque es importante para ellos saber que confiamos en ellos y que ellos pueden confiar en nosotros; y en esa confianza el trabajo puede continuar y fluir. Referente al sonido y al estado en el cual ella se encontró a sí misma era incapaz de comunicarse y fue necesario para la asimilación de regreso a esta dimensión. Así que hay veces (él tuvo dificultad con la palabra) situaciones incongruentes y también porque por el cuadro de referencia del tiempo fue imposible para que inmediatamente se ajustara, en eso existe un lapso debido a la velocidad en la otra dimensión, en el cual tienes que reasimilar de regreso en esta, por lo tanto, algunas veces es necesario proveer invisibilidad al individuo hasta que puedan ajustarse de regreso.

D: *¿Entonces las otras personas no pudieron realmente verla?*
J: Correcto.
D: *Entonces ella estaba entre las dimensiones y esto fue...*

Janice comenzó a mostrar signos de incomodidad, ella parecía tener calor y se destapo del cobertor que la cubría. Le di sugerencias para su bienestar y parecía que se estaba refrescando y sintiéndose más cómoda. Después continué con mi cuestionamiento, "¿la falta de sonido fue debido a no estar del todo ajustada de regreso?".

Ella pareciera estar incómoda de nuevo, entonces sucedió un repentino cambio, como si la entidad estuviera de nuevo en control, ¿fue su energía la que estaba causando la sensación de calor?

J: Puede ser explicado de la siguiente manera, este individuo puede operar en más de una dimensión al mismo tiempo, esto también fue una manera de mostrarle a ella que es capaz de hacer esto, una introducción si tú quieres al espacio, al tiempo, al ser capaz de trascender una dimensión a la otra, tal vez la tercera dimensión. Existen ocasiones cuando ella opera en más de una dimensión y ella lo sabe.
D: *¿Entonces cuando ella regresó, ella y el carro eran invisibles a las personas hasta que se estacionó y salió de el?*
J: Correcto, existió un punto en el tiempo en el cual su completa reasimilación tomo lugar y hasta que ese punto en tu cuadro de referencia de tiempo fuese alcanzado, ella no podía regresar.
D: *Entonces en lo que refiere a esas personas en la calle, para ellos ella no existió.*
J: Correcto.
D: *Cuando ella vio a las tres naves en el cielo, ¿eran ellas visibles para alguien más?*
J: No, porque ella tiene la visión de más de una dimensión, ella puede verlos y los demás no tienen esa visión.
D: *Entonces cuando ella regreso las naves aún estaban en otra dimensión.*
J: Ellos estaban en otra dimensión, pero ella podía verlas, porque ella ve simultáneamente en ambas dimensiones.
D: *Yo he tenido otras personas hablando de experiencias como esta también, donde no había sonido y ellos estaban tratando de*

*obtener la atención de otras personas. Y yo me estaba preguntando qué estaba pasando en aquellas situaciones.*

J: Podría ser la misma situación.

*D: Y algunas veces pareciera haber falta de actividad en las calles o en donde quiera que ocurra como si todo hubiese parado.*

J: Eso sucede, pero esa es otra situación diferente.

*D: ¿Qué sucede en aquellos casos?*

J: El tiempo para.

*D: ¿Para el individuo o para el mundo exterior o qué?*

J: Puede suceder para ambos.

*D: Yo estoy muy curiosa, yo siempre estoy tratando de entender esas diferentes situaciones, ¿cuando su energía estaba siendo ajustada en la nave, fue eso hecho con máquinas o algún tipo de?*

J: No, se hace con el pensamiento.

*D: ¿Y tiene que estar ella en forma física para hacer eso?*

J: Ella no tiene que estarlo, pero tomo lugar más rápido de esa manera, este individuo puede trabajar donde sea. Existen ocasiones cuando es necesario trasladarse directamente, siendo más necesario para el individuo que para nosotros.

*D: Puedo preguntar, ¿eres el mismo ser con el que estaba hablando la última vez?* (No), *yo pensé que la voz parecía diferente y se me dijo quien no estuviera ocupado supongo sería el que hablaría conmigo. ¿Es esto correcto?*

J: Este es el individuo con el cual ella está trabajando actualmente.

*D: Está bien, la otra ocasión la voz sonaba más mecánica y estoy tratando de entender como la comunicación tomo lugar. ¿Fue telepáticamente o algún tipo de forma mecánica?*

J: No entiendo la pregunta.

*D: La otra voz parecía ser más mecánica o debería decir similar al de tipo de un robot.*

J: Ese fue un nivel diferente de comunicación.

*D: ¿Cómo es qué se lleva a cabo la comunicación entre tú y yo?*

J: Está tomando lugar a través de un método de transferencia hacia las células cerebrales del sujeto y después sus cuerdas vocales son usadas para ser coordinadas hacia ti, y podría ser hecho directamente hacia ti.

*D: Pero entonces tendría que salir a través de algo ¿o no es así?*

J: No tiene porque ser así.

*D: ¿De dónde vienes, eres un ser que usa el lenguaje?*

J: Nosotros podemos de las dos maneras.

D: *Yo no sabía si tenías el equipamiento vocal para usar el lenguaje.*

J: Nosotros podemos simular tu lenguaje, es eso lo que estoy haciendo.

D: *Eso es lo que pensé que tú tal vez estabas usando un dispositivo mecánico.*

J: Existen diferentes niveles de trabajadores, tú simplemente estabas hablando con un nivel de trabajador con el cual ella estaba trabajando en esa ocasión. Ha habido un aumento de nivel, ha existido muchas otras reuniones y existe un nivel diferente de trabajo sucediendo a comparación con el que te estabas comunicando antes. Yo sé que tú recuerdas, nosotros te dijimos que tenemos muchos proyectos. A como ella progrese y tenga el deseo o esté dispuesta a manejarlo, esto se convertirá más en parte de la realidad al punto donde habrá un tiempo donde tú tal vez no notes mucho la diferencia del todo.

D: *Pero tú dijiste que tú podrías hablarme directamente y yo prefiero este método, yo preferiría no ser contactada directamente en esta ocasión.*

J: Si esos son tus deseos.

D: *Yo pienso que ayudaría en darle credibilidad a mi trabajo al permanecer como reportera objetiva en esta ocasión.*

J: Nosotros nunca obstruiríamos tu trabajo, porque es un gran servicio que estás haciendo a tu planeta, eres una pionera.

D: *Por eso es porque prefiero hacerlo de esta manera, yo creo que si fuera de otra forma me podría espantar o sorprenderme de tal manera, que no quisiera volver a hacer ningún otro experimento.*

J: Hay algo que necesitamos explicarte qué es: el método que estamos usando o el ser que se está comunicando contigo de la última reunión, ese individuo mucho trabajo le ha tomado lugar. Y el trabajo de asimilación e integración ha tomado lugar al punto donde nosotros ahora trabajamos con este individuo a un nivel energético en el cual existe una diferencia de funcionalidad. El individuo ha avanzado pasando el punto de trabajo con el ser enérgico que estaba trabajando, ahora está en un diferente nivel de energía.

D: *Yo sabía que había una diferencia en la personalidad, ¿podría preguntar cómo es tu apariencia?*

J: Me veo similar a tu gente de la Tierra.

D: *Porque el otro dijo que él lucia como los pequeños con grandes ojos.*

J: Correcto, nosotros los conocemos y entendemos su trabajo, sin embargo, ellos están bajo nuestra dirección.

D: *Y tú aparentas como lo que consideramos la apariencia humana.*

J: Nosotros podemos lucir como queremos.

D: *¿Cómo haces eso?*

J: Es un método que aprendemos desde el nacimiento, es el pensamiento.

D: *Tú veras que yo pregunto muchas cuestiones así que se paciente conmigo.*

J: Tú eres una mujer curiosa.

D: *Seguro que lo soy, entonces ¿tienes alguna forma que sea original o tu condición principal?*

J: Lo tenemos.

D: *¿Cómo es la apariencia de esa forma?*

J: Energía pura.

D: *Entonces, ¿no necesariamente tienen un cuerpo físico?*

J: Correcto.

D: *Pero tú manifiestas un cuerpo físico por diferentes razones, ¿puedo saber por qué?*

J: Si queremos caminar en tu planeta o es necesario salvar a una persona, o si es necesario trabajar en un área nosotros necesitamos una presencia física.

D: *¿No se sienten inhibidos de esa manera si son energía?*

J: Es muy denso para hacer eso.

D: *Yo pienso que lo sería porque ustedes están acostumbrados a ser tan libres.*

J: Si es un poco de restricción, entiendes que tú estás hablando a un nivel que está contenido en un pequeño ser, en eso... (suspiro) existe un punto el cual un individuo alcanza la habilidad que existe para trabajar en el estado de energía y el individuo aprende a hacerlo, eso es lo que Janice ha estado haciendo más reciéntenme y ella está consciente de ello.

D: *Bueno, ¿están ustedes abordo de una nave?*

J: Nosotros presentemente si estamos abordo de una nave.

D: *Yo encuentro eso curioso, tu estado normal es energía pura, ¿pero tú aún necesitas viajar en una nave?*

J: En ciertas dimensiones nosotros lo hacemos, entre más cerca estemos de la Tierra es más necesario para nosotros hacer esto por los aspectos dañinos de tu capa de ozono y otros varios contaminantes en tu sistema planetario; para que la pureza de la energía sea mantenida existe una necesidad de sellarla, de tal manera que la teletransportación no sea difícil de ninguna manera o interrumpida. Donde sea que quieras trabajar en este plano de existencia puede ser hecho en diferentes métodos dependiendo del proyecto. Ahora lo que yo quiero decirte con relación al estado de energía es que no necesitas nada para trabajar, sin embargo, dependiendo del propósito o la misión es lo que determina el método usado. Luz, tu luz, tu luz pura, pensamiento puro con esto nosotros trabajamos desde cualquier lado sin forma, pero cuando es necesario venir dentro de esta dimensión, al estar aquí nosotros tenemos que proteger el estado de energía por las condiciones planetarias existentes, de esa manera para que sea usada apropiadamente. Porque la energía puede ser afectada molecularmente por lo que toca, por lo tanto, si venimos en un estado puro de energía, y esa energía que estamos trayendo a tu planeta la cual es tan necesaria en este tiempo, podría ser cambiada molecularmente, e incluso el cambio de una sola molécula puede hacer la diferencia y afectaría el cambio necesario. ¿Es esta una explicación que puedas entender?

D: *Estoy tratando de hacerlo, ¿es este el por qué tú te manifiestas en un cuerpo?*

J: Eso es porque nosotros nos manifestamos en un cuerpo, eso es porque nosotros venimos en una nave, porque dentro de ese confinamiento las moléculas de tu atmósfera afectarán lo exterior pero no tocarán la pureza de la energía interna. Si tú vienes en un estado de energía tú interactuarás con las moléculas en el aire, por lo tanto, la negatividad existente interactuará con la pureza de energía traída y de esa forma cambiando la esencia pura de su estado. Es necesario mantener la esencia pura de su estado, esa es otra razón por lo cual se tomó a Janice hacia la nave, para tener su cuerpo abordo de la nave. La esencia con la que regresa a la Tierra podría ser transferida hacia ella desde donde estamos nosotros, pero para que la retención de esta sea completamente llevada a cabo, debe ser hecha en su presencia porque ella está regresando a vivir en su plano físico.

D: *Sí, ella tiene que estar en su cuerpo físico ahora en esta Tierra.*
J: Por supuesto, pero la energía dentro de ella no es del campo físico de este mundo en el que vives.
D: *¿Podría ser eso el por qué realmente ella es una de ustedes?*
J: Ella ha sido uno de nosotros, ella nos ha sobre pasado.
D: *Entonces en vidas pasadas, si lo consideramos de manera lineal qué es la única manera que puedo entenderlo, ¿fue ella uno de ustedes en otro tiempo?*
J: Ella es aún uno de nosotros, pero ella es más que eso, ¡ella nos ha sobre pasado!, ella trabaja con nosotros de manera condescendiente y nosotros nos sentimos honrados de tenerla en nuestra presencia.
D: *Eso está muy bien, ¿cuando la mayoría de las personas los ven a ustedes, se manifiestan de cualquier forma en la que ustedes piensan que deberían de verlos?*
J: No entiendo tu pregunta.
D: *Está bien, cuando otras personas dicen haber visto extraterrestres, como nosotros les llamamos o seres del espacio exterior, ellos los ven de diferentes formas.*
J: Porque existen diferentes extraterrestres.
D: *Me estaba preguntando que si todas estas formas estaban solamente siendo manifestadas.*
J: Ellos existen, ellos no están siendo...(suspiro) ellos existen, ellos existen, así como tú existes, la diferencia en ellos es la misma diferencia entre tú y alguien quien es asiático.
D: *Eso es lo que he creído, pero tu tipo es diferente.*
J: Nosotros somos una integración, porque en nuestro desarrollo hemos sido capaces de hacer las cosas que otros hacen, ese no es nuestro principal propósito. Los experimentos son algo en lo que ellos están altamente involucrados.
D: *Y ustedes no están involucrados en eso.*
J: No en los experimentos médicos, nosotros estamos trabajando a niveles que sobrepasan eso.

Janice estaba respirando muy fuertemente y experimentando calor, le di sugerencias para que se sintiera más fresca, el calor pareciera ser una energía fluctuante que se acumulaba.

D: *Yo sé que mis preguntas parecieran ser muy simples, pero esa es la única manera en la que puedo aprender, así que yo espero que sean pacientes conmigo.*

J: Las palabras están llegando en el camino de nuestras explicaciones para ti.

D: *Esa es la única manera en la qué puedo entender.*

J: Nosotros entendemos, pero para completamente explicar un proceso en palabras en tus términos humanos algunas veces es difícil, y la falta de comunicación de la intención o significado no es completamente realizado por las limitaciones de tu lenguaje.

D: *Yo he escuchado muchas veces de esa dificultad de encontrar palabras de otras personas.*

J: Nosotros lo encontramos muy interesante por qué tú escribes tus enunciados, yo usare la palabra "cómico" parece cómico para nosotros por qué tú tienes que escribir cada pequeña palabra, en nuestra comunicación nosotros usamos un símbolo y ese símbolo puede contener párrafos y párrafos de información. Nosotros usamos símbolos para describir o dar información ya sea de comunicación mental o escrita, en lugar de escribir el nombre para un individuo en una nave, un símbolo nos puede decir, qué es lo que hacen, qué es lo que ha hecho, cuál es su propósito aquí en el proyecto de la Tierra, de dónde viene, qué tipo de ambiente, su historia y función está contenido en un solo símbolo, otros símbolos describen el planeta y sistema estelar de donde viene el individuo.

D: *Eso es mucha información contenida en uno.*

J: Algunos de estos símbolos están en las paredes de nuestra nave y también en nuestros libros.

D: *Oh, ¿existen libros?*

J: Sí a Janice se le enseño un libro con este tipo de escritura y aunque ella insistió que no entendió lo que decía, a ella se le dijo que si lo había entendido, pero solamente en cierto estado de la mente sería capaz de interpretarlo. Esto te podría ayudar a entender la dificultad que hemos tenido para comunicarte en el arcaico y tedioso método lento de palabras habladas, especialmente cuando no existen palabras para los conceptos que estamos tratando de explicar.

La entidad me dio un ejemplo de comunicación mental a través de símbolos, él mencionó que nosotros hacemos lo mismo sin darnos cuenta, pero aún no lo hemos desarrollado al punto de lo que ellos tienen; por ejemplo, el símbolo "xmas" (siglas en ingles que significa navidad) contiene y trae a la mente cientos de imágenes: árboles de navidad, decoraciones, regalos, niño Dios, natividad, santa Claus, los colores rojo y verde, campanillas, y así sucesivamente. Las imágenes y también las emociones que un símbolo nos traen a nuestras mentes podrían llenar páginas y páginas de escritura. Yo no tengo ningún problema trayendo otros tipos de símbolos a mi mente, la analogía fue buena, explicó la comprensión de la comunicación en símbolos e incorporó conceptos totales en una manera tan simple. No es sorpresa de que ellos tengan dificultades con ello y a menudo una falta de paciencia con nuestros métodos tediosos de comunicación en escritura y lenguaje hablado. Yo me regresé al cuestionamiento que le había hecho antes de que iniciara su explicación.

*D: Entonces cuando otras personas han tenido experiencias con extraterrestres no todas ellas han visto formas manifestadas, ¿son esas razas físicas definidas, por decir especies? (Sí). Yo trate de poner a esos extraterrestres que me han dicho en diferentes categorías, así como los diferentes trabajos que hacen, ahora no sé si eso es posible o no, pero me gustaría hacer algunas preguntas acerca de eso, por ejemplo el tipo de seres que nosotros llamamos "pequeños grises", ¿mencionaste tú que la mayoría de ellos están involucradas con experimentos médicos?*

J: A su nivel ellos están involucrados y son ayudantes, muchas personas no los han comprendido, han sido acusados por muchas cosas, podrían haber sido algunos de ellos quienes harían ese tipo de experimentos de los cuales tú escuchaste hablar a las personas.sin embargo, existen también los seres que están trabajando en el área para ayudar al ser humano, para comenzar y que soportan ciertos niveles de energía por los cambios que deben tomar lugar internamente en un individuo, para que puedan operar en diferentes planos de energía, los cuales la persona con la que estás hablando, Janice, opera. Deben de existir cambios físicos dentro de su cuerpo, de otra manera se podría desintegrar y no podría ser capaz de regresar a tu dimensión; por lo tanto, los grises y aquellos de nuestros hermanos quienes están involucrados en ese nivel de trabajo podrían ser considerados tanto como tus doctores lo son. En ello, ellos arreglan, reconstruyen, mantienen y hacen el tipo de trabajo mecánicamente, ellos no están involucrados en el trabajo energético como el que nosotros estamos. El trabajo de energía del que ellos están involucrados es simplemente para cumplir con los cambios mecánicos dentro de un individuo y actualmente cuando es tiempo para que el cambio tome lugar... (ella estaba mostrando signos de incomodidad otra vez).

D: ¿Estás teniendo frío ahora?

Pareciera ser lo opuesto a la acumulación de calor, la cubrí de nuevo y le dije sugestiones.

D: *Entonces existen aquellos involucrados con los exámenes y esos diferentes tipos de cosas.*
J: Sí (respiró profundamente).
D: *También se me ha dicho de otros que asemejan a los grises pero son muy altos con dedos alargados y extremidades alargadas, ¿estás consciente de aquellos que me estoy refiriendo?*
J: Existen diferentes razas como esas, no estoy segura de cual me estás hablando.
D: *Bueno, se me ha dicho que ellos son seres muy altos, y creo que ellos visten túnicas y tienen dedos muy largos y brazos y piernas alargados.*
J: ¿Y de qué color y de qué forma física tienen su rostro?, porque existe una raza de seres quienes son extraterrestres puros, sin embargo, ellos son altos y se asemejan a ustedes. Y si tú los vieras, tú pudieras pensar que ellos son versiones gigantes de las personas de la Tierra, sin embargo, no lo son, ellos son extraterrestres.
D: *Yo creo que esos otros tenían diferentes características faciales y que han sido vistos mayormente en naves grandes, lo que llamamos nave "nodrizas".*
J: Sí, si estás hablando de los seres en las naves nodrizas entonces si te estoy entendiendo, pero cuando dices que ellos son altos, existen muchas razas diferentes de altos, los cuales muchos de ellos son los maestros. Cuando un individuo está trabajando con una nave nodriza, existe una gran enseñanza, ellos han

sobrepasado el nivel de los grises, ellos han tenido un ascenso como se dice en tu lenguaje.

D: *Algunas personas los han observado haciendo experimentos de laboratorio a gran escala.*

J: Bueno, mi familiaridad con eso es que ellos están haciendo experimentos en otras áreas, áreas de... donde llegas al nivel de la física.

D: *Yo los he clasificado a ellos como seres más inteligentes.*

J: Exactamente, eso es lo que yo te estoy diciendo, como dije en tu terminología, han ascendido. Tú podrías considerarlo como sí, te hubieras graduado hacia otro nivel.

D: *Y existen otro tipo que las personas me han dicho acerca de ellos, ellos parecieran ser de tipo insectoide, a lo que podemos entender como características faciales y extremidades de tipo insecto, claro esto siempre perturba a las personas cuando ven a ese tipo de extraterrestres.*

J: Si tú vieras a tu planeta, tú verías lo mismo que me estás hablando, ve afuera en tu planeta y ve tus hormigas, después ve a tus grillos, después ve a tus gusanos, después ve a tus pájaros, después ve a tus osos, después ve a... cualquier cosa, yo podría seguir indefinidamente, indefinidamente, indefinidamente; está relacionado al mismo principio. La misma fuerza vital que opera en tu planeta, opera aquí y todas esas imágenes de donde esos seres vienen, son ellos lo mismo, es lo mismo... (él tenía dificultad) la palabra es... el lenguaje es... (suspira).

D: *¿Cómo, la estructura molecular?*

J: No hablando comparativamente lo que tú estás observando y lo que las personas en el plano de la Tierra están observando, son niveles diferentes de seres que están en su trabajo o que existen o simplemente están existiendo.

D: *Pero pareciera perturbar más a los humanos cuando ven a ese tipo de ser insectoide.*

J: Bueno, ¿piensas que tú no perturbas a una hormiga cuando te ve?

D: (Risa) *No había pensado en eso, claro somos más grandes.*

J: ¡Ah!, tú eres muy diferente a una hormiga, físicamente luces extraña para la hormiga y tú inspiras miedo en su corazón cuando ella ve tu piel venir hacia su cabeza (yo me reí), así que tú tienes el mismo principio, estoy tratando de decirte el mismo principio está en operación, exactamente el mismo principio.

D: Pero yo he tratado de clasificarlos en el trabajo que ellos realizan, y en mi manera de entendimiento, los de tipo insecto son más relacionados al servicio, tal vez estoy en lo incorrecto.

J: No, no estás en lo incorrecto.

D: En la manera que las personas los han visto ellos más o menos hacen lo que se les dice, ellos no parecieran tener ningún tipo de iniciativa de su parte.

J: Ellos son considerados ser los trabajadores.

D: Y los de otro tipo parecieran estarse presentando de una manera, cuando realmente lucen de otro aspecto.

J: Ellos se pueden presentar de lo que sea que ellos quieren, si ellos quieren ser un gato, ellos son un gato, y los humanos que trabajan con nosotros llegan a saber esto, por lo tanto, existe una manera diferente de interactuar, por el hecho que los individuos lo reconocen cuando eso está tomando lugar; así que ellos se honran entre ellos cuando es necesario o necesitan a uno de nosotros para acudir y ser un gato, entonces eso es lo que hacemos.

D: Esto explicaría ... algunas personas llaman a eso "memorias pantalla o recuerdos encubiertos"; ellos piensan haber visto algo y realmente no estuvo allí.

J: Ese es uno de los propósitos, pero no el propósito completo, algunas veces como en el caso de Janice por el alto nivel en el que ella opera, y algunos de los proyectos que está relacionada, para ayudarle a volver a entrar, es necesario mostrarle un objeto físico y en su interacción con ello, ella se conecta con tu planeta.

D: ¿Eso es el porqué ella lleva a su perro o su carro?

J: No, no en lo absoluto, no tiene nada que ver con tomar algo, tú ves… (suspira) el regreso del cuerpo físico al mundo físico debe reintegrarse, la reintegración es necesaria para proveer ayuda hacia el individuo (de nuevo él tuvo dificultad con las palabras), por el nivel de energía en el cual el individuo ha estado operando antes de la reintegración, es a veces difícil disminuir esa energía en el plano físico de tu mundo, por lo tanto para hacer eso algunas veces es necesario para el individuo interactuar con un objeto especial proveído por nosotros, por lo tanto puede ser en la forma de un animal, puede ser en la forma de una roca que la persona es atraída y cuando el ser lo toca, nosotros a través de ello los reintegramos hacia su realidad física, tú deberías entender muy bien esto, tú sacas a las personas de hipnosis todo el tiempo, es por mucho el principio similar en esta operación.

*D: Ya veo, trata de ser paciente conmigo, yo creo que al continuar hablando yo entenderé más, pero al comienzo estoy llena de muchas preguntas que podrían parecer muy ingenuas para ti.*

J: Tú eres una persona muy sabia me disculpo por ser abrupto, solo que a este punto yo tendré que estar en otro lugar y quiero tener todas tus preguntas contestadas, así que yo estoy en ...

*D: Entonces un poco impaciente, abrupto, está bien, yo aprenderé tu personalidad también (risas). Yo tengo algunas preguntas que me gustaría hacer y podemos continuar en ellas.*

J: Si es el tiempo para ti en obtener este conocimiento, se te será dado, pero por favor entiende que lo que no fuese contestado, no será porque tenemos algún tipo de falta de respeto en tu trabajo o tus preguntas. Simplemente será por el factor de nuestra manera de ser... tú tienes que entender el tiempo, no tu tiempo, no nuestro tiempo, pero todo el tiempo, porque nosotros somos de un lugar que sobrepasa cualquier tiempo.por lo tanto, para que nosotros podamos llegar hacia y a través de los tiempos diferentes tiene que ser muy preciso, momentos de tiempo, en acciones muy precisas, momentos muy precisos (como tú lo considerarías. Solamente puede llegar a tomar lugar en un momento en particular, si un segundo es uno muy pronto o uno muy tarde, todo podría cambiar.

*D: Es por eso el porqué no me puedes dar ninguna información en la que no esté lista para recibirla.*

J: Es importante que tú entiendas que es importante que tú sepas que alguna de esta información vendrá, pero debe de venir específicamente y tiene que venir en un punto especifico del tiempo. Un punto específico, no solamente en tu tiempo, si no a través del tiempo desde donde yo estoy operando hacia donde tú estás.

*D: Entonces yo solo puedo preguntar o hacer la pregunta y ver si puedo obtener la respuesta. Existen algunas preguntas en las que mi amigo, quien está relacionado con la investigación de OVNIS, me pidió que te preguntara (yo estaba hablando de Lou Farish) nosotros veremos si tú puedes contestar, él quiere saber ¿cómo la experimentación genética se relaciona con las mutilaciones de ganado?*

J: Holográficamente las mutilaciones de ganado es un tema que nos interesa mucho.

D: Porque son percibidos negativamente aquí.

J: Son percibidos negativamente en tu planeta, sin embargo, lo que debes de saber es que: tú podrías ir a Little Rock a tu centro médico y varios de los mismos experimentos están tomando lugar, y ustedes lo están haciendo a ustedes mismos, entonces porque deberían de estar alarmados de eso, si por propósitos de investigación, ustedes hacen lo mismo hacia un gato o un perro, pero cuando es hecho a nivel de ganado ¿entonces (discúlpame) les enloquece? Esto no es hecho por diversión (él tenía dificultad para encontrar las palabras). Ciertas razas están experimentando con órganos para reproducir ciertas cosas en su planeta, genéticamente una célula del hígado de la vaca puede ser mezclada con un hígado de pollo y de esa combinación puede haber una forma de vida completamente diferente. Las mutilaciones de ganado han sido clasificadas dentro de un grupo, esto es incorrecto, no todas tus mutilaciones de ganado han sido hechas por los hermanos del espacio, algunas de ellas han sido hechas por individuos altamente evolucionados en tu propio planeta, para propósitos que son casi vergonzosos.

Janice mostraba signos de incomodidad de nuevo, ella se descubrió y parecía estar tratando de mantener la temperatura estable en su cuerpo.

D: Bueno, ¿las personas que están haciendo experimentos con el ganado, son ellos un grupo específico de extraterrestres?

J: Todos están dentro de un todo, es como tú siempre estás diciendo "nosotros somos uno". Los extraterrestres somos todos uno, pero todos somos diferentes de la misma manera y nosotros nos desarrollamos tan parecido a como tú evolucionas individualmente.

Ella empezó a experimentar calor de nuevo, le dije algunas sugerencias para que se refrescará.

D: Yo sé que esto es difícil para ti, pero no será más largo.

Aparentemente era solo el cuerpo de Janice reaccionando, porque no estaba afectando a la entidad a través de ella, él continúo como si no hubiera habido interrupción.

J: De la misma manera que tú te desarrollas individualmente a cierto ritmo, así lo hacen los extraterrestres, por lo tanto, al punto en lo que ellos están en su evolución, ellos se les ha sido permitir hacer sus experimentos, así como ustedes lo hacen, por las interacciones entre los grupos de ellos, nosotros entramos al todo. Existe una definitiva (este es un término inapropiado para ello, pero tú entenderás) jerarquía. Es un proceso evolutivo con ellos, así como para tu gente en tu planeta y así ha sido desde el comienzo de tu planeta, ¡entonces! entonces nosotros tenemos evolución, evolución extraterrestre.

D: *¿Una situación que las personas han preguntado es, por qué ellos tienen que matar a tanto ganado?*

J: Ellos no los mataron a todos, eso es lo que estoy intentando decirte, todo lo que ha sucedido allí es que ha sido sensacionalizado, al punto donde las personas que quieren hacer esto en tu propio planeta quieren salirse con la suya y culpar a los extraterrestres. Mucho de lo que ha sido culpado a los extraterrestres, los extraterrestres no lo cometieron, nosotros no venimos a hacer daño.

D: *Yo lo creo, pero aun así ellos quieren que haga esas preguntas, (está bien), en la última sesión el otro ser estaba hablando acerca de un acuerdo, yo supongo que dirías que se ha hecho con el gobierno. ¿Sabes algo acerca de eso?, porque él menciono que el gobierno terminó traicionándolos.*

J: Eso es correcto.

D: *¿Puedo sabes un poco más acerca de lo que sucedió?*

J: (Suspiro y después forzadamente) Bueno... existió un acuerdo, hubo un punto en tu tiempo cuando tu gobierno, a causa de nuestro "poder", (suspira) tuvo miedo de que nosotros pudiéramos o quisiéramos tomar control completamente de tu mundo. Ahora nosotros tomamos ese tiempo y enfatizamos que eso es miedo, sin embargo, nosotros no queremos inspirar ese miedo, eso no significa que nosotros no estamos aquí para usar todo lo que está disponible a nosotros para causar a la humanidad que pare, ¡que paren! ¡Que pare la humanidad! ¿Se dan cuenta de lo que están haciendo a su universo?, así que lo que estoy tratando de explicarte es que tu gobierno fue temeroso de nosotros, y nosotros vimos esto como una oportunidad para hacer un acuerdo con ellos, sin embargo, nosotros no tuvimos la intención de tomar cargo de tu planeta, pero obtuvimos su atención y una vez que la obtuvimos, por supuesto algunas situaciones sucedieron. Algunos accidentes que tomaron lugar dieron paso a todo este escenario, en el que nosotros tuvimos algunos accidentes y tu gobierno tiene alguna información que algunas personas están en lo correcto en asumir con respecto al incidente de Roswell, ¿estás tú familiarizada?

D: *Sí, yo sé acerca de eso.*

J: Así que reuniones tomaron lugar y existió un contacto que hizo que causara una tregua, en algo que nunca fue una guerra, como para tener una tregua, pero nosotros permitimos que tomara lugar y mantuvimos nuestra parte del acuerdo, sin embargo, tu gobierno no mantuvo su parte del acuerdo.

D: *Ya lo adivinaba.*

J: Lo que sucedió fue que entre más información y más tecnología les compartíamos, ellos se volvieron más avariciosos. Así que vimos el corazón del hombre otra vez convertirse en gusano y nos dimos cuenta con quién estábamos tratando; y nuestros corazones llegaron a estar muy tristes porque nos dimos cuenta. Entonces eso nos forzó a ser subversivos de nuevo y eso es lo que no necesitamos para hacer que la paz perdure en tu planeta, pero es la única manera que ustedes entiendan. Ustedes no parecen poder hacer "tratos", por así decirlo.

D: *Con honestidad.*

J: Correcto.

D: *Entonces tu gente tuvo contacto con aquellos del gobierno, ¿y existen personas en el gobierno que saben que ustedes existen?*

J: Muy bien.

D: *¿Y se comunican con ustedes?*

J: Muy bien, existen personas en tu gobierno, así como Janice.

D: *¿Qué tipo de información fue compartida?*

J: Como resultado fue su avión Stealth (anti-radar).

D: *Oh ¿y hubieron otros?*

J: Existieron otros.

D: *Yo he escuchado que se dice que las computadoras fue resultado de la comunicación con extraterrestres, ¿eso es verdad?*

J: (Gran suspiro) Hubo personas quienes estaban ya trabajando en computadoras, eran cuestión de acelerarlo, así que no necesariamente les dimos la tecnología, ustedes ya tenían la idea de nosotros, ustedes obtuvieron la idea de nosotros, el trabajo había sido iniciado, así que el compartirlo tomo lugar para acelerarlo, el gobierno no estuvo involucrado en ese fin, eso no fue parte de lo que estábamos hablando de "el acuerdo".

D: *Yo estaba pensando del acuerdo de dar información, a mí me pareciera que el avión anti-radar podría ser para un propósito negativo.*

J: Bueno ustedes los humanos algunas veces tienen el nivel de atención de una hormiga, ya sabes el avión anti-radar no tenía que ser para un propósito destructivo. Si tú pudieras tomar la tecnología y aplicarla, tú lo pudieras usarcomo un trampolín para aprender cómo hacer lo que hacemos, hasta que sepas que hacer con un avión anti-radar, ¿cómo puedes saber que vamos a hacer con una nave espacial? (ella sonaba disgustada).

D: *Ya veo, ¿entonces sentiste que el gobierno te traicionó?*

J: (Ella se calmó) Sí, ellos traicionaron el acuerdo, porque...(suspiro) tu gobierno ha distribuido armas a países alrededor del mundo, pero el avión anti-radar no era para otros países, la tecnología era solo para este país, porque este país estaba dedicado a la paz. La tecnología de su bomba atómica fue compartida, claro tu gobierno no tiene totalmente la culpa porque la tecnología fue robada y concedida a manos equivocadas; esa fue nuestra preocupación de que la gente equivocada tendría posesión de esa tecnología y eso pasó. Así que fuimos traicionados, y claro no estoy diciendo que tu gobierno tuvo toda la culpa, pero de donde somos, cuando tú haces un acuerdo no hay cambios.

Tal vez esa fue la razón porque los extraterrestres no pudieron cumplir su parte del acuerdo, incluso que vieron que fue mal usado, pero una vez que descubrieron nuestro engaño, eso no los privaría de ser más cuidadosos en futuras cláusulas con acuerdos.

D: *Como resultado de eso ¿sigues aún compartiendo información con ellos?*

J: Solo a un porcentaje, no al grado de que nosotros no podíamos, es posible (suavemente) si ellos hacen esto con nosotros …(Suspiro) entonces yo no veo ninguna justicia, estamos muy tristes viendo los asuntos de estado.

D: *Entonces no han parado en darles toda la información, ¿no les están dando mucha como antes o es de diferente tipo?*

J: Selectivamente, ha habido ciertas personas como Tesla, que podía ser confiable con lo que sabía, existen ciertos individuos, como Janice, quienes pueden ser confiables para hacer lo que es apropiado con la información que tienen, es cuestión de confianza. Hasta ahora en cuestión de compartir tecnología nosotros hemos parado porque nosotros estamos aquí para ayudar, ni siquiera para hacer tratos; son ustedes quienes quieren hacer convenios, nosotros no queremos hacerlos.

D: *Pero ya no seguirán compartiendo tecnología por esa razón.*

J: Exacto, ¿acaso vamos a ir a enseñarle al presidente Bush en cómo usar la velocidad de la luz para transportarse a sí mismo? (risa forzada) yo le enseñaré a Janice, ella lo sabe, ella lo puede hacer.

D: (Risa) *pero a él no se le puede confiar.*

J: Eso es correcto.

D: *Oh estoy de acuerdo, pero con el hombre con quien estoy trabajando, el quiere saber más, él dijo que eso sonaba más racional.*

J: ¿Cómo? yo… ¿yo?

D: *El hombre con quien yo trabajo con este tipo de información, existe un hombre que comparto cosas y él nunca ha…*

J: Lo sabemos, nosotros lo conocemos, conocemos a ese hombre.

D: *Él fue quien escribió estas preguntas.*

J: ¿Qué suena racional para ti?

D: *Se ha dicho que el gobierno no fue quién no cumplió con el trato, que fueron los extraterrestres y él dijo "eso no tiene sentido".*

J: Su gobierno lo aparento así… ya sabes, ellos son muy buenos en eso, es como si te sintieras muy pesada y quisieras comer dos toneladas de helado, y encontraras la manera para que esté bien. Así que, si ustedes quieren hacer mal uso de la tecnología, nos van a culpar por su mal uso, porque no se van a sentar para decir, "oh yo fui muy malo y yo hice eso" realmente en Estados Unidos las cosas son peores.

D: *Eso fue lo que él dijo, "que tan tontos pueden ser ellos al pensar que pueden engañar a personas que pueden leer sus pensamientos".*

Él estuvo riéndose, pero de una manera forzada que no fue natural.

J: Eso es correcto, nosotros nos reímos, pero no fue una risa, realmente nos entristeció, y nosotros nos volvimos muy selectivos con los individuos con quienes compartimos información como para entrar en interacción con el nivel con quién ahora tú estás hablando, el individuo tiene que ser puro como el vehículo con quien a través estamos hablando. ¿Entiendes a qué me estoy refiriendo acerca de la energía?

D: *Sí, yo puedo entenderlo.*

J: Si tú la reduces a su estado de energía, no encontrarás ninguna molécula desubicada, eso es por su propio comportamiento y de su propia vida, por la manera que ha sido devota toda su vida. Ahora también sabiendo eso, tú debes de entender que este ser ha sobrepasado en base a nuestro estado, hablando aquí energéticamente superándonos, ¿entiendes lo que te estoy explicando?

D: *Creo que sí, porque he trabajado con personas que han dicho que en otras vidas eran de un nivel de energía más alto y a veces ellos regresan a este mundo.*

J: Esta persona no es de tu mundo, pero aun así ella está operando en tu mundo y en otros mundos simultáneamente.

D: *Y para eso tiene que ser un espíritu muy avanzado.*

J: Ella va a llegar a entender completamente su enteridad, esa no es la palabra.

D: *Totalidad.*

J: No, esa no es la palabra, la totalidad de su línea de energía como cuando transciende dimensiones, olvida las dimensiones, no estamos hablando de dimensiones, las conexiones pasan las dimensiones. No existen dimensiones de donde ella proviene, ella está muy conectada a su alma con su esencia. El inicio de la chispa divina que está adentro de ella y la trae todo el tiempo, ¡ah! y eso para nosotros es una admiración inspiradora al ver eso en un humano, lo valoramos y por eso es que nosotros venimos cuando ella apuesta a vernos durante el día.

D: Yo puedo valorar eso, permíteme hacerte otra breve pregunta ya para despedirnos. Él también quiere saber acerca de que, se nos ha dicho que los "abducidos", a mí ni me gusta ese término, pero es el que están usando, cuando las personas son abducidas, a ellos les implantan artefactos como monitores y ellos son monitoreados en toda su vida.

J: (Titubeo como si no fuera correcto) Bueno...

D: O mantener su rastro.

J: Y ustedes hacen lo mismo.

D: Bueno, él quiere saber que personas como nosotros que investigamos a los OVNIS, ¿también estamos siendo nosotros monitoreados y mantienen nuestro rastro?

J: Claro que lo estás.

D: Él dijo que lo sospechaba, pero quería averiguarlo.

J: ¿Entiendes por qué? Es realmente importante que entiendas la razón.

D: Si me gustaría saber y yo creo que a él le gustaría también.

J: Es por su protección, no es por ninguna transgresión, tú eres de confianza, de lo contrario no estuvieras hablando ahora con Janice si no lo fueras, porque ella nunca antes se ha sometido a ninguna investigación y esto ha estado en su conciencia por tres años; ella ha mantenido la integridad de todo esto para sí misma, y eso toma un gran valor de carácter por pasar esas experiencias al nivel humano, debido a que ella lo hace en el nivel humano al mismo tiempo que lo está haciendo en otros niveles; por lo tanto toma un gran esfuerzo de carácter. Los mortales no hacen eso muy frecuente en su humanidad, porque la humanidad se quebrantaría, ya sea que se vuelvan locos, o no puedan funcionar o simplemente se sientan bajo un árbol y se quedarían viendo a la nada o... pero ella funciona debido a su alto desarrollo natural y también por la mecánica de su cerebro y su ser como opera molecularmente. El diseño particular del patrón de energía de su fuente de energía le permite hacer eso, ahora de regreso a tu pregunta.

D: Sí, de los investigadores.

J: Los investigadores como tú y tu amigo son valorados por nosotros, los estimamos, sabes que ustedes son como nuestro personal, ¿cómo les dices? ustedes son las "RP" (Relaciones Públicas, risa forzada). Nosotros los observamos y los valoramos, pero hasta ahora en su nivel de entendimiento, algunos de ustedes podrían llegar a espantarse, pero esa no es la intención de monitorearlos. Ahora a tu pregunta original, los artefactos que son implantados la mayoría de las veces y quiero decir mayormente porque existen diferentes propósitos para diferentes artefactos... (señales de incomodidad de calor y le di algunas sugestiones).

D: *¿Mencionaste que los implantes son insertados también en los investigadores?*

J: No, eso yo no lo dije, tú lo dijiste.

D: *Está bien, tú estabas hablando de los artefactos que eran implantados.*

J: Yo dije... está bien, ya regresaste a la pregunta original, tu pregunta original dijiste que los abducidos tienen esos artefactos implantados para ser seguidos el resto de sus vidas, bueno eso es lo mismo que la mutilación de ganado. Existen malentendidos y conceptos erróneos como número uno: el propósito del mismo, número dos: quiénes son implantados y número tres: ellos lo preservan para el resto de sus vidas, está bien como dicen "artefactos" (suspiro) vamos a tomar la palabra "principiante". Principiante, ¿qué es un principiante?

D: *Es un primerizo.*

J: ¡Oh! un primerizo. (el tono fue de desprecio).

D: *Eso fue lo que creo, un primerizo aprendiendo.*

J: Estás en lo correcto, como, por ejemplo, ¿te atreverías a llevar a un niño a la orilla de una piscina de 3 metros de profundidad?, ¿o acaso aventarías allí a un bebé sin salvavidas?, ¿lo harías?

D: *No, no lo haría.*

J: Tampoco nosotros, así que sabiendo esto, depende del nivel de trabajo del "abducido"; por lo cual no consideramos a esas personas para serlo, desde nuestro punto de vista.

D: *Yo tampoco los consideraría.*

J: Nosotros simplemente los consideramos trabajadores de la luz, justo como somos nosotros. Si tú tomas a todos los seres que estamos en contacto, que nos inspiran, colectivamente les podrías llamar simplemente unos muy verdaderos "trabajadores de luz" y tú has escuchado esto. Ahora en el comienzo cuando un trabajador de la luz está llegando a despertar o en el gran plan, es tiempo para que ese trabajador de luz llegue a familiarizarse con ... ¡oh! esto llegaría a tomarnos horas en explicarte.

D: *Está bien, ¿tú crees que nosotros deberíamos?...*

J: No, no. Debes de entender el asunto de esos artefactos, porque han sido como las mutilaciones de ganado malinterpretadas, es una cosa de miedo para los humanos de pensar que ellos tienen un artefacto dentro de ellos; es desconcertante porque ellos piensan que no tienen el control o que piensan que los han convertido en robots para ser controlados.

D: *Eso es un concepto.*

J: Sí y es una preocupación muy real desde el punto de vista de la ideología humana, sin embargo, ese no es realmente el propósito de ese artefacto. El artefacto es muy parecido a una semilla, es más ustedes tienen pastillas de liberación prolongada para liberar vitaminas y está bien, existen dos principales propósitos de esos artefactos, uno para poder (aplaudió con sus manos) …así de rápido para conectar con el individuo, porque de la misma manera es como si aventaras a un bebé a una piscina de 3 metros de profundidad, es posible para el individuo que llegue a tener situaciones en lo cual sería muy necesario conectar muy rápido con esa persona, para prevenir cualquier peligro físico, debido al tipo de energías en las cuales están interactuando. Existen otros procesos mentales que el individuo va atravesando en su despertar, y estamos diciendo un despertar, aunque realmente no es así, pero los procesos mentales que a veces toman lugar cuando una persona sabe que ha sido abducida, y son a veces de una sensación de miedo para el individuo. Nosotros no deseamos causar miedo y la función de estos artefactos de monitoreo también fungen en maneras de hacer ajustes. Una fuente de contacto que es altamente…

Ella estaba teniendo dificultades en explicar y yo estaba preocupada debido a que la cinta de grabación estaba llegando a su fin.

D: *Yo creo que se nos está acabando el tiempo, yo creo que vamos a continuar nuestra conversación en otra ocasión.*

J: Ciertamente.

D: *No me agrada que tengamos que parar hasta este punto, pero esa fue la principal pregunta, ya sea que ¿están también los investigadores siendo monitoreados y observados?*

J: Están siendo monitoreados y observados, pero no por el propósito de desconfiar, sino para su propia protección.

D: *Bueno, yo creo que eso es todo por ahora y pareciera como que esta energía está de todos modos afectando a su cuerpo, con sus fluctuaciones de calor, ¿considerarías que vuelva a conversar contigo otra vez?*

J: Lamentamos que tengas que irte porque aún no hemos explicado completamente los detalles de los artefactos, pero tú lo sabrás más adelante, es importante que tú lo sepas, porque encontrarás a alguien que está lleno de miedo, y encontraras más personas quienes han malinterpretado el concepto.

D: *Está bien, pero ya se nos acaba el tiempo, y no quiero más información que no esté grabada en mi máquina, puedo comenzar con ese tópico la próxima vez, tendremos más tiempo para que puedas explicar completamente, ¿estás de acuerdo?*

J: Por supuesto.

La cinta llego a su fin, hubo mucha información y tuve realmente que parar muy ajustadamente, antes que pudiera proceder con las instrucciones para orientar de regreso a la consciencia de Janice, el ser dijo unas palabras que no pude grabar, sonaban como un idioma extranjero: "Alokei (fonética Ah-lowkey-I o Ah-low-key-a)". Cuando le pregunté de su significado, dijo que era similar a decir "hasta luego", así que yo le respondí con un hasta pronto también, después él dijo que se marcharía y daría lugar para que yo la despertara, pero me advirtió que no la despertara muy rápido. Yo pude ver cuando el ser se marchó y Janice regreso. A este punto ella empezó a llorar y emocionalmente ella dijo que no quería regresar; así que tuve que decirle palabras confortantes y convencerla de que podía regresar relajada y así cooperar.

Janice una vez más fue traída de regreso, con su plena conciencia, ella una vez más estaba mareada y se tomó un largo rato para que pudiera levantarse de la cama, al menos las fluctuaciones de calor ya no le molestaban; eso parecía que estaba relacionado a la energía de la entidad y se disipó cuando se marchó y su conciencia regreso.Ella recordaba muy poco de la sesión, ella estaba interesada cuando le explique partes, pero ella lo escuchaba como si fuera información nueva. Pronunció la palabra extraña conmigo, pero dijo que no tenía absolutamente ningún significado para ella, estaba confundida ya que pudo ver que había estado llorando y no podía entender porque el contacto con ese ser la había hecho sentirse muy emociona y estaba muy desconcertada.

# CAPÍTULO 10
# LA BASE EXTRATERRESTRE DENTRO DE LA MONTAÑA

Durante el tiempo que estuve trabajando con Janice también encontré otro caso interesante en Little Rock, una mujer llamada Linda estaba proveyendo información de diferente tipo, la cual estaba incluida en mi libro *"Convoluted Universe"* (Universo Complejo). Yo esperaba trabajar con esas dos pacientes, así que un mes después en enero de 1990, hice un viaje a Little Rock por el puro propósito de trabajar con Linda y Janice para la continuidad de sus historias y sanación. Una vez más me quedé con mi amiga Patsy, no reservé ninguna exposición ya que deseaba estar de incógnita en Little Rock, para poder emplear todo mi tiempo trabajando con ellas, claro no funcionó así; recibí una llamada de un hombre que había estado en mi conferencia del pasado diciembre, quién tenía un problema y requería de la terapia. Así que decidí ponerlo en mi agenda el viernes por la tarde después del largo viaje de cuatro horas. También elegí tener tres sesiones con Linda en sábado y tres sesiones con Janice el domingo. Al reservar un día para cada una sentí que podía tener una continuidad y nunca había hecho esto. Yo pensé que podía continuar haciendo esto con regularidad y podría avanzar el trabajo de un mes en un día. Yo no había anticipado que podrían resultar problemas porque yo esperaba que ellas se sentirían como si tomaran varias siestas durante el día. Yo pensé que me molestaría, porque yo sería quien estuviera haciendo el trabajo y yo sería quien me cansaría, si resultara mucho trabajo para cualquiera de nosotras, entonces no volvería otra vez a saturarme en poner en mis horarios un programa así, pero estaba intentando adelantar trabajo lo más que pudiera en pocos días.

Las sesiones con Linda el sábado probaron ser exitosas, aunque no terminamos hasta muy tarde esa noche. Mi primera sesión con Janice el domingo comenzó cerca de las 10 de la mañana, mi amiga Patsy se marchó y así pudimos tener la casa para nosotras. Yo estaba un poco cansada después de un largo día con Linda el día anterior y había permanecido hasta tarde platicando con visitas imprevistas, pero ahora mi enfoque era intentar localizar a la entidad con la cual había hablado a través de Janice durante la visita de diciembre.

Yo usé la palabra clave y ella entró en el estado de trance muy fácilmente, ya que no me habían proporcionado instrucciones explícitas en como contactar a las entidades con las que había hablado, me tuve que asesorar de alguna manera para localizarlos. Yo guié a Janice a un recorrido en como fuera que pudiéramos tener acceso a la entidad que habíamos conversado antes o con quién sea que teníamos que hablar para poder continuar nuestra conversación. Yo sabía que su subconsciente la podía llevar a la apropiada ubicación, así que le dije una cuenta de números y le pregunté qué es lo que estaba viendo.

J: Yo no veo nada.
D: *¿Qué es lo que sientes?*
J: Saludos y bienvenida.
D: *¿Tienes alguna noción de dónde te encuentras?*
J: No, es solo como un tipo de un espacio blanco.

Como una retrospectiva eso me sonó muy similar al lugar especial de Nostradamus, el cual era gris sin forma ni sustancia.

J: (La voz inesperadamente cambió) Saludos y bienvenida, ¿has regresado para continuar nuestra conversación?, ¿qué es lo que deseas saber?
D: *¿Estoy contactando con el mismo ser que habíamos hablado antes?*
J: Sí, lo estás.
D: *Yo pensé que estabas ocupado y que pudieras haber enviado a alguien más, está bien, la última vez estábamos hablando de los implantes, los pequeños artefactos que son colocados en la cabeza o en los cuerpos de algunos seres humanos, estábamos ya adentrándonos en la conversación cuando tuve que irme. Tú mencionaste que había mucho más que me querías compartir, para poder entender el propósito de esos implantes. ¿Te gustaría continuar con eso?*
J: Realmente yo creo que habíamos terminado nuestra conversación con respecto a esos implantes, sin embargo, había otro punto de información que te interesaría en esa ocasión, siendo eso

reasimilado, nosotros sabemos que tienes algo de conocimiento en cómo es, que funciona esto.

D: *Adelante ilumíname y quizás entenderé qué es.*

J: Para nosotros es muy simple acelerar el proceso molecular, al punto cuando alcanzan la velocidad de la luz en su trayecto, después es fácil para la transferencia que ocurra la bilocación, es una cuestión de locación singular o de cuestión de bilocación, cualesquiera de los procesos pueden ser realizados.

D: *Déjame ver si entendí lo qué quieres decir, ¿te estás refiriendo acerca de una persona de la Tierra que es llevada a bordo de una nave?*

J: Bueno, toma lugar de esa manera.

D: *¿Qué otros modos son empleados?*

J: Para transferir energía de un punto a otro en tu planeta.

D: *¿Cuál sería el propósito de eso?*

J: Para el balance de energía del planeta.

D: *¿De dónde proviene la energía que es empleada?*

J: La energía proviene de la fuente de, tu palabra sería "poder", pero en realidad es el flujo universal de energía cósmica que yace a través de todos los universos. Así que solo, es obtenida para usarse en una manera para el balance del planeta, algunas son obtenidas a través de las naves, algunas otras no.

D: *¿Por qué esa energía tiene que ser transferida?, tú mencionaste para el balance, pero ¿por qué tendría que ser balanceada?*

J: Porque ustedes están arriesgadamente situados en la orilla de la destrucción.

D: *Yo no sé si la especie humana está consciente de eso, nosotros sabemos que existen muchos cambios que están comenzando a suceder, ¿es eso lo qué quieres decir?*

J: Sí, eso es lo que quise decir, por los últimos tres años (1986 a 1989) ustedes han estado situados a la orilla de la destrucción, así que ustedes han tenido ayuda para mantener el balance a través de los diferentes sistemas en tu planeta, por la ubicación estratégica de tu planeta con respecto al universo y otros universos. Yo estoy seguro que es muy difícil para ti el poder comprender como un planeta pequeño como la Tierra podría ser tan importante para otros universos, pero es un asunto de toda una gran perspectiva, con el doblamiento del planeta Tierra vendría la destrucción de otros planetas y otros universos, debido a su estructura atómica;

por lo tanto, a otro nivel el planeta Tierra es vital y así es de importante es que no se destruya.

D: *Tú mencionaste "el doblamiento del planeta Tierra", ¿qué quieres decir?*

J: (Ella seguía aclarando su garganta) Es necesario que ajustes tomen lugar dentro de la forma física a quién le estás hablando, en este punto del tiempo nosotros no hemos sido capaz de ajustar su condición física, así que nos acompañaras por un momento mientras nos entonamos y reasimilamos, (después de una pausa) el doblamiento de tu planeta significa: si tú tomas el punto central del núcleo de la Tierra y consideras que la Tierra podría irse dentro de sí misma, tú podrías ver a lo que llamamos doblamiento. Ahora en ese doblamiento podría pasar la destrucción de tu planeta, porque al doblarse la circunferencia de la Tierra dentro del centro del planeta, habría una explosión al punto de la destrucción, por lo tanto destruido por fuego como se describe en su libro de apocalipsis, sería como los humanos considerarían lo que está sucediendo, sin embargo realmente sería al nivel de la física, porque en el área del doblamiento, el espacio dentro del centro del núcleo de la Tierra se expandiera al punto donde la explosión tomara lugar y eso podría causar un efecto domino dentro del espacio y hacia las galaxias y otros universos, similar a lo que ha sucedido en otras galaxias, ustedes simplemente están repitiendo la historia en su galaxia.

D: *Yo estaba pensado el doblamiento como una manera de colapso.*

J: Tú puedes usar la palabra, nosotros la vemos diferente, la superficie de tu planeta podría estar en efecto colapsándose, así como está sucediendo ahora en el presente, eso es el porqué nosotros estamos trabajando con ciertos individuos en ciertas ubicaciones de tu planeta; para minimizar el efecto de los terremotos que están sucediendo en el presente en la superficie de tu planeta.

D: *¿Está colapsando?*

J: Ese es un síntoma.

D: *Yo sé que hay placas tectónicas y que esas placas se están moviendo y desplazándose.*

J: Moviéndose, desplazándose y doblándose.

D: *Yo sigo pensando que está causando algunos de los terremotos y que aún no se ha llegado a un punto drástico por el momento.*

J: El doblamiento es lo que está causando el desplazamiento.

D: *Pareciera que es algo muy difícil de detener (ella hizo un gran suspiro) o de controlar, pongámoslo de esa manera.*

J: Realmente, debido al tipo de campo electromagnético que está ocurriendo, nosotros trabajamos a través de los campos electromagnéticos para rebalancear las energías. Las energías tienen que ver con la eliminación de particulares masas de tierra, como tú podrías comúnmente entenderlo, por ejemplo, aquellas masas de tierra que se están erosionando.

D: *Entonces ustedes no pueden parar los terremotos, ¿todo lo que ustedes pueden hacer es tratar de minimizar su daño?, ¿es eso lo que están tratando de hacer?*

J: Eso es lo que nosotros estamos haciendo, existe un progreso del hombre que tomará lugar, hasta ahora en parar los terremotos nosotros no estamos en la posición de intervenir y hacer eso, aunque es posible que eso suceda.

D: *Pero con su transferencia de energía y balance, yo pensé que ustedes estaban tratando de evitar que sucediera.*

J: Minimizar.

D: *¿Minimizar sus efectos?*

J: Parte de sus efectos, toma mucho el trabajo que estamos haciendo en lo que tú llamarías un "dilema" para obtener la atención del hombre enfocada en dónde necesita estarlo.aparentemente lo único que causaría que esto sucediera son eventos cataclísmicos de tal magnitud que mueva sus cimientos, dándose cuenta que su planeta no es indestructible; por lo tanto, pararlos sería un fracaso al propósito de llamar la atención a la conciencia del ser humano, así que nosotros no los detenemos, pero ayudamos a minimizar los efectos. Ahora lo que debes de entender es la ubicación estratégica de tu planeta y que si una parte de esto está tomando lugar…también tiene que ver con la frecuencia vibracional de la conciencia del hombre. Yo me doy cuenta que este concepto es extraño para ti. Con relación a la conciencia afectando lo físico en tu planeta, sin embargo, existe una relación directa; no necesariamente significa que sea por la conciencia de un área en un nivel bajo o son asuntos de estado mal dirigidos y eso es lo que esté causando que esos eventos tomen lugar en ubicaciones geográficas, esto podría ser algo que está sucediendo en el otro lado de tu planeta, sin relación totalmente con el área en el que está tomando lugar el evento cataclísmico.

D: *Nosotros no estamos acostumbrados a pensar en que nuestra conciencia influya en algo.*

J: Eso es el porqué, su conciencia, está influyendo en todo.

D: *Porque está mal dirigida, bueno yo estaba escuchando que todos estos terremotos y la actividad volcánica son un preludio que nuestra Tierra está cambiando.*

J: Yo veo que es inevitable.

D: *¿Eso sucederá?*

J: Sí personalmente en este punto creo que sucederá, lo que nosotros estamos involucrados es en el asunto de tratar para permitir a la humanidad el tiempo, porque como puedes ver los eventos y cambios de polos no tienen porque tomar lugar, sin embargo, debido a la naturaleza del hombre en tu planeta, es como si tu estuvieras manejando a una calle sin salida y no pudieras regresar. Ustedes se están aproximando al final y el final es una pared de ladrillo; por lo tanto, todo lo que estamos haciendo es disminuir la velocidad.

D: *¿Crees que pudiera haber pasado ahora?*

J: Claro que sí.

D: *Pero no hay manera de no evitar que todo suceda.*

J: Existe una manera de evitar que suceda, sin embargo, no creemos que la humanidad escogerá ese camino.

D: *¿Pueden ver lo que sucederá o tienen acceso a ese conocimiento?*

J: Te he dicho lo que sucederá.

D: *Me refiero cuando el desplazamiento tome lugar.*

Yo estaba interesada en eso porque en ese tiempo, yo estaba escribiendo la trilogía de los libros de "Conversaciones con Nostradamus" y el posible cambio de la Tierra era una parte importante de esos libros.

J: ¿Tú te estás refiriendo al cambio de los polos como contrario a la destrucción de tu planeta?

D: *Sí, esos son dos escenarios separados, ¿no son así o son posibilidades? (Sí) ¿No es el cambio de los polos el de menos intensidad de los dos?*

J: El cambio de los polos es solamente un punto en la trayectoria, no alterará el curso de …

D: *¿Cómo?*, (no hubo respuesta) *¿quieres decir que lo otro es lo final o cómo es?*
J: A este punto en tu tiempo es lo final.
D: *Se me ha dicho que esas son dos posibilidades, la explosión de la Tierra o implosión, sin embargo, quieres decir que sería un escenario más drástico, y que no tenía que suceder.*
J: Ninguna tienen que suceder, pero ocurrirán.
D: *Pero el cambio de polos no afectaría a los otros planetas, ¿o no es así?*
J: El flujo gravitacional cambiará en algún efecto, la red energética del planeta se revertirá totalmente, por lo tanto, no beneficiará y si afectará a los otros planetas.
D: *Cuando el cambio de polos tome lugar, ¿sabes el proceso?, yo estoy interesada en los cambios físicos en la Tierra, ¿qué le sucederá al hombre en ese tiempo?*
J: Cuando tú dices, "qué sucederá con el hombre"¿ a qué te refieres?
D: *Yo creo que estoy interesada en los cambios físicos de la superficie de la Tierra y cómo afectará a las personas.*

Yo siempre he tratado de tomar ventaja en cada oportunidad para verificar las visiones de Nostradamus de estos probables eventos.

J: En este presente tú estás viendo algunos efectos preliminares del cambio de los polos, ya no puedes diferenciar el invierno del verano. Existen varias otras cosas que están tomando lugar en tu planeta que deberían causar que se cuestionen así mismos y sepan que el cambio de polos ya ha comenzado a tomar lugar o ¿ya sabes eso?
D: *Ya se me ha dicho eso, sé que el clima está actuando extrañamente.*
J: Ese es el porqué ustedes tienen lo que llaman "fenómenos naturales".
D: *Pero yo estoy curiosa acerca de lo que pasará a los continentes.*
J: Dependerá en lo que está sucediendo con respecto al grado vibracional del planeta en el tiempo cuando el actual cambio de polos ocurra. Ahora dependiendo de que otros eventos cataclísmicos estén tomando lugar, el planeta entero podría ser cambiado inimaginablemente en países completamente diferentes. Los océanos se podrían cerrar y probablemente tendrían su geografía reordenada y Asia no existiría más.

D: *Yo asumí que los polos se derretirían lo cual podría crear más agua.*

J: Existiría más agua y el agua fluirá a través de Europa, recorriendo a través de los países y dividiéndolos junto con los terremotos y otros varios sucesos que están tomando lugar. Es por eso que te estoy diciendo que el mundo como tú lo conoces no será como el mundo que conoces ahora. Los Estados Unidos podrían totalmente convertirse en parte de Europa, yo quiero decir que no habrá… tira tus mapas, ustedes tendrán nuevos descubridores, ustedes abrirán nuevos caminos de navegación para descubrir nuevos mundos, así que ustedes comenzarán a escribir su historia de nuevo.

D: *¿Qué le pasará a la civilización que conocemos ahora?*

J: Mucha de la civilización se retrocederá, porque la tecnología será pérdida ustedes comenzarán de nuevo en algunos puntos.

D: *¿Pero será eso en toda la Tierra o solo en algunos lugares?*

J: Será tan parecido como sus continentes perdidos de Lemuria y Atlantis, cuando la tecnología se perdió en aquellos lugares lo mismo sucedió. Así para que tengas una pista de lo que sabes de esos cambios planetarios en relación del conocimiento de esos continentes perdidos, porque los continentes serán perdidos junto con la tecnología que tienen.

D: *Yo creo que eso es lo que más me molesta en pensar que perderíamos todo y tener que comenzar todo de nuevo.*

J: Esa es la única manera que el hombre aprende.

D: *Es por eso que estaba pensando que podrían existir porciones que pudieran retener su tecnología.*

J: Existieron porciones que retuvieron su tecnología cuando la Atlántida fue perdida, pero el grado y nivel desarrollo de aquella tecnología no era nada parecido a lo que fue perdido, así que fue en un sentido en comenzar todo de nuevo.

D: *Entonces existirán algunas partes que retendrán eso, odio pensar que todo será perdido, yo creo que esa es la parte humana en mí.*

J: Como te estoy diciendo, ustedes los seres humanos no parecieran aprender de ninguna otra manera si no perdiéndolo todo. Ve a las Vegas y apuesta todos tus ahorros y tú aprenderás.

D: (Risa) *eso es verdad yo he escuchado mucho reciéntenme acerca de ese cambio, es por eso que te estaba haciendo tantas preguntas.*

J: Existirán cambios al punto que los ríos no serán ríos de nuevo, ¿es este el tipo de asunto que quieres saber?
D: *¡Sí yo quiero saber lo que ocurrirá realmente!*
J: Si tú ves a tu planeta y le hacemos un acercamiento geográfico a tu río Misisipi, ya no tendrá la línea donde el río estaba, así que quedará como una gran superficie terrestre. Y después dependiendo de cómo llegue a estar dividido en ese tiempo, tendrás continentes totalmente diferentes; por lo tanto, los ríos no existirán como existen ahora. ¿Esos son los tipos de cosas que estás preguntando?
D: *Sí, entonces la topografía cambiará completamente* (Sí), *supongo que existirá una gran pérdida de vidas humanas* (Sí), *¿Puedes ver cómo sucederá eso?*
J: Esto sucederá de la misma manera cómo está sucediendo en el presente, habrá algunas perdidas de territorios. Ustedes tienen ciudades a lo largo de los ríos y los ríos se desbordarán, por lo tanto, ciudades enteras podrían perderse por los ríos; y también cuando tome lugar habrá muchos terremotos. Ustedes están teniendo avisos preliminares de lo que está por ocurrir, los resultados de sus terremotos son simplemente un punto de ... (una gran pausa).
D: *¿Cómo?*

Existió una gran pausa, después un suspiro profundo, pero fue suave y sin claridad, sonando como si ella dijera, "¿por qué estás interrumpiendo?".

D: *¿Cómo?* (Una gran pausa). *¿Qué dijiste?* (Una gran pausa sin respuesta), *¿Está sucediendo algo de tu lado?*

La entidad se había marchado y Janice estaba de regreso y confundida diciendo, "algo pasó".

D: *¿Fue algo que te pasó a ti o con el que estábamos hablando o cómo?*
J: Fue él, yo no sé a dónde él ... ¿A dónde se fue?, algo sucedió.
D: *Todo está bien, vamos a ver si podemos llamarlo otra vez, tal vez a él le llamaron o algo pasó o quizás fue una desconexión en la comunicación.*

J: Yo no sé qué pasó, fue como si yo viera un cable y solamente ... se rompió.

D: *Vamos a ver si podemos comunicarnos de regreso, quizás ellos puedan ajustarse en otra frecuencia o como sea que lo hacen.*

Yo le di sugerencias para tratar de localizarlo o a otra entidad en otra frecuencia, porque aparentemente la conexión se había perdido de alguna manera.

J: Yo puedo ver una reunión y ... no puedo escuchar lo que están diciendo, pero los veo, ellos están lejos de mí, ellos están en el otro lado, por allá (movimiento de manos) y hay más personas hablando con él y él está moviendo la cabeza, pero él está diciendo ... no puedo escuchar lo que están diciendo, pero hay otros seis más al lado de él.

D: *¿Y cuál es la apariencia de ellos?*

J: Ellos tienen túnicas, un tipo de túnicas como de realeza, excepto que ellos no son como reyes, ellos no tienen coronas o algo así. Yo no sé cómo describirlos, holgados, pero existe una gran banda ancha que baja de enfrente y a cada lado, el material es muy bonito. Estoy viendo la reunión.

D: *¿Cómo se ven físicamente?*

J: (Sorprendida) Ellos se ven como humanos, pero se ven viejos.

D: *¿Arrugados o cómo?*

J: Sí, algunas arrugas, pero se ven viejos, realmente viejos.

D: *¿Sabes cuál es el qué estaba hablando con nosotros?*

J: Sí, está parado dándome su espalda hacia mí y están como en un tipo de círculo.

D: *¿Dónde estás tú?*

J: Yo estoy en un cuarto grande, es realmente blanco y de apariencia hospitalaria, pero escucho un sonido.

D: *¿Existe algo más en el cuarto, muebles u objetos o algo?*

J: Sí, pero no se parecen a nuestros muebles, es más como asientos que están construidos en las paredes, quiero decir que no son sillas, ellas son parte de la pared y son curveadas.

D: *¿Como una banca o algún tipo así?*

J: Sí, como una banca, pero no pienso que ellos le llaman así.

D: *¿Existe algo más en el cuarto?*

J: Hay algunas pantallas ... por allá (ella apunto hacia su derecha) grandes pantallas de televisión, enormes.

D: *¿Están encendidas?*

J: No, (pausa), ahora hay alguien viniendo, hay una puerta (ella apuntó a su derecha).

D: *¿Luce él como los otros?*

J: Sí, a excepción que él tiene un largo .... Parece como tipo cabello, pero no sé si es cabello. Todo ellos lucen amables, ellos no lucen como aquellos tipos de grandes ojos. Todos ellos están parados y volteando hacia mí y cada lado hizo una línea, ahora él está caminando al frente y mirando hacia ellos y ellos están haciendo esto (hizo movimientos).

D: *¿Pusieron sus manos sobre su corazón?*

J: Ah y él hace eso y ellos inclinan su cabeza, ¡oh!, ahora ellos están acercándose a una mesa.

D: *¿Puedes ponerte en una posición para saber de qué están ellos hablando?*

J: Es como si el sonido estuviera apagado y yo puedo ver sus bocas moviendo.

D: *¿Pero aún puedes escuchar el sonido?*

J: Es como que está en mi cabeza, ahora ellos están sentados alrededor de la mesa. Él está en un extremo y están sentados juntos y pasando algunos papeles. Bueno, no son realmente papeles, es algo. (De repente) ¡Oh! ¡Oh!

D: *¿Qué?*

J: Está bien, ahora están volteando la pantalla, (una gran inhalación), muchas cosas diferentes están mostrándose y están pasando rápidamente en la pantalla. Existe agua, mucha, mucha agua. Es como una película pasando realmente rápido, muy rápido. (Pausa) ¡oh! Eso parece como... una foto de una montaña ahí. (Pausa mientras veía) Ellos están hablando acerca ... (suavemente) espera un momento, se paró en esta montaña, está grande montaña, es una hermosa montaña. Él que está al frente de la mesa está parándose ahora, y está apuntando hacia uno de ellos, no al que estaba hablando conmigo, pero al que está a dos lugares de él al lado izquierdo de la mesa. Él está apuntando a la pantalla y él está diciendo ... ¿Qué es lo que está diciendo? ¡Estoy desesperada porque no puedo escucharlo!, yo creo que están hablando acerca de lo que está dentro de la montaña. Ellos tienen una base adentro, eso tiene que ser (pausa), él está enviando a este tipo a la montaña, y él está saliendo del cuarto, yo creo que está yéndose hacia aquella montaña.

D: ¿Es la montaña todo lo que se mostró?, ¿No mostró lo que estaba por dentro?

J: Yo sé lo que hay dentro.

D: ¿Estás sacando conclusiones de ellos?

J: Yo creo que yo he estado allí, existe un mundo entero adentro.

D: ¿Puedes ver algo más de ellos?

J: Existe un tipo de problema dentro de la montaña y este ser supuestamente tiene que ir y tomar cuidado de ello.

D: ¿Mencionaste que tú conoces la montaña?

J: Sí, la he visto cientos de millones de veces, yo conozco la montaña, pero no sé dónde está, pero sé que dentro, ellos tienen una ciudad entera, en diferentes divisiones, así como las que tenemos en una ciudad, a excepción que tú entras en una pequeña nave y después sales ahí y vas a través de diferentes canales, líneas y cosas, después te subes a algo que es como un elevador y vas a diferentes niveles en la montaña. Existe un área verde, un área azul, diferentes áreas de colores.

D: ¿Por qué existen diferentes colores?

J: Diferentes asuntos pasan en ellos, diferentes tipos de entrenamiento.

D: ¿Por qué estuviste allí?

J: Porque a una de las áreas es donde yo fui, a clases. Tú te sientas en este cuarto y personas hablan y saben cosas. Tú vas a diferentes niveles de colores.

D: ¿Cuándo sucedió esto?

J: Bueno, nunca dejo de suceder.

D: ¿Quieres decir que tú aún sigues asistiendo allí?

J: Oh, ¡claro! Es un lugar maravilloso, es como una ciudad y no necesariamente de aspecto hospitalario como alguna de las naves en la que estamos. Yo quiero decir que ellas son muy, muy de tipo hospitalario, pero dentro de la montaña no es de esa manera.

D: ¿Cuándo vas tú allí, vas en tu forma física?

J: Sí, algunas veces, dependiendo de qué es el propósito.

D: ¿Por qué no estás consciente de hacer esto?

J: Bueno, yo sé que cuando veo a la montaña, yo he estado allí.

D: Me estaba preguntando por qué tu no recordabas.

Yo estaba en algún punto aquí cuando la nueva entidad entró, fue en unos momentos antes de que yo me diera cuenta, porque esta entidad era femenina y la voz no era dramáticamente diferente a este punto.

J: Por lo que toma lugar en algunas instancias, cuando tú estás estudiando el tipo de materias que ellos enseñan ahí, eso podría interferir con tu vida habitual si lo trajeras contigo en tu conciencia, como si hubieras ido a trabajar, entonces tú no podrías ser capaz de funcionar en tu camino normal con los parámetros de tu vida. Existen diferentes puntos en el tiempo en el cual asimilaciones toman lugar, así que ahora recuerdas, no es algo extraño para ti cuando lo sabes, pero tan largo a lo que tu conciencia de todos los días va, eso viene como un pensamiento para que no te alteres al respecto y después viene como una parte natural de ti. Es como, "oh, yo sabía eso todo el tiempo", cuando tú realmente no lo sabías, pero sabes donde lo aprendiste.

D: *¿Cuándo vas tú en tu cuerpo físico, no extrañarías a alguien más?*

J: No, porque mi estilo de vida es tal que yo estoy muchas veces sola y otra cosa es que: en el tiempo del hombre lo que contamos como un minuto... tú puedes pasar ocho horas allá en un minuto, porque el tiempo no funciona de la misma manera.

D: *Pero ¿Esa montaña está en la Tierra y el tiempo puede fluctuar así?*

Esto fue probablemente cuando otra entidad entró totalmente, porque la información no era de Janice y fue presentada por alguien quien era muy conocedor.

J: Sí, porque existe una coyuntura de tiempo allí, es por eso que muchos de sus fenómenos toman lugar, es porque ustedes están en una coyuntura en el tiempo, las dimensiones llegan a un punto en la coyuntura del tiempo en el planeta Tierra, causando una torcedura y alterando la percepción del hombre de tal manera que él realmente no sabe lo que sucedió, él solamente sabe que sucedió.

D: *Ese es el porqué pusieron esa base allí, porque estaba en una de esas coyunturas.*

J: Sí, mira ustedes tienen sus líneas energéticas de Ley (Ley lines en inglés), y además ustedes también tienen coyunturas del tiempo las cuales ... el hombre no sabe nada acerca, yo quiero decir, él sabe acerca de las coyunturas del tiempo, pero él no entiende los principios involucrados.

D: *¿Entonces es posible para alguien, pasar por una coyuntura del tiempo por accidente?*

J: Oh muy, muy real, esas cosas pasan todo el tiempo.

D: *¿Cómo lo percibiría el humano cuando sucede?*

J: El humano lo podría percibir como un lapso de memoria, "oh debí haber olvidado eso, oh ¿qué es lo que estaba haciendo?, oh espera un minuto, ahora déjame pensar acerca de eso". Así es como el ser humano lo percibe. Ahora los seres humanos más avanzados sabrán que hubo más que solo el pensamiento de "¿qué sucedió?", ellos tendrán la intuición por la naturaleza altamente desarrollada de sus otros sentidos; dependiendo de su nivel de desarrollo y del nivel de clases que ellos han estado o donde ellos están en su evolución, ellos sabrán más que solo aquellos pensamientos, porque existe un conjunto completo de información transferida en este tipo de humanos. Sus conciencias y campos de fuerza electromagnéticos y todas las energías vibracionales en las que están entonados les brinda un conjunto diferente de maneras de saber y otras maneras de aprendizaje.

D: *Bueno eso suena como si tú cruzas esas coyunturas de tiempo intencionalmente, como si te llevaran allí.*

J: Es parte de lo que hemos acordado hacer y no es algo que pueda asimilar de regreso dentro de mi vida diaria, por el factor de que yo quise ayudar a la humanidad y se me ha enseñado diferentes maneras de asimilación que yo no estoy conscientemente familiarizada con ello.

D: *Yo pienso que si una persona común le sucediese cruzar una de esas coyunturas sería por accidente y no hubiera propósito en ello, ¿podría ser eso cierto?*

J: Siempre existe un propósito con ello, sin embargo, cuando una persona promedio cruza a través de ello vivirán exactamente lo que te mencioné.

D: *Y no necesariamente significa que fueron raptados por alguien.*

J: Exactamente significa que en un punto de tiempo ellos estuvieron en una ubicación física en la cual ciertas energías y tiempo se unen.

D: *Bueno, tú mencionaste que esta era una base, ¿quiénes están controlando esa base?* (Pausa) *quiero decir ¿no son seres humanos o si?*

J: No, no son seres humanos, los humanos no están conscientes realmente de esta base.

D: *¿Quién la está dirigiendo o quién la puso allí?*

J: Fue instalada dentro de la montaña para que nosotros fuéramos capaces de salir alrededor de los seres humanos cuando lo necesitamos, y para que los seres humanos sean capaces de venir a esta montaña y para el tipo de trabajo que toma lugar en el proyecto del cual estamos involucrados.

D: *Entonces, ¿los únicos humanos que saben acerca de ello son los que son trasladados aquí?*

J: Eso es correcto y muchos de ellos no están conscientes de que eso ha sucedido, ellos saben que han estado en algún lugar, pero no necesariamente se dan cuenta de que esto es el caso.

D: *Yo me estaba preguntando si el gobierno sabe acerca de esto.*

J: No, no de esta.

D: *¿Saben ellos acerca de otras?*

J: Ellos piensan que saben.

D: *¿Ha estado aquí por mucho tiempo?*

J: Si lo ha estado, esta montaña en particular ha estado aquí ... ¿en años del planeta Tierra, estás preguntando en años del planeta Tierra?

D: *Bueno, yo estoy preguntando por cuánto tiempo la base ha estado en la montaña, yo sé que la montaña podría haber estado allí por siempre.*

J: Bueno, también la base.

D: *¿Tanto tiempo?* (Sí), *¿estoy hablando con una nueva entidad?*

J: Sí, lo estás.

Yo solo puedo describir la voz tan dulce y extremadamente femenina, estas características me hicieron darme cuenta que ya no estaba hablando con Janice, eso y el grado de conocimiento que había comenzado a sobresalir.

D: *Yo pensé que lo estaba, yo pensé que era demasiada información que viniera de Janice.*

J: (Su risa tuvo una característica melodiosa), bueno nosotros no tenemos la intención de engañarte, es simplemente un cambio o un relevo que toma lugar algunas veces.

D: *Yo pensé que podría darme cuenta de la diferencia, ¿qué fue lo que pasó hace rato?*

J: Bueno fue necesario que Alyathan (fonéticamente A-lie-a-than) fuera a una reunión, a él se le ha dado una misión y por ahora no será capaz de regresar para hablar contigo ahora.

D: *Yo pensé que sonó como un ser diferente, ¿cuál era su nombre?*

Ella lo repitió lentamente "Aleeathen", esta vez solo más como: A-lee-a-thin.

D: *Aleeathin, yo no tenía un nombre para llamarlo cuando estaba intentando de contactar a alguien.*

J: Nosotros de todas maneras no nos apegamos a nombres.

D: *Eso fue lo que pensé, pero ¿tienes tiempo de comunicarte conmigo?*

J: Yo seré capaz de hacerlo.

D: *Janice tuvo la impresión de que algo estaba fallando en la base y que fue eso, el porqué, de que la reunión fuese hecha.*

J: Existió una necesidad por un nivel de especialidad en este punto en el tiempo que no estaba disponible allí y que alguien... realmente no puedo discutir esto contigo, más que decirte que hay ciertos niveles de especialistas que no estuvieron presentes que han sido enviados aquí.

D: *Yo soy muy curiosa, yo hago muchas preguntas y si no me puedes contestar algunas de ellas, simplemente avísame. Me gustaría saber más acerca de la historia de esa base, tú mencionaste que ha estado allí por siempre, y eso me intriga.*

J: Bueno, muchas cosas han estado en tu planeta desde siempre y que ustedes no están conscientes de ello.

D: *¿Me puedes decir más acerca de los detalles?*

J: Bueno, yo te puedo decir de una fuente de comunicación que la mayoría de los seres humanos no son capaces de, usando tus palabras coloquiales "conectarse", la única palabra que es equivalente en tú lenguaje es "vibracionalmente", sin embargo, no describe adecuadamente lo que te estoy explicando. Existen seres humanos en particular quienes han alcanzado un nivel de desarrollo que saben de procesos de comunicación más que con palabras, como los humanos se comunican, y no necesariamente estoy hablando de telepatía; yo estoy hablando de una combinación de sonidos, corrientes, muy parecido al estudio que han estado conduciendo por un tiempo con los delfines y las ballenas jorobadas. Ya ves esto es totalmente extraño (sin embargo, muy familiar) método de comunicación que el hombre no entiende completamente; él siempre busca por lenguaje y en su necesidad de catalogar las cosas, etiqueta todo o categoriza todas las cosas como un lenguaje. Nosotros no estamos en desacuerdo que todas las cosas tienen un lenguaje, ellas lo tienen, así como el viento carga mensajes, esto es algo que está en sus diversas mitologías, tú escucharas que los niños hablan con el viento, pero tú nunca escucharas que los adultos hablan con el viento y aun así es una fuente muy real de comunicación.

D: *Suena como alguna de las historias de los indios.*

J: Los indios estuvieron muy en sintonía con la naturaleza, ¿y de dónde crees que los indios obtuvieron el conocimiento? Todos ellos estuvieron muy en sintonía con los OVNIS y energía espacial estuvo alrededor de ellos, es por eso que te estoy diciendo que ha estado por siempre.

D: *Eso es interesante, pero ¿me pueden decir más acerca de la base y por qué fue construida allí en el comienzo?*

J: La base fue construida allí en el comienzo debido al factor que... realmente la montaña podría ser considerada el centro del universo, como sabes somos rigurosos para el balance y realmente está relacionado a la rotación del eje de tu planeta, para el punto de construcción que hicimos, tú pensarías lógicamente que lo pusimos en el polo norte; pero ese no es realmente el centro de rotación gravitacional del eje de tu planeta.

D: *Pero ha habido muchos cambios desde que fue construida.*

J: Ha habido cambios, pero el centro no cambiará.

D: *Yo pensé que la Tierra se ha movido muchas veces.*

J: La Tierra se ha movido, pero con relación a como esta funciona dimensionalmente, este centro en particular no cambiará.

D: *¿Se te podría permitir al menos decirme en qué continente está?*

J: No en este momento.

D: *¿Es por qué piensas que alguien podría averiguar acerca de eso?*
J: No es un buen tiempo.
D: *Estaba pensando que las personas equivocadas podrían encontrarlo.*
J: Solamente no tiene que ser discutido en este tiempo.
D: *Pero ¿fue construido hace tanto tiempo?*
J: Fue en el comienzo, así como la Tierra estuvo en el comienzo, como dice en tu biblia "en el comienzo", no es algo que llegó evolutivamente como tu planeta ha evolucionado.
D: *Yo siempre pienso que todo tiene un propósito, una razón.*
J: Tiene una razón, realmente existen múltiples razones. Una de las razones es: un lugar para individuos de la raza humana como Janice, quienes han obtenido un nivel en particular y quienes han acordado servir en la capacidad por la cual ella sirve. Y otra es un lugar seguro, es también un lugar para desarrollar a profundidad los talentos del individuo, así como tú consideras a la universidad, es realmente un mundo contenido dentro de otro mundo.
D: *Pero si fue construido hace tanto tiempo no había ningún humano en ese tiempo, ¿hubo humanos allí?*
J: Eso es correcto.
D: *Eso es el porqué estoy preguntando la razón de poner algo allí si no había humanos en ese tiempo.*
J: Eso no tiene nada que ver con la relación de otras dimensiones, galaxias, planetas y más allá.
D: *Ya veo, tienes que tener paciencia conmigo, yo tengo muchas preguntas y algunas de ellas probablemente suenan a veces muy ingenuas.*
J: Nosotros lo entendemos.
D: *Esa es la manera que yo aprendo, cuando algo me da vueltas en mi mente. ¿he estado yo allí antes?*
J: Realmente si has estado allá, pero no en esta vida.
D: *Mmmm, entonces en una de mis vidas pasadas.*
J: Sí, porque crees que estás tan involucrada en el trabajo que estás haciendo ahora.
D: *Yo solo creo que es por mi curiosidad.*
J: ¡Ajá!, bueno eso no es todo.
D: *¿Tú sabes la razón?*
J: Tú ya has vivido mucho de esto antes, por lo tanto, eso es el porqué te sientes tan atraída ahora, ¿ya lo entiendes?, debido a que

muchas de las personas que tú estás tratando, están pasando y realmente tú también has pasado por allí, por eso te suena muy familiar.

D: *¿Te refieres a la información que estoy recibiendo?*

J: Sí y que no te asusta.

D: *No y eso es sorprendente para muchas personas.*

J: ¿Te sorprende?

D: *Me estimula mi curiosidad y siempre quiero saber más.*

J: Quieres recordar más, tú no quieres saber más, tú ya lo sabes (ella lo dijo en un tono sarcástico).

D: *(Risa) Pero me causa sorpresa que no me asuste.*

J: Sería interesante que alguien te hiciera una regresión.

D: *Me han hecho una regresión, pero nada como eso, yo creo que me asustaría si llegara a encontrar algo que es negativo.*

J: ¿Porque mencionas la palabra "negativa" en esta conversación?, ¿acaso algo ha sido negativo cuando nosotros hemos hablado?, o ¿lo has considerado negativo?

D: *No para nada, yo dije que por eso no me asusta, dije que yo creo que lo único que probablemente sería es que me encontrara con algo negativo.*

J: La vida en cualquier dimensión no es nada fácil, debido a que tienes "lo bueno y lo malo, como ustedes lo saben muy bien en tu planeta, porque a través de esa característica surge el progreso.

D: *¿Tú crees que esa es la razón por la cual me motiva en investigar?*

J: Ciertamente así lo creo.

D: *Pareciera que quiero encontrar el conocimiento perdido.*

J: Sí porque ¿cómo te diste cuenta que está perdido? ¿Quizás podría haber sido perdido cuando tú estuviste presente? Incluso anteriormente tú mostraste el interés de la pérdida de tecnología y eso fue lo que me llamo mi atención para venir y hablar contigo.

D: *Ahh porque esas cosas son una tragedia en perderlas.*

J: Son tragedias, pero únicamente un alma como tú, con ese carácter tiene ese interés y es una gran labor que tú estés intentando en reconstruirlo.

D: *Todo eso pareciera que tiene sentido, pero de todos modos cuando estuve allí, ¿estuve físicamente?*

J: Estuviste presente físicamente, porque fue en una de tus vidas.

D: *Estoy contenta que el gobierno no lo sabe, porque yo creo que ellos han causado algunos problemas, ¿o no ha sido así?*

J: Sí, y eso es porque ellos nunca sabrán de esa base.
D: *¿Me podrías decir de algunas otras bases que hayan descubierto?*
J: Realmente no puedo.
D: *Yo me preguntaba acerca de las consecuencias y si causan problemas.*
J: Ha habido problemas y lo que sucede es que nosotros simplemente nos movemos.
D: *¿Toda la base completamente?* (Sí), *estoy trabajando con algunas personas en el estudio de los OVNIS, y ellos piensan que el gobierno y los seres extraterrestres están trabajando juntos dentro de una base y que están pasando muchas cosas allá que nosotros no quisiéramos saber. Yo no sé qué tanto de eso sea verdad.*
J: No sería ninguno de nuestros grupos de seres.
D: *Yo creo que ellos han dicho que el gobierno tiene una base subterránea y que los extraterrestres están allí también.*
J: Los extraterrestres han estado en la base subterránea del gobierno, pero no fue en la base subterránea de los extraterrestres.
D: *Entonces el gobierno también tiene una, (Sí), ¿fueron ellos invitados allí?*
J: Sí, ellos quieren que nosotros participemos en algunos experimentos, ellos quieren que nosotros le mostremos algo de nuestra tecnología, pero después ellos no la usan adecuadamente, y claro cuando hacen eso naturalmente culpan a los extraterrestres, ¿acaso los seres humanos tomarían responsabilidad del mal uso de tecnología que quizás nunca se les hubiera dado desde un comienzo, como ahora en retrospectiva lo sabemos?
D: *Yo puedo ver como los seres humanos no quieren tomar responsabilidad, ¿qué tipo de tecnología fue?*
J: Diferentes procedimientos médicos, hubo un compartimiento genético y algunos de sus avances que han tomado lugar en su medicina han sido a través de ese intercambio; el primer trasplante de corazón humano con su doctor… ¿Fue Cristian Barnard?
D: *Eso creo.*
J: Sí, bueno ¿De dónde crees que aprendió su procedimiento?
D: *¿Conscientemente?*
J: Subconscientemente, pero llegó a su consciencia y él realmente nunca se dio cuenta que él no era el inventor.

D: *Pero eso fue algo positivo.*

J: Ha habido muchas cosas positivas que han llegado del intercambio, pero existe también, en tu lenguaje coloquial, el "lado negativo" de la experiencia, ciertas cosas han pasado que no son placenteras.

D: *¿Me puedes decir que son?*

J: Te puedo decir que han sido algunos experimentos que fueron improvisados por los seres humanos. Pensando debido a que ellos tenían nuestros métodos, ellos podrían mejorarlos, cuando ellos eran inmejorables y por lo tanto pasaron accidentes y ellos querían que llegáramos a arreglar sus desastres. Pero ... ¡Ah!

D: *¿Qué tipos de accidentes?*

J: Ha habido perdidas de algunas vidas, y te lo diré, pero más allá de eso no discutiré que sucedió, nomás en decir que hubo algunas pérdidas humanas. Por lo tanto, ya sabes algunas de las desapariciones que habían tomado lugar fueron... en algunos procesos puede haber accidentes, y si los procedimientos no son ejecutados con precisión a veces eso pasa. Así que en el comienzo cuando existe un desacuerdo con respecto en cómo realizar algo y el humano se empeña en hacerlo, nosotros no nos oponemos y nos hacemos a un lado y esperamos, porque sabemos el resultado; y cuando ellos no escuchan los accidentes suceden. Tal vez existe sólo una manera para que el humano aprenda y esto es una tragedia, te lo enfatizo, ¡es una tragedia!

D: *¿Estos eventos tomaron lugar en la base?*

J: Tomaron lugar en la base de los humanos.

D: *También mencionaste acerca de experimentos genéticos, ¿es eso a lo que te refieres o es algo más?*

J: Eso es algo más.

D: *¿Puedes decirme algo más acerca de eso?*

J: Puedo decirte el resultado final de uno de los experimentos, pero no puedo entrar en detalles completos en algunos otros.

D: *Está bien, yo estoy dispuesta a escuchar lo que sea.*

J: Puedo decirte que el método de fertilización en vitro fue producido en esa base.

D: *Pero eso es algo bueno.*

J: Hay muchas cosas buenas y titubeo en hablarte de otro tipo de cosas, debido a la persona por la que me comunico, esta particular persona, Janice, con su nivel de sensibilidad, quizá podría experimentarlos. Si ella no lo experimenta en lo físico, las imágenes que pasarán por su mente permanecerán en su consciencia, por el factor de la manera de comunicación que toma lugar con ella. Nosotros ya hemos empezado a trabajar para borrar algunas de ellas porque ella ha estado presente y los ha visto.

D: *Muchas personas con las que trabajo tienen el mismo problema, son muy sensibles y cuando ellos observan algunas escenas también ellos sienten las emociones.*

J: Sí, porque como lo expliqué antes, el tipo particular de sentido cinético de comunicación; por ejemplo, Janice es capaz de hablar a las hojas, al viento, al sol y los elementos, por lo tanto, siendo así de sensible, estar en tono, ser capaz de llegar a ver algo como eso, causa en el nivel celular y al nivel del alma... te das cuenta lo que estoy diciendo ahora.

D: *¿Solar, el sol?*

J: No, almacelular.

D: *¿El alma te refieres al alma interna?*

J: Estoy hablando acerca de la esencia de energía pura en el estado molecular, esas moléculas y sus particulares interacciones se imprimen de tal manera que no son fáciles de desarmarlas. Desarmar no es la palabra adecuada que quiero usar para explicártelo, lo que estoy tratando de decir es que una vez que ella lo experimenta, debido al tipo de persona que es, esa experiencia en particular nunca se olvida. Todo lo que puede suceder es regresar y causar que vaya a otro punto de consciencia donde no le afecte, porque ella está muy afectada.

D: *Eso suena muy familiar, hay un joven con quien estoy trabajando que pensó que podía ver esas cosas como viendo televisión, pero atraen muchos otros efectos remanentes con ellos.*

Yo me estaba refiriendo a Felipe, la persona de mi libro "Los Guardianes del Jardín" (*Keepers of the Garden*), cuando yo lo usé para contactar a Nostradamus en el volumen III de la serie de libros "Conversaciones con Nostradamus" (*Conversations With Nostradamus*), él tuvo problemas emocionales al ver las escenas que le mostraron, por lo tanto, tuve que parar de trabajar con él en ese proyecto.

J: Los efectos residuales son algo que el individuo debe de llegar a familiarizarse, para que pueda saber cómo manejarlos, y es un proceso que se puede hacer, solo que al comienzo no se puede concretar todo.

D: *Él pareciera ser muy sensible y él no quiere ver nada que sea negativo.*

J: Él llegara a un punto de desarrollo con el tiempo donde… y tanto como un niño aprende, ellos aprenden a gatear y después aprenden a caminar, en el proceso de observar esos incidentes él puede alcanzar un nivel donde él puede hacer eso sin ser afectado. Pero en este punto de su desarrollo no es capaz de hacerlo, tampoco en referencia a los experimentos que te estoy mencionando. A este punto Janice no puede hacer eso debido a su nivel de sensibilidad, nosotros lo hemos observado porque la hemos puesto en situaciones que nos ha proveído en nuestra habilidad de medir su nivel, con respecto en experimentar esas situaciones. Ahora tu siguiente pregunta es "¿cómo?", ¿o cómo es posible que sepamos eso?

D: *¿Lo que el individuo puede manejar?*

J: Sí, ¿cómo es posible que nosotros sepamos lo que el individuo puede manejar? Por ejemplo, la amiga de Janice puede ver películas de terror, pero ella no.

D: *Yo tampoco puedo.*

J: Janice ha estado en situaciones donde ella está manejando en la calle y hay un animal en el camino que acaba de ser atropellado o algo que causó que matará al animal, ella no puede verlo, eso nos dice que no puede ver, así que cada momento de despertar, cada momento en la vida de un individuo que esté en tono con nosotros es muy importante para nosotros, con respecto al nivel de la persona o el desarrollo de su habilidad. Esas que llaman "pruebas", en sus escuelas tienen exámenes para averiguar a que nivel el individuo ha alcanzado. Nosotros no realizamos necesariamente los mismos tipos de pruebas, como cuando una persona se sienta con un pedazo de papel. Nuestra prueba con Janice fue que cuando estaba manejando desde el fuerte Smith al ver ese incidente en particular, nos dice que ella no está lista aún al punto donde ella podría manejarlo. Nosotros no dudaríamos en compartir contigo estas experiencias y experimentos que ella ha estado presente, sin embargo, debido a su daño residual y no uso la palabra "daño" en el contexto de como los humanos la utilizan, pero debido a los remanentes residuales de la experiencia que permanecen muy frescos, en su consciencia diaria, y no puedo discutirlos contigo en esta vez.

D: *Y yo no quisiera nada que le pudiera causar ningún daño o incomodidad.*

J: Ella es una persona muy fuerte, pero con respecto a algunos asuntos, ella no está lista a tratar con esos.

D: *Yo no veo películas de terror o tampoco cosas por el estilo, pero si existen algunas cosas aquí que el mundo deba saber, estoy dispuesta a escribirlas, incluso si no me agradan.*

J: Sí, tú también estás evolucionando, y cada una de estas sesiones que haces te coloca más a desarrollar ese sentido de poder tratar con más... no tengo la palabra para describir lo que estoy...

D: *Sigo pensando lo "negativo", esas cosas son negativas.*

J: En tu cuadro de referencia eso sería correcto, sin embargo, en este tiempo en particular te diríamos que el enfoque que tú necesitas no es en relación a la negatividad, porque el gobierno Americano está haciendo lo suficiente en el área de promover a los extraterrestres de una manera desfavorable; por lo tanto simplemente el trabajo que tú estás haciendo está diseñado y por tu propio diseño en el esfuerzo en presentar la verdadera luz de los extraterrestres es que nosotros hemos llegado a presentarnos. Realmente eso es porque estamos colaborando contigo.

D: *Sí, porque yo no creo todas las historias de terror que he escuchado.*

J: Existen historias de terror y no te diré que no existen.

D: *Tengo la sensación de que estoy hablando a una entidad femenina, ¿es esto correcto?*

J: Sí, lo estás.

D: *Existe un sonido diferente de la voz, y pareciera una diferente presencia.*

J: Janice ha estado queriendo contactarme por eso yo he venido, yo soy una entidad quien en ocasiones permanezco con ella después de algunos de sus ajustes.

D: *La primera entidad con la que había hablado parecía ser más de un tipo mecánico o robot,* (yo estaba hablando del ser pequeño gris).

J: Realmente él estaba simplemente teniendo una participación en dos eventos al mismo tiempo, y es por eso que la transmisión fue cortada muy brevemente; él no pudo adecuadamente mantenerse y participar contigo y estar en el otro evento al mismo tiempo.

*D: Ese fue el segundo con el que hablé, cuando yo hablé con él, él era muy autoritario...*

J: No, su lado autoritario estaba en otro evento.

*D: Pero, con el primero que contacte a través de esta persona era de un tipo mecánico muy robótico.*

J: Y, ¿cuál es tu pregunta?

*D: Pareciera como si todos ellos fueran diferentes.*

J: Eso es porque Janice trabaja con más de un tipo de energía.

*D: El primero no entendía mucho de mis preguntas, era más como un robot.*

J: El primero no era un robot, pero en tu sentido de la palabra "robot" podría ser verdad. Es solamente un tipo diferente de un ser.

*D: Él pareciera ser... bueno, no humano, es la única manera que lo puedo explicar.*

J: En tu sentido de la palabra "humano", eso es correcto, pero en mi sentido de la palabra "humano", él es muy humano.

*D: Pero ¿no era él de un tipo diferente?*

J: Sí, mucho, y eso es el nivel que se necesitaba para llegar contigo y para que tú lo supieras, primero, ante todo, que tú estabas en contacto con las energías del espacio; de otra manera hay veces que tú tal vez no los pudieras reconocer, porque las voces pueden llegar a ser tan similares a lo que tú llamarías a nivel de voces "humanas". Tú ahora estás considerando hablar con un tipo de ser humano, sin embargo, no lo estás.

*D: ¿No lo estoy? (No), yo tengo una muy buena sensación acerca de ti.*

J: Bueno, yo soy un buen ser, y también lo era la personita que tú consideraste ser un robot, él era un ser bueno, él solamente era ajeno a lo que tú consideras humano.

*D: ¿Me puedes decir que tipo de ser eres tú?*

J: Yo soy un ser del mismo patrón de energía con quien habías hablado en la última sesión, yo soy su contraparte.

*D: ¿Qué quieres decir?*

J: Eso significa que yo soy el lado de la energía femenina de la que tú habías hablado antes.

*D: ¿Tienes cuerpo físico?*

J: Sí, si lo tengo.

D: ¿Cómo es tu cuerpo físico?

J: ¿A qué te refieres?, ¿quieres saber mi descripción en términos humanos o que te describa en términos de cómo vivo?

D: Bueno, no creo que tengamos el tiempo suficiente ahora para indagar en todo eso, yo solo me estaba preguntando cuál es la apariencia de tu cuerpo físico, quizás podamos indagar en otra próxima sesión lo demás.

J: Bueno, mi cuerpo físico aparenta mucho como… (ella pareciera estar entretenida), yo tengo un rostro, tengo todas las partes que un humano tendría; si yo viniera a la Tierra tú no notarías la diferencia.

D: Pero, aun así, tú mencionaste que no eras humana.

J: Yo soy humana, pero soy más que un humano.

D: ¿Quieres decir que más altamente evolucionado?

J: Más altamente evolucionado en un estado de energía y también más evolucionado físicamente.

D: ¿Puedes profundizar más acerca de ello?

J: Tengo ojos que se ven … mmm, no sé si les dirías "orientales", pero no son orientales, es difícil de comparar desde mi cuadro de referencia de donde estaba cuando tú hiciste la pregunta; así que tendré que recordar por un momento y decirte físicamente que no soy una persona alta. Mi piel es de un color crema, tengo una apariencia tipo clara luminiscente en mi complexión, mis manos son … tengo manos como de un humano, yo luzco como un humano, pero simplemente no lo soy, mis ojos me delatarían de inmediato.

D: ¿Tienes cabello?

J: Sí, sí lo tengo, es castaño cobrizo … es obscuro, en tus términos no sería considerado negro, es entre café obscuro y negro con algunas luces rojizas.

D: Si yo regreso otra vez, ¿existe alguna otra manera en la que pueda yo hablar contigo?

J: Si es mi turno en venir, yo estaré aquí, como ves cuando tú trabajas con Janice existen otros seres con quienes estarás conversando cosas con ellos. Es dependiente sobre en qué punto tú regresarás, a que tiempo vendrás y que es lo necesario para que la información sea compartida en esa ocasión. En lo que me concierne a mí, si es el tiempo de venir simplemente estaré… estaré aquí.

*D: Bueno, yo quiero hacerte una pregunta más, yo estoy intentando tener varias sesiones con Janice en un día, debido a la distancia que yo tengo que viajar, ¿estaría físicamente bien ella para hacer esto?*

J: Sí, lo será, y yo puedo contestar eso porque un factor de mi área de especialista tiene que ver con lo físico, tiene que ver con el área de ...quizás podrías decir "medicina" ... psicológica. Tú podrías decir en tu cuadro de referencia que yo soy un doctor, aunque ese término no sería suficiente para describir todo lo que soy; porque en mi área de especialización no necesariamente se relaciona solamente con lo físico del humano, sino también del planeta.

*D: Yo no quiero intentar nada que le haría sentirse cansada de ninguna manera o dañarla.*

J: Ella no estará cansada, y yo te diría que se te dirá a través de nosotros si eso ocurre así, por lo tanto, no pongas esa responsabilidad sobre ti, porque nosotros te ayudaremos a determinar eso al decírtelo.

*D: Entonces yo quiero despertarla en los próximos minutos y tengo unas horas para descansar y después regresar, yo nunca antes había intentado tener varias sesiones en un día y no quería cansarla.*

J: Ella tiene una reserva que es increíblemente recargable y sus poderes rejuvenecedores son muy, muy fuertes.

*D: Entonces yo regresaré en unas horas de nuestro tiempo de aquí y contactaré con quién esté disponible, ¿sería eso permisible?*

J: Sí, podría decirte, "¿Qué la paz esté contigo?"

*D: Y yo realmente he disfrutado el estar en tu presencia.*

J: Y yo también lo he disfrutado, nos volveremos a reunir otra vez.

Yo después requerí a la entidad que se fuera y le pregunte a la personalidad total de Janice que regresara a su cuerpo, cuando Janice me dio indicaciones de que ella regreso, entonces yo la traje totalmente de regreso a su consciencia total.

Janice retuvo una imagen del doctor en su mente después de que ella despertó y yo quise que la describiera. Ella era muy hermosa, con un cabello largo obscuro que estaba sostenido hacia atrás con una banda metálica. Janice prefirió usar la palabra "castaña", como una descripción del color de su cabello. Con una apariencia "impactante", sus ojos eran definitivamente lo que más se distinguía de sus facciones, eran de color verde obscuro y la forma no era exactamente de tipo oriental. Los ojos le recordaban a Janice de los dibujos ancestrales de las paredes en Egipto de las personas que se delineaban los ojos con una substancia negra. En los dibujos una sustancia había sido aplicada para delinear los ojos para maquillar las líneas que sobresalían hacia arriba de las esquinas de los ojos, excepto que, en el caso de la doctora, esa realmente eras su forma y apariencia de los ojos, no era hecha con maquillaje. Esto me hizo preguntarme de donde los antiguos egipcios obtuvieron la idea de maquillar sus ojos de esa manera, ¿pudieron ellos realmente ver a estos seres y querer imitar su belleza y apariencia única?

    Nosotras después salimos a comer una hamburguesa y convertimos nuestra conversación en las cosas mundana de nuestras vidas, y de esa manera pudimos orientarnos de regreso al mundo exterior por un momento antes de tener otra sesión.

# CAPÍTULO 11
# EL DOCTOR DE ENERGÍA

Después de que comimos y descansamos un par de horas, nosotras comenzamos otra sesión cerca de las 3:00 p.m. Yo usé la palabra clave de Janice y ella entró de nuevo profundamente en el trance muy fácilmente. Después yo le di instrucciones para que intentara localizar a la misma entidad otra vez. En esta ocasión cuando yo terminé el conteo, Janice no se encontraba a bordo de la nave, en vez de eso ella estaba flotando en el espacio, insegura de dónde ella estaba dirigiéndose o qué estaba intentando de encontrar. Después de más instrucciones ella vio una luz, "Hay una luz enfocada, es en un área grande como una pupila en un ojo, excepto que es una luz, y no estoy atravesándola, tampoco sobre ella o encima de mi cara, algo está sucediendo conmigo". Lo que sea que fue, estaba creando una sensación obviamente física al estar acostada sobre la cama. "La luz cambiaba colores, mi cabeza se sentía rara", claro, su bienestar fue mi primera preocupación y yo le di sugerencias para remover cualquier sensación física, yo continúe preguntando si había alguien más alrededor que pudiera hablar con nosotras y explicar el propósito de la luz.

Janice pareciera estar congelada e incapaz de hacer algo, excepto en enfocarse en la luz, "no puedo ver que pase, yo creo que hay alguien aquí, pero no puedo dejar de verla". Ella estaba tomando grandes respiraciones, "está haciendo algo, es realmente una luz fuerte, está esperando por algo, no estoy segura de que". Esto paso por varios segundos y sin importar de mis sugerencias para hacerlo, ella fue incapaz de moverse y salir de ahí, "es como si estuviera sostenida en algo, y yo necesito continuar para atravesarlo".

D: *¿Tú quieres?*
J: Yo creo, está encima de mi rostro.
D: *Yo lo único que quiero es que hagas lo que te haga sentir cómoda, ¿qué es lo que se siente cuando tú estás dentro de ahí?*

J: Una nube, como un vapor, está haciendo que mi cuerpo se sienta raro, no es un cosquilleo, pero es como cuando tus pies despiertan después de haber estado dormidos, ya sabes esa sensación chistosa. Todo mi cuerpo se siente de esa manera ahora mismo, y a veces la luz tiene una orilla alrededor; está concentrada en un centro y después fuera de eso hay un área obscura y se mueve. Se aproxima hacia mí, es muy bonita también, era con colores y ahora se ve como vapor, pero no del color del vapor, es obscura pero no es malvada, y no es mala, se siente bien.

D: ¿Atravesaste la luz?

J: No lo sé si lo hice o no, yo no lo veo o si estoy en algo más. Mi cuerpo ya no se siente chistoso ahora. Se sentía realmente extraño, yo creo que he hecho esto antes, ahora sé que fue, esa es la primera etapa, es como si tú te disolvieras (risa), yo estuve solamente por un segundo allí y me sentí como un yoyo, ya sabes, ¡boooooooiiiinggg! (Risas)

D: Bueno, de todas maneras, ya estás de regreso en una pieza, todo está bien, vamos a encontrar a alguien a tu alrededor que pueda contestar nuestras preguntas (pausa), ¿Hay alguien ahí?

Después de toda esta búsqueda me sorprendió cuando la entidad contesto, definitivamente Janice ya se había ido, porque esa voz era suave, dulce y gentil.

J: ¿Qué es lo quieres saber?

D: Bueno, la primera pregunta: ¿Cuál fue el propósito de esa luz?

J: Es una fuente de contacto.

La entidad femenina definitivamente estaba de regreso, fue fácil de reconocer su tono melodioso y dulce voz.

D: Le estaba molestando un poco a Janice, porque hizo que su cuerpo se sintiera muy extraño.

J: Hace que el cuerpo físico se sienta extraño, pero es muy relajante al estado mental del ser, también es un paso preliminar en el viaje de bilocación.

D: ¿Eres tú el mismo ser con quien estaba hablando hace un momento?

J: Sí lo soy.

*D: Yo dije que regresaríamos solamente en un corto tiempo.*

*J: Pero, yo no estoy localizada donde tú me dejaste, por lo siguiente hubo una diferencia en encontrarme.*

*D: ¡Oh!, ¿es por eso que fue más difícil en esta ocasión?*

*J: No es cuestión de difícil o fácil, solamente fue una cuestión de cambiar los puntos relacionados relativamente en tiempo y espacio.*

*D: ¿Entonces nuestro tiempo aquí no es el mismo como el tiempo donde tú estás experimentando?*

*J: Eso es correcto, y esto es parte de lo que Janice estaba experimentando, ese cambio que ella te dijo, ella atraviesa una sensación física de cambio, así como también de la variable en el tiempo y el espacio. Eso no se puede lograr sin alguna sensación en lo físico, es como tú lo considerarías en su terminología, animación suspendida, ¿es ese un término que entiendas?*

*D: Si, eso pareciera ser donde el tiempo para, eso creo.*

*J: Eso es similar a lo que debe tomar lugar para que el cambio ocurra, por lo tanto, los efectos en el cuerpo físico son a veces de una sensación extraña en el cambio de transferencia de la consciencia.*

*D: Bueno, solamente de curiosidad, en el corto tiempo que ha pasado para mí, ¿ha sido un largo período de tiempo para ti?*

*J: ¿Disculpa?*

*D: Desde que hable contigo hace un momento.*

*J: Oh, si, tú estás hablando en relación con el factor que ha estado en tu tiempo, aproximadamente en una o dos horas (Sí), en mi tiempo yo he logrado el trabajo de un año. Así como ves, existe un cambio definitivo que toma lugar.*

*D: Cuando yo dije que yo regresaría en algunas horas, no me di cuenta que tendrías que esperar por mucho.*

*J: Sí, yo continúe mi vida al igual que tú continuaste con la tuya.*

*D: Eso es un poquito difícil para mí en entenderlo, bueno cuando la última vez que estaba hablando contigo, tú estabas describiéndote y tú preguntaste, ¿si yo quería saber cómo vivías?, y yo temía que la respuesta tomara tiempo en esa ocasión, ¿ahora me podrías decir algo acerca de eso?*

*J: ¿Tienes algunas preguntas en específico o deseas un resumen general de lo que yo participo o deseas saber acerca de mi infancia?, ¿dónde quieres tú? Solamente encuentra un punto de comienzo que sea para ti satisfactorio.*

D: *Solamente generalizando primero y después yo puedo hacerte preguntas.*

J: En mis actividades diarias yo participo en varias misiones en tu planeta, mi trabajo está muy involucrado en algunos de los experimentos que toman lugar y que Janice ha sido participe. Ella está familiarizada conmigo, porque en más de una ocasión nosotras hemos participado, yo sé mucho acerca de la ciencia de la Tierra, como yo te lo mencione anteriormente, en tu cuadro de referencia yo podría ser considerada un doctor de medicina, pero al mismo tiempo en nuestra cultura de doctor de medicina, es más que solamente medicinal. Nosotros incorporamos dentro de nuestras enseñanzas y profesiones al ser de una manera completa opuesto, a solamente especializarlo en medicina. Muy parecido a como cuando si tú fueras al especialista de los riñones, porque nosotros somos especialistas en sistemas, eso incluye todos los sistemas que significan desde lo físico, mental, estructura molecular, y yo podría seguir y seguir. Las estructuras de la ciencia de la tierra, los sistemas y estructuras de comunicación y varias facetas de aquellos sistemas y como ellos se relacionan interdimensionalmente.

D: *Eso suena muy complicado, tú debes de ser muy inteligente.*

J: (Modestamente), bueno yo soy considerada ser muy hábil.

D: *¿Vives en la nave o vas y vienes a tu hogar?*

J: Yo voy y regreso a mi casa, pero existen ocasiones donde yo vivo totalmente en la nave, existen ocasiones cuando mi misión me ha asignado a una base, así como Aleathin fue asignado a una base anteriormente. Y por eso ahora estoy hablando contigo, porque yo soy parte de un grupo de energías del espacio que trabajan con Janice.

D: *¿Trabajas también con otras personas?*

J: Sí trabajo con otros, nosotros tenemos personas en tu planeta que son nuestra responsabilidad, por así decirlo.

D: *Yo estoy curiosa en saber dónde está tu hogar.*

J: Mi hogar no está en tu galaxia.

D: *¿Pero mencionaste que podías ir y venir?, ¿cómo es eso logrado?*

J: Es logrado pasando la velocidad de la luz.

D: *Nosotros estamos acostumbrados a pensar que la velocidad de la luz es el límite.*

J: Es por eso que el viaje interdimensional no está disponible para ustedes.

D: *Por nuestras limitaciones.*

J: Exactamente.

D: *¿Es tu hogar un planeta físico?*

J: Si es un planeta físico como tal.

D: *¿Consumes alimentos?*

J: Nosotros tenemos diferentes tipos de comida, en los jardines de tu Tierra ustedes etiquetan todo y nosotros no necesariamente hacemos eso, nosotros no llamamos a un vegetal naranja "zanahoria".

D: *¿Pero consumes comida de la misma manera que nosotros lo hacemos?*

J: Nosotros lo hacemos, nuestra alimentación es diferente, en eso la estructura es diferente, en otras palabras, nosotros no tenemos animales ahí para comer, pero existen estados diferentes en nuestros seres, tanto como cuando sus bebés están creciendo con leche, ahí existe el tiempo cuando un bebé solo come una sola cosa, entonces cuando ascendemos a la adultez nosotros aprendemos a existir en ... nosotros no comemos lo que ustedes llamaran en términos de la Tierra comida "convencional".

D: *¿Pero la consumen como nosotros lo hacemos y tienen un tracto digestivo?*

J: Nuestro tracto digestivo no es nada parecido al suyo, sin embargo, nosotros si tenemos un tracto digestivo.

D: *¿Tienen un sistema respiratorio?*

J: Sí, nosotros lo tenemos.

D: *¿Circulatorio?*

J: Sí, nosotros lo tenemos, pero en el sentido convencional de la palabra solamente.

D: *¿Qué quieres decir?*

J: Yo quiero decir qué de donde estamos en nuestra galaxia y en nuestro elemento, estos sistemas no funcionan igual a cómo funcionan cuando venimos a su Tierra, así que existe una diferencia definitiva, es eso de manera bi-estructural, bi-sistemática, en cualquier ambiente donde estemos, estos sistemas funcionan diferentemente. Comparando a ellos con sus sistemas, su tracto digestivo tiene una función y funciona de una manera solamente, la nuestra no.

D: *¿Quieres decir que el suyo se ajusta a dónde quiera que se encuentren?* (Sí), *¿También se ajustarían a cualquier elemento en el aire o en la comida o lo que sea?*

J: Sí, es por eso que nosotros podemos venir a la Tierra y vivir en ella sin que seamos detectados.

D: *¿Quieres decir vivir en la base?*

J: O alrededor de ustedes.

D: *¿No mencionaste que serías reconocible?*

J: Bueno, solo para el individuo que esté consciente de este tipo de diferencia en el ser.

D: *Tú dijiste que tus ojos podrían delatarte.*

J: No para el individuo promedio.

D: *Entonces tú debes de tener una gran adaptabilidad.*

J: Sí, nosotros la tenemos, lo que te estoy describiendo es un tipo de reconocimiento fugaz, queriendo decir que tú podrías estar en la calle, en un restaurante o en algún lugar y pasar por uno de nosotros y por un segundo hacer contacto, tu sistema de conocimiento e individuos como Janice reconocerían eso; es como un tipo de reconocimiento de familia, como cuando una madre podría reconocer a su hijo sin ser capaz de verlo. Así que es ese tipo de reconocimiento y en la Tierra un individuo podría pasar en ese momento fugaz en el tiempo y aún sin ser necesario conectar y podría ser como decir "yo conozco a esa persona, existe algo ahí".

D: *Yo he tenido esas sensaciones.*

J: Pero, individuos quienes son más altamente sensitivos y quienes han participado en clases de reconocimiento son capaces de hacer eso y pasar sin que les afecte, porque ellos aceptan el hecho que esa es una realidad y también está la combinación de realidad. Por el hecho de que ellos también interactúan interdimensionalmente en el tiempo en que ellos están en el plano de tu Tierra. Es más fácil para ellos aceptar eso, el individuo promedio nunca pudiera incluso pensar en participar en más de una realidad.

D: *Eso es verdad, ¿entonces los otros seres del espacio no tienen esta adaptabilidad?*

J: Algunos de ellos no, existen todo tipo de seres del espacio, tipos diferentes de razas con diferentes sistemas, tanto como existen todo tipo de razas en tu planeta. Así que lo que es peculiar para una raza no es para la otra. El ser mecánico con el que hablaste anteriormente era totalmente diferente a lo que experimentamos o tenemos en tu planeta.

D: *¿Sus sistemas y todo?*

J: Sí, él no funciona como nosotros lo hacemos, en eso, él no consume alimento.

D: *¿De qué vive?, ¿cuál es su sustento?*

J: Él no necesita comida para vivir.

D: *¿Él debe de tener algo que use de energía?*

J: (Gran suspiro) en un esfuerzo por intentar explicarte, el ser mecánico funciona mecánicamente, así que en él es una .... ¡Palabras! Existen palabras por traducir, (pausa) quizás si yo te explico, en tus aparatos mecánicos, tú insertas una batería y ellos funcionan; así que cuando este tipo de individuo viene a interactuar en tu planeta, él está cargado. Podría ser explicado como si fuera un tipo particular, más como tipo electrónico de energía, ¿puedes entenderlo?

D: *Entonces es más como tipo máquina (Sí), ¿quiere decir eso que él fue creado por otros seres, en lugar de.... ¿Estoy pensando de cómo nosotros nos creamos biológicamente?, ¿fue creado como tipo una máquina por otras personas?*

J: Él no fue creado como una máquina, porque él no es una máquina. Él es un ser, él simplemente es un ser diferente y de donde él viene, ese tipo de ser existe.

D: *¿Cómo se procrean ellos?, ¿se duplican a ellos mismos?*

J: Tiene que ver mucho con la electricidad de su área. "Electricidad" no es la palabra, para lo que viene desde un estado de energía.

D: *¿Necesitan ellos duplicarse?*

J: Ellos no lo necesitan, ellos se duplican a ellos mismos como nosotros o ustedes lo hacen, porque el sexo para ellos, no es sexo para ustedes.

D: *Es eso lo que me estaba preguntando, si algo era de tipo máquina, yo sé que probablemente no es la analogía correcta, yo estaba pensando que quizás ellos no morían y que ellos no tenían que crearse más.*

J: Ellos mueren.

D: *Entonces ellos son mortales en lo que respecta.*

J: En eso sí, en tu propio espacio de mortalidad, sí, ellos son.

D: *Entonces, ellos podrían tener la necesidad de reemplazarse a ellos mismos, pero es hecho de diferente manera, bueno, ¿puedo preguntar cómo procrea tu tipo?*

J: Existen dos maneras que nosotros podemos procrear (pausa), bueno, no siento que debería discutir esto en este tiempo, pero te diré que una de las maneras que nosotros procreamos es como la de ustedes.

D: *¿Por qué tiene dos maneras diferentes?*

J: Por el tipo de ser que es producido en cada proceso.

D: *Yo también he escuchado que algunos seres son andrógenos.*

J: Sí, lo son.

D: *Yo siempre estoy curiosa acerca de estas diferentes cosas.* (Fue difícil y raro preguntarle acerca de este tema, porque ella estaba obviamente renuente a discutirlo), *pero si tú no quieres discutirlo, está bien.*

J: No es cuestión de no querer discutirlo, es más una cuestión de no estar en libertad de hacerlo.

D: *Está bien, cada vez que yo pregunte algo que no puedas responder, yo solamente quiero saber, es todo. Yo he hecho muchas preguntas de las cuales tomo nota y que yo quisiera hacer. Yo no sé si tú puedes darme la información o no. Una cosa que quería saber acerca de, era de los otros planetas en nuestro sistema solar. ¿Tienes tú esa información?, ¿o estás en un área diferente no?*

J: Yo tendré alguna de tu información, yo puedo decirte que ha existido vida en el planeta Marte, como lo conoces ahora.

D: *¿Existió?*

J: Existió en un punto en el tiempo.

D: *¿Fue eso antes de que hubiera vida en la Tierra?*

J: Si, eso fue antes de que existiera el tipo de vida en la Tierra que existe ahora.

D: *¿Qué tan avanzadas fueron estas civilizaciones?*

J: Estás civilizaciones fueron muy avanzadas, en un punto en el tiempo Marte fue; antes de los cambios atmosféricos, un planeta muy parecido a tu planeta, sin embargo, un gran cambio tomó lugar durante un evento cataclísmico. Así que la vida, como nosotros actualmente la conocemos, se convirtió en extinta en ese planeta. Eso no quiere decir que no existe vida ahora, simplemente no es visible para ustedes.

D: *¿Cuál fue este evento cataclísmico?*
J: Existió una coyuntura en la cual dos planetas colisionaron y el resultado de la colisión cambio la atmósfera de Marte.
D: *¿Ellos no pudieron vivir debido a eso?*
J: Ellos no pudieron vivir, porque se quemaron.
D: *¿Qué tipo de seres vivieron ahí?*
J: Un tipo similar al tuyo.
D: *¿Un tipo humanoide?*
J: Sí, ellos tenían sistemas más avanzados de lo que ustedes tienen, físicamente, psicológicamente. Su sociedad fue más avanzada que la de ustedes. Las interacciones de su gente fueron más avanzadas, ellos no tenían guerra y muertes y cosas como las que suceden en tu planeta. Así que fue un estado de ser más pacífico, porque su conciencia estaba en un nivel diferente. Ellos no fueron culpables por lo que paso en su planeta, como lo son ustedes por lo que está pasando en el suyo.
D: *¿Tenían ciudades?*
J: Sí, ellos tenían ciudades, los remanentes los cuales ustedes probablemente podrían ver.
D: *Existe un fenómeno de que algunas personas dicen que pueden ver, en Marte, la llamada "cara de Marte", ¿sabes algo acerca de eso?*
J: Sí, es un símbolo para decirles que su rostro ha estado allí, significando la cara de la humanidad; un ser similar a ti.
D: *¿Cómo fue producido?*
J: No puedo decirte eso, no sé cómo.
D: *¿Pero fue hecha por la raza de personas que vivían allá?*
J: No fue hecha por ellos.
D: *¿Entonces la hicieron después? (Sí) pero no sabes quién la colocó allá o...*
J: No lo sé, pero es simbólica.
D: *También se dice que aparentemente hay pirámides cerca de eso.*
J: Así como te lo digo, una civilización muy parecida a la tuya existió en ese planeta. Tu planeta podría llegar a ser el segundo Marte en este sistema solar, si es que, no se tiene cuidado (suspiro). Una situación muy delicada existe ahora y por eso ahora algunos de los experimentos y proyectos están tomando lugar.
D: *¿Piensan ellos que podría pasar aquí? (Sí), pero mencionaste que existe vida en Marte ¿pero no es visible para nosotros?*

J: Eso es correcto.
D: *¿Puedes decirme acerca de eso?*
J: Puedo decirte algo de eso, pero estoy… (ella titubeo como si estuviéramos indagando en algo prohibido).
D: *Existen muchos científicos que les gustaría saber de esas cosas.*
J: Sí, bueno… (hizo una pausa y después titubeo) debo de tener autorización para poder hablar de eso, porque no siento que tenga la libertad de hacerlo sin permiso.
D: *No quiero involucrarte en ningún tipo de problema, si tú puedes averiguarlo, solamente tengo curiosidad.*
J: Puedo decirte que existe una civilización en Marte.
D: *Oh, estaba pensando una vida rudimentaria, muy elemental, básica, ¿es más avanzada que eso?*
J: Existe una civilización y tiene colonias, existen proyectos que están tomando lugar, si te dijera que existe un contador y su familia de tu planeta viviendo en Marte, ¿me creerías?
D: *Yo creo que todo es posible, él requeriría las condiciones y la atmósfera adecuada.*
J: Eso es correcto.
D: *Yo estoy asumiendo que Marte no tiene atmósfera en la que pudiéramos vivir.*
J: No con el nivel presente de desarrollo de tus sistemas, no existe manera posible en la que puedan vivir en la superficie de Marte a comparación de cómo viven en la superficie de la Tierra.
D: *Entonces las ciudades no están en la superficie, ¿es eso correcto?*
J: Eso es correcto.
D: *¿Son estas remanentes de la otra civilización que estuvo allí cuando fue destruida por el cataclismo?*
J: Algunas si, otras no.
D: *¿Entonces algunas si sobrevivieron?*
J: Algunas lo hicieron.
D: *¿Fueron las otras ciudades construidas por otros seres que llegaron allí para colonizar?*
J: Eso es correcto.
D: *Bueno, el contador ¿deseó él ir?*
J: (Enfáticamente) ¡Sí!
D: *Yo pienso que sería una gran aventura, pero él tendría que dejar todo atrás.*
J: Y así lo hizo.

D: *Se me ha dicho que algunas veces es difícil para el humano ajustarse, porque sería muy diferente.*

J: No en una atmósfera controlada ambientalmente.

D: *Eso es interesante, tú sabes en qué estamos planeando en enviar...Ya habíamos lanzado algo, ¿o no es así? ¿había sido un satélite? Y había tomado fotografías.*

J: Ustedes los americanos están yendo a todo tipo de direcciones en el espacio, tal vez ustedes se deberían de concentrar en un solo proyecto hasta que lo logren y después ir a otro.

D: *Yo creo que los americanos están pensando en poner una base en Marte, ¿o no es así?*

J: Ellos están pensando en poner una base en Marte, y ellos también tienen en consideración hacerlo en otros planetas, ellos están también pensando en poner una base en la Luna.

D: *Yo he escuchado que ellos quieren enviar misiones tripuladas a Marte.*

J: Eso será una aventura cooperativa, yo no creo que los americanos hagan esa singularidad.

D: *¿Crees que sucederá?*

J: Oh sí, yo creo que sucederá.

D: *¿Crees tú que sucederá en el futuro cercano de las personas que viven ahora en la Tierra?*

J: Sí, creo que sí.

D: *Me pregunto qué sucedería si ellos llegan allí y descubren que existen otros seres.*

J: Ellos no los verían, ellos no los han visto, ellos no pudieran, no por algún tiempo lo sabrán. Los seres de Marte sabrán, pero los americanos, franceses y rusos no lo sabrán.

D: *Yo creo que sería una sorpresa para ellos, si aterrizarán y encontrarán que hay otros seres.*

J: Bueno, nosotros no podemos aterrizar en tu país sin que sea impactante, así que, por la misma razón, no puedes aterrizar en otros lugares sin causar sorpresa, porque tu conciencia no puede avanzar más ... del punto de cambio, son limitaciones de la mente.

D: *Bueno, ¿existe alguna vida en la superficie de Marte?*

J: Vida, pero no como la conoces, en lo que a ti respecta existe únicamente una manera de ver a la vegetación: la vegetación tiene hojas, la vegetación es verde, por lo tanto, por el tipo de vegetación que existe en la superficie de Marte, no es reconocible al ojo humano. Tú solamente ves vegetación en un cuadro de referencia, pero otros seres pueden ir a Marte y experimentar eso, porque ellos lo ven en un cuadro de referencia diferente.

D: *¿Podremos saber eso una vez que lo examinemos?*

J: No, porque es diferente, la estructura no será comparable a tu vegetación; por lo tanto, no la llamarán como tal.

D: *Yo creo que las fotografías solo han mostrado rocas.*

J: Si, porque las reconoces como una roca solamente, las diferencias en las rocas existen. El conocer las diferencias en las que somos capaces de percibir son opuestas a lo que ustedes pueden.

D: *¿Qué hay acerca de otro tipo de vida?*

J: Yo creo que ya he discutido contigo los tipos de vida.

D: *Yo estoy pensando, en la superficie de Marte, como tipo animales, insectos o ...*

J: No. Existe vegetación, pero no hay animales viviendo en la superficie de Marte.

D: *¿Están ellos bajo la superficie?* (Sí), *¿existe algo con los que los pueda identificar?*

J: Sí, yo te he dicho que existe una atmósfera controlada ambientalmente donde el contador de tu planeta puede vivir, si el contador puede vivir en Marte, ¿No pensarías que él pudo tener el mismo tipo de atmósfera, hábitat, creado para él, para poder hacer eso?

D: *Sí, pero estoy pensando de algo que podría ser nativo, indígena al planeta o que estuvo ahí desde el cataclismo, algo que no tuviera una atmósfera artificial creada debajo de la superficie.*

J: Existen áreas del interior del planeta que son aún nativas, así como tus bosques en ciertas áreas de tu país lo son; sin embargo, desarrollos han tomado lugar, así que la superficie intermedia total del planeta no está dejada en su estado virgen.

D: *¿Entonces existen animales nativos o vida de insectos sobreviviendo aún?*

J: En los ambientes creados naturalmente.

D: *Yo pensé que, si seres vinieran de algún lugar, ellos podrían haber traído vida de diferentes formas. ¿Existe algún tipo de animal o insecto que podría yo estar familiarizara con él?* (No), *bueno, ¿Qué hay acerca de otros planetas en nuestro sistema solar?, ¿tuvieron vida alguna vez en ellos?*

J: Sí, otros planetas han tenido vida en ellos.

D: *¿Cuáles?*
J: Júpiter, Venus.
D: *¿Qué hay acerca de Mercurio?*
J: No estoy familiarizada con Mercurio.
D: *Bueno, ¿podemos hablar acerca de Venus?*
J: Venus ha tenido vida, realmente te estoy explicando cosas que no debería discutir contigo; sin embargo, continuaré porque no he recibido información de no discutirlo, por lo tanto...
D: *¿Crees tú que alguien te podría parar si lo estuvieras?*
J: Yo creo que, si es el caso, sí.
D: *Porque, nosotros hemos estado por mucho tiempo curiosos si existe vida, veamos, Venus está cubierto por nubes, yo creo, estoy tratando de ir con lo que sé, lo cual no es mucho, ¿cuándo existió vida ahí?*
J: (Pausa, después duda), yo creo que tal vez nosotros vamos a necesitar cambiar el tema en cuestión.
D: *Está bien, una cosa que quiero preguntarte es acerca del punto rojo en Júpiter, ¿me puedes decir algo acerca de eso o no está permitido?*
J: Júpiter es un planeta muy serio para la Tierra en considerar explorarlo y a este punto en el tiempo yo estoy ... si me pudieras permitir un momento por favor.
D: *Está bien, yo no quiero que tengas ningún tipo de problema, quizás existe alguien ahí quien tiene más respuestas acerca de esta línea, si es que esté permitido.*
J: Existen otros quienes tienen mucho mejor conocimiento, que es más su área de especialidad que la mía; sin embargo ... yo no debería discutir esto contigo en este tiempo.
D: *¿Piensas tú que alguien que tenga más conocimiento podría discutirlo conmigo?*
J: No en este punto.
D: *Está bien, quizás podemos regresar en otro momento.*
J: Sí, déjame decirte que ... un momento.

Ella pareciera estar hablando con alguien más, y ella murmuraba, "si... está bien" solo como otro lenguaje. Fue suave y difícil de escuchar, pero la grabadora lo capturo: Vashusha (fonética: Va-shu-sha o Ra-shu-sha. No acentos). Aún sonaba como si estuviera hablando con alguien más, porque sus sonidos eran suaves y obviamente no dirigidos hacia mí, entonces el lenguaje otra vez, este tiempo sonó como varios tipos de palabras: ¿Temtem tensesavene? (Fonética: tem-tem tense-sa-ve-ne) hablado muy rápido, las palabras se barrían juntas y las sílabas podrían estar incorrectas.

Su voz fue más pronunciada, ella estaba hablándome de nuevo: "Yo estoy para decirte que en la cadena de planetas la Tierra es la más estratégicamente localizada. En la cadena para causar" … Existió una pausa mientras su atención fue desviada de nuevo. Ella murmuró, "¿Qué?" Después estaba de regreso hablándome de nuevo. "Lo que sucede en la Tierra afectará cada planeta en tu sistema solar; por lo tanto, es vital que la existencia de la Tierra continúe".

D: *¿Está alguien más diciéndote que decir?*
J: Sí, yo no puedo continuar diciéndote nada más de lo que se me dice.
D: *¿Está bien si pregunto sobre el punto rojo o quieres que pare de hablar acerca de los planetas?*
J: Será discutido contigo desde otra área de nuestro desarrollo.
D: *Está bien, ¿hay alguien más que tenga la información?*
J: Sí, porque la información que vendrá hacia ti es vital en entender a Júpiter y su relación con el plano de la Tierra.
D: *¿Y eso vendrá después? (Sí)*

Desde que el tópico había sido cerrado, yo decidí cambiarlo a un diferente tema.

D: *Yo he discutido con otras entidades de los implantes que son puestos dentro de los cuerpos de las personas en la Tierra y la información que me han dado acerca de ello.*
J: ¿Qué es lo que deseas saber?
D: *¿Son puestos estos dentro del cuerpo de todos?*
J: No, no lo son.
D: *¿Solo ciertas personas?*
J: Eso es correcto.
D: *¿Cómo son estas personas seleccionadas, si son seleccionadas?*
J: No es tanto una cuestión de selección, sino es cuestión de un acuerdo.
D: *Yo estoy tratando de entender el propósito, yo creo que es un dispositivo de monitoreo.*

J: Lo es en algunos casos, un dispositivo de monitoreo. En algunos casos.

D: *¿Cuáles podrían ser en los otros casos?*

J: Déjame explicarte una cosa que estoy pensando de como lo puedas relacionar. Ustedes tienen parches que ponen después de una cirugía e incluso después de un período post operatorio, el cual automáticamente libera cierta cantidad de medicina necesaria para el individuo. Por lo tanto, los implantes tienen dos propósitos, ellos tienen más de dos, pero dos de los propósitos que yo puedo discutir contigo que son: ellos son considerados ser y comprendidos por ti para ser; simplemente dispositivos de monitoreo. Ellos también son, en algunos casos, dispositivos por los cuales sistemas particulares del individuo son servidos post operatoriamente de manera analógica.

D: *¿Entonces quieres decir que el individuo es operado?, ¿entonces una cirugía es realizada?*

J: En algunos casos.

D: *Ya que es tu área de trabajo, ¿me puedes decir algo acerca de esas cirugías y las razones?*

J: Ya hemos hablado acerca de los sistemas y dentro del cuerpo humano existen todo tipo de sistemas, que van desde el circulatorio, respiratorio, digestivo, nervioso y continúa.; así que depende del tipo necesario de desarrollo para el progreso de la persona hasta el punto donde el individuo pueda manejar diferentes montos ya sea de: a) información, b) rango vibracional, o c) condiciones atmosféricas, como ya las hemos hablado con brevedad anteriormente. Como ves no son estrictamente aparatos de monitoreo, depende de que tipo.

D: *¿Pero entonces cuál es el propósito de tener que ajustarlos?*

J: Igualmente como lo hace tu vitamina de liberación prolongada.

D: *¿Y de esa manera se pueden ajustar a las condiciones del mundo?*

J: Para que ellos puedan ajustarse a los viajes interdimensionales, como también se puedan ajustar a la reconstrucción molecular a un rango rápido. Existen varias funciones de los implantes para que el humano en su nivel pueda asimilar las cosas apropiadamente y para que el humano continúe con el programa que ha elegido ser parte de.

D: *¿Llegan a causar problema estos aparatos?*

J: A veces, aunque estos no son problemas que puedan tener un riesgo de vida, cuando tú dices "problemas", defíneme qué es lo que considerarías serlo.

D: Bueno, cualquier problema que podría interferir con las funciones del cuerpo. Cualquier cosa que ellos pudieran notar.

J: El individuo de tiempo en tiempo se da cuenta de un problema, pero no es del tipo de problema con riesgo de vida. Estoy intentando pensar en una parábola que pueda servirte y que sería el equivalente a tu propio ambiente y tu propia cultura. (Pensando) es como si tú le das a un niño aceite de castor, y hacer que el niño se sienta enfermo cuando lo toma, pero cura el malestar. Así que, con relación al problema, depende del sistema en el que está siendo afectado, ya que puede ser problemas que conectan en conjunción con la funcionalidad del implante.

D: ¿Me puedes decir cuáles serían algunos de esos problemas, para que los puedan reconocer?

J: La persona podría experimentar una sensación a veces de inquietud, puede haber realmente síntomas físicos tomando lugar, en eso el cuerpo puede sentir como si hubiera estado en una caminata de 100 kilómetros, cuando no está acostumbrado al ejercicio. Existen varias cosas que pueden suceder digestivamente, al estarse el individuo ajustando a frecuencias cada vez más altas, también debe de ajustar su ingesta de alimentos, para que los rangos de vibraciones altas puedan pasar a través del individuo. Tú encontrarás que ciertos individuos han cambiado su dieta alimenticia, por algunos podría ser considerado un problema. Si a ti te encanta la carne y te encanta fumar y amas hacer cosas como estas, entonces tú puedes tener un período de ajustamiento. Tan parecido como una persona en el nivel humano que haría dieta teniendo que dejar sus dulces, así que el humano atravesará cambios fisiológicos y físicos.

D: ¿Estos son causados por primera vez cuando es puesto el implante en el cuerpo?

J: No necesariamente, puede ocurrir cuando el implante es puesto en el cuerpo, sin embargo, puede ocurrir lentamente en un período de tiempo, por ejemplo: tu implante de liberación prolongada.

D: ¿Entonces no tiene por qué ser ajustado?

J: Sí, de tiempo en tiempo existen ajustes hechos.

D: ¿Tiene que ser hecho abordo de la nave?

J: En la mayoría de los casos, si es hecho en el cuerpo físico.

D: *Me estoy preguntando acerca de los problemas digestivos. ¿Eso quiere decir malestares estomacales o síntomas como la gripe o qué?*

J: Bueno, el cuerpo atraviesa cambios, tal vez como cuando la persona cuya dieta ha sido primariamente de carne, cuando esa persona cambia a frutas y verduras, existirán síntomas físicos digestivos y habrá un proceso de limpieza que tome lugar. Por lo tanto, para que eso ocurra pudiera haber en algunas ocasiones diarrea, si es eso de lo que hablas, así que tiene que ver con la purificación de sistemas.

D: *Así que no es necesariamente causado por el cambio de dieta, es causado por el funcionamiento de estos implantes.*

J: Los implantes ayudan a estimular el cambio en la dieta; así que es la combinación de los dos. No es estrictamente uno o el otro.

D: *Ya veo. La creencia común es que estos implantes son malos, las personas piensan que su cuerpo está siendo invadido cuando encuentran estos implantes en su cuerpo.*

J: Eso es porque sus conciencias aún no están al nivel de entendimiento de lo que están participando. Ellos también tienen la opción de no participar.

D: *¿Si ellos no lo quieren hacer más?*

J: Eso es correcto.

D: *Porque algunas de estas personas se sienten muy enojadas de que su cuerpo ha sido invadido sin su permiso.*

J: Es a lo mejor entendible de que se sientan de esa manera, porque lo que ha sucedido es un desequilibrio. Muchas personas han acordado en participar en algo y después descubren, "oh yo no quiero eso". Ahora si no están dispuestas a crecer en ciertas maneras o si su habilidad mental no está presente para hacer los avances en áreas de niveles más altos, ellos responderán de esta manera. Ahora, situaciones diferentes pueden pasar por las decisiones que el individuo haga, pero es su elección.

D: *¿Esta no es una elección consciente o sí?*

J: No, no lo es.

D: *Pero, puede ser consciente si ellos descubren esto. ¿A qué edad son puestos normalmente los implantes en el cuerpo?*

J: No existe una edad en particular.

D: *¿No tiene que suceder cuando ellos son niños?*

J: No tiene que pasar cuando ellos son niños. Puede pasar a cualquier edad, dependiendo del individuo.

D: Yo supongo que tengo la idea de que son monitoreados a través de toda su vida.

J: No necesariamente, pero si existen individuos que lo son. Ahora hemos llegado a saber que los individuos quienes han sido monitoreados a través de su vida en la mayoría de los casos son individuos que, a través de su participación de toda su vida, son capaces de hacer la transición y trabajar con niveles altos de energía. No es necesariamente por el condicionamiento, tanto, como desde un punto de vista de desarrollo.

D: ¿Cuáles son los lugares más comunes del cuerpo dónde son puestos los implantes?

J: Existen varias partes del cuerpo. En la actualidad existen muchos exámenes realizados antes de que el nivel de implante sea alcanzado. (Ella mostró frustración), ¿cómo te puedo decir? Los implantes son usados como dispositivos de monitoreo para algunos individuos clave. El doble propósito del implante es para ayudar al individuo en el trabajo que ha escogido hacer. Los individuos quienes se han sentido invadidos o violados por estos implantes no han tenido, el desarrollo de su conciencia, a un punto de ser capaces de saber, o estar lo suficientemente confiados para saber, la plenitud del proyecto entero y pasarán por un sentimiento de coraje. Si ellos continúan con ese coraje, entonces ellos no son, dudo al usar la palabra "calificados", pero no puedo en este momento pensar en una mejor palabra para describir el hecho de que si bien se quedan en ese coraje o ellos transcienden eso. Si ellos se quedan en eso, ellos son retirados del proyecto, porque el coraje es parte de su elección.

D: O si ellos están lo suficientemente enojados para decir, "yo no quiero hacer esto".

J: Entonces no sucederá. Ese coraje es un período de transición también, porque existe un abandono del viejo individuo. En la elevación de conciencia muchas ocasiones; tienes que escuchar el dicho, "el descontento produce progreso". Así que el individuo que no está trabajando en el nivel de conciencia algunas veces iniciará a querer saber y cuando ellos comienzan a saber, nosotros sabemos que son capaces y están listos para manejar el siguiente paso. ¿Es eso comprensible?

D: *Si, yo puedo entender eso.*

J: No nos gusta este período de tiempo, así como a la persona que ha pasado por una cirugía y no disfruta la sensación de la cicatriz cuando está sanando.

D: *Sí, la recuperación después de todo.*

J: Pero, es la única cosa que puedo pensar al momento que pudiera ser el equivalente. Estoy teniendo un poco de dificultad en traducir mi proceso de pensamiento a tu cuadro de referencia, disculpa mi retraso.

D: *Está bien. Yo creo que es importante para las personas saber que no es una violación y que no deberían de sentir este enojo.*

J: Ellos no pueden sentir nada más que enojo, por su nivel de conciencia no pueden manejarlo y saber la verdad.

D: *Ellos solamente piensan que algo muy malo les ha sucedido.*

J: Sí, y ellos solamente ven la verdad en la luz, porque han sido muy afectados por los medios de comunicación en tu planeta. Una persona en un estado de vivir totalmente para ellos mismos, se sentirán violados, muy violados, por el hecho de que están muy dentro de su estado humano, lo único que están pensando es, en ellos mismos.

D: *Sí, pero ¿mencionaste que existen muchos exámenes realizados antes de que el área del cuerpo sea elegida para poner estos implantes?*

J: Bueno, dependerá del sistema y del sistema que está siendo afectado: neurológica o circulatoriamente.

D: *¿Existen lugares que son comunes?*

J: Sí, existen lugares comunes. Uno de los dispositivos de monitoreo es colocado en los orificios nasales. Eso es porque puede ser colocado en un espacio que está cercano a un nervio que se dirige al nervio óptico y hacia al cerebro.

D: *¿Para qué es usado ese tipo de dispositivo?*

J: Existen dos propósitos para eso. Uno es para registrar lo que la persona está viendo y el otro es para monitorear propósitos, porque el cerebro transmite los pensamientos de donde está la persona en cualquier momento. Nosotros también podemos usarlo como un dispositivo de comunicación.

D: *¿Qué otro lugar es un sitio común?*

J: Otro sitio común está en el recto.

D: (Eso me sorprendió) ¿Oh, discúlpame, pero estaba pensando si es que no se pudiera salir?
J: No, no podría salirse, porque es colocado en la piel. Otro sitio común está detrás del oído. Otro sitio común está en la base del cráneo o en el cuero cabelludo. Otro sitio común es o no tan común son las articulaciones.
D: ¿Articulaciones como los codos o rodillas?
J: Sí y muñecas y tobillos.
D: ¿Cuál es el propósito del qué es puesto en el recto?
J: No puedo discutirlo.
D: ¿Es ese uno de los que no puedes hablar? Bueno, ¿Qué hay acerca del que está detrás del oído?
J: Existen puntos de presión a través de los meridianos del cuerpo. Y los dispositivos son colocados en relación con los puntos de presión. ¿Estás familiarizada con la acupuntura?
D: Yo he escuchado acerca de ella.
J: A través de los meridianos existen puntos centrales, así como ya hemos discutido de las coyunturas en el tiempo, existen coyunturas de meridianos. Así que eléctricamente dependiendo del proyecto en que la persona esté relacionada, dictará donde son los dispositivos puestos.
D: ¿Qué hay acerca de los que están en la base del cráneo?
J: Es un dispositivo de monitoreo. Es también parte de un proyecto neurológico.
D: ¿Podrían esos influenciar a la persona?
J: No necesariamente influenciar. Algunos de los dispositivos son usados, como ya te he dicho, para propósitos de comunicación. Existen diferentes tipos de comunicación que toma lugar entre un individuo y ... (pausa) el espacio de energías. En eso...

Su voz se fue pausando al estar escuchando, después se hizo más suave, lo mismo ocurrió cuando ella estaba siendo interrumpida mientras me estaba diciendo acerca de los planetas.

D: ¿Está alguien diciéndote algo?
J: Sí, estoy comunicándome con un sonido muy agudo en mi oído izquierdo en este momento.

Ese lado donde se encontraba Janice había una mesa donde estaba puesta la grabadora, pero no pude ver conexión alguna ya que el cuarto estaba sin ruido.

J: Es una manera de comunicación a distancia hacia mí.

D: *Oh, por qué no está en el cuarto donde yo estoy.*

J: No, tú no lo escuchas, porque tú no estás donde yo estoy. Es una manera de comunicación de mi gente de uno a otro, al estar hablando contigo estoy recibiendo información, sin embargo, no tengo que saber el contenido de la información.

D: *¿Será automáticamente insertado dentro de tu mente, eso quieres decir?*

J: Vendrá hacia mí, vía sonido agudo y te diré lo que es o recibir instrucciones, están tomando lugar dos procesos al estar hablando. Yo me estoy comunicando contigo y me estoy comunicando con ellos, pero no tengo que concentrarme en la comunicación que está tomando lugar en medio.

D: *¿Existe algo que yo tengo que saber o es solamente estrictamente para ti?*

J: Si lo es, nosotros lo discutiremos. Yo no sé en este punto en el tiempo lo que es.

D: *Está bien, yo estaba siendo curiosa acerca de los implantes en la base del cráneo.*

J: (Interrumpe) Sí, yo estaba discutiendo eso contigo... (gran respiración) para poder discutir los diferentes propósitos de los implantes; como te he dicho no son usados de la misma manera en cada individuo. Así que el implante en la base del cráneo de Janice no necesariamente será usado como implantes en la base del cráneo en alguien llamado John o George o quien sea. Por lo tanto, algunos de ellos simplemente son dispositivos de afinación. Por afinación quiero decir una manera de ajuste donde el individuo necesita estar concentrado y es una fuente de contacto radiológico para nosotros.

D: *Yo siempre soy muy meticulosa, es por eso que hago muchas preguntas y algunas veces puede ser irritante, yo creo.*

J: No es una fuente de irritación para mí, yo solo tengo que ser cuidadosa, porque se me ha dicho que no estoy en libertad de discutir todo lo que quisiera discutir contigo.

D: *Bueno, ¿Qué hay acerca de los otros implantes? Tú dijiste que existen algunos en las articulaciones del cuerpo.*

J: Sí, si piensas en los meridianos del cuerpo, pensarías en las líneas energéticas de Ley ("Ley lines" en inglés) del planeta. Si pensases en la persona estando ubicada en una línea de las líneas energéticas con los meridianos en el cuerpo, correspondiendo con las líneas energéticas del planeta; entonces entenderás uno de los proyectos de energía de transferencia de donde estoy involucrada. Yo puedo discutir de ello contigo, sin embargo, no seré capaz de liberar detalles precisos. Yo puedo decirte que dispositivos particulares son más necesarios en una etapa en particular de desarrollo con el programa espacial; ahora, si la persona determina que desea continuar, no es necesario tener implantes.

D: *¿No los necesitan?*

J: De tiempo en tiempo serán necesarios, simplemente cuando los sistemas evolucionen y los ajustes vibracionales necesiten ser efectuados en la parte física del humano.

Mi curiosidad tomo lugar.

D: *¿Tienes permiso en decirme si tengo algún implante en mi cuerpo?, ¿o no me puedes decir?*

J: (Pausa) No encuentro alguno, pero eso no quiere decir que no tengas uno.

D: *Yo no sé si tienes un método que podrías...*

J: (Interrumpe) Yo tengo un método, puedo escanear tu cuerpo, si tengo tu permiso.

D: *Sí, mientras no me cause alguna molestia* (risa incómoda) *simplemente tengo curiosidad si existe alguno.*

J: (Pausa larga) no estoy encontrando ningún implante.

D: *¿No lo estás? Está bien, porque algunas veces tengo una incomodidad en la base de mi cráneo y me estaba preguntando si pudiera haber alguno.*

J: No creo que esté un implante, yo creo que existen cambios moleculares dentro de tu cráneo.

D: *¿Algo que tenga que saber al respecto?*

J: Eres una mujer muy curiosa.

D: *(Risa) yo ciertamente lo soy, quizás es por eso el porqué he sido escogida para esto. (Risa).*

J: Yo puedo decirte que las energías con las que estás trabajando... para hacer lo que estás haciendo, no puedes trabajar con ellos y no ser de alguna manera, afectada. Ahora, cualquier ajuste que esté tomando lugar dentro de tu cráneo está sucediendo para que seas capaz de continuar el trabajo que estás haciendo, porque quizás se convierta en un poco más intenso.

D: *Se me ocurrió que quizás había implantes y eso era lo que estaba causando las molestias.*

J: (Interrumpe) ¿Qué tipo de molestia?

D: *Oh, algunas veces... no como dolor, sino como adolorido, como cuando tu cuello y músculos están inflamados, algunas veces es un dolor punzante, pero no dura mucho, así que me estaba preguntando acerca de eso.*

J: Quizás la punta de tu cabeza tenga que ser examinada.

Existió una pausa larga mientras ella hizo algo, lo que sucedió después fue inesperado. Cuando el escaneo ha sido realizado en mí por otras entidades mi cuerpo pudiera sentir un hormigueo y siempre podría ignorarlo, después como si fuera mi imaginación, porque la sensación podría ser causada por mi concentración en el lugar donde estaba ocurriendo. En otras sesiones con Janice sentí un poco de calor y vibración en la punta de mi cabeza, pero fue momentáneo y sin incomodarme. Esta vez yo estaba esperando que la sensación fuera similar, pero fue más intensa. La punta de mi cabeza de repente se sintió caliente como si me pusieran una lámpara caliente o alguna fuente de calor similar que estuviera siendo directamente aplicada en el área. Esto no pudo haber sido mi imaginación, la sensación duro varios segundos y yo exclamé, "¡ooooh, yo siento el calor!".

Me reí nerviosamente, porque a pesar de que estaba caliente, no era incómodo y sentí que esta entidad no me lastimaría.

D: *(Una pausa larga) ¿hay algo ahí?*

J: Si hubieras tenido un implante, no lo tienes ahora en el presente y lo que sea que fuera el propósito ha sido logrado, porque hay un incremento en la actividad de tu cerebro.

D: *¿Entonces crees tú que es posible que en un tiempo pudo haber algo?*

J: Pudo haber sido, yo no fui la que lo puso ahí, pero eso no quiere decir...

D: *¿Por qué hubo tal calor cuando lo hiciste?*
J: Yo estaba mirando adentro.
D: *Oh, entonces tengo un cerebro ahí de todos modos (risas), fue una sensación extraña.*
J: (Dulcemente) Yo tuve tu permiso, sabes.

Ella estaba en lo correcto, no me podía quejar acerca de la sensación de calor cuando yo le había dado permiso para mirar, simplemente yo no sabía cómo se sentiría. Ahora mi atención fue dirigida hacia el reloj.

D: *Yo creo que tendré que salir de nuevo por un momento, yo quiero tratar de tener una sesión más ahora, porque tengo que viajar una larga distancia.*
J: Sí, lo sé, es una buena acción lo que estás haciendo, es bueno que tengas la continuidad. Existen muchos temas importantes que pueden ser discutidos contigo a través de esta entidad y nosotros deseamos que exista una manera que tome lugar de lo más conveniente…
D: *¿Te puedo ver otra vez?* (Sí) *pero cuando yo venga, si puedo tener más en un día, eso realmente me ayudará.*
J: Tú obtendrás una continuidad.
D: *Mientras no drene su energía o haga algo al vehículo que pudiera causarle molestia o daño alguno.*
J: Eso no puede tomar lugar, porque ella está totalmente protegida y como ya te he dicho anteriormente. Yo siento que hay otros asuntos más importantes para ser discutidos.
D: *Yo estoy tratando de pensar en algo, regresaré en un par de horas de mi tiempo y quizás tú puedas pensar de algunas que podamos discutir* (Sí), *todo lo que necesito es un tópico y yo puedo encontrar las preguntas* (risa).
J: Yo podría no ser la persona…
D: (Yo no la escuché). *Quizás yo puedo hacer notas y ver si puedo salir con algunas preguntas, y después yo regresaré para ver si puedo contactar contigo de nuevo. Yo valoro que hablaras conmigo, ha sido muy enriquecedor e importante y pienso que estamos haciendo progreso.*
J: Que la paz esté contigo.
D: *Muchas gracias.*

Yo después traje a Janice de regreso a su plena consciencia.

Después de la sesión bajamos y cenamos con Patsy. Durante la cena noté que las palmas de Janice parecieran estar manchadas, pero no era muy notable. Pareciera como una mancha como cuando tomas un periódico y la tinta se queda en tus manos. No era suficiente para comentarlo, pero me estaba preguntando de dónde venía, porque ni siquiera tuvo oportunidad de incluso tomar un papel o algo similar después de que bajamos. Después de comer y descansar por unas cuantas horas nosotras decidimos tener la última sesión. Ella pareciera estar bien, yo era la que estaba un poco cansada, pero estaba determinada a ver esto proseguir. Yo siempre podía dormir después en la mañana así que estaría descansada para mi regreso a casa. Nosotras habíamos discutido preguntas e hicimos una lista. Una que Janice estaba interesada en saber fue: ella seguido tenía la sensación que cuando se levantaba en la mañana mientras estaba dormida ella viajaba a algún otro lugar o estaba involucrada en algún tipo de trabajo. Su pregunta era: "¿qué estoy haciendo en la noche cuando yo estoy dormida?, ¿estoy haciendo algo?".

La siguiente sesión inicio alrededor de las 7:30 u 8:00 esa noche. Nosotras terminamos el día de trabajo después de las 10:00 p.m., incluso nos sentamos y hablamos después de que Janice saliera para irse a su casa. Fue un largo día y si tú incluyes el día antes cuando tuve el mismo horario con Linda, ha sido un largo fin de semana trabajador, pero la información que he obtenido hizo que todo valiera la pena.

# CAPÍTULO 12
# JANICE CONOCE A SU VERDADERO PADRE

Después de comer la cena y descansar por unas horas, nosotras empezamos nuestra última sesión a las 7:30 p.m. o 8:00 p.m. aproximadamente. Nosotras teníamos una lista de preguntas que podríamos probablemente hacer, pero terminó siendo que no las obtuvimos. Yo utilicé su palabra clave y di instrucciones, Janice inmediatamente se encontró a ella misma en un lugar hermoso pero extraño. Ella estaba sentada en un cuarto grande que asemejaba a un auditorio con asientos y paredes curveadas, las paredes eran verde pálido y había arcos decorados con colores pasteles de verde, azul y durazno. Era un hermoso y pacífico lugar, pero no había nadie más allí. Los asientos se dirigían hacia un hundimiento en el centro del cuarto, ella entonces empezó a ver por abajo algo abierto en el cuarto semejando a una mesa saliendo del piso, cuando eso ocurrió ella sintió la urgencia de bajar por los asientos de esa porción del cuarto. Aún no había nadie ahí, pero ahora una hermosa música inundo el cuarto, ella no pudo identificar que instrumentos estaban haciendo la música, era algo que nunca había escuchado antes.

Algunas veces la persona se puede adentrar tanto en describir sus alrededores que la sesión se moverá muy lentamente. Es el trabajo del hipnotista en mover la escena, yo traté de hacer esto al mover a Janice hacia adelante hasta que alguien entró. Ella no estaba con ninguna prisa sino disfrutando la música y el ambiente pacífico, ella pareciera estar esperando por algo o alguien.

J: Hay una puerta por allá y pareciera que yo estoy esperando, (un gran suspiro) ¡oh! Hay muchas personas que vienen, (aparentemente ella se lo dijo a alguien más) y tú también.
D: *¿Cómo?*
J: Había alguien más diciendo. "Bienvenida y que la paz esté contigo", y dijo, "y para ti también". Ahora él se está moviendo.

D: *¿Cuántas personas llegaron?*

J: Sí, hay algunas enfrente, y yo no tengo nada de miedo o algo parecido, es solo que yo no sé qué es lo que está sucediendo. Hay otros en el nivel donde estaba yo primero, es como estar en un auditorio o quizás en un teatro que tiene un balcón, y ellos están allá arriba, y hay otros más abajo de donde estoy yo. Ellos parecieran estar hablando entre ellos mismos y yo no entiendo.

D: *¿Cuál es la apariencia de ellos?*

J: Son muy diferentes, yo quiero decir que existe hay uno que luce como ... (titubeando y un poco incómoda). Luce como aquellos extraños y hay otros que tienen esas túnicas, y después ... (ella pareciera estar un poco molesta). Yo no tengo miedo, pero ellos hablan entre ellos mismos y quisiera entender lo que dicen.

D: *Pero ¿son todos ellos de diferentes tipos?*

J: Sí, son de diferentes tipos, hay una persona de estatura baja allá arriba en el segundo nivel, hay un hombre con túnica aquí abajo, pero ellos son amables, ellos solamente están conversando. Yo no he estado en esta habitación y no sé qué es lo que está tomando lugar aquí.

D: *¿Eres tú la única de tu tipo?* (Sí), *¿Cómo es que te percibes a ti misma?*

J: Simplemente soy yo, estoy aquí, solamente estoy esperando que ellos me digan qué es lo que debo de hacer.

D: *¿Yo me estaba preguntando si estás tú en un cuerpo físico?*

J: Yo me puedo ver a mí misma, puedo verme.

D: *¿De la misma manera que tú luces cuando estás en forma física?*

J: (Pausa) no estoy exactamente de esa manera, pero sé que soy yo, me gustaría saber para que estoy aquí.

D: *¿Puedes preguntarles mentalmente?*

J: Yo trataré de hacerlo (pausa larga), ellos me van a hacer algunas preguntas.

D: *Oh, ellos te van a hacer preguntas, eso será interesante, nosotras hemos estado haciendo todas las preguntas. ¿Cómo te sientes para estar respondiendo preguntas?*

J: Está bien, pareciera que ellos están esperando que venga alguien más, (pausa) yo deseo que simplemente lo hagan.

D: *Tú tienes la habilidad de avanzar, en vez de estar esperando nosotras podemos acelerar el tiempo hasta que quien sea que* ellos estén esperando venga. (Pausa) ¿Ha llegado la persona ahora?

J: No. (Hubo una pausa por algunos segundos), él está llegando ahora, él es muy amable, él está tocando mi cabeza y siente bien.

D: ¿Es él alguien a quién viste antes? (Ella movió su cabeza), ¿quién es él?

J: Es quien solía visitarme cuando yo era pequeña.

D: ¿Alguien solía visitarte cuando eras pequeña?

Janice comenzó a llorar, ella estaba muy emocionalmente lloriqueando la palabra: "sí".

D: ¿Por qué estás llorando?, ¿te está incomodando?

J: No, estoy contenta que él esté aquí, es como si tú papá hubiera llegado.

Yo intenté que pasara la reacción emocional, pero ella seguía llorando abiertamente. Yo podría decir que era una reunión muy emotiva.

D: ¿Tú mencionaste que él solía visitarte cuando eras pequeña?

Yo tuve que motivarla a hablar para que dejara de llorar.

J: Sí, él cuida de mí, él es …. (Ella rompió en llanto de nuevo) … como mi padre.

D: ¿Ese es el tipo de sentimiento que tienes hacia él?

J: Sí, él es mi padre.

D: ¿Tu verdadero padre? (Sí), ¿cómo sabes eso?

J: Porque yo sé cómo me siento con respecto a él, ¿sabes cómo él me llama?

D: ¿Cómo?

J: (Emocionalmente) Hija.

D: ¿Crees tú que es él tu verdadero padre biológico? (Sí), ¿y no es el hombre quien estuvo en tu casa cuando tú estabas creciendo, al otro que llamabas papá?

J: No, no es él, ellos son diferentes personas.

D: Está bien, ¿es él quien te va a hacer las preguntas?

J: Sí, él se aproxima y me hace las preguntas.

D: *Yo no puedo escucharlas. ¿Me puedes repetir las preguntas antes de darles las respuestas?*
J: (Llorando aún) si él me lo permite.
D: *Pregúntale si todo está bien.*

El cambio fue tan repentino, que fue como presionar un botón, ella había estado llorando y teniendo dificultad con su voz para responder debido a la emoción. Cuando la siguiente voz surgió, el cambio fue inmediato; no hubo emoción, las lágrimas pararon y la voz era obviamente masculina. Mientras la primera entidad masculina que había hablado a través de Janice sonaba como de un hombre mayor con un tono autoritario, este también se escuchaba mayor, pero con un tono sofisticado, un poco más elegante.

J: Las preguntas pueden ser repetidas si son apropiadamente hechas.
D: *Está bien, porque yo no puedo escuchar a menos que tú me digas las preguntas, y yo solamente estoy de corazón cuidando por su bienestar.*
J: Y yo también.
D: *Ella estaba muy emocionada por verte otra vez.*
J: Eso es entendible porque yo también estoy emocionado en verla.
D: *Yo me preguntaba si tú tenías emociones.*
J: Nosotros tenemos emociones, así como ustedes las tienen, especialmente por alguien de nosotros.
D: *Eso está muy bien, ¿entonces le harás la pregunta para que yo la pueda escuchar?*
J: Algunas de las preguntas serán hechas internamente, y no permitiremos compartirlas contigo. Nosotros estamos en una etapa crucial con Janice, como tú conoces el desarrollo de su trabajo; es una etapa importante en la que nosotros nos encontramos y muchos están aprendiendo de ella aquí. Así que algunas de las preguntas que nosotros le hagamos serían mundanas para ti.
D: *¿Así que esto tomará lugar en dos niveles?*
J: Eso es correcto, y para eso nosotros hemos reunido a representantes para esto; a lo que tú llamarías una reunión. Existen tiempos en la vida de Janice, tiempo de vida en la Tierra, en la que ella necesita experimentar lo que llamamos "comunión"; estar en comunión es una interacción con sus fuentes. Así que no solamente es una

pregunta y una respuesta, como tú pensarías en preguntas y respuestas, sino habrá un intercambio de energías y reforzamiento de lo que sea que ella sienta y necesite.

D: *Entonces si tú lo haces en esos dos niveles, puedes preguntarle las preguntas internas en silencio y después preguntarle las otras para que yo pueda escucharlas, ¿estaría bien eso?*

J: Eso estaría bien, yo no estoy seguro cómo funcionará esto, ya que este es el primer intento que nosotros vamos a permitir a otro humano en estar presente en algunas de estas reuniones. Nosotros lo consideramos importante o no serías contactada de esta manera, porque este no es un proceso normal.

D: *Yo les agradezco eso, si yo pudiera ayudar con las preguntas y respuestas, me encantaría hacer eso con mi conocimiento limitado.*

J: A veces un individuo solamente necesita un apoyo de fuerza.

D: *¿Quieres comenzar con las preguntas?*

J: Tú entenderás que el beneficio de la respuesta no es necesariamente para ti, como para nosotros que estamos reunidos aquí.

D: Está bien, yo estoy interesada en lo que ellos están interesados.

J: Ellos están interesados en: ¿A qué sabe el chocolate?

D: *(Que pregunta tan extraña, yo estaba entretenida), ¿cómo a qué sabe el chocolate? Esa es una buena pregunta.*

J: Porque en sus respuestas algunos de ellos pueden experimentar eso, y ella las está respondiendo ahora.

D: *¿Puedo escuchar que está diciendo ella?, ¿o podemos hacerlo de esa manera?*

J: Yo no creo que sea posible de hacerlo de esa manera; existe un intercambio que está tomando lugar entre ella y los miembros reunidos aquí, es una manera de intercambio de información y es parte de su servicio. Ha sido parte de su servicio a través de su vida, yo he estado con ella durante su vida y como su padre estoy familiarizado en ese sentido. Yo no puedo permanecer por largos períodos de tiempo, y no vengo a interactuar con ella en un horario frecuente. Por ello es lo que causa, que suceda una reacción emocional, en el sentimiento de separación de mi parte es una experiencia muy emocional para Janice como tú viste.

D: *¿Su madre tomo parte en un experimento de fecundación?*

J: Su nacimiento fue de alguna manera diferente en el sentido común de concepción.

D: *¿En qué manera?*

J: Yo no estoy en libertad de decírtelo.

D: *Yo respeto eso, pero estaba pensando que, si tú eras el padre biológico, pudo haber sido hecho en una manera diferente, por eso fue que pregunté.*

J: Fue hecho de una manera diferente durante el acto sexual.

D: *¿Contigo o con el padre o a quién llama padre?*

J: Con el padre a quién ella llama padre.

D: *¿Así que puede ser hecho de esa manera?*

J: Existe un punto en el cual puede tomar lugar, como lo podrías decir.

D: *Yo pensé que tendría que ser hecho bajo condiciones de laboratorio.*

J: No necesariamente.

D: *Ustedes tienen muchos talentos de los que yo no estoy consciente. ¿Entonces tú has estado con ella de tiempo en tiempo mientras ella estaba creciendo?* (Sí), *¿sabía esto ella en el subconsciente?*

J: Sí, ella siempre lo ha sabido, pero no en su verdadera consciencia del día a día. Hubo ocasiones cuando ella experimentó emociones como las que acabas de ver, pero no eran con relación a su padre terrestre. Eran con relación a la visitación que había tomado lugar y la interacción conmigo. Llegó a ser tan traumático que deje de venir como usualmente lo hacía.

Este tipo de experiencia en la niñez con un "verdadero" padre también ocurrió con Fran en el capítulo 5.

D: *Sí, esto puede ser muy confuso, especialmente para un niño.*

J: De alguna manera fue confuso, pero la hizo sentir solitaria y desear regresar a casa más intensamente.

D: *Entonces fue mejor que tú dejaras de venir seguido.*

J: Sí, yo he venido en diferentes puntos cruciales de su vida.

D: *De esa manera estuviste allí para reforzarlo.*

J: Exactamente.

D: *Bueno, mientras ella explica a cómo sabe el chocolate, ¿ellos perciben y huelen todo?* (Sí), *de esa manera ellos pueden experimentarlo.*

J: Eso es verdad.

D: *Muy bien, ¿tienen ellos algunas otras preguntas?*

J: Ellos tienen muchas preguntas, hay cosas que ellos no entienden y le preguntarán una y otra vez las mismas preguntas, esperando por diferentes respuestas.

D: *O una que ellos entiendan* (Sí), *¿y cuáles son algunas de esas preguntas?*

J: Nosotros te explicaremos como es que ciertos seres aquí reunidos perciben tu planeta Tierra. Ellos no entienden de la violencia; por lo tanto, sus preguntas hacia ella serán en relación de intentar de comprender la violencia. Esto es parte de su crecimiento, y también de su experiencia educacional, si tú comprendieras donde están ellos evolutivamente, debido a su ambiente y a ciertas misiones que ellos hacen en tu planeta, como ciertas cosas que ellos llegan a tener en contacto pueden causarles una gran confusión. Siendo esa confusión, ellos no entienden la violencia, ellos no entienden del dolor, ¿cómo puede el hombre continuar en ese ciclo?

D: *Yo creo que es importante que les digas que algunos humanos no entienden de eso tampoco.*

J: Yo sé eso, pero ayuda a escucharlo desde un ser interdimensional en vez de tenerme a mí o a alguien y enseñándoles.

D: *Ellos deberían escucharlo de alguien quién lo ha experimentado.*

J: Interdimensionalmente.

D: *¿No tienen ninguna violencia de dónde son ellos?* (No), *¿tuvieron alguna vez?* (No), *yo pensé que tal vez ellos tuvieron en el pasado y después trascendieron eso.*

J: Esto nunca ha tomado lugar, ellos ni siquiera conocen la palabra o como es llamada para entenderla.

D: *¿Experimentan ellos dolor?*

J: Ellos experimentan dolor cuando ven a alguien matar a un ser humano, porque ellos no pueden... está fuera de su realidad para ver y saber que está tomando lugar en la forma de vida del ser. Porque ellos no podrían hacerlo con alguien de ellos, ellos no entienden por qué el hombre se lo hace al hombre. No existe manera posible que pueda explicarlo y tienen que aceptarlo para darse cuenta que yo no lo he experimentado necesariamente en ese tipo de ambiente.

D: *Pero es aún más difícil para aquellos que viven en ese ambiente, ¿saben ellos como se siente el dolor?*

J: No en el mismo sentido.

*D: Me pregunto si sus cuerpos son capaces de sentirlo.*
J: Es un concepto mental lo que ellos entienden, pero físicamente no es sentido.
*D: ¿Se han lastimado alguna vez ellos mismos?*
J: No físicamente, todo toma lugar en un estado mental.
*D: Entonces podría ser muy difícil para ellos incluso entender cómo se siente el dolor en el cuerpo y también el sufrimiento.*
J: Sí, ellos no tienen eso, de donde son ellos, eso no toma lugar.
*D: ¿Piensas tú que la Tierra es única en esa manera?*
J: No, la Tierra simplemente está más altamente desarrollada en ese tipo de actividades.
*D: Yo podría odiar en pensar que éramos los únicos que habíamos caído tan bajo, si quisiera usar esos términos, ¿entonces existen otros planetas que experimentan violencia?*
J: Han existido otros planetas que han experimentado violencia, sí.
*D: Pero estos representantes no han tenido experiencia en ellos.*
J: No intergalácticamente.
*D: ¿Está teniendo algún éxito tratando de explicar esto a ellos?*
J: Existe mucha comunicación tomando lugar, ya hemos pasado eso ahora.
*D: Yo me imagino que ellos toman cosas de su mente de lo que ella ha visto y experimentado.*
J: Eso es correcto, ellos pueden revivir experiencias particulares en la que ella ha participado, ellos comienzan a entender emocionalmente y de una manera sensorial de lo que toma lugar en un nivel físico, porque ellos pueden experimentar físicamente. Es solamente cuestión de ser capaz de experimentarlo a través de otra persona.
*D: Entonces ellos tienen que sentirlo a través de la mente de ella misma.*
J: Y las sensibilidades.
*D: Y ellos pueden revivirlo de esa manera.*
J: Sí, entiende ahora que no todos los que están reunidos están haciendo eso, existen otros como yo, quienes entienden completamente la gama de emociones humanas, así como también de su forma física.
*D: Es una enseñanza para aquellos quienes no han tenido experiencia con ello.*

J: Sí, para que ellos continúen en el trabajo y proyecto, ellos están tomándolo presentemente, esto es como una escuela.

D: *Estas son preguntas interesantes. Estoy obteniendo mucho aprendizaje dentro de la manera que tú sientes. ¿Cuál es el tema en el que están ellos interesados?*

J: Ellos están hablando de la bomba atómica.

D: *Oh, ese es un gran tema, ¿qué es lo que le están preguntando acerca de ello?*

J: Ellos quieren saber si ella entiende porque ustedes usan la bomba atómica entre ustedes.

D: *Existen argumentos en pro y en contra en ello dentro de nuestra propia civilización. ¿Pueden ellos entender que no son cosas que todos en la Tierra hacen?*

J: Ellos entienden que no todos en la Tierra es un participante, en esa actividad, sin embargo, ellos sienten confusión por el factor de que en su planeta cada uno de ellos es responsable. Ellos tienen una responsabilidad de no participar o no permitir que esto tome lugar. Ellos sienten que cada uno de ustedes tienen la misma responsabilidad. Ellos están teniendo dificultad entendiendo porque Janice no puede hacer algo para cambiarlo. Ellos saben que ella tiene la capacidad de influenciar varios aspectos de su atmósfera, así que ellos están preguntándole porque está permitiendo que eso esté sucediendo. Ellos no entienden que ella no es la totalidad de lo que se necesita para aniquilar eso.

D: *No, ella es solamente una pequeña pizca.*

J: Pero ellos no entienden eso aún.

D: *¿Y para el tiempo que sucedió ella podría haber sido una niña o quizás ni siquiera haber nacido aún?*

J: Ella aún no nacía, parte de la razón de su nacimiento, Janice había nacido (pronunciación enfática) mientras estaba el final de la guerra; por lo tanto, la energía que ella trae al planeta ayudó para servir en balancear los años después de esa guerra. Existió un tiempo cuando... bueno, eso no puede ser discutido ahora, yo te diré que parte del propósito de haber nacido en el planeta, tiene que ver con el trabajo de energía del planeta.

D: *Quizás ellos puedan entender que ella no podía influenciar en el lanzamiento de la bomba, porque ella no vivía en ese tiempo en nuestro planeta, así que ella no tuvo nada que ver con eso.*

J: Eso es correcto, no es cuestión de que no tenga nada que ver con el lanzamiento de la bomba, lo que es cuestión es que la bomba aún existe y ella está allí.

*D: Ya veo, ¿y ellos piensan que la bomba no debe existir?* (Sí), *¿saben ellos que alguna energía nuclear ha sido usada para bien?*

J: Sí, eso es parte del problema en lo que ellos están tratando comprender, que eso puede ser permitido en usarse para mal o que puede existir fácilmente para usarse destructivamente.

*D: Estas son preguntas difíciles, yo espero que esté ayudando en alguna manera, ¿ya respondió esa pregunta?*

J: No puede haber más información dada en este tiempo con respecto a esa pregunta. Existe una interacción tomando lugar entre ellos.

*D: ¿Están teniendo una discusión?*

J: Sí (la voz cayó en un bajo nivel) entonces Janice, me gustaría decir hija que yo estoy muy orgulloso de ti (más alto) cuando ellos están teniendo una discusión, yo puedo tener una discusión con ella, porque es una pérdida de tiempo para nosotros participar y nosotros tenemos una oportunidad después para hablar. Yo quise que experimentaras esta reunión para que entendieras una parte de su función.

*D: Esta fue una pregunta que ella tuvo, ella quería saber cuál era su trabajo.*

J: Existe más de un tipo de trabajo que ella hace.

*D: Ella se preguntaba que estaba haciendo cuando ella siente que está en este estado de energía, ella sintió que estaba trabajando quizás con otras energías o algo más.*

J: Ese es un proyecto completamente diferente a este.

*D: Ella quería saber: cuando ella está haciendo este tipo de trabajo en el estado de energía, ¿son estas otras energías que siente ella alrededor alguien que conoce en el estado físico?*

J: Estas energías con las que está presentemente no son personas que conozca en el estado físico, pero en otras ocasiones en el proyecto existen algunos que ella conoce y algunos que la conocerán.

*D: Ella sentía que había familiaridad, pero que era todo lo que sabía.*

J: Si existe.

*D: ¿Puedes decirle algo acerca del otro proyecto o si es que esté permitido?*

J: Yo puedo discutirlo, esa es parte del porqué he llegado. Cuando ella no entiende cosas, yo le ayudo para hacerlo, eso es lo que un padre hace, en el sentido de la palabra, así que, a diferentes puntos a través de su evolución, yo he llegado a ayudarle a entender conceptos complicados o entender cosas que le complicaban con relación al trabajo que ha tomado; así que esta es mi responsabilidad.

D: *Ella quería saber acerca del trabajo que estaba haciendo, del que no está consciente.*

J: Ella tiene algún conocimiento acerca de y está consciente que en su estado de energía existe un soporte, por así decirlo. Un sentido de soportar algo, ayudar a algo, sanar algo, al soportar algo la sanación toma lugar. Es una cosa muy gradual, yo te diré que el soportar es una frecuencia.

D: *¿Qué propósito sirve esto?*

J: El soporte de la frecuencia sirve para balancear las condiciones atmosféricas afuera del planeta lo cual directamente afecta cosas que suceden en el planeta Tierra. Esta es la parte que puedo decirte está tomando lugar, ahora lo que debes entender es que es una situación muy complicada de discutir, pero yo puedo decirte que otros están involucrados con ella en el proyecto y ellos ... (pausa) bueno es un gran servicio, porque es muy ... es ...

Él titubeo... ¿fue por qué no estaba supuesto a decirme esas cosas o fue por qué él estaba tratando de decidir cuánto me podría revelar?

Yo vi que la cinta de la grabadora estaba llegando a su fin, así que aproveché de su titubeo para voltearla y continuar.

D: *¿Pero dijiste tú que es un gran servicio?*

J: Es un gran servicio para la humanidad, porque está manteniendo a tu planeta de una autodestrucción.

D: *Yo conozco de frecuencias como radio frecuencias. ¿Es diferente a eso?* (Sí) *¿Y cómo están afectando nuestra Tierra?*

J: Ellas están afectando tu Tierra y algunos podrían decir que nosotros en este proyecto causamos varios terremotos, actividad volcánica y los diferentes niveles de actividad climática que están tomando lugar en tu planeta, a ellos les gustaría culparnos, sin embargo, es lo opuesto. Si no fuera por nuestra participación en este proyecto, los desastres podrían ser mucho peor y la destrucción se dirigiría hacia la Tierra a un ritmo muy rápido de velocidad.

D: *¿Entonces ustedes están causando una liberación?*

J: Lo que nosotros estamos diciendo es que nosotros estamos ayudando a mantener un balance en cualquier punto del globo que lo necesite. Un balance de energía en el flujo al suceder estos eventos, pudiera haber mucho peores terremotos en varias ubicaciones donde nosotros no estamos involucrados en el trabajo del proyecto, así que tal vez tú podrías mirarlo como un proyecto de mantenimiento o mantener. Significando que disminuye la severidad de la catástrofe climáticamente.

D: *¿No existe manera que pudieran evitar que sucediera todo?*

J: Nosotros pudiéramos evitar que suceda todo, pero existe un punto en el cual nosotros no podemos en este tiempo hacerlo en relación con los desastres.

D: *¿Por qué lo que ha sucedido en el planeta?* (Sí) *y no pueden interferir en el destino final.*

J: En este momento.

D: *Entonces ustedes solo están permitidos de hacer ciertas cosas.*

J: Eso es correcto.

D: *¿Existe alguien o algo que determine estas reglas?*

J: Las reglas son universales, ellas han sido conocidas, como le llamarías, siglos a través del tiempo, a través del tiempo. Están escritas, siempre han estado escritas, ellas no cambian.

D: *¿Cuáles son algunas de estas reglas?*

J: Existe una ley de la no interferencia, parecido a lo que sus políticos trabajan dentro de la base de las leyes que han sido diseñadas por ellos, así nosotros trabajamos dentro de la misma base, sin embargo, recuerda la percepción de interferencia no necesariamente significa lo mismo para nosotros a lo que significa contigo.

D: *En otras palabras, ustedes son capaces de cambiar las reglas un poco en donde puedan ayudar.*

J: Nosotros podemos ayudar, nosotros podemos asistir, nosotros podemos instruir, nosotros podemos interactuar, nosotros podemos transportar.

D: *Pero no pueden tomar acción directa de interferencia (ella suspiro) yo estoy tratando de hacer una distinción.*

J: En ciertos casos nosotros podemos y hacerlo interactuando directamente al punto en el que tú podrías describirlo como interferencia, si es que tiene que ver con uno de los nuestros, entonces nosotros definitivamente interferiremos, porque esa no es interferencia en el sentido de la palabra.

*D: No, eso sería protección, yo podría pensarlo.*

J: Eso es correcto, pero es percibido como interferencia.

*D: ¿Existe alguna vez un punto donde ustedes podrían interferir en la historia o los cambios de la Tierra?*

J: No, a menos que nosotros seamos dirigidos por la fuente.

*D: Eso es lo que me estaba preguntando, si existe alguna figura central o parte de donde todas las reglas vienen.*

J: Existe una fuente.

*D: ¿Cómo describirías a la fuente?*

J: Energía ilimitada en el estado más puro de esencia.

*D: ¿Eres capaz de verla?*

J: Nosotros somos capaces de experimentarla, así como ustedes lo hacen en puntos particulares de sus vidas.

*D: Esto es probablemente lo que llamamos Dios, en un término muy limitado.*

J: Es lo mismo, nosotros simplemente usamos términos diferentes.

*D: Tú mencionaste que la regla de no interferencia era una de las reglas, ¿existen algunas otras más?*

J: Nosotros no realizamos actos de violencia, nosotros no estamos involucrados en la negatividad de tu planeta y no nos podemos convertir en ella. Es una ley que todo lo que tenga que ver con la negatividad sea cancelado por lo opuesto a la negatividad, desde dentro de nosotros no podemos enviar eso, es imposible.

*D: Si las reglas son enviadas y provienen de la fuente, ¿cómo son ellas enviadas a ustedes?, ¿cómo sabes acerca de ellas?*

J: De la misma manera que tú sabes acerca de ellas; a través de nuestra historia.

*D: Yo supongo que tengo en mi mente una figura escribiendo leyes o diciendo a las personas esta es la manera que es.*

J: ¿Disculpa?

*D: ¿Qué sucedió?*

J: ¿Cuál fue tu pregunta?

*D: Tu sacudiste tu cabeza, me estaba preguntando si algo estaba sucediendo ahí.*

J: Sí, yo estaba viendo que estaba pareciendo suceder aquí.

*D: Yo no quiero retenerte de lo que sea ahí.*

J: Ellos están saliendo.

D: ¿No quisieron preguntar nada más?
J: Ellos ya han hecho sus preguntas.
D: ¿Hicieron ellos alguna pregunta que pueda yo saber acerca de? (No), ¿las otras fueron para ella? (Sí). Yo estaba diciendo en mi propia mente que percibo algo como un hombre o figura escribiendo leyes o diciéndoselas a alguien. (Reacciones físicas indicaban que algo estaba sucediendo). ¿Qué es lo que pasa?
J: ¡Silencio! (Una larga pausa)
D: ¿Qué es lo que estaban haciendo?
J: Nosotros estábamos hablando.
D: Está bien, ¿recordará ella lo que dijiste?
J: Después ella recordará, quizás mañana.
D: Esa es una ventaja de tenerlo en mi caja negra, para que ella pueda escucharlo en su estado consciente.
J. Es más importante que ella lo aprenda de otra manera en su estado consciente, porque es así como siempre ha tomado lugar. Desde su niñez y en su adultez, es así como nuestra comunicación ha tomado lugar, ella no está tan familiarizada con mi voz.
D: Entonces ella recordará lo que has dicho.
J: Sí, pero no sucederá todo al mismo tiempo, porque es en tu terminología, una experiencia emocional y traumática el interactuar conmigo. Es por eso que la comunicación toma lugar como lo hace, si ella escucha lo que tengo que decir y lo repite una y otra vez en la grabadora, eso podría causar reforzamiento de ese tipo de emoción.
D: Yo puedo entender estas cosas, ¿está bien si puedo hacer más preguntas?
J: Me gustaría decirte en tu caja para Janice, los tiempos en los que me has sentido contigo, tú estás en lo correcto, es importante para ti saber cuándo sientes mi presencia, yo verdaderamente estoy ahí contigo. Esto es lo que quiero que tengas y cargues contigo mientras pasen los días por venir.
D: ¿Si ella necesita ayuda puede ella llamarte?
J: Sí, es difícil para ambos, porque nosotros experimentamos amor por nuestros hijos de la misma manera en la que ustedes lo hacen.
D: Esto es algo que los humanos no entienden, ellos piensan que los extraterrestres no tienen sentimientos o ninguna emoción. Yo creo que es importante para ellos saber que ustedes tienen sentimientos.

J: Nosotros los tenemos desde nuestra galaxia, tenemos el mismo tipo de emociones, especialmente por nuestra familia, así como tú lo haces por los tuyos. Esa es una de las razones por la que nosotros estamos aquí, para ayudar a otros a entender aquellas emociones, ya que nos ven interactuar con los nuestros.

D: *¿Estos otros no tienen estas emociones?*

J: Algunos de ellos las tienen, algunos de ellos no las tienen, en los días que vienen habrá juicios, como tu biblia dice tribulaciones, y es difícil para mí saber que uno de nosotros podrá tal vez experimentar o atestiguar algunas de estas cosas tomando lugar, ya que ella ya está afectada por los cambios de la Tierra. Yo te diré que, en este tiempo presente, ella no puede escucharme será mucho para ella escucharme lo que ha sido dicho y asimilar mi voz al mismo tiempo.

D: *Pero ella lo escuchara cuando reproduzca la cinta.*

J: (Emocionalmente) si y ...

D: *Le podrías ayudar*, (esto pareciera molestar a la entidad, así que pensé que podríamos salirnos del tema), *¿puedo preguntarte? ella quería saber* ... (ella estaba mostrando signos de emoción) *está bien, está bien, yo valoro que estés compartiendo tus emociones conmigo, me siento muy honrada que me estés permitiendo participar.*

J: Esto es muy difícil.

D: *Quizás puedas continuar la comunicación mientras ella duerme esta noche, ¿es eso posible?*

J: Oh, yo hago eso muy seguido.

D: *Ella tenía una pregunta, parece que ella ha estado teniendo malestares justo antes que una catástrofe ocurra.*

J: Eso es correcto, esta es otra razón por la cual he llegado, yo sé lo que ella ha estado experimentando y debe ser así, ya que ha sido inculcado en ella y está sucediendo por diferentes razones. Una es permitirle conocer una referencia para lo que está viniendo, así ella podrá ser capaz de protegerse a ella misma. El otro es que una parte del proyecto y el trabajo en el que está involucrada es reducirse uno mismo a ese estado de energía de donde viene y actuar con otras energías de la misma fuente como una cobija de protección al planeta y desde ese estado del ser, la energía es transferida a través de diferentes líneas de la red alrededor del globo. Así que uno está totalmente interconectado con el planeta en el estado de energía, cuando la energía regrese al estado físico no está desconectado, por lo tanto, el ser es afectado por estos eventos de una manera física.

*D: Ella mencionó que ha sido un sentimiento diferente, de acuerdo con que si es un terremoto o un desastre en general como un derrumbe aéreo o algo como eso.*

J: Eso es correcto.

*D: ¿Podrá ella ser capaz de ver la diferencia?*

J: Ella ya es capaz de ver algo de la diferencia, tú debes entender que esto es parte de ella, por falta de un mejor término, enseñanza. Es cuestión de aprendizaje, así como también en participar en un proyecto al mismo tiempo, ella está aprendiendo a proteger su humanidad, pero al mismo tiempo ella está participando en un proyecto que está ayudando al planeta a cada momento cuando se levanta, duerme, come, respira y así sucesivamente.

*D: Pero ella no puede realmente hacer nada para parar estas catástrofes, porque al tiempo que ella está sintiendo esto, es el tiempo en el que está ocurriendo.*

J: No, no es el tiempo, está ocurriendo, es antes de que ocurra, es durante cuando ocurre y es después de qué ocurre.

*D: Pero de esa manera ella no puede hacer algo para alertar a alguien.*

J: No es cuestión de alertar.

*D: Ella no lo puede parar de alguna manera.*

J: Es cuestión de energía, no es cuestión de pararlo, es cuestión de disminuir los efectos de, por el conducto que ella es y por el receptor que ella y por la energía que fluye a través de ella al hacerlo. Entonces lo que sucede en ese nivel planetario de severidad es afectado por esa energía, porque no importa si está en el estado de energía en ese punto en el tiempo o no.

*D: ¿Existen otras personas quienes han venido a la Tierra, para que ellos puedan actuar en este tipo de energía o manera?*

J: Sí, existen personas alrededor de todo tu planeta que han llegado para actuar de esta misma manera.

*D: Como Janice, ¿ellos no están conscientes de lo que hacen?*

J: Ellos como Janice están conscientes y ellos tienen algo de conocimiento conscientemente, simplemente no es tiempo para ellos en saber la totalidad del proyecto entero. De la misma manera en la cual tú no deseas antes afectar a las respuestas de tus preguntas que les haces, nosotros no permitimos que la totalidad sea conocida, para no afectar el resultado o interferir el nivel humano individual en el proyecto, porque algunas veces el estado emocional del humano es afectado y los mismos resultados no pueden ser obtenidos.

D: *Los otros seres que han venido a ayudar, ¿son energías de la Tierra o han llegado de algún otro lugar?*

J: Ellos han llegado de otro lugar.

D: *Yo estoy trabajando con un joven, yo creo que es el mismo tipo.*

Yo estaba pensando acerca de Felipe, mi paciente en Guardianes del Jardín.

J: Sí, él es.

D: *Él ha sido muy afectado por las situaciones que ha visto en la Tierra también, ha sido muy difícil para él.*

J: Es muy traumático, física y mentalmente para ellos. Cada célula está involucrada en ello, cuando estos individuos son reducidos a un estado celular y molecular, es como si cada átomo fuera infundido con estos eventos; por lo tanto cuando ellos los experimentan de nuevo en este estado de materia, el estado del ser humano, entonces cada átomo dentro de sus cuerpos vuelve a experimentar aquellos eventos a un punto de sensibilidad que es más altamente desarrollado que en un humano promedio; por lo tanto ellos son severamente afectados, algunos son más allá de no ser capaces de salirse de la cama.

D: *Él en algún punto de su vida trato de cometer suicidio.*

J: Y muchos lo hacen.

D: *Porque el simplemente no podía entender y no quería estar aquí.*

J: Janice ha experimentado los mismos traumas, porque ella no entiende ella misma por qué esto debe tomar lugar, porque ella es y tiene una memoria de alma celular de otra manera del ser.

D: *Es por eso por lo que él seguía diciendo que esta no es su casa.*

J: No es casa, es casa en el sentido verdadero de la palabra, su frustración es que ellos conocen el potencial de la casa que puede ser, ese es el sentido de frustración.

D: *Me pareciera que existen espíritus que nunca han vivido esencialmente en la Tierra antes.*

J: Algunos de ellos han vivido en la Tierra antes y algunos de ellos no lo han hecho.

D: *Y ellos han sido voluntarios en venir a participar en este proyecto.*

J: Eso es correcto, pero tu debes entender que no todas las energías son lo mismo; aunque ellos estén participando en el proyecto. No quiere decir que son uno y la misma energía o incluso de la misma fuente de energía.

D: *Cuando por primera vez inicié trabajando con Janice se me dijo que existía un lado negativo de los seres espaciales, yo pensé que ellos eran como tú, me pregunto como un lado negativo puede ser permitido de existir, yo estaba pensando, yo creo que ustedes han todos evolucionado a un estado perfecto.*

J: Bueno, no todos nosotros hemos evolucionado a como es mi estado, así como no todos los humanos han evolucionado como tú lo eres, por lo tanto, debes de entender que existen diferentes energías en los seres espaciales, así como existen diferentes energías en sus vidas.

D: *Yo estaba curiosa acerca de este lado negativo, yo quería tener un poco más de información acerca de ellos, sin afectarla de alguna manera, ¿Tienen ellos naves y operan de la misma manera que lo haces tú?*

J: Yo no soy capaz de discutir esto contigo a través de ella, yo no podría ponerla en eso, quizás en un tiempo después, en un punto diferente de tiempo, pero no ahora. porque ahora existe necesidad de interactuar como lo estamos haciendo, existen ciertos tiempos cuando en tu planeta la familia tiene reuniones, algunas veces nosotros las tenemos también.

D: *¿Qué hay acerca de otros miembros de la familia de Janice? Yo creo que ella tiene hermanos.*

J: Ella tiene hermanos, son todos ellos muy especiales, ellos son como ella, ellos no lo saben.

D: *¿Eres su padre también?* (Sí), *¿pero no son tan sensitivos o lo son?*

J: Ellos son sensitivos de una manera diferente.

D: *¿Tienes familia en algún otro lugar?*

J: Yo tengo familia en otro lugar.

D: *Yo tengo la sensación que tienes muchos hijos.*

J: Los tengo.

D: *¿En la Tierra, así como también en algún otro lugar?* (Sí), *¿es un padre escogido por una cierta razón biológicamente o lo que sea? (Pausa), ¿entiendes lo que quiero decir?*

J: No, no estoy seguro que entienda lo que quieres decir.

D: *En una instancia, ¿fuiste escogido para ser el padre de muchos niños en la Tierra, porque eras especial de alguna manera o tenías características especiales?*

J: Sí, yo tengo algunas de las características que ves personificadas en Janice, pero ves tú, no todos nuestros hijos resultan ser lo mismo, porque cuando llegan a la Tierra ellos tienen las decisiones que tienen que hacer.

D: *Entonces todo tiene que ver con el alma, la esencia* (Sí), *¿cuáles son tus características que están presentes en ella?*

J: Nosotros tenemos la intención pura, tenemos dedicación, honestidad, somos directos y tenemos el sentido puro de amor y entendemos el verdadero significado del amor incondicional.

D: *Todas esas son características muy maravillosas, entonces no todos tus hijos que has tenido tienen estas cualidades.*

J: Ellos los tienen, ya sea que los tienen latentes o que los han rechazado.

D: *Ahora veo, porque estás justamente orgulloso tú de ella.*

J: Si estoy muy orgulloso.

D: *¿Puedes decirme de dónde vienes?, ¿dónde se encuentra tu hogar?*

J: Lo único que te puedo decir es que está afuera de tu galaxia.

D: *Lo cual siempre es difícil para nosotros en comprenderlo.*

J: Claro lo entiendo.

D: *¿Es un planeta físico?*

J: Sí, es un planeta físico.

D: *¿Regresas tú allá en diferentes tiempos?*

J: Sí, vengo de allí.

D: *¿Justo ahora?* (Sí), *Yo soy la esposa de un oficial de la marina, como se le dice. Mi esposo estuvo muchos años viajando y fuera del hogar y a veces yo viajaba con él. Yo creo y pienso de ti que estás siendo asignado a la nave, si es qué es donde estamos.*

J: No importa en que nave me encuentro.

D: *Quizás yo creo que tú has estado asignado y alejado de tu hogar por muchos años.*

J: No necesariamente, porque los viajes son interdimensionales e intergalácticos y no van acorde según al tiempo de años como tú lo crees.

D: *¿Entonces como viajas?*

J: Yo viajo a la velocidad del pensamiento.

D: *Algunas de esas respuestas ya las he escuchado, pero siempre estoy buscando por más verificaciones. ¿Cuál es tu ocupación dónde vives?*

J: Yo soy el gobernante del planeta.

D: *Oh, entonces ¡esto es un gran honor! ¿es por eso que ustedes fueron escogidos para la siembra, si es que puedo usar esa palabra?*

J: Si tú quieres considerarlo como una opción, es estrictamente una manera de vida para nosotros y no nos consideramos ni pensamos como elegidos.

D: *¿Entonces tú no eres el único que ha engendrado niños en nuestro planeta?* (No), *¿es una gran responsabilidad ser un gobernante?*

J: Es una gran responsabilidad, pero nosotros no tenemos los problemas que ustedes tienen, por lo tanto, yo no tengo que tratar con el tipo de actividades en las que se ocupan, la mayoría del tiempo, los gobernantes en tu planeta. ¿Puedes imaginarte un planeta donde las flores son tan grandes como en la casa donde vives?

D: *No, ni siquiera puedo concebirlo, ¿es así como es allá de dónde vienes?*

J: Eso es solamente una parte y es muy hermoso.

D: *¿Tienes ustedes temporadas como nosotros?*

J: Realmente nosotros no tenemos el tipo de invierno que ustedes tienen.

D: *Eso es una bendición (risa).*

J: Y nosotros no las consideramos temporadas como ustedes lo llaman aquí. Es un más un asunto de entretenimiento que de una manera de vida, porque nosotros no participamos en sus temporadas de crecimiento, de cosecha, de ese tipo de cosas que tú calificas como temporadas en tu planeta.

D: *¿Ustedes consumen comida?*

J: Nosotros consumimos luz, sin embargo, puedes entender que si nosotros deseamos experimentar con la comida podemos tenerla.

D: *¿Por qué tienes ustedes un sistema digestivo?*

J: No como tú piensas de la digestión.
D: *¿A través de los sentidos?* (Sí), *¿en la manera en la que ella les estaba relatando acerca del chocolate?*
J: Sí, eso es un concepto.
D: *Entonces cuando tú estás en la nave, ¿tienen problemas en conseguir el tipo de luz que tú necesitas?*
J: No, porque yo soy eso.
D: *Yo pensé que tal vez tenían que abastecerse.*
J: No, no para mi existencia.
D: *Bueno, en tu planeta hogar, ¿son ustedes creaturas sexuales?*
J: Oh, sí.
D: *¿Tienen ustedes dos sexos como nosotros?* (Sí), *¿pero sus niños crecen como los de nosotros desde que son bebés?*
J: Ellos no tienen que aprender la experiencia de amarrarse sus zapatos.

Esto fue dicho sobriamente, pero sentí que él estaba intentando bromear conmigo, probablemente ellos ni siquiera usan zapatos.

J: Los mecanismos de sus vidas son inherentes, así que ellos no necesitan aprender a comer cuando es tiempo de aprenderlo ... con cubiertos, si eso tomase lugar. Y claro no estoy hablando de aprender a comer; estoy intentando de brindarte una manera en la que tú puedas referirte de lo que yo estoy hablando cuando digo "inherente", lo que quiero decir es que ellos no se sientan a la mesa y necesariamente comen con cubiertos, pero si ellos llegan a tu planeta no tendrán que aprender a hacer eso.
D: *Es algo que sería automático* (Sí), *¿pero entonces inician desde siendo un bebé?* (Sí), *y ellos se desarrollan en la misma manera en la que nosotros nos desarrollamos hacia ser un adulto.*
J: Si ellos se desarrollan a diferente escala y si se desarrollan, en esa escala.
D: *¿Las personas de tu planeta experimentan la muerte?* (No), *¿Qué sucede eventualmente con el cuerpo?*
J: El cuerpo no muere.
D: *¿Quieres decir que es capaz de vivir para siempre?*
J: Es capaz de vivir para siempre, existen estados transitorios, pero nosotros no pensamos en ellos como muerte.

D: Yo lo estoy comparando con nuestro planeta como su cuerpo envejece, se deteriora y tiene que ...

J: Existe la "vejez".

D: Pero el cuerpo no tiene que morir porque solo se deteriora, ¿envejece por así decirlo?

J: No envejece.

D: Yo creo que siempre he pensado que, si alguien no pudiera morir, eso sería un estado ideal, esa es la manera en la que los humanos piensan.

J: Sí, los humanos piensan eso y no es un asunto de no poder morir, es un asunto de elegir la transición.

D: ¿Entonces qué sucede cuando tú decides que ya no quieres ser más ese cuerpo?

J: Tú regresas a la fuente.

D: ¿Qué sucede con el cuerpo?

J: El cuerpo es reabsorbido molecularmente.

D: ¿Esto pasa cuando estás tú cansado del cuerpo o cómo?

J: Existen diferentes razones, (ella comenzó a mostrar incomodidad).

D: Yo creo que ya se nos ha agotado el tiempo, porque yo puedo ver como ella se está poniendo incómoda y caliente. Yo quiero decirte que realmente he disfrutado el hablar contigo y ha sido un honor.

J: Muchas gracias por haber venido a conversar conmigo y valoro tu paciencia, porque no he estado verdaderamente concentrado en totalidad en ti y en tus preguntas; yo he sido egoísta porque lo que quería era interactuar con Janice en sus necesidades al saber que yo estoy aquí.

D: Todo está bien, yo también siento que fui egoísta porque te estuve distrayendo.

J: No importa, lo que es importante es que ella vea que yo sigo existiendo en este tiempo.

D: Quizás en otra ocasión nosotros pudiéramos hablar otra vez.

J: Ciertamente nosotros hablaremos otra vez, te agradezco muchísimo y valoro el trabajo que estás haciendo con mi hija.

D: Yo siempre cuidare de ella de la mejor forma que pueda.

J: (Voz autoritaria) Sí, ¡ciertamente lo harás!

D: Yo soy muy protectora cuando hago este trabajo.

J: Yo lo sé, y no te quise hablar duramente, también yo soy muy protector.

Yo me estaba preparando para integrar a Janice para que ella pudiera despertar, pero él me detuvo.

J: Yo necesito hablar con ella.
D: *¿Lo harás ahora o cuando ella duerma esta noche?*
J: Debe ser hecho ahora.
D: *Está bien, adelante mientras tenemos un poco de tiempo, ¿quieres hacerlo internamente o hablar en voz alta?*
J: Lo haré de las dos maneras, (él hablo con gran ternura). Mi hija, mi niña, quiero que sepas que siempre estoy contigo y he prometido que tú nunca estarás sola, y quiero que siempre sepas que en los días venideros yo nunca me separaré de tu lado; cuando tú desees podrías sentirme en cualquier tiempo que necesites fuerza, para completar tu misión, y en cualquier tiempo que tú necesites hablar conmigo, ya sabes el método que puedes usar, como también el lugar donde puedes hacerlo. No olvides que yo te amo, que siempre estoy contigo y siempre estaremos unidos, somos parte del uno al otro, no podemos dejar de existir, aunque nosotros estamos habitando en diferentes dimensiones ahora sabes que tú puedes venir a visitarme en cualquier tiempo. Yo te ayudaré, te cuidaré, es importante que tú recuerdes esto y por eso es que yo estoy hablándote ahora. En días venideros existirán tiempos cuando tú podrías olvidarlo, como tú recientemente lo has olvidado que yo estoy aquí para ti. Este es un recordatorio para que me tomes enserio, tú me necesitarás y yo estaré aquí en amor, te lo deseo con todo mi amor Alokeia.
D: *Alokeia, muchísimas gracias ya es tiempo, nosotros debemos marcharnos. Janice debe de despertar para que ella pueda regresar a su casa, ahora yo estoy preguntando a la consciencia y personalidad de Janice que regrese a una vez más al cuerpo y las otras personalidades que se vayan y regresen a donde pertenecen.*

Yo le di, instrucciones, para que se reorientará y al momento que yo estaba trayendo la consciencia de Janice, ella se resistió y comenzó a llorar. Es como si ella no quisiera dejar a la entidad, yo la consolé e insistí en continuar orientándola al presente. "No, tú tienes que, tú tienes que, tú tienes que regresar".

Yo estuve un tiempo hablando con ella y consolándola antes que despertara, yo le aseguré que podía regresar para encontrar a la entidad en cualquier momento que ella quisiera. Hemos hallado la manera así que no es una despedida permanente. Cuando ella despertó, ella no recordaba y estaba sorprendida de saber que había estado llorando. Después de que ella despertó y estaba sentada en la cama, yo me di cuenta de las palmas de sus manos, no fueron visibles para mí mientras la sesión sucedía, porque ella estaba perfectamente acostada con sus manos hacia abajo. En esta ocasión la decoloración fue tan obscura que casi era negra, ella también se dio cuenta y se preguntaba que lo había causado. Ella sacudía sus manos y las masajeaba, no había molestias, era solamente difícil de entender, al mismo tiempo el color negro comenzó a desvanecer y la coloración normal regresó lentamente. Yo encendí la grabadora de nuevo para mencionar lo siguiente.

*D: El pulgar y el músculo grande por debajo del pulgar con todos los dedos en ambas manos eran tan azules de casi un color púrpura. Se veían como si se hubiera manchado de tinta de impresora al sujetar un periódico.*
J: Pero yo no he sostenido ningún periódico (además cuando ella se frotó el color no se quitaba, definitivamente era interno, venían desde adentro de su piel), y yo me lavé mis manos cuando fui al baño antes de venir aquí.

Quiero remarcar que cuando paramos para cenar yo me di cuenta de una leve decoloración, pero ahora esto era mucho más obscuro, casi como un color negro y más esparcido. después ella se levantó y comenzó a dar vueltas y el color comenzó a desvanecerse. Y sus manos volvieron a regresar a la normalidad. Yo no creo que fuera causado por la falta de circulación, porque es común para la persona el moverse muy poco cuando ellos están en el estado de trance sonambulístico. Ya que pareciera no haber producido ninguna molestia, nosotras decidimos tratarlo meramente como curiosidad.

Más adelante yo le pregunté a mi amiga Harriet acerca de esto, y ella intuyó que pudo haber sido causado por la energía, posiblemente causado por las diferentes entidades que hablaron a través de ella. Ella me sugirió que la próxima vez yo viera en la planta de sus pies cuando despertara y posiblemente por detrás de su cuello, debido a que estos son puntos de salida energéticos; ella no sabía de donde venían esas ideas, simplemente salieron de su cabeza y no sabía si tenían alguna validez o no.

Alguien más dijo que la piel no hace eso a menos que la persona esté muerta, yo mencioné esto a mi hija Julia, quien es una enfermera; Julia dijo que la persona quien mencionó eso obviamente nunca había estado en una unidad de cuidados intensivos. Ella había observado este fenómeno en ciertos pacientes en operaciones de corazón, pero únicamente era bajo extremas condiciones. En esos casos la decoloración no estaba confinada en las palmas, sino también estaban presentes en otras partes del cuerpo y tenían que ser aliviadas a través de medicamentos. Yo consulté a mi experto médico quien me había ayudado en otros libros cuando yo tuve preguntas del campo médico, el doctor Bill conoce mi trabajo y está acostumbrado a mis preguntas extrañas, así que no tuve que explicarle porque yo quería la información; él me dio los términos médicos, para la causa de la decoloración: obstrucción venosa mientras el flujo arterial permanece intacto, en otros términos: el flujo de sangre que se dirige a las extremidades (brazos y piernas) tendría que haber sido constreñido, inhibido, bloqueado, para crear el fenómeno que le describí. Podría haber sido causado por un torniquete o algo similar restringiendo el flujo de sangre y bajo esas condiciones podría resultar un daño en el nervio, si es que la constricción continuaba lo suficientemente. Él no podía pensar en otra cosa más que pudiera crear una decoloración similar. Pero las manos de Janice no estuvieron constreñidas de ninguna manera, sus palmas estuvieron descansando hacia abajo en su abdomen durante toda la sesión. Él mencionó que bajo esas condiciones definitivamente no era normal. Y que posiblemente fue causado por algo super natural que nosotros no entendemos, obviamente no era una experiencia normal para una persona saludable.

Cuando yo hable con Janice meses después, mientras intentábamos agendar otra sesión, ella dijo que la condición nunca regreso. También dijo que no había podido escuchar ninguna de las grabaciones, ya que cada vez que ella comenzaba algo la interrumpía. Yo siempre me preguntaba acerca de su reacción hacia la grabación, debido a su contenido emocional, así que la entidad paternal no se tenía que preocupar por su reacción al escuchar su voz; el mensaje había sido insertado en el subconsciente de Janice justo como él lo había deseado.

El fenómeno de la decoloración en las manos de Janice pudo haber sido otra reacción como lo que le ocurrió a Suzzane en el capítulo 7. Ese había sido mi primer encuentro con un extraterrestre hablando a través de uno de mis pacientes, y cuando despertó en el motel, ella tuvo unas grandes manchas rojas por todos sus pies y parte baja de sus piernas. En 1997 cuando por primera vez le hice una regresión a Clara (capítulo 3) en Hollywood, ella descubrió una mancha roja por detrás de su cuello en la orilla de su cabello después de que un ser extraterrestre habló a través de ella en la sesión. Quizás estas manifestaciones físicas, son el resultado, de las diferentes energías que están interactuando en el cuerpo físico, aunque los resultados son sorprendentes, ellas aparecen temporalmente y no causan efectos físicos que perduran.

Cuando yo llamé a Janice en 1998 para pedir su permiso para usar estas sesiones, ella aún no había escuchado las grabaciones, ella ni siquiera se acordaba donde las había guardado

# CAPÍTULO 13
# LA EXPERIENCIA FINAL

Ya habían pasado seis meses, y era el mes Julio de 1990, para que pudiera otra vez viajar a Little Rock y trabajar con Janice, yo quería intentar hacer varias sesiones en un día. La última vez que había hecho esto, tal parece que las tres sesiones fueron demasiado para las dos, en este viaje veríamos cuántas serían suficientes sin saturarnos ninguna de las dos. Durante esta visita las sesiones tomaron una vuelta en territorio desconocido, definitivamente nosotras nos habíamos alejado de las experiencias con OVNIS y nos estábamos más comunicando con seres en otras dimensiones; algunos de estos seres su composición era de luz y ellos mismos se referían como seres de energía pura. Aparentemente Janice entre más trabajaba con esas energías, más complejo su entrenamiento llegaba hacer, los conceptos que fueron presentados eran tan complicados y supe que no podía exponerlos en este libro; estos serían reportados en detalle en mi libro *Convoluted Universe* (Universo Complejo). Ese libro está dirigido a aquellos quienes están listos para comprender conceptos y teorías, que hacen sentir mi pobre cerebro como gelatina; así que pensé que estaría bien combinar esos conceptos en un libro para aquellos quienes disfrutan los retos. Ya que este libro trata mayormente con experiencias con OVNIS y pistas que hay mucho más de lo que se aparenta y yo quiero mantener el enfoque de investigación en esa dirección.

Una de las cosas que aquí quiero incluir pertenece a la decoloración de las manos de Janice después de las tres sesiones de enero, la respuesta llegó del doctor de energía con quien había hablado antes.

*D: La última vez que trabaje con Janice, ella había tenido un cambio temporal en la piel de las palmas de sus manos. ¿Puedes explicar por qué ocurrió?*
J: Ocurrió porque el cuerpo físico no se había adaptado apropiadamente al nivel de energía del cual estaba operando y eso fue un problema del sistema circulatorio.

D: *La piel estaba tan oscura que casi era púrpura en ciertas áreas en sus manos.*

J: Sí, ella estaba a un nivel muy alto de energía.

D: *¿Fue causado por el ser que habló a través de ella?, (Sí). Yo temía que la causa fuera por el hecho que habíamos hecho varias sesiones ese día.*

J: No, de todos modos, hubiera sucedido, parte del problema fue que no llegó a su optima condición; realmente tuvo que ver con la interacción de la energía que fluía por las venas, en relación con el sistema energético al cual estaba conectada.

D: *¿Hubo por la forma como fue esa relación energética que le pudo haber causado daño con la decoloración de la piel?*

J: No lo hubiéramos permitido, su integridad es importante, no ocurrirá otra vez, ella ahora está en un estado de desarrollo.

Este tipo de decoloración nunca ocurrió de nuevo mientras trabaje con Janice, también en sesiones más adelante, ella no experimentó las fluctuaciones de calor que me habían causado preocupación en las primeras sesiones; pareciera que ella ya se había ajustado a trabajar con esas altas energías que hablaban a través de su cuerpo. Aparentemente ese tipo de comunicación en algunos casos tienen unos efectos físicos notables en el cuerpo, pero también aparentemente no causa daño permanente, es como un fenómeno de transición.

Otra curiosidad extraña conectada con este caso ocurrió durante este tiempo, yo siempre hago copias de las grabaciones y le envió una a Lou y otra al paciente, de esa manera siempre habrá copias en existencia. Normalmente yo hago las transcripciones de las grabaciones que intento usar dentro de algunas semanas después de la sesión y de esa manera tengo una copia en papel. Yo hice las transcripciones de las primeras sesiones que conduje en 1989 y 1990, habían tres sesiones más en 1990 y una un año más adelante 1991, yo siempre coloco las grabaciones que tengo la intención de transcribir en un lugar específico en mi oficina, para que no se mezclen con las demás cintas de grabación (casetes), sin embargo no podía encontrar las últimas cuatro cintas grabadas para transcribirlos, yo las busqué por toda la oficina y cada vez que pensaba en ellos; incluso le pregunte a Janice y a Lou que me enviaran sus copias. Janice nunca las había escuchado y había olvidado donde las guardó y Lou me dijo que le tomaría tiempo encontrarlas, ya que su oficina estaba muy desorganizada. Yo seguía recordando que el extraterrestre me había advertido que no me permitiría publicar nada de la historia hasta que tuviera toda la gran perspectiva. ¿Acaso ellos tenían que ver algo con esto?, yo aún no estaba lista para publicar, solo quería transcribir las grabaciones.

Misteriosamente las cintas permanecieron perdidas por cinco años mientras yo estaba ocupada con otros libros y proyectos. Repentinamente ellas aparecieron en un lugar muy obvió en mi escritorio al comienzo de 1996, estaban en un lugar muy a la vista y no pudo haber sido posible que no los haya visto. En ese tiempo ya había empezado a juntar la información de mis expedientes para este libro. Cuando las grabaciones misteriosamente reaparecieron, sabía que era tiempo para que divulgara la información, yo mantuve mi promesa y ya habían pasado 8 años desde que me pidieron que guardara silencio en 1989.

Ahora incluiré la información de la última sesión que tuve con Janice en septiembre de 1991, la cual le nombré "La Experiencia Final". En esa ocasión yo pensé que ella había estado en una nave, pero después de hacer las transcripciones de las sesiones, yo me preguntaba si más bien estuvo en una base subterránea dentro de una montaña; donde sea que haya estado, es la ubicación de las escuelas que proveen educación sin igual de cualquier parte en el universo.

Yo regresé a Little Rock en septiembre de 1991 para tener sesiones con dos casos de sospecha de abducción OVNI, Lou y Jerry me llevaron a esos dos testigos y mientras estuve allá también volví a trabajar con Janice. En ese tiempo no pasó por mi cabeza que sería la última vez que tendría una sesión con ella, la sesión fue otra vez en la casa de mi amiga Patsy. Janice quería explorar un extraño evento que le había pasado muy recientemente en Julio de 1991.

En ese tiempo Janice estaba muy feliz porque un hombre que ella conocía por muchos años había regresado a su vida y estaba teniendo una relación romántica con él. Ella sentía como que finalmente había encontrado su alma gemela y no queriendo espantarlo no le había contado nada de sus extrañas experiencias que le habían ocurrido. Él era un militar y ella había ido a la ciudad que estaba cerca de la base militar para pasar el fin de semana con él, ellos estaban en el motel y Ken tenía que levantarse muy temprano la siguiente mañana para regresar a la base, después que se marchó, Janice quedó profundamente dormida, unas horas después se despertó debido a que tocaban la puerta para el mantenimiento de la habitación, pero no pudo contestar; lo siguiente que sucedió fue que la chica del mantenimiento entró a la habitación y empezó a gritar histérica, eso hizo que Janice despertará muy repentinamente y estando todavía acostada miraba como todas las luces de la habitación destellaban erráticamente y se prendían y apagaban hasta que unas explotaron, eso le asustó a la chica de mantenimiento y salió corriendo de la habitación. Por eso durante la sesión queríamos saber y descubrir que había pasado esa noche.

Yo use la palabra clave de Janice y funcionó perfectamente, incluso aunque no habíamos tenido nada de sesiones por más de un año. Empecé el conteo regresivo a la noche del incidente, cuando hice la transcripción de la grabación yo escuché un extraño efecto de sonido que no fue perceptible al tiempo de la sesión; cuando termine de contar yo escuché como algo que sonaba como el encendido de un automóvil o más correctamente, como un motor de un bote acelerando, era muy fuerte, pero no venía del exterior, sonaba como si estuviera pegado al micrófono. Era obvio que el sonido venía de la grabación, porque yo no había escuchado ningún ruido en la habitación, porque yo había continuado con mi protocolo sin interrupciones.

Janice estaba repasando las memorias placenteras de esa noche, después los dos se quedaron profundamente muy dormidos.

*D: ¿Dormiste completamente toda la noche?*

J: No, fue como si despertara, él despertó también y estuvimos charlando y dijimos, "¿qué sucedió?", fue como si acabara de llegar y él mencionó, "oooh se siente como si hubiéramos estado fuera de este mundo". Sabíamos que estábamos allí físicamente, pero sabíamos que de alguna manera estuvimos en otro lugar más, porque podíamos tocar ese otro lugar de alguna forma. Fue realmente extraño y supe que algo había pasado durante la noche, pero no sabía que fue. Él tuvo que levantarse porque tenía que irse a las 4:30 de la mañana para regresar a la base y le costó mucha dificultad despertarse. Yo me preocupé porque sabía que él realmente no estaba completamente de regreso y pensé "Dios mío, él tiene que salir y manejar". Después él salió por la puerta dirigida hacia la parte trasera del motel donde había un campo abierto enorme y estaba cubierto de neblina que solo estaba allí, eso fue raro porque era Julio y había neblina allí. Yo le pregunté cómo es que pudiera manejar con esa neblina y él dijo que no había ninguna neblina, él no la había visto. Inmediatamente que él se fue yo regrese a la cama y me dormí rápidamente, fue como si supiera que realmente no iba ir a dormir; me estaba yendo a otro lado y me fui. Después ya era de mañana, la chica del mantenimiento abrió la puerta y ella estaba gritando y gritando, podía escucharla, pero no podía moverme, no podía abrir mis ojos, ella solamente permaneció allí gritando, yo estaba intentando fuertemente abrir mis ojos y no funcionaba. Cuando finalmente los pude abrir, todas las luces estabas destellando... ¡oh, realmente rápido!, y yo me sentía muy mareada, la chica seguía gritando porque no sabía qué hacer. Está bien, está bien y las luces seguían destellando hasta que algunas explotaron, y después todo se calmó.

D: *Vamos a la noche anterior y tú encontrarás qué fue lo que sucedió, ¿Sucedió la experiencia mientras Ken estuvo allí?*
J: Algo de ello sucedió mientras Ken estuvo allí.
D: *Regresemos a esa parte, dime cómo comenzó, ¿estabas dormida?*
J: (Sonriendo) realmente no estábamos dormidos, fue precisamente antes de quedarnos dormidos y los dos nos fuimos juntos.
D: *¿Qué quieres decir?*
J: Quiero decir que dejamos el hotel y nos fuimos a las naves.
D: *¿Cómo es que hiciste eso?*
J: No lo sé, solo estábamos allí, realmente fue rápido.
D: *¿Fuiste en tu cuerpo físico?*
J: Parece que así lo hicimos, yo podía ver su cuerpo físico.
D: *¿Entonces los dos salieron de la habitación?* (Así es), *¿Dónde estaba la nave?*
J: No lo sé, nosotros solamente estábamos a la deriva y después ya estábamos adentro, ¡en un instante!, realmente fue rápido.
D: *Está bien, ¿dime qué es lo que ves?*
J: Oh, estamos muy felices ahí, no tenemos miedo de nada, estamos en el cuarto sagrado.
D: *¿Cuál es el cuarto sagrado?*
J: (Pausa), no estoy segura de poder decirte eso.
D: *¿Quieres decir que no te permiten o cómo?*
J: (En un tono reverente) es la habitación más alta en la nave, no puedes entrar a esa habitación a menos que seas un maestro espiritual, es un lugar muy especial y no todos entran.

D: *¿Entonces ustedes dos entraron?*
J: Sí, y nos sentamos en unas sillas especiales, es una habitación maravillosa.
D: *¿Por qué es maravilloso?*
J: Porque es un ...

Hubo una gran pausa, entonces la voz cambió, alguien más estaba hablando, Janice había estado con actitud reverencial y esa voz no tenía emociones.

J: Es una replicación del futuro.
D: *¿Del futuro?*
J: Sí, muchas cosas suceden en esta habitación que afectan la espiritualidad de galaxias y sistemas planetarios, no solamente el sistema planetario de la Tierra. Así que es un lugar maravillo para estar y es lugar muy sagrado.
D: *¿Hay uno en cada nave?*
J: No, solamente en esta.
D: *¿Es esta un tipo de nave diferente por qué tiene ese lugar especial?*
J: Sí, no es como cualquier otra.
D: *¿Está la nave localizada en un lugar único?*
J: Esta nave está en todos los lugares, va a todas las galaxias y a todos los universos. Es impresionante y diferentes personas vienen aquí.
D: *¿Cuáles son los propósitos para que las personas puedan acudir ahí?*
J: Ellos tienen que haber alcanzado un cierto de nivel de desarrollo o de lo contrario nunca podrían venir aquí. Ellos deben tener un propósito común, aunque ellos tengan múltiples propósitos, existe uno que los trae a todos aquí y es la nave de la unión.
D: *¿Qué más es diferente con respecto a la nave?*
J: La forma de las habitaciones, no son cuadradas, son cuartos que tú nunca has visto, tienen muchas formas, con ocho lados.
D: *¿Hay alguna razón y es por eso que tienen ocho lados?*
J: No lo sé.
D: *¿Son todos los cuartos de la nave de la misma manera?*
J: Existen cuatro habitaciones que están dentro de las cámaras, al interior, al centro de la nave que tienen ocho lados y existen cuartos exteriores donde las personas son instruidas; los cuartos exteriores son curveados y no tienen lados.

D: *¿Es esta una nave grande?*

J: Oh, es inmensa, es …. Oh, Dios es inmensa.

D: *¿Hay muchas personas allí?*

J: Sí, hay muchas personas, pero no todos están ahí con el mismo propósito y no acuden a las mismas habitaciones.

D: *¿Para qué otros propósitos acudirían?*

J: Algunos vienen para trabajo de integración.

D: *¿Qué quieres decir con eso?*

J: Significa que es tiempo para un cambio en su nivel de desarrollo, y debe de haber una integración física, espiritual, emocional, mental, causal y astral; todos los cuerpos y algunas veces existe una reconstrucción molecular. Algunas personas tienen fusiones, algunas solamente acuden a clases, algunas personas vienen a enseñar, algunas personas vienen a participar en otras actividades.

D: *¿Qué tipo de cosas están enseñando ahí?*

J: Los mecanismos del sonido, los mecanismos de la luz, los mecanismos de energía, los mecanismos de la reconstrucción molecular, los mecanismos de la desmaterialización, los mecanismos de bilocación. Los mecanismos de universos paralelos, los mecanismos del tiempo, los mecanismos del espacio en relación con la partícula de materia y energía, los mecanismos de movimiento a través del tiempo y el espacio y el viaje con relación a la luz… pasando la luz, pasando la velocidad de la luz. Hay muchos más tópicos de lo que te puedo decir.

D: *¿Hay personas que están en sus cuerpos físicos cuando acuden a ese lugar?*

J: Algunos si, algunos no, pero como ves si tú estás en tu cuerpo físico que incluso puede cambiar después de que estés aquí, así que realmente no importa. Si los estudiantes vienen en su cuerpo físico la mayoría de ellos permanecen en su cuerpo físico, pero los maestros y los avatares pueden cambiar en energía y ellos en un sentido recargarse. Ellos se revitalizan y hacen mucha interacción y trabajo que tiene que ver con la energía, y entendiendo como pueden traerla de regreso al plano físico y transmitirla para continuar su trabajo una vez que ellos regresan.

D: *¿Entonces incluso personas de la Tierra hacen esto?*

J: Bueno, muy pocas personas de la Tierra son realmente gente de la Tierra, la gente de la "Tierra" son llevados a otras naves, pero hay gente de la Tierra quienes realmente no son totalmente gente de la

Tierra. Ellos son gente de la Tierra, pero han dominado áreas y niveles de desarrollo que les ha causado una función dentro de ellos mismos a nivel físico y al mismo tiempo funcionan en niveles multidimensionales. Ellos no están en su forma terrenal necesariamente siempre conscientes de esto al inicio, pero una vez que alcanzan las habitaciones interiores, ellos están conscientes de funcionar dentro de diferentes estructuras moleculares, también en servicio interdimensional e interplanetario. Así que sobrepasa el fenómeno normal OVNI cuando tú estás aquí, tú vas más allá.

D: *Entonces, cuando ellos traen ese conocimiento de las clases, de regreso a la Tierra, ¿lo utilizan?*

J: Es utilizado, en la manera que estamos hablando, funciona dentro de ellos al cargarlo en un rango vibracional y una de sus más importantes misiones es mantener el rango vibracional que obtienen ahí y están interactuando aquí. Esto está integrado dentro de su ser cuando ellos regresan a la Tierra, ellos lo usaran en un tiempo apropiado y les servirá de muchas maneras en el futuro, al acercarnos al siguiente siglo.

D: *Estas personas no recuerdan esto conscientemente, ¿lo recuerdan?*

J: Existe una posibilidad de que pueda ser recordado dentro de su estado consciente, dependiendo de la estructura de cerebro del ser. Existen seres quienes funcionan en el plano físico y mantienen un nivel de desarrollo que ocasiona una reconfiguración al punto de funcionar en lo físico de manera tan normal que no es aparente. Cuando ... (ella se desconectó inesperadamente), algo pareciera estar sucediendo.

D: *¿Qué es lo que sucede?*

J: (Janice estaba de regreso) yo creo que nos estamos moviendo a algún lugar, estamos yendo ahora a un cuarto, no es exactamente un pasillo, están cuatro cuartos que tienen ochos lados y tienes que ir a través de todos los cuatro cuartos.

D: *¿Caminas de un cuarto al siguiente?*

J: No, nosotros no caminamos, pero estamos tomándonos de las manos y moviéndonos, nos movemos por medio del pensamiento.

D: *¿Qué está en el siguiente cuarto?*

J: El siguiente cuarto es un lugar diferente, es metálico y aquí nosotros vamos a trabajar de diferente manera ahora. (Un repentino suspiro) ¡oh, mi Dios! (Respiración fuerte).

D: ¿Qué es?

J: Nosotros somos solamente .... ¡aire! Nos desmaterializamos aquí mismo.

D: Pero estaban de manera sólida en el otro cuarto, ¿es eso lo que quieres decir?

J: ¡Oh, si! (Ella estaba emocionada y aparentemente fue inesperado)

D: ¿Y este cuarto es para desmaterialización? ¿Sería eso correcto?

J: Eso fue lo que sucedió.

D: ¿Cuál es el propósito de eso?

J: No lo sé, bueno, ahora nosotros no somos personas separadas, (respiración fuerte) nosotros ya no estamos separados (risa emocionada) ¡oh, mi Dios!

D: ¿Puedes explicar lo qué quieres decir?

J: (Tartamudeando y hablando entre dientes, ella tenía dificultan de incluso formar palabras) ¡oh, Dios!, ¡estoy muy caliente! (Le di sugerencias para que se calmara) ¡Me estoy quemando!

D: ¿Qué quieres decir de que ya no son personas separadas?, ¿paso algo en ese cuarto?

J: Sí, nosotros entramos y después ¡repentinamente! Nosotros ya no éramos personas separadas.

D: ¿Qué eras?

J: No lo sé, ya no éramos solo personas (risa emocionada), yo sabía cómo si: esta parte es mía, esta parte es tuya, esta parte es mía y esta parte es tuya, pero ya no somos personas separadas.

D: ¿Qué quieres decir?, ¿partes en todo el cuarto?

J: (Risa) No, no, no, no existen partes, no hay ...

D: Tú estabas apuntando (risa).

J: Oh, lo siento, quiero decir que no somos personas separadas; es lo siguiente: él está aquí, yo estoy aquí, ambos estamos aquí, pero nosotros somos uno... nosotros ni si quiera estamos en forma física, ¡no somos sólidos!... tú no puedes tocar, tú puedes tocar, pero no puedes tocar (risa) nosotros ya no estamos separados.

D: ¿Quieres decir que se han fusionado o qué?

J: Aparentemente lo estamos, es pura energía, no existe forma física aquí, pero aun así es una forma, existe una forma, pero no es una forma física, pero yo sé que yo soy yo y él sabe que él es él, pero nosotros sabemos que no lo somos.

D: *¿Mantendrán sus personalidades?*

J: Buenos, nosotros somos, pero no lo somos, nosotros somos diferentes, nosotros somos nosotros mismos, pero somos lo mismo... mezclados.

Durante este enunciado había un sonido agudo en la grabación, como un motor que causaba vibración en el micrófono, un sonido extraño, ¿quizás energía?

J: Es cómo: esta molécula es de él, esta molécula es mía, esta molécula es de él, esta molécula es mía, etc. Yo sé esto, él sabe eso, pero en totalidad no son nuestras.

D: *Entonces tú piensas que "mezclados" podría ser una mejor palabra, pero la manera en la que estabas sonriendo, pareciera sentirse bien.*

J: ¡Oh, es maravilloso! Es realmente extraordinario, es la más completa armonía, eso es lo que es, es puro .... ¡Oh! Ellos me están diciéndome ahora que es una energía en esencia.

D: *¿Energía en esencia?*

Nota: Esencia de energía: ¿Esto se refiere a la forma pura?, ¿el primerísimo o el tipo original?, ¿la energía de Dios?

J: Es energía, es nuestra energía, así como ellos iniciaron es en su forma más pura, esta molécula que es mía, esa molécula que es de él, esta molécula es mía, esa molécula es de él, pero todas son nuestras moléculas y son ellas de luz; ellas están girando y se están moviendo tan rápido que pareciera como si fueran una galaxia en miniatura.

D: *Tú mencionaste que era como aire, pero ¿ahora puedes verla tú como pequeños puntos de luz?*

J: Sí, exactamente, solo se siente muy bien.

D: *Pero sigues sabiendo que tú eres tú.*

J: Sí, yo sé que soy yo, yo sé que estoy aquí y soy yo y él es él, pero no estamos separados.

D: *¿Es ese el propósito de esta habitación?, ¿para mostrarse como se hace y qué es lo que se siente?*

J: Sí, porque después tú te puedes mover como una entidad a través del espacio de aquí hacia otras galaxias; tú te puedes mover desde esta habitación estando en este estado a cualquier cosa, hacia lo que sea y nunca perder lo que tú eres como una esencia, porque tú podrías llegar a ser lo que sea que puedas concebir al mismo tiempo.

Durante este último enunciado un ruido extraño de un motor de nuevo causó una vibración y algún tipo de distorsión en la grabación.

D: *¿Cuál sería el propósito de eso?*
J: Para cambiar ciertos patrones estructurales de energía de materiales sólidos, si la necesidad emerge para llamar a esa particular acción, Entonces cuando tú regresas a lo físico tú tienes la capacidad de hacer eso en el estado físico hacia un estado físico, dentro de un objeto viviente o sin vida.

D: *Entonces, ¿no requerirás de nuevo de esa habitación para hacerlo posible?*
J: No necesariamente, no tienes que estar en esta habitación para que suceda otra vez, con que una vez que lo hayas experimentado es suficiente.

D: *¿O sea una vez que lo has experimentado ya sabes cómo hacerlo?, ¿es eso lo que quieres decir?*
J: Ya sabes cómo hacerlo, pero no para decir que no volverás y volverás a experimentarlo en esta habitación, porque la experiencia de esta habitación reestructura la totalidad de la energía esencial; porque puede llegar a fracturarse en lo físico, nunca se disipará, pero puede ser reconfigurado debido a las interacciones con diferentes fisicalidades, esa palabra, esa no es la palabra, es algo como eso, esa no es la palabra precisa.

D: *Entonces, ¿vas a ir a otra habitación después de esa?*
J: No lo sé, ahora mismo estoy dando vueltas, es como si tú estuvieras en el espacio realmente y tú eres una galaxia girando.

D: *¿Y tú puedes percibir la totalidad?, ¿sería eso correcto?*
J: Exactamente.

D: *Entonces tú estarías sin límites.*
J: Oh, totalmente, allí no existen ningunas limitaciones, ni siquiera sabes qué es eso.

D: *Sin restricciones,*

J: Ninguna de cualquier forma.

¿Sería esto similar a el "cuerpo" de Dios?, ¿en el que ÉL está en todas partes al mismo tiempo, la omnipresencia de Dios? Se ha dicho que nosotros somos moléculas o células del cuerpo de Dios y nuestro objetivo final es ser asimilados o reintegrados dentro del cuerpo total o la entidad de nuestro creador, se ha dicho que en el comienzo nosotros nos separamos, ¿fue hecho por el mismo tipo de proceso?, de esa manera la explicación de Janice en cómo es que nosotros somos seres individuales y aun así estamos unificados, tal vez esto es lo más cercano de como nosotros podemos llegar a entender la totalidad o complejidad de Dios y nuestro papel en su universo.

D: *¿Es esta la manera como los seres espaciales operan?*
J: Estos seres espaciales lo hacen.
D: *¿Pero no todos?*
J: No todos los seres, pero estos seres espaciales sí.
D: *¿Entonces otros tienen diferentes habilidades?*
J: Exactamente.
D: *Bueno, vamos a movernos más adelante hasta que la experiencia termina y podamos ver qué es lo que sucede después de eso.*
J: (Un gran suspiro y después una interrupción), ¡Oh!, ¡ooh!, bueno se siente chistoso (risa), oh, ¡Dios mío! Es justamente tan ... volviendo hacia tu... es como es una ... (confusión), solamente un movimiento, muy rápido, solamente colectando tus moléculas, ellas se mueven muy rápido.
D: *¿Quieres decir que tienes que colectarlas de regreso?*
J: Bueno, sucede automáticamente, y pareciera como que esa fuera la terminología, colectando tus moléculas, no, colectando no es la palabra, reasimilando es la palabra, no estás colectando, pero ellas vuelven a juntarse.
D: *¿Crees tú que esta habitación es como una máquina o algo así?*
J: No, tiene que ver con la energía de adentro, tiene un rango vibracional que es mantenido, así que cuando tú caminas, sucede. No tiene que ser una máquina, es debido a la energía que tú portas con relación a la energía de la habitación. La transformación toma lugar automáticamente sin máquinas, las máquinas solamente son usadas en otros niveles, este es el nivel más alto de este tipo de trabajo.

*D: ¿Entonces cuando tú estás lista, las moléculas automáticamente vuelven a juntarse?*
J: Depende del propósito de la visita a la habitación, existen muchos diferentes propósitos por lo cuales tú vienes a esta habitación.
*D: ¿Qué sucedería si alguien de una vibración diferente quisiera entrar a esa habitación?, ¿tendría el mismo efecto?*
J: (Ella no lo entendió) ¿Qué?, ¿diferente en qué?
*D: Tú mencionaste que cuando entrás a la habitación, tu grado vibracional se iguala con el rango vibracional de la habitación y esto hace que suceda automáticamente.*

En algún momento aquí la voz se convirtió a una forma autoritaria otra vez, y era obvio que yo estaba hablando con alguien más aparte de Janice, una entidad que pudiera ser capaz de proveerme con más información detallada.

J: El cuarto tiene propósitos multifacéticos y las personas que entran a esta habitación de grados vibracionales diferentes a Janice y Ken, tienes que entender que; si otro grado vibracional entraría a la habitación en su presente estado vibracional, el cuerpo se desintegraría hacia la nada y nunca se reasimilaría. Así que debes de entender que: un estudiante no podría entrar a ese grado vibracional, de esa manera se tendría que ajustarse el grado vibracional del cuarto antes que el estudiante entre. Ahora en el caso de Janice y Ken debes entender que están en un nivel más avanzado y ellos entran a la habitación para un propósito diferente a comparación de los estudiantes.
*D: Eso es lo que yo me estaba preguntando, si una persona pudiera desintegrarse y no volver otra vez,*
J: Te debo decir que es una pregunta muy verdadera de tu parte y muy inteligente.
*D: Gracias, yo siempre estoy queriendo aprender, y yo me preguntaba qué sucedería si una persona se equivocara y entrara ahí, pero a ellos ni siquiera se les permitiría estar en la nave, ¿o no es así?, ¿en el grado vibracional erróneo?*
J: Erróneo como en …
*D: Negativo o discordante.*
J: Yo creo que tú no te has dado cuenta donde estás, la negatividad ni siquiera está en el reino de posibilidades dentro de esta nave.

D: *No sonaba como eso, pero existe una posibilidad de que alguien entre a la habitación y sea ...*

J: No hay posibilidad de eso, porque nosotros estamos muy atentos al control del grado vibracional de esta habitación y no solamente eso, los estudiantes de alto nivel son los únicos que pueden entrar a esta habitación. Ahora nosotros tenemos estudiantes al nivel maestro y también tenemos maestros.

D: *Ya veo, ¿con quién estoy hablando?*

J: Tú estás hablando con la persona encargada de esta habitación.

D: *Te agradezco por contestar mis preguntas, incluso si suenan un poco ingenuas.*

J: Son preguntas muy inteligentes.

D: *¿Estás a cargo de todos los cuatro cuartos, o ...?*

J: No, yo estoy a cargo de esta habitación, yo he estado en la escuela por muchos años para llegar a ser un experto en el ajuste de grados vibracionales. Es mi trabajo primordial, yo enseño en esta habitación, es un propósito por el cual yo estoy en esta nave.

D: *Tomaría mucho entrenamiento y mucha responsabilidad para asegurarte que todo trabaje bien.*

J: Realmente, de donde yo provengo no sé requiere de un entrenamiento, porque nosotros somos, como tú usarías la palabra, nacidos sabiendo estas cosas. Así que no toma ningún entrenamiento y realmente no fui "entrenado" para hacer este trabajo. Yo fui seleccionado para estar a cargo de esta habitación debido a mis habilidades.

D: *¿Eres femenino o masculino, o tiene algún sexo?*

J: Soy básicamente masculino, pero también tengo características femeninas.

D: *¿Me puedes decir de dónde eres originalmente?*

J: Yo vengo de Zylar, (ella lo deletreo para asegurarme que fuera correcto), es una galaxia sin descubrir por tu gente que no sabe de su existencia en este momento.

D: *¿No podríamos verla con nuestros telescopios?* (No), *¿eres humanoide?*

J: Sí lo soy, en ese sentido, nosotros consideramos a las personas de la Tierra de ser humanoides, por lo tanto, en relación con eso yo podría contestar "no", pero "sí", en relación en como físicamente yo aparentaría o podría aparentar ser si así lo deseo.

D: ¿Tienes un estado normal o apariencia que mantienes la mayoría del tiempo?

J: Bueno, mi estado normal es energía pura, así que no sería necesario llegar a ser físico, porque ... la necesidad de ser físico es ... ¿por qué quisiera eso?

D: *En otras palabras, tú no lo necesitas.* (No), *entonces esa es la razón por la cual puedes funcionar como un maestro y encargado de esa habitación, porque tú mayormente operas en el estado energético, ¿es por eso?*

J: Eso es correcto.

D: *Pero tú mencionaste que mayormente eras masculino con características femeninas.*

J: Bueno, quiero decir que tengo energía femenina, yo tengo un balance total de energía masculina y femenina.

D: *Yo me estaba refiriendo con lo físico.*

J: No, yo entiendo que tú hablas mayormente de lo físico y me estaba relacionando mayormente a la energía, así que por lo tanto tenemos una diferencia de comunicación.

D: *Yo he hablado con otros seres quienes han dicho que ellos operan en el nivel de energía y que ellos podrían manifestar cualquier cosa que ellos quisieran o necesitaran, ¿sería eso correcto o eso sería algún tipo diferente de situación?*

J: No, eso es correcto.

D: *Me han dicho que existen ciudades y planetas enteros y que todo opera en energía.*

J: Totalmente, pero tú debes de entender que hay más que provienen fuera de mi planeta que vienen a operar similarmente.

D: *¿Existen muchos en diferentes galaxias?* (Sí), *¿pero es ese planeta un planeta físico?*

J: Es un planeta físico.

D: *¿Pero las personas no son físicas?*

J: Las personas son lo que desean ser, ellos tienen la elección y no significa que ellos deben permanecer en el estado físico, porque ellos se convierten en estado físico. Ellos pueden estar de manera física hoy y no estarlo mañana. Estar fisicamente en este minuto y no serlo en próximo, depende de lo que se desee o que interacción en cierto nivel se desea participar, así que realmente es un asunto de aprender a operar la energía de tal manera que lo físico es una diversión. Es interesante moverse de nivel a nivel y existen razones por las cuales operarías en lo físico, opuesto al estado de energía. Existen cosas que toman lugar en lo físico que causan que tú quieras estar de esa manera.

D: *Pero, tú te puedes manipular de un estado al otro de cualquier manera que quieras, y no estar así atrapado por así decirlo.* (No)

Aunque estos conceptos sonaban como a ciencia ficción, en los principios de los 1990, ellos han sido populares en las nuevas series de televisión y películas, a través de este tipo de ciencia ficción ahora ellos son presentados en maneras que la gente puede entender a los seres de energía, especialmente los del tipo, de líquido fluyente antes mencionados, son personajes permanentes en la serie de televisión, Deep Space 9 de Star Trek. Ellos también son llamados "Cambiadores de Forma". Mundos paralelos dimensionales y realidades alternas son presentados en las series de televisión como Star Trek, Sliders y Stargate SG-1; lo que era ciencia ficción está convirtiéndose más en factores de ciencia, así como nuestras mentes están siendo capaces de comprender teorías más complicadas.

D: *¿Puedes decirme de otros planetas que tú conozcas?*
J: No se me es permitido en este momento, pero lo comentaré en un futuro contigo y tal vez no soy el maestro quién estará hablándote de otros planetas, porque mi área es la energía y si deseas saber de energía yo te enseñaré y te lo diré, pero no necesariamente discutiré contigo acerca de otras áreas, porque para eso existen expertos y yo los respeto.
D: *Yo solamente estaba curiosa porque no sé las reglas.*
J: No hay reglas como tales y quien sea que esté en un alto nivel de conocimiento es con quién deberías indagar, porque es el área de desarrollo en la cual estás operando en este momento.
D: *A este punto todo es confuso, pareciera que está más allá de mis capacidades mentales, pero siempre quiero aprender, entonces si yo quiero hacer unas preguntas refiriéndose a energía de cualquier tipo y de sus propiedades y usos, ¿debería consultarte?*
J: Sí, yo contestaré tus preguntas de energía.
D: *¿Como sabré a quién contactar?*
J: Tú vendrás a esta habitación y yo estaré aquí, yo siempre estoy aquí.
D: *Yo te llamaré el guardián.*
J: Puedes llamarme el guardián, si así lo deseas.

D: *De la habitación de metal, la habitación de energía de metal.*
J: Solamente la habitación de energía, porque, aunque parezca ser realmente no es metálica.
D: *¿Me puedes decir si es que alguna vez he visitado esa nave?*
J: No creo que lo hayas hecho, en cuanto al desarrollo existe una nave lejos de aquí que si has visitado.
D: *Entonces tú vas a otras naves para diferentes desarrollos y esto sucede cuando estás durmiendo, ¿y tú ni te enteras?*
J: Puede suceder en varios estados, puede pasar en el estado del sueño o en un estado consciente en un fragmento de segundo, en un parpadear de ojos ya pudiste haber ido y venido, ya sabes así es como la energía funciona.
D: *Y tú nunca lo sabrás conscientemente.*
J: Podrías pensar, "yo estaba por ir al otro cuarto por un lápiz, ¿pero… a qué vine?, ¡oh! estaba yendo al otro cuarto por un lápiz"; y en ese breve espacio de tiempo tú ya fuiste a la nave y regresaste, y solamente fue un pequeño lapso para ti.
D: *¿Y aprendes algo mientras estás allí?*
J: Exacto.
D: *¿Por qué habría sido necesario para mí ir a una de esas naves?*
J: Realmente tú lo quisiste, aunque en tu mente consciente no te diste cuenta que lo querías y debido a tu trabajo te ayudará a relacionarte mejor en tus asignaturas. Si tú entiendes la energía, tu energía esta interactuando en todo momento con tus asignaturas y existe a veces un breve cambio que toma lugar en ti para que puedas entonarte en tus asignaciones; tú no tienes conciencia de cómo hacer eso, pero tú sabes cómo hacerlo.
D: *¿Es por eso que puedo obtener los resultados que hago?*
J: Ciertamente en la mayoría es una parte del porqué, es únicamente una parte de porque puedes obtener los resultados, y puedes obtener los resultados debido a que tú tienes la esencia de energía pura, y tus intenciones para recolectar conocimiento son intenciones puras. Tú no tienes un motivo oculto y no harás mal uso de la información, y si nosotros te decimos que no es el tiempo para diseminar la información, entonces no lo harás.
D: *Está bien.*
J: Y yo te respeto.
D: *Gracias, yo usualmente no sé exactamente lo que estoy buscando, pero al menos hago preguntas e intento acumular la información.*

J: Sí, pero has tenido un gran avance en un breve período de tiempo, quizás en tu mente consciente realmente no estás enterada y aun así tu misma sabes que has comenzado a entender conceptos a un grado más rápido a comparación de cuando empezaste en este trabajo, ¿o acaso no es verdad?

D: *Sí, incluso al comienzo los conceptos más sencillos parecían extraños.*

J: Todo era extraño al comienzo, pero no hay mucho que te cause sorpresa, eso es parte a que has estado viniendo a las naves, porque ha habido ajustes y un ajuste en período de tiempo en cual únicamente podría haber tomado lugar en el nivel de la nave. Tú estuviste de acuerdo, aunque tal vez tú no lo dirías, y no perturbo tu vida para que pudieras continuar con tu trabajo fue necesario.

D: *Entonces es mejor hacer esas cosas sin que la consciencia se entere de ello.*

J: Dependería de tus deseos y tus deseos no están conscientes en este momento, tú podrías cambiarlo en cualquier momento, podrías cambiar el deseo de saber. Si tú deseas saber nosotros encontraremos el tiempo apropiado y el método, y permitir que comience a tomar lugar a un ritmo muy lento.

D: *Yo siempre siento que es mejor si solamente actúo como un reportero para acumular el conocimiento.*

J: Eso es enteramente tu elección, tú puedes venir aquí en cualquier oportunidad, si es el tiempo apropiado para que sepas, esas preguntas de acerca de la energía serán contestadas. Si es que no es el tiempo apropiado para que tú sepas, entonces ciertamente declinaré en contestar, sin embargo, tú estarás haciendo trabajos de energía, porque existe una posibilidad que tú comenzarás a explicar algunas teorías complicadas en el futuro.

D: *Yo no entiendo ese tipo de cosas, para que yo las expliques ellos tendrían que explicármelas en una manera que yo pudiera entender.*

J: Esa es la parte del porque tú estás conectada con Janice, una parte de que es experta es que ella puede, como se te ha dicho antes, lleva información complicada a un nivel práctico y lo explica de manera práctica. Eso es parte de su entrenamiento en la Tierra, ella ha estado involucrada por los últimos doce años haciéndolo a un nivel de la Tierra, exactamente lo mismo que hace en un nivel espiritual y energético.

D: *¿Por qué es importante para las personas aprender estas cosas y traerlas de regreso a la Tierra?, ¿existe un propósito para esto en nuestro planeta?, ¿conocer acerca de estas energías para que podamos manipularlas?*

J: Depende del proyecto en el cual estés involucrado, también se convertirá más común entre personas que no están necesariamente involucradas en un proyecto, pero que han dedicado sus vidas para balancear la energía de tu planeta. Ellos deben de saber estas cosas y siempre que exista tiempo para trabajo de integración o exista tiempo para un avance o exista tiempo para diferentes propósitos, ellos vienen a este cuarto para ajustes en algo de su plano físico, porque cuando ellos vienen a este cuarto una vez que la dematerialización y configuración hayan tomado lugar ellos nunca serán los mismos.

D: *¿Quieres decir que ellos cambian después de que ellos han sido separados en moléculas?*

J: Ellos no necesariamente cambian de manera física, puede haber cambios físicos, pero en algunas instancias existen ramificaciones físicas en ello si el cuerpo físico está operando ... se hace muy complicado y te explicaré si tú lo deseas, pero el cuerpo físico puede cambiar y ser afectado, sin embargo, normalmente no lo es.

D: *Janice se ha levantado varias veces con moretones en su cuerpo, ¿tiene que ver algo con tu departamento?*

J: (Una risa entre dientes y sonriendo) lo siento que suceda, pero es uno de los efectos secundarios de los cuales yo hablo, al hacer este tipo de trabajo cuando tú vienes a este cuarto. Yo le he explicado esto a ella en un estado no consciente y ella está enterada de manera subconsciente de que esto tome lugar, pero no hay manera de que esto suceda necesariamente.

D: *Yo solo estoy adivinando, ¿cuándo las moléculas son reunidas de nuevo algo sucede que causa los moretones?*

J: Depende de la causa o la manera en la cual la reunión toma lugar, algunas cosas suceden a nivel de la Tierra que .... Bueno, tiempo, tiene que ver con el tiempo, dependiendo cuando estas moléculas se reúnen y cómo toma lugar si algo sucede que interrumpa antes del tiempo puede haber daño.

D: *¿Sucede esto en tu cuarto cuando se reúnen de nuevo?*

J: Ocurre mayormente en el regreso dentro del rango vibracional de la Tierra hacia el rango físico el cual el cuerpo estaba vibrando antes de que dejara la Tierra, porque el rango vibracional que tenía al tiempo que dejo la Tierra no es con el que regresará.

D: *¿Cuándo regresa es esa una condición más frágil después de haber sido separado y puesto de regreso de nuevo?*

J: Es una condición interna más fuerte realmente, pero fisicamente por la estructura actual, por la fragilidad de la estructura física de los seres humanos, esta es la energía más alta en la cual puedes trabajar y es una gran hazaña el regresar con ello. Haber estado a este nivel energético es maravilloso, ser capaz de regresar a la forma física, solo ciertas personas pueden hacer este trabajo y no es hecho por cualquiera.

D: *Yo estaba pensando que eso era el porqué de que los moretones ocurrieran, por la fragilidad del cuerpo al ponerse de regreso e ir a través del proceso.*

J: Eso es correcto, la energía entra al cuerpo físico y comienza a disiparse a través del cuerpo, si existen sitios en el cuerpo físico que no son exactamente ... bueno, quizás no pase a través de un rango apropiado o si el cuerpo se mueve; si hay cualquier movimiento en el cuerpo físico, cualquier y dije cualquier incluyendo la respiración.

D: *¿Durante la reentrada?* (Sí), *¿pero no sufriría el cuerpo al no respirar?*

J: El cuerpo es mantenido y no tiene que respirar en el estado de energía.

D: *Si existe cualquier movimiento esto podría causar los moretones.*

J: Algunas veces el cuerpo físico trata de volver a restablecerse sobre el energético, porque está consciente de su estado físico al mismo tiempo que está consciente de su estado energético. Cuando el cuerpo físico quiere convertirse en el dueño de la energía antes de que sea tiempo de tener la energía, allí es donde el problema ocurre.

D: *Ella también tenía algo malo con su rodilla derecha, ¿sabes tú algo acerca de eso?, ¿ocurrió esto en alguno de estos viajes?*

J: No, esto ocurrió en la Tierra, ella se estaba cayendo y se giró su rodilla en el proceso. Nosotros no teníamos tiempo para que ella tuviera esta lesión, por la necesidad de tenerla para que el trabajo continúe, así que nosotros la atendimos médicamente y si no hubiera removido el dispositivo entonces la rodilla pudiera haber estado sanada totalmente, pero ella lo removió, así que...

Janice me había dicho antes de la sesión acerca del descubrimiento de un pequeño abultamiento debajo de su piel en la rodilla y ella había sido capaz de extraer una pequeña pieza negra y no pudo entender como se había adherido debajo de su piel, ella tomó esto como una curiosidad.

D: *Ella estaba curiosa y no supo lo que era.*
J: Nosotros entendemos y no estamos molestos que esto tomara lugar, ahora simplemente está hecho de otra manera desde una distancia.
D: *¿Entonces su rodilla fue reparada en uno de esos viajes cuando el dispositivo fue implantado?*
J: Sí, pero no confundas este dispositivo con un implante, porque ella ya no requiere implantes.
D: *Ella ya ha pasado esa etapa, ¿cuál era el propósito de ese pequeño dispositivo? Ella mencionó que era muy pequeño y negro.*
J: Era muy pequeño y negro. Es similar a cuando tienes una extracción de un diente y el dentista pone algo en el orificio para disipar medicina al área afectada del diente. El dispositivo estaba liberando una energía particular sanadora a través de la rodilla.
D: *Entonces cuando ella lo retiró, interfirió con el proceso.*
J: Sí, no era imperativo que permaneciera, fue colocado ahí para su bienestar.
D: *Pero ahora está siendo manejado a distancia.* (Sí) *bueno, te agradezco por brindarme esta información, cuando quiera hacer preguntas de nuevo, muy seguramente llamaré por ti con su permiso.*
J: Eres la más bienvenida, porque yo tengo mucho por decirte.
D: *Yo tendré que planear mis preguntas, porque ahora fui tomada por sorpresa, entonces, ¿puedo tener a Janice de regreso? Le quiero preguntar que más sucede a bordo de la nave.*
J: Ella ya no está más en este cuarto.
D: *¿Puedes localizarla?, ¿a qué cuarto fue después?*
J: Ella está entre los cuartos esperando que te cansaras de mí.
D: (Risa) *está bien, entonces déjame regresar con ella.*
J: Muchas gracias por venir, disfrute mucho nuestra visita.

La voz repentinamente cambió, sonaba más suave y femenina.

J: Antes de que regreses con Janice, primero deseo tener una palabra contigo. Tú has hablado conmigo antes y creo que lo sabes.

D: *Bueno, yo he hablado con muchas personas.*

J: Me has llamado comúnmente el doctor, sin embargo, no es exactamente como quisiera que me llamaran.

D: *Yo pensé que estabas en una parte diferente de la nave cuando hablé contigo la última vez.*

J: Bueno, no me mantuve ahí, puedo ir a diferentes sitios en esta nave sabes, pero lo que quiero explicarte a ti es que yo estoy a cargo de la salud de Janice y ¿comúnmente me llamarías el doctor?

D: *Tú me dijiste que eras un doctor, sin embargo, no el tipo de doctor con el que estamos familiarizados, porque también estás involucrado con energías.*

J: Eso es correcto, yo trabajo con la entidad con quién estás hablando, nosotros trabajamos muy cercanamente, es por eso que quería hablar contigo y hacerte saber que hay una reordenación de esfuerzos en nuestras partes y tenemos el más alto interés en el cuidado y bienestar de Janice y Ken. Ellos son energías maravillosas.

D: *Entonces, ¿Con el que estaba hablando en el cuarto es diferente entidad a lo que eres tú?*

J: ¡Oh, si!

D: *¿Entonces me has encontrado en mi salida?*

J: Bueno, yo estaba aquí, pero no quise hablar e interrumpir.

D: *Yo pensé que sonaba como una persona diferente, yo reconozco tu voz.*

J: Eso es muy amable, tú has estado fuera por un largo tiempo.

D: *Oh, existen muchas cosas sucediendo en mi vida y no podía viajar a donde vive Janice por un largo tiempo ahora.*

J: Bueno, nosotros hemos estado en espera y esperábamos que tú llegaras.

D: *Yo tengo muchas preguntas que quiero preguntarte, aunque yo no sé si ahora es el tiempo.*

J: Esto es enteramente todo tu derecho.

D: *Bueno, nosotros estábamos curiosos de que había pasado con Janice, es por eso que yo estaba preguntado acerca de su rodilla y sus moretones. Y a nosotros se nos han brindado respuestas acerca de eso, así que, si tengo preguntas médicas, ¿puedo venir contigo?*

J: Sí, si tienes preguntas médicas, psicológicas y sociológicas. Yo estoy involucrado en cada aspecto del bienestar y funcionalidad de Janice y Ken. Realmente nosotros les asistimos, ellos no nos asisten a nosotros. La única cosa que yo quería clarificarte y es el porqué estoy hablándote es porque tú nunca preguntaste eso, aunque quizás pensaste en eso.

D: Yo probablemente no lo hubiera hecho.

J: Pero ves, ambos Janice y Ken son de muy alto nivel y operan mucho más alto que de dónde estamos nosotros. En la actualidad es importante que te des cuenta que nosotros los asistimos a ellos. Déjame ver si te puedo dar una explicación, ellos son directores de muchos proyectos, ellos no están totalmente trabajando con una energía o un grupo de seres o un propósito en particular. Ellos tienen y controlan muchos proyectos diferentes.

D: *Pero ellos no están conscientes de esto.*

J: En un sentido Janice se está dando cuenta de esto, porque ella se ha integrado al punto donde puede saberlo a nivel físico y puede enseñarlo de una manera en la cual Ken puede ser capaz de recordarlo. Simplemente es la manera de ser capaz actualmente de … (suspiro) no existe una palabra real de lo que te quiero compartir, otra como … (confundida y frustrada) ¡oh, mi!

D: *¿Puedes encontrar un concepto o algo cercano?*

J: (Confundido) quizás… déjame ver. No quizás, no puedo describírtela, tiene que haber balance para que seres tales como Janice y Ken para operar y continuar siendo funcionales en todas las áreas y múltiples galaxias en las cuales ellos funcionan, debe de existir un punto en el cual ellos regresan de tiempo en tiempo a restablecer ese balance. Así que el propósito para ellos de estar en esta nave en particular es causar balance para ser restablecido. Ahora, en un nivel físico, ellos han llegado juntos, porque su trabajo ahora requiere que estén juntos en un estado físico, a través de los años ese no había sido el caso y tuvo que evolucionar a un punto donde era tiempo para una conexión física, así como también a una conexión en otros niveles.

D: *Eso es lo que te iba a preguntar, ¿por qué ellos se juntaron después de tantos años de no verse uno al otro?*

J: Ellos tienen trabajo que hacer en lo físico, ellos se darán cuenta en lo físico que estos proyectos evolucionarán en su conciencia física y por lo tanto ellos serán capaces de influenciar en grandes cambios planetarios.

D: *La otra entidad mencionó que existen otras personas trabajando de esta misma manera.*

J: Hay otras personas trabajando de esa misma manera, pero tú descubrirás que ellos no están conectados de la misma manera, quizás como Janice y Ken están conectados. Existen muy pocos ejemplos donde una conexión es tal como la de Ken y Janice.

D: *Parecería que ellos hacen las energías con las que están trabajando sean más compatibles.*

J: Bueno, es como tu pregunta para el guardián de la energía acerca de la negatividad, realmente ni siquiera relevante. La interacción de sus energías ha rebasado cualquier factor de compatibilidad que ni siquiera la gente de la Tierra lo sabe.

D: *Yo creo que es maravilloso que ellos han regresado para estar juntos después de todo ese tiempo.*

J: Oh, solamente fue una cuestión de tiempo, esto hubiera tomado lugar en el pasado si es que ellos hubieran hecho diferentes decisiones, más aún debes de entender que la historia de tu planeta se encuentra en un punto crucial y es necesario para ellos que se encuentren juntos en el estado físico, porque en el estado físico lo mismo les sucede a ellos como lo que has pasado en el cuarto de energía. Sucedió de una manera mucho más sutil en el estado físico, pero en todo caso sucede, y ellos se darán cuenta, pero las personas no entenderán lo que ven.

D: *Esa es la manera que los seres humanos son, ¿me puedes decir para qué son usados esos otros cuartos?*

J: No estoy en la libertad de discutir eso contigo, tú lo experimentarás, pero quizás no en esta visita. Yo no estoy seguro donde te dirigirán la próxima vez. Yo deseo evaluar cualquier información con el concilio antes que tú lo pongas en un libro, como yo tengo entendido la información que fluye a través de Janice hacia ti será pasada al concilio antes de que tú la puedas incluir en un libro; porque para mi entendimiento, si intentas, ponerla en un libro no llegará a ser fructífero, a menos que el permiso se te haya brindado. Lo que no te has dado cuenta a este punto es que todo tiene una interacción, en parte de tu trabajo te has dado cuenta del valor del tiempo de espera ; de tal manera si la información de este calibre de ciertos eventos históricos es diseminada previamente puede intensificar el nivel de negatividad si llegará a caer en otras manos que no sean los diseminadores o traductores apropiados, o las apropiadas formas de energía transmutadoras, por ejemplo: en el lado negativo del balance de tu planeta. Entonces podría intensificarse más el nivel negativo creado a través de las mecánicas de entendimiento del lado positivo de energía. Por lo que estoy intentando de decir en breve y de una manera no complicada es: no disemines la información hasta que hayas obtenido el permiso, no solo de Janice, sino del concilio, quiénes lo aprobarán, porque como ves existen ciertos eventos que tomarán lugar y en tus otros libros tú has discutido esos eventos. Es muy importante que cierta información energética de ciertos eventos históricos no sea diseminada previamente. Yo no sé si tú has descifrado el evento el cual estamos hablado, si no lo has hecho aún entonces yo necesito informarte.

*D: Ahora mismo no haré nada, a este punto yo solamente estoy recolectando información y me apegaré a tus instrucciones.*

J: Pero existe un evento importante el cual… en realidad se me ha informado que te lo diga, es importante esta información para que tú aprendas, no sean diseminados los mecanismos de ciertos elementos y mi concilio está de lo más emocionado. Ellos están hablando muy rápida y simplemente no soy capaz de seguir con la corriente de palabras para decírtelo; pero simplemente debo informarte que no puedes revelar la información previo al apropiado lapso de tiempo. Cierta parte de el, no puede estar expuesto en un nivel físico antes de ese tiempo, simplemente no se puede.

*D: Entonces yo seré muy cuidadosa.*

J: (Suspiro) hay muchas personas hablando, hay muchas personas hablando, (ella inicio a respirar fuertemente y mostraba signos de molestia).

*D: Todo está bien, cálmate, porque no voy a usar la información sin el permiso de nadie. Yo seré muy cuidadosa, muy cuidadosa* (ella se estaba calmando). *Si yo te estoy perturbando podemos cambiar el tópico, solo espero que no te esté metiendo en problemas.*

J: No, no es cuestión de problema, es solamente que hubo tal infusión de vibración que mi propia vibración fue elevada a un nivel del que no estoy acostumbrada a operar. Y estoy teniendo un poco de… (gran suspiro), pero debes de escuchar esto, así que debes de darme un momento para ajustar ... se me está dictando a mi propio nivel de energía (gran suspiro).

*D: Está bien, continúa y asimílalo que yo tengo que hacer algo en mi propio nivel.*

Yo saqué la cinta y puse otra nueva.

*D: ¿Te estás sintiendo mejor ahora?*

J: (Confusión) existe una total ... (respiración fuerte).

*D: Yo ciertamente espero que lo que te estaba preguntando no te haya causado problemas.*

J: No me causo problema, causó problemas a un alto nivel, a un altísimo nivel.

*D: Porque yo no quiero causarte ningún problema.*

J: No, fue una cuestión de tu malentendido de lo que puedes y no podías diseminar, como ves. Yo estaba contigo en relación al ajuste vibracional de infusión de energía, y como se me ha dictado, por los miembros del cuarto sagrado, y no estaba consciente del poder de la energía en ese cuarto, (ella seguía sintiendo los efectos, eso fue lo que causó la confusión e inhabilidad de comunicarse), yo no entro en ese cuarto, yo te estoy hablando desde el cuarto de energía al cual estoy acostumbrado a operar. Janice y Ken están en otro estado del ser en otro lugar, yo estoy en este lugar y ellos están en aquel lugar, y en este lugar, en su lugar y su lugar físico. Así tú debes de ver que se llega a complicar en algunos momentos al discutirlo contigo y tener que fluir a través del ser físico.

*D: Pareciera como si los del concilio son los que están en la habitación sagrada y que están escuchando lo que nosotros estamos hablando, y aparentemente ellos pensaron que tú ...*

J: (Interrumpió) ellos siempre están alertas y monitorean lo que estamos discutiendo contigo, sin embargo hubo algo muy poderoso que fluyo a través de mí.

*D: Yo estaba pensando que ellos pensaron que tú pudiste haberme revelado cosas de las cuales no era tiempo aún.*

J: Era tiempo para ti el tener algo de esta información, (respiración profunda y confusión). Me disculpas por favor, yo no estoy funcionando apropiadamente en este momento, pero si eres paciente conmigo yo regresaré a mi normalidad.

D: *Lo siento si te he causado alguna molestia.*
J: ¡Oh! No fue molestia en el sentido de molestia, fue simplemente ... ¡Oh! Me llevaron a ... muchas gracias por ... fue, oh, una experiencia muy sobrecogedora para mí. Como ves, no me es permitido en eso ... no es cuestión de asignaciones, es solamente que no voy a ese cuarto, para ... ¡ooh! Yo estoy un poco desorientada. (Confusión de nuevo).
D: *Lo principal que yo quería aclarar es lo que ellos no quieres que yo haga.*
J: Si, yo estoy siendo sostenida a esta frecuencia, es importante que tú sepas que estoy funcionando a un diferente grado vibracional del mío y eso podía cambiar. Tú podrías ir directamente con uno de los ancianos sagrados si tú... no estoy segura de lo que puede suceder aquí.

Ella estaba intentando tomar respiraciones profundas para ajustar. Esto fue el porqué de una diferente y abrupta voz me sorprendió y me tomó desprevenida. "¡Dolores!", la voz tenía autoridad y demandaba atención.

D: *Sí.*
J: (La respiración ahora estaba calmada) ¡Dolores!
D: *Sí, te escucho.*
J: ¿Me puedes prestar atención?
D: *Sí, puedo escucharte muy bien.*
J: ¿Me puedes escuchar más que tus oídos físicos?, ¿me puedes escuchar dentro de tu cabeza... todavía?
D: *Bueno... no sé ...*
J: ¿Me puedes escuchar en un sentido de luz?, ¿puedes escuchar la luz?
D: *No sé lo que se siente, pero estoy sintiendo algo.*
J: Esto es suficiente para que tú sepas después, esto no es ningún daño hacia ti, pero no puedo comunicarme de la misma manera en la que tú estás acostumbrada, yo intentaré, estoy simulando una voz y esa no es mi manera, pero debo de decirte algunas cosas, porque tú has entrado en un área que no era de esperarse que tú entraras.
D: *¿Existe algún problema con eso?*
J: No en el sentido de la palabra un problema, como nosotros nos relacionaríamos a un problema, pero tú necesitas ajustar a Janice

en su plano físico, porque yo estoy usando su voz en una manera, pero aun así estoy usando su voz y ella no está sufriendo ninguna incomodidad física más de ... (suspiro) tú necesitas darle instrucciones para que se ajuste ella, se ajuste a sí misma.

D: *¿A la energía o cómo?*

J: Tú necesitas darle al físico de Janice su propia ... apresúrate y dale instrucciones para que se ajuste físicamente, simplemente has eso y dile a su cuerpo físico que se ajuste, (empático) ¡Dile a su cuerpo físico que se ajuste!

D: *Está bien, le estoy hablando al físico de Janice, y quiero que se ajuste, quiero que se relaje,* (su respiración empezaba a calmarse de nuevo) *y que esté tranquila. Esto es únicamente una energía diferente que está hablando a través de ti, ajústate y relájate. No hay ningún problema físico de cualquier manera, es una sensación muy buena, es una sensación muy relajante, es solamente algo diferente que está sucediendo y el cuerpo físico es muy capaz de manejar esto. Está bien, ¿está haciendo ella el ajuste?*

J: (Una voz dulce y femenina) ella haciendo los ajustes, si, ella está haciendo los ajustes.

D: *Está bien, pero tú mencionaste que yo estaba entrando en un área que no se esperaba.*

J: (La voz autoritaria de nuevo) ¡Permite los ajustes! Esto es muy importante, para tu entendimiento, tú has cruzado aquí muchos niveles de energía y no podemos permitir ningún daño que venga al físico. Nosotros tenemos a Janice operando en cuatro estados de energía al tiempo presente. Tú no te has dado cuenta de eso; tú debes de ser paciente con nosotros, porque hubo un poco de ... cambio. Un cambio muy rápido que ella tuvo en esos cuatro niveles y no pudo ajustarse apropiadamente en su físico.

D: *Sí, y yo no deseo ningún daño del todo.*

J: No, pero tú estás trabajando en los más altos estados de energía en este momento, y debemos decirte que esto a veces sucederá, nosotros te dirigiremos, así que no tengas miedo de no saber que hacer, porque como puedes ver nosotros alcanzamos un punto de asignación y no asignación con relación a ciertos aspectos físicos, en relación con ciertos espacios sagrados, con relación a cierto espacio de energía, con relación a cierto patrón sostenido en espacio. Así que nosotros tenemos los cuatro de estos estados del ser y lo que tú debes de entender es que, a cada uno de esos niveles existe un constante movimiento molecular, movimiento; y cuando tú estás trascendiendo en el tiempo, cuando tú te estás moviendo a través de diferentes tipos de tiempo a un rango de velocidad que es más rápido que la luz, para incluso obtener este nivel de energía, ciertamente los cambios rápidos causan que los patrones cambien toda su capacidad a la estructura física, y es muy importante el mantener el balance. Nosotros nunca permitiremos un desbalance en este ser o en el de Ken. No puede haber desbalances en estos seres, esa es la razón porque ellos siguen siendo capaces de funcionar en lo físico. En este momento Ken está en un grado de desbalance en su físico y nosotros estamos trabajando con él para traer a su vida dentro de un punto de balance. Él está experimentando dificultades y nosotros estamos trabajando con él, aunque él no está consciente y no puede ser traído conscientemente, y él será traído a través de la consciencia de Janice. Es importante que sepas que Ken está también con Janice en este momento en un estado diferente del ser, aunque él también está dormido en su cama en Oklahoma. Así que tú debes de saber estas cosas, y es importante para ti que estés consciente en lo que estás siendo involucrada, porque tú no siempre estás consciente, y esto no es una limitación, por favor entiende que nosotros no vemos esto como una limitación tuya. Tú debes entender que esto son simples métodos de los cuales no estás familiarizada, porque tú no has trabajado en este nivel. Realmente tú no has trabajado en este nivel, tú has estado cerca de este nivel, pero no a este nivel antes, y esa es la razón de tú conexión con Janice. La razón de algunas de tus interacciones con otras energías en ciertos otros niveles es porque debe haber también un deseo dentro de ti para llegar a este nivel. Para ti también será en un sentido, aunque no cambiará en ninguna manera al ser en tu vida física o en ninguna manera al ser en tu energía, tú estarás sintiendo un poco la diferencia, será una buena diferencia. Ahora lo que debes de entender es que tú has tenido un deseo de venir a este nivel o no hubieras podido llegar con Janice a este nivel.

D: *Hubiera estado bloqueado en otras palabras.*

J: No hubiera sido permitido, así que tú estabas lista para venir aquí. Ahora lo que debes saber es que, en un sentido, algunas cosas sucederán más fácilmente para ti, será una transición natural para ti. No malinterpretes cuando digo la palabra "ajuste", porque ajuste no quieres decir lo mismo en este nivel de energía a como significa para ti en tu estado del ser. Lo que sucede es que solo tu mejor bienestar es mantenido en nuestra más alta consideración, por el trabajo que estás haciendo debes saber que nosotros tenemos una profunda admiración por tu deseo de pasar más allá del punto de tu propio estado físico, lo cual lo haces. Tú haces eso, tú realmente te empujas a ti misma pasando el punto en el cual tu verdadero estado físico es desarrollado, porque lo que tú estás sintiendo, es que cuando preguntaste por un método esa fue nuestra llave para saber que tú estabas lista. (Yo no recordaba conscientemente haber preguntado por algo, pero aparentemente había ocurrido a un nivel subconsciente). Fue el punto donde tú fuiste escaneada, después de ese tiempo tú estuviste expuesta a ese mismo método el cual te dimos esta noche, sin embargo, en un principio tú no aceptaste. Tú lo escuchaste, pero no lo tomaste y nosotros sabíamos que no estabas lista para venir a este nivel. Así que por eso diferentes personas vinieron antes a través de Janice, ella siempre estuvo a ese nivel, pero ella tuvo que bajar de nivel para traerte a un punto de querer venir aquí y desarrollarte al grado de que pudieras sobrepasar tu miedo de ser cambiada como un individuo, porque no cambiarás, pero tú tenías miedo de estar fuera de control. En un sentido, tú tenías un miedo dentro de ti de cualquier fuente de exposición de pasar algo más allá de lo que estuvieras cómoda, tú sentiste que no eras capaz de manejar este punto en particular y no lo estabas.

D: *Esa es una característica muy humana.*

J: Es una característica muy humana.

D: *Pero yo no recuerdo que se me haya brindado un método, no hubo nada en las grabaciones de esas sesiones pasadas.*

J: No está en la grabación, sucedió en una discusión después de la grabación, no fue dado en la grabación, porque no era la intención que estuviera en la grabación, muchas de las discusiones con Janice que nosotros te diremos en este punto, han sido de que si tú nos perdonarías, nosotros pedimos perdón de tu parte, porque te hemos examinado en un estado consciente con simples discusiones en las cuales Janice hablaba de conceptos después su sesión, esto fue expuesto a través de cosas que ella pudiera decirte y que si tú hubieras reaccionado de una manera, nosotros hubiéramos sabido de tu nivel de desarrollo con relación a estar dispuesta y estar lista a estar expuesta a este nivel de energía y modo de operación. Tú has tomado esto a través de otras personas, tú has tomado una sesión de clases y has tomado un nivel de estudiante del ser, pero no has tomado un nivel de maestría del ser antes, eso es lo que tú has hecho aquí esta noche. Tú has tomado el nivel de maestro de interacción de energía, es por eso que como yo te he dicho antes, Janice y también Ken operan a través de energía OVNI, pero también operan afuera con esa energía e incluso a grados vibracionales más altos que es entendido como seres extraterrestres de los cuales tú has estado expuesta.

D: *Yo estaba preocupada por qué había reacciones físicas en el cuerpo de Janice y pensé que quizás ella no podía tomar esa energía, el otro ser pareciera que pensaba que yo había progresado dentro de un nivel de energía, que yo no estaba lista.*

J: No, tú malinterpretas, tú estabas hablando con el doctor, yo no soy el doctor, yo soy el mediador, yo soy un balanceador, eso es lo que yo hago. Tú no estás hablando con el doctor, la energía del doctor fue interrumpida, pero tú debes entender que yo necesito explicarte algunas cosas que son importantes para ti que sepas, porque esto ocurrirá de nuevo. En eso no te diste cuenta cuando tomaste a Janice a, bueno realmente cuando Janice y Ken entraron al cuarto sagrado ellos estaban viviendo de nuevo el cuarto sagrado en su forma física y ellos se movieron del cuarto, pero ellos no se movieron desde el cuarto sagrado, porque ellos están en el cuarto sagrado incluso mientras hablamos y ellos se movieron al cuarto de energía en un diferente estado del ser, aunque ellos también están en forma física y energética, en un diferente tipo de energía en el cuarto sagrado. Es complicado, pero es importante para ti que entiendas esto, porque debes de entender los mecanismos de estos cambios y más además es importante que sepas que has hablado con el guardián de energía, el cual tú muy correctamente lo has denominado en tu propia terminología, él es el guardián de energía de ese cuarto, sin embargo, el doctor también lo es y tiene la libertad de venir y operar dentro de ese cuarto. Ella sabía que tú estarías aquí y escucho temprano esta noche que tú requeriste hablar con ella y que deseabas contactarla, ella llegó y estuvo aquí y tú no pediste contactarla, así que no hablo contigo, sin embargo, cuando te estabas moviendo de aquel cuarto, ella quiso agradecer tus deseos y habló contigo, eso estuvo bien, porque te estás moviendo dentro de otra área. Tú eres una grabadora, pero eres más que una grabadora y si no deseas serlo, tú solo tienes que decirnos ahora. Existió una razón por la cual no fuiste permitida para iniciar esta sesión en el tiempo que deseabas y yo estoy en la libertad de discutir contigo la razón, tú estabas ansiosa por iniciar la sesión, pero no estabas permitida de iniciarla hasta el tiempo correcto absoluto, tenía que ser el minuto correcto absoluto para que tú entraras en este estado de energía. La llamada telefónica fue ocasionada para que ocurriera en ese tiempo y así no pudieras iniciar la sesión. Y en el deseo de conducir la discusión con relación a cierto conocimiento has llegado a estar lista en su momento con ello.

Eso era cierto, yo había deseado regresar a áreas de exploración que podía entender en el nivel físico y terrenal, en cambio la información había llegado a ser más complicada e intrincada.

J: Y tú sabes que siempre existe una elección, tú crees en eso, pero hubo un punto en el cual no estabas realmente segura, ¿había una elección?, ¿podría eso suceder? Tuviste un miedo de que eso pudiera suceder el que no tuvieras una elección, que algo muy malo podría ocurrir y que la tuvieras. Eso era un gran miedo que tenías profundamente, quizás únicamente lo tocaste y tal vez nunca te dejaste atrapar por ello a excepción de una ocasión, que fue una exposición en la cual estuviste en otro tipo de energía además de la energía extraterrestre, (creo que se estaba refirieron a la exposición de la energía del "anticristo" en el volumen II de Conversaciones con Nostradamus), pero la energía está trabajando de todas las maneras más allá de los extraterrestres. Nosotros en un sentido somos equilibradores y ese es uno de los principales propósitos por el que hemos venido a tu planeta, existe un tipo de diseño complejo de interacciones de elementos, y no estoy hablando de pequeñas formas cuando estoy hablando de elementos. Los elementos son diferentes formas de estructuras, tiempos, pero me estoy alejando del punto y el punto es estar de regreso con el concilio en el cuarto sagrado es que yo debo explicarte los mecanismos de lo que sucedió esta noche; así que cuando tú sientas que está sucediendo otra vez te darás cuenta que necesitas calmarte. Lo que sucedió es que tú estabas hablando al doctor y tú después entraste a un área donde te enfocaste simplemente en un sujeto, pero realmente ellos estaban queriendo hablarte con respecto... ellos hablaron con respecto a la información que estaba por venir, yo estoy siendo dictado y estoy hablando rápidamente de nuevo, porque estas palabras están en un torrente y están llegando rápidamente y las estoy obteniendo a través de cuatro niveles de energía para dártelas. Así que lo que debes entender cuando tú estabas hablando con el doctor y no entendiste que cuando ella te dijo acerca de darte la información para el contenido del libro. Tú pensaste que ella simplemente estaba hablando de la información de la energía de luz, pero ella estaba hablando acerca de la información que viene, porque el tipo de información que tú recibiste aquí no debe ser mezclada con los casos de tu investigación, ya que existe un propósito diferente involucrado aquí, y lo que tú debes saber es que ese propósito tiene que ver con los eventos en el tiempo de la Tierra que no pueden ser interrumpidos al publicar la información en forma de libro antes de que sucedan en el tiempo de la Tierra. No puede suceder y así fue sentido por lo sagrado ... (buscando por la palabra apropiada). No existe una palabra en la Tierra para describirlo, no es un concilio, es más allá de un concilio, es más allá de los sabios viejos, pero no entenderías la palabra, porque no existe una traducción en inglés. Yo ni siquiera puedo traerlo a mi propia consciencia, porque no estoy en ese nivel y cuando tú no lo entendiste tuvo que venir a través del doctor. Toda esa energía que emanaba de lo sagrado estaba intentando llegar a través de su energía y también donde Janice estaba sosteniendo el patrón de energía, hacía su físico y hacía ti, fue tan rápido el cambio... que fue interrumpido; así que hubo un desbalance y por eso fue porqué tuviste que hacer los ajustes. Es importante saber que habrá un libro de esta magnitud, el cual será una expansión de cualquiera de los conceptos que hasta ahora tú has estado expuesta. Pero tú tienes que entender que antes que tú reúnas la información que obtuviste de Janice en forma de libro, nosotros debemos estar de acuerdo.

D: *Yo entiendo eso, yo estaba un poco preocupada cuando Janice tuvo esas sensaciones físicas, pero cuando esa voz fuerte hizo presencia, tú mencionaste que aparentemente venía directamente del cuarto sagrado. (Sí) él indicó que tal vez yo estaba indagando en un área que no esperaban que yo ingresara.*

J: En este tiempo.

D: *¿Sería mejor si yo retrocediera?*

J: El factor es que tú podrías estar expuesta, podrías ir al área, solo es que no escuchaste lo que él te dijo o quizás fue que tú no entendiste el grado en relación donde te encuentras, para solo compartir la información. Ahora existe un énfasis en tu planeta y una urgencia por diseminar la información y nosotros deseamos contactar a cada ser de tu planeta, para que ellos puedan llegar a cambiar con respecto a su frecuencia vibracional. Sin embargo, cierto tipo de información si es publicado, como he mencionado, previamente a los eventos históricos que están por pasar en el tiempo, intensificarán la habilidad de energías negativas, para usar esos mecanismos en sus propias maneras negativas y nosotros estamos muy preocupados por eso.

D: *Entonces tú no tienes por qué preocuparte, ya que yo no haré nada hasta que me den instrucciones de hacerlo.*

J: Te diré que ciertas partes de la información que tú obtendrás será usada después del tiempo del anticristo.

D: *Yo me estaba preguntando si yo seguiría viva para escribirlo y publicarlo.*

J: Tú estarás presente.

D: *¿Sobreviviré en ese período de tiempo?*

J: Yo creo que sí, lo estarás.

D: *¿Y seguiré reuniendo y escribiendo la información?*

J: Sí seguirás reuniéndola y reportándola.

D: *Yo creo que estaré muy grande para ese tiempo, (risa) ¿pero seguiré haciendo esto, aunque esté muy vieja?, seguiré siendo capaz de escribir mis libros y...*

J: Sí, porque tu edad será diferente.

D: *¿Quieres decir que cambiará conforme vamos a ese período de tiempo?, ¿a otra frecuencia?*

J: Sí, como ves nada permanece en lo mismo, tú has escuchado esto a lo largo de tu vida, tú estás muy cómoda como estás, tú realmente no quieres cambiar, pero aun así internamente hay una luz tenue dentro de ti que sabe que toma lugar en una pequeñísima, pero de una manera muy diminuta dentro de ti; conforme sigas madurando en tu trabajo será muy natural y no será un cambio manufacturado, es lo que viniste a hacer y es tu propósito descubrirlo para abrazar el cambio. Es tu misión.

D: *Entonces seguiré viva, aunque ya estoy grande y seré un observador de todos esos eventos que sucederán.*

J: Se me ha dicho que lo más importante que tú sepas es que, continuarás haciendo este trabajo y estarás aquí.

D: En la Tierra (Sí) *está bien, yo tengo mucho por hacer, solo quiero mantenerme saludable y tener la energía para que siga haciendo estas cosas.*

J: Conforme sigas haciendo este trabajo lo desarrollaras y entenderás más y más estas cosas que complican tu mente, porque simplemente es una cuestión de que lo desees dentro de ti; únicamente al punto que lo quieras y lo recibirás. De nuestra parte nunca te agobiaremos, como ves Janice y Ken están en un proyecto común en el cual tú también estás involucrada y también algunos de tus colegas. Tú has viajado el año pasado debido a ese proyecto.

En 1991 cuando esta sesión estaba ocurriendo, yo estaba justamente comenzando a hablar en conferencias en el país, en los años venideros viajaría por todo el mundo en varias ocasiones, pero en esta noche no tenía conocimiento de lo que mi futuro aguardaba.

J: Desconocido es todavía para ti un servicio para nosotros, que es un servicio para tu planeta, será el mismo servicio que vayas a Londres, e iras a Londres y lo que necesitas saber es por qué y ¿de qué estoy hablando cuando te digo que estás involucrada en este proyecto?

D: *Si eso es lo que no puedo entender, yo pensé que estaba escribiendo estos libros para sacar la información, ¿pero es más alto que esto?*

J: Es mucho más que eso y el trabajo es más importante y solo algunos de tu planeta están involucrados en este proyecto.

D: *¿Me puedes decir cuál es el proyecto?*

J: Sí, es tiempo que tú sepas, para que estés más cómoda con las cosas que no necesariamente entiendes porque lo estás haciendo, este es un proyecto muy importante; tomaría tiempo en explicar los mecanismos entrelazados de los flujos de energía que toman lugar en los seres humanos. Para discutir contigo como son las partículas y su entremezcla, por ejemplo, emergiendo y subdividiendo, sin embargo, la forma más simple es que nosotros estamos hablando de las líneas humanas de Ley (Ley lines en inglés) del planeta, y tú en esa manera estás muy conectada. Aunque tú no estés consiente mayormente de esos campos y fuentes de energía, en ocasiones tú estás relacionada con ellos. Tú has llegado a interesarte y estarás más interesada en saber, ya que tu frecuencia vibracional era necesaria en Denver, fue necesaria en California, fue necesaria en las diferentes ciudades que viajaste el año pasado; será necesario en las ciudades y países que viajarás en un futuro. Tú nunca perderás contacto con aquellos que has compartido, es en la misma manera como conectar una línea de ti hacia ellos, en todo momento, porque todo está conectado y nunca cesa de serlo. La energía que tú tienes en este momento permanecerá en esta habitación cuando te vayas, nunca se desvanecerá del todo de la habitación, tú nunca sabrás que no se va de esta habitación porque no sentirás que te falta algo y únicamente en grandes instancias de gasto de energía sentirás agotamiento. Ese será el tiempo cuando sea importante para ti en aprender como reponerte, tú necesitaras saber cómo hacerlo en un grado rápido de velocidad. Ahora lo que estoy intentando decir es que gente hablará contigo acerca de la red de líneas de Ley energéticas (Ley lines en inglés) en el planeta, ellos observan esa red que existe dentro del planeta, lo cual es verdad. El proyecto del cual te estoy hablando tiene que ver con la red energética humana, las conexiones humanas. Si puedes visualizar algunas personas en ciertos puntos y ubicaciones en el planeta en puntos específicos en tiempo de la Tierra e interdimensionalmente, y no puede haber un segundo de diferencia, debe ser coordinado con precisión; tiene que ver con el balance de la red energética dentro de la Tierra y es un holograma. (Hubo de repente un ruido extraño rápido de estática en la grabadora de voz que sonada electrónico, no borró ninguna palabra). Por ejemplo, tu conexión con Janice, tu conexión con otras personas en tu vida forma un triángulo, es el "Proyecto Triángulo" qué es vital para este planeta. Es muy importante que tú intentes entender que tu frecuencia vibracional, cuando estés en Denver, causará un cambio en el otro lado del planeta, debido a tu conexión con diferentes personas en tu vida, porque esa conexión nunca se rompe.

D: *¿Incluso con las nuevas personas que me estoy reuniendo todo el tiempo?*

J: Sí, hay personas que están en el proyecto, pero no todos con los que trabajas o que te reúnes estarán en el proyecto. Tú tienes un amigo con quien hablas y él está en el proyecto, tú y Janice están en el proyecto

Hubo mucho diálogo acerca de las diferentes personas que he conocido y sus posibles conexiones con mi trabajo y mi futuro, yo estaba muy preocupada de esto en el año de 1991, porque aún no había creado mi propia compañía.

J: Lo que tú necesitas saber es que tienes protección, así que te puedes involucrar con todos y con quien sea y realmente no importa porque vas a ir al mismo lugar; así que si te sientes como si tuvieras estragos, y lo que te sugiero es que entiendas lo que comencé a hablar contigo en un inicio y es que fueron coyunturas en el tiempo. Porque te puedes dar de golpes en la pared por no comprender y no tomará lugar, solo hasta que venga el tiempo de la congruencia universal, el momento oportuno cuando el tiempo de la humanidad y el tiempo interdimensional se junten; lleguen a estar juntos. Porque el trabajo que tú estás haciendo es planetario y es por la evolución humana. Tú debes de entender este propósito, debes de entender que tienes una responsabilidad muy pesada y tú has preguntado por esa responsabilidad, aunque no necesariamente lo veas en tu trabajo como un tipo de responsabilidad, porque vives ocupada haciendo tu propósito y no tienes que descubrir qué es.

D: *Incluso sigo sintiendo que voy a seguir encontrando más información.*

J: Oh si lo harás, eso viniste hacer, tú eres un intérprete y tu labor es ayudar a la humanidad a saber los conceptos que han sido olvidados; conceptos que poco a poco cambiaran la historia planetaria.

D: *Mmm, esa es una responsabilidad muy pesada.*

J: Sí lo es, y por eso, he venido esta noche para hablar contigo.

D: *Yo valoro eso, siento que Janice necesita la información y valoro que hables conmigo, porque a veces me pregunto si realmente estoy haciendo lo que debería estar haciendo.*

J: Tú sabes quién eres y no te lo preguntas.

D: *Es como si todo tomara mucho tiempo, en nuestro tiempo.*

J: Por eso te estoy intentando explicar que es el tiempo, tienes que entender el tiempo y ese es tu trabajo, porque es lo que estás tratando en tus libros, estás tratando con el tiempo interdimensional.

D: *Y también con muy complicados conceptos.*

J: Simplificar los conceptos complicados es tu trabajo, para que el hombre común pueda leerlos y decir, ¡oh!, para que la gente pueda comenzar a aprender a vivir las vidas simultáneas al mismo tiempo, entendiendo que todo lo que hacen aquí físicamente en este planeta afecta cada vida simultáneamente; sus rastros de vida abarcan todo, el camino de energía desde donde estamos ahora, lo que estamos diciendo ahora, lo que tú estás diciendo desde donde estás, hacia donde estoy, siempre permanecerá. La única diferencia es como te mueves de dimensión a otra dimensión.

D: *Sigo pensando que estoy siendo dirigida hacia el conocimiento perdido, a la información perdida.*

J: Está perdida.

D: *Yo siento que tengo que traerla de regreso.*

J: Ese es mi punto, eso es lo que te estoy diciendo, ¿cómo te sientes con relación a lo que te he estado hablando acerca de tu propio ser? Me dijeron que te preguntara eso.

D: *¿Cómo me siento acerca de? Bueno, me siento cómoda con ella y yo quiero continuar mi trabajo, lo principal es que permanezca saludable y de esa manera puedo hacer el trabajo de la mejor manera y tener la energía para trabajar y viajar; mientras yo pueda hacer eso yo sé que puedo seguir trabajando, ¿es eso lo que quieres decir?*

J: Eso es lo que quiero decir, te has dado cuenta que cuando tú sientes un problema, ¿sabes que necesitas hacer?

D: *¿Preguntar por ayuda?*

J: Sí, estás dispuesta, como tú les dices a tus pacientes, "si tú así lo deseas".

D: *(Risa) Entonces, ¿le pregunto al doctor o a ti que eres el mediador?*

J: Solo necesitarás preguntar y tú estarás conectada al lugar apropiado, a la energía apropiada, y sí, yo diría que quizás podría ser el doctor al que le preguntes.

D: *Para que me ayude en las molestias o cualquier problema que pueda tener con mi cuerpo físico.*
J: Molestias son problemas y sí, yo vendré y te ayudaré.
D: *Está bien, porque voy a necesitar eso para seguir funcionando.*
J: ¿Te estás sintiendo muy cansada?
D: *Bueno, ya hemos estado bastante tiempo y creo que vamos a tener que terminar la sesión ahora.*
J: Debido a que te estás sintiendo muy cansada.
D: *Bueno, no solamente es eso, es que también Janice tiene que ir a trabajar en la mañana. Nosotros tenemos que vivir nuestras vidas físicas y nosotros ya hemos estado tardando más tiempo que en otras sesiones que hemos tenido.*
J: Bueno el punto es que tú debes de entender eso, que es un año después desde la última vez que trabajaste y Janice se ha desarrollado más allá de tus primeros métodos para obtener información, al punto que su físico es totalmente diferente, así como tú deberías de haberlo presentido y ella es capaz de funcionar sin dormir absolutamente.
D: *Pero, yo no quisiera trabajar así con ella.*
J: Bueno, no es cuestión de eso, pero es una de esas habilidades que le hemos enseñado, y puede ser usado si la necesidad surge. Este es un tiempo muy importante en el que estás ahora y también es muy importante la ubicación en la que te encuentras. No estoy seguro cuando se te permitirá volver aquí.
D: *Bueno, yo creo que ya hemos estado aquí lo suficiente.*
J: Todo depende de ti.
D: *Es porque estamos funcionando en el tiempo de la Tierra, pero valoro el que estés hablando conmigo y dándome consejos.*
J: Es un placer, yo no esperaba contactarte esta noche, debido a que no esperaba que se me preguntara para intervenir.
D: *Pero la próxima vez que hagamos esto, yo tendré más de nuestro tiempo de la Tierra, porque yo sé que estas sesiones pueden ser más largas.*
J: Tú deberías, porque cuando alcanzas este nivel existe mucha información que necesita ser recolectada y llevada; llegará a ser importante porque es el tipo de información que será usada en función después de ciertos eventos que tomarán lugar en la historia, es ese tipo de energía. (La voz cambió y volvió a ser diferente, fuerte, yo intentaba terminar la sesión y esa voz tenía

otra vez autoridad). Hay algo que me gustaría decirte antes de que te vayas, yo deseo explicarte una cosa y es que ningún daño puede llegar hacia ti cuando haces este trabajo; nosotros te explicaremos muchos procesos complicados, y tú estás siendo instruida con un nivel de conocimiento en el que realmente no has estado expuesta, y es importante para mí el decirte que nosotros valoramos tu trabajo, y quiero que sepas que todo lo que será hecho es para ayudarte. Nosotros queremos agradecerte por ser en un sentido, un tipo de facilitador para Janice, para que después quizás tú puedas ayudarle a integrarse por lo que tú estás haciendo. Este trabajo en un sentido es un gran servicio a tu planeta, aunque toma lugar en diferentes situaciones en tu trabajo, así como el año pasado que no trabajaste con Janice, pero ella ha sobrepasado ciertos tipos de comunicación; así que yo solamente quiero que sepas, que yo personalmente estoy en acuerdo en cómo tú manejas tu trabajo.

D: *Te lo agradezco.*

J: Eres de lo más bienvenida y te deseo amor, paz y luz.

D: *Gracias otra vez quien sea quien eres,* (Janice estaba haciendo movimientos de manos) *eso fue un gesto muy hermoso,* (después Janice tomó una respiración profunda y supe que la otra entidad ya se había marchado), *entonces todo está bien, les deseo a todos un hasta luego, y yo quiero que ahora todos se despidan y quiero que la consciencia de Janice una vez más regrese totalmente a su cuerpo.*

J: (Ella interrumpió) las luces están destellando.

D: *¿Por qué están destellando?* (Ella parecía estar confundida), *¿es la energía?* (Sin respuesta, como si ella estuviera observando), *¿es causado por la energía?*

J: (Suavemente) si, porque la chica del servicio interrumpió, (tristemente) ella interrumpió.

D: *Ella no sabía.*

J: Ella está tocando la puerta y lo arruino. (Casi llorando).

En mi opinión lo destellos de luces pudieron haber sido causados por la interrupción de la chica del mantenimiento antes de que Janice se había integrado completamente de regreso a su cuerpo físico; la energía fue tan fuerte que cuando fue interrumpida se dispersó en las conexiones eléctricas. Fue tanta la sobrecarga de frecuencia que les causo explotar, y no fue anticipado que la chica del mantenimiento causaría la interrupción antes que Janice pudiera regresar totalmente. Esto podría haber causado un daño físico, como ellos mencionaron, si al volver a entrar fuese interrumpido incluso al estar respirando, en vez de eso las entidades enviaron la sobrecarga al circuito eléctrico.

En ese tiempo mi travesía estaba iniciando y no podía creer que mis primeros pasos me dirigirían por todo el mundo, yo viajé a Londres por primera vez al siguiente año en 1992 y también viajé a Europa por lo menos dos veces por año desde entonces. Yo investigué los agrogramas (crop circles en inglés) y visité los sitios sagrados de: Stonehenge, Avebury, Glastonbury, dando conferencias y esparciendo la información que había descubierto en mi trabajo. Yo fui el primer autor americano e hipnoterapeuta en vidas pasadas en visitar Bulgaria después que se separara, del control, del bloque comunista, y estuve en la región de los Balcanes cruzando la frontera, desde donde la guerra estaba ocurriendo, en Yugoslavia. He hablado en conferencias en cada una de las ciudades más importantes de Australia, en 1997 subí los Andes en el Perú para ver las antiguas ruinas Incas en Machu Picchu. Ahora viajo por todos los Estados Unidos y usualmente estoy en diferentes ciudades y estados cada día. Nosotros ahora estamos haciendo planes para viajar a Hong Kong, Singapur y Sudáfrica en 1999. Pareciera que prontamente estaré tocando tierra en todos los continentes del mundo.

¿Habré dejado mi energía en todos esos lugares como ellos dijeron? Si lo he hecho entonces tampoco me he dado cuenta de ninguna falta de energía, como ellos lo dijeron, de hecho, mi energía se ha incrementado al expandirse mi trabajo, los libros ahora están siendo traducidos en varios idiomas, y así la energía estará siendo expandida en los lugares que nunca hubiera sido capaz de viajar y todo gracias al poder de la palabra escrita. Si esto me ha ocurrido inesperadamente, entonces cada ser humano tiene la misma responsabilidad, cada persona expande su energía sin saberlo ya sea para bien o para mal. El objetivo debería ser el permitir que la energía influya, a las personas, de una manera positiva, para que crezca en un alto plano espiritual de existencia.

# CAPÍTULO 14
# INVESTIGANDO AL INVESTIGADOR

Pareciera que una vez que los extraterrestres encontraron una manera de comunicarse conmigo, a través de mis pacientes (o quizás fue al revés que yo he descubierto el método), ellos continuaron proveyendo información en cada oportunidad. La comunicación y flujo de información se ha mantenido, mientras tanto las partes más complejas serán incluidas en el libro "*Convoluted Universe*" (Universo Complejo).

Este caso muestra que ni siquiera los hipnoterapeutas e investigadores del fenómeno OVNI son inmunes, ellos pueden estar teniendo experiencias sin el conocimiento de su consciencia. Yo no creo que esto me ha pasado, pero no descartaría la posibilidad, sin embargo, yo prefiero mi método de investigación, de esa manera yo puedo permanecer como un observador, el reportero objetivo y no experimentar la participación activa de las complicadas emociones involucradas.

En este caso la hipnoterapeuta prefiere permanecer anónima, porque ella se mantiene muy activa en su profesión y no quiere que esta información sea publicada, prematuramente. Ella también está planeando escribir su propio libro que tratará de la información que ella, ha descubierto en sus investigaciones. En esta ocasión ella se referirá en este caso y la conexión entre nosotras será revelada, por lo tanto, la llamare "Bonnie". Yo la conozco de hace muchos años y hemos tenido contacto profesionalmente compartiendo en conferencias, en junio de 1997 las dos fuimos panelistas en una conferencia en la universidad de Wyoming, después terminamos haciendo la sesión en el dormitorio donde nos hospedábamos. Las dos estábamos muy cansadas y yo me tenía que marchar a la siguiente mañana, pero queríamos aprovechar de esta rara oportunidad de estar juntas y hacer la sesión. Había dos hombres presentes quienes le habían pedido permiso a Bonnie, uno de ellos su trabajo era manejar la grabadora mientras yo monitoreaba al otro.

Antes de la sesión ella nos relató un incidente extraño que le había ocurrido un mes antes en mayo de 1997, ella tenía un presentimiento muy vago de que había más en ello, y ella sabía que más detalles podían ser descubiertos a través de la hipnosis. Ella había tenido una cena con varios investigadores OVNI en un restaurante al norte de Santa Barbara California, había sido muy interesante y motivante, así que ella no se fue hasta casi la media noche; ella sabía el tiempo exacto cuando se marchó del restaurante porque estaba calculando que le tomaría aproximadamente dos horas y media para manejar a su casa.

Ella dijo, "Me di cuenta que eran las 11:35 p.m. cuando estaba saliendo del estacionamiento del restaurante e ingresé a la autopista dirigiéndome hacia el sur, esa carretera es la ruta 101 que corre a lo largo de la costa del Pacífico, era una noche muy oscura, a veces a mí me gusta estar en completa obscuridad y en esa noche era tipo aterciopelada como elegante. Estaba contenta que iba manejando sola de regreso a casa, pensando acerca de la maravillosa noche reunida con otros investigadores, era como un tiempo de meditación, un tiempo libre para pensar, manejando yo sola en una noche muy pero muy oscura, era tan oscura que no podía ver en mi lado derecho donde la orilla de la carretera terminaba y el océano comenzaba. Cuando manejaba en esa carretera durante la noche en años anteriores, yo estaba consciente de los reflejos de los pozos petroleros o de los botes, tú tienes el sentido de donde el agua está o como cuando la luna podría estar causando el reflejo en el mar; pero esa era una de esas noches cuando no hay estrellas en el cielo, ya que era tan oscura, que no podías distinguir la diferencia entre la tierra y el mar. Después de un rato yo recordé haber visto un señalamiento de "Acantilado", yo no recordaba haber visto una ciudad de ese nombre en la carretera, debido a que es una ruta muy larga a la orilla de la costa sin pueblos y sin luces. Ya había manejado una gran distancia cuando me percaté que no había visto luces de ningún automóvil en ninguno de los dos sentidos en la carretera, en un momento me pasó por la mente que eso era curioso, el que fuera el único automóvil en el camino; pero todo estaba bien porque me sentía muy confiada. Quizás esa fue la antesala de los próximos eventos inesperados, porque no tuve ningún presentimiento sospechoso".

Bonnie estaba manejando a lo largo de una carretera estrecha cuando fue sorprendida por una luz resplandeciente, redonda, a su lado derecho a lo largo de la costa, era blanca con un toque verde y solo duró un segundo, después nada ni un sonido, no eran juegos pirotécnicos o luces de bengala. Ella simplemente pensó que fue raro y siguió manejando, en esa área de la ruta 101 había cerros grandes en el lado izquierdo, mientras manejaba a través de esa zona inhabitada, se percató de una increíble luz, que irradiaba por detrás de esos cerros que abarcaban una gran área, mostraba una forma semi redonda como un arco y no se movía; era muy brillante y tenía el mismo color como el destello: blanco con un toque de verde. Ella no pensó que pudiera haber sido el mismo objeto, ya que aún no había manejado muy lejos, eran dos luces distintas; la luz que emanaba por detrás de los cerros abarcaba una gran distancia porque le tomó varios minutos al pasar. Ella empezó analizar para saber qué es lo que lo estaba sucediendo, cuando inesperadamente algo más llamó su atención hacia el camino; había algo estacionado en la carretera, de su lado, parecía como la parte trasera de un camión, un semi o gran tráiler. Pero no había conos o luces de bengala preventivas como para que los automovilistas se dieran cuenta, no estaba del todo fuera de la carretera porque estaban estacionados en parte en el pavimento, aunque si había suficiente espacio para pasarlos, pero creaba una situación peligrosa, debido a que las luces de su automóvil los pudo alumbrar, hasta que se encontró muy cerca. De repente se encontró en su lado y conforme iba aproximándose vio como algunas personas (tal vez cuatro o cinco) caminando alrededor de la parte trasera del camión y en parte en la carretera, una vez más esa era una situación peligrosa porque estaban expuestos a que fueran arrollados.

"Estas fueron las impresiones, porque todo fue tan rápido, probablemente yo estaba manejando a 110 km/hr o más debido a que estaba totalmente sola en la carretera. Yo me di cuenta que ese vehículo tenía algún tipo de luz que brillaba en baja intensidad o quizás una luz preventiva que habían colocado en el camino y estaba brillando en la parte trasera y justamente cuando estaba a punto de pasarlo yo observé una escritura grande y negra en la parte superior trasera del vehículo, mi impresión fue que decía en letras grandes medias cuadradas: "vehículo de emergencia", y yo pensé, que raro es eso. Yo nunca había visto un vehículo de emergencia como ese, no era un camión de bomberos o patrulla de policía o una ambulancia.

Normalmente tú no podrías creer que un casi tipo camión estuviera siendo un vehículo de emergencia, la impresión que yo me llevé fue de que era un camión largo, de todos modos yo pensé que todos esos eventos fueron una serie de sucesos muy extraños: la luz sobre la costa, la luz por detrás de los cerros, ese gran camión, el vehículo de emergencia, las personas caminando alrededor, pero sin luces de bengala y el pensamiento que se me vino a la cabeza, fue que a lo mejor ese camión acababa de llegar y quizás estaban a punto de poner las luces de bengala y quizás tenía algo que ver con la luz por detrás de los cerros; definitivamente no era un incendio, pero tal vez ese camión estaba investigándolo o algo así, pero todo esto era solamente mi impresión, debido a que todo sucedió tan rápido. Todo eso fue tan raro, pero yo me sentía perfectamente confiada, sin miedo ni nada más".

"Después en un par de segundos lo más raro de todo sucedió, no sé si ya había rebasado ese camión o si seguía en el perímetro del camión, pero de repente justo enfrente de mí toda el área del parabrisas de mi carro estaba completamente deslumbrada con la luz más brillante. Yo no me vi aproximando a una luz o cualquier otro tipo de luz hacia mí, fue como si un interruptor se hubiera prendido y de repente justamente toda el área enfrente de mí estaba completamente destellando; todo lo que podía ver a través del parabrisas fue esta luz completamente brillante. Probablemente fue la luz más brillosa que jamás haya visto, era un tipo de luz blanca amarilla y muy hermosa también, era enceguecedora, era muy extraña, pero hasta incluso en medio de la luz aparentaba ser una franja o algo así. Pude ver eso por únicamente una fracción de segundos antes de impactarlo, pero estaba en esa luz ya sea incolora o blanca, se veía como un listón o quizás como una cinta estirada en el parabrisas y ligeramente en un ángulo inclinándose a mi izquierda. La primera impresión que normalmente pensaría es que pudiera ser un cable, pero era más ancho que eso, tipo una cinta. Eso fue muy extraño debido a que fue en una muy obscura noche. Todo enfrente de mí era negro y de repente después el parabrisas estaba completamente lleno de esa luz destellante y esa cosa atravesada, la cual obviamente iba a impactar e hizo casi como un sonido fuerte o golpazo; pareciera que todo alrededor y a través de mí vibrara, fue tan sorprendente y pensé, "¿Qué rayos fue eso?", entonces note que justo después del golpazo, había una gran cuarteadura en mi parabrisas, tipo telaraña en mi lado de conductor, con grandes ramificaciones alcanzando a la mitad del parabrisas y después pareció que la luz se fue y yo seguía manejando con mis luces delanteras del auto. La cuarteadura realmente no estaba obstruyendo mi campo de visión, y podía ver que no había ningún orificio hecho como por una piedra o bala, pero incluso si hubiera visto algo como eso, ¿por qué habría estado allí toda esa luz destellante?, entonces yo estaba realmente anonadada".

"Yo me mantuve manejando, aunque uno de mis impulsos fue el de bajar la velocidad, orillarme, retroceder y preguntar a aquellos hombres cerca del camión si es que ellos habían visto algo, pero lo que yo llamo "la gran voz de mi alma" estaba retumbando a través de mí tan vehementemente, "¡No!, ¡vete de aquí!, ¡sigue manejando!, ¡no te pares!, ¡no te regreses!, ¡salte de aquí!, ¡sigue manejando!, ¡sigue manejando todo el camino hacia tu casa! Y así me mantuve manejando hasta mi casa por dos horas, preocupándome durante todo el camino de la posibilidad que se reventará el parabrisas. Llegue a casa un poquito después de las 2:00 am, lo cual era el tiempo adecuado especialmente sin tráfico".

Cuando Bonnie llegó a su casa claramente estaba llena de preguntas sin contestar, ella estaba tranquila de saber que no hubo una pérdida de tiempo, pero no podía dar explicaciones de la increíble luz y la franja atravesada en la carretera que había cuarteado su parabrisas. Ella había pensado orillarse en la carretera para encontrar una cabina de teléfono pública y llamar a la patrulla de camino, pero era tarde y ella era una mujer sola, así que ella continúo hasta que llegó a su casa. Su esposo le dijo que estaba contento, que no hubiera parado, algunas veces las personas arman situaciones, donde ellos pueden engañar a la gente y asaltarlos o robarles su carro, así que fue muy acertado que siguiera manejando. Al menos lo que fuese que cuarteo el parabrisas no causó ningún accidente.

Yo estuve de acuerdo con Bonnie que esto no sonaba como un accidente normal, tenía muchos componentes inusuales y yo sabía que bajo hipnosis nosotros podríamos obtener más detalles de los que la mente consciente podría aportar. Bonnie era un excelente candidato y entró bajo un profundo estado de trance inmediatamente, en algunas ocasiones un colega hipnoterapeuta puede tener resistencia, porque ellos están conscientes del procedimiento y conscientemente tratan de analizar la técnica que está siendo usada, pero yo no tuve ningún problema con Bonnie. Ella se sintió confiada y relajada conmigo, regresando inmediatamente a la escena de aquella noche en mayo de 1997. Ella recordó los nombres de todos los presentes en la cena, donde se sentaron en la mesa, que estaban comiendo y lo que estaban discutiendo. Yo sabía que tenía que adelantar la escena a la porción de lo que habíamos deseado explorar; ella se fue a través de muchos detalles al dejar el restaurante, entrar al carro, darse cuenta del tiempo exacto y manejar hacia fuera del estacionamiento; esto siempre es una buena señal. Un paciente que está relatando un verdadero accidente, te proveerá de más pequeños detalles de los que, le has preguntado (muchas veces considerado más de lo necesario) y usualmente brindarán voluntariamente detalles aparentemente irrelevantes de pequeñas piezas de información. Esto pareciera ser el método subconsciente de ser extremadamente preciso, así que nosotras habíamos iniciado un buen comienzo.

Ella estaba reviviendo el manejar hacia el sur en la autopista 101.

*D: ¿Mientras estás manejando es solamente un trayecto normal?*
B: Bueno, es normal a excepción de que estoy sorprendida que no hay carros adelante ni detrás de mí, y además que parece extraño que no hay ninguno viniendo en dirección contraria en el otro camino.
*D: ¿Hay tráfico normalmente ahí?*
B: Bueno, yo normalmente no manejo a casa tan tarde desde Santa Barbara, pero yo pensaría que en un viernes en la noche alrededor de la media noche debería haber algo de tráfico, pero es agradable en el sentido que no tengo ninguna luz viniendo hacia mis ojos del tráfico contrario.

Bonnie remarcó acerca de la obscuridad de la noche y la inhabilidad de distinguir entre la superficie y el océano, entonces ella manejo pasando el pequeño anuncio "acantilado", inmediatamente después ella vio un gran destello de un círculo perfecto de luz bajo la costa, un poco más adelante en el camino ella vio un gran resplandor de luz brillando detrás de las montañas rocosas a su izquierda. La luz cubría una gran distancia, porque le tomo un tiempo pasar manejando la cobertura de ello, mientras tanto ella estaba reviviendo aquella noche justo como su mente consciente lo había reportado a excepción de que ella seguía continuando en suplir información acerca de la reunión en el restaurante y sus planes para el fin de semana.

B: Es como una corona de luz de algo y no puedo ver de donde proviene, porque las colinas están en el camino, pero el arco de esta corona de luz es como la punta de una curva grande perfecta o círculo y tiene mucha definición en ella. Ya sabes, algunas luces son difundidas brillando en las orillas gradualmente perdiendo intensidad dentro de la obscuridad, pero esta no es de esa manera. Hay más que el borde de esta luz, es tan grande y brillante que no puedo ver de dónde proviene, es como la otra cosa que destelló. Eso es muy interesante, porque ahí había este destello en el lado derecho y ahora hay esta gran luz brillando en el lado izquierdo. ¿Qué es lo que podría ser? No hay ningún pueblo ahí o algo, estoy yendo a una velocidad muy rápida también y es tan grande que me está tomando un gran tiempo en pasarla. Y además no se está moviendo o algo, solamente está estática allí y ahora en el lado derecho estoy viendo esta cosa grande, luce como la parte trasera de una camioneta muy alta, así que estoy pensando en algo como una camioneta de carga o... yo quiero decir, que tiene que ser un vehículo realmente grande para ser tan alto, no lo estoy viendo por los lados o por delante, porque lo estoy aproximando por detrás. Y estoy pensando que es raro que no lo vi hasta justo aquí y me estoy preguntando porque está estacionado aquí. Yo estoy asumiendo que tendrá que ver con aquella luz rara que pase cruzando la autopista, pasando las colinas sobre la izquierda. Hay algún tipo de brillo viniendo por debajo de él, debe de venir de algo en la autopista yo creo, es un tipo de luz y estoy viendo siluetas de personas caminando y no estoy segura...

*D: ¿Estás preocupada que podrías atropellarlos?*

B: Bueno, hay suficiente espacio y me pregunto si podríamos congelar ...

*D: Yo estaba por sugerir eso en congelar la imagen para que pudiéramos examinarla.*

B: Porque estoy manejando tan rápido que todo pasa muy pronto.

*D: Tú puedes ir pausando la escena completa cuadro por cuadro.*

B: Yo necesito hacer eso.

*D: Está bien, mientras sales por detrás ahora puedes verlo muy distintamente a como lo reportaste, porque mientras pausas la escena puedes ver en gran detalle, dime lo que ves mientras lo estás haciendo.*

B: Bueno, estas personas son muy espigadas, ellos son muy delgados con piernas largas y todo ellos están en movimiento, algunos de ellos están caminando, pasando por detrás de esta cosa, este camión. Todos están caminando en diferentes direcciones, algunos de ellos están caminando hacia el frente del camión justo en el lado de la carretera, uno o dos están rodeando la esquina desde atrás por un lago, ellos se están moviendo rápido, pero suavemente.

D: *¿Puedes decirme algún otro detalle acerca de ellos?*

B: Ellos son de diferente estatura (ella mostró signos de incomodidad) ellos tienen cabezas grandes (se estaba poniendo disgustada).

D: *Recuerda que puedes verlo objetivamente si lo quieres como una reportera.*

B: (Casi llorando), bueno, ellos realmente no son personas.

D: *¿Por qué estás diciendo eso?*

B: Porque ellos son mucho más delgados que las personas y tienen cuellos largos y cabezas grandes, si ellos son personas entonces son personas de un aspecto muy raro en particular, yo pensé que ellos eran humanos, hombres que trabajaban en carretera o algo.

D: *¿Por qué te molesta eso?*

B: Bueno, es solamente una sorpresa para mí, no esperaba esto, (aún molesta) no es que sea malo, pero es una sorpresa.

D: *Naturalmente, mientras pausas la escena cuadro por cuadro, ¿puedes tener más detalles del objeto a la orilla del camino? Ahora puedes verlo claramente* (sus movimientos faciales indicaban algo), *¿qué es lo que ves?*

B: Yo puedo ver letras grandes arriba de ahí, bueno yo pensé que ellas decían "vehículo de emergencia", pero es más como un patrón, yo creo que es como tipo... (pausa mientras ella examinaba), yo quiero decir "triángulos", pero no exactamente, tipo como partes de un triángulo, figuras angulares, como si las pusieras todas juntas de alguna manera y ellas formarían triángulos, pero no están formando triángulos. Podría decir que son letras, así como nosotros tenemos letras y las esquinas no son afiladas ahora.

D: *¿Crees tú que podrías dibujarlo después?*

B: Yo puedo dibujar parte de ello, aún estoy yendo rápido, muy rápido.

D: *Yo quiero que arregles ese diseño, aquellas letras en tu mente para que seas capaz de dibujarlas después lo mejor posible, ¿puedes hacer eso por mí?* (Ella murmuró algo), *solo recuerda como luce exactamente.*

B: Y el brillo de aquella luz allá abajo, yo pensé que era parte de la luz en el camino, pero no lo es. ¿Sabes lo qué es? Es algo acerca de ese gran camión que solamente estaba brillando por debajo, no es que había algo brillando en el cómo pensé, no creo que sea tan grande como lo había asumido también y donde estaba una orilla afilada o una esquina entre el lado y la parte trasera, es más como una curva.

D: *Pero tú te estás moviendo muy rápido, dime lo que sucede, porque ahora tú puedes saberlo, tú puedes ver todos los detalles.*

B: De repente hay esta tremenda luz enfrente de mi parabrisas.

D: *¿Qué es?*

B: (Cuestionándose) ¡no lo sé!

D: *Sí, tú lo sabes.*

B: Es solamente resplandeciente, es tan increíblemente brilloso y resplandeciente que es sorprendente, quiero decir que no puedo ver nada más, no puedo ver a través a excepción que veo dentro de él.

D: *Pero tu mente sabe lo que es, confía en ella, ¿de dónde viene?*

B: Viene de alguna manera desde ellos.

D: *¿Estas personas?*

B: Sí y esa como cosa plateada con la luz radiando alrededor, ni siquiera es el mismo color de luz, pero tiene que ver algo con ellos y sé que ellos lo están haciendo.

D: *¿Entonces que sucede?*

B: Y después... yo estoy.... Eso es chistoso, yo pensé que continúe manejando, pero no lo estoy, quiero decir yo estoy manejando, pero yo estoy.... Estoy manejando hacia arriba, eso es raro (incrédulamente) yo estoy aún sosteniendo el volante y estoy manejando hacia arriba y aún estoy en toda esta luz. Yo pensé que esa luz duro solamente un segundo, pero aún sigo dentro de ella, ahora está alrededor de todo el carro y dentro del carro, es realmente hermosa, una luz hermosa.

D: *¿Puedes ver de dónde proviene?*

B: No, no estoy manejando hacia adelante, sino hacia arriba como si fuera una gran rampa o colina dirigiéndome hacia arriba.

D: *¿Cómo en ángulo?*

B: ¡Así es!, pero también siento que no puedo estar en la autopista aún ya que el camino no viene hacia acá y está también el sentimiento de ligereza y estar sin esfuerzo, yo creo que ni siquiera el motor del carro está encendido, pero yo sigo sosteniendo el volante del carro.
D: *¿Puedes escuchar el sonido del motor?*
B: No, no escucho nada, ahora en vez de moverme hacia arriba es como si estuviera flotando hacia adelante, pero me siento muy protegida porque estoy en una burbuja oval grande de luz brillantísima, no puedo ver donde para la luz, solamente sé que estoy dentro de ella.

Para mí había muchas distracciones de los ruidos que estaban pasando afuera, nosotras estábamos en el dormitorio del plantel universitario. Muy temprano estuvieron autobuses, llenos de jóvenes, llegando para un torneo de tenis, ellos lucían como chicos de preparatoria. Ahora mientras estaba obscureciendo, ellos parecieran estarse reuniendo en la calle, por debajo de la ventana del edificio. Muchas risas, gritos y alboroto estaban pasando, yo intenté ignorarlo. Espero que esto no afecte la sesión, pero normalmente la persona está tan concentrada, en lo que ellos están viendo, que ni siquiera los ruidos fuertes los molesta. Después yo me levanté y cerré la ventana sin importar que la habitación se calentara.

B: Esa luz es realmente hermosa, está alrededor de todo el carro e incluso atraviesa el carro, es como si yo, justamente, estuviera sentada en esta tremenda burbuja de luz resplandeciente. Yo no escucho nada, pero todo está bien, yo sigo sujetando el volante del carro, eso se siente bien... está bien, ahora es como si yo y el carro estamos subiendo a algo, se siente como si el carro está siendo ajustado hacia algo, como un piso, suelo o algo así y la luz está comenzando a desvanecer.
D: *¿Puedes ver dónde estás?*
B: Es una habitación muy grande, en todo mi alrededor es un cuarto circular con pasillos y puertas, hay muchísima luz también, pero no es tan brillante como la luz donde estaba sentada.
D: *¿Cómo te sientes en todo esto?*
B: ¡Oh! Está bien, es una sorpresa (pausa), pero ahora hay un montón de: yo quiero decir "personas", pero ellos realmente no son

personas. Todos ellos están alrededor del carro, es tan chistoso. Ellos deben de estar encima del cofre del carro mirando hacia dentro, y están todos ellos alrededor de las ventanas, yo volteo y miro hacia atrás y también están allí. (A ella se le hizo muy entretenido).

D: *¿Cuál es su apariencia?*

B: (Risa) Oh, ellos se ven muy agradables, pero ellos ciertamente no son seres humanos, ellos tienen sus ojos grandes, cabezas calvas, quiero decir que no son amenazantes del todo. Ellos son curiosos como niños y amigables, ellos solamente están mirando con atención e inclinando sus cabezas para poder tener una mejor vista.

D: *¿A tu carro o a ti?*

B: Creo que, a los dos, siento como si fuera mayormente fuera hacia mí y después ellos abren las puertas, por alguna razón, eso es raro porque yo tenía las puertas aseguradas; yo siempre manejo de noche con las puertas aseguradas. Ellos las acaban de abrir, dos de ellos... (una risa fuerte) dos de ellos se están sentando, en el asiento del copiloto, a mi derecha, mi cartera está ahí y tengo dulces afuera para comer, por si acaso que me de sueño, ellos los están haciendo a un lado, el segundo está como empujando y moviendo su cadera hacia el primero que está en el asiento. Como unos niños, casi como (imitando la voz de niños en todo agudo), "tengo que dejarla que entre allí primero". Y hay tres o cuatro del lado de mi puerta y ellos están acercándose y están ... es raro, es raro, porque tengo el cinturón de seguridad y la puerta asegurada, pero eso no parece molestarles. No me he dado cuenta si alguien alcanzó a desabrochar mi cinturón de seguridad, pero ellos están como jalándome de mi brazo izquierdo y después ellos me toman... no me toman, pero me tocan en mi brazo derecho y cierran la puerta. Ahora están algunos a mis dos lados y uno o dos por detrás de mí y ellos están como cambiando de puesto entre ellos.

D: *Bueno, ¿Puedes ver cómo es la apariencia de sus manos al estar ellos tocando tu brazo?*

B: Sí, ellos realmente tienen sus dedos muy delgados, estos seres son como de... (pausa mientras ella los estaba examinando), quiero decir "azul", pero realmente ellos son mucho más claros, más como un gris con un tinte azulado y sus ojos son muy bonitos, son muy grandes y cristalinos y azulados también, entre azul y negro.

*D: ¿Puedes ver cuántos dedos tienen?*

B: Bueno, él que está sujetando mi antebrazo derecho, yo solamente puedo ver tres dedos y después también tienen una cosa chistosa, que intenta cubrir alrededor de mi antebrazo, realmente no se ve como un pulgar, sino más o menos como si estuviera haciendo esa acción.

*D: Entonces ellos tienen tres dedos y ese otro dedo chistoso.*

B: Sí y ellos son muy delgados. Yo creo que les pudiéramos llamar como esqueléticos.

*D: ¿A dónde te están llevando?*

B: Bueno, ellos están caminando conmigo, yo dije rotando, pero realmente no están rotando, yo ni siquiera estoy caminando de la manera que lo hago, quiero decir que pareciera como si yo empezara, pero después como que no necesito, porque nosotros estamos como flotando, es realmente muy suave. Ellos son suaves y yo estoy muy suave y de vez en cuando (risa) yo pongo un pie en el suelo, ya sabes como si tomaras un paso y eso como que nos retrasa, nos impide, así que ellos me están llevando a través de ese gran ... yo creo que es más como una forma ovalada, que una forma redonda. Pareciera ser que soy la única persona y el único carro. Oh, Dios tiene un techo muy alto. Realmente no hay nada ahí, solo algunas puertas. Nosotros estamos cruzando al final del óvalo de esta manera flotante, no arriba en el aire realmente, yo creo que estamos muy cerca del piso y quiero mirar alrededor y ver mi carro para ver lo que está sucediendo, pero tengo el presentimiento que ellos realmente están allí mirándolo todo.

*D: (Risa) como pequeños niños, ellos quieren ver todo.*

B: Sí y yo estaba pensando qué pensarán acerca de mis dulces envueltos y mi cartera y mi libro y mis cintas, hay cintas de audio.

*D: Bueno, ellos no moverán nada.*

B: Sí, yo no creo que ellos las quisieran, solamente es que tuve el pensamiento "me pregunto qué piensan", especialmente las cintas que tienen que ver con cosas de extraterrestres. (Risa) y me estoy preguntando si les gustaría saber lo que hay en ellas, pero bueno de todos modos nosotros estamos yendo a una puerta adentro de otro cuarto. En el medio del cuarto hay una silla que tiene respaldo, tiene un soporte para la cabeza y un espacio para los pies, como una... bueno me están sentando a mí en ella y es como un sillón reclinable, pero no tiene la parte donde pones tus piernas para descansar, pero tiene una cosa diagonal para los pies y pongo mis pies en ello. Tiene corrugaciones en ella así mis pies no se resbalan, porque está en inclinación y ellos ponen mis brazos en los respaldos de este sillón, veamos ¿a qué me recuerda?, tipo como una silla de dentista y un poco como una silla de salón de belleza con brazos con almohadillas en ello y ellos ponen mis brazos ahí con mis muñecas colgando en los extremos. Esto es como un salón de belleza, de alguna manera, porque, ¿sabes como en los salones que tienen un tipo de aparato para secar el pelo? (Sí) entonces, ellos pusieron algo sobre mi cabeza por detrás, eso es parte de esta silla. Esto tiene que ser ajustable y ajusta correctamente alrededor de mi cabeza y hay unos seres de cada lado ajustándolo y este es un pequeño cuarto, no es redondo.

D: *¿Qué piensas tú que hacen con eso?*

B: (Preguntándose), no lo sé si ellos no lucieran agradables, yo creo que estaría realmente aterrorizada, pero no lo estoy.

D: *¿Puedes ver como se ajusta a tu cabeza?*

B: No, porque ellos lo ponen por detrás, mientras me aproximaba a la silla yo noté que era casi como una forma de enjambre y es más pequeña que una secadora en un salón de belleza. De todos modos, aquí estoy y yo estoy sentada en posición vertical en esta cosa, ellos la están presionando firmemente y pareciera que la están ajustando en mis sienes y espero que no lo hagan muy apretado, porque esa es un área muy delicada. No se baja sobre mi cabeza solo está sobre ella, ahora yo creo que ya lo tiene como lo quieren y los que están a mi lado me están mirando (risa), ellos realmente son lindos, yo quiero decir que ellos aún tienen esa mirada de curiosidad y están mirando mi cara, cabeza y área de las sientes. Ellos la están tocando con sus pequeños dedos y casi como moviendo sus cabezas y yo solamente estoy sorprendida de que no estoy aterrorizada, yo estoy curiosa y ellos también. Y yo estoy pensando, "¡ooh! Yo realmente estoy aquí, estoy teniendo esta experiencia y estos seres realmente están aquí haciendo cosas aquí conmigo". Ellos están iniciando algo ahora, no puedo decir que escucho algo, pero siento como una vibración sin escucharla, yo creo que eso es lo que significa sentir la vibración, pero una muy, muy suave, está viniendo justo a través de mi cabeza de todas direcciones y es como si ellos me estuvieran diciendo "solamente relaja tu cuello" y relájate en esta cosa alrededor de tu cabeza.

*D: ¿Te están diciendo esto al hablar contigo?*

B: No, yo solamente sé que esos son sus pensamientos, porque no son los míos, pero ya que voy a estar en esta cosa de todos modos me gustaría relajar mi cabeza y cuello también; y existe un soporte de cuello que es algo duro, pero por lo menos es algo en que recostarse y tiene unas pequeñas almohadillas como en los respaldos de los brazos.

*D: ¿Y entonces qué sucede?*

B: Yo solo estoy sentada preguntándome al respecto y aquí hay muchos botones y otros están llegando, de repente este pequeño cuarto tiene muchos de ellos dentro y ellos son de diferentes estaturas, también como los que había en la carretera.

*D: ¿Se miran parecidos?*

B: No, hay uno más alto y parece como "él", él tiene una cabeza blanca muy definida y ojos diferentes.

*D: ¿Cuál es la diferencia acerca de ellos?*

B: Bueno, ellos son realmente grandes, ellos son mucho más grandes que los otros y de diferente forma, pero sabes lo mejor es que todos ellos parecen tener, una expresión en sus ojos y yo siento un gran interés como un honor, quiero decir es más que una curiosidad. Es como si ellos están atentamente interesados en lo que está sucediendo y también estoy sintiendo un gran sentimiento de aprobación. Yo quiero decir que no se están moviendo con emoción o aplaudiendo o algo, pero estoy sintiendo que ellos están realmente felices, que han encontrado al indicado (risa) o sea yo. Porque este sujeto tiene mucha información, que ellos quieren y pareciera que no habían tenido al indicado antes, o sea yo. Yo me siento como si yo soy uno nuevo, como un nuevo sujeto y ellos están especialmente interesados. Así que yo solamente estoy sentada aquí y todos ellos están observando y unos nuevos entran, nadie que entra sale. Así que muy pronto este pequeño espacio estará realmente lleno con diferentes personas, algunos de ellos incluso están empujando a otros al pasar (risa) como aquellos dos pequeños en el carro.

*D: ¿Dices tú que sentiste esta vibración?* (Sí), *¿dónde fue la vibración?*

B: En mi cabeza se siente como un zumbido, pero no puedo decir que escucho algún sonido, aquí hay algo como una corriente, pero no lastima o hace algo, es muy suave y relajante.

D: *¿Pero tú no sabes lo que está sucediendo?*

B: No, yo solamente sé que ellos están muy interesados, pareciera que ellos querían saber que hay en mi cerebro.

D: *¿Puedes preguntar a alguno de ellos que te diga?*

B: Sí, está bien, pero no puedo mover mi boca, pero creo que puedo pensarlo.

D: *Sí, diles que tienes curiosidad.*

B: Bueno, hay dos o tres agrupaciones de estos ... (risa) seres alrededor, pero yo estoy preguntándole, a ese ser alto, quien está como en la tercera fila enfrente de mí, el grande alto con enormes ojos y una muy bonita cabeza blanca y es increíble que me agrade, quiero decir normalmente si vieras a alguien como él, te pudieras asustar, pero él parece ser realmente amable. Así que simplemente lo miro a él y realmente es difícil ver a ambos de sus ojos, porque están ampliamente separados, así que si yo lo miro derecho no puede ser igual su mirada con la mía, así que tengo que mirar a uno o al otro, mis ojos están mucho más juntos (risa), pero puedo ver a uno de los ojos y después al otro. Así que yo estoy preguntando, "¿qué están haciendo?, ¿qué está sucediendo aquí?", y él se está dirigiendo hacia mí, "tú eres nuestro tesoro", (Bonnie se empezó a sentir conmovida y comenzó a llorar). "Necesitamos aprender de ti, justamente, así como tú aprendes de nosotros y ahora nos estamos conociendo frente a frente". (Ahora ella estaba abiertamente llorando). "Y nosotros podemos saber lo que tú sabes de nosotros". (Su llanto interrumpía las palabras), "y es muy bueno", (llorando) sintiéndose completamente honrada... y feliz; estas son lágrimas de felicidad.

D: *¿Entonces estas no son lágrimas de tristeza o miedo?*

B: ¡Oh, no! (Llorando) me estoy sintiendo profundamente honrada por todo lo que está aconteciendo.

D: *Eso está muy bien,* (intente que ella fuera objetiva otra vez, para que ella calmara sus emociones), *¿y cómo es que ellos están aprendiendo de ti?*

B: (Retomando su compostura) él dice, nosotros estamos bajando información de tu mente y tú sabes ahora que es lo que significa, Bonnie, ¡bien por ti! Tú estás aprendiendo de tu computadora y ahora estás entendiendo esto. Nosotros estamos justamente tomando todo, lo que sabes de todas esas personas, con quienes has trabajado y quienes han tenido episodios; (interesante que ellos le llamen a eso "episodios"), con seres como nosotros y nosotros queremos saber cómo es que estas personas experimentaron, nuestras interacciones con ellos; nosotros queremos saber cómo es que los afectamos, cómo es que lo experimentaron y qué significó para ellos. Tú sabes todo eso Bonnie de muchas personas y tú las has visto cambiar, tú las has visto pasar por el terrible miedo y trauma, como ustedes le llaman en la Tierra a la aceptación y paz, en muchos casos esperando saber más de nosotros, como tú también has estado esperando para saber de nosotros. Ahora puedes saberlo ya que has tenido conciencia y esta experiencia es para ti también. Tú has estado con nosotros antes, solo que no lo has pensado así, y estoy pensando, "si yo he conocido a estos seres azules antes, mucho tiempo atrás en 1742".

D: (Eso fue una sorpresa) *¿1742? Eso fue hace mucho tiempo.*

B: Cuando yo estaba de guardia en un castillo en Gales, ellos me recogieron en cuerpo y me llevaron muy, muy, muy, muy, muy, muy, muy afuera en el espacio donde estos seres azules plateados con sus hermosos ojos cristalinos radiando buena voluntad me recibieron, fue maravilloso.

D: *¿Entonces tú los has conocido desde hace mucho tiempo?*

B: Sí hace mucho tiempo y he experimentado ser parte de su grupo mental, el cual es realmente diferente.

D: *Pero ¿lo has conocido desde ese tiempo?*

B: Yo no estoy consciente de eso.

D: *Entonces ellos sabían quién eras, eso es lo qué quieres decir, está bien, pero tú estás en la nave experimentando esta bajada de información, ¿qué sucede después de eso?*

B: Esto no toma mucho tiempo, probablemente solo algunos minutos, es difícil de decir y yo estoy muy deslumbrada por ellos. Como ves, el círculo íntimo de estos seres, son esos hermosos seres azules plateados; todos ellos se ven muy parecidos unos a los otros y ellos transmiten una amorosa gentileza, interés y curiosidad. El más alto que está detrás está emanando una gran buena voluntad también y él es el que me ha estado hablando.

D: *Bueno, ¿qué sucede cuando ellos terminan todo esto?*

B: La sensación del zumbido ha parado y ahora ellos están a mis costados donde mis sienes se localizan, abriendo algo; no sé si son bisagras o placas o algo y ellos están sacando este aparato de mi cabeza, yo sigo sentada en la misma posición con mi cabeza inclinada hacia arriba y el más alto me dice: "Gracias, nosotros apreciamos tu información y valoramos el trabajo que estás haciendo con las personas, con quienes has trabajado, nosotros te honramos muchísimo y estarás absolutamente bien. Nosotros no estamos llevándonos tus memorias, ellas están perfectamente intactas y nosotros estamos muy contentos que compartas cualquier cosa que quieras con las personas de la Tierra, porque es importante que ellos lleguen a estar muy acostumbrados a la idea de que todos nosotros existimos. Y que nosotros interactuamos con muchos, muchos de ustedes".

Yo había estado muy compenetrada en la sesión que olvide ver mi grabadora, la grabadora de Bonnie se apagó y eso causo que yo mirara a la mía, y casi alcanzaba el final de la cinta, mientras el hombre cambiaba la cinta, yo tome la mía y le puse una nueva y continuamos.

D: *¿Nos están permitiendo tener esta información?*
B: Él está diciendo: "¡Por favor háganlo!", utilicen cada oportunidad para poder compartirlo en cualquier grupo que se encuentren, cualquier persona que conozcan y a todas las personas que hablen y tú debes de comenzar a conocer tu propia familia de esto".
D: *¿Qué diría él si alguien que piensa que está mal el hecho de tomar su información personal?*
B: Él dice que en la gran perspectiva universal de las cosas no está mal y en algún día, incluso nosotros, quieren decir ellos. Eso lo dijo él, aunque somos nosotros los que estamos aprendiendo, por mucho acerca de ti, en este momento, ustedes seres humanos, seres terrícolas tendrán eventualmente su oportunidad de aprender de nosotros; y muchos de nosotros queremos que ustedes seres de la Tierra aprendan más de nosotros. Existen algunos que no quieren, pero nosotros sí, porque estamos interactuando por el bien común, realmente nosotros estamos esforzándonos, al trabajar a través de varios individuos para seguir mejorando la calidad de vida en la Tierra, y es bien importante para otras personas, que sepan de esta parte. Existe una gran necesidad de

balancear la contrapartida, de los desastres que se presentan mayormente en sus sociedades. Y tú Bonnie justamente inherentemente siempre estás de todas maneras en tu vida, buscando por un balance y entendimiento mutuo, y por eso es que eres una de las personas que trabajamos, incluso nosotros te enviamos a personas, con las que estamos trabajando, pareciera que no te gustara, porque ellos dijeron que te escucharon hablar o que ellos fueron recomendados, por alguien que tú conoces, pero usualmente somos nosotros, quienes los influenciamos y los dirigimos a la conferencia, donde todos ellos te han escuchado, y aprenden donde ellos te pueden entender y así vendrán para trabajar contigo, porque tú eres de los que están abiertos para el balance, abiertos para el bien y que muchos estamos intentando honestamente lograr. Es muy triste para nosotros el ver muchas de las cosas, que pasan entre las personas de la Tierra, y muy triste para nosotros ver de mente cerrada, a otros seres del universo. Así que cuando encontramos seres como tú, no tienes la idea de cuánto valoramos a todos ustedes. Nosotros valoramos que aprendan, que investiguen y que lean, y ustedes están siempre abiertas, hacia todas las posibilidades y compártanlo con otras personas, el trabajo que están haciendo con otras personas ayudándolas en esta vida en abrir y aceptar la interacción, con nosotros, tiene un gran efecto en sus almas, más de lo que pueden darse cuenta; va más allá de solamente esta vida, para cada una de las personas que comienzan a integrarlo y aceptar el hecho de que están interactuando con nosotros. Por lo tanto, esto tiene un largo gran efecto o se extiende por mucho de lo que posiblemente puedas saber en este momento.

*D: Entonces ¿se me permitiría volver a trabajar en otra ocasión con Bonnie?*

B: Oh claro que sí, nosotros estamos muy complacidos de que ella empiece a tomar conciencia de esto.

*D: Entonces si vuelvo a trabajar con ella otra vez ¿se nos permitiría obtener más información?*

B: ¡Oh si!, a nosotros nos complacería, y estamos haciendo esta experiencia muy fácil para ella, valoramos el factor de que ella, está en camino a su casa y desde su perspectiva terrenal, ya es muy noche y es una noche obscura y tiene muchas cosas que hacer. Queremos que sepas que cuando nosotros, como podrías decir, escogemos a personas, para llevarlas, para que experimenten, escogemos muy bien el tiempo de sus vidas, para hacer esto, no las recogemos cuando están enfermos, tampoco cuando están por tener una cirugía, tampoco si es que están atravesando una crisis marital o si ellos han perdido a alguien cercano, a ellos en lo que ustedes le dicen "muerte". Usualmente los escogemos cuando ellos, no están en medio de algo excesivamente demandante o importante en sus vidas o que requiera atención emocional. Esas son unas de las razones que tendemos a trabajar regularmente con personas cuando están durmiendo, para no interrumpir su trabajo durante el día o su vida familiar. Regularmente los llevamos cuando están de vacaciones cuando tienen tiempo para descansar, tu amiga Bonnie ha sido llevada usualmente en salidas de campamento, más de lo que sabe y así es como debería porque no está estresada y ella no tiene porque funcionar en alerta el día siguiente. Así que tratamos de ser considerados, y para ti más adelante estarás muy ocupada, pero aquí es una maravillosa ventana de tiempo, manejando de muy noche de regreso a casa y si tendrás un día muy ocupado mañana, pero no te dejaremos con ningún efecto traumático o físico. Nosotros gentilmente te dejaremos y continuarás tu camino y vagamente sabrás que algo sucedió hasta que estés lista para saber.

D: *¿Puedo preguntar que era ese objeto al lado de la carretera?*

B: ¡Oh! ese objeto era uno de nuestros pequeños vehículos de exploración, nosotros simplemente lo hicimos, aparentar, como algo familiar para la gente de la Tierra, como un gran tráiler y también los que vio caminando alrededor eran algunos de nuestros seres.

D: *¿Qué era el resplandor por detrás de los cerros?*

B: Esa era otra de nuestras naves, realmente esta noche aquí había toda una flotilla de nosotros y una de las naves estaba por detrás del cerro. Existen algunas personas que viven entre los cerros a la distancia, hay muchos kilómetros y kilómetros de montes y valles por aquí, ocasionalmente hay caminos de terracería y una casa y algunos de ellos son nuestra gente, algunas veces las personas de la Tierra se preguntan porque las personas continúan viviendo en áreas remotas, si están teniendo esas experiencias.

D: *¿Quieres decir que las personas que viven en esas casas son de tu gente?*

B: Sí.

D: *¿Quieres decir que están viviendo en la Tierra?*

B: Yo me estoy refiriendo a las personas que visitamos y las llevamos con nosotros.

D: *Ya veo, yo pensé que te referías a personas como tú.*

B: No, nosotros no vivimos en la Tierra.

D: *En otras palabras, estas son personas en áreas desoladas, con las que ustedes trabajan.*

B: Sí, detrás de esas colinas donde Bonnie estaba manejando, estaba una de nuestras naves y algunas de ellas emiten una gran cantidad de luz y esa nave en particular estaba visitando la casa de alguien, ah es allá atrás en una serie de hogares rurales aislados que tú no ves desde la carretera.

D: *Entonces no era la nave en la que está ella ahora.*

B: No, no, no, fue otra y de hecho fue que había otra, desde su perspectiva abajo en la costa, lo que ella estaba experimentando, como un brillo redondo repentino, sin ningún sonido, fue simplemente esa nave emergiendo justo en su dimensión. Solamente toma un momento y una vez que llega dentro de esa densidad de tercera dimensión, entonces se restablecen; es solamente el punto de colisión lo que causa el destello.

D: *¿Quieres decir la colisión de dimensiones?*

B: Sí, la colisión de la nave viniendo de otra dimensión a través de la tercera dimensión de realidad, usualmente ocasionará un destello y nosotros hacemos de eso mucho durante el día, pero las personas no tienden a ver esos destellos, porque el cielo es luz desde el punto de vista de la Tierra.

D: *Entonces una vez que entra a la dimensión, después la luz se desvanece.*

B: Sí, va inmediatamente a través de un ajuste para ser... sé qué es difícil para las personas de la Tierra entenderlo, pero se convierte más denso el mismo, la nave y aquellos en ella; y entonces ellos muy rápidamente entran y casi inmediatamente se ajustan, para estar en la suficiente en la tercera dimensión que por extraño que parezca, la tercera dimensión no los ve usualmente. Ellos la pueden ver, pero ellos usualmente no se miran, tú te asombrarías en cuantas de nuestras naves vuelan alrededor sin que nunca nadie nos vea.

D: *(Risas) No me sorprendería y sé que puede suceder.*

B: Y hay otra cosa, cuando la pusimos de regreso en la carretera, nosotros hacemos todo el esfuerzo en ponerla justamente, donde la recogimos, lo cual debería ser fácil porque nuestra nave está allí abajo todavía, pero algunas veces no sabemos exactamente y cuando nosotros lo hacemos ella también tendrá que entrar de nuevo a la densidad de tercera dimensión.

D: *¿Mientras ella está en la nave, está ella en otra densidad?*

B: Justo aquí en la nave sentada en esta silla ella no está en una forma tan densa como lo está cuando regresa a la Tierra en la densidad de tercera dimensión.

D: *Entonces te tienes que ajustar a la densidad al momento en el que el automóvil regresa a su sitio.*

B: Sí y súmale el factor que en ese preciso segundo cuando ella regresa habrá un destello de luz y será muy deslumbrante para ella.

D: *¿Eso es el porqué las dos dimensiones interactúan de nuevo?*

B: Sí, porque ella viene de una densidad más ligera, a una más densa, a la tercera dimensión, así como un destello de luz abajo en la costa, existirá un destello de luz justo aquí en la carretera y ella lo verá y estará en su automóvil, nosotros la pondremos aquí de regreso en su carro y entonces le bajamos la densidad y no sabrá nada de esto; y entonces repentinamente habrá ese destello de luz y ella estará de nuevo en la carretera con el motor encendido manejando de nuevo.

D: *Pero, cuando esta experiencia primero comenzó, ella vio, un destello de luz a través de su parabrisas.*

B: Claro, eso es, porque ella estaba iniciando a entrar en nuestra dimensión, con nuestra ayuda, por supuesto.

D: *Entonces eso creó un destello también.*

B: Claro, así como también las personas de la Tierra, vehículos de la Tierra, animales de la Tierra, por esos motivos y todos los tipos de forma de vida en la Tierra dejan la tercera dimensión y entran a nuestra dimensión de alta vibración y ligera densidad, en la cual existe un tipo de forma física, pero no tan "sólido"; sin embargo, ustedes ni siquiera tienen eso y en ese punto puede haber y usualmente hay este destello de luz. Te repito, en la luz del día la mayoría de las personas no ve esto o si están dormidos en la noche, no lo pueden ver, o ellos pueden experimentar estar solamente dentro de un haz de luz, y no tanto como el destello, pero algunas veces cuando pasa es muy rápidamente, así como paso muy rápido con ella existiendo ese gran destello. Muchas veces lo hacemos de diferente manera, cuando alguien está manejando en la carretera, nosotros lo rodearemos con luz y paramos el motor de su automóvil, sus luces se apagan y nos aseguramos que se pongan al lado de la carretera primero o fuera de la calle porque sabemos lo que puede suceder allí y que no sería apropiado para todos.pero es un proceso más lento y la persona en el carro está consciente de que el motor se está apagando, así que no existe aquella transición tan repentina a través de nuestra dimensión, ¿puedes entender lo que quiero decir? La luz rodea alrededor del automóvil, el motor se detiene, la persona se encuentra fuera del camino, nosotros nos mostramos, nosotros los tomamos a través de la puerta del carro, así como lo hicimos con ella, y usualmente los llevamos en un haz de luz; así que en este caso no existe ese destello, es una transición más gradual como puedes verlo.

D: *Así que puede suceder en dos diferentes maneras,* (Sí, sí) *está bien. Se nos está acabando aquí el tiempo.*

B: Yo entiendo eso.

D: *Así que me gustaría preguntar un par de preguntas más. Ella mencionó que vio algo, como una franja de luz, en la luz brillante, ¿qué fue eso?*

B: Eso fue uno de nuestros efectos de láser, es un haz de luz muy delgado y realmente vino desde nuestra nave, que estaba allá abajo en la carretera, y aún sigue allí, no está realmente en la carretera si no sobre de ella, nosotros nunca ni siquiera ponemos ninguna de nuestras naves sobre la Tierra.

D: *¿Por qué?*

B: Sería muy dañino para nuestra nave, por los efectos de energía irradiando alrededor y encima por supuesto, sobre todo porque en la superficie existe un efecto de energía irradiando, que nos ayuda a propulsarnos y volar y sería interrumpido si la parte baja de la nave aterrizará en la superficie, así que tiene que flotar o algunas veces ponemos dos trenes de aterrizaje, pero en este caso solamente flotamos lo cual es muy cercano a la Tierra y le pareció a ella que aterrizamos.

D: *¿Cuál fue el efecto de ese láser del que estabas hablando?*

B: Es solamente algo que tenemos en nuestra nave pequeña, de hecho, nosotros los tenemos en todas nuestras naves, ellos son instantáneos y muy poderosos, es un haz de luz con cierta cualidad y con cierta frecuencia de luz que tiene definitivamente (no lo diría de forma física), pero tiene su fortaleza, es muy denso, compacto y concentrado en sus frecuencias y en su haz de luz, es realmente un haz de luz estrecho. En estos días ustedes tienen un conocimiento de esto como cuando ustedes dan conferencias y muestran sus presentaciones, con un apuntador de láser presionando un pequeño botón y sobre la pantalla ven un punto rojo. Bueno realmente entre el dispositivo o artefacto y el punto rojo existe un haz de luz, una cierta frecuencia, que es realmente muy delgada y para el ojo humano usualmente no es vista, para nuestros ojos lo vemos todo el tiempo, nosotros vemos diferentes frecuencias, así que este pequeño haz de luz fue disparado para obtener su atención y para hacerle saber especialmente, después que algo inusual sucedió, pero nosotros no queremos hacer nada que le atemorice o traumatice tanto esta noche, porque nosotros valoramos que ella tiene un largo camino a su casa y que tiene responsabilidades definidas, este fin de semana y necesita estar refrescada y descansada para hacerlas.

D: *Ella mencionó que el parabrisas se estrelló, ¿qué fue lo que causó eso?*

B: Ese fue el haz de luz.

D: *¿Golpeó el haz de luz el parabrisas?*

B: Sí, tiene tal intensidad.

D: *¿Fue eso intencional?*

B: Sí, lo fue y la razón por la que estaba en ángulo era porque estaba un poco arriba de la nave, recuerda que dije que la nave estaba flotando, realmente no estaba estacionada así que mientras ella estaba manejando su automóvil; así que bajó suavemente por encima atravesando su parabrisas. Al no estar en su forma física nosotros supimos que haría dos cosas; haría un impacto y dejaría una marca en su parabrisas y también sabíamos que no tenía tal densidad para causar que se desviara y tuviera un accidente.

D: *¿Golpeó eso el parabrisas antes que ella fuera llevada dentro de su nave o después de que fue depositada de regreso?*

B: No, realmente nosotros ni si quiera habíamos hecho eso aún, lo que pasó antes fue la luz intensa brillante y realmente el haber visto la franja, nosotros tenemos tales maneras increíbles que imagino desde tu punto de vista (risas), teníamos que hacerla ver la luz y después conducirla hacia ella (ella iba directo) en un ángulo. Después nosotros la elevamos el resto del camino hacia otra nave a la distancia mientras que la pequeña, se quedó abajo en el camino. Y cuando la pongamos de vuelta, como te mencioné, será lo más cercano posible a dónde exactamente la tomamos y si nosotros podemos la llevaremos de regreso al momento exacto donde ella vio lo que pensó que era una franja o algo en esa luz resplandeciente y después dejaremos que la experiencia proceda, ella será impactada por el rayo láser que le afectará el parabrisas, pero en este momento eso no ha pasado, pero el tiempo es tan relativo que es casi como si ya hubiera pasado, porque pasará.

D: *Está bien, bueno como dije nosotros estamos bajo limitaciones del tiempo en nuestra dimensión,* (Sí) *y realmente agradezco el que te hayas comunicado conmigo.*

B: Yo también estoy muy contenta, muchos de mis compañeros se han comunicado contigo Dolores.

D: (Risa) *Yo no sabía si eran del mismo grupo o no.*

B: Bueno, tú trabajas con muchos grupos, pero yo soy uno de los grupos, nosotros somos uno de numerosos grupos, así que estoy familiarizado contigo.

D: *Entonces ya sabes que yo siempre soy muy curiosa.*

B: Oh y es maravilloso lo que estás haciendo alrededor del mundo, nosotros estamos muy complacidos y no esperábamos más.

D: *Entonces está bien si yo continúo trabajando con…*

B: (Interrumpió) ¡Absolutamente! Y para compartir, nosotros valoramos el que escribas y cuando haces tus presentaciones, así como también el que viajes, es absolutamente magnífico. Tú tienes una calidad maravillosa siendo un muy buen ser humano y eso hace que tus compañeros humanos te acepten, te crean, ellos se abren a lo que tú les digas. Tú eres una persona sencilla con "los pies en la tierra" que realmente sobresales más que eso, pero esa es la impresión que las personas tienen de ti. Eres una buena figura materna que las personas pueden confiar y eso es tremendamente importante en esta época en la Tierra, y todas esas personas te escuchan por tu credibilidad y tu carisma.

D: *¿Entonces tengo el permiso de contactarte a través de Bonnie y poder obtener más información?*

B: Absolutamente y hazlo por favor, nos complacería y me gustaría añadir antes que terminemos que los pequeños seres alrededor de ella, son los del mismo tipo que realmente trabaja con ella, hace mucho mucho tiempo en otra vida.

*D: Porque ellos viven más tiempo.*

B: Sí, nosotros vivimos el tiempo que queremos vivir o el que necesitamos vivir para realizar los trabajos que estamos haciendo, es tan fácil como se escucha, y gracias por facilitar esta experiencia y gracias también por ayudar a Bonnie con esto.

*D: Y sabes que la protejo y siempre estoy al pendiente de su bienestar de corazón.*

B: Estoy seguro que lo haces y ella también lo sabe.

*D: ¿Entonces puedo preguntar que ya terminemos la sesión?* (Sí) *y que una vez más esté de regreso la personalidad y consciencia ...*

B: (Interrumpió) Nosotros necesitamos regresarla como sea y no tomará mucho tiempo.

Yo me había olvidado que estábamos fuera de la secuencia de sus tiempos, pero el ser alto no, aparentemente nosotros teníamos que ir con su horario antes que Bonnie pudiera ser regresada a su consciencia y nuestra presente realidad.

B: Los seres pequeños la están colocando de regreso en su automóvil y los pequeños curiosos están retrocediendo y están abriendo la parte baja de la nave, la están bajando en el haz de luz, para que sepas no hay nadie aún en esa carretera. Nosotros hemos influenciado a quien sea que estaba yendo hacia el norte o hacia el sur en la carretera 101, en esta hora en particular; el cual es realmente muy poco de tiempo de la Tierra, para no estar manejando, de esa manera estarás sorprendida al ver a las personas que se orillan en la carretera, o que solamente están inspiradas en mirar el océano o solo tomar una breve siesta, solo por unos momentos, solamente un bostezo. Nosotros hacemos eso porque no queremos que vean todos los efectos de luz.

*D: Estoy segura que no es por ellos.*

B: Entonces la pondremos en la carretera, ya está bajando, ya bajó, ¡upsss! ¡Ya se cuarteo el parabrisas!, por el haz de luz, ¡tiempo perfecto! Realmente estamos muy orgullosos de la maniobra, (yo me reí) y ella ya está manejando, ella está intentando parar, pero le estamos enviando un haz de luz, y no es necesariamente la gran voz de su alma, pero le estamos enviando con el haz de luz diciendo: "¡sigue manejando, no te detengas, sigue, sal de aquí, ve a casa!"; y eso es lo que ella está siguiendo. Nosotros tuvimos que hacer que siguiera su camino, porque teníamos que abrir de nuevo la carretera.

D: Muy bien y ahora ella sabe todo eso y está perfectamente bien que lo sepa.
B: Sí eso es maravilloso.
D: Está bien, ahora ella está en el automóvil yendo a su casa y tú estás marchando con mucho amor y muchas gracias (Sí), y te veré de nuevo en otra ocasión.
B: Gracias querida.

Después yo le di instrucciones para que la consciencia de Bonnie se integrara una vez más a el cuerpo y personalidad, guiándola para que se oriente de nuevo a este tiempo. Ella despertó y empezó hacer preguntas de la sesión.

Bonnie's drawing of the symbols on the back of the "truck."

Uno de los hombres quienes estaban observando mencionó que estaba asombrado en la manera, que la entidad, estuvo hablando y fue muy elocuente con sus palabras. Bonnie mencionó que esto sucede también cuando ella ha trabajado con sus pacientes, ella aparentemente está usando el mismo tipo de técnica que sobrepasa, el estado emocional consciente de la mente, donde se encuentra la información real.

Bonnie estaba llena de preguntas, pero yo sabía que no había tiempo para contestarlas todas, me tenía que levantar a las 3 a.m. para tomar un autobús de regreso a Denver y poder tomar mi vuelo (4 horas de manejo). Bonnie y dos invitados tenían que regresar a Colorado en una distancia de manejo de 2 horas y media, uno de los hombres mencionó que él manejaría porque sabía que Bonnie sería incapaz de hacerlo después de tan profunda sesión. Bonnie mencionó después que pusieron la grabación en el automóvil durante el trayecto y estaba muy sorprendida con la información que fluyo a través de ella.

Unos meses después en septiembre de 1997, tuve que dar una serie de conferencias en California y estaba en los Ángeles por un solo día y Bonnie llegó a mi hotel para tener otra sesión, ella había preparado una lista de preguntas que quería realizar, si pudiéramos localizar a la misma entidad de la última vez.

Yo utilicé su palabra clave y ella entró inmediatamente dentro de un profundo trance, la regresé de nuevo a bordo de la nave y ella se vio de nuevo a ella misma rodeada por esos seres de tipo infantil adorables.

B: Estoy sentada en la silla y todos esos pequeñitos están amontonados a mi alrededor, siguen muy curiosos y compitiendo por una posición, codeándose unos a los otros, entre hombros para abrirse paso, solo para observarme, realmente es muy tierno y no me incomoda; ellos están tan llenos de vida con su interés, es realmente halagador, tener a tantos quienes están tan interesados.

D: *Tal vez ellos no tengan la oportunidad de ver muchos como tú tan cerca.*

B: No lo sé, nunca realmente llego a verlos, eso es por seguro, me gustaría pausar y tomar otra vista a esos pequeños seres azul grisáceo.

D: *¿Quieres decir que los quieres ver más claramente?* (Sí) (existió una pausa mientras ella los examinaba), *¿aparentan ser diferentes o se ven todos iguales?*

B: Bueno, todos los más pequeños son similares pero esta vez quise fijarme más en su textura de piel y más detalles. Antes yo tenía la impresión de que su piel era muy suave, pero tiene como una fina textura rugosa... ligeramente abultada como textura, como pequeños puntos en su piel y cuando digo "puntos", son tan sutiles y pequeños que lo más aproximado con que lo pudiera comparar es como cuando tenemos "escalofríos". Quizás un poco más redondos que eso y hay algo acerca de sus ojos, más como un tipo de puente sobre ellos, ya sabes como cuando observas a los ojos humanos y puedes ver el párpado y de alguna manera se contrae sobre la parte redonda del ojo (Sí), bueno es casi como eso a excepción, que yo no veo ningún párpado que se cierre sobre los ojos o ninguna pestaña, mientras yo estoy viendo a uno que está muy cerca de mí, sobre mi lado derecho (ella tuvo dificultades en explicar lo que está viendo), no es plano es como un tipo de forma escultural alrededor de los ojos, como una pequeña protuberancia en los dos ojos, casi como una ceja, pero sin vello.

D: *Tú mencionaste un puente, ¿es eso lo qué quieres decir?*

B: La forma es como un tipo de arqueamiento alrededor de los ojos, es muy difícil en describir, pero puedo verla e incluso hay como una forma de pómulos muy tenue y una forma muy pequeña para la nariz, pero no sobresalen como la de nosotros.

D: *¿Tienen orificios?*

B: Sí, supongo, les podrías llamar fosas nasales, pero no son redondas están un poco ovaladas con una dirección en vertical.

D: *¿Existe algún tipo de boca?*

B: No, solamente una muy, muy ligera, muy pequeña... realmente no veo los labios, estoy intentando obtener algún tipo de medidas, las bocas son quizás como de 2 centímetros de largo, tal vez un poco más, como 4 centímetros.

D: *Eso sería muy pequeño, ¿puedes ver algunas orejas?*

B: No, no hay nada que sobresalga, pero pareciera ver, me pregunto cómo les podrías llamar, si miras desde enfrente de nuestro rostro, nosotros tenemos una protuberancia que protege la apertura del oído, hay algo como eso, pero no es exterior, por detrás de esa protuberancia, podría haber una apertura, pero es tan sutil, realmente no puedo ver en la apertura, pero es muy sutil.

D: *¿Puedes ver sus manos?*

B: Sí y son muy diferentes a las nuestras, son muy delgadas, si tú miras la palma de su mano es muy estrecha en comparación a la de nosotros y no hay tantos dedos. Existen tres dedos y después hay una cosa extra que puede ser un equivalente al pulgar, pero está un poco más alineado con los otros dedos, no es tanto la posición, pero pareciera tener más rangos de movimientos que los otros dedos.

D: *¿Están usando algún tipo de vestimenta esos seres?*

B: Eso es realmente difícil de decir, porque todo es el mismo color y estoy tratando de ver si hay alguna diferencia en la textura, yo creo que debe de haber algún tipo de traje o algo, sin embargo, realmente no veo alguna costura y eso es muy extraño, pero pareciera que es más suave sobre todo en el cuerpo.

Bonnie estaba haciendo un trabajo excepcional, como reportera objetiva, en muchos de los otros casos, que yo he investigado, la persona se repele por la extraña apariencia de las creaturas y no querían mirar más de lo que tenían que hacerlo. En algunos otros casos su subconsciente únicamente les permitiría verlos en imágenes borrosas, o (como en el caso de mi libro *Legacy From the Stars*/ Legado de las Estrellas) únicamente verlos por detrás. Bonnie era muy curiosa así yo lo soy y ella requirió que la escena, fuera lenta, para que ella pudiera estudiar a las creaturas y verlas en gran detalle; al hacer eso ella no mostró ningún miedo, sino una curiosidad científica y al llegar a ser completamente objetiva, más información puede ser revelada.

D: *¿Está el otro ser allí?, ¿El que estaba contestando nuestras preguntas?*
B: Sí, él está detrás de los que están enfrente de mí, él casi está directamente enfrente de mí ligeramente a mi lado izquierdo.
D: *¿Podemos hacerle preguntas otra vez?*
B: Sí, (suavemente no dirigiéndose hacia mí), me gustaría hablar más contigo y hacer algunas preguntas, necesito permitir que se concentre completamente, él está diciendo "se más clara, se más clara".
D: *¿Sabes lo que él quiere decir?*
B: Sí, que yo me permita verlo (suspiro), tal vez yo pueda describirlo y después puede que lo vea más claramente.
D: *¿Te molesta verlo a él?*
B: No, no me molesta, está bien, él es muy alto, muy delgado y muy, pero muy blanco.
D: *¿La piel es de diferente color?*
B: Sí, él es muy diferente comparado a estos pequeños, porque ellos son más de un color obscuro azul grisáceo, y él es puramente blanco, no un blanco como las personas caucásicas, pero blanco, blanco como hoja blanca de papel.
D: *Eso sería muy blanco, ¿es su rostro diferente?*
B: Oh, si, él no tiene la cabeza tan redonda como ellos la tienen, pero tiene una cabeza larga y un afinado rostro; se ve redonda en la

parte superior a excepción que tiene una hendidura en la parte media superior en comparación a ser completamente redonda. No veo ningunas orejas, es como si tuviera una apariencia de tipo ósea, en el sentido que no veo nada que parezca como tejido o musculatura.

La descripción sonaba tan diferente, que sería muy normal, sentirse espantado si un ser humano observara una creatura como esa, pero increíblemente Bonnie describió al ser sin ningún temor del todo, únicamente en un sentido de bienestar y un sentimiento cómodo con él. Esto parecería ser contradictorio, dadas nuestras emociones humanas, pero fue tan bien la manera que ella se sintió hacia los pequeños seres con un sentimiento de casi amor y afinidad. En la primera sesión ella pensó que hubiera tenido miedo, cuando ellos la llevaron a la habitación y la conectaron a un aparato, pero estaba ligeramente sorprendida de que no fuera así; el único miedo que ella experimentó fue cuando ella por primera vez se dio cuenta que los pequeños seres, alrededor de la "camioneta", no eran humanos. Eso se desvaneció completamente cuando ella ingreso a la nave y estaba muy entretenida con las cualidades de los seres de tipo infantil. Ella pareciera estar muy cómoda en la presencia de este ser, de extraña apariencia, al estar ella describiéndolo calmadamente, ella estudio a las creaturas con un tipo de objetividad científica.

*D: Por apariencia de tipo ósea, ¿quieres decir que la piel aparenta ser muy pegada?*
B: Muy pegada, supongo que debe de haber algo que lo cubra. Está bien, ahora, sus ojos son muy, pero muy grandes, son grandes en proporción de su rostro más que los pequeños ojos de los "grises".
*D: ¿Son ellos del mismo color?*
B: No, los de ellos eran más de color azul obscuro o negro con un tipo de tinte de azul profundo. Los de él son más de color café obscuro, casi negro, pero más hacia el café, y son de diferente forma. Ellos son más como un rectángulo vertical a excepción que ellos tienen las esquinas curveadas, ellos no están simétricos como los de nosotros sino más como hacia arriba y abajo.

Eso fue una sorpresa, y yo intentaba mentalmente visualizar a la creatura que ella estaba describiendo.

B: Sus ojos son alargados de arriba hacia abajo, verticales más que anchos, y son ligeramente más anchos en la parte superior que en la parte inferior y cubren mayormente su rostro; así que mayormente lo que ves cuando lo miras son sus ojos, estoy intentando pensar en términos de centímetros, (pausa) los ojos en sí podrían ser cerca de 7 cm a 10 cm de alto y quizás 7 cm de ancho.

D: *Esos son ojos muy grandes, ¿el resto de sus facciones son similares a las de los pequeños?*

B: Bueno, toda la forma de su rostro es diferente, los pequeños tienen mucho más grande y redonda la parte superior de su cabeza y sus sienes y después se hace delgada hacia un muy pequeño mentón, pero la forma del rostro de él es mucho más grande en la parte superior y disminuye. Lo quiero decir es que es más como la forma de caballo, si tú observas a la cabeza de un caballo de frente, pero él no tiene la nariz como la de un caballo o una boca parecida, solamente me estoy refiriendo a la forma.

D: *Más alargada, ¿es la boca o nariz similar a la de los pequeños seres?*

B: No, porque quiero pensar qué es como la de un caballo, todo el rostro sobresale un poco en medio y la parte baja de la estructura, pero no hay una delineación de una nariz, estoy realmente teniendo dificultad para encontrar donde está la boca, déjame ver, (pausa) si, ¡hay boca!, podría ser el equivalente debajo del mentón, o quizás incluso dentro del mentón. Porque no la veo que atraviese el rostro como lo vi con los pequeños seres, él es muy diferente.

D: *¿Cómo son sus manos?, ¿puedes verlas?*

B: No, no puedo, puedo ver un muy largo y delgado cuello el cual es puramente blanco también y puedo ver sus hombros.

D: *¿Alguna vestimenta?*

B: Él es completamente blanco y creo que él tiene algún tipo de vestimenta blanca, como que caen desde sus delgados hombros, estoy intentando ver ahora, (pausa) en la base de su cuello se mira como una abertura circular, pero sin un collar, donde nosotros usualmente portaríamos joyería o como un pendiente, pero puedo decir que definitivamente que él tiene muy, pero muy estrechos hombros y muy delgado torso y brazos, y aún no veo la delimitación de eso, pareciera como si fuera una vestimenta o algo muy holgado, no pareciera ser de forma ajustada como la que tienen los pequeños seres grises.

D: *Está bien, ¿crees que pueda contestarnos las preguntas ahora?*

B: Sí, creo que sí.

D: *Dile que nosotros estamos muy curiosas y que queremos saber muchas cosas.*

B: Nosotras estamos muy curiosas y he pensado mucho en ti, también me gustaría decir que cada vez que he pensado en ti, me he sentido realmente muy bien; de hecho, me siento muy honrada y nunca he sentido ningún miedo o sensaciones malas acerca de ti o de los otros pequeños seres y te quiero agradecer también, porque nunca he sentido ningún miedo en manejar desde entonces por mí misma, a altas horas de la noche o del todo. Él solamente me está mirando con sus ojos, es tan interesante los ojos de todos esos seres, porque no veo una pupila o nada diferente en los ojos y aun así aparentan estar muy vivos y receptivos, pareciera que se mueven, pero realmente no puedo darme cuenta, cómo es que lo hacen, no tienen párpados que parpadean, pero ellos aparentan tener expresión en ellos, y no puedo darme cuenta cómo es eso, pero así lo es.

D: *Vamos a preguntarle, ¿cómo es que sus ojos son diferentes a los de nosotros?*

B: Él está diciendo que tiene la habilidad de ver más cosas, en comparación de nuestros ojos, ellos ven a través de la superficie.

D: *¿Literalmente?*

B: Como si vieran dentro de mí, ellos penetran dentro de mi interior.

D: *¿Quieres decir como rayos-x?*

B: Sí, como unos rayos-x, él puede ver la fisionomía, pero más importante para ellos es que pueden ver los pensamientos y emociones. Ellos no siempre entienden las emociones, pero pueden ver lo que sucede con nosotros, individualmente; eso es lo que quería decir al referirme que pueden ver por debajo de las apariencias, y es muy curioso para ellos que nuestros ojos son pequeños. (Yo me reí) Claro es curioso para nosotros de que sus ojos son muy grandes.

D: *Y nuestros ojos no pueden ver en más de un nivel.*

B: No, no, sus ojos pueden ver por debajo de la superficie de muchas cosas también y ellos tienen un rango de visión mucho más amplio, que el de nosotros; como por ejemplo al mirar lo largo de la carretera, ellos pueden ver toda la longitud tan lejos como ellos necesitan verlo o debería decir "lo ancho" dependiendo en como ellos lo están mirando.

D: *Quieres decir que cuando él mira hacia la carretera desde la nave donde él está, el puede ver toda la longitud entera.*

B: (El cambio fue abrupto) Me gustaría hablar por mí mismo, ahora.

D: *Está bien adelante, podía ser más fácil de esa manera.*

B: Nosotros vemos toda el área, nosotros vemos todo lo que está aquí mismo en la nave, y nosotros vemos que es lo que exactamente está por debajo de nosotros, y vemos todo el territorio. Nosotros vemos hacia adelante y hacia atrás y los dos lados de la carretera, nosotros vemos muy lejos hacia el océano y hacia tierra adentro también, y nosotros vemos muy arriba al norte a la orilla de la costa y muy hacia el sur, justamente todo en uno.

D: *¿Quieres decir que simultáneamente?*

B: Correcto, nosotros no tenemos que mover nuestros ojos como los seres humanos lo hacen, nosotros vemos a un muy amplio espectro, y no únicamente eso, ya que nosotros vemos todo dentro de ese campo de visión. Nosotros podemos ver a cada una de las personas, que se encuentran en cualquier vehículo, en toda esa área, o incluso en los botes que están en el océano, y también vemos a todos los que están adentro, de cualquier casa. Podemos observar cada edificio y cada casa, vemos más allá de las colinas de las que Bonnie estaba mirando, cuando ella estaba manejando. Nosotros vemos nuestra nave por allá. Nosotros vemos cuatro casas más esparcidas en diferentes caminos, nosotros vemos toda la terracería de los cerros, nosotros vemos la ciudad de Ventura, nosotros vemos la ciudad de Santa Barbara, Montecito y Carpinteria.

Esos grandes ojos me recordaban a los de los insectos, nosotros no tenemos manera realmente de saber cómo un insecto puede ver un área grande, porque nosotros no podemos entrar en su mente, ¿será similar?, ¿acaso los insectos con ojos grandes toman más información de lo que nosotros sabemos?

D: *¿No sería confuso en tomar mucha información al mismo tiempo?*

B: No, no, yo creo que sería confuso, pero para los humanos.

*D:* (Risa) *Sí, yo estoy pensando desde la perspectiva humana.*
B: No, eso es lo que siempre nosotros hacemos, y lo que yo te estoy diciendo ahora es, en la tercera dimensión física de la realidad de la Tierra, pero existe más de lo que vemos también, nosotros vemos otras dimensiones.
*D: ¿Los pequeños seres ...?*
B: ¿Estás preguntando si los pequeños seres pueden hacer eso también?
*D: Sí, ¿funcionan sus ojos de la misma manera?*
B: Ellos no pueden ver con tal amplio espectro, pero ellos definitivamente pueden ver dentro, como aquellos que están viendo ahora mismo a Bonnie y yo estoy mirando por detrás de sus cabezas. (Este cambio en perspectiva definitivamente mostró que Bonnie no estaba comunicándose más y que el ser estaba hablando desde su punto de vista), y ellos ven todo lo que sucede en términos de sus pensamientos, emociones y toda su historia completa, y como trabajan sus funciones fisiológicas. Ellos están viendo cómo es que sus ojos funcionan y están abiertos, ellos ven cómo su cerebro funciona, cómo es que todos sus pequeños tubos conectados, sus pequeñas glándulas, nodos y texturas trabajan, ellos ven los conductos nasales y los pequeños vellos en esa área además de los fluidos y senos paranasales.
*D: ¿Es por eso que ellos la están observando muy de cerca?*
B: Sí, ellos están solamente teniendo un tiempo maravilloso, (yo me reí), ella sabe que ellos son muy curiosos.
*D: Pero ella no sabe que ellos pueden ver todo eso.*
B: Ella no tiene idea de lo que ellos pueden ver, ellos pueden ver los canales del oído y cómo es que funciona su audición, ellos pueden ver la cera en el oído, ellos ven la saliva y los fluidos nasales. ¡Oh, sí!, hay tantas cosas que pueden ver.
*D: ¿Por qué no tienes tú cubiertas de protección en tus ojos de la misma manera que nosotros tenemos?*
B: Nosotros tenemos cubiertas, están integradas, es casi como lo que podrías llamar: una membrana.

La descripción anterior sonaba como la de un insecto, pero esto me recordaba de alguna manera a los ojos de un reptil.

*D: ¿Realmente eso protege el ojo?*

B: Sí, sí, tiene un tipo de brillo en él, es una membrana autorrenovable, nosotros no necesitamos cerrar los ojos de la manera que los seres humanos lo necesitan, los seres humanos tienen un sistema completamente diferente. Ellos tienen muchísima hidratación justo en la superficie de sus ojos y esa hidratación atrae cosas como el polvo. Pero la membrana que nos cubre la cual es una parte natural de nosotros no tiene ese tipo de superficie, que atrae partículas de polvo, u otras cosas. Nosotros tenemos una manera de desprender cualquier cosa, que no queramos que se pegue en el ojo.

D: *También se me ha dicho que ustedes pueden saber las verdaderas intenciones de las personas al observarlos y que no existe ninguna manera de engañarlos.*

B: Sí, esa es la parte que nosotros vemos, yo creo que los seres humanos podrían obligarse a pensar, en los términos de que "nosotros vemos los verdaderos motivos". Nosotros vemos a lo que ustedes le llaman "el alma", nosotros vemos la esencia, así como también todo lo que lo envuelve, desde todo el condicionamiento hacia la esencia. Los seres humanos son mayormente fascinantes para nosotros, porque tienen tantos condicionamientos, en enseñanzas, en teorías, en creencias que son aplicadas a como uno va a través de la vida; aplicadas encima de la esencia pura desde cuando nace un ser humano, y para el tiempo en que la persona alcanza una madurez razonable, esa esencia pura podría estar total y completamente cubierta con enseñanzas, creencias y adoctrinamientos. Así que es difícil para la persona incluso tener cualquier sentido, de lo que realmente es una esencia pura de alma. Y todo lo que la persona sabe son todas estas capas de aprendizajes, creencias, doctrinas, y así sucesivamente, que han sido aplicadas sobre la esencia al ir creciendo en su tiempo de vida.

D: *Se me ha dicho que una de las razones por la que ellos trabajan conmigo y probablemente con Bonnie es porque saben nuestra verdadera motivación, ¿es eso correcto?*

B: ¿Cuándo te refieres a "ellos", a quién te estás refiriendo?

D: *Ustedes, a quienes le llamaríamos "extraterrestres, las personas quienes hablan a través de los pacientes con quienes trabajamos.*

B: Bueno, nosotros sabemos que su motivación es muy buena y qué es para ayudar y sacar a la luz la verdad.

D: *Porque se me dijo, que nosotros no podíamos ocultar nuestros motivos y que ustedes sabían nuestras intenciones, mejor que lo que nosotros lo hacíamos.*

B: Sí, y no solo eso, sino tú y Bonnie están muy comprometidas en sacar la información desde lo profundo de la persona, ya sea al ver dentro de una vida pasada o traer información, desde siglos atrás como lo que haces tú misma o quizás regresar al inicio de esta vida y encontrar cosas que son de beneficio saber para la persona, o ir dentro de otra vida pasada, en busca de la causa de dificultades actuales, o ir a las experiencias que han tenido personas con seres como nosotros, pero la motivación tuya y de Bonnie y otros haciendo el trabajo, como ustedes, es que ustedes tratan de sacar las otras capas y otras dimensiones de lo que ha sucedido. Ustedes tratan de ir hacia la verdad, tratan de obtener la verdadera fuente y es muy laboriosa la manera en la que tienes que hacerlo. Nosotros lo podemos hacer casi instantáneamente, pero no obstante nosotros te damos mucho crédito, porque lo haces y quizás ustedes nunca lo han pensado al respecto, de esta manera antes, pero ustedes hacen mucho de lo que nosotros hacemos. Lo cual es mirar profundamente y ver lo que está ahí, ver más de la esencia pura y las coberturas que han sido aplicadas en vidas pasadas y la vida actual a la esencia pura.

D: *Es solamente más difícil para nosotros en hacerlo ya que toma más tiempo.*

B: Sí, no es tanto mirar dentro de la persona, aunque ustedes tienen personas que les llaman "psíquicos" quienes tienen más de esta habilidad, pero tú y Bonnie en particular ayudan a la persona a entrar dentro de un estado de consciencia, donde la persona, puede dejar que estas memorias salgan a través de todas las capas de la cobertura.

D: *Bueno, Bonnie tiene algunas preguntas que me pidió que te hiciera,* (Sí). *Tú mencionaste que estaban tomando información de su mente acerca de los casos con los que ha trabajado y las personas que ha ayudado,* (Sí) *y estaban poniendo esto dentro de esto, ¿cómo computadora?, ¿es ese un buen ejemplo?*

B: Sí, nosotros hacemos esto con nuestras mentes, eso podía ser una similitud, pero nosotros no lo ponemos dentro de una máquina.

D: *Yo tengo que usar términos humanos que pueda entender.*

B: Sí, sería similar, en el sentido, de que en la estructura de nuestras mentes nosotros tenemos lo que ustedes podrían llamar una "computadora" tipo de aparato, así que nosotros usamos esta información en nosotros mismos.

D: *Ella quería saber qué es lo que harían con la información que copiaron desde su mente.*

B: Nosotros tenemos conexiones con muchos, muchos otros seres de nuestro tipo y también otros tipos quienes están muy interesados en las personas de la Tierra, algunas veces nosotros telepáticamente compartimos esto y lo enviamos con nuestras mentes, es como una proyección de pensamiento.

D: *¿Entonces quien la quiera recibir lo hace?*

B: Sí, para aquellos seres quienes estén interesados en este tipo de cosa, porque hay muchos, muchos seres interesados en las personas de la Tierra, algunos de ellos tienen más del sentido de lo que podrías llamar "conciencia", ¡conciencia! Y quieren saber cómo son los seres humanos afectados por nuestras visitas y hay otros seres interesados, en las personas de la Tierra quienes, no se interesan en cómo son afectados por sus interacciones o sus visitas. Es como un sistema de transmisión a excepción que nosotros no estamos usando cables o algún tipo de aparato como los que usan en la Tierra, es más como lo que podrías llamar "inmediato" o "telepático", nosotros tenemos entre nosotros un medio diferente de comunicación, una estructura diferente y que no tiene que depender en aparatos físicos, si nosotros queremos hacer eso un poco más entendible es como si es, yo estoy tratando de ponerlo en términos que me puedas entender como persona de la Tierra.

D: *Eso es siempre la parte más difícil.*

B: Sí, porque nosotros operamos muy diferentemente. Es como si hay una estructura entrelazada o redes multidimensionales que están en todas direcciones, yo sigo tratando de recordar que tú tiendes a pensar en términos físicos mayormente y si tú puedes visualizar mirar hacia arriba de donde estás en la Tierra e imaginar que hay una red o estructura entrelazada tridimensional no en segunda dimensión como cruzándose sino en todas dimensiones dirigiéndose en todas direcciones, eso sería similar a lo que visualices en un sentido, en que quienes están de nosotros están en el medio de esto englobando una red multidimensional; yo estoy tratando de pensar en algo que pudiera ser similar o una analogía para que conozcas. Está bien, veamos una bombilla de luz sin forma en ella y cuando la luz esta encendida sin la forma del vidrio o una pared o algo, esa luz brilla equitativamente en todas las direcciones, así que con esta red o estructura de comunicación de pensamiento, casi como olas de pensamiento desde un mensajero como yo mismo radiando en todas direcciones al mismo tiempo, todo alrededor y que alguien en esa frecuencia, quien tiene esta capacidad, pueda recibir esta mismas olas de pensamientos y aquellos quienes estén interesados la recibirán o quienes no estén interesados simplemente no prestarán atención.

D: *Porque aquellos quienes están interesados son los que están buscando.*

B: Sí, es como si todo está brillando allá afuera, sería como si tú tienes una computadora en tu oficina y el internet que está absolutamente repleto de cantidades increíbles de información y algunas personas acuden a sus oficinas, prenden la computadora, acceden a internet y obtienen muchísima información de ello, pero hay muchas cosas en el internet que ellos ni siquiera tienen acceso a ello y simplemente no están interesados, así que ellos no, como tú dirías "accederán" a esa porción de información. Existen también algunas otras personas quienes llegan a su oficina y nunca encienden la computadora o incluso algunas personas ni siquiera tienen una, así que es lo mismo con todos nosotros.

D: *Eso tiene sentido para mí.*

B: En nuestras dimensiones existen algunas que van a ser interesantes y algunas no.

D: *Está bien, bueno ella estaba preguntándose, ¿viven ustedes en la nave?, o ¿de tiempo en tiempo regresan a su lugar de origen?*

B: Donde estamos ahora mismo es una nave muy grande y está muy por arriba de la Tierra, la gente de la Tierra no tiende a vernos, ocasionalmente hay algunas personas quienes pueden ver a unas de nuestras grandes naves y las reportan, pero una vez más, ya que nosotros tenemos este tipo de visión y podemos ver a cada uno en nuestro amplio espectro, cuando detectamos a alguien que nos ve, usualmente nos camuflajeamos para que no nos puedan ver, o simplemente nos movemos de esa área. Nosotros todavía sentimos que la gente de la Tierra no está lista, en cualquier tipo de grandes masas para realmente encarar con la realidad de nosotros y estar en tal inmensa nave. Así que muchos de nosotros y yo vivimos en esta nave, además de nuestros pequeños amigos que también viven aquí.

D: *¿Tienen ustedes un lugar como si fuera su hogar?*

B: Sí, pero está muy lejos y es mucho más conveniente para nosotros quedarnos en esta nave. Ahora, ¿qué es lo que ve una persona de la Tierra cuando llega a nuestra nave?, como Bonnie que ha venido para estar con nosotros ahora mismo solamente ve, una pequeña porción de toda la base. Nosotros tenemos espacios de vivienda y espacios de trabajo, aquí esta es una de nuestras pequeñas instalaciones de trabajo. Ella únicamente ve dos partes de este vasto complejo y así está bien. Quizás si ella así lo desea habrá otras ocasiones cuando nosotros podamos mostrarle más, claro si ella quiere, pero para ser más prácticos nosotros queremos hacer lo que necesitamos hacer en un tiempo relativamente corto; así que nosotros solamente la trajimos con todo y el carro dentro de la estación de la nave y después la acompañamos hasta esta pequeña habitación y la volveremos a acompañar de regreso al carro y de vuelta a la carretera otra vez.

D: *Pero, ella tiene curiosidad acerca de dónde vienen ustedes. ¿Es algún lugar que nosotros podríamos identificarlos en nuestros mapas estelares o constelaciones?*

B: Definitivamente nosotros estamos dentro de lo que pueden ver en sus mapas estelares, pero nosotros en particular no tenemos uno de esos nombres que son más conocidos en la Tierra. Nosotros sabemos que la gente habla acerca de Sirius, Lyra, Pléyades, Antares, la galaxia de Andrómeda y varios otros lugares. Nosotros no tenemos un nombre con el cual la gente de la Tierra nos pueda reconocer, de hecho, ni siquiera nosotros usamos un nombre para nosotros mismos.

D: *Eso es lo que pensé y yo había escuchado eso antes.*

B: Todo está hecho por la energía y vibración, eso es cuando nosotros viajamos de regreso, aunque no lo hacemos muy a menudo, es un gran esfuerzo y un largo camino. Nosotros podemos enfocarnos y encontrarlo, pero no de la manera en la que los pilotos de aviones lo hacen en la Tierra y nuestro aterrizaje es en un sentido de frecuencia vibracional en vez de utilizar personas en las torres de control.

D: Por su puesto, yo me estoy refiriendo otra vez en términos humanos, ¿pero ustedes no tienen familia que extrañen o quieran ver?

B: Muchos de nosotros tenemos familias, aquí mismo, en esta nave que es inmensa, así que si los vemos.

D: Así que ellos viajan con ustedes.

B: Ellos pueden regresar también, pero no todos tienen familia aquí, aunque muchos de nosotros sí y mi familia está aquí.

D: *Lo cual me lleva a la siguiente pregunta que es de procreación,* (risas), *yo tengo curiosidad acerca de ello.*

B: Bueno, es diferente para diferentes tipos de seres.

D: *¿Cómo sería el de tu tipo?*

B: Desde el punto de vista de una persona de la Tierra, nosotros somos más en un sentido general como un tipo insectoide, nosotros no pensamos de esa manera sobre nosotros mismos, como muchas de las personas de la Tierra lo hacen; nosotros nos orientamos más hacia poner huevos y no tenemos el tipo de copulación que sabemos que los seres humanos tienen, de hecho las personas de la Tierra, se nos hacen muy curiosas a nosotros, de que ellos puedan estar en tal estado de excitación cuando la procreación sucede de la manera que pasa directamente entre un hombre y una mujer, pero en nuestro caso nuestras compañeras femeninas generan y ponen huevos y nosotros los fertilizamos, y cuando ellos están listos para salir del cuerpo femenino es muy diferente.

Nosotros no nos involucramos con nuestras compañeras como las personas de la Tierra lo hacen. Los insectos nacen con memoria de raza preprogramada a través de su ADN y ellos no necesitan ser instruidos o entrenados por sus padres, así que yo creo que somos como este tipo de criatura.

En otros casos en este libro los seres que son más insectoides que humanoides, mencionaron que sus descendientes nacen sabiendo muchas cosas y los padres no tienen la conexión con los niños, porque ellos se desarrollan más rápidamente hacia la forma adulta y necesitan muy poco entrenamiento.

D: *¿Qué hay acerca de los pequeños grises?, ¿son de la misma manera o procrean de diferente manera?, o ¿necesitan ellos procrear?*

B: Existen muchos tipos diferentes de seres grises y creo que las personas de la Tierra tienden a agruparlos dentro de una misma categoría y realmente existen muchas variedades.

D: *Yo he encontrado en mi trabajo que eso es cierto y que existen diferentes tipos.*

B: Yo tengo que pensar esto por un minuto acerca de esto, porque también trabajo con algunos otros tipos. Este tipo de pequeños seres en particular que están ahora mismo alrededor de Bonnie no se procrean de la misma manera que los seres humanos lo hacen, ellos no tienen sus genitales como el pene o la vagina.

D: *¿No son seres sexuales?*

B: No, ellos no tienen relaciones sexuales como los seres humanos lo hacen para tener placer o procrear, con estos pequeños seres es más de un tipo de procedimiento de laboratorio, cómo tomar células de estos seres y mezclarlas. Existen diferencias muy sutiles, entre el género masculino y femenino de estos pequeños grises. Tú no puedes ver las diferencias del cuerpo desde el exterior entre un hombre y una mujer, en comparación como es con las personas de la Tierra, es más de una diferencia de estructura genética, ya que nosotros tomamos muestras de ellos y usualmente nosotros las obtenemos desde sus partes blandas protegidas, podría ser similar a lo que ustedes le llamarían "raspado" de muestras de células de piel. Así que uno de los lugares más comunes para tomar estas muestras es por debajo de los brazos de un ser masculino.

D: *¿Cómo una axila?*

B: Sí la axila, esa es un área muy protegida y nosotros algunas veces podemos...

D: *Debo interrumpirte por un momento, tengo que atender a mi cajita negra, ¿Si me entiendes verdad?*

B: Ya veo lo que estás haciendo.

Saqué la cinta y puse otra nueva en la grabadora.

D: *Nosotros no tenemos la habilidad de recordar todo lo que decimos, nosotros necesitamos una máquina para capturar las palabras.*

B: Oh, si eso es lo que te iba a decir, que nosotros tenemos una paciencia y tolerancia para todos ustedes en la Tierra quienes son sinceros e interesados como lo eres tú y qué quieres grabar para recordar y ser capaz de escucharlo de nuevo. Así que sería casi como si un adulto humano realizado, mira hacia un niño y se dan cuenta que tendrían que aumentar números al contar con sus dedos por un instante, por ejemplo. Tú eres así para nosotros, pero no queremos decirlo de manera condescendiente, es más como una dinámica amorosa, tolerante y de aceptación, está perfectamente bien para nosotros.

*D:* (Risas) *pero, nosotros estamos haciendo lo mismo, porque nosotros estamos intentando pasar la información y nosotros queremos hacerlo de la manera más precisa que podamos. Nosotros no queremos depender de nuestras memorias.*

B: Sí, valoro muchísimo eso, así que, regresando al tema de la reproducción, a veces nosotros podríamos tomar estas muestras, nosotros le llamamos "material genético", desde la superficie de la piel. Yo estoy hablando acerca de estos pequeños seres grises y a veces tomamos las muestras de entre las piernas, no porque existan genitales ahí, sino porque estando localizado entre las piernas es un lugar que no está abierto a todo el aire, polvo, contaminantes o lo que sea. Es más, como un área protegida y cerrada, nosotros tenemos una habitación aquí en nuestra nave donde nosotros hacemos estos procesos reproductivos. Nosotros tomamos las muestras de los sujetos masculinos. Y como te mencioné ellos no son tan diferentes de las del género femenino, sino únicamente lo suficiente; así que los tomamos de ellos y los mezclamos. Nosotros tenemos un laboratorio en condiciones estrictamente impecables y nosotros, supongo que usarías la palabra "reproducimos" o, ¿podrías decir que los tienen incubando no es así? (Sí), nosotros tenemos los mismo, así como ustedes tienen otros tipos de instalaciones en la Tierra donde los crían y hacen ciertos cultivos de gestación de formas de vida a excepción que nosotros, los reproducimos de la sustancia masculina, femenina y la sustancia genética, en medios de cultivo de líquido controlado hasta que nosotros sentimos que la forma de vida está lista, para salir del líquido y vivir como un ser normal.

*D: Pero esto significa que este tipo de ser no puede reproducirse sin un laboratorio.*

B: Eso es correcto.

*D: Eso suena similar a algunos casos que he escuchado donde algunos extraterrestres han tomado muestras de humanos.*

B: Sí, sí, aunque en algunos casos, como yo estoy seguro que tú estás consciente y sé que Bonnie también lo está que ellos mezclan el material genético entre un humano masculino y femenino con otras especies, creando un ser hibrido. Así como también diferentes grupos lo hacen ligeramente en diferentes maneras, pero a veces se realiza en una manera muy similar de lo que he escrito, y a veces con ciertos grupos lo harán. También se realiza el equivalente a lo que le llamarías "fertilización" de los óvulos de la mujer humana para después implantarlo de regreso en el útero por dos o dos meses y medio de gestación, quizás hasta tres como límite; después se removerá el ser o ese feto para colocarlo en un medio particular protegido para el resto del período de gestación.

D: *¿Cuál es el propósito de mezclar la genética de humanos con otro tipo de seres?*

B: Nuestro grupo, mi grupo no hace eso directamente, pero ciertamente yo estoy consciente que algunos otros grupos lo hacen y justamente con muchos aspectos de esas interacciones entre otros seres y los seres humanos, existen varios diferentes grupos teniendo diferentes planes. Así que existen grupos que vienen a la Tierra y toman estos materiales genéticos y los mezclan con su propio, para poder perpetuar su propia especie, ya que ellos sienten, que ellos están en un grave peligro. Es un hecho que algunas de esas especies, ni siquiera, tienen su propio planeta hogar para vivir más tiempo y están viviendo en naves y algunos de ellos envían emisarios a la Tierra, para conseguir material genético para prevalecer su propia especie. Algunas de las especies han encontrado el método del que yo te estaba hablando, el de tomar las muestras del material genético, por ejemplo, debajo de los brazos o entre las piernas. A algunas les ha funcionado por un tiempo, pero ya no es viable y ellos necesitan otro material genético diferente a su propia especie. Después de haber realizado el proceso de reproducción por muchísimo tiempo, ahora ellos están necesitando otro material genético de diferentes especies y ellos están escogiendo a los humanos.

D: *¿Por qué ya no estaba funcionando?*

B: Sí, ya no estaba funcionando, no lo suficiente para que los descendientes estuvieran sobreviviendo. Hay algo que yo no sé si tú estás consciente, es que algunas de las especies, que están haciendo ese trabajo, con personas humanas de la Tierra, también lo han estado intentando hacerlo con otras especies a quienes tú les llamarías "extraterrestres", o sea otras especies que no viven en la Tierra y allí lo tienes, realmente incluso en este tiempo están sucediendo un gran rango de experimentos y experiencias entre algunos de esas especies quienes están haciendo ese trabajo de reproducción, y no solamente con personas de la Tierra, sino también con otros seres de otros lugares en el universo. Todo en un gran intento, de hecho, incluso usarías la palabra "desesperado" intento en perpetuar sus especies. Como sea la vida se encuentra ya sea en los millones de especies de la Tierra, o los muchos y muchos diferentes tipos de existencia donde sea. Pareciera ser una característica básica común de vida, que cada especie quiere perpetuar a la propia. Y como tú ya sabes, comienza desde su reino animal en la Tierra, las especies harán lo que tengan que hacer para sobrevivir, así que esa es, la parte de aquellos que alcanzan a sobrevivir, para algunos de ellos ahora existen otros planes también. Existen especies que sienten que ellos quieren crear una nueva especie que pueda entender a la gente de la Tierra, al ser parte de la especie humana, y las otras especies que genéticamente están siendo mezcladas por esos. Esos descendientes podrán después ser capaces de entender a las dos especies… a la especie de los humanos de la Tierra y las otras especies y ser más como un intermediario directo, eso es muy necesario y es un gran programa; así que existe un programa de sobrevivencia y existe un programa de intermediarios o de embajadores, algunos de nosotros lo referimos como el programa de embajadores de amistad.

D: *El problema es que algunos humanos sienten que esa es una violación, porque ellos piensan que no han sido consultados.*

B: Sí, pero lo que ellos no se dan cuenta y yo valoro esto, es que ellos han dado ese consentimiento, pero es muy a menudo que no esté en el nivel en donde lo puedan reconocer en su plena consciencia durante la vida.

D: *Yo entiendo eso, porque ya lo he escuchado antes, pero es la persona común quien no lo entiende. Bonnie quiere saber, ¿cómo es que seleccionan a las personas que van a trabajar con ustedes?, ¿existe algún proceso de selección?*

B: Lo hacemos de diferentes maneras y otros grupos lo hacen en diferentes formas, así que es muy difícil de darte una respuesta simplista.

D: *Todas estas son preguntas complejas.*

B: Sí, y muy buenas preguntas, para que tú entiendas más de lo que tú quieras saber, algunos de nosotros trabajamos más en ese nivel de la esencia del alma de la que yo me referí previamente. Nosotros podemos ver a través del alma, la esencia, más allá de todas las capas que cubren y condicionan a la persona de la Tierra, aquellos de nosotros quienes tendemos a realmente mirar eso, nos inclinamos a trabajar con la persona cuando está es sencilla, aunque no debería de usar la palabra "sencilla", porque realmente es todo lo qué es: en un nivel alma, una esencia del alma e incluso antes que la persona ha encarnado en esta vida. Nosotros trabajamos con esa esencia del alma antes que venga a esta vida, y nosotros tenemos una maravillosa compenetración telepática con la persona y con los ayudantes de la persona; nosotros tendemos a llamarlos "guías", guías espirituales y los referimos a los mismos como "ayudantes". Nosotros hablamos con la persona, todo esto es telepático y muy a menudo ellos tienen la sensación de vernos en ese estado del ser. Nosotros explicamos qué es lo que estamos haciendo y les preguntamos si ellos cooperarían con nosotros en esa vida, que ellos están a punto de iniciar; nosotros únicamente trabajamos, con las almas de aquellos individuos que aceptan que lo harán y están de acuerdo. Además, justamente con todas las otras cosas que una persona decide dentro de esa experiencia de la esencia del alma antes que venga a vivir en la Tierra. Usualmente ellos no recuerdan cuando ellos están viviendo esa vida. Es una de las diferencias entre las personas de la Tierra y algunas de otras especies, por ejemplo, como nosotros, ya que nosotros estamos más cercanos a la esencia de quienes somos y podemos ver dentro de cada uno en la esencia, y puede ser vista de esa manera por cada uno, nosotros tenemos mucha más claridad acerca de nuestro propósito, en comparación, de muchas personas en la Tierra, sin embargo, algunas personas de la Tierra no tienen ese claro.

D: *Yo entiendo, porque he escuchado esto de otras personas, con las que yo he trabajado, pero es la persona común las que no pueden entenderlo.*

B: Eso es probablemente verdad para las personas comunes de la Tierra.

D: *Nosotros aquí estamos limitados bajo el tiempo, porque yo no permito a mis pacientes que permanezcan en este estado de manera prolongada, yo soy muy protectora de la persona, nosotros solamente tenemos unas preguntas más que me gustaría hacer.*

B: Yo creo que Bonnie lo está haciendo bien, ella ha hecho muchas regresiones.

D: *Ella estaba queriendo saber acerca de ella. ¿Ha sido llevada por otros grupos además de ustedes, que podrían no tener un buen propósito?, ¿ha sido ella llevada por otro tipo de grupos que no son positivos?*

B: Yo no estoy consciente de eso y no lo creo, la razón del porqué nosotros estábamos atraídos por ella, es porque nosotros hemos estado observando a mucha gente de la Tierra y a nuestros propios voluntarios. Nosotros estamos conscientes de que ella, ha estado haciendo trabajo de hipnosis de regresión, y que ella ha estado muy, pero muy interesada en esto. Ella ha estado hablando públicamente, con muchas personas, acerca de estas experiencias. Como ves yo creo que la mayoría de la gente en la Tierra no se da cuenta cuántos de nosotros sabemos acerca de ellos. Debido a que nosotros tenemos mucho más porcentaje de vista, amplitud, profundidad, longevidad y conocimiento. Nosotros sabemos infinitamente más acerca de las personas de la Tierra de lo que las personas de la Tierra saben de nosotros, y nosotros nos mantenemos observando a ciertas personas.

D: *Bueno, una de sus otras preguntas es, ¿toman ustedes información similar de otros terapistas de regresión?*

B: Sí, sí lo hacemos a veces y lo hacemos de diferentes maneras, nosotros estamos intentando obtener, una amplia perspectiva en cómo nosotros y los otros grupos están afectando a los seres humanos. Desde nuestro punto de vista nos gustaría mejorar, en cómo es, que estamos interactuando con los seres humanos, y personalmente por nuestro grupo, nosotros no queremos causar daño, miedo, estrés y trauma. Nosotros estamos conscientes que muchas personas de la Tierra quienes han experimentado esto llegan a estar muy afligidas y traumatizadas, llegando a ser afectados negativamente.

*D: Pero para un ser humano eso es muy normal.*

B: Sí, así que a nosotros nos gustaría realizar todo esto, en una manera mejor recibida y nos gustaría que la gente de la Tierra se beneficie al saber y tener contacto con nosotros; nosotros definitivamente sentimos que nos beneficiamos al tener contacto con ellos, sin embargo me tengo que adelantar al decirte, que al encontrar lo que transmitimos, por ejemplo desde Bonnie, existe una oportunidad para grupos que son menos altruistas del espacio, para usar esta información en una manera de ganancia personal, desde su punto de vista. Es importantísimo para los seres humanos, que se den cuenta, que existen otros seres que están llegando a la Tierra e interactuando con la gente, quienes solo ven por su interés personal, sin importarles los efectos en las personas, pero existen muchos otros grupos quienes son muy cuidadosos con los humanos y con lo que la humanidad está experimentando, en términos de negatividad en su propia naturaleza de guerra. Nosotros estamos tremendamente preocupados por su ambición, su egoísmo y lo que la humanidad le está haciendo al hermoso ser viviente que es la Tierra. Así que existen muchos de nosotros, quienes tenemos una gran preocupación y nos gustaría ayudarles lo más posible, pero nosotros sabemos que existe un enorme prejuicio, en la Tierra, incluso acerca de nuestra propia existencia.

*D: Sí, y muchos piensan que son totalmente negativos, pero yo nunca he creído eso.*

B: Sí e incluso muchos ni siquiera creen del todo de nuestra existencia.

*D: También eso es verdadero.*

B: Lo cual es perfectamente ridículo, y nosotros realmente estamos en contra de eso. Existen muchos de nosotros a quienes nos gustaría mucho tener buenas negociaciones equitativas y contactos con las personas, y existen algunos seres humanos por aquí y por allá a quienes les gustaría también, pero es muy difícil para aquellos de nosotros que se sienten de esa manera para adecuadamente reunirnos con las personas de la Tierra, que sienten lo mismo. Así que esta experiencia ahora mismo es muy preciada, porque nosotros somos muy decentes y estamos abiertamente hablando contigo como persona de la Tierra y tú eres muy receptiva y todo va a estar muy bien.

*D: Pero he hecho esto antes y probablemente esa es la razón.*

B: Sí y Bonnie está muy cómoda con esto también.

D: *Entonces no somos personas normales.*

B: Definitivamente no son personas normales de la Tierra, con respecto a esto.

D: *Puedo hacerte una pregunta, ¿han tomado información de mí?, no me refiero a ti particularmente, ¿sino de algunos otros grupos?*

B: Sí, yo creo que algunos de nuestro tipo lo han hecho, personalmente yo no lo he hecho, yo no te había conocido personalmente hasta la vez pasada que tuvimos ese tipo de experiencia, con Bonnie, pero yo creo que hay otros que sí, porque tú sabes muchísima información acerca de esto y tú continuarás trabajando con la gente y nosotros valoramos muchísimo ese trabajo.

D: *Yo siempre les he dicho que no quería verlos, porque pienso que podría ser más objetiva de esa manera.*

B: Sí, bueno nosotros intentamos de honrar eso, justamente como estamos intentando con Bonnie esa noche hacer esto en la manera que no la espante, como ella podría decirlo.

D: *Y no sea perturbador.*

B: No, nosotros ya rompimos lo suficiente su parabrisas para que lo cambie y así después ella se pregunte acerca de la experiencia, pero no la lastimamos de ninguna manera.

D: *Eso es muy importante, al menos la información que ahora ella está obteniendo será muy valiosa para ella y también para su trabajo.*

B: Sí y quiero decir eso también, que nosotros estamos conscientes de que ella tuvo recientemente un evento muy estresante, otra vez en la carretera y en su mismo auto. Y nosotros queremos que sepas que nosotros no tuvimos nada que ver con la causa de ese evento, ese accidente, pero nosotros estuvimos conscientes después qué sucedió particularmente cuando ella estaba tirada en el camino y en su mente estaba llamando a cualquiera que podría estar consciente y a quien sea que le pudiera ayudar. Nosotros estamos muy orgullosos de ella, por haber pensado en nosotros y de otros seres dimensionales quienes saben acerca de ella. Ella pidió por ayuda en su sanación, y yo quiero que ella sepa que nosotros estamos haciendo lo que podemos para acelerar, su sanación, y ella lo está haciendo muy bien, ella va a continuar realizándolo muy, muy bien.

Antes que comenzara la sesión Bonnie me comentó acerca de un accidente muy serio en el que ella estuvo envuelta recientemente y su automóvil fue demolido y las personas en los otros automóviles (más de un automóvil involucrado) fueron seriamente dañados. Sus heridas mayormente fueron en su espalda y todavía le siguen causando dolor; cuando nosotros comenzamos la sesión ella se estaba preguntando si es que le causaría distracción o quizás prevenirla para concentrarse para la hipnosis. Ella colocó almohadas alrededor y debajo de su espalda para que pudiera estar más cómoda, y claro yo sabía que la relajación de un trance profundo le ayudaría a los músculos dándole alivio, a lo contrario de distraerla.

D: *Eso está muy bien, yo sé que ella valora muchísimo su ayuda y muy noble de tu parte que hagan eso y también que se preocupen por ella.*
B: Sí, nosotros nos preocupamos, porque ella es importante para nosotros y queremos que ella esté bien.
D: *Yo sé que ella les agradecerá por su ayuda, está bien yo creo que de nuestra parte de este lado se nos acaba el tiempo, porque nosotros siempre tenemos ese factor de tiempo.*
B: Yo entiendo que eso es muy importante en la Tierra.
D: *Así que yo te voy a pedir que te retires ahora y me gustaría hablar contigo otra vez en otro tiempo.*
B: Sí, está bien, nosotros valoramos también esta oportunidad y te lo agradecemos, esperaremos con interés por la siguiente oportunidad.
D: *Entonces te voy a preguntar que te regreses a tu lugar de trabajo donde vives en tu nave, y le pido a la personalidad y consciencia de Bonnie que una vez más regrese a este cuerpo.*

Yo después oriente a Bonnie y la traje de regreso a su plena consciencia.

Cuando ella despertó solamente recordaba únicamente algunas escenas de la sesión, ella mencionó que sintió mucho mejor su espalda y no le estaba molestando como cuando llegó antes a la sesión. Nosotros sabíamos que fue debido a la relajación profunda que justamente acababa de experimentar.

Tanto Bonnie como yo sabíamos, que continuaríamos, trabajando juntas, porque la entidad estaba más que disponible para compartir información con nosotras, pero eso como ellos dicen es otra historia, otro libro. Yo únicamente estoy incluyendo porciones aquí que creo que pertenecen a los tópicos de interés en este libro. Y para ilustrar una vez más como es que mi trabajo ha crecido gradualmente sobre los últimos doce años desde lo más sencillo a lo complejo. Ahora yo he abierto las puertas y la información continuará fluyendo. Lo único que espero es que la humanidad se abra y ajuste sus mentes para incluir estos conceptos e ideas avanzadas para integrarlos en su realidad, y como tal así será compuesto el mundo del futuro. Los libres pensadores, aquellos con las mentes abiertas, quienes podrán verdaderamente aceptar y entender otras realidades y otras dimensiones. Aquellos quienes tienen la habilidad, de aventar los grilletes, que los mantienen encadenados en nuestra manera tridimensional de pensamiento.

# CAPÍTULO 15
# LA CONCLUSIÓN

El material en este libro ha estado en espera archivado por más de diez años esperando hasta el tiempo preciso para presentarlo al público. Los extraterrestres mencionaron, que no se me estaba permitido escribir, hasta que tuviera la perspectiva completa, ellos no querían dármelo hasta que hubiera un completo entendimiento de mi parte, mientras yo preparaba el material yo podía ver mi punto de vista en el comienzo de mi investigación y que tan ingenuo fue el compararlo de la manera que ahora lo veo. Ya puedo ver ahora, como me fue dado en pedacitos y piezas de información, y únicamente me dieron más hasta que podía comprenderlo y digerirlo. Esa es la manera en la que yo quería escribir este libro, para tomar al lector gentilmente de la mano y llevarlo hacia el camino de lo desconocido, parando en el camino, para darle tiempo en oler, el aroma de las rosas y para que la información fluyera antes de movernos al siguiente paso. Mi investigación me ha conducido desde lo sencillo a lo complejo y yo sé que existe mucho más adelante de mí, cuando yo comencé en 1986 hubiera estado abrumada por las teorías que ahora estoy recibiendo; y si hubiera estado sobrecogida hubiera levantado mis manos al aire y exclamado que esto era mejor para físicos y científicos que lo comprendieran y lo trataran de explicar, en otras palabras me hubiera rendido ya que todo el tópico es muy complejo, pero aparentemente ellos entendieron mi curiosidad y deseo de aprender y entender los misterios. Y se me fue dado lo que pude manejar en ese tiempo. Incluso cuando llegaba a ser complicado, ellos gentilmente trataban al demostrarme con analogías y explicaciones sencillas (tan simple como fuera posible) para entenderlo. Su paciencia conmigo ha sido maravillosa y ellos nunca llegaron a molestarse, ellos estaban tan ansiosos de sacar la información para que yo la escribiera.

Cuando comencé a trabajar con MUFO (Mutual Unidentified Flying Object Network - Red Mutua de Investigación OVNI) los investigadores más exigentes ridiculizaron la información, que yo estaba recibiendo acerca del uso del poder de la mente, como propulsor de una nave espacial, ellos insistían que la respuesta tenía que estar en desarrollar algún tipo de combustible, para viajar a la estrella más cercana; también hubo la creencia que los astronautas tenían que estar colocados en suspensión animada, debido a que tomarían un largo viaje. En ese tiempo ellos no podían abrir sus mentes en posibilidades alternas, ahora en el verano de 1998 una noticia fue hecha que pudiese cambiar la manera de pensar para siempre, un grupo de científicos, en Japón, han probado que la teoría funcionará, ellos han inventado una máquina que utiliza el poder del pensamiento. Los científicos han sabido por mucho tiempo que los pensamientos son energía, eso ciertamente no fue una revelación en mi trabajo, ya que yo he estado enseñando ese concepto por años. En un programa de noticias los científicos hicieron, una demostración de la máquina, la cual fue colocada en la cabeza, aparentaba de alguna manera muy similar a las máquinas de realidad virtual, increíblemente al tan solo pensar la persona podía encender y apagar las luces, encender y apagar la máquina y activar una alarma en señal de ayuda. Fue demostrado como cada tipo de pensamiento creaba una diferente frecuencia, y esta era amplificada y usada para controlar cosas en la habitación, y no tomaba una fuerte concentración. El simple pensamiento fue suficiente para encender los mecanismos, ellos mencionaron que el primer uso de esta máquina sería para los discapacitados, pero yo puedo ver un potencial mucho más grande en el futuro. Otro descubrimiento sorprendente: no importa que lenguaje la persona hable, la máquina interpreta el pensamiento y no las palabras expresadas, ellos mencionaron "las cosas del pensamiento". Los japoneses han demostrado ahora una manera de saltar la barrera del lenguaje, lo que es exactamente el método que los extraterrestres usan. Yo puedo ver que eso sería únicamente un pequeño paso desde controlar luces y alarmas hasta controlar autos o naves espaciales con la mente. Científicos alrededor del mundo también están trabajando, en crear una manera de propulsar, un objeto más rápido que la velocidad de la luz, esto una vez fue considerado como imposible basado en las teorías de Einstein; lo que fue considerado una vez como ciencia ficción ahora ha entrado en el mundo de la ciencia exacta. Quizás miraremos a las otras afirmaciones hechas por los extraterrestres siendo posibles y lógicas.

Mientras yo me estaba preparando para terminar de editar el final de este libro, una edición especial de la revista Discover salió en mayo de 1998, estaba dedicada al tema de clonaciones y la duplicación de los seres humanos, no pudo haber pasado en mejor tiempo (si es que existen las coincidencias), porque causó que algunos de los pasajes de este libro, se expusieran en el momento preciso. En ese tiempo científicos escoceses, habían clonado exitosamente a la oveja Dolly, y nuestros científicos consecuentemente anunciaron la clonación de becerros y monos macacos. El mundo y especialmente los políticos se volvieron locos debatiendo la ética de la clonación humana, ellos estaban intentando modificar leyes que pudiera prevenir esto o al menos regularlo. Fue como cerrar la puerta del establo, después de que los caballos han escapado. Varios laboratorios en Estados Unidos y en otros lugares ya habían anunciado que ellos estaban trabajando en el experimento, y esperando anunciar exitosamente el primer clon humano, dentro de los próximos dos años. Ellos mencionaron, "si se puede realizar, se realizará", esta es la manera como la curiosidad científica funciona, si a la ciencia se le presenta un reto, será tomado sin importar las consecuencias. Cientos de personas están esperando para ser los primeros candidatos, los científicos mencionaron que la clonación de un humano sería mucho más fácil, que la de una oveja.

En el artículo de la revista fue reportado que científicos de los años de 1930 por primera vez demostraron que la clonación era posible, después la investigación fue abandonada hasta que en los 1970 unas ranas fueron exitosamente clonadas, más adelante nada fue reportado, hasta el reciente desarrollo con mamíferos, ¿realmente la gente cree que nadie estuviera trabajando en eso por 40 años?, ¿realmente piensan que una vez que los científicos hicieron el primer descubrimiento en los 1930 que la investigación fue abandonada? Yo creo que la investigación continúo en secreto. Debido a que ellos estaban temerosos de las protestas que estaban ocurriendo ahora. Ellos sabían que la gente estaría debatiendo en los asuntos morales al intentar "jugar a ser Dios", etc. Mi trabajo me ha convencido que especialmente el gobierno ha estado conduciendo experimentos, por muchos años, y han estado perfeccionando las técnicas, que ahora están siendo anunciadas. Ahora ellos solamente están tirando algunas sobras, soltando piezas y pedacitos de información para preparar a un mundo atónito en aceptar, lo que hace mucho tiempo se ha logrado. Después del todo, ellos mencionaron que el humano exitosamente clonado no sería diferente a cualquier otro ser humano y podrían estar viviendo entre nosotros. Y claro lo mismo va para clones extraterrestres e híbridos, citando la siguiente frase del articulo: "La gente le dirá (al clon), tú te ves igualito a tu madre, pero nadie sabrá, al menos no hasta que el niño esté en sus 16 años y decida vender su historia a los medios".

Muchas personas (especialmente en el campo de la religión), piensan que un clon sería como un tipo de robot sin mente, nada podía estar más alejado de la verdad. Los científicos han estado perfeccionando las técnicas de fertilización fuera del cuerpo humano, por muchos años y cientos de niños perfectamente normales han resultado que no pueden ser distinguidos de los otros niños "concebidos normalmente". Todos nosotros somos clones como resultado de una mezcla de los genes de nuestra madre y padre, un clon exacto sería el resultado de únicamente los genes de una persona.

En una concepción "normal" el óvulo de la madre debe ser impregnado por el esperma del padre, ya sea dentro del cuerpo o en una disco de Petri en un laboratorio. La clonación del esperma no es necesaria, sino el óvulo es activado por otros medios (química o eléctricamente). Cuando los óvulos por primera vez comienzan a desarrollarse en una masa de células, que son absolutamente idénticas y dentro de los siguientes días las células alcanzarán, un punto, donde comenzarán a diferenciarse, algunas de las células se convertirán en hueso, algunas llegarán a ser ciertos órganos y otras serán tejido de piel, etcétera. Algo profundo dentro de las células detona una reacción y le dice a la célula que parte del cuerpo humano llegarán a convertirse. De esta manera los científicos pueden trabajar con las células antes de que ellas se diferencien, antes ellos instintivamente conocen cual va a ser su rol y producir un clon, pero en el desarrollo del embrión este debe ser insertado en el cuerpo de una mujer para que crezca a término.

Todo esto suena muy familiar a la información de los extraterrestres que he estado recibiendo por más de diez años, las muestras del esperma y los óvulos, las tomas de muestra de células de diferentes partes del cuerpo, la reinserción de embriones en el cuerpo humano y la cosecha de embriones cuando ellos estiman que han alcanzado su ciclo. Unas de las diferencias importantes es que los extraterrestres también han desarrollado métodos de incubación al crear fetos fuera del cuerpo humano. En mi libro Legacy From de

Stars (Legado de las Estrellas), las células fueron tomadas del fluido de un ojo humano y el bebé fue desarrollado en úteros artificiales en condiciones de laboratorio a bordo de una nave; ha habido muchos ejemplos en mis libros donde las personas han visto extraterrestres científicos trabajando con células con material de laboratorio.

Nuestros científicos han mencionado que cualquier célula de un cuerpo adulto puede ser usada, ya que contiene el ADN para crear una copia duplicada, pero ellos han establecido que todavía no han desarrollado, una manera, para detonar el desarrollo, porque una célula adulta ya ha sido diferenciada, en otras palabras, ya ha sido ordenado el rol que jugará en el cuerpo y cuando una nueva célula aún no lo ha hecho, ellos han dicho que puede ser realizado, así que será logrado.

El artículo mencionó que de todos modos el clon no sería un duplicado exacto, excepto físicamente, incluso si pudieras obtener células por ejemplo de Einstein o de Shakespeare y crear un clon, ¿tendría la misma capacidad de ser un genio que el original?, ¿cuánto es determinado por los genes y cuánto es determinado por el ambiente y la cultura en la cual la persona es criada?, una persona estando clonada estaría por siempre separada del original, por al menos una generación. El duplicado sería criado e influenciado en condiciones diferentes del original en el ámbito social, y cultural; también ellos han dicho que no saben cuánta influencia de la madre, se tiene sobre el desarrollo del niño, mientras se encuentra dentro del útero. Esto es exactamente lo que los extraterrestres mencionaron acerca de Janice, ellos dijeron que decididamente hubo dos tipos de individuos que podían ser reproducidos; uno de ellos fue clonado desde el material genético de la madre y sería un duplicado, otro que fue desarrollado dentro del vientre, siendo influenciado por las experiencias de la vida diaria, que tenía su madre, creando un tipo de individuo diferente.

Un punto muy crucial no ha salido a relucir y es el porqué el clon no sería un duplicado exacto del donador a excepción de serlo físicamente. Nosotros no somos un cuerpo, nosotros tenemos un cuerpo. La esencia real del ser humano es el alma eterna o espíritu, el cuerpo no puede tener vida hasta que el alma entra al cuerpo. No importa que tanta ciencia se concentra en desarrollar a un cuerpo, siempre será un caparazón sin vida hasta que el alma lo active. El alma trae consigo sus lecciones kármicas y propios objetivos para la nueva vida, donde embarcará pronto, esto tiene que crear una persona diferente, a la del donador, porque ellos son dos almas individuales, incluso los extraterrestres reconocen esto. En el libro Legacy From the Stars (El legado de las estrellas) las personas que estaban viviendo en un mundo futuro debajo de la Tierra, habían perdido la habilidad de reproducirse y recreaban una copia exacta del cuerpo en un contenedor tipo sarcófago, pero ellos sabían que permanecería sin vida a menos que un alma hiciera la decisión de entrar. En ese libro yo discutí cómo todos nosotros, hemos habitado, en cuerpos extraterrestres en algún punto de nuestros largos ciclos de vida, porque nuestras almas o espíritus han estado por siempre y continuarán estándolo para siempre, constantemente entrando, en nuevos y diferentes cuerpos, para aprender lecciones de cualquier tipo concebible. La Tierra es un planeta joven, si consideras la edad del cosmos, así que hemos tenido muchas aventuras, en diferentes formas, antes de decidir experimentar las lecciones de las emociones y limitaciones que la Tierra ofrece. Los extraterrestres saben que todos tenemos un alma eterna y que hemos venido originalmente de la fuente (su nombre para Dios), es por esto que en este libro yo menciono, "ellos son nosotros y nosotros somos ellos, todos somos uno".

Unas de las razones que creo que el gobierno ya ha perfeccionado estas técnicas, es por los reportes de personas que han estado en bases secretas, debajo de la Tierra. Ellos han visto lo que describen como "monstruos extraños" ser desarrollados, esto sugiere que ellos han perfeccionado la clonación y han estado trabajando combinando material genético de humanos y otras especies, tal tipo de trabajo podría solamente ser realizado fuera de la luz del día y en secreto. Los extraterrestres mencionaron que ellos han trabajado con científicos del gobierno y han tratado de dar su consejo, porque ellos ya han perfeccionado estas técnicas, pero el gobierno ha ido en su camino ignorando, el consejo y tratando de perfeccionar lo que ya ha sido perfeccionado. Los extraterrestres sabían que los científicos podrían hacer errores, pero decidieron que ellos los encontrarán por su cuenta, los extraterrestres también dijeron, que han conducido tal tipo de experimentación en combinar diferentes especies, pero por razones diferentes y no totalmente por curiosidad, sino para producir especies que pudieran adecuarse y ser capaces de funcionar en otros planetas en el sistema solar. Los que fuese considerado monstruoso y repugnante para nosotros, pudiera ser totalmente aceptable en otro ambiente, además que existen muchos otros asuntos, entre el gobierno y extraterrestres que nunca serán revelados al público.

Los extraterrestres han dicho que otro planeta estaba siendo preparado para que los humanos habitaran, en caso de tener la probabilidad de que destruyamos la Tierra y que es muy similar, y algunos de los duplicados genéticos que han producido ya han sido llevados allí. Ellos han dicho que la vida humana, no debe permitirse perecer y que la vida es tan frágil y preciada que nuestra especie humana está siendo preservada de esta manera. Existen detalles que el abducido promedio, no tiene ninguna comprensión al respecto y que sus genes son muy valiosos y están siendo usados para preservar vida, tanto aquí como en otros planetas, en otras galaxias y ellos sin saber están dando la respuesta, a la sobrevivencia de la raza humana.

Yo creo que llegará el día, que podría no estar en mi tiempo de vida, pero creo que llegará de todas maneras, cuando las vendas en los ojos sean removidas y los científicos consideren estas ideas radicales como posibilidades. Una vez que piensen que algo es posible, sus mentes entonces estarán libres, para explorar y viajar bajo caminos extraños y esta es la manera que nuevos descubrimientos son hechos, por aquellos que sean capaces de intentar lo que no se ha hecho y explicar lo imposible, cuando ese día llegue nosotros encontraremos que hay mucho, mucho más que la realidad física de nuestros sentidos la cual está disponible solamente. Nosotros descubriremos que existen otros planos de existencia, otras dimensiones, otros universos, existiendo lado a lado con este universo. Nosotros encontraremos que viajar entre ellos no solamente es posible, sino deseable, nosotros encontraremos que estas no son simplemente teorías alucinantes, sino hechos con fundamentos. Una vez que hayamos removido las vendas en los ojos que impiden nuestro progreso y escapemos de las limitaciones impuestas, por el pensamiento lineal, nosotros encontraremos que es verdad, que solamente estamos limitados por nuestra imaginación, entonces seremos capaces de perder los grilletes que nos encadenan a la Tierra y nos uniremos a nuestros hermanos, nuestros ancestros coexistiendo entre las estrellas. Ha sido dicho que el espacio, es la frontera final, pero otras dimensiones y universos paralelos (existiendo al lado de nuestro mundo) podrían ser el siguiente reto, pero primero tenemos que entenderlos y así pueden ser explorados.

Mientras continuaré investigando y haciendo preguntas que añadirán mi material a la masa creciente de evidencia.

## LA ODISEA CONTINÚA

# ACERCA DEL AUTOR

Dolores Cannon es una hipnoterapeuta de vidas pasadas e investigadora psíquica que se encargó de registrar "el conocimiento perdido", nació en San Luis Missouri en 1931. Ella vivió y estudio en Missouri hasta que se casó en 1951 con un marino del ejército. Se pasó los próximos veinte años viajando alrededor del mundo como una típica esposa de un marino militar, criando a su familia.

En 1968 ella tuvo su primera experiencia de reencarnación a través de hipnosis regresiva cuando su esposo, un hipnoterapeuta amateur, se encontró trabajando con una mujer que tenía problemas de sobrepeso y entró a una vida pasada. En ese tiempo el concepto de "vida pasada" no era muy convencional y muy poca gente tenía la experiencia en ese campo. Así encendió su interés, pero tuvo que dejarlo a un lado para atender las demandas de su familia.

En 1970 su esposo fue relevado como un veterano discapacitado y se retiraron a las colinas de Arkansas. Después ella comenzó su carrera de escritora e inició vendiendo sus artículos a varias revistas y periódicos. Cuando sus hijos comenzaron a ser independientes, su interés en la hipnosis regresiva y reencarnación volvió a despertar. Estudio varios métodos de hipnosis y de esa manera desarrolló su propia técnica, la cual le permitió obtener las más eficientes aperturas de información de sus pacientes. Desde 1979 ella hizo regresiones y catalogó información obtenida de sus miles de voluntarios y pacientes.

En 1986 expandió sus investigaciones al área de los OVNIS, realizó estudios de campo en casos sospechosos de aterrizajes de OVNIS, así como también ha investigado el fenómeno de los agrogramas en Inglaterra. La mayoría de su investigación en este campo ha sido el resultado de la acumulación de evidencia a través de la hipnosis de casos de aparente abducción. Sus libros publicados incluyen:

• Recordando Cinco Vidas
• Entre la Muerte y la Vida
• Un Alma Recuerda Hiroshima
• Conversaciones con Nostradamus Volumen 1,2,3
• Universo Complejo Libro 1,2,3,4 y 5
• Jesús y los Esenios
• Ellos Caminaron con Jesús
• Los Guardianes del Jardín
• La Leyenda del Accidente de la Estrella
• Legado de las Estrellas
• Las Tres Oleadas de Voluntarios y la Nueva Tierra
• En Busca del Conocimiento Sagrado Escondido

Dolores tiene cuatro hijos y catorce nietos quienes le mantienen sólidamente el balance entre el mundo "real" de su familia y el mundo "desconocido" de su trabajo.

Si desea tener correspondencia con el trabajo de Dolores, puede escribir a la siguiente dirección, además de también poder escribir a través de su página web.

Dolores Cannon
c/o OZARK MOUNTAIN PUBLISHING, INC.
P.O. Box 754 Huntsville, AR 72740-0754
www.ozarkmt.com

Other Books by Ozark Mountain Publishing, Inc.

**Dolores Cannon**
A Soul Remembers Hiroshima
Between Death and Life
Conversations with Nostradamus,
    Volume I, II, III
The Convoluted Universe -Book One,
    Two, Three, Four, Five
The Custodians
Five Lives Remembered
Jesus and the Essenes
Keepers of the Garden
Legacy from the Stars
The Legend of Starcrash
The Search for Hidden Sacred
    Knowledge
They Walked with Jesus
The Three Waves of Volunteers and the
    New Earth
A Vey Special Friend
**Aron Abrahamsen**
Holiday in Heaven
**James Ream Adams**
Little Steps
**Justine Alessi & M. E. McMillan**
Rebirth of the Oracle
**Kathryn Andries**
Time: The Second Secret
**Cat Baldwin**
Divine Gifts of Healing
The Forgiveness Workshop
**Penny Barron**
The Oracle of UR
**P.E. Berg & Amanda Hemmingsen**
The Birthmark Scar
**Dan Bird**
Finding Your Way in the Spiritual Age
Waking Up in the Spiritual Age
**Julia Cannon**
Soul Speak – The Language of Your
    Body
**Ronald Chapman**
Seeing True

**Jack Churchward**
Lifting the Veil on the Lost
    Continent of Mu
The Stone Tablets of Mu
**Patrick De Haan**
The Alien Handbook
**Paulinne Delcour-Min**
Spiritual Gold
Holly Ice
Divine Fire
**Joanne DiMaggio**
Edgar Cayce and the Unfulfilled
    Destiny of Thomas Jefferson
    Reborn
**Anthony DeNino**
The Power of Giving and Gratitude
**Carolyn Greer Daly**
Opening to Fullness of Spirit
**Anita Holmes**
Twidders
**Aaron Hoopes**
Reconnecting to the Earth
**Patricia Irvine**
In Light and In Shade
**Kevin Killen**
Ghosts and Me
**Donna Lynn**
From Fear to Love
**Curt Melliger**
Heaven Here on Earth
Where the Weeds Grow
**Henry Michaelson**
And Jesus Said – A Conversation
**Andy Myers**
Not Your Average Angel Book
**Guy Needler**
Avoiding Karma
Beyond the Source – Book 1, Book 2
The History of God
The Origin Speaks

For more information about any of the above titles, soon to be released titles,
or other items in our catalog, write, phone or visit our website:
PO Box 754, Huntsville, AR 72740|479-738-2348/800-935-0045|www.ozarkmt.com

## Other Books by Ozark Mountain Publishing, Inc.

The Anne Dialogues
The Curators
Psycho Spiritual Healing
**James Nussbaumer**
And Then I Knew My Abundance
The Master of Everything
Mastering Your Own Spiritual Freedom
Living Your Dram, Not Someone Else's
**Sherry O'Brian**
Peaks and Valley's
**Gabrielle Orr**
Akashic Records: One True Love
Let Miracles Happen
**Nikki Pattillo**
Children of the Stars
A Golden Compass
**Victoria Pendragon**
Sleep Magic
The Sleeping Phoenix
Being In A Body
**Alexander Quinn**
Starseeds What's It All About
**Charmian Redwood**
A New Earth Rising
Coming Home to Lemuria
**Richard Rowe**
Imagining the Unimaginable
Exploring the Divine Library
**Garnet Schulhauser**
Dancing on a Stamp
Dancing Forever with Spirit
Dance of Heavenly Bliss
Dance of Eternal Rapture
Dancing with Angels in Heaven
**Manuella Stoerzer**
Headless Chicken
**Annie Stillwater Gray**
Education of a Guardian Angel
The Dawn Book
Work of a Guardian Angel

Joys of a Guardian Angel
**Blair Styra**
Don't Change the Channel
Who Catharted
**Natalie Sudman**
Application of Impossible Things
**L.R. Sumpter**
Judy's Story
The Old is New
We Are the Creators
**Artur Tradevosyan**
Croton
Croton II
**Jim Thomas**
Tales from the Trance
**Jolene and Jason Tierney**
A Quest of Transcendence
**Paul Travers**
Dancing with the Mountains
**Nicholas Vesey**
Living the Life-Force
**Dennis Wheatley/ Maria Wheatley**
The Essential Dowsing Guide
**Maria Wheatley**
Druidic Soul Star Astrology
**Sherry Wilde**
The Forgotten Promise
**Lyn Willmott**
A Small Book of Comfort
Beyond all Boundaries Book 1
Beyond all Boundaries Book 2
Beyond all Boundaries Book 3
**Stuart Wilson & Joanna Prentis**
Atlantis and the New Consciousness
Beyond Limitations
The Essenes -Children of the Light
The Magdalene Version
Power of the Magdalene
**Sally Wolf**
Life of a Military Psychologist

For more information about any of the above titles, soon to be released titles,
or other items in our catalog, write, phone or visit our website:
PO Box 754, Huntsville, AR 72740|479-738-2348/800-935-0045|www.ozarkmt.com

www.ingramcontent.com/pod-product-compliance
Lightning Source LLC
Chambersburg PA
CBHW071415230426
43669CB00010B/1554